4차 산업혁명 시대의
신(新)무역학원론

김창봉, 정재우, 권승하, 신준호, 남윤미,
현화정, 이동준 공저

**New Principles of International Trade
of the 4th Industrial Revolution**

책연

머리말

4차 산업혁명 시대의
신(新)무역학원론

거인의 어깨 위에 올라선 인류
- 4차 산업혁명 시대 무역학의 역할과 비전 -

　우리나라는 세계 최강의 무역 대국 중 하나로, 글로벌 무역을 기반으로 성공적인 글로벌 비즈니스를 성취해내고 있다. 이러한 글로벌 무역은 우리의 산업에 깊이 활용되어 미래의 산업에도 주목받고 있다. 국가 간 글로벌 무역 거래는 원재료의 구입에서 최종 생산된 완제품이 최종 고객에게 전달 및 사용될 때까지 글로벌 네트워크 공급체인에 의해 체계적으로 이루어지고 있다. 이러한 과정에서 글로벌 무역 공급체인 관리는 현재 글로벌 비즈니스에서 가장 중요한 이슈 중 하나로 인식되고 있다. 한편, 4차 산업혁명은 인공지능, 빅데이터, 사물인터넷, 로봇 기술 등을 포괄하는 혁신적인 개념으로, 기존의 산업혁명과는 차원이 다른 혁신적인 기술과 디지털화의 시대를 나타내고 있다. 이로 인해 무역 환경은 큰 변화를 겪고 있으며, 4차 산업혁명은 무역 환경을 디지털화하고 글로벌화시킴으로써 무역의 중요성을 한층 높이고 있다.

　4차 산업혁명 시대의 정보통신 기술의 발달로 인해 재화와 서비스의 국제 거래는 더욱 편리해졌고 전 세계의 공급자와 사용자는 네트워크를 활용하여 활발한 거래를 실행하고 있다. 이로 인해 기업은 국경을 넘어 글로벌 시장으로 활동 영역이 확대되고 있고, 빅데이터의 활용과 인공지능 기술의 발전으로 무역 관련 데이터의 분석과 예측이 가능해지면서 불확실성이 대폭 감소되어 고객가치를 높이게 된다. 글로벌 무역의 변화에는 로봇 기술과 자동화 기술의 도입이 큰 역할을 하고 있다. 로봇을 활용한 생산 프로세스의 자동화가 증가함으로써 생산 과정에서의 오류와 불필요한 비용이 감소하고 있다. 이로써 무역 활동이 보다 원활해지고 효율성이 대폭 향상되고 있으며, 이와 더불어 기술적 혁신은 전 세계적으로 경제적 교류를 촉진하고 산업 분야의 혁신을 촉발하고 있다.

최근 글로벌 비즈니스의 패러다임이 다양한 형태로 혁신되고 있다. 주로 경험과 직관에 의존해왔던 전통적인 무역구조에서 벗어나, 인공지능, 빅데이터, 블록체인, 클라우드 등의 혁신적인 기술을 통한 비즈니스 형태로 바뀌고 있다. 이는 과거의 trade-off 관계의 무역개념을 초월하는 글로벌 비즈니스가 이루어지는 것이다. 이를 통해 기업들은 더욱 효율적으로 자원을 활용하고 경쟁력 있는 제품과 서비스를 개발할 수 있게 되었다. 따라서, 4차 산업혁명 시대에서는 무역 전략을 기존의 방식과 경쟁 전략에서 변화시켜야 하며, 새로운 기회와 도전에 대응할 수 있는 전략을 수립해야 한다. 첫째, 데이터 분석과 예측을 통해 시장 동향을 파악하는 것이 중요하다. 무역 관련 데이터의 수집과 분석을 통해 소비자의 선호도와 경쟁 업체의 경영전략을 파악하여 시장 진입 전략을 수립할 수 있다.

둘째로, 혁신적인 기술을 적극적으로 도입하여 경쟁력을 확보해야 한다. 4차 산업혁명은 무역에 혁신적인 기술을 제공하고 있으며, 이를 적극적으로 활용해야 한다.

셋째로, 글로벌 네트워크를 구축하여 글로벌 시장에 진출해야 한다. 4차 산업혁명은 무역을 더욱 글로벌화시키고 있으며, 기업들은 이를 적극적으로 활용해야 한다.

이러한 4차 산업혁명 시대에서 무역 패러다임의 변화에 있어서 본 교재는 무역학원론에 대한 혁신적인 시각을 제시하고자 한다. 특히, 4차 산업혁명 시대에는 글로벌 무역이라는 이슈가 체계적이고 선도적인 혁신의 일선이 중요시되어야 한다.

본 교재는 4차 산업혁명 시대의 무역에 관하여 다음과 같은 내용을 구성 및 강조하고 있다.

첫째, 국제무역의 발전과정과 이론, 국제기구, 그리고 국제경영에 대한 이해를 다루고 있다. 본 교재는 4차 산업혁명 시대의 글로벌 무역 기업의 기회와 전략에 관하여 탐구하여 독자들이 국제무역의 복잡한 과정과 원리를 이해하고, 성공적인 비즈니스를 위한 전략을 수립할 수 있도록 도와준다.

둘째, 글로벌 마케팅, 무역계약, 무역결제 등 무역의 실무 내용에 대한 전반적인 이해를 제공한다. 본 교재는 현장에서의 경험과 사례를 통해 실무적인 통찰력을 부여하고 독자들이 무역에 대한 폭넓은 시각을 확보할 수 있도록 한다. 특히, 4차 산업혁명 시대의 인공지능, 블록체인 기술 등의 실무 적용을 설명하여 이론과 실무를 조화롭게 결합한 통찰력을 제공한다.

셋째, 원산지기준, 통관, AEO 제도, 무역보험, 상사중재 등 무역의 핵심 요소들을 체계적으로 다루어 실무에서의 실질적인 이해를 다룬다. 본 교재는 FTA-PASS 원산지 관리시스템, UNI-PASS를 비롯한 무역 실무의 여러 요소에서 나타나는 4차 산업혁명 기술을 파악하고 독자들에게 이러한 핵심 요소들에 대한 자세한 설명과 실무에서의 활용 방법을 제공하여 무역 업무의 효율성과 안정성을 높인다.

넷째, 글로벌 전자상거래의 추진과 글로벌 로지스틱스, 항만, GSCM에 대한 이해를 제공하여 최근 무역의 동향에 관한 이해를 제공한다. 글로벌 전자상거래와 로지스틱스는 현대 무역 분야에서 중요한 역할을 하는데, 본 교재는 독자들에게 이에 관한 지식을 전달하여 무역 분야에서의 경쟁력을 유지하고 성장할 수 있는 능력을 함양한다. 특히, 우리나라 기업의 블록체인과 IoT 기술을 바탕으로 한 스마트화, 4차 산업혁명시대의 GSCM의 패러다임 변화를 논의하였다.

다섯째, Green SCM, ESG를 비롯한 국제금융과 글로벌 창업 분야에서 무역의 새로운 흐름을 설명하고 미래 무역의 지속가능성에 대한 이해를 높이고자 한다. 본 교재는 독자들에게 Green SCM, ESG 등의 개념과 중요성을 설명하고, 탄소배출권, RE100을 비롯하여 4차 산업혁명 시대의 ESG 경영 실천에 관한 변화 양상을 살펴보았다. 그리고 4차 산업혁명 시대에서 강조되는 핀테크와 블록체인 등의 디지털 외환시장에 관해 검토하고 창업환경의 변화에 관하여 심층적으로 논의하였다.

본 교재는 무역 관련 수험생, 학부생, 대학원생, 국책 및 민간연구소의 연구자, 정부 산하기관 및 기업체의 실무자 등 모든 이들에게 유용하게 활용될 것을 기대한다. 4차 산업혁명 시대의 발전과정을 반영하여 글로벌 비즈니스에서 활용된 내용을 적극적으로 담아내려 노력했다. 마지막으로, 이 교재가 여러분의 학습과 연구에 큰 도움이 되기를 기대하며 함께 4차 산업혁명 시대의 글로벌 무역에 대한 지식을 쌓아 나가기를 바란다.

본서를 집필하는 데 도움을 주신 김대중 염곡문화재단 이사장님, 승현창 핸즈코퍼레이션 회장님, 원유현 대동모빌리티 대표님, 박찬복 롯데글로벌로지스 대표님께 감사의 말씀을 드린다. 아울러 본서가 졸서임에도 출판을 흔쾌하게 받아주신 정태욱 도서출판 책연 대표님께 감사드린다. 끝으로 그 동안 저자들이 본서를 집필하는 데 있어 작업에 몰두할 수 있도록 믿고 사랑해준 아내, 아들 성현, 하연 공주에게 고마움을 전한다. 끝으로 얼마 전 작고하신 사랑하는 나의 어머니 영전에 이 책을 바친다.

2023년 12월
흑석동 연구실에서
저자 씀

차례

4차 산업혁명 시대의
신(新)무역학원론

제1장 국제무역의 개요

Introduction : 무역협회, "AI 시대 기업 생존, 클라우드가 결정한다" 강조 ·· 18

제1절 국제무역의 기원과 역사
1. 세계무역의 기원 ·· 20
2. 실크로드와 삼각무역 ·· 20
3. 국제분업체계의 등장 ·· 22
4. 우리나라 무역의 성장 배경과 4차 산업혁명 ····················· 23

제2절 국제무역의 개념과 특성
1. 무역의 개념 ··· 26
2. 무역의 특성 ··· 27
3. 무역의 종류 ··· 27

제3절 국제무역 관리의 의의와 수단
1. 무역관리의 의의 ·· 32
2. 무역관리의 수단과 대상 ··· 32

Case Study : 한국 수출 1위국, 20년 만에 중국에서 미국으로 대이동 ·· 35

제2장 국제무역이론과 글로벌 국제기구

Introduction : 75년 만에 위기 맞은 자유주의 무역 시스템 ·············· 46

제1절 국제무역의 주요 이론
1. 국제무역의 현실 ·· 50
2. 교역의 이익 ·· 50
3. 비교우위이론 ·· 50
4. 절충이론 ·· 52
5. 다이아몬드 모델 ·· 53
6. 그 밖의 국제무역이론 ·· 54

제2절 글로벌 국제기구의 등장과 확산
1. 국제기구 개요 ·· 57
2. 무역과 주요 국제기구의 등장 ·· 58

제3절 지역무역협정의 적용과 수단
1. 양자 간 협정 ·· 61
2. 다자 간 협정 ·· 62

Case Study : 공급체인 脫중국 … 韓美日 등 14국 첫 협정 ············ 64

제3장 국제무역과 글로벌 경영

Introduction : '脫중국' 외국인투자 유치해야 하는데
… 기업하기 나쁜 환경이 막는다 ·· 74

제1절 국제화의 의의와 원인
1. 국제화의 의의 ·· 78
2. 해외진출 목적 ·· 81

제2절 해외 진출 주요 방법과 국제경영의 필요성
1. 해외진출 방법 ·· 84
2. 국제경영을 위한 준비 ·· 87

제3절 제4차 산업혁명 시대의 기회와 전략
1. 4차 산업혁명과 국제경영의 기회 ································ 88
2. 4차 산업혁명과 국제경영의 전략 ································ 89
3. 4차 산업혁명 시대의 국제경영의 이론과 적용 ····················· 89

Case Study : 한전KPS의 글로벌 시장 진출 성공전략 ················· 91

제4장 글로벌 마케팅

Introduction : 핸즈코퍼레이션, '목재→車 알루미늄 휠' 피보팅 '신의 한수'
·· 102

제1절 글로벌 마케팅의 이해와 특성
1. 글로벌 마케팅의 정의 ·· 106
2. 글로벌 마케팅의 분류와 특성 ···································· 106

제2절 글로벌 마케팅 환경분석 도구
1. 글로벌 마케팅 환경 분석 ·· 108
2. 글로벌 마케팅 믹스 ··· 110

제3절 글로벌 마케팅의 주요 전략
1. 마케팅의 글로벌화 전략 ·· 113
2. 마케팅의 지역 특화 전략 ·· 113
3. 디지털 마케팅 전략 ··· 114

Case Study : 10원 경쟁 속 '팬덤 구축' 들어간 롯데마트, 왜? ····· 118

제5장 무역계약과 인코텀즈

Introduction : 메타버스 B2B 수출지원 플랫폼 '메타 트레이드 대구'로 디지털 통상지원 거점 확립 ·· 128

제1절 무역계약의 성립과 주요 요건
1. 무역계약 개요 ··· 130

2. 무역계약의 기본사항 ································· 132
3. 무역계약서 ··· 134
4. 국제물품매매계약에 관한 UN협약(CISG) ········ 141
5. 스마트 계약의 등장 ································· 142

제2절 인코텀즈 2020의 이해와 특징
1. 인코텀즈 2020의 의의 ····························· 145
2. 인코텀즈 2020과 인코텀즈 2010의 차이점 ······ 145

제3절 인코텀즈 2020의 정형거래조건 적용
1. 인코텀즈 2020의 E조건과 F조건 ·············· 147
2. 인코텀즈 2020의 C조건과 D조건 ·············· 151

Case Study : 상거래·금융에 '스마트 계약' 실용화 머지않아 ········ 158

제6장 국제무역결제의 이해
Introduction : 무역금융 리스크, 블록체인 기술로 해소한다 ············ 168

제1절 신용장결제방식의 이해와 적용
1. 신용장의 정의 및 거래당사자 ·················· 172
2. 신용장 특성 및 거래 과정 ······················· 174
3. 신용장의 거래절차 ································· 176
4. 신용장의 효용성 ···································· 177
5. 신용장에서 요구하는 선하증권(B/L) ··········· 178
6. 신용장 주요 유형 ··································· 180

제2절 송금, 추심, 팩토링, 포페이팅 결제의 이해와 적용
1. 송금거래방식의 개요와 주요 유형 ············· 183
2. 추심결제방식의 개요와 주요 유형 ············· 185
3. 팩토링 결제의 개요와 기능 ····················· 188
4. 포페이팅 결제의 개요와 주요 특징 ··········· 189

제3절 블록체인 기반 무역결제의 적용과 확산
1. 블록체인 기반 무역결제 프로세스 ············· 191
2. 블록체인 기술 활용에 따른 영향 및 기대효과 ············ 192

3. 블록체인 기술 적용 사례 ·· 194
Case Study : 맞춤형 성장 전략으로 글로벌 성장 가속화 나선 우리은행 ··· 197

제7장 원산지기준과 증명제도

Introduction : 수입 꽃 밀려오는데 … 원산지표시 '나 몰라라' ········ 208

제1절 원산지규정의 이해와 개요
1. 원산지규정의 개요 ·· 210
2. 수출입 원산지판정의 주요 결정기준 ································ 211

제2절 원산지증명과 검증
1. 원산지증명서 ·· 215
2. 원산지표시제도 ··· 215
3. 원산지검증 ·· 218

제3절 디지털 시대의 원산지관리시스템
1. FTA-PASS 원산지관리시스템 ··· 221
2. 블록체인 기반 원산지증명서 발급 서비스 ························· 222

Case Study : 인천세관 지난해 원산지 거짓표시 위반 단속 194억 물품 적발 ·· 224

제8장 통관 및 AEO제도

Introduction : 관세청, 석유 블렌딩 시장 개척 등 '수출·경제활력 제고 대책' 발표 ·· 234

제1절 관세법의 의의와 특징
1. 관세법의 목적과 성격 ·· 236
2. 관세법의 적용원칙 ··· 238
3. 관세의 특징 ·· 240

제2절 디지털 전환 시대 통관의 특징과 주요 유형
1. 디지털 수출입 통관의 등장 ··· 241
2. 전자통관시스템을 활용한 수출입 통관 ······························ 242

제3절 AEO 제도의 이해와 AEO MRA 적용
1. AEO 제도의 이해 ··· 245
2. 우리나라 AEO 공인기준 ·· 246
3. AEO 공인 절차와 혜택 ·· 247
4. AEO MRA ··· 248

Case Study : 신라免, 첨단 물류시설 '스마트 물류센터' 인증 취득 ··· 250

제9장 무역보험제도와 국제상사중재

Introduction : '보잉 추락 이어 팬데믹' 겹악재에 무너질 뻔한 수출기업 살린 '이것' ·· 260

제1절 기존 해상보험의 이해
1. 해상보험의 의의와 종류 ··· 264
2. 해상보험의 주요 원리 ·· 266
3. 해상보험약관 ·· 268
4. 해상보험의 특성 ··· 270

제2절 무역보험의 운영과 주요 유형
1. 무역보험의 개요 ··· 273
2. 무역보험의 운영 ··· 275
3. 디지털 무역보험의 도입 ··· 278

제3절 무역클레임과 상사중재 제도의 이해
1. 무역클레임과 대체적 분쟁해결제도 ··································· 279
2. 상사중재의 의의와 특성 ··· 281
3. 중재절차와 국제중재협약 ·· 283
4. 스마트 클레임 처리 ·· 285

Case Study : 한국무역보험공사, 원전·방산 첨단 전략산업 수출금융 등 입체적 지원 ·· 287

제10장 글로벌 전자상거래의 추진과 주요 현황

Introduction : 관세청, 전자상거래 수출지원에 팔 걷었다
··· '목록통관' 전국세관으로 확대 ·········· 296

제1절 제4차 산업혁명 시대 글로벌 전자무역 확산
1. 전자무역의 개념 및 의의 ·········· 298
2. 우리나라 전자무역의 활용 확산 ·········· 299

제2절 글로벌 전자상거래의 개념과 현황
1. 전자상거래의 개요 및 특성 ·········· 301
2. 글로벌 전자상거래의 의의 및 특성 ·········· 302
3. 글로벌 전자상거래의 종류 ·········· 303
4. 글로벌 전자상거래 플랫폼 ·········· 303

제3절 해외직구 및 역직구 개념 및 현황
1. 해외직구 및 역직구 이해 ·········· 304
2. 해외직구 및 역직구의 비즈니스 모델 ·········· 306
3. 글로벌 공급체인관리 관점에서 해외직구 및 역직구 ·········· 308
4. 주요 국가들의 해외역직구 정책 ·········· 308

Case Study : 제이앤에스㈜, 스마트 공장과 전자상거래로 글로벌 시장에 약진 ·········· 310

제11장 글로벌 로지스틱스와 스마트 항만

Introduction : 드론·AI·로봇까지 ··· 인천항 '스마트 항만'으로 변신 ··· 320

제1절 국제운송의 주요 유형과 디지털 운송
1. 국제운송의 개요 ·········· 323
2. 복합운송의 개념과 유형 ·········· 328
3. 컨테이너 운송의 개요와 유형 ·········· 332
4. 디지털 운송의 등장 ·········· 335

제2절 항만의 요건과 주요시설
1. 항만의 개념 및 의의 ·· 338
2. 항만의 요건 ·· 339
3. 항만의 주요 시설 ·· 339

제3절 주요 스마트 항만 사례
1. 스마트 항만의 개념과 필요성 ·· 345
2. 글로벌 스마트 항만의 등장 ··· 346

Case Study : 롯데 이천물류센터, 맞춤형 자동화로 인력 '최소화'
효율 '극대화' ·· 349

제12장 SCM 및 GSCM

Introduction : '아마존식 플라이휠' ··· 쿠팡 흑자 원동력 ················ 360

제1절 SCM의 개념과 발전
1. SCM의 개념 ··· 362
2. SCM 발전 및 통합 ·· 364
3. 전략적 자산으로 SCM 활용 방법 ··· 366
4. SCM 설계 ··· 366

제2절 GSCM의 도입배경과 특징
1. 글로벌 공급체인관리의 확산 ··· 369
2. GSCM의 도입 배경 ··· 370

제3절 SCRM의 정의 및 프로세스
1. 공급체인 위험의 정의 ·· 372
2. 공급체인위험관리 프로세스 ··· 375

제4절 4차 산업혁명 시대의 GSCM 패러다임 확산
1. 4차 산업혁명 시대의 SCM 패러다임 ······································ 377
2. 글로벌 공급체인관리 발전과정 ·· 377
3. 글로벌 공급체인관리 도입 프로세스 ······································· 379
4. 글로벌 밸류 체인과 Smile Curve의 이해 ······························· 379

Case Study : 대동의 DT(Digital Transformation)를 통한 변신,
"농기계 제조 명가에서 미래농업 리딩 기업으로" ······················ 381

제13장 Green SCM

Introduction : 삼성전자, '지속가능한 반도체 생태계' 합류
··· 친환경 칩 개발한다 ·· 396

제1절 Green SCM의 개요와 주요 현황
1. Green SCM 개요 ·· 398
2. Green SCM 활동 ·· 400

제2절 Green SCM의 전략
1. 4차 산업혁명 시대의 Green SCM 현황 ······················· 403
2. Green SCM 전략 ·· 405

제3절 Green SCM과 탄소배출권
1. 탄소배출권 ·· 407
2. RE100 ·· 409

Case Study : 친환경사업으로 대규모 자금조달 ··· SK지오센트릭 ESG 혁신
·· 411

제14장 ESG의 등장과 확산

Introduction : 'ESG 무역장벽' 높아지는데 ··· 기업 '정보·예산 빈약' 한숨
·· 420

제1절 ESG 시대의 글로벌 국제기구의 등장과 확산
1. ESG 개요 ·· 422
2. ESG 경영 구성요소 ··· 423

제2절 ESG 경영과 국제인증의 필요성
1. ESG 경영과 ISO 표준 ··· 428
2. ESG 경영과 기타 국제인증 ·· 431

제3절 ESG 경영의 중요성과 주요 과제
1. ESG 경영의 중요성 ·· 434
2. ESG 경영의 해외 주요 사례 ···································· 435
3. ESG 경영의 국내 주요 사례 ···································· 436

제4절 ESG 경영과 디지털 기술의 활용
1. 디지털 시대의 탄소 및 재생에너지 관리 ················ 438
2. ESG 경영과 공급체인관리 ······································· 439
3. 인공지능 기술과 인권 경영 및 인재 관리 ·············· 439
4. 컴플라이언스 모니터링과 대응 ································ 440

Case Study : 한국가스기술공사, "에너지 전환에 따른 신사업 추진체계 강화" ·· 441

제15장 국제금융

Introduction : 해외 소재 금융기관에 외환시장 개방 ··· 새벽 2시까지 연장
··· 450

제1절 국제금융시장의 이해와 주요 유형
1. 국제금융의 개념과 기능 ··· 452
2. 국제금융시장의 개념과 유형 ···································· 453
3. 국제금융상품의 발전과 유형 ···································· 457

제2절 외환시장과 국제수지의 개념
1. 외환시장의 이해와 특징 ··· 462
2. 국제수지의 개념과 종류 ··· 467
3. 국제통화제도의 이해와 기능 ···································· 468

제3절 제4차 산업혁명 시대의 디지털 금융 과제
1. 핀테크의 확산 ·· 470
2. 블록체인과 금융시장 ··· 471
3. 디지털 외환시장의 특징 ··· 471

Case Study : 대통령 경제사절단으로 베트남 가는 이어룡, 대신증권 해외사업 확대 모색 ·· 472

제16장 글로벌 창업

**Introduction : 서울경제진흥원, 美 진출 희망하는
인공지능·모빌리티·로봇 등 스타트업 10개사 모집** ·········· 480

제1절 4차 산업혁명과 글로벌 창업의 확산
1. 글로벌 창업관점의 4차 산업혁명 ···················· 482
2. 글로벌 창업의 특성 및 성격 ························ 483
3. 글로벌 창업의 구성요소 ···························· 485

제2절 글로벌 창업의 주요 유형
1. 창업자 주도형 ······································ 488
2. 글로벌 학습 지향형 ································ 488
3. 글로벌 네트워크 활용형 ···························· 489
4. 글로벌 기술 주도형 ································ 489
5. 글로벌 시장 지향형 ································ 490

제3절 글로벌 프랜차이즈의 확산
1. 프랜차이즈의 개념 ································ 491
2. 글로벌 프랜차이즈의 국가별 특성 ················· 491
3. 4차 산업혁명 시대의 글로벌 프랜차이즈 ·········· 493

**Case Study : 롯데벤처스 실리콘밸리에 기지 설립
··· "스타트업 크로스보더 플랫폼 구축할 것"** ············ 496

부록 : 학습문제 해설 ·································· 503

제1장 국제무역의 개요

New Principles of International Trade of the 4th Industrial Revolution

학습목표
1. 세계무역 역사의 시작과 변화과정을 파악한다.
2. 우리나라 무역의 역사와 성장 배경을 이해한다.
3. 4차 산업혁명 시대의 우리나라 무역 환경의 변화를 설명한다.
4. 무역의 의미와 역사를 이해하여 중요성과 발전과정을 이해한다.
5. 무역의 개념과 형태 및 절차를 파악한다.
6. 무역에서 나타나는 자연·사회·경제적 조건과 특성을 파악한다.
7. 물품의 전달 방법과 상황에 따른 무역의 종류를 분류한다.
8. 무역관리의 의의와 관련 법의 구성을 이해한다.
9. 무역의 주체와 수출입 물품에 관한 관리를 설명한다.

Contents
Introduction : 무역협회, "AI 시대 기업 생존, 클라우드가 결정한다" 강조
제1절 국제무역의 기원과 역사
제2절 국제무역의 개념과 특성
제3절 국제무역 관리의 의의와 수단
Case Study : 한국 수출 1위국, 20년 만에 중국에서 미국으로 대이동

Introduction

무역협회, "AI 시대 기업 생존, 클라우드가 결정한다" 강조

- 무협, 14일 '클라우드 컨퍼런스' 가져
- 우리 기업의 디지털 전환 미흡 지적
- 정만기 부회장 "한국 클라우드 산업 뒤처져"

▲ 한국무역협회가 14일 삼성동 코엑스에서 개최한 국내 기업의 디지털 경쟁력 향상 지원을 위한 'KITA DX SUMMIT, 클라우드 기반 DX 글로벌 경쟁력 혁신 컨퍼런스'에서 무역협회 정만기 부회장이 개회사 중이다. (자료 : 한국무역협회)

한국무역협회는 14일 삼성동 코엑스에서 국내 기업의 디지털 경쟁력 향상 지원을 위한 '키타 디엑스 서밋(KITA DX SUMMIT), 클라우드 기반 DX·글로벌 경쟁력 혁신 컨퍼런스'를 열었다고 14일 밝혔다. 이날 컨퍼런스는 한국무역협회 회원사의 디지털 전환 및 역량 강화를 지원하기 위해 개최됐다. 이날 컨퍼런스에는 기업인 400명이 참석했다.

컨퍼런스에서는 OECD 가입국 38개국 중 디지털 기술 활용도 통계가 공개된 32개국을 대상으로 디지털 기술 활용도에 대한 분석, 국내 기업들의 디지털 활용 현황에 대한 소개가 이어졌다. 이날 무협이 밝힌 대한민국의 디지털 기술의 활용률은 OECD 32개국 중 21위, 인공지능 28위, 클라우드 26위 수준이다. 앞선 설문조사에서는 기업의 과반수인 62%가 코로나19 팬데믹 기간 중 디지털 전환 기회를 놓쳐 디지털 민첩성 측면에서 특히 뒤처지는 것으로 나타났다.

특히 대한민국의 글로벌 클라우드 활용 생태계 지수는 76개국 중 19위로, 싱가포르(1위), 독일(6위), 일본(15위) 등에 비해 낮은 수준인 것으로 확인됐다. 정만기 한국무역협회 부회장은 "미국·독일·중국 등 주요국들은 핵심 인프라에 대한 투자 등 디지털 전환을 가속화하면서 경쟁력 강화에 나서고 있다"면서 "반면에 우리 기업들의 디지털 전환은 전반적으로 미흡하다"고 지적했다.

또 "클라우드는 AI·블록체인·IoT 등 신기술에 대한 우리 기업의 관심이 높아져야 한다"면서 "기업은 클라우드 활용을 통해 시장 진입 속도를 높이고 급변하는 시장에 대응해 가야 할 것"이라고 주장했다. 규제개혁의 필요성도 강조했다. 그는 "산업계의 디지털 경쟁력 확보를 위해선 무엇보다도 규제개혁이 필요하다"면서 "특히 인공지능 챗봇이 신속히 보급될 수 있도록 저작물 이용 시 저작권자의 이용 허락 예외 인정, 가명 정보 활성화 등 지식재산기본법과 저작권법을 영국, 독일, 일본 등과 같은 수준으로 개정할 필요가 있다"고 말했다.

한편 이날 연사로는 김진철 구글 클라우드 코리아 솔루션 리드와 이재훈 KT 클라우드 이사, 강명구 AWS코리아 책임 기술 파트너 등 산업계 저명 IT인사들이 자리했다. 김진철 리드는 성공사례 발표를 통해 "세계 최대 온라인 식료품 유통회사인 영국의 오카도(Ocado)사는 수요 예측용 AI와 로봇 자동 출고 시스템을 도입하여 관리 효율성을 통한 비용 절감으로 큰 수익을 얻고 있다"고 말하며 "클라우드를 활용한 AI 기반의 로봇 동선 최적화로 로봇 시스템 운영의 기민성을 80배 개선할 수 있었다"며 한국 기업들에게 대안을 제시했다.

이재훈 이사는 "초거대 AI시대가 다가올수록 인프라역할을 하는 클라우드의 중요성이 높아질 수밖에 없다"면서 "클라우딩 확대에 따라 AI 산업의 진입 장벽은 낮아져 디지털 핵심 기술 기업과 산업계 간 협력은 자유로워질 것"이라고 클라우드의 중요성을 언급했다. 강명구 파트너는 "최근 클라우드 사업으로 보폭을 넓히고 있는 폭스바겐은 생산 라인과 설비 유지 보수, 도장에 이르는 모든 생산 공정을 디지털화하여 2025년까지 2억원 유로의 비용을 감소시킬 것으로 예상된다"면서 "이처럼 클라우드는 필요에 따라 제약 없이 확장될 수 있는 하나의 플랫폼이자 디지털 전환 인프라"라고 했다.

김성우 기자 / 해럴드경제 / 2023. 02. 14. /
https://biz.heraldcorp.com/view.php?ud=20230214000748

제1장
국제무역의 개요

제1절 국제무역의 기원과 역사

1. 세계무역의 기원

인류의 역사는 사냥과 농업, 그리고 상업과 산업 시대를 거쳐 발전해왔다. 과거에는 자급자족 체제였던 사회에서 살았지만, 이후 분업과 교환의 상호의존체제가 발전하면서 더 넓은 시장을 확보하기 위해 인간은 노력을 기울이게 되었다. 국가 간 상호작용은 시장 경제 발전에 있어서 중요한 역할을 하였으며 내륙교통수단의 한계로 인해 발전이 폐쇄된 사회보다는 내수와 해운에 의해 더 넓은 시장을 가질 수 있었던 사회를 중심으로 세계무역은 발전했다. 그리고 최근 4차 산업혁명 시대의 무역은 정보통신기술과 교통물류시스템의 혁신이 지속적으로 나타나며 새로운 기회와 위협을 맞이하고 있다.[1]

4대 문명의 형성
- 이집트, 중국, 인도, 메소포타미아 문명 형성
- 사냥, 농업, 상업 중심의 지역 사회 형성

지중해 중심 교역 발달
- 이집트와 레바논 간 곡물, 파피루스 교역
- 로도스 섬 중심 페니키아 상인 중심 교역

실크로드 형성
- 한나라 시대 중국과 서방을 연결하는 교역로
- 비단, 서방에서는 옥, 보석, 유리 제품 등 교역

서양 문화권 세계 제패
- 축적된 자본과 과학 중심 동인도 회사 등 설립
- 세계열강 중심의 신대륙 발견

삼각무역 성행
- 유럽 국가가 아프리카 노예를 아메리카 대륙으로 판매
- 사탕수수 농장 등 플랜테이션 중심 아메리카 대륙 성장

산업혁명과 생산성 향상
- 증기/섬유/철강 제조 기술 등의 혁신
- 대규모 생산과 제조업 발전 통한 국가 분업 체계 형성

국제 무역협정 등장
- 국가 간 무역장벽을 낮추고 자유무역을 촉진
- GATT/WTO를 비롯 FTA, RCEP 등 지역무역협정 등장

4차 산업혁명 시대 무역
- 글로벌 벨류체인 형성과 기업의 공급체인관리 시행
- 정보통신기술과 교통물류시스템 발달로 무역 활성화

세계무역의 역사적 흐름

2. 실크로드와 삼각무역

1) 실크로드

실크로드는 고대 동서 교통로를 의미하며, 이 길을 통해 중국의 특산품인 비단이 서쪽으로 운반되었기 때문에 이 이름이 붙여졌다. 이 길은 중국 한나라 시대에 타림분지 연변의 오아시스 도시를 지나서 파미르고원을 넘어 중국과 서방을 연결했다. 이 길은 동서교통로로 해석할 수 있으며 서아시아에서

로마에 이르는 길과 스텝을 지나는 길, 해상교통로까지 포함하기도 한다. 실크로드는 서남아시아와 중국을 연결한 최초의 길이며, 서남아시아 세계와 중국 문화권을 연결하는 역할을 하였다.2)

2) 실크로드의 개통

중국과 서방 교역로는 역사적인 기록이 있기 이전부터 이미 존재했다. 그러나 서방과의 공식적 교역은 한나라 무제의 명으로 장건이 중앙 아시아에 파견된 뒤부터 시작되었다. 그의 여행을 계기로 서역이라는 중앙 아시아나 서방 각지와 국교가 열리게 되었고, 상인들이 중국을 방문하여 진귀한 물품과 문화를 가져왔다.

3) 실크로드의 역할

실크로드는 동서를 잇는 무역로 역할을 하였다. 중국에서는 비단, 서쪽에서는 옥, 보석, 유리 제품 등이 이 길을 통해 운반되었으며, 다양한 산물과 문화가 중국에 전해졌다. 비단길은 상업로뿐만 아니라 중국과 서남아시아 문화권을 연결하는 역할도 하였다. 중국에서는 주철기술, 양잠, 제지법, 화법 등을 서방에 전하였으나 몽골 제국의 등장으로 이 길의 역사적 의의는 잃어갔다.

4) 삼각무역

삼각무역은 16세기부터 19세기 초반까지 유럽, 아프리카, 그리고 아메리카 대륙 간에 이루어진 무역 활동을 일컫는다. 주로 대서양을 가로지르는 무역 루트였으며, 유럽에서 제조된 면직물, 총기 등의 상품이 아프리카 대륙으로 운반되어 노예로 교환되고, 그 노예들은 아메리카 대륙으로 운반되어 식물성 작물인 설탕, 담배, 면화 등을 생산하였다. 이러한 삼각무역은 유럽의 제조업이 발전하는 데 큰 역할을 했다.3) 유럽에서는 제조업이 발전하면서 수입을 줄이고 수출을 늘리기 위해 아시아와 아프리카와의 무역 활동을 증가시켰고, 이에 따라 유럽의 제조업은 성장하였으며, 이후 산업혁명으로 이어졌다.

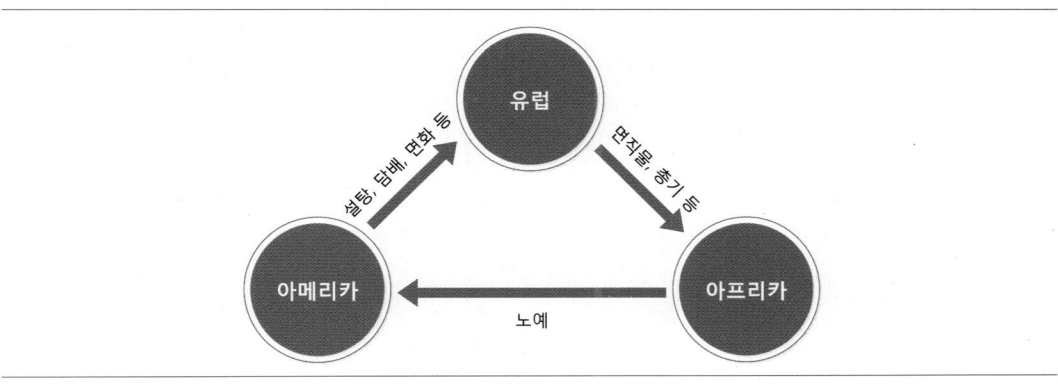

삼각무역의 흐름

5) 아프리카 노예무역

16세기부터 19세기 초반 동안 최소 1,000만 명 이상의 아프리카인이 노예로 끌려가 대서양을 건너갔다. 대략 10~20%의 사람들이 항해 과정에서 사망한 것으로 추정된다. 1781년 아프리카 서해안을 출발해 자메이카로 가던 노예무역선 종(Zong)호의 선장은 노예 130명을 바다에 던진 뒤, 노예들을 재산으로 보고 보험금을 청구하였는데 살인죄를 적용하지 않아 처벌받지 않았다.4) 1839년에는 스페인의 노예선 아미스타드호에서 아프리카 흑인들이 반란을 일으켰다. 흑인들은 선원 살해 혐의로 처형 대상이 되었지만, 대법원은 이들이 자유를 지키려는 정당방위였다고 판결했다.

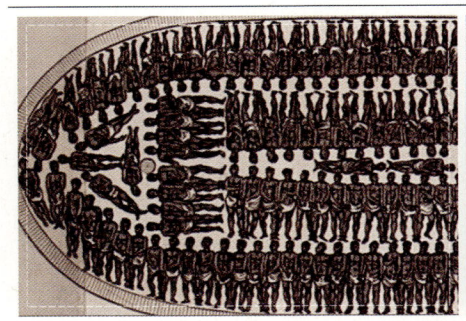

아프리카 노예무역선

6) 플랜테이션

플랜테이션은 단일작물을 재배하는 거대한 농산물 생산업을 말한다. 16세기부터 19세기 초반 동안 북아메리카, 브라질, 카리브해 지역에서는 노예의 노동력을 바탕으로 주로 설탕과 면화를 생산하는 플랜테이션을 조직 및 운영하였다.5) 주요 작물로는 담배, 소포, 차, 커피, 사탕수수 등이 있으며 삼각무역을 바탕으로 유럽으로 다시 수출되었다.6) 플랜테이션은 삼각무역의 일환으로서 큰 이익을 창출하는 수단이었으며 유럽의 제조업 발전과 세계 무역의 발전에 큰 영향을 미쳤다.

3. 국제분업체계의 등장

아담 스미스는 국부론을 통해 상대적 우위에 있는 재화에 특화하여 무역을 하면 무역 당사국 모두에게 이익이 된다고 주장하였다. 이에 따라 국제분업체제가 형성되면서 국가 간 무역이 활성화되며 생산은 국내에서 하고 판매는 무역을 통해 해외에서 이루어지게 되었다.7)

기업의 국제화 과정

1) 국제기업 동인도회사의 등장

동인도회사는 17세기 초 동양에 대한 독점무역권을 부여받아 동인도에 설립된 영국·프랑스·네덜란드 등의 여러 회사와 홍차 브랜드를 지칭한다. 각국의 동인도회사는 동인도의 특산품 무역독점권을 둘러싸고 각각 항쟁했으며 네덜란드 동인도회사는 동인도의 여러 섬을 정복하고 간접지배를 통해 특산품무역을 독점했다.[8] 영국 동인도회사는 인도 무역을 거의 독점하고, 인도의 식민지화를 추진하기 시작했다. 이후 동인도회사는 자본주의의 세계적 확산과 산업자본의 지배가 확립되면서 그 역할은 끝나게 되었다.

2) 산업혁명의 태동

산업혁명은 일련의 생산과 경제 구조의 변화와 혁신을 지칭한다. 18세기 말부터 19세기 초에 이루어진 증기 기술과 기계화의 등장으로 섬유 제조, 석탄 채굴, 철강 생산 등의 분야에서 생산성의 변화가 나타났다.[9] 산업혁명은 수작업과 수공업 경제에서 기계 생산방식으로 전환함에 따라 생산성의 혁신을 가져왔다. 이에 따라 자원이 풍부한 국가는 원자재 생산과 수출에 집중하고, 기술력이 뛰어난 국가는 고부가가치 제품의 생산과 수출에 집중할 수 있는 국제적인 분업체계가 발달하게 되었다.

4. 우리나라 무역의 성장 배경과 4차 산업혁명

우리나라 무역의 역사는 매우 오래되었다. 한반도의 선사시대부터 국제무역을 하던 기록들이 존재하며 7세기부터는 백제와 신라가 중국과 일본과의 무역을 시작하였고 14세기 조선시대부터는 중국과의 무역이 활발히 이루어졌다. 이후 19세기 말부터는 일본의 침략으로 인해 우리나라 무역은 어려움을 겪게 된다. 그러나 20세기 초반, 일제 치하에 우리나라는 일본과의 무역으로 인한 다시금 수출을 촉진하였으며,[10] 1945년 대한민국 임시정부의 수립과 함께 무역은 더욱 활성화 되었다.

1) 우리나라 무역의 성장 배경

(1) 제조업 중심 수출 강국

1960년대부터는 수출 증대를 위해 제조업이 중심이 되어 새로운 발전을 이루었으며 이후 1980년대부터는 대한민국의 주요 수출 품목이 전자제품, 섬유, 철강 등으로 바뀌면서 우리나라의 무역은 더욱 발전하게 되었다. 현재 우리나라는 천연자원의 한계로 석유, 철광석, 천연가스 등을 중국, 일본, 미국, 사우디아라비아 등지로부터 수입하고 있지만 우리나라가 무역강국이 될 수 있었던 배경은 우리 제조업체들이 여러 산업 영역에서 품질이 우수한 제품을 만들었기 때문이다.[11] 이에 따라 우리나라는 반도체, 디스플레이, 자동차, 조선, 철강 등을 생산하여[12] 미국, 중국, 일본, 독일 등으로 수출하는 세계 10대 수출강국 중 하나로 거듭나게 되었다. 특히, 삼성, 현대, LG, 롯데 등의 대기업들이 글로벌 시장에서 경쟁력 있는 제품과 기술력을 바탕으로 한 대표적인 수출 품목을 보유 중이다.

(2) GATT/WTO

우리나라는 1967년 GATT(General Agreement on Tariffs and Trade)에 가입하였고 우루과이 라운드를 통해 1995년 1월 1일 WTO 회원국으로 가입하였다. WTO는 회원국의 국내법을 다자규범에 일치시키도록 규정하는 등 일방주의 억제를 위한 제도적 장치를 마련함으로써, 미국, EC 등 일부 선진국의 우리나라에 대한 일방적인 무역보복 가능성이 감소하게 되었다.[13] 또한, 다양한 국가 및 지역과 자유무역협정(Free Trade Agreement: FTA)을 체결하고 무역장벽을 줄여 경제적 이점을 얻을 수 있었으며, 수출과 투자 증가를 도모하였다. 이외에도 최근 우리나라는 RCEP을 통해 아시아 태평양 지역의 15개 회원국 간의 무역 협력을 강화하여 시장 접근성을 개선하고 경제 통합을 촉진하고 있다.

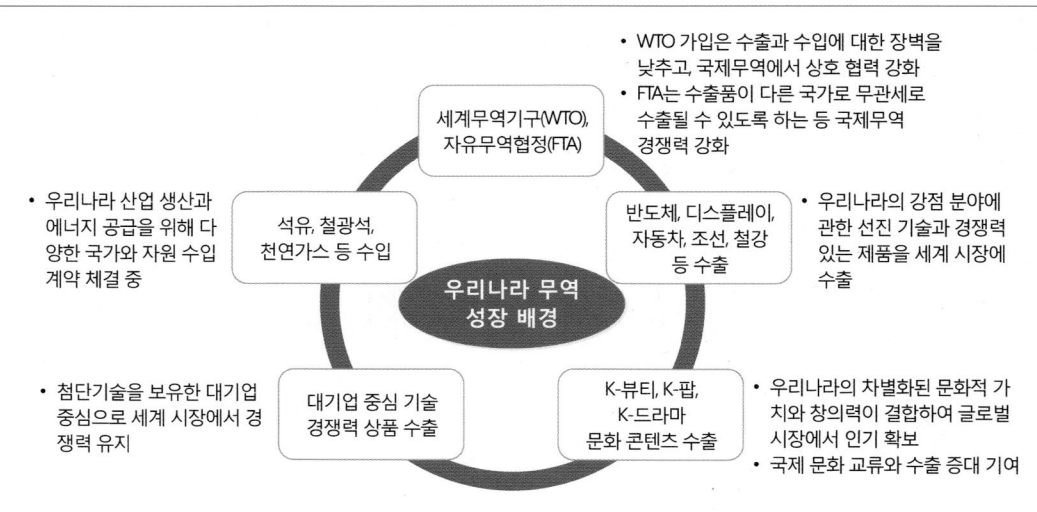

우리나라 무역 성장 배경

2) 4차 산업혁명 시대와 우리나라 무역

최근 4차 산업혁명 시대의 우리나라는 디지털 기술과 생산기술의 융합을 통해 물리적 차원과 디지털 세계를 연결하고 변화시키고 있으며,[14] 무역도 큰 성장을 맞이하고 있다.[15] 정보통신기술을 바탕으로 한 인터넷과 모바일 기술이 보급되면서 글로벌 전자상거래가 대세가 되며,[16] 온라인 시장에서 쉽게 수출기업이 진출하고 무역이 활성화되고, 해외에서 상품을 주문하거나 구매할 수 있게 되었다.[17] 또한, 빅데이터와 인공지능 기술의 발전으로 데이터 분석과 예측이 가능해졌다.[18] 이를 활용하여 수출입 거래나 물류 과정에서 발생하는 문제를 미리 예측하고 대응할 수 있어 무역 프로세스가 더욱 효율적이고 안정적으로 이루어질 수 있다.[19][20] 또한, 스마트 팩토리와 사물인터넷 기술의 발전으로 생산과 물류 과정에서 자동화가 가능해졌다. 이를 통해 생산 및 물류 비용을 절감하고, 무역 프로세스를 좀 더 신속하고 정확하게 처리할 수 있게 되었다.[21] 이러한 4차 산업혁명의 발전으로 무역이 더욱 선순환적으로 이루어지고, 효율적이며 안정적인 무역 환경이 조성될 것으로 기대된다.[22]

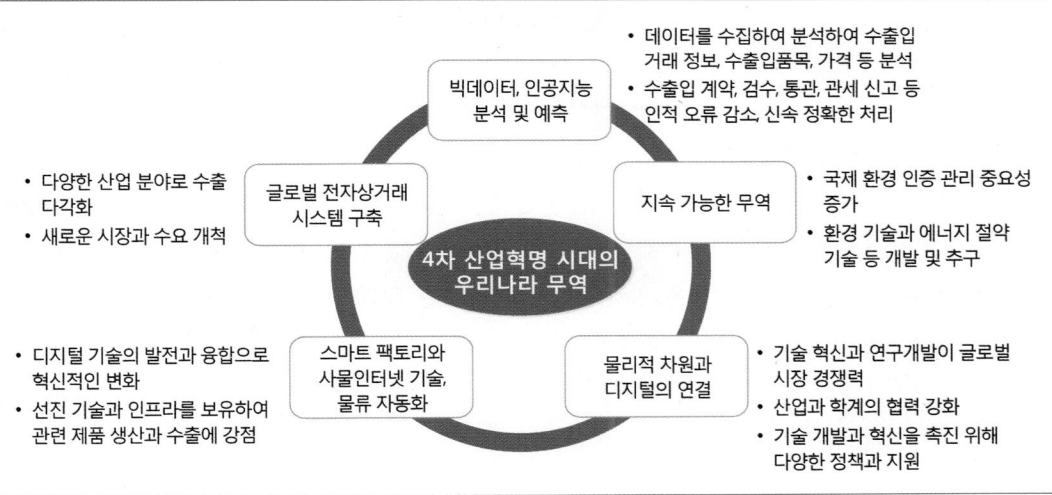

4차 산업혁명 시대의 우리나라 무역

제2절 국제무역의 개념과 특성

1. 무역의 개념

무역은 유형의 물품이 국경을 넘어 외국으로 수출하고 수입하는 거래를 의미한다. 전통적인 분류에서 무역외 거래는 용역거래와 같이 물품이 아닌 거래를 의미한다. 이때 무역거래와 무역외 거래 규모의 합이 경상거래 규모이다. 광의의 무역은 세계 경제의 발전에 따라 최근의 무역은 금융 및 자본거래를 비롯한 해외건설 및 플랜트 등까지 포함하는 의미로 확장되고 있다.

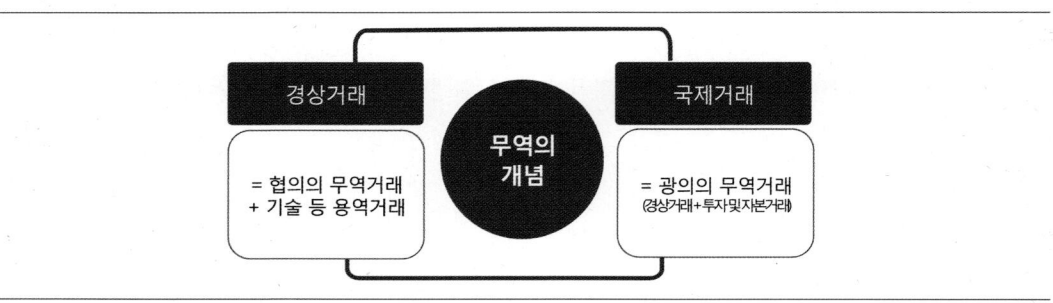

무역의 개념

즉, 무역은 외국무역, 국제무역, 세계무역 등으로 표현될 수 있으며, 관점에 따라 단어 사용의 차이가 있을 순 있지만, 근본적인 개념은 거의 동일하다. 무역은 교환이나 매매가 이루어진다는 점에서 상업의 일종이지만, 거래 대상과 지역이 외국 국가나 시장인 국제 상거래라는 점이 국내 거래와 차이점이 있다. 일반적으로 무역은 유형 물품의 수출입을 의미하는 협의의 무역을 의미하고, 이는 비엔나 협약에서 나타내고 있는 무역의 범위와 유사하다.

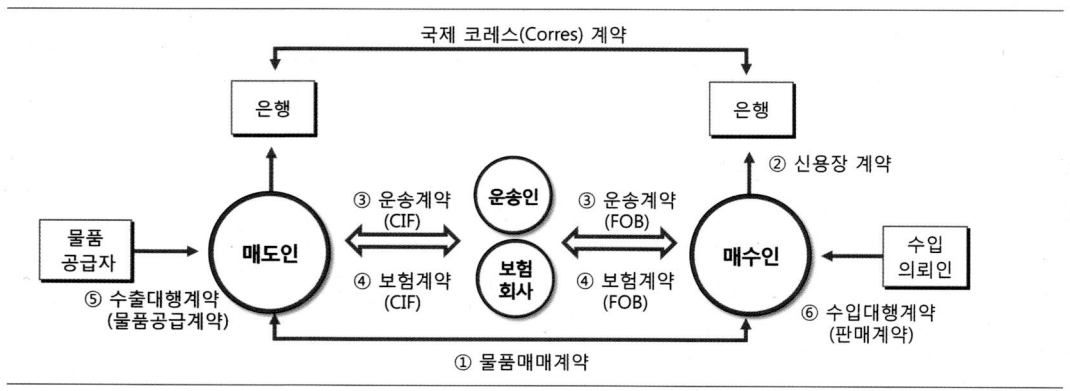

무역의 절차

2. 무역의 특성

오늘날 서로 다른 국가 간에 무역이 성사될 수 있었던 주된 요인으로 각국의 상이한 자연·사회·경제적 조건을 꼽을 수 있다.23) 자연적 조건으로는 기후나 풍토, 천연자원 등이 있으며 사회적 조건으로는 인구, 노동의 질, 자본의 축적 정도, 기술 수준 등이 있다. 이렇듯 국가가 지닌 조건이 상이하기 때문에 물품이나 서비스를 생산할 때 비용 차이가 발생하게 되고 무역이 시작되는 것이다. 따라서 무역은 다음과 같은 특성을 가지고 있다.

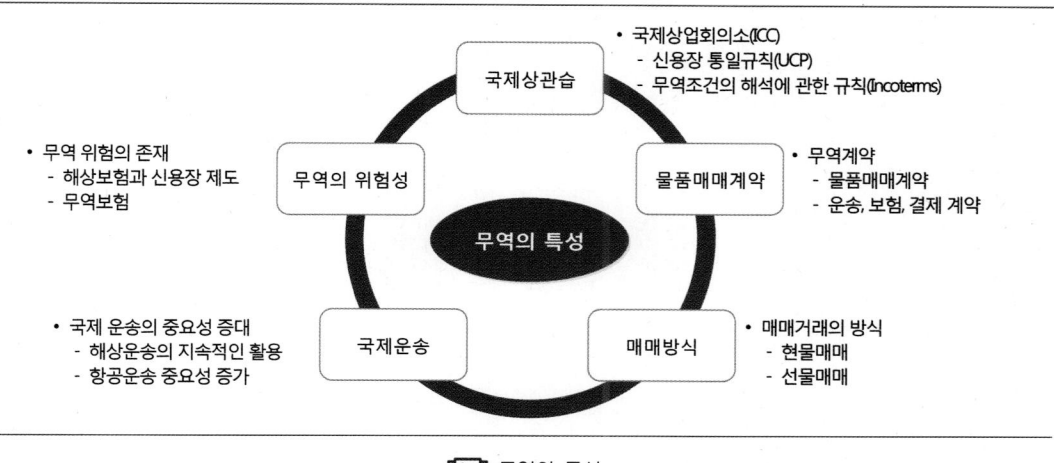

무역의 특성

3. 무역의 종류

1) 물품의 형태

무역은 물품의 형태에 따라 유형무역과 무형무역으로 구분할 수 있다.

물품의 형태에 따른 무역의 구분

(1) 유형무역(Visible trade)

유형무역이란 우리가 눈으로 볼 수 있는 물품에 대한 무역으로 수출입 시 반드시 세관의 통관을 거치는 일반적인 상품 수출입을 의미한다. 유형무역은 무역수지(Trade balance)에 계상돼 무역통계로 잡혀 한 나라의 국제수지를 구성하는 중요 항목이 된다.

(2) 무형무역(Invisible trade)

무형무역이란 광의의 무역에 포함되는 기술, 용역, 자본, 노동 등 눈으로 볼 수 없는 수출입을 의미하는 것으로써 유형의 형체가 없어 세관에서 통관절차를 거치지 않는다. 세관의 통관절차가 수반되지 않기 때문에 무역통계에는 나타나지 않고 외환계정으로만 표시되므로 무역외수지라고 한다. 대표적으로 각종 수수료, 해상운임, 보험료, 여행경비, 해외 사무소 경비, 특허기술사용료, 투자이익 등이 무역외수지에 포함된다.[24]

2) 직간접 물품 매매

무역의 형태는 거래당사자의 계약 과정에서 중개인의 개입 여부에 따라 직접무역과 간접무역으로 구분한다.

📋 직간접 물품 매매에 따른 무역의 구분

직간접 물품 매매	
직접무역	• 제3국의 중개인을 통하지 않고 직접 계약 체결 및 수출입

간접무역	• 제3국의 중개인이 개입하여 무역거래가 체결
	  - 중계무역(Intermediate Trade)
	    수출할 목적으로 물품 등을 수입하여 국내에 반입하지 않고(보세구역/자유무역지역 경유 가능) 수출하는 거래
	  - 중개무역(Merchandising Trade)
	    제3국이 개입하여 대금은 수출상이 수입상으로 부터 직접회수하고 중개인은 중개수수료를 획득하는 거래
	  - 통과무역(Transit Trade)
	    수출물품이 제3국을 경유할때, 제3국 입장에서의 무역 형태
	  - 스위치무역(Switch Trade)
	    수출자와 수입자 간에 물품매매계약을 직접 체결하고 대금결제만 제3국의 통화나 업자가 개입하는 거래
	  - 우회무역(Round-about Trade)
	    수출물품이 수입규제, 관세장벽의 회피, 외환통제를 회피하기 위해 제3국을 경유하는 거래

(1) 직접무역(Direct or bilateral trade)

직접무역이란 수출국과 수입국의 거래당사자가 제3자, 즉 제3국의 중개인을 통하지 않고 직접 계약을 체결하여 직접수출(Direct export)과 직접수입(Direct import)을 하는 경우를 의미한다. 일반적으로 직접무역에서의 수출업자는 물품의 제조업자이거나 공급업자인 경우가 많다.

(2) 간접무역(Indirect trade)

간접무역이란 거래당사자끼리 직접적으로 매매계약을 체결하는 것이 아니라 제3국의 중개인이 개입하여 무역거래가 이루어지는 경우를 의미한다. 간접무역에는 중계무역, 중개무역, 통과무역, 스위치무역, 우회무역 등이 있다.

3) 수출입 연계무역(Counter trade)

수출입이 연계(Link)된 모든 형태의 무역거래를 총칭하여 연계무역이라고 한다. 연계무역은 물물교환, 구상무역, 대응구매, 산학협력, 제품환매 등의 형태로 구분할 수 있다. 연계무역은 1960년대부터 자본주의 국가와 사회주의 국가 사이에 심한 무역불균형을 해소할 목적으로 사회주의 국가를 중심으로 시작된 거래로,[25] 세계무역의 동일한 거래 당사자 간에 수출입이 연계된 무역거래로 거래 당사국 간 수출입의 균형을 유지하거나, 통상협력의 수단으로 이용된다.

📋 수출입 연계무역

수출입 연계무역	
물물교환 (Barter Trade)	• 환거래가 발생하지 않고 상품이 직접 교환 되는 물물교환방식 • 대금결제가 나타나지 않는 특징
구상무역 (Compensation Trade)	• 대금의 전부 또는 일부를 현금 아닌 물건으로 대금 결제 • 물품, 기술, 노하우, 서비스 등이 현금을 대신하여 지급
대응구매 (Counter Purchase)	• 1건의 거래에 대해 서로 합의한 일정 기간 내에 물품을 별도 두 개 계약에 의해 거래하고, 두 개의 일반 신용장을 사용

산업협력
(Industrial Cooperation)
	• 제품환매방식(Product buy back)과 합작투자(Joint venture)로 구분
	  - 제품환매방식은 수출자가 공장설비나 기술을 수출하고 생산된 제품 일정비율 구매하는 거래
	  - 합작투자는 수출자와 수입자가 합작하여 판매망 제공 등 통한 생산품을 수입자가 수입하는 거래

상계무역 (Offset Trade)	• 고도의 기술제품이나 첨단장비를 수입하는 대신 그 부품을 수출하거나 생산기술 등을 이전 받는 거래 • 군장비, 항공기, 통신 등 방위산업/항공기 산업에서 주로 활용

4) 물품의 가공방식과 판매방식

가공무역(Processing trade)이란 위탁가공무역과 수탁가공무역으로 구분하고 가득액(FOB-CIF) 또는 부가가치를 얻기 위하여 원료의 일부나 전부를 외국에서 수입해 가공하여 다시 외국에 수출하는 거래를 의미한다. 또한, 매매자가 해외 시장에 진출하거나 매매 활동을 위탁할 때 판매방식에 따라 위탁판매수출과 수탁판매수출로 구분한다.

물품의 가공방식과 판매방식

	물품의 가공방식과 판매방식

가공방식	• 위탁가공무역
	  - 가공임 지급 조건으로 가공할 원자재를 거래 상대방에게 수출하여 가공된 물품을 수입하는 형태
	• 수탁가공무역
	  - 가득액(FOB-CIF)을 위해 거래상대방의 위탁에 의하여 원자재를 수입하여 가공 후 위탁자에게 수출하는 형태

판매방식	• 위탁판매수출
	  - 무상으로 외국업자에게 수출하여 판매를 위탁한 후 당해 물품이 판매된 범위 내에서 대금을 지급받는 거래
	• 수탁판매수출
	  - 물품 등을 무환으로 수입하여 당해 물품이 판매된 범위 안에서 대금을 결제하는 계약에 의한 수입을 의미

5) 특수한 수출입 방식

수출입기업들은 다양한 비즈니스 모델을 적용하여 글로벌 시장에서 경쟁력을 갖추고 확장할 수 있도록 한다.[26] 이를 위해 기업들은 경쟁력을 확보하기 위해 녹다운 방식, 플랜트 수출 방식, 보세창고 거래, OEM 방식 등의 특수한 수출 방식을 활용하기도 한다.

특수한 수출입 방식

	특수한 수출입 방식
녹다운 방식 (Knock-Down)	• 부품이나 반제품 형태로 수출하면, 조립할 설비가 있는 수입자가 현지에서 완성하여 판매하는 방식 • 완제품 수입을 제한하거나 완제품에 대한 고율의 관세를 회피하고자 하거나 현지조립방식이 인건비 등의 이유로 비용이 저렴한 경우 현지시장침투 및 확대전략으로 이용되는 방식
플랜트(산업설비) 수출 방식	• 통상 공장설비나 선박, 철도, 항만 등 자본재 수출을 의미 • 생산하기 위한 기계 및 장치 등의 하드웨어와 설치에 필요한 엔지니어링, 노하우 등이 있긴 하지만, 철도, 도로, 항만 등의 사회간접자본 등의 수출도 포함되어 생산공장(Plant)만을 수출하는 거래라고 보기 어려움 • 플랜트 수출의 전형적인 형태로 설계에서부터 완성에 이루어지기까지 모든 과정에 대하여 궁극적으로는 수입자가 키를 돌림으로써 가동하는 턴키(Turnkey base or turnkey contract) 형태가 있음
보세창고 거래	• 수출자 위험과 비용으로 지점, 출장소 혹은 대리점을 설치하고, 허가받은 보세창고(Bonded warehouse)에 물품을 반입하여 현지에서 판매하는 방식 • 수입자는 계약이 성립될 때까지 신용장 개설을 하지 않아 자금부담이 적고, 수입국 보세창고에 물품이 있기 때문에 현품을 확인할 수 있어 상품 위험이 적으며 수입절차에 따른 시간과 비용을 절약할 수 있음 • 수출자는 판매 저조로 인한 비용손해, 시장예측을 벗어난 계절상품으로 적시 판매에 대한 위험성이 있음
주문자 상표부착 생산방식	• OEM(Original Equipment Manufacturing) 방식은 외국의 수입자로부터 제품 생산을 의뢰받아 주문자 상표를 부착하여 수출하는 국제 하청생산방식 수출 • 노동자의 고임금이나 기계설비 낙후 등으로 본국 생산방식이 경쟁력을 상실하여 판매노하우만 있는 경우에 개발도상국 등으로 생산을 이전하는 방식

6) 4차 산업혁명 시대의 무역

4차 산업혁명 시대의 무역은 디지털화와 서비스화에 따라 특성이 변화하고 있다.[27] 그 변화양상은 디지털 무역,[28] 지식재산권 무역,[29] 서비스 무역,[30] 물리적 상품 무역[31] 등으로 구분해 볼 수 있다.

📋 4차 산업혁명 시대의 무역

4차 산업혁명 시대의 무역	
디지털 무역	• 정보통신기술의 무역 계약과 마케팅 및 결제 등에 적용 • 글로벌 전자상거래, 온라인 마케팅, 디지털 및 블록체인 기술 결제 등
지식재산권 무역	• 지식재산권에 관한 국제적 거래의 형태 등장 • 특허, 상표, 저작권 등
서비스 무역	• 서비스 산업 중심 무역의 대두 • 금융, 보험, 교육, 의료 등
물리적 상품 무역	• 글로벌화에 따른 기존 무역의 확장 • 수입, 수출, 운송, 보관, 유통 등에서 다품종 소량화 경향이 나타남

제3절 국제무역 관리의 의의와 수단

1. 무역관리의 의의

무역관리란 국가가 제도, 기구 또는 법규에 의해 무역관리자에 대한 간섭과 규제 또는 지원하는 것을 의미한다. 대부분의 나라에서는 무역에 대해 최소한의 규제와 충분한 지원을 위해 각종 제도와 법규를 정비하여 무역관리를 이행하고 있다. 개발도상국의 경우 국제수지 개선과 국내유치산업 보호를 위하여 어느 정도의 수입제한과 수출진흥책을 사용하고 있다.[32]

2. 무역관리의 수단과 대상

1) 무역관리의 수단

정부 주도의 무역관리는 대표적으로 3개 법규로 이뤄진다. ⅰ) 무역관리를 위한 기본 법규인 대외무역법, ⅱ) 우리나라와 외국 간에 외국환이 들어오고 나가는 과정을 관리하기 위한 외국환거래법, ⅲ) 수출입통관 절차와 관세의 부과·징수에 대해 규정하고 있는 관세법이 있다. 이 밖에도 수출보험법, 수출검사법, 외자도입법, 수출자유지역설치법 등 여러 가지 특별법이 있다.[33]

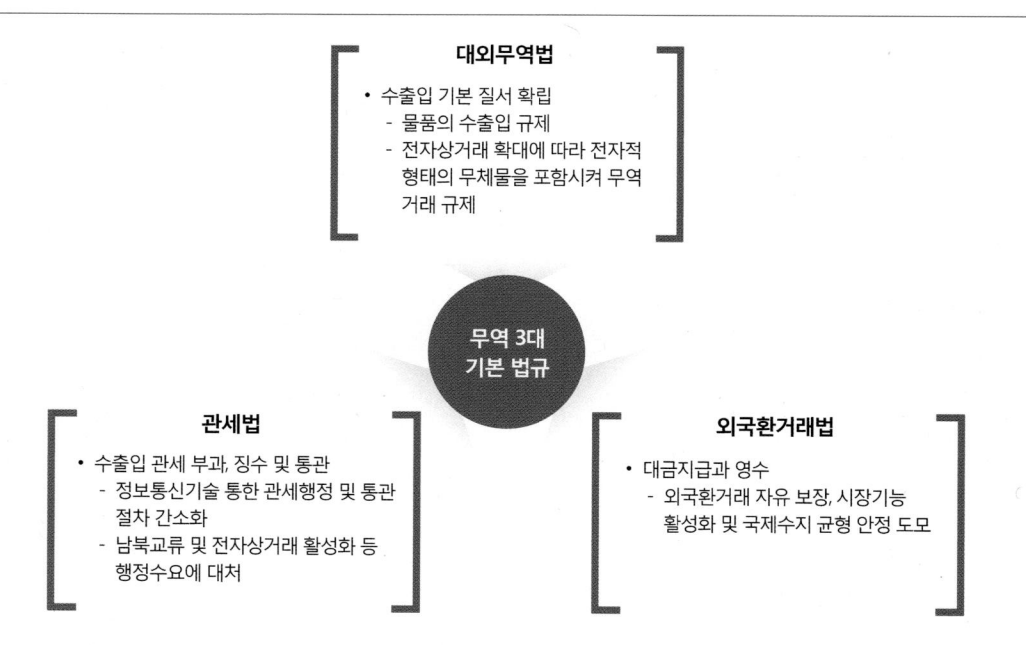

무역관리 수단

2) 무역관리 대상

(1) 주체 관리

대외무역법 제2조 제3호에서 "무역거래자"란 수출 또는 수입을 하는 자(무역업자), 외국의 수입자 또는 수출자의 위임을 받은 자(무역대리업자), 수출 또는 수입을 위임하는 자 등으로 지정하고 있으며, 물품 등 수출 또는 수입 행위 전부 또는 일부를 위임하거나 행하는 자로 정한다. 즉, 수출 또는 수입을 하는 자와 위임하는 자를 무역업자라고 하고, 수출자 또는 수입자의 위임을 받은 자를 무역대리업자(무역대리점)이라고 한다.

(2) 물품 관리

대외무역법 제10조에 따르면 물품 등의 수출입과 이에 따른 대금 영수 혹은 지급하는 것은 대외무역법의 목적과 범위에서 자유롭게 이뤄져야 한다. 하지만 수출업자가 무역업자 혹은 무역대리업자로서 자격을 갖추고 있다고 하더라도 무역거래의 대상이 되는 물품에 대해서는 별도로 수출입공고가 지정하는 바에 따라 수출입 승인을 받아야 한다.

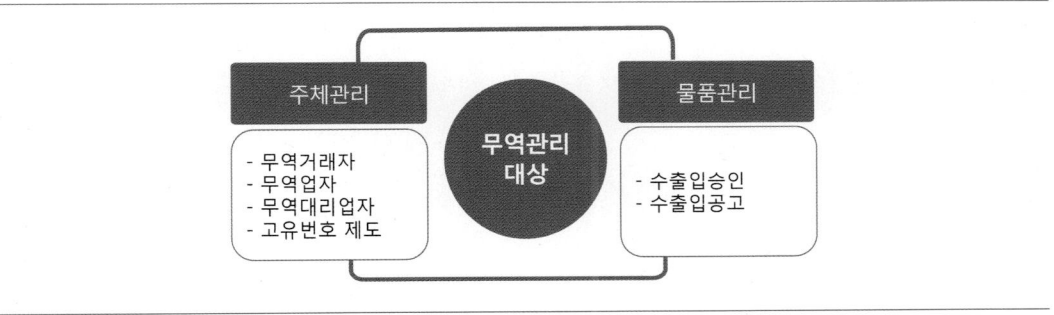

무역관리 대상

3) 수출입 거래 형태 관리

대외무역관리규정에는 수출입 거래 형태별로 위탁판매수출, 수탁판매수입, 위탁가공무역, 수탁가공무역, 임대수출, 임차수입, 연계무역, 중계무역, 외국인수수입, 외국인도수출, 무환수출입 등을 제시하여 법적인 안정성과 효율적인 거래 관리를 촉진하고, 보안과 안전, 공정한 경쟁 환경을 유지하기 위하여 노력하고 있다.

4) 수출입 지역 관리

원칙적으로 수출입 지역에 대해 지역 제한은 없지만, 대외무역법 제5조에 따르면, ⅰ) 우리나라 또는 교역상대국에 전쟁, 사변, 천재, 지변이 있을 때 ⅱ) 교역상대국이 조약과 일반적으로 승인된 국제

법규상의 우리나라의 권익을 부인할 때 iii) 교역상대국이 우리나라의 무역에 대하여 부당하거나 차별적인 부담 또는 제한을 가할 때 iv) 헌법에 의해 체결, 공표된 조약과 일반적으로 승인된 국제법규에서 정한 국제평화와 안전유지 등의 의무 이행을 위하여 필요할 때 v) 인간의 생명, 건강 및 안전, 동식물의 생명 및 건강, 환경 보전 또는 국내자원 보호를 위하여 필요할 때 물품의 수출입 지역을 제한하거나 금지할 수 있다고 규정하고 있다. 수출입 공고 이외에도 전략물자 수출입고시에 의해서도 수출지역이 제한 또는 금지되는 경우가 있다.

Case Study

한국 수출 1위국, 20년 만에 중국에서 미국으로 대이동
- 한국수출, '구도 대전환' 이미 깊숙히 진행중
- 미국 비중 20년 전 회귀해 커지고 중국은 줄어

▲ 수출입 물품 컨테이너가 쌓여 있는 항만 야적장(자료 : 게티이미지코리아)

　한국 경제의 엔진 구실을 해온 수출 전선에 구조적인 도전이 몰아치고 있다. 최근 수출 감소와 무역적자 누적은 경기 하강이나 특정 품목의 부진 차원을 넘어 수년간 이어져온 글로벌 무역 환경 변화가 본격 반영된 결과라는 분석이 나온다. 장기화하는 미-중 무역 분쟁과 코로나19 대유행을 거치면서 뚜렷해진 공급체인 변화, 세계 경제의 블록화 현상 등이 한국의 수출 전선에 파장을 일으키고 있다는 뜻이다. 지난 20년 동안 중국이 차지해온 한국 수출 시장 1위 자리가 미국으로 넘어갈 조짐을 보이는 것도 이런 구조적 흐름에서 비롯한 것이다.
　전문가들은 "과거 수출 하강·회복 시기(평균 12개월 지속)와는 양상이 다르다. 향후 수출 부문의 회복 경로를 예상하기 어렵다"며 "수출 전략의 대전환이 필요하다"는 진단을 내놓는다.

○ **대중 수출 비중 19.5% … 2004년 회귀**

12일 정부와 한국무역협회 무역통계 자료를 보면, 올 들어 1~3월 우리나라 총수출에서 대중 수출 비중(금액 기준)은 19.5%다. 1분기 실적이긴 하나 중국 수출 비중이 20% 아래로 내려온 건 2005년 이후 처음이다. 지난해 대중 수출 비중은 22.8%였다. 지난해 초부터 이어지는 디(D)램 값 급락으로 반도체 수출이 크게 줄어든 탓이 크다. 대중국 수출 중 반도체 비중은 최근 3년간 약 30% 수준이었다.

변곡점은 2018년부터 발생했다. 대중 수출 비중은 2000년 10.7%에 그쳤으나 2001년 말 중국의 세계무역기구(WTO) 가입 이후 중간재 수출 붐을 타고 4~5년 만에 21.3%(2005년)로 올라선 뒤 2018년 26.8%까지 커졌다. 그러나 2018년 가을에 터진 미·중 관세 분쟁이 반도체·통신·이차전지 등 하이테크 부문으로 확대되며 대중 수출 비중은 최근 5년 새 7.3%포인트나 줄었다. 현재 대중 수출 비중은 2004년(19.6%)과 엇비슷하다.

중국 전체 수입시장에서 한국산 제품 점유율도 7.5%(2022년 기준)로, 2001년 이래 가장 낮다. 한국은 2013~2020년 8년 내리 일본을 제치고 중국 수입시장 점유율 1위였으나 최근 2년 연속 대만에 밀려 2위에 머무르고 있다. 최근 3년간 한국의 중국 수입시장 점유율 평균 하락폭(1.9%포인트)은 중국과 갈등해온 미국 제품의 하락폭(1.3%포인트)보다도 더 크다. 수출이 마이너스(전년 동기 대비)로 전환된 지난해 8월 이전부터 이미 중국 시장 수출에 구조적 변화가 진행됐다는 또 다른 증거다.

국제금융센터는 최근 낸 보고서에서 "중국이 '제조 2025 전략'(2025년까지 핵심부품·재료 국산화율 70% 달성. 2015년 공표)을 본격 추진한 뒤부터 한·중 양국 간 수출 동조화 현상도 크게 약화됐다"며 "한·중 수출이 보완 관계에서 경쟁 관계로 이미 전환됐다"고 평가했다. 중국의 기술력 향상과 내수 중심의 성장 구조로의 전환, 글로벌 공급체인의 분절화 심화와 같은 요인이 이런 변화를 불러오고 있다는 뜻이다.

실제 중국의 수입물량 증가폭은 2019년부터 확연하게 낮아졌다. 지난해 중국의 수입 증가율(전년 대비 1.1%)은 세계 5대 무역강국(중국·미국·독일·네덜란드·일본) 중에 가장 낮다. 나아가 수입 중간재를 활용한 수출 정도를 보여주는 중국의 '글로벌가치사슬 후방참여 지수'는 2007년 22.4에서 2018~2019년 16.5로 급락한 뒤 2020년에는 15.1로 더 떨어졌다. 중간재 중심의 대중 수출 품목 구성이 이제는 취약점이 된 셈이다.

Case Study

○ **대미 수출 의존 강화 … 양날의 검**

줄어든 대중 수출의 빈 공간을 대미 수출이 일단 떠받치고 있다. 올해 1~3월 수출에서 미국 수출 비중은 17.7%로, 20년 전(2003년 17.7%) 수준까지 올라섰다. 우리의 수출 상위 10개국 가운데 최근 5년간 수출이 지속적으로 증가한 나라는 미국이 유일하다. 올 하반기까지 반도체 수출 감소세가 지속되고 미국 시장에서 자동차 수출이 호조를 이어가면 미국 비중이 중국 비중을 20년 만에 역전하는 상황이 일어날 공산도 있다. 대미 수출 비중은 2000년 21.8%에서 2005년에 14.5%로 급감한 뒤 2011년엔 10.1%까지 주저앉은 바 있다.

대미 수출 비중 확대는 양날의 칼이다. 미국은 최종재 중심으로 한국·일본·대만·베트남·말레이시아 등 세계 각국 제품이 치열하게 경합하는 시장이다. 무역협회는 최근 낸 보고서에서 "우리 대미 수출은 특정 품목 집중도가 매우 높다. 미국 시장에서의 수출경합 구도는 우리 수출에 미치는 파급효과가 크다"고 밝혔다.

이런 맥락에서 미국 시장에서 급부상 중인 중국의 존재는 우리에게 큰 부담이다. 한층 강화된 기술력으로 무장한 중국이 미국 시장 내에서 한국의 강력한 경쟁자로 떠오르고 있다는 뜻이다. 실제 중국은 그동안 만성 적자를 보여온 하이테크 제품 및 자동차 교역에서 지난해 무역흑자를 기록했다. 우리나라의 대미 주력 수출품은 자동차(19.7%, 품목 비중, 2021년 기준)와 자동차 부품(7.2%), 반도체(9.4%), 컴퓨터(5.7%)다.

정대희 한국개발연구원(KDI) 선임연구위원은 "2018년 미-중 무역분쟁 이전부터 조선·철강·반도체 등에서 중국의 기술추격이 거세게 진행됐는데, 그 후 미-중 전략적 경쟁과 코로나발 공급체인 재편이라는 바뀐 통상환경이 중국의 추격을 제약해줘 우리 수출에는 시간을 벌게 해준 측면도 있다"고 말했다. 우리 수출에서 중국·미국 시장 비중 변화가 오히려 늦게 나타났다는 뜻이다. 장상식 한국무역협회 동향분석실장은 "중국의 교역이 구조적 변화를 겪고 있어 한국의 수출전략도 대대적인 변화가 불가피한 시점"이라고 말했다.

조계완 기자 / 한겨레 / 2023. 04. 13. /
https://www.hani.co.kr/arti/economy/economy_general/1087691.html

학습문제

문제 1

대외무역법령에서 규정하고 있는 수출과 수입에 대한 설명으로 올바른 것은?
(제48회 국제무역사 1급 기출)

① 임대차·증여 등을 원인으로 외국으로부터 국내로 물품이 이동하는 것은 수입으로 보지 않는다.
② 관세법에 따른 보세판매장에서 외국인에게 국내에서 생산된 물품을 매도하는 것은 수출로 본다.
③ 수입대금은 국내에서 지급되지만 수입물품 등은 외국에서 인수하는 외국인수수입은 수입으로 보지 않는다.
④ 수출대금은 국내에서 영수하지만 국내에서 통관되지 아니한 수출물품 등을 외국으로 인도하는 외국인도수출은 수출로 보지 않는다.

문제 2

대외무역법령에서 규정하고 있는 특정거래형태의 수출입에 관한 설명으로 잘못된 것은?
(제48회 국제무역사 1급 기출)

① 외국에서 외국으로 물품 등의 이동이 있고, 그 대금의 지급이나 영수가 국내에서 이루어지는 거래로서 대금결제 상황의 확인이 곤란하다고 인정되는 거래를 말한다.
② 대금결제 없이 물품 등의 이동만 이루어지는 거래를 말한다.
③ 위탁판매수출은 물품 등을 무환으로 수출하여 해당 물품이 판매된 범위 안에서 대금을 결제하는 계약에 의한 수출을 말한다.
④ 중계무역이란 수출할 것을 목적으로 물품 등을 수입하여 보세구역 및 보세구역외 장치의 허가를 받은 장소 또는 자유무역지역 이외의 국내에 반입하고 수출하는 수출입을 말한다.

Case Study

문제 3

다음 무역 사례와 대외무역법령상 거래형태가 올바르게 연결된 것은?
(제52회 국제무역사 1급 기출)

> A. 우리나라 기업 A는 국내에서 직접 개발한 제품을 중국에 있는 기업 B에 생산을 위탁하고 원재료 일부를 공급하고 있음. 생산제품은 전량 일본으로 수출하고 있음.
>
> B. 우리나라 기업 C는 베트남에서 음식 재료를 수입하여 미국으로 수출하고 수출대금과 수입대금의 차액을 취함. 음식 재료는 우리나라 보세구역에 반입한 후 미국으로 운송.

① A. 위탁가공무역 B. 외국인도수출
② A. 위탁판매수출 B. 외국인수수입
③ A. 위탁가공무역 B. 중계무역
④ A. 위탁판매수출 B. 중개무역

문제 4

독자적인 개발력과 생산기술을 갖춘 제조업자가 연구개발, 설계, 디자인까지 담당하여 생산한 제품을 주문자의 상표로 수출하는 방식은?(2017년도 국가공무원 7급 공채)

① Turn Key Contract
② Franchise
③ Original Development Manufacturing
④ Licensing

문제 5
연계무역에 대한 설명으로 옳지 않은 것은?(2019년도 국가공무원 7급 공채)

① 구상무역은 수출입 균형을 유지하기 위하여 수출입물품대금을 그에 상응하는 수입 또는 수출로 상계하는 무역거래를 말한다.
② 물물교환은 외환거래 없이 물품을 서로 교환하는 무역거래를 말한다.
③ 대응구매는 수출액의 일정비율만큼을 반드시 수입하겠다는 별도의 계약서를 체결하고 수출하는 무역거래를 말한다.
④ 제품환매는 국교가 없는 두 나라 사이에서 행하여지는 준정부 차원의 무역거래를 말한다.

문제 6
특수한 무역 형태 중 녹다운(Knock-Down) 방식의 개념과 이점에 대해 설명하시오.
(2015년도 국가공무원 7급 공채 기출 변형)

문제 7
서비스 무역에 대해 설명하시오.(2014년도 국가공무원 7급 공채 기출 변형)

문제 8
경제통합은 무역장벽조치를 완화하거나 제거함으로써 회원국 간의 자유무역을 확대하는 것을 의미한다. 이와 관련하여 다음 물음에 답하시오.(2021년도 국가공무원 5급 공채)
Q. 경제통합의 형태를 제시하고 각 형태별 특징을 설명하시오.

※ 해설은 부록에 기재됨.

참고문헌

1) Rymarczyk, J., 「The impact of industrial revolution 4.0 on international trade」, 『Entrepreneurial Business and Economics Review』, Vol.9, No.1, 2021, 105-117pp.

2) 박은수, 김지은, 「실크로드를 통해 본 전통 공간 시안(西安)의 문화기술 융합 콘텐츠 연구」, 『한국과학예술융합학회』, 제18권, 2014, 281-298pp.

3) Rawley, J. A., Behrendt, S. D., 『The transatlantic slave trade : a history』. U of Nebraska Press, 2005.

4) Rupprecht, A., 「Excessive memories : Slavery, insurance and resistance」, In 『History Workshop Journal』(Vol. 64, No. 1, pp. 6-28), Oxford University Press, 2007.

5) 임형백, 「힌두교와 카스트 제도로 인한 인도인의 해외 이민의 특징」, 『아시아연구』, 제20권, 제3호, 2017, 117-149pp.

6) Klein, H. S.(2010). 『The Atlantic slave trade』, Cambridge University Press.

7) Chandra, R., 「Adam Smith, Allyn Young, and the division of labor」, 『Journal of Economic Issues』, Vol.38, No.3, 2004, 787-805pp.

8) Erikson, E., 『Between monopoly and free trade : the English East India Company』, Princeton University Press, 2014.

9) More, C., 『Understanding the industrial revolution』, Routledge, 2002.

10) 이지나, 정희선, 「IB Bishop 의 19 세기 말 조선 여행기 속 재현양상 분석 연구 : 주제어와 형용사 네트워크를 중심으로」. 『한국지역지리학회지』, 제24권, 제1호, 2018, 1-17pp.

11) 김창봉, 이돈현, 「한국 수출입관련 기업의 글로벌 싱글윈도우(Global Single Window) 활용 및 성과에 영향을 미치는 요인에 관한 실증적 연구」, 『통상정보연구』, 제15권, 제3호, 2013, 87-110pp.

12) 손용정, 「미·중 무역전쟁 전후 반도체·디스플레이산업의 수출경쟁력 분석 : 항공수출물류를 중심으로」, 『기업과혁신연구』, 제44권, 제3호, 2021, 103-115pp.

13) 김창봉, 심수진, 정재우, 「환경규제와 수출 중소기업의 Green SCM 활용의 영향 관계에 관한 연구」, 『무역학회지』, 제42권, 제5호, 2017, 183-211pp.

14) Chung, H., Kim, K., 「Service sector response to the Fourth Industrial Revolution : Strategies for dissemination and acceptance of new knowledge」, 『Technology Analysis & Strategic Management』, 2022, 1-16pp.

15) Jimo, A., Balaganesh, C., Jayasekara, D. C., 「Cross-country comparative analysis of digital manufacturing systems」, 『Advances in Digital Manufacturing Systems : Technologies』, 『Business Models, and Adoption』, 2023, 165-196pp.

16) Adam, I. O., Alhassan, M. D., Afriyie, Y. 「What drives global B2C E-commerce? An analysis of the effect of ICT access, human resource development and regulatory environment」, 『Technology Analysis & Strategic Management』, Vol.32, No.7, 2020, 835-850pp.

17) 김창봉, 정경욱, 「우리나라 수출중소기업의 B2B 역직구 플랫폼 활용이 기업성과에 미치는 영향연구」, 『물류학회지』, 제31권, 제5호, 2021, 1-14pp.

18) Rahuman, M. T., Singh, J. S. K., Roes, A. N., 「Exploring the importance of big data for exporters in bangladesh's ready made garments sector」, 『Electronic Journal of Business and Management』, Vol.7 No.4, 2022. 18-40pp.

19) Sohrabpour, V., Oghazi, P., Toorajipour, R., Nazarpour, A., 「Export sales forecasting using artificial intelligence」, 『Technological Forecasting and Social Change』, Vol.163, 2021, 120480.

20) 김창봉, 민철홍, 「해외 역직구의 핵심역량이 기업성과에 미치는 영향에 관한 실증연구」, 『무역학회지』, 제43권, 제4호, 2018, 219-245pp.

21) Won, J. Y., Park, M. J., 「Smart factory adoption in small and medium-sized enterprises : Empirical evidence of manufacturing industry in Korea」, 『Technological forecasting and social change』, Vol.157, 2020, 120117.

22) 김창봉, 김도연, 「한국 물류 기업의 SCM의 구축요인이 기업의 성과에 미치는 영향에 관한 실증연구」, 『e-비즈니스연구』, 제21권, 제3호, 2020, 3-19pp.

23) Rueffler, C., Hermisson, J., Wagner, G. P., 「Evolution of functional specialization and division of labor」, 『Proceedings of the National Academy of Sciences』, Vol.109, No.6, 326-335pp.

24) 박문서, 「서비스 수출원가 분석 : MICE 산업 관련 중소기업 사례연구」, 『통상정보연구』, 제13권, 제4호, 2011, 485-516pp.

25) Howse, R., 「Beyond the countertrade taboo : Why the WTO should take another look at barter and countertrade」, 『University of Toronto Law Journal』, Vol.60, No.2, 2010, 289-314pp.

26) Tsai-Lin, T. F., Chi, H. R., Chang, Y. C., 「The business model and innovation mix in the transition of contract manufacturers in the greater China region」, 『Asia Pacific Business Review』, Vol.27, No.3, 2021. 444-469pp.

27) 전동석, 방성철, 「온택트 시대 무역의 변화와 온라인 전시회 활용에 관한 연구」, 『무역상무연구』, 제94권, 2022, 121-143.

28) 김창봉, 현화정, 「우리나라 중소 수출제조기업의 서비스 품질요인이 B2B 글로벌 전자상거래 활용성과에 미치는 영향 연구」, 『무역학회지』, 제47권 제2호, 2022, 155-174pp.

29) 김창봉, 박정호, 「국내 IT 기업의 특허활동요인이 경영성과에 미치는 영향 연구」, 『통상정보연구』, 제18권, 제3호, 2016, 249-273pp.

30) 김창봉, 박세환, 권승하, 「한국수출기업의 무역대금결제의 위험관리에 따른 무역보험제도에 관한 실증적 연구」, 『통상정보연구』, 제19권, 제2호, 2017, 213-236pp.

31) 김창봉, 정혜총, 「중국 섬유·의류산업에서의 프로세스혁신과 파트너십, 정보역량, 사업성과 간의 관계에 대한 연구」, 『무역학회지』, 제40권, 제4호, 2015, 87-109pp.

32) 김용일, 박광서, 「무역거래형태의 다변화에 따른 리스크 관리에 관한 연구」, 『무역학회지』, 제36권, 제1호, 2011, 325-347pp.

33) 이재형, 「세계무역기구 분쟁해결제도의 운용상 문제점에 대한 비판적 고찰」, 『통상법률』, 제12권, 2003, 281-301pp.

제2장
국제무역이론과 글로벌 국제기구

New Principles of
International Trade
of the 4th Industrial
Revolution

학습목표
1. 국제무역을 통한 교역의 이익을 이해한다.
2. 비교우위이론을 배우고 비교우위를 이루는 결정요인을 이해한다.
3. 연구개발론을 통해 연구개발요소가 국가 간 비교생산비의 차이를 발생시키는 원인임을 설명한다.
4. 더닝의 절충이론과 다이아몬드 모델을 통해 기업의 글로벌 경쟁력 요인을 도출한다.
5. 규모의 경제와 제품생애주기이론에 대하여 이해하고 신제품이 탄생하여 쇠퇴하는 과정을 설명한다.
6. 학습효과이론에 대해 이해한다.
7. 산업 내 무역이론에 대해 이해한다.
8. 국제기구가 무엇인지 알고 무역과 관련된 국제기구를 설명한다.
9. 브레튼 우즈 체제-GATT-WTO에 이르는 변천사를 설명한다.
10. GATT와 WTO의 차이점을 비교 분석한다.

Contents
Introduction : 75년 만에 위기 맞은 자유주의 무역 시스템
제1절 국제무역의 주요 이론
제2절 글로벌 국제기구의 등장과 확산
제3절 지역무역협정의 적용과 수단
Case Study : 공급체인 脫중국 … 韓美日 등 14국 첫 협정

Introduction

75년 만에 위기 맞은 자유주의 무역 시스템

- 무협, 14일 '클라우드 컨퍼런스' 가져
- 우리 기업의 디지털 전환 미흡 지적
- 정만기 부회장 "한국 클라우드 산업 뒤쳐져"

▲ 1947년 스위스 제네바에서 열린 유엔 준비위원회. 이 회의 이후 GATT가 출범했다.(자료 : WTO 홈페이지 갈무리)

1947년 출범한 GATT는 '자유무역'이라는 이상의 출발점이다. GATT의 기틀에서 탄생한 WTO는 더 강력한 권한을 가졌다. 그러나 이 같은 국제무역질서는 75년 만에 위기에 직면했다. 각 나라가 멋대로 혹은 이웃 국가의 외교적 압박에 밀려 자국의 무역정책을 결정하는 것이 당연하게 여겨지던 시기가 있었다. 1947년에 출범한 '관세 및 무역에 관한 일반협정(GATT)' 이전까진 그랬다. 제2차 세계대전 종전 이후 서방국가들은 대체로 각국이 경쟁적으로 보호무역 장벽을 쌓은 결과가 대공황과 전쟁이었다고 인식했다. 그렇다면 새로운 무역질서의 목표는 '자유무역'이어야 했다. 자유무역에 동의하는 국가는 많으면 많을수록 좋았다.

만약 두세 국가가 '앞으로 우리들끼리 관세 없이 무역하자'고 약속한다면 이는 특수한 '경제블록'에 불과하다. 그러나 세계경제를 주도하는 수십 개의 국가들(다자)이 자유무역의 핵심인 '차별금지 원칙'을 수용하면 이야기가 달라진다. 비로소 자유무역은 마치 각국 정부가 마땅히 따라야 하는 보편적 '세계 규칙'으로 여겨지게 될 것이었다. GATT는 '양자(양국)'가 아니라 '다자(수많은 나라)'가 '규칙(자국의 자의적 결정이나 강대국의 강요가 아니라)'에 따라 교역한다는 '규칙 기반 무역 시스템(rules-based trading system)'을 건설하기 위한 국가들 간의 논의 틀로 만들어졌다. 어떤 국가에서 생산된 상품이든 국적에 따라 차별받지 않고, 마치 자기 나라에서처럼 다른 나라에서도 거래될 수 있는 자유무역의 이상세계가 GATT의 지향점이었다. 출범 당시 GATT가 그 이상을 실현하는 데 동원 가능한 수단은 많지 않았다. 각국이 20세기 초처럼 관세율 올리기 경쟁에 돌입하지 않도록 예방하는 것이 고작이었다. 마음 같아서는 모든 나라의 관세율을 0%로 만들고 싶었겠지만, 나라마다 각자의 경제발전 수준과 현실, 필요가 다르다.

이에 따라 주로 공산품을 대상으로 국가들이 관세를 멋대로 올리지 못하게 하는 규범을 만들었다. 국가마다 상품별로 '그 이상 올릴 수 없는 관세율(양허관세)'을 정하는 방법이다. 예컨대 미국이라면 외국산 자전거에 부과하는 관세율을 3% 이상, 인도는 40% 이상으로 올리면 안 된다는 식이다. 양허관세는 다른 회원국들과 협의를 통해 조정할 수 있다. 그러나 회원국들은 양허관세 정도로는 자유무역의 이상을 이룰 수 없다는 것을 알고 있었다. 국가들은 세계무역에 규칙이 필요하다는 점엔 대체로 동의했다. 그러나 그 규칙에 자국의 주권(예컨대 선진국의 저렴한 상품이 수입되어 자국 산업을 말살하지 못하도록 막을 국가의 권리)을 완전히 복속시켜야 한다고 보는 국가는 없었다. 노주희 변호사(민변 국제통상위원회)에 따르면, "1947년에 합의된 GATT(GATT 1947)는 잠정적인 것으로 여겨졌다. 차차 자세한 규범을 만들어가며, 그 규범을 국가들이 따를 수 있는 시스템으로 발전시킬 계획이었다."

이후 수십 년에 걸쳐 국가들은 여러 차례의 협상 테이블(라운드)을 열었다. 세계경제 상황의 변동과 이에 따른 다양한 이슈들(보조금, 비관세장벽, 농산물, 지식재산권, 해외투자 등)이 새롭게 발생하면서 회원국 전체나 일부는 'GATT 1947'과 별도로 크고 작은 수십 개의 협정을 체결했다. 그러나 GATT는 이런 협정들의 내용을 회원국에 강제할 수 없는 느슨한 시스템이었다. 자유무역의 이상과 달리 국제무역의 현실 무대는 무법천지였다. 1970~80년대에 미국은 일본에 섬유·반도체 등의 수출을 '자발적(?)으로 줄이라'는 요구를 외교적 강압으로 관철했다. '세계화'가 세계적 유행어로 등극한 1980년대 하반기부터 자유무역의 규범을 더욱 심화하고 확산시키려면 GATT보다 강력한 국제기구가 필요하다는 주장이 미국을 중심으로 제기된다. 급기야 1994년 모로코 마라케시에서 열린 GATT의 9차 라운드에선 'WTO 설립'이 합의되었다. WTO는 이듬해인 1995년 1월1일 공식 출범한다. 2019년 현재 164개국이 WTO 회원이다.

WTO가 GATT를 대체한 것은 아니다. 공산품 관세율 중심이던 'GATT 1947'의 규범과 정신, GATT의 틀 내에서 만들어졌지만 다양한 회원국에 대해 강제력을 발휘하진 못했던 여러 협정 등이 WTO 협정에 부속서 형태로 포함되었기 때문이다. 당초의 'GATT 1947'이 수정 보완되는 한편 GATT 틀에서 논의된 다른 협정들과 결합하면서 몸집을 불린 결과가 WTO라고 보면 된다. 또 하나의 중요한 차이는, WTO가 GATT 시절에 비하면 훨씬 강력한 영향력을 회원국들에 발휘하게 되었다는 점이다.

GATT 시절엔 회원국들이 GATT 틀에서 만들어진 협정 가운데 마음에 드는 것에만 들어가도 괜찮았다. 그러나 WTO에서는 부속서에 포함된 수십 개의 협정에 모두 동의해야 회원국이 된다. 이를 '일괄 동의(single undertaking)'라고 부른다. 출범 당시의 미국은 자국에 부과된 '너무 낮은' 양허관세율보다 '지식재산권에 관한 협정(TRIPs)'으로 다른 GATT 회원국들을 WTO로 끌어들이는 데 훨씬 큰 관심을 기울였다. 지금도 그렇지만 당시에도 지식재산이 미국에 집중되어 있었기 때문이다. WTO 회원국 자격으로 미국에 수출하고 싶은 나라들이 TRIPs까지 받아들이게 하려면 '일괄 동의'가 필요했다. 또한 회원국들은 자국이 협정들을 준수하는지 여부에 대한 감독 권한을 WTO에 부여했다. 노주희 변호사는 "GATT는 각국의 협상 대표들이 모여 뭔가 협의하고 약속하는 데 그친 반면 WTO는 GATT의 논의 틀에서 만들어진 협정들을 뒷받침하며 끌고 나갈 수 있는 국제기구로 설계되었다"라고 말했다.

WTO가 GATT 당시와는 달리 주권국가인 회원국들에게 감독권을 휘두를 수 있게 된 가장 중요한 장치 중 하나가 바로 2심제인 'WTO 분쟁해결기구'다. 분쟁해결기구에서 나온 최종 판정엔 대다수 국가가 승복하기 마련이었는데, 이는 GATT에 비해 현격히 높아진 WTO의 위상을 입증한다.

이로써 GATT로 시작된 자유무역의 이상이 WTO에 이르러 '규칙 기반 무역체제'를 거의 실현한 것으로 보이기도 했다. 노주희 변호사는 WTO 체제가 "'외교에 대한 법률의 승리'로 여겨졌다"라며 그 이유를 다음과 같이 설명했다. "WTO 이전엔 국제무역분쟁이 발생하면 외교관들이 만나 협상으로 해결하기 일쑤였다. 그런데 WTO에선 협정 위반 여부를 법률가들이 해석하고 결정하고 집행하는 구조가 만들어졌다. 외교 교섭의 대상이던 통상 문제가 드디어 법적 규율의 문제로 전환되었고, 이를 분쟁해결기구로 뒷받침한 것이다." 그러나 '규칙 기반 무역 시스템'의 이상은 GATT 출범 이후 75년 만에 최대 위기를 맞고 있다. 이 체제가 타협과 보완을 통해 기존 자유주의적 기조를 성숙시켜 나갈지 아니면 완전히 다른 형태로 바뀔지는 아무도 단언하지 못한다.

이종태 기자 / 2022. 10. 05. / 시사IN /
https://www.sisain.co.kr/news/articleView.html?idxno=48547

제2장
국제무역이론과 글로벌 국제기구

제1절 국제무역의 주요 이론

1. 국제무역의 현실

거의 모든 나라에서 해외 수출 및 수입 등 국제거래가 상당히 큰 비중을 차지하는 것이 오늘날의 현실이다. 특히, 수출의존도와 수입의존도가 20% 수준을 넘는 국가가 대부분이다. 세계무역의 흐름을 살펴보면 선진국 상호 간의 무역이 전 세계무역 총량의 절반에 가까울 정도로 압도적으로 높은 비중을 차지하고 있다.[1]

2. 교역의 이익

무역이 이루어지면 각 나라 국민들이 소비할 수 있는 상품의 양이 더 커질 수 있는데, 이를 교역의 이득(Gains from trade)이라고 부른다.[2] 일체 교환이 이루어지지 않고서 모든 사람이 스스로 생산한 것만을 소비하는 경제는 무척 비효율적으로 운영될 수밖에 없다. 이런 와중에 교환은 각자가 소질이 있는 분야에 전념한다는 의미에서 전문화 혹은 특화(Specialization)를 가능케 한다.[3]

이처럼 사람과 사람 사이의 교환이 이득을 가져다주는 것과 마찬가지로, 나라와 나라 사이의 자유로운 교역 역시 이에 참여하는 국가 내 사람들에게 이득을 가져다준다. 이러한 교환은 각 나라가 다른 나라에 비해 더 효율적으로 생산할 수 있는 상품 생산에 특화할 수 있게 만들어 줌으로써 전반적 생산성의 향상을 가져온다.

3. 비교우위이론

우리나라가 호주에 전자제품을 수출하고 호주로부터는 쇠고기를 수입하게 되는 이유는 무엇일까? 바로 비교우위의 원칙(Principle of comparative advantage) 때문이다.

1) 비교우위이론의 의의

리카도(D. Ricardo)는 나라와 나라 사이의 무역에도 비교우위(Comparative advantage)의 원칙이 적용될 수 있다고 설명하였다. 비교우위이론에 따르면, 아무리 산업이 낙후된 나라라 해도 최소한 하나 이상의 산업에서 비교우위를 가진다. 물론 특정한 나라가 다른 나라에 비해 모든 산업에서 절대우위(Absolute advantage)를 가질 수도 있다.[4] 그러나 한 나라가 모든 산업에서 비교우위를 가질 수는 없으며, 생산성이 낮은 나라도 어떤 산업에서는 비교우위를 갖기 마련이다.

2) 비교우위의 예시

- 우리나라에서는 노동자가 일주일을 일하면 밀을 10kg 생산할 수도 있고 옷을 10벌 생산할 수도 있다고 가정하고 베트남의 노동자가 일주일을 일하면 밀 4kg를 생산할 수도 있고 옷 2벌을 생산할 수도 있다고 가정해보자.
- 이때 우리나라에서 밀 1kg을 생산하는 데 드는 기회비용이 옷 한 벌에 해당한다. 반대로 베트남에서는 밀 1kg을 생산하는데 드는 기회비용은 옷 1/2벌에 해당한다. 한국과 베트남 두 나라에서 밀 1kg을 생산하는 데 드는 기회비용을 비교하면 베트남에서의 기회비용이 더 작다. 즉, 베트남이 밀 생산에서 우리나라보다 상대적으로 더 효율적이어서 비교우위를 갖는 것이다.
- 반면에 옷 한 벌을 생산하는 데 드는 기회비용을 계산해 보면, 우리나라에서는 밀 1kg인 반면, 베트남에서는 밀 2kg이기 때문에 우리나라가 옷 생산에 비교우위를 가진다. 두 나라 사이에 무역이 이루어진다면, 우리나라가 옷 생산에 특화해 베트남에 수출하는 한편, 베트남은 밀 생산에 특화해 우리나라에 수출하게 된다.

3) 비교우위의 결정요인

비교우위는 국가 간의 상이한 부존자원, 기술, 특화 등으로 인하여 발생한다.

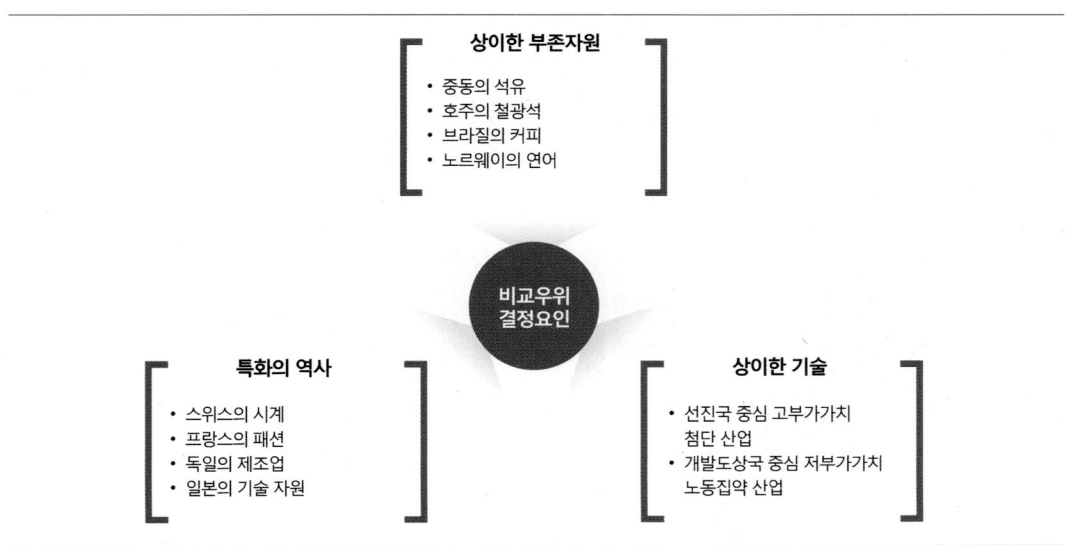

비교우위 결정요인

4. 절충이론

다국적기업이 외국비용(Cost of foreignness)에도 불구하고 현지기업들과의 경쟁에서 이길 수 있는 요인은 무엇인가? 해외시장진출 방식으로 해외직접투자, 라이센싱, 수출 등의 다양한 방식이 있는데 왜 직접투자를 선호하는가? 해외시장진출 시 수많은 현지국 중에서 왜 특정 국가, 특정 지역에 진출하는가? 이런 물음에 대해 더닝(Dunning)은 Hymer & Kindleberger의 독점적 우위이론과 Buckley & Casson의 내부화이론을 토대로 하여 생산입지이론을 절충 통합하여 포괄적해외직접투자이론을 제시하였다.[5]

1) 절충이론의 의의

절충이론은 소유특유우위, 내부화우위, 입지특유우위를 바탕으로 다국적기업이 국제 투자 결정을 내리는 과정을 설명하고 분석한다. 이때 소유특유우위는 투자 대상 기업이 가지는 고유한 경쟁우위나 자산을 의미한다. 내부화우위는 기업이 가지는 경쟁우위에 따라 특정한 경제 활동을 자체 수행하거나 외부 시장에서 수행하는 것에 대한 선택을 의미한다. 입지특유우위는 기업이 투자 대상 국가의 특성이 경영 특성에 적합한지를 고려한다. 이 같은 절충이론은 기업들이 국제적으로 활동하는 이유와 방식에 관한 이해를 제공한다.

2) 절충이론의 실례

절충이론관점에서 S사의 휴대전화 서비스 해외진출 사례를 살펴보자. S사는 국내시장의 포화로 인하여 새로운 휴대전화 서비스 가입자 수를 확보하기 위하여 베트남, 미국, 중국으로 진출하였으나 모두 실패한다. 주로 해외법인을 통해 현지업체에 투자하는 방식으로 진출했지만 파트너사에 대한 불충분한 분석으로 인해 막대한 손실을 보았다. 미개척시장에는 다소 무관심한 반면, 이미 버라이즌, AT&T 등 현지기업이 내수시장을 강력하게 지배하고 있는 미국과 같은 포화시장에 진출하였기 때문이다.

3) 다국적기업의 해외직접투자 결정요인

더닝의 절충이론에 따르면 다국적기업의 해외직접투자 결정요인으로는 소유특유우위, 내부화우위, 입지특유우위가 있다.

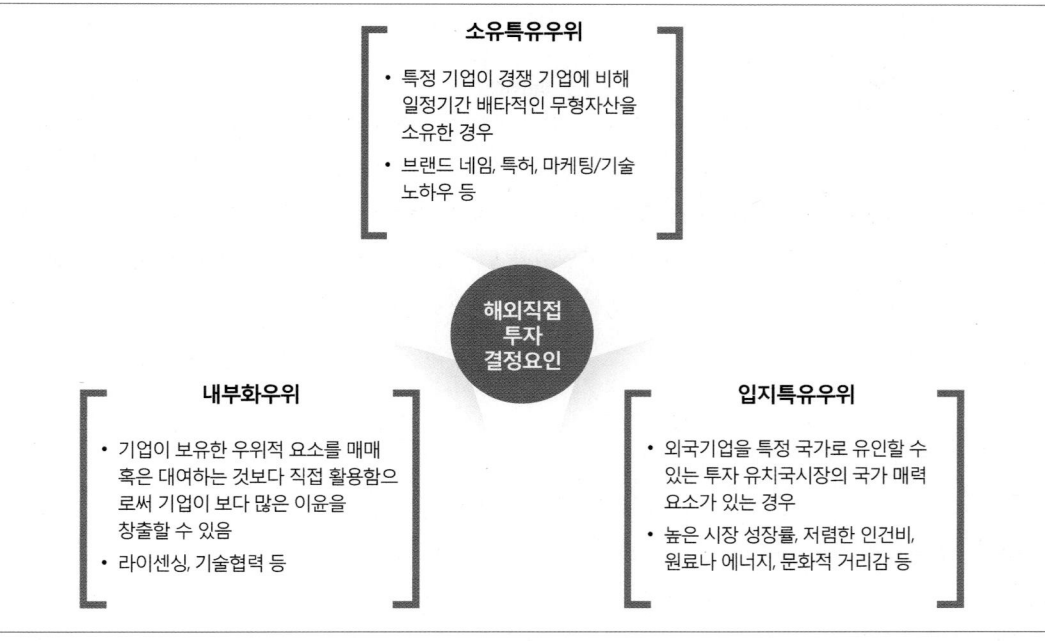

해외직접투자 결정요인

5. 다이아몬드 모델

하버드 대학교의 마이클 포터 교수는 그의 저서인 국가의 경쟁우위(The Competitive Advantage of Nations)를 통해 다이아몬드 모델을 처음 소개하였다. 다이아몬드 모델은 실제 국가뿐만 아니라 기업, 개인 등에 이르기까지 다양한 분석 도구로 활용될 수 있으며, 각 분야의 분석 폭을 확장하는 데 통찰력을 제공한다.[6]

1) 다이아몬드 모델의 의의

다이아몬드 모델은 요인 조건(Factor Conditions), 수요 조건(Demand Conditions), 관련 산업 지원(Related Industries), 기업 전략과 구조 및 경쟁(Firm Strategy, Structure, and Rivalry)이 상호작용하며 경쟁력을 형성하고 유지하는 데 영향을 미친다고 제시한다. 다이아몬드 모델은 이러한 요인들을 종합적으로 고려하여 기업이 경쟁력을 개발하고 유지하는 방법과 이해를 제공한다. 또한, 이 모델은 산업 분석, 국가 경쟁력 분석, 비즈니스 전략 등 다양한 분야에서 활용이 가능하다.

2) 다이아몬드 모델 적용의 예시

일본은 글로벌 시장에서 전자제품 산업에 경쟁력 있는 국가이다. 요인 조건으로는 고도의 기술력과 품질 중시 문화를 가지고 있으며, 수요 조건으로는 국내 시장에서 높은 수준의 품질에 관한 수요와 고객 만족이 있다. 또한, 일본은 전자 제품 산업과 관련된 지원 산업들이 발달하고 있어 기술 혁신과 공급체인 효율성을 지원하고 있다.

3) 다이아몬드 모델의 요인 조건

다이아몬드 모델은 요소조건, 수요조건, 기업전략과 구조 및 경쟁, 관련 산업 지원의 상호작용을 파악하여 경쟁력을 고려한다.

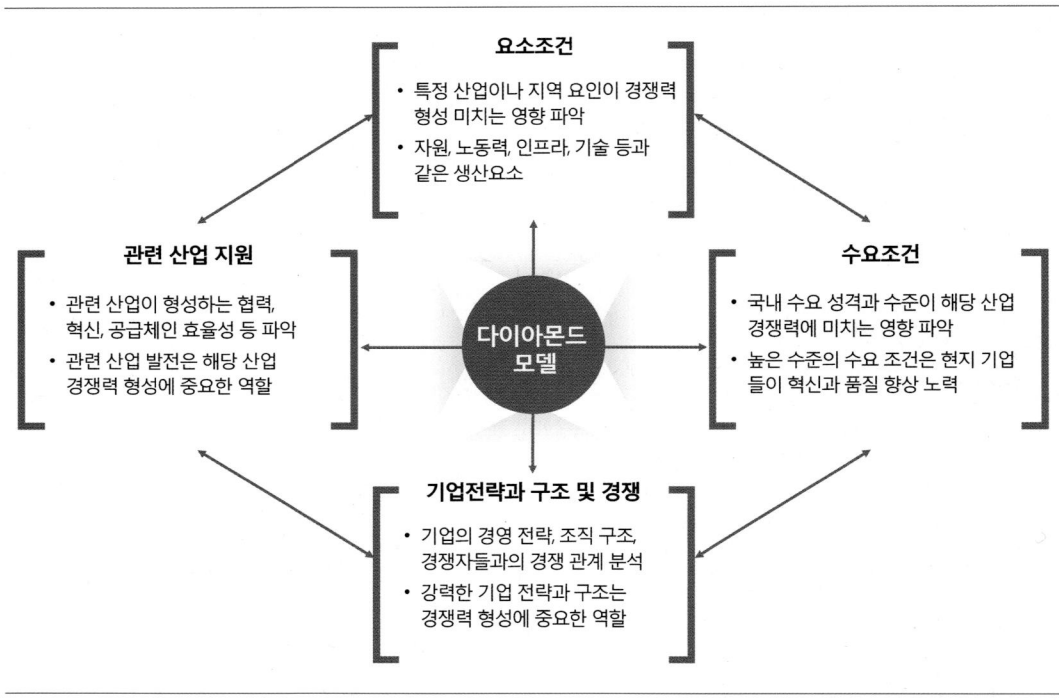

다이아몬드 모델의 요인 조건

6. 그 밖의 국제무역이론

1) 규모의 경제

규모의 경제(Economies of scale)는 생산량이 증가함에 따라 생산 비용이 감소하는 상황을 의미한다. 규모의 경제는 주로 대규모의 초기 투자가 필요하거나 분업(Division of labor)을 통해 실현되며 대규모 생산 시설, 대량 구매, 생산 공정의 효율화 등이 나타난다.[7]

2) 학습효과

생산의 경험이 쌓이면서 생산비용이 더 낮아지는 학습효과(Learning effect)가 존재한다.[8] 만약 어떤 산업에 이 학습효과가 현저히 존재한다면 비록 현재의 상태로는 비교우위가 없더라도 그 산업을 적극적으로 육성할 필요가 있다.[9]

3) 제품생애주기이론

버논(R. Vernon)은 몇몇 나라만이 생산하여 수출하던 상품이 결국 다른 나라들이 대량 생산되는 단계에 들어서는 과정으로 국제무역의 흐름을 설명하고자 제품생애주기이론(Product life cycle theory)을 제시하였다.[10] 이는 어떤 상품이 개발초기단계에 있을 때는 그것을 개발한 나라가 주요한 수출국이 되나, 대량 생산 단계에서는 다른 나라로 수출의 주역이 바뀐다는 설명을 제시한다.[11]

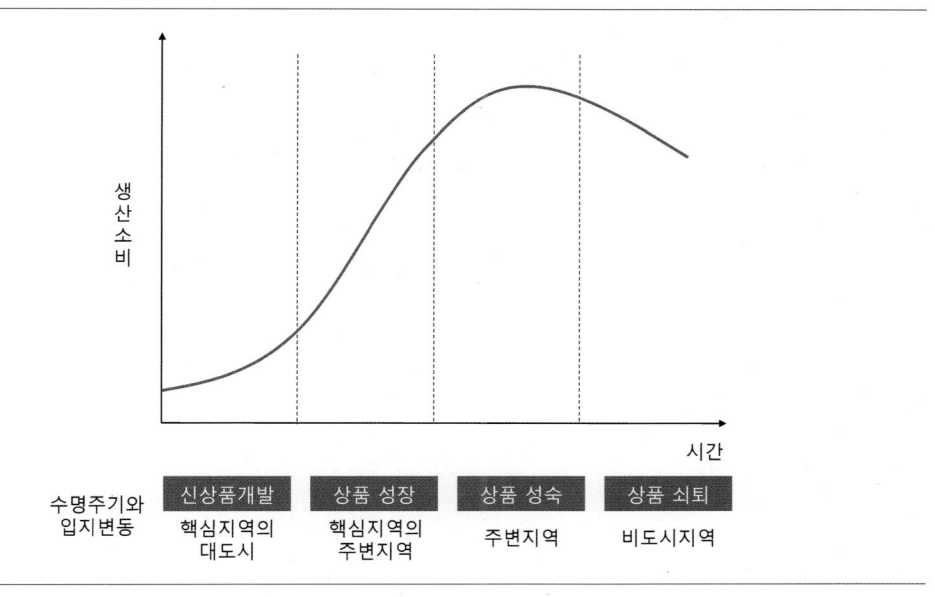

수명주기와 입지변동

4) 연관산업 이론

연관산업 이론(Factor Proportions Theory)은 요소 부존, 소득수준 및 산업구조가 비슷한 국가 간 (주로 선진국)의 무역패턴을 설명하고 있다.[12] 연구개발요소가 국가 간 비교생산비의 차이를 발생시키는 주요한 원인이라고 전제하면 어떤 산업에 고용된 전체 고용자 수 가운데 연구개발전문가가 많은 산업일수록 기술 혁신적인 제품을 생산할 수 있어 그 제품의 국제 경쟁력이 높고 결국 수출 비중도 클 것이다. 이 같은 이들의 실증결과는 제품생명주기이론의 설명력을 높여주고 있다.

5) 산업 내 무역이론

산업 내 무역(Intra-industry trade)이란 동일한 산업에 속하는 유사한 재화에 관한 수출과 수입이 동시에 이루어지는 현상을 의미한다.13) 오늘날에는 특정한 나라가 모든 차종을 국내에서 생산할 수 있는데도 왜 어떤 차종은 수입에 의존하고 있을까? 이는 규모의 경제가 광범하게 존재한다는 사실이 이 의문을 푸는 데 중요한 단서가 된다.14) 이처럼 동일한 상품을 서로 사고파는 형식으로 이루어지는 교역을 산업 내 무역이라고 하며 산업 내 무역 형태의 거래는 주로 비슷한 여건을 갖는 나라들 사이에서 일어날 가능성이 크다.15)

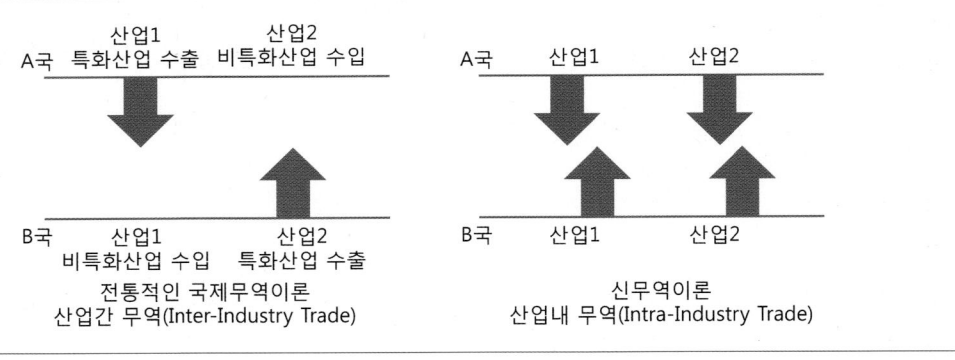

산업간 무역과 산업내 무역

제2절 글로벌 국제기구의 등장과 확산

1. 국제기구 개요

1) 국제기구의 정의

국제기구는 주권국가 단위로 기준하여 구성되고 참여국 전체의 이익을 추구한다.[16] 크게 국제기구는 정부 간 기구와 비(非)정부 기구로 구분할 수 있다. 정부 간 기구란 국제연합(United Nations: UN) 등 범세계적 기구로써 주권국가 이들의 대표자들에 의하여 운영되며 고도로 제도화된 조직이다.[17] 비정부기구(Non-Govermental Organizations: NGOs)는 정부 간 기구와 달리 특수하고 매우 지엽적인 가치 실현을 추구하기 때문에 개인, 정부 및 기업을 대상으로 비정부기구의 목적 달성을 위한 압력을 가하는 등의 목표 실현의 노력을 기울인다.[18]

2) 국제기구 역사

국제기구는 17세기 네덜란드에서 최초로 개념이 제시되었으며 19세기 초부터 본격적으로 유럽 각국은 국가 간 외교의 효율성 측면에서 접근하여 유럽 강대국 협조체제라는 개념을 도입하였다. 이 협조체제를 바탕으로 유럽 국가 간 지도자들이 국제회의를 통하여 외교 문제를 해결하고 국가들의 행동 지침을 제시하기 시작하였으며 다자적 협의, 집단적 외교 등 국제기구의 본격적인 발판이 되었다.

3) 국제협력의 의미

국제기구의 근간이 되는 민주주의의 등장과 함께 현대적인 국제기구가 출범하였다. 국제사회에서 민주주의가 국민의 합의점을 도출하는 기반이 되는 것처럼 국제기구 내에서도 마찬가지로 주권국가 간 합의에 따른 행동 과정을 설명하는 기반이 되었다.

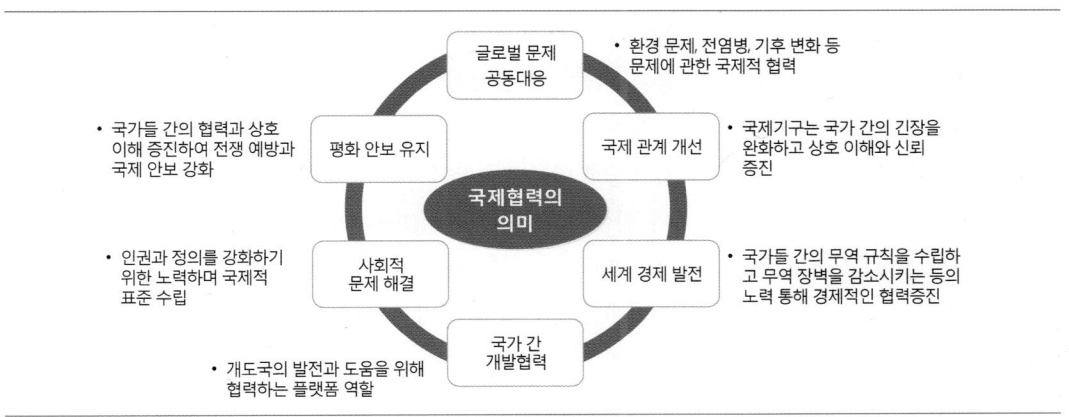

국제협력의 의미

2. 무역과 주요 국제기구의 등장

제2차 세계대전 이후 전 세계가 경제적, 환경적으로 초토화되면서 전 세계 국가들은 협력을 통해 국제 경제를 안정시키고자 하였다. 국제적인 자본과 투자의 이동을 원활히 하기 위하여 관세 및 무역에 관한 일반협정(General Agreement on Tariffs and Trade: GATT)과 세계무역기구(World Trade Organization: WTO)는 새로운 국제무역 패러다임의 질서를 확립하는 데 주요 기구로서 역할을 맡았다.[19]

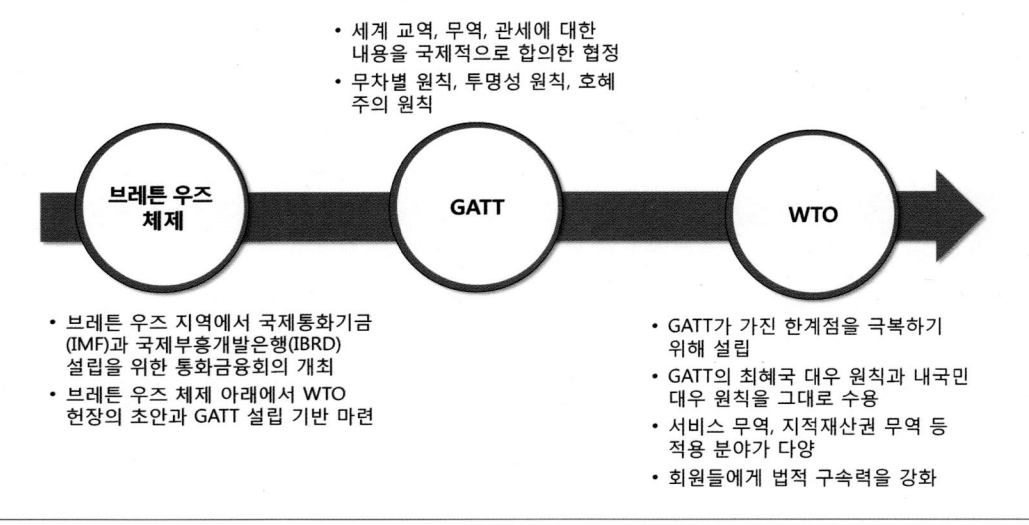

브레튼 우즈 체제-GATT-WTO의 발전

1) 브레튼 우즈 체제(Bretton Woods System)

1930년대 이후 국제금본위제도의 붕괴와 환율의 불안정에 따라 국가별로 빈번한 무역제한조치를 시행하였다. 이후 1940년대에도 세계경제는 국제유동성의 부족 등 국제통화질서의 위기를 직면한다. 이와 같은 경제적 배경에서 1944년 7월 1일에 미국의 뉴햄프셔주(州)의 브레튼 우즈(Bretton Woods)에서 국제연합국에 속하는 44개 국가가 참여해 국제통화기금(International Monetary Fund: IMF)과 국제부흥개발은행(International Bank for Reconstruction and Development: IBRD는 현재의 World Bank에 해당됨) 설립원안이 확정되었다. 1945년 12월 27일에는 30개국이 서명함으로써 국제통화기금(IMF)과 국제부흥개발은행(IBRD)이 정식으로 설립되었다.

2) 관세 및 무역에 관한 일반협정(GATT)

브레튼 우즈 체제에서 관세 및 무역에 관한 일반협정(General Agreement on Tariffs and Trade: GATT) 설립이 추진되었다.[20] GATT는 1947년 23개의 국가가 소집하여 관세와 무역에 관한 협정을 체결하여 같은 해 발효되었으며 서로를 최혜국으로 대우하기로 약속하며 국제무역의 증진을 강화할 목적으로 만들어진 기구이다. 미국에서는 집행력이 있는 협정으로 GATT 국제 협정을 분류하고 있으며 이름 그대로 국가 간 세계 교역, 무역, 관세에 대한 내용을 국제적으로 합의한 협정을 뜻한다.[21] GATT의 기본적인 목적은 상품을 생산하고 교역하는 행위를 확대하는 등에 있다.

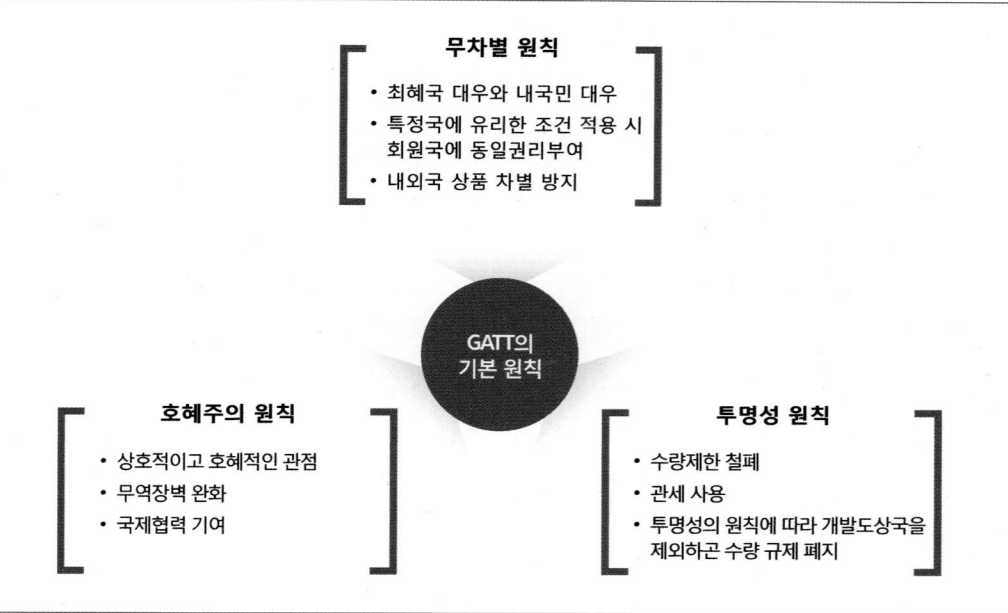

GATT의 기본 원칙

3) 세계무역기구(World Trade Organization)

GATT는 창설 이후에 다양한 역할을 하였으나 단지 협정 국가 간 약속에 불과하다는 점에서 한계점이 드러나기 시작하였다. 세계무역기구(WTO)는 GATT의 기본적 원칙인 최혜국 대우(Most Favoured Nation Treatment) 원칙과 내국민 대우(National Treatment) 원칙을 그대로 수용하면서 GATT가 가진 한계점을 극복하기 위해 1986년 우루과이 라운드에서 만들어진 국제기구이다. WTO는 1995년 발효되어 국제기구의 성격을 가지며 법적 구속력이 허용되어 강제성(의무성)과 높은 참여성(적극성)을 지닌다.[22]

또한, 1970년대에 들어서 서비스 무역이 증가하며 GATT에서는 다루지 않은 의료, 여행, 문화, 교육, 금융 등의 다양한 산업 내의 서비스 무역을 거래하기 위해 협정을 추가하여 서비스무역협정(General Agreement on Trade in Service: GATS)과 지적재산권을 규정하는 지적재산권 협정(Agreement on Trade-Related aspects of Intellectual Property Rights: TRIPs)이 만들어졌다.[23]

GATT와 WTO의 비교

	GATT	WTO
범위	• 상품(유형상품)	• 상품, 서비스, 투자, 지식재산권 등
정도	• 웨이버, 조부조항과 같은 예외 인정 • 반덤핑 조치 운용 • 분쟁해결제도 조항 미흡	• 예외 규정 축소 및 폐지 • 반덤핑 조치 발동 기준/부과 절차 명료화 • 분쟁해결제도 절차 강화 • 무역정책검토기관 신설
시장 개방	• 주로 관세 인하 초점 • 비관세장벽 철폐 노력 미흡	• 관세 인하 및 철폐 • 비관세장벽 철폐 강화
국내법 일치 의무	• GATT 협정과 국내 규범 일치 의무 없음	• WTO 협정과 국내 규범 일치 의무 명시
보복 조치	• 상품 한정 허용	• 교차 보복 허용
체제 각료회의	• 비정기적(회원국 발의)	• 정기적(2년에 1회)

자료 : 산업통상자원부 홈페이지의 통상 자료 페이지를 참조하여 재구성하였음.(http://tongsangnews.kr/)

제3절 지역무역협정의 적용과 수단

지역무역협정(Regional Trade Agreement: RTA)은 특정 지역 또는 대륙 내에 있는 국가 간의 상호 무역을 촉진하기 위해 체결되는 협정이다. 이러한 협정은 지역 내 국가 간의 경제적 관계를 강화하고 무역 장벽을 감소시켜 지역 경제의 성장과 통합을 도모한다[24].

1. 양자 간 협정

양자 조약 또는 양자 무역 협정은 두 국가 간의 법적 구속력이 있는 협정으로 당사자 간의 무역 및 경제 협력 조건을 설정하여 상품, 서비스, 투자, 지식재산권 등을 포함하여 다양한 측면에서 협정을 다루고 있으며[25], 협상을 통해 양국은 무역을 촉진하고 무역 장벽을 낮추며 경제 협력을 강화하는 상호 이익이 되는 협정을 수립하는 것을 목표로 한다. 양자 간 협정의 대표적인 형태로는 자유무역협정(Free Trade Agreement: FTA)이 있으며 한-칠레 FTA, 한-미 FTA 등이 시행 중이다.

1) FTA의 등장 배경

제2차 세계대전 이후 관세 및 무역에 관한 일반협정(GATT)이 성립되고 세계무역기구(WTO)로 발전하면서 다자 간 무역협상이 탄력을 받고, 동시에 유럽 연합(EU)과 동남아시아 국가 연합(ASEAN) 같은 지역 통합 이니셔티브는 특정 지역 내에서 경제 협력을 촉진하는 것을 목표로 했다. 그러나 WTO 하의 다자간 협상은 복잡하고 시간이 많이 소요되어 특정 조항을 협상하고 각자의 필요와 우선순위에 맞게 협정을 조정할 수 있는 FTA가 등장하였다. 자유무역협정(FTA)은 다양한 역사적, 경제적, 지정학적 요인의 영향을 받아 시간이 지남에 따라 국제무역에서 경제 성장의 핵심 동인으로 인식되고 있다.[26]

2) FTA의 목적

자유무역협정(FTA)은 참여 당사자 간의 상품, 서비스 및 투자 흐름에 대한 장벽을 줄이거나 제거함으로써 무역 및 경제 협력을 촉진하는 것을 목표로 하는 둘 이상의 국가 또는 지역 간의 법적 구속력이 있는 협정이다.[27][28][29] FTA는 관세 인하 및 철폐, 비관세조치, 서비스 무역, 지식 재산권 보호, 원산지 규정 등 일련의 규칙과 약속을 수립하여 보다 예측할 수 있고 투명한 무역 환경을 조성하여 무역 장벽을 줄이고 경제 성장을 촉진하고자 하는 목적이 있다.[30][31][32]

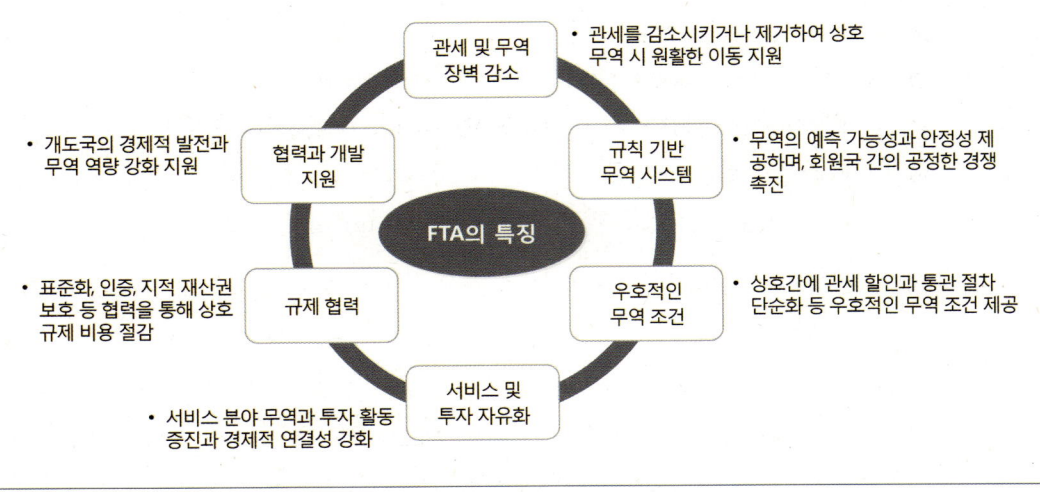

FTA의 특징

2. 다자 간 협정

다자 간 협정은 여러 국가가 참여하여 체결하는 협약으로 양자 간 협약보다 협상과 체결이 복잡하지만, 다수 국가가 동참하여 협력을 강화할 수 있다. 다자 간 협정은 다양한 분야에서 체결되고 있는데 대표적인 예로는 무역협정, 환경협정 등이 있다. 다자 간 무역협정은 양국 간의 무역을 증가시키고, 경제 성장을 촉진하는 데 이바지하며 대표적으로 역내포괄적경제동반자협정(Regional Comprehensive Economic Partnership: RCEP)과 인도-태평양 경제 프레임워크(Indo-Pacific Economic Framework: IPEF) 등이 있다.

1) RCEP

(1) RCEP의 의의

역내포괄적경제동반자협정(RCEP)은 동남아시아 국가 연합(ASEAN)과 중국, 일본, 한국, 호주, 뉴질랜드와 지역적인 외국인 투자 및 무역의 증진을 위한 지역적 협력을 향상시키고자 체결한 협정이다. 2013년 5월 1차 협상을 시작 후 약 7년 가량의 협상을 진행하여 상품, 무역구제, 서비스, 전자상거래, 투자, 원산지, 통관, 위생 및 검역조치(SPS), 기술규제 및 적합성평가(STRACAP) 등 20개 챕터의 협정문이 구성되어 있다. 최빈개도국부터 선진국까지 다양한 경제발전 수준을 가진 여러 지역의 국가가 참여하고 있으며 신남방 핵심 국가들로 교역의 다변화 계기를 마련할 수 있다.[33]

(2) RCEP의 특징

RCEP은 인구(22억 6,000만 명, 29.9%), 무역규모(5조 4,000억 달러, 28.7%), 명목 국내총생산(26조 3,000억 달러, 30%) 등 전 세계 약 30%를 차지하는 세계 최대 규모의 경제블록으로 명목 GDP 기준으로 미국-멕시코-캐나다 협정(United States-Mexico-Canada Agreement: USMCA, 18조 달러)과 유럽연합(EU, 17조 6,000억 달러)을 능가하는 규모의 협정으로, 지역적 경제 성장 및 무역 자유화 촉진, 투자 증대, 지적 재산권 보호, 기술 이전 촉진 등을 목표로 하고 있다.

2) IPEF

(1) IPEF의 의의

인도-태평양 경제 프레임워크(Indo-Pacific Economic Framework: IPEF)는 미국이 중국의 경제적 영향력 확대에 대응하기 위해 만든 새로운 경제 협력체로 IPEF를 통해 인도-태평양 지역의 경제 통합을 촉진하고, 미국의 가치와 규범을 확산시키고자 한다.[34][35] 현재 아직 초기 단계에 있지만, 미국, 일본, 한국, 호주, 뉴질랜드, 인도, 태국, 말레이시아, 필리핀, 싱가포르, 베트남 등 13개국이 참여를 선언하였다.

(2) IPEF의 특징

미국의 대통령 조 바이든이 2021년 10월 27일 동아시아 정상회의에서 처음 발표하여 디지털 경제, 공급체인, 탈탄소 경제, 인프라 등 4개 분야에서 협력을 강화하는 것을 목표로 하고 있다.

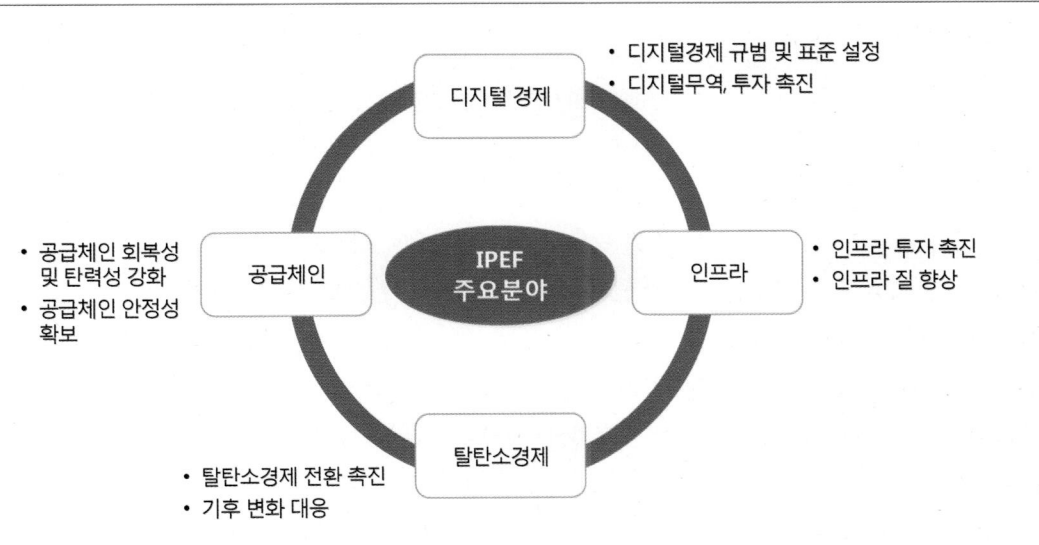

IPEF의 주요분야

제2장 국제무역이론과 글로벌 국제기구

공급체인 脫중국 … 韓美日 등 14국 첫 협정
- 인도·태평양 경제협력체 IPEF, 광물 등 중국에 안 휘둘리게 협력

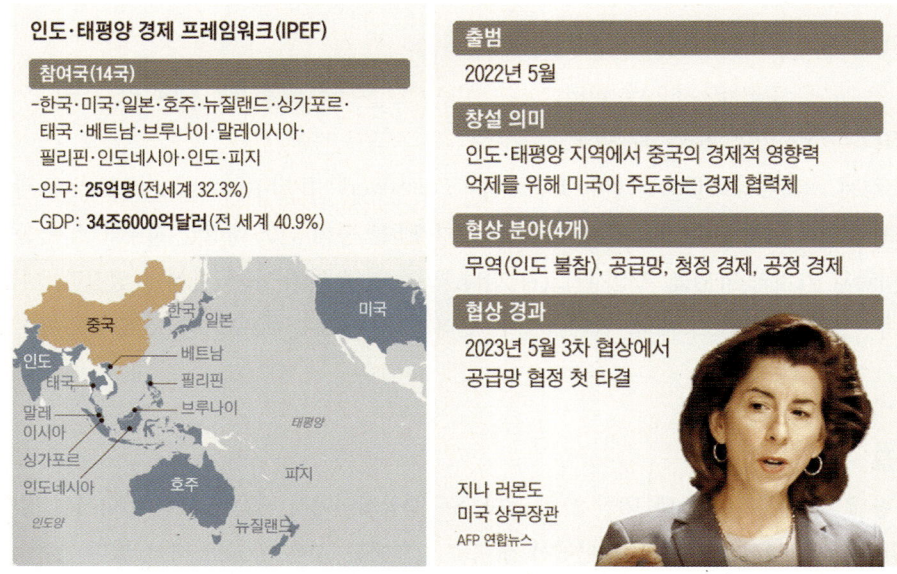

▲ 조재희 기자. 공급체인 脫중국 … 韓美日 등 14국 첫 협정(자료 : 조선일보.)

  중국 견제를 위해 미국 정부 주도로 출범한 '인도·태평양경제프레임워크(IPEF)'가 출범 1년 만에 공급체인 협정을 처음으로 타결했다. 이에 따라 미국을 중심으로 한 공급체인 탈(脫)중국화가 본격화하고, 중국 경제를 향한 압박 수위는 한층 커질 것으로 보인다.

  산업통상자원부는 27일(현지 시각) 미국 디트로이트에서 열린 IPEF 장관회의에서 '공급체인 위기극복을 위한 정부 간 공조' 등을 담은 공급체인 협정이 타결됐다고 28일 밝혔다. 2022년 5월 출범한 IPEF에서 맺은 첫 합의로 공급체인과 관련한 최초의 국제 협정이기도 하다.

  IPEF는 미국이 주도하고 우리나라와 일본을 비롯해 호주, 뉴질랜드, 인도네시아, 말레이시아, 인도 등 총 14국이 참여하는 다자 경제협력체다. 2020년 기준 전 세계 GDP(국내총생산)의 40.9%, 전체 인구의 32%를 차지한다. 전 세계 GDP의 30%를 차지하는 중국 주도의 '역내포괄적경제동반자협정(RCEP)'을 견제하기 위해 미국 주도로 출범했다. 협상 분야는 무역·공급체인·청정경제·공정경제 총 4개 부문이다.

Case Study

IPEF는 지난해 9월부터 4개 분야에서의 협상을 이어왔다. 나머지 3개 분야 협상은 앞으로 계속 이어지는데 특히 올 하반기 부산에서 열리는 4차 협상에서 무역 부문 협정 타결 가능성이 커지며 전 세계 경제 주도권 경쟁에서 중국의 고립은 더욱 심해질 것으로 보인다. 캐서린 타이 미국 무역대표부(USTR) 대표는 IPEF 장관회의 뒤 가진 기자회견에서 "해야 할 일이 더 있지만, 무역 분야에서도 수개월 내에 결과를 보기 시작할 것이라고 확신한다"고 말했다.

산업부는 "IPEF 공급체인 협정은 우리나라가 그동안 체결한 협정 중에서 참여국의 경제 규모가 가장 큰 협정이고, 선진·개도국뿐만 아니라 자원 부국과 기술 선도국 등 다양한 국가가 참여했다는 데 의미가 있다"고 평가했다.

인도·태평양 지역에서 중국의 영향력 확대를 막기 위해 미국 정부 주도로 출범한 IPEF가 27일 공급체인 분야 타결에 성공하며 첫 성과를 내놨다. 중국 영향력을 축소하는 '디커플링'(탈동조화), '디리스킹'(위험 제거)에 주력하는 미국 입장에서 이번 합의가 대중 압박 강도를 높이는 동력이 될 것이라는 전망이 나온다. IPEF 공급체인 협정 타결로 우리나라 입장에선 2021년 발생한 요소수 부족 사태와 같은 각종 공급체인 위기에 대한 대비가 한층 강화될 것으로 보인다. 자원 빈국(貧國)인 우리나라는 에너지·광물자원 수급난과 같은 각종 공급체인 위기에 가장 취약하다는 평가를 받았다. 미국을 비롯해 호주, 인도네시아, 말레이시아 등 자원 부국이 대거 참여하는 IPEF의 공급체인 협정이 맺어지면서 이 같은 약점을 크게 보완할 수 있을 것으로 기대된다.

○ **공급체인 위기 즉시 SOS 요청 가능**

이번 공급체인 협정은 공급체인 위기 시 회원국이 협력 가능한 메커니즘을 마련해 운영함으로써 안정적인 공급체인을 구축하고, 평시에는 공급체인 협력을 강화해 공급체인 다변화에 기여하자는 내용이 핵심이다.

협정에 따르면 회원국은 공급체인 위기가 발생하면 14국 정부로 구성된 '공급체인 위기 대응 네트워크'를 가동해 상호 공조를 요청하고 대체 공급처 파악, 대체 운송 경로 개발, 신속 통관 등 협력에 나선다. 예를 들어 중국의 희토류 수출 금지 조치로 공급체인 위기가 발생하면 참여국이 공급체인 확보에 협력하게 된다. 또 2021년 중국의 수출 통제로 전국에서 대란이 일어났던 요소수 사태와 같은 일이 재발하면 대체 공급처 개발 등 회원국 도움을 빠르게 받을 수 있게 된다.

회원국들은 또 평시엔 각국 정부가 공급체인에 부정적인 영향을 미치는 불필요한 조치를 자제하고, 공급처를 다변화하기 위한 투자 확대, 물류 개선, 공동 R&D(연구·개발) 등에도 함께 노력하기로 했다. 14국 정부 관계자로 구성하는 '공급체인 위원회'는 각국의 이행 상황을 점검하고, 추가 협력 방안을 논의한다.

회원국은 공급체인에 부정적 영향을 주는 조치를 자제하기로 하면서 작년 1월 인도네시아가 석탄 수출을 갑작스레 금지하며 석탄 수입국들이 위기에 처했던 것과 같은 일은 많이 줄어들 것으로 보인다. 우리나라는 리튬, 코발트, 흑연 등 핵심 광물 수요의 95%를 해외 수입에 의존하고 있다. IPEF 참여국 중 호주, 인도네시아 등 자원 보유국과 베트남, 인도 등 주요 생산기지가 함께 공급체인 투자 활성화, 물류 개선, 공동 연구개발(R&D)에 나선다면 대체 공급선 확보와 공급체인 다각화에 큰 도움이 될 것이란 기대가 나온다. 정부 고위 관계자는 "국내 기업 측에서는 공급체인에 대한 불확실성이 크게 줄어들고 투자 여건도 개선될 것"이라고 했다.

○ **정부 "안정적 공급체인 위한 실질 협력 기회"**

IPEF 협상 분야는 4개인데 이번에 타결된 공급체인 외에도 무역, 청정 경제, 공정 경제에 관한 협상이 남았다. 미 정부는 나머지 3개 분야도 올해 11월 샌프란시스코에서 열리는 아시아·태평양경제협력체(APEC) 정상회의 이전까지 타결하겠다는 목표다. 이들 분야에서는 낮은 수위 합의로 마무리된 공급체인 분야와 달리 회원국 간 경제 질서에 실질적 변화를 이끌 합의로 이어질 가능성이 크다는 관측이 제기된다. 앞서 지나 러몬도 미 상무장관은 지난해 IPEF 출범 당시 "인도·태평양에서 미국의 경제적 리더십을 회복하고 중국의 접근법에 대한 대안을 제시하는 중요한 전환점이 될 것"이라고 했다.

다만 IPEF가 인도·태평양 지역에서 중국의 확장을 견제하기 위한 것인 만큼 앞으로 중국 정부의 대응이 관심이다. 정부 당국자는 "이번 합의에서 중국이 반발할 만한 요소는 없다. 특정국 배제를 목적으로 한 것도 없다"며 "중국은 우리의 중요 교역 파트너이자 투자 협력 파트너로, 긴밀한 관계를 지속해 나갈 것"이라고 말했다.

조재희 기자 / 조선일보 / 2023. 05. 29 /
https://n.news.naver.com/article/023/0003766391?lfrom=kakao

Case Study

학습문제

문제 1

리카도(D. Ricardo)의 비교우위이론 한계에 대한 설명으로 옳지 않은 것은?
(2021년도 국가공무원 7급 공채)

① 노동가치설에 기초하여 노동의 투입량으로 설명하였는데, 생산에서 모든 노동은 동질적인 것이 아니다.
② 양국이 무역을 전제로 완전 특화 생산을 한다고 본 것은 현실과 부합되지 않는다.
③ 한 나라가 다른 나라에 비해 두 재화 모두 생산비 우위가 있을 경우에는 무역이 발생하지 않는다고 본 이론적 결함이 있다.
④ 무역을 통해 무역 당사국 모두가 이득을 얻을 수 있다고 하였으나, 무역 당사국 경제 주체들에게 어떻게 분배되는지는 설명하지 못하였다.

문제 2

더닝(Dunning)의 절충이론에 대한 설명으로 옳지 않은 것은?(2021년도 국가공무원 7급 공채)

① 독점적 우위론과 내부화 이론을 토대로 하고 여기에 생산입지이론을 추가하여 포괄적으로 해외직접투자를 설명하는 이론이다.
② 해외직접투자는 거시적 관점에서 투자국과 피투자국 간의 잠재적 내지 현시적 비교생산비를 기초로 하여 투자국에서는 비교열위에 있지만 피투자국에서는 비교우위에 놓인 산업에서 이루어져야 한다는 주장이다.
③ 기업 특유의 우위요소는 그 기업이 일정 기간 배타적으로 사용할 수 있는 무형자산이어야 한다는 것이다.
④ 해외직접투자와 관련 있는 주요 변수들 및 경영의사결정 모형을 체계적으로 제시하였다는 점에서 의의가 있다.

제2장 국제무역이론과 글로벌 국제기구

문제 3

제품수명주기이론에 대한 설명으로 옳지 않은 것은?(2021년도 국가공무원 7급 공채)

① 도입기에는 제품이 가지는 독점적 성격으로 인해 수요의 가격 탄력성이 낮다.
② 성장기에는 제품수요가 급격하게 증가하며 생산시설의 고정화와 규모의 경제가 가능하게 되고 대량생산방법이 도입된다.
③ 성숙기 단계에서 생산안정화가 진행되면 시장진입 기업들의 수가 감소하여 국내시장에서 사업기회가 확대되는 시기이다.
④ 쇠퇴기에는 제품에 대한 비교우위가 후진국으로 넘어가 제품의 생산이 대부분 후진국에서 이루어진다.

문제 4

GATT와 WTO에 대한 설명으로 옳지 않은 것은?(2020년도 국가공무원 7급 공채)

① GATT와 WTO는 법적 구속력을 가진 국제기구이다.
② WTO는 분쟁해결기구(DSB)를 신설하여 GATT체제에 비해 신속하고 효율적인 분쟁해결 능력을 갖추게 되었다.
③ GATT체제는 주로 관세인하에 주력하였으나, WTO는 관세인하뿐만 아니라 비관세장벽을 완화하기 위해 노력하였다.
④ GATT체제는 공산품을 중심으로 한 상품무역에 주력하였으나, WTO는 상품뿐만 아니라 서비스무역, 지식재산권무역 등으로까지 그 대상을 확대하였다.

문제 5

WTO에 대한 설명으로 옳지 않은 것은?(2022년도 국가공무원 7급 공채)

① 무역정책검토기구(TPRB)를 설치하여 회원국들의 무역정책관련 제도를 정기적으로 평가함으로써 투명성을 제고하고 있다.
② 각료회의는 무역분야별 대표로 구성된 심의기구로서 필요에따라 수시로 개최된다.
③ 분쟁해결기구(DSB)의 결정사항이 용이하게 집행될 수 있도록 교차보복(Cross-Sector Retaliation)을 허용하고 있다.
④ 일반이사회 산하에는 상품교역이사회, 서비스교역이사회, 무역관련지적재산권이사회가 있다.

Case Study

문제 6

국제통상 분쟁해결제도는 국가와 국가 간에 국제무역 분쟁이 발생하는 경우에 이를 해결하기 위한 국제법규나 절차 등을 말하며, 이를 위해 WTO 체제에서는 분쟁해결규칙 및 절차에 관한 양해각서(The Understanding on Rules and Procedures Governing the Settlement of Disputes; DSU)를 두고 있다. WTO의 무역관련 분쟁해결제도를 중심으로 다음 물음에 답하시오?(2019년도 국가공무원 5급 공채)

Q1. WTO 분쟁해결제도의 특성을 기존 GATT 분쟁해결제도와 비교하여 설명하시오

Q2. WTO의 분쟁해결 절차를 설명하시오.

문제 7

오늘날의 무역은 복잡다기해짐에 따라 전통적 무역이론에 대한 다양한 보완이론이 1960년대 이후 제기되고 있다. 다음 물음에 답하시오.(2022년도 국가공무원 5급 공채)

Q. 산업내 무역이론(Intra-industry Trade Theory)의 개념과 발생원인을 설명하시오.

문제 8

해외시장 진입방법의 동기 및 선택에서 더닝의 절충이론에 대해 설명하시오.(2015년도 국가공무원 7급 공채)

※ 해설은 부록에 기재됨.

참고문헌

1) 김창범, 「세계무역네트워크의 중심성과 결정요인 분석 : 글로벌 금융위기와 신보호무역주의의 영향」, 『통상정보연구』, 2019, 제21권, 제3호, 49-65pp.

2) Chambers, R. G., Letiche, J. M., Schmitz, A., 「The Gains from International Trade」, 『In International Trade and Agriculture : Theory and Policy』, 2019, Routledge.

3) Abreo, V., Carlos, A., Ricardo, B. M., Carlos, R. G., 「Trade agreement and trade specialization between Colombia and the EU」, 『Investigación económica』, Vol.81, No.321, 2022, 89-119pp.

4) Dean, E., Elardo, J., Green, M., Wilson, B., Berger, S., 「Absolute and comparative advantage. Principles of Economics : Scarcity and Social Provisioning(2nd Ed.)』, 2020.

5) Dunning, J., and Rajneesh, N., 『Foreign direct investment and governments : catalysts for economic restructuring』, Routledge, 2003.

6) Porter, M. E. 『The competitive advantage of nations』, NY : The Free press. A Division of Macmillan Inc, 1990.

7) Limão, N., & Xu, Y., 「Size, Trade, technology and the division of labor」, 『National Bureau of Economic Research』, No.28969, 2021.

8) Lu, W., Yang, Z., Kong, L., 「Identification of Learning Effects in Modular Construction Manufacturing」, 『Automation in Construction』, 154, 2023, 105010.

9) 서병선, 김홍기, 하병기, 「무역의 학습효과에 대한 동태패널 분석 : 한국 제조업 기업을 중심으로」, 『통계연구』, 제22권, 제3호, 2017, 100-120pp.

10) Tichy, G., Cooke, B., Asheim, R., Boschma, R., Martin, D., 「Innovation, product life cycle and diffusion : Vernon and beyond」, 『Handbook of Regional Innvation and Growth. Cheltenham : Edward Elgar』, 2011, 67-77.

11) Vernon, R., 「The product cycle hypothesis in a new international environment」, 『Oxford Bulletin of Economics and Statistics』, Vol.41, No.4, 1979, 255-267pp.

12) Findlay, R., 「Factor proportions, trade, and growth」, 『MIT press』, Vol. 5, 1995.

13) Hoang, V., 「the dynamics of agricultural intra-industry trade : a comprehensive case study in Vietnam」, 『Structural Change and Economic Dynamics』, Vol.49, 2019, 74-82pp.

14) Krugman, P. R., 「Increasing returns and the theory of international trade」, 『National Bureau

of Economic Research』, No. 1752, 1985, 1-56pp.

15) Brander, J. A., 「Intra-industry trade in identical commodities」, 『Journal of international Economics』, Vol.11, No.1, 1981, 1-14pp.

16) 한영주, 김가인, 서승진, 「서울시 국제기구 유치 전략」, 『서울연구원 정책과제 연구보고서』, 2008, 1-157pp.

17) 김부찬, 「국제기구의 법인격」, 『국제법평론』, 제25권, 2007, 1-25pp.

18) Clarke, G., 「Non-governmental organizations(NGOs) and politics in the developing world」, 『Political Studies』, Vol.46, No.1, 1998, 36-52pp.

19) 송유철, 「FTA와 한반도 통일환경」, 『통일부 통일교육원 교육개발과』, 2012.

20) 김진영, 「세계금융위기 이후의 포스트 브레튼우즈 체제」, 『21세기 정치학회보』, 제28권, 제3호, 2018, 139-164pp.

21) 이길원, 「GATT 협정 제 XX 조상의 '필요성'요건에 대한 검토」, 『법학연구』, 제31권, 제3호, 2020, 119-145pp.

22) 김창봉, 심수진, 정재우, 「환경규제와 수출 중소기업의 Green SCM 활용의 영향 관계에 관한 연구」, 『무역학회지』, 제42권, 제5호, 2017, 183-211pp.

23) Khaw, L. T., 「Agreement on trade-related aspects of intellectual property rights(trips)」, 『The GATT : Redressing or Creating an Imbalance Seminar』, 1994, 59-67pp.

24) Zhang, R., Zhao, J., Zhao, J., Effects of free trade agreements on global value chain trade----a research perspective of GVC backward linkage. Applied Economics, Vol.53, No.44, 2021, 5122-5134pp.

25) 김창봉, 현화정, 「원산지제도의 취약성, FTA 장벽 및 원산지검증 수준과 원산지성과에 대한 연구」, 『통상정보연구』, 제16권, 제5호, 2014, 295-315pp.

26) 김창봉, 여경철, 「메타분석을 활용한 한국-인도 FTA 의 무역효과 분석」, 『한국물류학회지』, 제27권, 제4호, 2017, 55-63pp.

27) Oh, D. H., 「Foreign economic cooperation and development of the republic of Korea through the conclusion of free trade agreements」, 『Eastern European Journal for Regional Studies (EEJRS)』, Vol.8, No.2, 2022, 103-121pp.

28) Zhao, J., Hu, Y., 「Formal or informal? The dispute settlement mechanisms of China's free trade agreements」, 『Journal of Shanghai Jiaotong University(Science)』, Vol.21, 2016, 44-50pp.

29) Jinnah, S., Morgera, E.,「Environmental Provisions in A merican and EU Free Trade Agreements : A Preliminary Comparison and Research Agenda」,『Review of European, Comparative & International Environmental Law』, Vol.22, NO.3, 2013, 324-339pp.

30) Hur, J., Alba, J. D., Park, D.,「Effects of hub-and-spoke free trade agreements on trade : A panel data analysis」,『World Development』, Vol.38, No.8, 2010, 1105-1113pp.

31) Sohn, C. H., Lee, H.,「Trade structure, FTAs, and economic growth」,『Review of Development Economics』, Vol.14, No.3, 2010, 683-698pp.

32) Cui, L., Song, M., Zhu, L.,「Economic evaluation of the trilateral FTA among China, Japan, and South Korea with big data analytics」,『Computers & Industrial Engineering』, Vol.128, 2019, 1040-1051pp.

33) 이제홍,「교역과 환율이 직접투자에 미치는 효과 연구-RCEP 협정 당사국을 중심으로」,『통상정보연구』, 제21권, 제4호, 2019, 135-148.

34) Schott, J. J., Hogan, M.,「Korea faces opportunities as well as risks under the Indo-Pacific Economic Framework」,『Peterson Institute for International Economics Working Paper』, Vol.23, No.11, 2023.

35) 김완중, 이혁구,「대만과 주요 국가간 경제적 상호파급효과 분석-중국 및 IPEF 참여국가를 중심으로」,『동북아경제연구』, 제34권, 제3호 2022, 29-66pp.

제3장
국제무역과 글로벌 경영

New Principles of
International Trade
of the 4th Industrial
Revolution

학습목표
1. 오늘날 기업들의 국제화의 의의를 이해한다.
2. 국제 비즈니스에 영향을 주는 영향요인을 파악한다.
3. 기업들의 해외진출 목적을 파악한다.
4. 해외진출 시 직접투자와 간접투자 방법을 설명한다.
5. 국제경영의 과정을 이행하기 위한 글로벌 시장에서 준비요소를 파악한다.
6. 국제경영에서 4차 산업혁명 기술의 적용의 필요성을 설명한다.
7. 4차 산업혁명 시대의 국제경영의 기회를 파악한다.
8. 4차 산업혁명 시대의 공급체인 프로세스 조정을 이해한다.

Contents
Introduction : '脫중국' 외국인투자 유치해야 하는데 … 기업하기 나쁜 환경이 막는다
제1절 국제화의 의의와 원인
제2절 해외 진출 주요 방법과 국제경영의 필요성
제3절 제4차 산업혁명 시대의 기회와 전략
Case Study : 한전KPS의 글로벌 시장 진출 성공전략

Introduction

'脫중국' 외국인투자 유치해야 하는데
… 기업하기 나쁜 환경이 막는다

- '프렌드쇼어링' 추세에 '차이나 엑소더스' 가속화
- 中 외투 그린필드 기준 1195억달러→60억달러
- 중국 투자 유럽기업 중 '탈중국' 고려 업체도 23%
- '킹달러' 안정화 위해서도 외국인 투자유치 필요한데
- 투자유입 9% 늘 때 해외투자는 2배 이상 늘어나

조 바이든 미국 행정부가 우방국 간 글로벌 공급체인 구축을 의미하는 '프렌드쇼어링'에 박차를 가하고 있다. 지난달 초 공개된 애플 아이폰14의 물량 일부는 인도와 베트남에서 만들어졌다. 대부분의 아이폰을 중국에서 생산하던 애플도 결국 두 손을 든 상황이다. 애플의 사례는 중국 엑소더스가 글로벌 산업계의 거대한 흐름이며 이는 이제 시작일 뿐임을 보여줍니다.

실제로 중국에 대한 외국인직접투자 규모는 급감하는 추세이다. 2018년 1195억 달러(그린필드 투자 기준)에서 올 2분기 기준 60억 달러로 쪼그라들었다. 단순 계산해 연간 기준으로 올 외국인직접투자가 120억 달러라고 가정하면 4년 새 10분의 1토막이 난 셈이다. 해외 기업들이 중국 내 기존 공장에 대한 투자를 동결하고 신규 투자도 아예 배제하다시피 한다는 의미이다.

차이나 엑소더스는 우리에게 새 기회가 될 수 있다. 안덕근 산업통상자원부 통상교섭본부장은 "중국을 떠나는 외국 기업의 4분의 1만 끌어와도 한국이 아시아의 투자 허브로 도약할 수 있다"며 "우수한 인재, 지식재산권 침해 우려가 없는 공정한 자본주의 시스템, 안정적인 에너지 수급 등 인프라망이(해외 기업에) 투자 메리트가 될 수 있다"고 강조했다.

해외 기업의 투자 유치는 '킹달러' 현상 속 달러 수급 확충을 통해 외환시장의 단비가 될 수도 있다. 허윤 서강대 교수는 "환율 안정화를 위해서라도 국내 투자 유입을 지금보다 훨씬 늘려야 한다"고 조언했다.

문제는 아시아 투자 허브로 도약하려면 풀어야 할 과제가 적지 않다는 점이다. 각종 규제와 경직된 노동 유연성, 높은 세율 등을 손 봐야 한다. 익명을 요구한 한 국책연구소 관계자는 "소모적인 정쟁에 혈안이 된 정치권은 글로벌 공급체인 재구축에서 린치핀이 돼야 한다는 문제의식조차 없다"며 "해외 기업이 한국에 많이 들어올수록 글로벌 산업계에서 우리의 입김이 강화되고 지정학적 리스크도 한결 낮출 수 있다"고 꼬집었다.

미중 갈등과 함께 글로벌 공급체인이 재편되면서 중국의 투자 매력도는 급감하고 있다. 주중 EU상공회의소의 설문조사에 따르면 중국에서 사업을 하는 유럽 기업 중 다른 나라로 투자 변경을 고려하는 업체의 비율이 2018년 11%에서 올해 23%로 뛰었다. 4년 만에 12%포인트나 증가한 상황이다.

전문가들은 중국과 인접해 있고 다른 지역으로의 접근성이 뛰어난 우리나라에 글로벌 공급체인 재편은 기회가 될 수 있다고 입을 모읍니다. 중국 내 투자를 줄이거나 망설이는 글로벌 혁신 기업을 유치하면 양질의 일자리를 창출하고 기술력을 높일 수 있기 때문이다. 문휘창 서울대 국제대학원 명예교수는 "싱가포르처럼 모든 국가의 기업이 모이는 비즈니스 허브가 되면 경제적으로는 물론 정치적으로도 강대국이 함부로 할 수 없는 나라가 되고 전략적 가치가 높아질 수 있다"며 "수출을 늘리는 국제화만 얘기할 것이 아니라 최고의 기업들이 투자하고 싶어 하도록 만드는 게 진정한 국제화"라고 지적했다.

답답한 대목은 우리나라가 이런 기회를 살리지 못하고 있다는 점이다. 한국무역협회 국제무역통상연구원이 아시아에 지역본부가 있는 글로벌 기업 300개사를 대상으로 조사한 결과 아시아 거점 후보지로서 한국은 싱가포르·일본·홍콩·중국에 이어 5위에 그쳤다. 아시아 거점 후보 1순위로 한국을 고려한다고 응답한 비중은 3.3%로 싱가포르(32.7%)와 비교하면 10분의 1 수준에 불과했다.

실제 우리나라에서는 외국인 투자를 유치하는 규모보다 국내 기업의 해외투자가 훨씬 빠르게 늘고 있다. 산업통상자원부에 따르면 우리나라의 FDI 규모는 2015년 159억 5000만 달러에서 등락을 반복하다가 지난해 174억 5000만 달러로 늘어나는 데 그쳤다. 한마디로 종종걸음 수준이다. 반면 우리 기업의 해외 직접 투자 규모는 2015년 303억 6000만 달러에서 지난해 766억 3000만 달러로 급증했다.

전문가들은 급등하는 원·달러 환율을 잡기 위해서라도 해외투자를 적극적으로 유치해야 한다고 입을 모았다. 허윤 서강대 교수는 "해외투자 유치는 외화 유입으로 이어지고, 끝을 모르고 내려가는 원화 가치 방어에도 도움이 된다"고 강조했다. 이어 "미국의 온쇼어링(해외 기업의 자국 유치나 자국 기업의 국내 아웃소싱 확대) 움직임 와중에 국내 기업의 해외투자는 폭발적으로 늘어나는 반면 해외 기업의 국내 투자는 상대적으로 지지부진하다"고 지적했다.

워낙 원·달러 환율 급등이 우리 경제에 아킬레스건으로 인식되다 보니 국내 기업의 인수합병(M&A) 이슈까지도 달러 수급에 미칠 영향을 점검할 정도이다. 역으로 보면 해외 기업의 국내 유치는 달러 수급에 단비가 된다. 양준모 연세대 교수는 "국제 외환시장에서 원화의 위상과 유통량이 많지 않은 만큼 국내에 설비 등을 투자하는 외국 기업은 국내 파트너사와 손을 잡지 않는 이상 달러 베이스로 투자할 확률이 높다"며 "우리 기업이 해외에 투자할 때 달러를 현지 조달하는 사례가 많은 것과는 상반된다"고 설명했다.

그런 맥락에서 최근 대만의 웨이퍼 업체 글로벌웨이퍼스의 투자를 놓친 것은 두고두고 아쉽다는 지적이 나옵니다. 글로벌웨이퍼스는 당초 한국에 투자할 계획이었지만 미국의 집요한 설득 끝에 결국 방향을 틀었다. 한 업계 관계자는 "글로벌웨이퍼스의 미국 투자 규모가 7조 원대"라며 "정치인들 가운데 이런 데 관심이나 갖고 있는 사람이 얼마나 있는지 모르겠다"고 말했다.

우영탁 기자 / 서울경제 / 2022. 10. 15. /
https://www.sedaily.com/NewsView/26CCZUWL12

제3장
국제무역과 글로벌 경영

제1절 국제화의 의의와 원인

1. 국제화의 의의

오늘날 많은 기업이 해외에 직접 진출하기 위한 단계를 밟고 있다. 또한, 교통·통신 및 정보·통신 기술의 비약적인 발달로,[1] 국가 간에 상호의존성이 높아지며 무역 장벽이 낮아지고,[2] 서로 다른 제도가 통합이 되어가는 세계화가 진행될수록 기업의 생존과 경쟁을 위해서 기업에게 국제화를 위한 경영 전략에 대한 폭넓은 비전을 요구하고 있다.[3] 이 같은 글로벌 경영 전략을 통해 기업은 해외 시장의 인적, 재정적, 에너지 자원 확보하고 위험과 비용을 절감하여 시장 경쟁력을 강화하고 있다.[4]

1) 국제화의 목적

국제화란 상품 또는 서비스의 생산 또는 유통이 국경을 넘는 모든 상황과 관련이 있다.[5] 오늘날과 같이 빠르게 변화하는 사회에서 국제화 전략을 시행하는 기업들은 기업의 성과를 높일 수 있는 기회뿐만 아니라 새로운 지식의 습득으로 기업역량을 강화할 수 있다는 이점이 있다.[6]

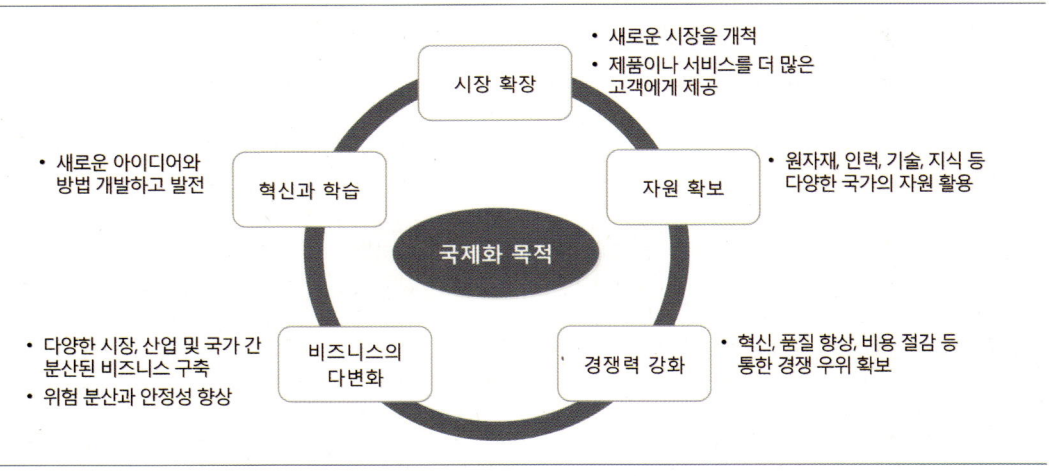

기업의 국제화 목적

2) 국제화의 대상

한 국가에서 자재를 구매하여 가공 또는 조립을 위해 다른 국가로 운송하는 것, 판매를 위해 한

국가에서 다른 국가로 완제품을 운송하는 것, 낮은 인건비를 활용하기 위해 외국에 공장을 짓거나 한 국가의 은행에서 돈을 빌려 다른 국가에서 운영 자금을 조달하는 것 등 국가 간 이루어지는 경영활동이 국제화에 포함된다. 이러한 거래는 개인, 개별 회사, 회사 그룹 및 정부 기관이 그 대상이 된다.

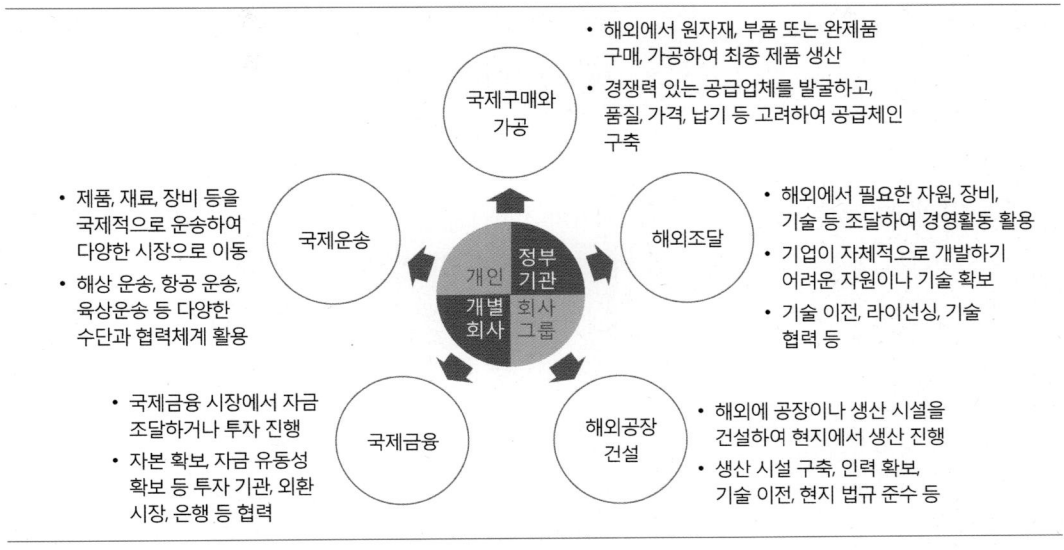

국제화의 대상

3) 국제 비즈니스의 주요 영향요인

국내 비즈니스는 단일 국가의 경계 내에서 발생하는 거래를 뜻하지만 국제 비즈니스 거래는 국경을 초월해서 재화와 서비스가 이동한다. 따라서 국제 비즈니스는 다음과 같은 주요 영향 요인이 나타난다.

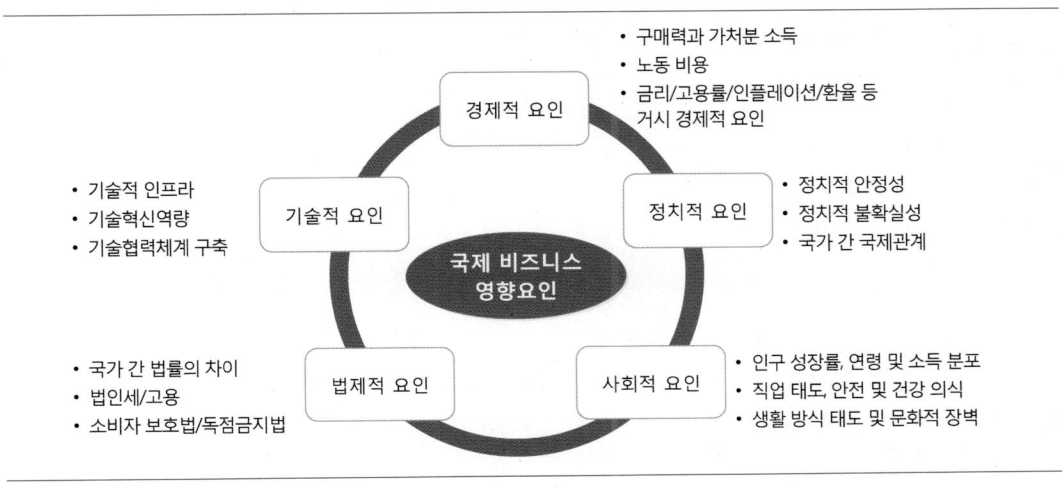

국제 비즈니스 영향요인

(1) 경제적 요인

기업의 국제화는 경제적 요인의 차이에 의해 영향을 받는다. 대상 국가의 구매력과 가처분소득이 본국과 상당히 다른 경우 대상 국가에서 판매를 위한 사업을 하는 것이 어려울 수 있다. 또한 노동비용이 높은 경우 판매를 위한 시장진입은 용이할 수 있으나, 기업이 효율성 개선을 목적으로 생산기지설립을 위한 시장진입은 한계점이 존재한다.[7] 또한, 금리/고용률/인플레이션/환율 등 거시 경제적 요인이 불확실한 상황에 놓여있다면 생산 및 판매 등의 기업활동을 위한 시장진입이 어려워진다.

(2) 정치적 요인

거시적인 경제환경의 차이와 함께 진출 국가의 정치적인 안정성 또한 중요하다. 정치의 불안정으로 비즈니스를 하는 데 있어서 불확실성과 리스크가 클 수 있다.[8] 회사의 본국과 특정 국제 국가 간의 관계 또는 연합이 국제화 전략에 유리할지 아니면 장애물로 작용할지 충분히 분석해야 한다.

(3) 사회적 요인

국가 간의 사회적 환경이 다를 수 있다. 인구 성장률, 연령 분포, 소득 분포, 직업 태도, 안전 강조, 건강 의식, 생활 방식 태도 및 문화적 장벽과 같은 등의 사회적 요인은 이자율이나 법인세와 같은 거시 경제지표에 비해 정량화시키기 어려운 경향이 있으며, 그렇기 때문에 심각하게 고려할 사항으로 인식하지 못할 수 있다. 하지만 현지 소비자/생산자들의 가치의 차이와 문화적 요인에 기인한 행동의 차이는 현지에서 기업을 운영하는 데 있어서 중요한 요인들이다.[9]

(4) 법제적 요인

국가의 법률과 규정이 다를 수 있기 때문에 현지 법률을 준수하는 데 있어서 어려움이 존재한다. 법인세/고용 및 소비자 보호법/독점금지법 등의 해당 국가의 법률과 규정은 국가 간의 무역 관행에 영향을 미친다.[10] 이러한 법률과 규정은 시장의 신입 진입자를 방지하는 장벽으로 작용할 수 있으며, 기업은 진출국에서 법률과 규정에 대한 충분한 이해를 하고 비즈니스 운영에 미칠 수 있는 영향을 인지하고 있어야 한다.

(5) 기술적 요인

기업이 국제 시장에서 경쟁력을 유지하고 해외 시장으로 진출하기 위해서는 기술적 역량이 요구된다. 이 같은 기술적 인프라와 기술혁신역량, 기술협력체계 구축을 통해 기업은 새로운 제품, 서비스, 공정, 시스템 등을 연구 개발하고 도입하여 글로벌 시장에서 고객의 요구를 충족시키고 경쟁사와의 차별화를 이룰 수 있다.

4) 국제화 전략과 성공

(1) 국제화 전략

국제화 시 본국과 여러모로 다른 새로운 시장에 진입하기 위해서는 비용과 위험 등의 어려움이 따른다.11) 이 때문에 국제화 시 진출하려는 국가와 본국의 차이점을 파악해야 기업이 경영활동을 하는 데 있어서 어려움을 줄일 수 있다. 진출하려는 목적에 따라 진출할 국가를 정하고 그 국가의 경제적/정치적/사회적/법제적/기술적인 상황을 충분히 이해하고 적절한 진출 전략을 구상해야 한다.12)

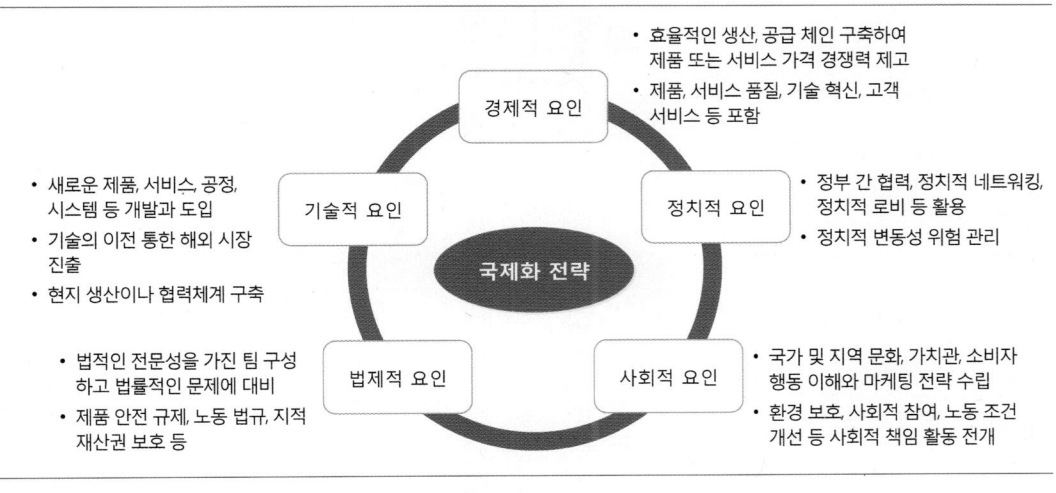

국제화 전략

(2) 국제화 성공

국제화의 성공은 진출할 적절한 국가를 선택하는 것에서 시작된다고 할 수 있을 만큼 진출국의 선정은 중요하다. 국제화를 성공적으로 추구한다면, 판매시장을 넓힐 수 있고, 규모의 경제를 이루어 생산비용을 낮출 수가 있으며, 새로운 지식과 경험을 쌓아서 역량을 강화할 수 있다. 강화된 역량으로 국내외 기업과 경쟁함에 있어서 경쟁우위를 누릴 수 있으며 결과적으로 지속가능한 성장을 이루게 된다.

2. 해외진출 목적

오늘날 많은 기업이 국제화와 함께 다양한 이점을 달성하기 위해 노력하고 있다. 기업이 국제화에 노력하고 있는 이유에는 세계화가 가속화되면서 국내/해외 경쟁자와의 경쟁, 국내/국제시장에서 더 강력한 위치 확보, 위험 분배, 자원확보, 고객 기대 충족 및 규모의 경제 활용 등 이러한 요소 외에도 기업의 국제화 동기 중 다른 많은 요인을 언급할 수 있다.[13] 이처럼 국제화는 기업 측의 특정 동기에 의해 수출 또는 국제 계약, 또는 직접 투자 등을 통해서 의해 추진이 된다.[14]

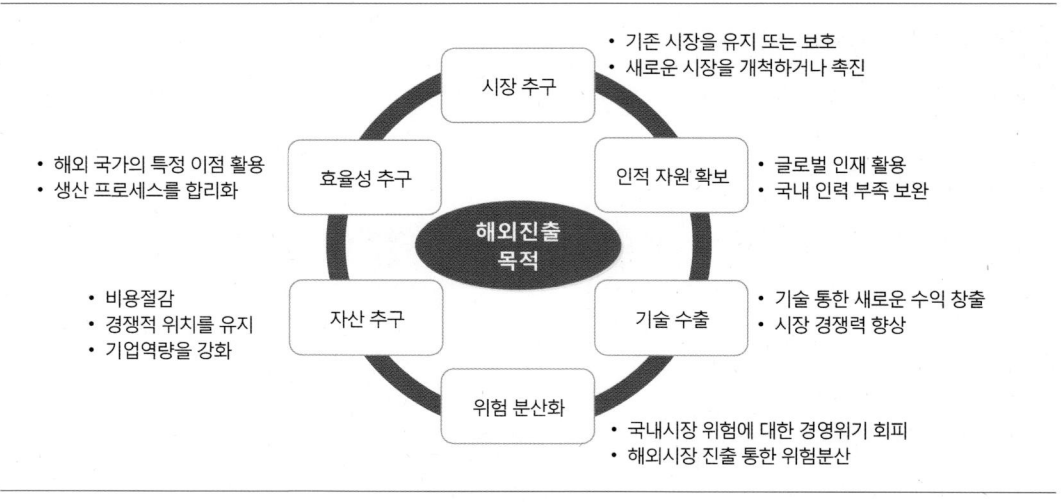

해외진출목적

1) 시장 추구

국제화에 제일 잘 알려진 동기는 새로운 시장에 대한 접근과 해외시장에서 제공하는 잠재력이다. 시장 추구를 위한 국제화는 기존 시장을 유지 또는 보호하거나 새로운 시장을 개척하거나 촉진하기 위해 수행되며, 진출국은 시장의 규모, 성장률, 수요 증가 추이를 바탕으로 진출하려는 시장의 잠재력을 평가하고 선택한다.[15] 해외시장에 대한 접근이 항상 쉬운 것은 아니다. 현지에 대한 정보와 경험이 부족한 경우 때때로 현지 기업과의 협력을 통해서 접근하기도 한다.

2) 효율성 추구

효율성 개선을 위한 국제화는 주로 기업의 비용을 절감하려는 노력이다. 해외국가의 특정 이점을 활용하고 생산 프로세스를 합리화하여 규모의 경제를 향상하는 네트워크를 설계하는 과정이다. 주로 개발도상국 등 노동비용이 본국보다 저렴한 곳에 진출한다. 혹은 자본 집약적인 기업의 경우, 정부에 납부하는 세금 부담을 줄이기 위해 본사를 해외로 이전하는 경우도 있다.[16] 주로 경험이 풍부하고 다각화된 기업의 경우가 비용의 절감을 위해서 시행하는 경우가 많다.

3) 자산 추구

자산 추구의 경우, 일반적인 자산과 전략적 자산의 추구로 나눌 수 있다. 일반적인 자산은 주로 본국에서 구하기 힘든 자원이며, 광물(기름, 아연, 구리 등) 및 농산물(고무, 담배, 설탕) 등이 포함된다. 전략적 자산은 주로 특허, 저작권 그리고 경영 능력 등에 해당하는 무형 자산이다. 전략적 자산 추구의 목적은 경쟁적 위치를 유지하거나 기업역량을 강화하는 것이다.[17] 일반적인 자산의 획득은 주로 개발도상국으로의 진출이 많고 전략적인 자원의 획득은 주로 선진국으로의 진출이 많다.

4) 위험 분산화

위험 분산화는 기업이 국내시장의 위험에 노출되지 않도록 해외시장으로 진출함으로써 기업의 위험을 분산시키는 것을 의미한다. 예를 들어, 기업이 국내시장에서만 사업을 운영하는 경우, 위험 요인들이 발생하여 기업의 사업이 큰 타격을 입을 수 있다. 하지만, 해외시장으로 진출할 경우 기업은 국내시장 이외에도 다양한 시장에서 사업을 운영함으로써, 위험을 분산시키고 안정적인 성장을 추구할 수 있다.[18]

5) 기술 수출

기술 수출은 기업이 자사의 기술을 활용하여 해외시장에서 수익을 창출하는 것을 의미한다. 기업은 자사의 기술을 활용하여 글로벌 네트워크를 확대하고, 다양한 비즈니스 기회를 모색할 수 있으며 해외시장에서 다양한 파트너와 협력관계를 구축할 수 있다.[19] 하지만 기술 수출에는 기술 보호, 지적 재산권 등의 문제가 발생할 수 있으므로, 기술 수출 시 관련 문제에 관한 통제방안에 대해 충분한 검토가 요구된다.

6) 인적자원 확보

해외시장에서 인적자원을 확보하면 국내시장에서 인력을 확보하는 것에 비해 인건비가 저렴할 수 있으며 구하기 어려운 전문성을 갖춘 인력 부족 문제도 해결할 수 있다.[20] 또한, 글로벌 지역의 문화와 가치관을 더욱 쉽게 접근하여 기업의 글로벌 마인드셋을 강화하고, 현지 시장의 특성을 파악하는 데 도움을 줄 수도 있다. 그러나 기업이 해외시장에서 인적 자원을 확보할 때에는 현지 법률 등 규제요인과 언어, 문화적 차이 문제 등을 고려하여야 하며, 적절한 대처 방안을 마련해야 한다.

제2절 해외 진출 주요 방법과 국제경영의 필요성

1. 해외진출 방법

국제화를 위한 해외투자방법은 기업이 목표를 달성하는데 가장 적절한 시장 진입 방법을 결정해야 된다. 해외진출 방법에는 해외간접투자와 해외직접투자가 있다. 먼저, 해외직접투자(Foreign Direct Investment: FDI)는 일반적으로 외국에서 공장을 열고 건물, 기계, 공장 및 기타 장비를 구매하여 외국에서 회사가 물리적 투자 및 구매하는 투자 방식이다. 이러한 유형의 투자는 일반적으로 장기 투자로 간주되고 진출국의 경제 강화에 기여하지만, 직접 자본이 유출되는 해외직접투자는 해외간접투자보다 위험부담이 크다.

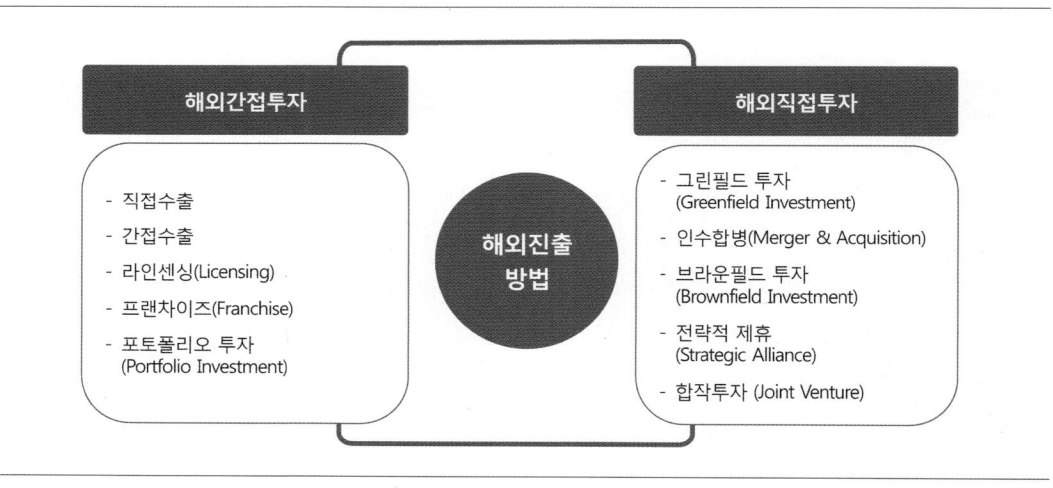

해외진출 방법

1) 해외간접투자

(1) 직접수출

직접수출은 국제 시장에서 고객에게 직접 상품과 서비스를 판매한다. 일부는 현지 중개자를 고용하여 수출을 하는데, 중개자가 관여하더라도 중개자가 대상 시장에 기반을 둔 고객이기 때문에 여전히 직접수출로 칭한다. 직접수출은 고객들과 직접 대면하여 쉽게 시장 대상 및 시장 거래에 대한 심층적인 정보를 얻을 수 있어 미래에 수요증가로 인한 시설 투자 여부에 대한 향후 결정을 내릴 수 있다.

직접수출

(2) 간접수출

간접수출은 기업의 국제화 방법 중 가장 간단한 진입 방법이다.21) 간접수출이란 기업이 현지의 사정에 밝은 자국의 중개인에게 해외 판매를 맡기는 것이다. 가장 큰 장점은 중개 기관이 모든 수출활동을 처리하기 때문에 수출 경험이나 현지에 대한 물류정보가 필요하지 않다. 주요 단점은 해외활동의 통제가 중개 기관으로 이전된다는 것이다.22)

간접수출

(3) 라이센싱(Licensing)

기업(Licensor)이 외국기업(Licensee)에게 특허, 제조과정, 상표 및 노하우 등과 같은 산업소유권을 일정 간 이전하고 그 대가로서 로열티를 받는 계약을 라이센싱(Licensing)이라 한다. 라이센싱(Licensing)은 국제화의 관점에서 본다면 현지 시장에 직접 진출하기보단 현지업체를 통해서 현지 시장에 자사 물건을 생산 및 판매를 위탁하는 것이다. 하지만 특허, 제조과정, 노하우 기술 등과 같은 산업소유권을 이전하는 과정에서, 현지 기업이 기술적으로 성장을 해서 시간이 지난 후에 새로운 경쟁자가 생길 가능성이 있는 단점이 있다.23)

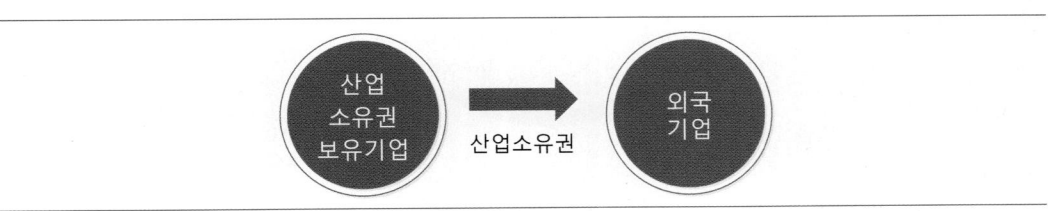

라이센싱

(4) 프랜차이즈(Franchise)

일반적으로 라이센싱(Licensing)은 주로 제조업에서 이루어지는 반면에 프랜차이즈(Franchise)는 주로 서비스 기업에서 이루어진다. 이때 프랜차이즈는 가맹본사(Franchisor)와 가맹점(Franchisee) 간 이루어지는 상업적 계약을 일컫는다.24) 즉, 상품과 서비스를 판매하는 가맹본사 즉 프랜차이저(Franchisor)가 가맹점인 프랜차이지(Franchisee)에게 일정 지역에서 일정한 기간 동안, 상업적, 지적 재산권을 독점적으로 사용할 권리를 주고, 경영 지도 및 관리를 하며, 그 대가로 가맹점은 매출액 가운데서 수수료와 로열티를 가맹본사, 프랜차이저에게 지불하는 계약이다.25)

(5) 포트폴리오 투자

포트폴리오 투자는 증권 거래소에서 기업의 지분이나 포지션을 구매하는 기업, 금융 기관 및 개인 투자자가 투자하는 것을 의미한다. 한편, 투자자가 다른 국가의 기업의 금융 자산에 투자하는 경우를 외국인 포트폴리오 투자(Foreign Portfolio Investment: FPI)라고도 한다. 이때 외국인 포트폴리오 투자는 국제적인 투자 다각화를 통해 투자 위험을 분산시키고 성과를 극대화하기 위한 전략이다.

2) 해외직접투자

직접투자를 통한 국제화란 한 국가에서 다른 국가로의 자본 흐름을 뜻한다. 즉, 국제화를 위해 직접 외국 기업의 소유 지분을 획득하거나 자본을 투자하는 행위를 말하는데 간접투자보다 적극적인 국제화의 방법이다.26)

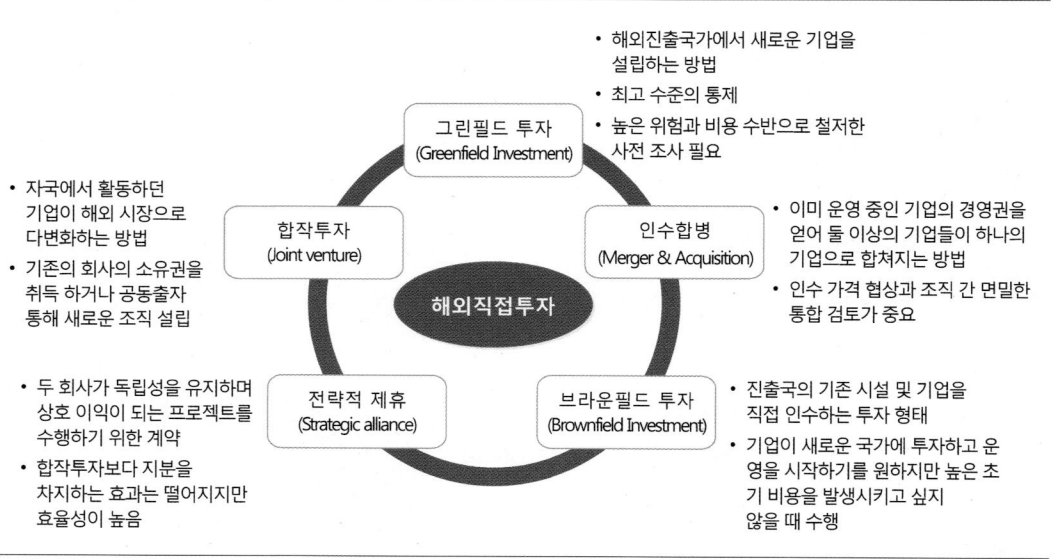

해외직접투자 종류

2. 국제경영을 위한 준비

오늘날 기업의 경쟁환경에서 살아남기 위해서 국제화는 필수조건이 되었다.27) 이러한 이유로 기업은 가끔 단계를 건너뛰면서 간접수출에서 바로 직접해외투자를 시행하기도 한다. 그러기 위해선 단기간에 목표시장에 대한 진입전략과 부족한 자산을 보충할 전략을 설립하고 이행하는 데 있어서 경영자들의 역할이 대단히 중요하다.

📋 단계별 국제경영

단계별 국제경영			
	수출/수입	국제기업	글로벌화
공급 및 판매처	국내제품 유통	현지화 전략	전세계 유명 브랜드
마케팅 전략	특정 고객	특정 시장 집중	전세계 경제
공급체인 전략	제3자물류 활용	현지유통업자 활용	글로벌 소싱
관리	재무적 통합관리	현지기업과 동맹	유연한 유통관리
정보/의사결정	제한적 EDI 정보	자체정보 활용	내외부 정보 통합
인적자원 개발	자국 시장 집중	본국 및 국제시장	국제 시장 중심

특히, 국가 간 사회적/정치적/경제적 차이를 극복하고 성공적인 국제화를 추구하기 위해서는 경영자들의 국제적 감각이 요구된다. 이러한 국제경영은 기업의 지속가능한 성장을 위해서 꼭 필요한 요소이다.

제3절 제4차 산업혁명 시대의 기회와 전략

기업의 국제화는 4차 산업혁명과 새로운 디지털 기술의 등장에 크게 영향을 받는다.[28] 오늘날의 글로벌 시장에서 기업은 디지털 플랫폼과 네트워크를 통해 전 세계의 고객, 공급업체와 파트너에 대한 접근 기회가 더욱 많으며, 이를 통해 기업은 국제적 입지를 빠르게 확장하고 글로벌 시장에서 경쟁할 수 있다.[29]

1. 4차 산업혁명과 국제경영의 기회

국제화 기업은 고유한 역량을 활용하고 새로운 제도적 맥락에 적응하며 디지털 네트워크와 생태계를 구축함으로써 지속 가능한 성장을 이룰 수 있다.[30]

4차 산업혁명은 기업 운영 방식에 혁신을 가져와 국제화를 위한 새로운 기회를 창출한다. 기업은 사물인터넷, 빅데이터 분석, 인공지능과 같은 디지털 기술을 활용해 전 세계 시장에 진출할 수 있으며 이를 통해 경쟁력과 생산성을 향상시킨다.[31]

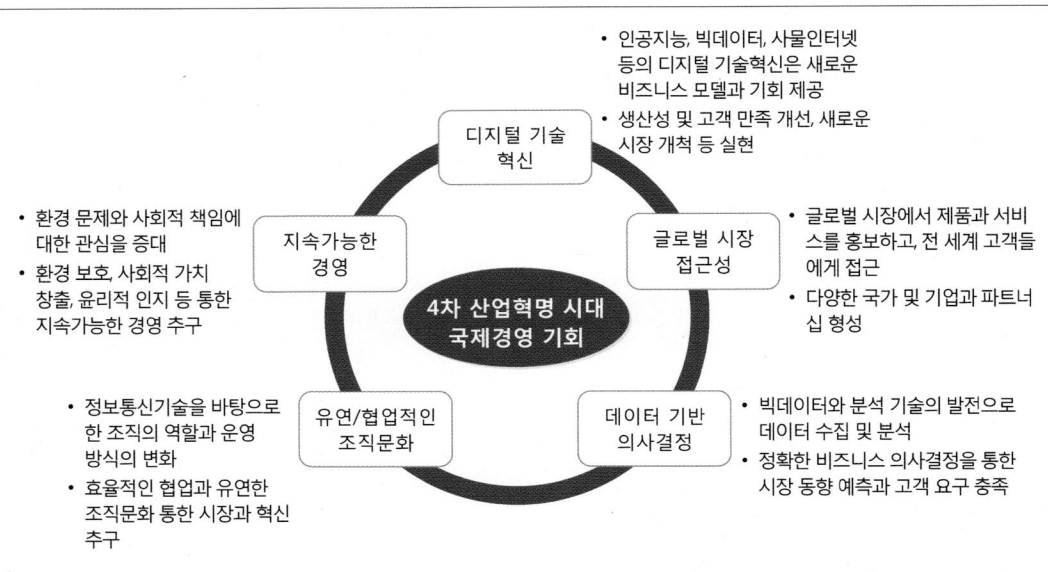

4차 산업혁명 시대 국제경영 기회

2. 4차 산업혁명과 국제경영의 전략

국제화를 모색하는 기업들은 문화적 차이에 대한 이해와 국경을 넘어 효과적인 소통과 협력 능력이 요구된다.32) 이를 위해 기업은 새롭고 혁신적인 방식으로 문화적 차이를 극복하고 업체 및 파트너와 협업이 가능한 디지털 네트워크 및 생태계를 구축해야 한다. 디지털 기술을 활용하고 고유한 기능을 개발하며 디지털 네트워크 및 생태계를 구축함으로써 기업은 글로벌 시장에서 성공할 수 있으나 이를 위해서는 국제화를 위한 관련 경영 프레임워크에 대한 깊은 이해와 신기술 및 변화하는 시장 상황에 적응하려는 의지가 필요하다.33)

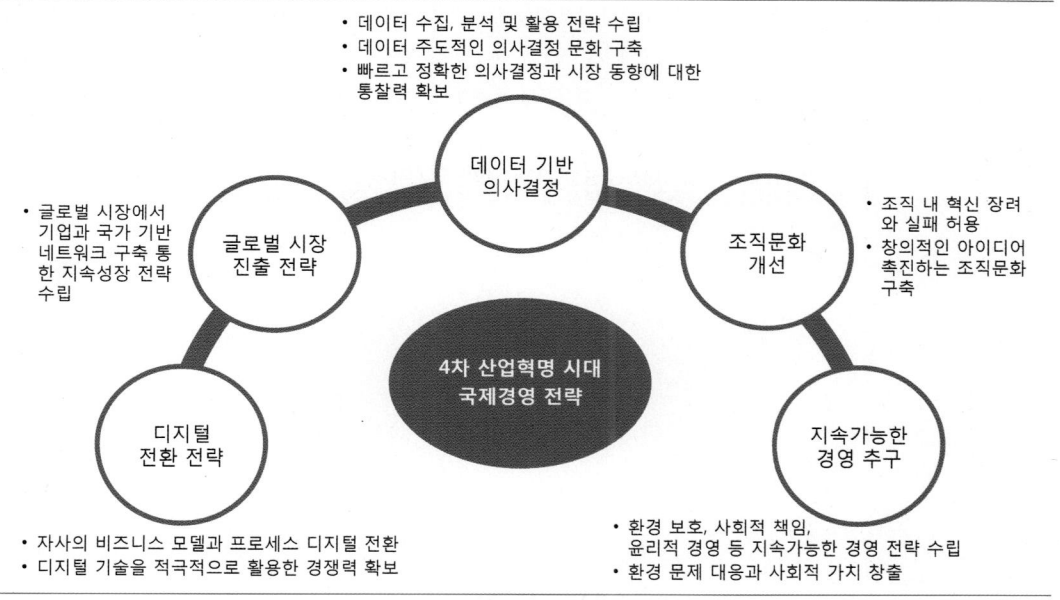

4차 산업혁명 시대 국제경영 전략

3. 4차 산업혁명 시대의 국제경영의 이론과 적용

국제경영에는 공급업체에서 고객에게 상품과 서비스가 시기적절하고 효율적으로 흐르도록 보장하기 위해 여러 회사와 국가에 걸친 활동과 프로세스의 조정이 포함된다.34) 따라서 국제경영 시행의 과정에서는 이론적 통찰력을 바탕으로 한 글로벌 공급체인의 개발 및 관리가 중요하다. 전반적으로 4차 산업혁명 시대의 글로벌 공급체인관리는 다양한 국제화 이론을 통해 이해할 수 있다. 이러한 이론과 글로벌 공급체인관리에 미치는 영향을 이해함으로써 기업은 글로벌 공급체인 운영을 관리하기 위해 보다 효과적인 전략을 개발할 수 있다.35)

📋 4차 산업혁명 시대의 국제경영의 이론과 적용

4차 산업혁명 시대의 국제경영이론 적용

	내용	적용
Uppsala 모델	• 인근 국가에 수출을 시작으로 하여 점점 더 멀리 떨어진 복잡한 시장으로 확장	• 4차 산업혁명 기술과 경험을 습득함에 따라 초기에는 가까운 지역 내의 공급체인 네트워크를 개발하는 데 집중
자원기반이론	• 다른 경쟁기업과 비교하여 독특하고 가치 있는 자원이나 역량을 개발 및 보유	• 4차 산업혁명 기술을 통해 실시간 배송 추적/모니터링 기술 등 시스템 투자 통한 공급체인 가시성 향상
거래비용이론	• 거래 비용을 최소화하려는 욕구에 의해 외부 공급업체 및 파트너 관리 비용이 내부 비용을 초과할 때 거래 내부화	• 정보통신기술에 근간한 글로벌 시장을 통해 최적 공급자를 선택하고 거래 비용과 시간을 효율적이고 효과적으로 조정
Dunning의 절충이론	• 기업은 공급체인 운영을 효과적으로 관리하기 위해 소유권, 위치 및 내부화 이점에 관한 활용을 고려	• 글로벌 공급체인에서 고유한 기술이나 지적 재산 통해 경쟁 우위 확보하고 거래를 내부화함으로써 기업은 공급체인 품질과 가시성 증대
제도이론	• 기업은 강압적, 모방적, 규범적 압력 받음	• 4차 산업혁명 기술을 바탕으로 해외시장에 진출한 기업이 제도적 압력에 대한 규범 준수와 합법성과 수용성 개선
Born Global 모델	• 기업은 민첩성, 혁신 및 기술을 활용하여 전 세계 공급업체 및 고객과 신속히 관계 구축	• 글로벌 시장에서 고객을 식별하고 블록체인/IoT 등 혁신 기술 통해 관계 구축하여 공급체인 가시성 개선
네트워크 이론	• 기업은 상호 의존성/비대칭성/불확실성을 관리 위해 공급체인 주체들과 관계 발전 필요	• 지속적인 고객 및 공급업체 관리를 통해 공급체인 주체 간 관계를 발전

한전KPS의 글로벌 시장 진출 성공전략

한전KPS는 1974년 출범하여 1981년 12월 한국중공업으로 합병 및 최초 해외사업을 진행하였다. 해외발전사업은 1982년 이라크 BSPS OH 공사를 시작으로 여러 해외국가에 발전설비 기술용역 및 긴급 복구공사 등을 수행하며 2022년까지 총 40개 국가에서 477개 프로젝트를 수행하며 누적 매출 약 1.4조 원을 달성하였다.

1998년 해외발전사업 최초로 인도 GMP Operation & Maintenance 공사를 2006년까지 수행하였으며, 현재는 해외발전사업 경상공사의 모델을 구축하고 노하우를 적립하고 있다. 그리고 2002년 필리핀 일리한 경상정비공사와 2004년 인도 찬드리아 O&M 공사는 20년 이상 장기계약을 달성하여 고객 만족을 바탕으로 대상 국가에서의 입지를 공고히 하였다. 2012년 요르단 알마나커 O&M 공사 수주로 단일공사 최초 수주액 1조원을 돌파하였으며 해외발전사업의 지속성장의 기반을 마련하였다. 계약기간은 2013.8월~ 2039.2월까지로 20년 이상의 장기계약을 수주하였다.

▲ 필리핀 일리한 발전소 전경(자료 : 한전KPS)

이후 마다가스카르 암바토비, 우루과이 티그레의 O&M를 성공적으로 진행시켜 고객과의 신뢰관계를 견고히 하였다. 이를 통해 아프리카와 남미 대륙에서의 한전KPS의 브랜드 가치를 높이는 중이다. 앞선 장기계약들의 성공적인 성과를 통해 해외발전사업 운영에 대한 노하우를 가지게 되었고 이를 통해 세계시장에서 한전KPS의 입지를 다질 수 있었다. 모로코 사피, 보츠와나 모루풀, 나이지리아 엑빈 등 탄탄한 기술경쟁력을 바탕으로 사업영역을 확대하면 지속적인 장기계약을 추진하고 있다.

한전KPS는 시장 접근성이 좋고 앞으로 시장 성장성이 높은 국가들을 중심으로 기존 사업을 지속적으로 확대하는 계획을 세웠다. 해당 국가들을 분석하여 동남아지역을 최우선 공략 국가이며 그 뒤로 중앙아시아, 중동 및 아프리카지역을 공략할 계획이다. 주력사업을 지속적으로 추진하여 매출을 올리고 계약국가들 중 새로운 사업이나 변동공사 수주를 하며 신규수주를 하였다.

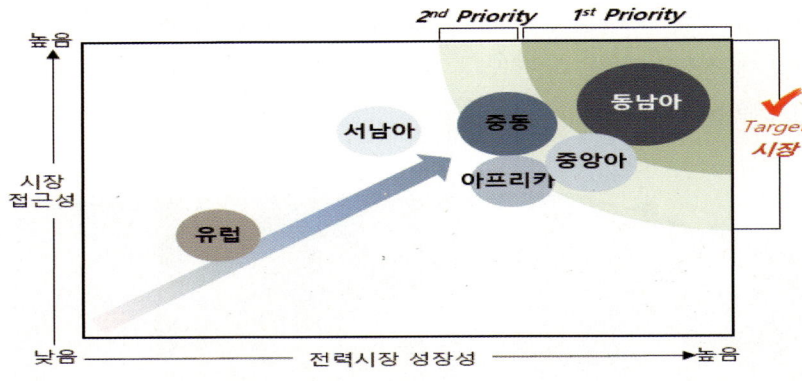

▲ 타겟 시장(자료 : 한전KPS)

투자, 성능개선과 탄소감축사업 등으로 사업 확장을 통한 해외사업 확대를 추구하고 있다. 중동은 요르단, 사우디, 쿠웨이트를 중심으로 복합 및 풍력 발전사업, 서남아는 파키스탄을 중심으로 수력 발전사업, 중앙아시아는 우즈베키스탄을 중심으로 열병합 발전사업에 투자를 하고 있다. 또한 카자흐스탄에서 환경설비사업, 리비아와 모로코에서 화력 성능복구 및 개선, 필리핀에서 수력발전 성능개선을 계획하고 있다.

탄소감축사업을 통해 베트남이나 몽골 등 대상국가를 선정하여 30년 이상 발전가능한 발전소 무상원조 개발사업에 참여하고자 한다. 이후 ODA 사업연계 및 F/S 지원서비스 활용 성능개선 등 타당성 조사를 할 계획이다. 마지막으로 감축사업을 추진하여 노후발전소의 성능개선을 통해 온실가스 감축사업을 추진할 계획이다.

Case Study

한전KPS는 '원전의 수출산업화'라는 정부 정책에 발맞추어 원전수출을 위한 조직확대를 단행하여 신규원전 수출과 기동원전 서비스 확대를 통해 회사의 미래 성장엔진을 확보하고 원전정비 산업 생태계 활성화를 지속적으로 추진하고 있다. 해외의 여러 회사에 기술인력을 파견하여 미국 및 유럽 등 해외원전 정비에 참여하였으며, 2014년에 브라질 앙그라원전 연료장전용역 직접수주에 성공하는 성과를 보여 해외 원전 정비시장에서 전문정비회사로서 새로운 발판을 마련하였다.

▲ 김홍연 한전KPS 사장(좌)과 데이비드 해리스 캐나다 키넥트릭 CEO(우)(자료 : 한전KPS)

한전KPS는 전문기술서비스를 위해 전략기술개발 & 디지털기술개발센터, 솔루현센터, 엔지니어링센터를 통해 최상의 정비기술을 제공하고자 노력한다. 또한 원자력과 신재생에너지 등의 기술개발을 통해 에너지사업에 힘을 쏟고 있다. 에너지 개발사업은 해외사업으로 다른 국가들의 원전과 산업플랜트설비 정비 등을 통해 회사 수익창출에 기여하고 있다. 이러한 고부가가치 엔지니어링 사업을 통해 한전KPS가 해외사업을 적극적이고 우수한 성과를 얻을 수 있도록 노력하고 있다.

최근에는 캐나다의 발전설비 엔지니어링 전분기업 키넥트릭스(Kinectrics)사와 중수로 정비사업의 MOU 체결을 통해 해외사업 진출 확장을 기획하였다. 해당 사업은 중수로형 원자로 정비용 장비개발사업으로 키넥트릭스사는 원전정비 전문기업으로서 엔지니어링 능력이 출중한 한전KPS와 국내외 중수로 정비에 특화된 장비개발을 추진하고자 하였다. 장비개발이 완료되면 해외사업 현장에 활용하는 등 다양한 협력 모델을 구축할 계획이다.

자료제공 : 한전KPS

Case Study

학습문제

문제 1

국제 라이센싱(licensing)에 대한 설명으로 옳지 않은 것은? (2022년도 국가공무원 7급 공채)

① 라이센서는 기술을 해외로 이전시킴으로써 추가적 이윤 확보를 기대할 수 있다.
② 계약의 핵심은 무형 자산의 이전이므로 전문적 서비스를 제공하는 경영관리계약과는 성격이 다르다.
③ 라이센시가 기술에 대한 지식과 노하우를 습득하여 라이센서의 경쟁자로 등장할 수 있다.
④ 현지 합작선과의 합작투자로 설립된 기업의 경영권을 장악하기 위한 수단으로 활용된다.

문제 2

국제 합작투자에 대한 설명으로 옳지 않은 것은? (2021년도 국가공무원 7급 공채)

① 수용국 기업과의 합작투자를 통해 적은 비용으로 판매와 공급망의 획득이 가능하다.
② 기업이 가지고 있는 독점적인 기술 등이 합작파트너에게 유출되거나 이전될 가능성이 낮다.
③ 초기투자의 불확실성에 대한 위험의 분산효과가 있다.
④ 외국인 기업이라는 인상을 배제함으로써 수용국 국민감정을 순화할 수 있다.

문제 3

기업의 라이센싱(licensing)에 대한 설명으로 옳지 않은 것은? (2017년도 국가공무원 7급 공채)

① 정규적이고 안정적인 로열티 수입을 확보할 수 있다.
② 라이센싱은 무역 제한이나 외국인 소유에 대한 제한을 회피하는 수단으로 활용되기도 한다.
③ 라이센싱은 해외시장에서 필요한 제조, 마케팅 그리고 전략에 대한 긴밀한 통제를 하기 쉽다.
④ 라이센싱은 잠재적 해외경쟁자에게 회사의 기술적 노하우가 유출될 가능성이 높으며, 미래의 경쟁자를 만들 위험이 크다.

문제 4

국제 프랜차이징(franchising)에 대한 설명으로 옳은 것은?(2021년도 국가공무원 7급 공채)

① 국제 프랜차이징은 해외사업에 강력한 통제력을 갖게 되기 때문에 해외 진출 방법 중 가장 위험도가 높다.
② 공여되는 기술 수준이 높아 현지 기업이 흡수할 수 없는 기술이 프랜차이징 대상 기술로 가치가 있다.
③ 국제 프랜차이징은 가맹본부가 자신의 상표나 상호의 사용권, 원료, 관리시스템까지 가맹점이 활용할 수 있게 하는 계약제도이다.
④ 국제 프랜차이징에서 무형자산 외에 유형자산을 공급하면 해외직접투자가 되므로 금지하고 있다.

문제 5

해외시장 진입 방법의 일반적 유형으로 옳은 것은?(2020년도 국가공무원 7급 공채)

① 라이센싱은 특정 기업이 자신의 특허, 노하우, 기술 등과 같은 무형재산을 일정기간 동안 다른 기업에게 사용하도록 허용하고, 그 대가로 로열티나 다른 형태의 보상을 받도록 체결하는 계약형태이다.
② 계약생산방식은 현지국 기업의 경영업무를 대신 맡아 관리할 권한을 부여받고, 이에대해 일정한 대가를 수취하는 계약형태이다.
③ 턴키계약은 국제기업이 진출대상국에 있는 기존의 제조업체로 하여금 일정한 계약조건하에서 제품을 생산하도록 하고, 이를 현지국이나 제3국에 판매하는 계약형태이다.
④ 합작투자방식은 기획, 조사, 설계, 조달, 시공 등 프로젝트 전체를 포괄하는 일괄수주 계약형태이다.

문제 6

해외직접투자는 자본의 수출인 동시에 기업의 수출로서 한 국가의 기업이 국내지향 및 해외지향 경영에서 현지지향 및 세계지향 경영으로 전환하기 위한 필요조건이며, 투자국 및 피투자국의 경제발전에 다양한 영향을 미친다.(2019년도 국가공무원 5급 공채) 다음 물음에 답하시오.

Q1. 글로벌 기업의 해외직접투자 동기에 대해 설명하시오.

Q2. 외직접투자가 피투자국에 미치는 부정적 효과에 대해 설명하시오.

Case Study

문제 7

애니메이션 '라바'를 만든 투바앤은 미국 라스베이거스에서 열린 '라이선싱 국제 엑스포'에서 북미지역 업체들과 100만 달러의 계약을 체결하였다. '라이선싱 국제 엑스포'는 라이선싱 국제애니메이션과 게임 캐릭터를 인형, 완구, 의류 등의 상품에 활용하는 권한을 거래하는 세계 최대 행사이다. 다음 물음에 답하시오.(2022년도 국가공무원 5급 공채)

Q1. 국제라이선싱(International Licensing)의 개념과 구성 요소를 설명하시오.(5점)

Q2. 국제라이선싱의 당사자별 효용과 장·단점을 설명하시오.(10점)

문제 8

최근 우리나라 무역 거래규모는 세계 10위권을 차지하고 있으나 특정 지역과 국가에 대한 수출입 의존도는 여전히 높은 실정이다. 이에 따라 우리나라 기업들은 해외시장 진출 추진 시 장기적으로 진출시장 다각화를 통해 위험을 분산하고 무역 거래규모를 확대할 필요성이 제기되고 있다. 이와 관련된 다음 물음에 답하시오.(2020년도 국가공무원 5급 공채)

Q1. 우리기업들이 해외시장 진출을 다각화하는 과정에서 도출되는 위험요인과 이를 극복하기 위한 방안에 관하여 논하시오.(5점)

Q2. 최근 우리 수출입 기업들의 해외시장 진출 성공요인을 전통적 해외시장 진출과 비교하여 어떤 차별화된 전략이 있는지 논하시오.

※ 해설은 부록에 기재됨.

참고문헌

1) Audi, M., Ali, A., Al-Masri, R., 「Determinants of Advancement in Information Communication Technologies and its Prospect under the role of Aggregate and Disaggregate Globalization」, 『Scientific Annals of Economics and Business』, Vol.69, No.2, 2022, 191-215pp.

2) Ahmed, Z., Le, H. P., 「Linking Information Communication Technology, trade globalization index, and CO2 emissions : evidence from advanced panel techniques」, 『Environmental Science and Pollution Research』, Vol.28, 2021, 8770-8781pp.

3) 김창봉, 정재우, 남윤미, 이주연, 「자원기반관점(RBV) 의 원산지관리역량이 FTA 수출성과에 미치는 영향에 관한 실증연구」, 『통상정보연구』, 제20권, 제1호, 2018, 153-176pp.

4) Drobyazko, S., Barwińska-Małajowicz, A., Ślusarczyk, B., Zavidna, L., Danylovych-Kropyvnytska, M., 「Innovative entrepreneurship models in the management system of enterprise competitiveness」, 『Journal of Entrepreneurship Education』, Vol.22, No.4, 2019, 1-6pp.

5) Welch, L. S., Luostarinen, R., 「Internationalization : evolution of a concept」, 『Journal of General Management』, Vol. 14, No. 2, 1988, 34-55pp.

6) 김창봉, 구윤철, 「한국 수출입 제조 기업의 국제표준인증 활용과 파트너십 프로세스에 대한 연구」, 『통상정보연구』, 제18권, 제2호, 2016, 131-150pp.

7) 최창범, 김창봉, 「해외법인의 유형자산 및 무형자산 수준이 기업성과에 미치는 영향에 대한 연구 : 싱가포르의 한국 자회사를 중심으로」, 『대한경영학회지』, 제34권, 제12호, 2021, 2181-2206pp.

8) Wen, H., Lee, C. C., Zhou, F., 「How does fiscal policy uncertainty affect corporate innovation investment? Evidence from China's new energy industry」, 『Energy Economics』, Vol.105, 2022, 105767.

9) Sułkowski, Ł., Ignatowski, G., Stopczyński, B., Sułkowska, J., 「International differences in patriotic entrepreneurship-the case of Poland and Ukraine」, 『Economics & Sociology』, Vol.15, No.1, 2022, 297-319pp.

10) 박광서, 김재성, 「우리나라 무역업계의 INCOTERMS 사용현황과 개정방향에 관한 고찰」, 『무역상무연구』, 2009, 제43권, 53-74pp.

11) Li, J., Fleury, M. T. L., 「Overcoming the liability of outsidership for emerging market MNEs : A capability-building perspective」, 『Journal of International Business Studies』, Vol.51, 2020, 23-37.

12) 문교수, 최순권, 「알리바바 사례 분석을 통한 플랫폼 비즈니스 기업의 국제화 과정 연구」, 『경영컨설팅연구』, 제22권, 제4호, 355-366pp.

13) 김창봉, 최창범, 송정석, 신준호, 「Industry 4.0 기반의 대 인도네시아 해외직접투자와 글로벌 밸류체인 간의 관련성」, 『e-비즈니스연구』, 제21권, 제1호, 2020, 175-188pp.

14) Driffield, N., Du, J., Song, M., 「Internationalization pathways of Chinese private firms : A closer look at firm-specific advantages」, 『Journal of International Management』, Vol.27, No.3, 2021, 100835.

15) Stocker, M., Lídia V., 「Impact of market orientation on competitiveness : Analysis of internationalized medium-sized and large enterprises」, 『Entrepreneurial Business and Economics Review』, Vol.10, No.1, 2022, 81-95pp.

16) Phillips, B. D., 『Global production and domestic decay : Plant closings in the US』, Routledge, 2021.

17) Khan, S. Z., Qing Y., Abdul W., 「Investment in intangible resources and capabilities spurs sustainable competitive advantage and firm performance」, 『Corporate Social Responsibility and Environmental Management』, Vol.26, No.2, 2019, 285-295pp.

18) Likitwongkajon, N., and Chaiporn V., 「Internationalization, foreign exchange exposure and firm risk」, 『International Review of Financial Analysis』, Vol.83, 2022, 102334.

19) 김창봉, 「4IR 시대의 글로벌 밸류체인(GVC) 활용과 인도시장 FDI 성과에 관한 연구」, 『무역학회지 44.1(2019) : 115-127.

20) Barrientos, S., 『Gender and work in global value chains : Capturing the gains?』, Cambridge University Press, 2019.

21) 김경철, 「수출신용보증(포괄매입)에 대한 연구」, 『무역보험연구』, 제22권, 제5호, 187-200pp.

22) 최정일, 「디지털 관련 중소기업을 중심으로 간접수출의 활성화에 관한 연구」, 『디지털융복합연구』, 제11권, 제1호, 75-88pp.

23) Arora, A., Fosfuri, A., 「Licensing the market for technology」, 『Journal of Economic Behavior & Organization』, Vol.52, No.2, 2003, 277-295pp.

24) 김창봉, 조경란, 「프랜차이즈 기업의 핵심 성공 요인이 경영성과에 미치는 영향 연구 : 가맹점 수와 매출 규모의 조절효과」, 『대한경영학회지』, 제34권, 제7호, 2021, 1299-1320pp.

25) Mathewson, G. F., Winter, R. A., 「The economics of franchise contracts」, 『The Journal of Law and Economics』, Vol. 28, No. 3, 1985, 503-526pp.

26) 김상만,「해외직접투자에서 투자유치국의 정치적 위험과 대처방안에 대한 법적 고찰」,『법학연구』, 제22권, 제3호, 2019, 331-352pp.

27) Li, J., Fleury, M. T. L.,「Overcoming the liability of outsidership for emerging market MNEs : A capability-building perspective」,『Journal of International Business Studies』, Vol.51, 2020, 23-37pp.

28) Park, S. H., Santos-Paulino, A. U., Trentini, C.,「Fourth Industrial Revolution and FDI from SMEs : The Case of the Republic of Korea」,『Transnational Corporations』, Vol.29, No.3, 2022, 137-160pp.

29) 김창봉, 여경철, 남윤미,『4차 산업혁명 시대의 Global SCM』, 박영사, 2018.

30) Charles, M., Ochieng, S. B.,「Strategic Outsourcing and Firm Performance : A Review of Literature」,『International Journal of Social Science and Humanities Research(IJSSHR)』, Vol.1, No.1, 2023, 20-29pp.

31) Lee, J. Y., Choi, S. J., Jiménez, A.,「Leadership, alliance, and the 4th industrial revolution」,『Frontiers in Psychology』, Vol.14, 2023, 1258431.

32) Feliciano-Cestero, M. M., Ameen, N., Kotabe, M., Paul, J., Signoret, M.,「Is digital transformation threatened? A systematic literature review of the factors influencing firms' digital transformation and internationalization」,『Journal of Business Research』, Vol.157, 2023, 113546.

33) 손승표,「4차 산업혁명 시대 기업경영 패러다임 연구 : 경영전략으로서의 브랜드가치 제고를 중심으로」,『기업과혁신연구』, 제41권, 제4호, 49-59pp.

34) Strange, R., Chen, L., Fleury, M. T. L.,「Digital transformation and international strategies」,『Journal of International Management』, Vol.28, No.4, 2022, 100968.

35) 한수범,「국가경쟁력과 국제경쟁력 간 연관분석 : 4차 산업혁명 시대를 대비한 지식기반경제에서 한국, 중국, 일본을 중심으로」,『e-비즈니스연구』, 제18권, 제6호, 229-245pp.

제4장
글로벌 마케팅

New Principles of
International Trade
of the 4th Industrial
Revolution

학습목표
1. 글로벌 마케팅 정의와 특성을 설명한다.
2. 글로벌 시장의 정치적, 경제적, 사회적, 기술적 환경을 파악하기 위한 PEST 분석을 이해한다.
3. 글로벌 시장에서 기업의 강점, 약점, 기회, 위협을 파악하기 위한 SWOT 분석을 설명한다.
4. 글로벌 시장 진출 시에 문화적인 측면의 고려를 위한 홀의 맥락 문화와 호프스테드의 문화적 차원 분석의 개념을 이해한다.
5. 글로벌 마케팅 믹스를 이해하고, 제품, 가격, 유통, 촉진을 조합하여 마케팅 목표를 설명한다.
6. 글로벌 마케팅을 위한 국제화 전략과 지역 특화 전략의 개념을 설명한다.
7. 4차 산업혁명 시대의 디지털 마케팅 개념과 효과를 설명한다.
8. 4차 산업혁명 시대의 글로벌 시장에서 디지털 마케팅의 동향을 이해한다.
9. 4차 산업혁명 시대의 글로벌 시장에서 마케팅 고객 경험의 중요성을 설명한다.
10. 4차 산업혁명 시대의 글로벌 시장에서 AI와 옴니채널 마케팅의 역할을 이해한다.

Contents
Introduction : 핸즈코퍼레이션, '목재→車 알루미늄 휠' 피보팅 '신의 한수'
제1절 글로벌 마케팅의 이해와 특성
제2절 글로벌 마케팅 환경분석 도구
제3절 글로벌 마케팅의 주요 전략
Case Study : 10원 경쟁 속 '팬덤 구축' 들어간 롯데마트, 왜?

Introduction

핸즈코퍼레이션, '목재→車 알루미늄 휠' 피보팅 '신의 한수'
- 20년간 국내 1위 굳게 지켜, 오너 3세 승현창 대표 글로벌 확장 지휘

핸즈코퍼레이션은 자동차용 알루미늄 휠 전문 제조사다. 독보적인 영업력과 기술 경쟁력을 바탕으로 국내 1위의 시장 지위를 확보하고 있다. 마그네슘 휠을 대량으로 생산할 수 있는 저압 주조방식 기술을 보유한 기업은 전 세계에서 핸즈코퍼레이션이 유일하다.

▲ HANDS는 동화합판 이름으로 설립 후 국내외 자동차 휠 업계를 선도하여 왔다.

핸즈코퍼레이션의 태동은 1972년으로 거슬러 올라간다. 창업주인 승왈범 회장은 인천에 동화합판이라는 목재 제조사를 설립했다. 동화합판은 각종 목재에 대한 꾸준한 수요를 기반으로 사세를 확장했다. 1981년에는 수출 5000만달러를 달성한 공로를 인정받아 '철탑산업훈장'을 수상하기도 했다. 사명은 1975년 동화상협으로 변경됐다. 그러나 합판을 비롯한 목재 사업은 1980년대 들어 한계에 부딪혔다. 산업이 점점 고도화하면서 목재는 더이상 큰 부가가치를 창출할 수 없는 제품이 됐다. 실제로 1970년대 10대그룹에 이름을 올렸던 목재 제조사들이 하나 둘 부도를 내기 시작했다. 동화상협 역시 생존을 위한 신성장동력 발굴에 모든 역량을 집중해야 하는 상황에 처했다.

핸즈코퍼레이션은 자동차용 알루미늄 휠 제조에 승부를 걸기로 했다. 선대 회장을 대신해 경영 전면에 나선 승건호 회장은 당시 급격하게 커지고 있던 글로벌 자동차 시장의 성장 가능에 주목했다. 1985년 대림자동차, 효성기계 등 이륜차 제조사를 대상으로 주문자 상표부착(OEM) 방식의 제품 공급을 시작하며 본격적인 알루미늄 휠 생산에 나섰다. 이후 현대자동차(1987년), 기아자동차(1989년), 대우자동차(1990년)를 비롯한 국내 자동차 메이커로 고객군을 넓혔다.

업종 전환은 신의 한수였다. 1990년대까지 차량에 선택적으로 들어가던 알루미늄 휠은 2000년대 들어 사실상의 기본 아이템이 됐다. 2010년 30% 수준이던 글로벌 알루미늄 휠 장착률은 2016년 70%를 돌파했다. 그 결과 핸즈코퍼레이션의 매출액은 매년 최대치를 경신하는 등 빠른 속도로 증가했다. 1999년 800억원 수준이던 매출 규모는 2010년 4배가 넘는 3736억원으로 늘었다. 사세가 커지면서 새로운 판매처 발굴의 필요성이 커졌다. 지속 가능한 기업으로 성장하기 위해서는 해외 시장 공략이 반드시 수반돼야 했다. 핸즈코퍼레이션은 GM을 신규 고객으로 맞은 2003년 글로벌 시장으로 눈을 돌렸다. 대대적인 마케팅 투자를 단행하며 르노닛산, 폭스바겐, 포드, 크라이슬러, 다이하츠, 스즈키, 미쯔비시 등으로 공급선을 확대했다. 고객이 원하는 수준의 기술 경쟁력을 증빙하기 위한 품질 인증도 병행했다. 15년이 지난 현재 전체 매출에서 해외 시장이 차지하는 비중은 약 80%에 달한다.

해외 시장 공략에 맞춰 생산 거점도 확장했다. 2008년 중국 칭따오(청도동화주조유한공사)에, 2011년 경기도 화성(핸즈식스)에 알루미늄 휠 제조공장을 추가로 건립했다. 그 결과 2003년 480만개 수준이던 연간 생산능력은 1350만개로 증가했다.

핸즈코퍼레이션은 국내 최대 생산능력을 기반으로 업계 1위의 지위를 굳건하게 지키고 있다. 연간 1350만개의 생산능력은 업계 2위인 현대성우메탈(910만개)과 3위인 칼링크(550만개)의 합계와 비슷하다. 글로벌 시장에서는 중국 DICASTAL, 독일 BORBET, 일본 ENKEI, 미국 MAXION 등과 어깨를 나란히 한다.

핸즈코퍼레이션의 기반을 다진 것이 승 회장이라면 꽃을 피운 주인공은 승현창 대표다. 승 회장의 외아들인 승 대표는 뛰어난 경영 수완을 발휘하며 핸즈코퍼레이션을 글로벌 시장 점유율 5위의 우량 기업으로 성장시켰다.

1977년생으로 올해 42세인 승 대표는 고려대학교, 워싱턴대학교에서 경제학과 경영학을 공부했다. 28세이던 2004년 5월 핸즈코퍼레이션에 입사해 경영 수업을 받기 시작했다. 전략, 기획, 재무, 마케팅 등을 거치며 다방면에서 업무 경험을 쌓았다. 그는 회장에 오른 2012년부터 본격적으로 경영 일선에 나섰다. 가장 먼저 사명을 지금의 핸즈코퍼레이션(Hands Corporation)으로 변경했다. 각종 알루미늄 휠을 손으로 정성스레 만든다는 '장인 정신'을 이름에 담았다.

승 대표는 글로벌 시장 확대를 그룹의 최우선 목표로 설정했다. 수시로 해외를 오가며 글로벌 자동차 메이커의 중역들을 직접 만났다. 이 과정에서 포드, 폭스바겐, 크라이슬러 등이 신규 고객으로 편입됐다. 인도의 알루미늄 가공 기업인 락만 인더스트리(Rockman Industries)와 기술 이전에 관한 파트너십도 맺었다. 지난달에는 폭스바겐 미국공장과 알루미늄 휠 공급 계약을 체결하며 북미 시장 공략을 위한 교두보를 마련했다. 공격적인 해외 진출을 추진한 결과 2010년 3700억원 수준이던 매출액은 2016년 6771억원으로 2배 가까이 증가했다. 같은 기간 자산총액도 4283억원에서 6732억원으로 불었다. 안정적인 실적과 재무구조는 핸즈코퍼레이션이 2016년 12월 코스피 시장에 입성하는 과정에서 훌륭한 밑거름이 됐다.

모로코 생산공장의 착공은 승 대표의 가장 큰 업적 중 하나다. 핸즈코퍼레이션은 모로코 탕헤르(Tanger)에 연간 400만개의 휠 양산이 가능한 공장을 짓고 있다. 이를 위해 지난 3월 6개 금융기관으로부터 건립 자금 1억2000만유로(약 1600억원)을 빌렸다. 예상 완공 시점은 내년 상반기다. 1단계 공사를 완료하는대로 추가 증설에 들어간다. 3단계 공사가 마무리되는 2024년까지 총 800만개의 생산능력을 갖추는 것이 목표다. 전체 공사가 종료될 시 현재 5위인 글로벌 시장 점유율은 3위까지 상승할 전망이다.

알루미늄 대비 30%의 경량화 효과가 있는 마그네슘 휠은 모로코공장과 더불어 핸즈코퍼레이션의 미래를 좌우할 성장동력으로 꼽힌다. 핸즈코퍼레이션은 2012년 세계 최초로 저압 주조방식을 적용한 마그네슘 휠 양산 시스템을 구축했다. 승 대표는 마그네슘 휠 개발을 진두지휘하고 있다. CEO 산하에 편제된 연구개발 전담 조직은 레이싱 차량에 주로 쓰이는 마그네슘 휠을 일반 자동차에도 상용화시킨다는 목표 아래 제조 원가를 혁신적으로 줄일 수 있는 방법을 연구 중이다.

업계 관계자는 "승 대표의 모친인 차희선 이사장이 1989년부터 2012년까지 핸즈코퍼레이션 최고 경영자로 있으며 멘토 역할을 담당했다"며 "어머니의 도움이 있었기에 승 대표가 부친의 빈 자리를 대신할 수 있었다"고 설명했다.

강철 기자 / 더벨 / 2018. 08. 13. /
https://www.thebell.co.kr/free/content/ArticleView.asp?key=201808060100008580000556&lcode=00

제4장 글로벌 마케팅

제1절 글로벌 마케팅의 이해와 특성

 최근 글로벌 경영과 무역 환경의 급격한 변화는 국내외 기업에 위협과 기회로 나타나고 있다. 한편, 글로벌 시장에서 인정받기 위해서는 제품의 품질뿐만 아니라 디자인과 마케팅 측면과 같은 비가격적인 경쟁력의 확보가 중요하다.[1] 글로벌 기업은 경쟁력을 확보하기 위해 가격적 우위와 비가격적 우위를 모두 추구하며, 고부가가치 산업의 중요성이 계속해서 증가하고 있다.[2] 비대면 시장과 함께 급성장한 글로벌 전자상거래(Cross Border E-Commerce)와 함께 인터넷을 활용한 마케팅의 중요성이 확대되고 있다.[3] 이러한 글로벌 경영 환경과 마케팅 전략의 변화에 신속히 적응하고 성장 기회를 포착하여 글로벌 성과를 이루기 위해 우리나라 기업들은 글로벌 마케팅 역량을 강화해야 한다.

1. 글로벌 마케팅의 정의

 글로벌 마케팅은 글로벌 시장에서 기업들이 제품을 소비자의 니즈에 맞춰 판매 및 전달하기 위한 경영 활동을 의미한다.[4] 이 같은 글로벌 마케팅은 제품(Product), 판촉(Sales Promotion), 가격(Price), 판로(Channel), 물류(Logistics) 등에 관한 전략들을 믹스(Mix)하여 계획하고 수행된다.[5] 오늘날 다양한 기업들의 경영 활동의 무대를 세계로 넓히고 있으며 전 세계적인 글로벌화와 함께 글로벌 교역을 활용하는 기업들의 수는 증가하는 추세이다.[6] 초기에는 글로벌 마케팅과 무역마케팅이 혼용되었지만, 무역마케팅은 국가 간 상품 무역에 초점을 두고 전개되며, 글로벌 마케팅은 다양한 국가, 기업, 소비자들이 참여하는 글로벌 시장 진출을 목표로 생산거점 중심으로 경영 활동을 수행하는 차이가 있다.

2. 글로벌 마케팅의 분류와 특성

 글로벌 마케팅의 경우 다양한 국가를 대상으로 하기에 국내 마케팅과는 차이점이 존재한다. 국경과 시장 규모를 비롯한 마케팅 환경의 구성 요소들이 상당히 다양할 뿐 아니라 그 차이가 클 수 있어 문화적 거리와 같은 개념들을 고려해야 한다. 글로벌 마케팅을 시행하기 위해서는 문화, 위험 및 일반적으로 국내 산업에서 접할 수 없는 종류의 요인들에 주목해야 한다.[7]

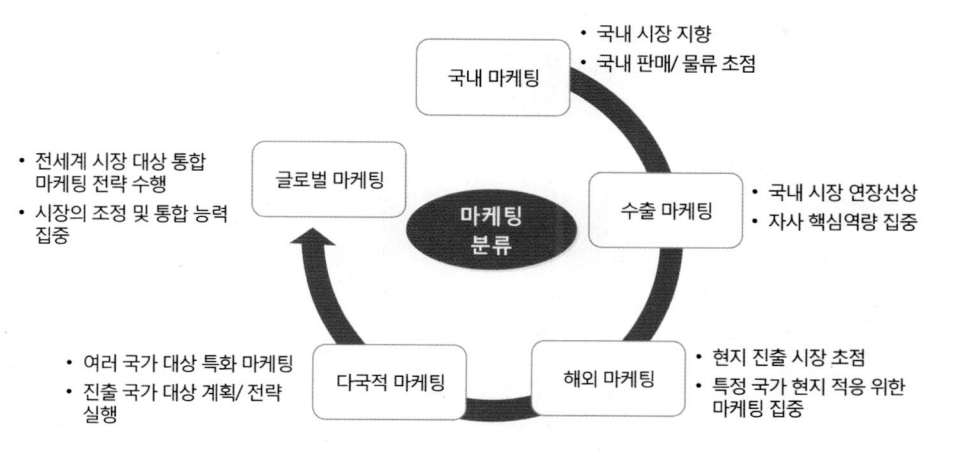

마케팅의 분류와 특성

제2절 글로벌 마케팅 환경분석 도구

1. 글로벌 마케팅 환경 분석

해외시장 진출을 위해서는 기업은 글로벌 시장이라고 하는 더욱 복잡하고 다양한 환경을 대면하게 되며 이에 대한 사전 준비 작업으로 환경 분석과정이 포함된다.

1) PEST분석

글로벌 환경의 첫 번째 분석 방법은 PEST분석을 들 수 있는데, 정치적(Political), 경제적(Economic), 사회적(Social), 기술적(Technological) 측면에서 분석하는 방식이다.[8]

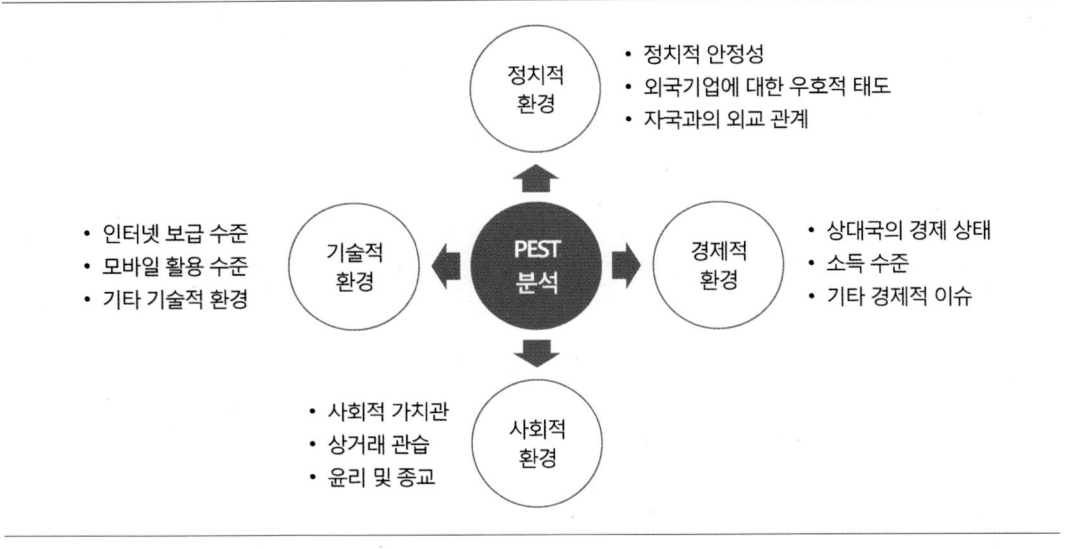

PEST 분석

2) SWOT분석

SWOT은 강점(Strength), 약점(Weakness), 기회(Opportunity), 위협(Threat)의 머리글자를 모아 만든 단어로 경영 전략을 수립하기 위한 분석 도구이다.[9] SWOT분석은 조직 또는 기업의 긍정적인 측면에 초점을 맞추어 저울질할 수 있는 하나의 도구가 된다. 보통 X, Y축으로 2차원의 사분면을 그리고 각각 하나의 사분면에 하나씩 배치하여 연관된 사항들을 우선순위로 배치한다.[10] SWOT분석은 자사가 가진 강점과 약점을 경쟁사와 비교 및 분석하여 자사가 지니는 상대적인 강점과 약점을 경쟁사와 비교 및 분석하고 어떻게 보완하거나 방어할 수 있는지를 분석하는 단계이다.

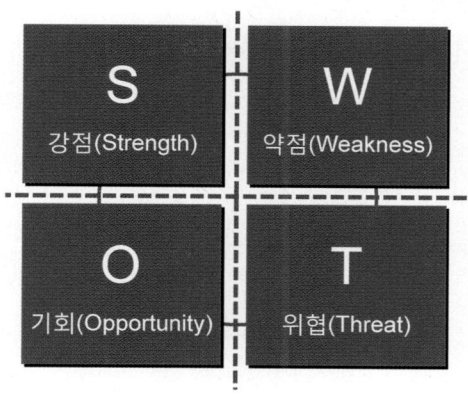

SWOT분석

3) SWOT분석의 방법

(1) 외부환경 분석(Opportunity, Threat)

- 자신을 제외한 모든 것(정보)을 기술한다.
  - 환경에서 긍정적으로 작용하는 것을 기회, 부정적인 쪽으로 작용하는 것을 위협으로 분류한다.
- 언론매체, 개인정보망 등을 통하여 입수한 상식적인 세상의 변화 내용을 시작으로 당사자들에게 미치는 영향을 순서대로 점차 구체화한다.
- 인과관계가 있는 경우 화살표로 연결한다.
- 동일한 데이터라도 긍정적으로 연결되고 전개되는 경우에는 기회로, 부정적으로 전개되면 위협으로 분류한다.

(2) 내부환경 분석(Strength, Weakness)
- 경쟁자와 비교하여 우리 조직의 강점과 약점을 분석한다.
- 강점과 약점의 내용에는 조직 또는 기업이 보유하거나 활용 가능한 자원(resource)들이 포함된다.

4) SWOT분석을 이용한 전략의 수립

(1) 전략 도출
- SWOT분석의 결과 얻어진 것 중 핵심적인 SWOT을 대상으로 하여 전략을 도출한다.

📋 SWOT를 활용한 전략 도출 방법

구분		정의	
SO	강점(Strength) + 기회(Opportunity)	SO	강점을 가지고 기회를 살리는 전략
ST	강점(Strength) + 위협(Threat)	ST	강점을 가지고 위협을 회피하거나 최소화하는 전략
WO	약점(Weakness) + 기회(Opportunity)	WO	약점을 보완하여 기회를 살리는 전략
WT	약점(Weakness) + 위협(Threat)	WT	약점을 보완하고 위협을 회피하거나 최소화하는 전략

(2) 중점 전략 선정
- 도출된 전략 중 가급적 적은 수의 것을 중점 전략으로 선정한다.
- 선정 방법 : 목적 달성의 중요성, 실행 가능성, 남과 다른 차별성(자신의 상황에 가장 적합한 것)

5) 문화 이론에 따른 접근법

(1) 홀(Hall)의 맥락 문화

문화적인 맥락에 따라 메시지 사용 방식이 다르며, 동양 문화권인 고맥락 문화는 간접적이고 모호한 메시지를 사용하는 경향이 있고, 서양 문화권인 저맥락 문화는 분석적이고 명료하며 분절된 메시지를 사용하는 경향이 있다.[11] 이러한 문화 차이는 비즈니스 환경에서 협상 시 차이를 보인다. 고맥락 문화에서는 직관적이고 모호한 메시지 사용으로 인해 협상에 시간이 걸리며 이해도를 높이기 위한 과정이 필요하고, 저맥락 문화에서는 빠르고 신속한 협상이 이루어진다.

(2) 호프스테드(Hofstede)의 문화적 차원

네덜란드의 심리학자인 호프스테드는 각 국가와 민족들은 각기 다른 특징을 지니며 차별화된 측면들을 지니고 있다고 주장하였다.[12] 그는 이러한 차별성은 문화적 차이에서 비롯되며, 문화의 다섯 가지 차원(개인주의 대 집단주의, 권력 거리, 남성주의 대 여성주의, 불확실회피성향, 장기지향성 대 단기지향성)을 제시하고 이러한 문화적 차원이 기업들의 경영 관리와 조직에 영향을 미친다고 하였다.

2. 글로벌 마케팅 믹스

전 세계적으로 소비자들의 욕구가 다양해지고 글로벌 경제와 관련된 환경이 시시각각 변화됨에 따라 기업들은 포지셔닝 전략을 활용하여 시장환경 변화에 적절하게 대응해야 할 필요가 더욱 높아졌다.[13] 기업은 시장의 환경을 분석하고 이를 자사의 약점과 강점과 결합하여 경쟁 우위를 확립시켜야 한다. 마케팅 믹스(4Ps)란 표적 시장에서 마케팅 목표 달성을 위하여 필요한 요소들의 조합을 말한다.14) 마케팅 믹스는 크게 제품(Product), 가격(Price), 유통(Place), 촉진(Promotion) 등의 4P라고 부르는 요소로 구성되는데 이 요소들을 조합해서 마케팅 목표를 달성하는 것이 마케팅 믹스의 핵심이다.15) 이는 마케팅 요소들이 상호 보완적이면서 일관성을 가져 시너지 효과를 얻을 수 있도록 효율적으로 결합하여 최대의 효과를 낼 수 있도록 하는 것이다.

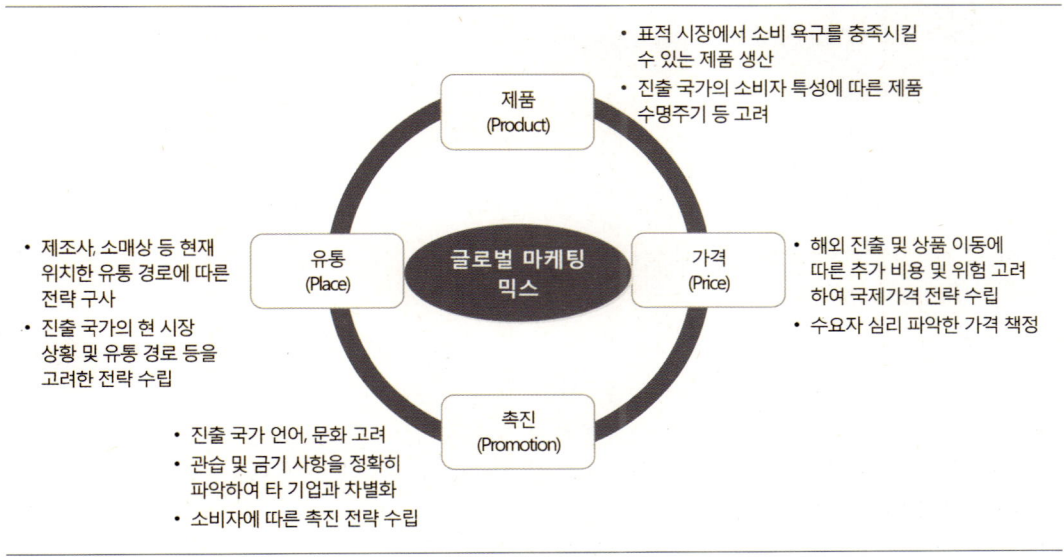

글로벌 마케팅 믹스

1) 상품(Product)전략

글로벌 마케팅에서는 진출하는 국가의 소비자 욕구와 상품 수명주기를 고려하여 상품전략을 수립해야 한다. 제품은 단순히 상품 자체뿐 아니라 디자인, 포장, 서비스 등의 다양한 요소를 포함하며 기업은 표적 시장의 욕구를 충족시키는 제품을 개발해야 한다. 최근에는 데이터 분석 전략을 활용하여 소비자의 니즈를 파악하고 이에 맞는 제품을 판매하여 부가가치를 높이고 차별화하는 추세이다.

2) 가격(Price)전략

가격은 상품과 서비스의 가치를 금액으로 표시한 것으로서 소비자에게 상품의 가치를 나타낸다. 가격전략은 여러 환경 요소를 고려해야 하며, 마케팅 믹스의 일부로써 종합적으로 판단되어야 한다. 서비스 제공자는 가격전략을 통해 수요량을 조절할 수 있으며, 소비자의 수요, 심리, 경쟁환경 및 포지셔닝에 따라 상품을 높은 가격이나 저렴한 가격으로 책정할 수 있다. 글로벌 가격전략은 해외 시장 진출을 위한 사전 비용, 상품 이동에 따른 추가 비용(관세, 운송비 등), 위험 등을 고려하여 수립되어야 한다.

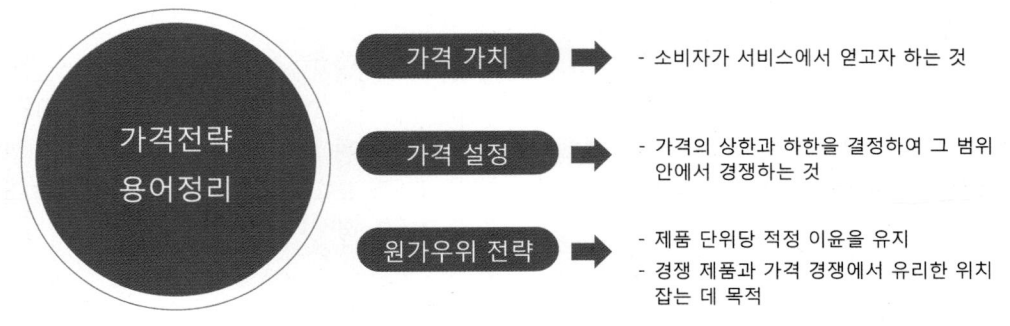

가격전략 용어정리

3) 촉진(Promotion)전략

촉진은 진출국의 언어, 문화 등을 고려하여야 하는 가장 복잡한 과정으로 광고, 매체, 판촉 등을 이용할 때는 해당 국가의 규정과 관습 등을 정확하게 파악하여야 한다. 현재의 고객과 잠재고객과의 커뮤니케이션 활동을 전개하여 상품을 알리고 다른 상품과 비교하여 설득하고 소비자의 구매 성향을 바꾸어 나가는 마케팅 활동으로 광고, 홍보와 선전, 판매 촉진 캠페인, 대인판매 등이 있다.

① 판촉의 중요성 : 판촉은 단기 매출에 즉각적인 영향을 주며, 서비스 브랜드 간에 구분이 모호하여 브랜드 전환을 주어야 할 때 사용된다.
② 광고 : 가격, 정보, 제공 서비스의 종류와 타 기업과의 차별화를 통해 고객들을 설득하는 것을 목표로 한다.

제3절 글로벌 마케팅의 주요 전략

글로벌 마케팅의 흐름은 크게 글로벌 시장 전체를 타겟으로 하는 글로벌화 전략(Globalization strategy)의 활용과 지역 특성화를 반영시킨 지역 특성화 전략으로 구분된다.[16] 기업은 전 세계를 하나의 시장으로 보는 글로벌화 전략을 활용할 것인지 각 지역의 특성을 고려한 지역 특화 전략(Localization strategy)를 활용할 것인지 혹은 이 두 개의 개념을 결합한 전략을 활용할 것인지를 결정하고 이에 알맞은 마케팅 전략 계획들을 수립할 필요가 있다.

1. 마케팅의 글로벌화 전략

글로벌 표준화 마케팅은 4P(제품, 가격, 홍보, 유통)를 표준화시키는 것으로, 하나의 홍보 자료를 바탕으로 다양한 국가에서 동시다발적으로 광고 및 홍보 콘텐츠를 개발하여 글로벌 시장을 대상으로 활용하는 것을 뜻한다.[17] 글로벌 표준화 전략은 Leviit(1983)의 연구에서부터 시작되었는데, 그는 글로벌 지역의 문화가 점차 동질화되고 있음을 주장하며 마케팅에 있어 글로벌 시장에서의 4P의 표준화 개발이 필요하다고 하였다.[18]

2. 마케팅의 지역 특화 전략

글로벌 표준화 전략과 반대되는 것이 글로벌 다각화 및 지역 지향성 전략이라고 할 수 있다. 해당 이론의 배경은 호프스테드의 문화 차원 연구와 마리에케(Marieke)의 연구에서 찾을 수 있다. 호프스테드는 각 국가와 민족들은 모두 차별화된 측면들을 지니고 있으며, 이러한 차별화는 문화적 차이에서 비롯된다고 주장하였다.[19] 마리에케가 제시한 가치 패러독스는 호프스테드의 입장을 기반으로 발전된 이론이다. 가치 패러독스의 개념에 따르면 모든 문화는 반대되는 가치를 지니고 있으며, 각 국가와 문화가 고유성을 지니고 있기에 마케팅의 활용에 있어서 각 국가의 문화와 관습, 사고의 차이를 반영시켜 4P의 수정이 이루어져야 한다고 하였다.[20]

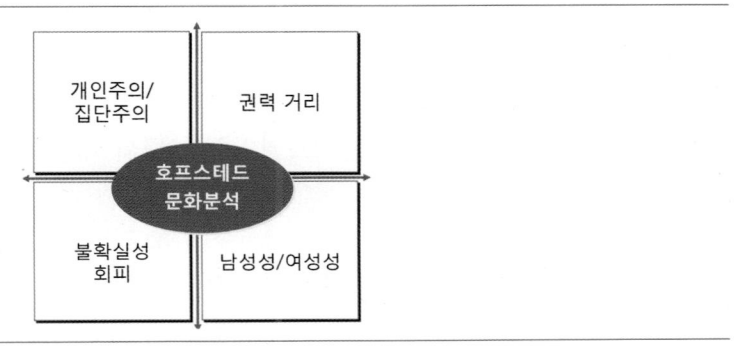

호프스테드 문화 분석의 4가지 차원

3. 디지털 마케팅 전략

최근 4차 산업혁명으로의 진입과 나타나고 있는 정보화 기술 혁신과 코로나 19와 같은 글로벌 환경 변화는 글로벌 마케팅 영역에도 영향을 주고 있다.[21] 고객 정보에 대한 습득뿐 아니라 고객과의 소통을 위해 온라인 채널을 강화하여 글로벌 디지털 마케팅의 추세로 전환되어 가고 있다.[22] 온라인 플랫폼이나 가상공간을 통한 디지털 홍보는 수출 마케팅에 있어 중요도가 높아졌고, 국내외 비즈니스도 이러한 디지털 전환의 흐름 속에 있다.[23]

1) 디지털 마케팅의 개념

디지털 마케팅이란 디지털 매체를 기반으로 하는 모든 마케팅 활동을 포괄하며, 온라인 마케팅, 소셜 마케팅, 모바일 마케팅과 같은 용어들을 총칭하는 개념이다.[24] 디지털 기술과 매체를 기반으로 기업의 상품과 서비스를 고객들에게 인지, 체험, 판매하고 나아가 고객과 관계를 구축하는 총체적인 활동을 의미한다.

2) 디지털 마케팅의 효과

(1) 잠재고객의 발굴

디지털 마케팅을 활용하여 기업들은 잠재 수요 즉 잠재고객의 발굴이 가능해진다. ICT기술과 클라우드 서비스의 발달로 인터넷을 사용하는 고객의 정보를 쉽게 수집할 수 있다.

(2) 마케팅 타깃의 확대

디지털화되어 있는 환경은 데이터 기반의 분석이 가능해지기 때문이며, 고객 정보들이 빅데이터화되면서 기업들은 이러한 고객 정보들에 대한 분석을 활용하여 마케팅 타깃을 보다 정밀하게 설정할 수 있다.

(3) 다양한 마케팅 기회 제공

글로벌 전자상거래 플랫폼의 확대와 SNS 등의 전 세계적 소셜 네트워크의 이용자 수 증가는 다양한 국가에서 마케팅 영역 확대 기회를 제공하고 있으며, 기업들의 해외 마케팅에 대한 유용성을 증가시켰다.[25]

(4) 공간의 자율성

과거 글로벌 마케팅의 경우 주로 박람회 및 전시회 참가 등을 통해 마케팅 활동이 이루어졌으나, 디지털 마케팅의 경우 인터넷을 기반으로 한 마케팅이기 때문에 상대적으로 투입 비용과 시간이 자율적인 편이다.

(5) 고객별 최적의 마케팅 제공

빅데이터를 활용하여 극세분화 맞춤형 마케팅을 한국 내 사례로, 고객 반응 정보, 웹 사이트에서 선호상품 정보, 주문 이력 등의 빅데이터를 활용하여 머신러닝 기법을 통해 개인별 구매 가능성을 점수화하고, 고객별 최적의 마케팅을 제공한다.

(6) 경제성

대기업 위주로 이루어지던 글로벌 마케팅의 비용적인 측면에서의 용이성이 중소기업에도 높아지는 현상을 가져왔으며, 초기 단계의 브랜드의 경우에도 타깃 고객에게 쉽게 도달할 수 있는 장점을 보유하게 된다.[26]

(7) 실시간 상호작용

디지털 매체와 기술의 발전으로 고객과의 실시간 상호작용이 가능해졌다. 디지털 채널을 통해 고객들은 마케팅 메시지에 대해 빠르게 피드백을 제공할 수 있으며, 데이터 기반 기술을 활용하여 고객의 반응을 분석하고 대응할 수 있다. 이를 통해 고객의 행동을 분석하여 니즈를 파악하고 새로운 수요를 창출할 수 있다.[27]

(8) 콘텐츠의 다양화

디지털 매체의 발전은 더욱 기업이 다양한 마케팅 콘텐츠를 생성할 수 있도록 해주었으며, 스마트폰, 태블릿 PC 등 모바일 기기가 보편화되고 소셜미디어가 성장하면서 동영상, 사진, 카드 뉴스 등 다양한 형식의 콘텐츠들이 폭발적으로 증가하였고, 기업의 일방적인 정보 전달식의 광고보다 사용자가 직접 콘텐츠를 공유하고 확산시켜 생산에 참여하는 새로운 디지털 콘텐츠 문화가 형성되었다.[28]

(9) 개인화

최근 모바일 네트워크를 활용한 기술의 발전으로 인해 위치나 동작 인식 등의 센서 기술들이 상용화된 바 있다. 이에 따라 가상 현실, 증강 현실 등 가상과 현실 사이의 현장감을 극대화시키는 콘텐츠와 함께 고객 성향을 빅데이터화 할 수 있게 되어 소비자들에게 더욱 개인화된 마케팅과 서비스를 제공할 수 있게 되었다.[29]

(10) 합리적인 의사결정 가능

디지털 마케팅에서는 마케팅 수행 시 고객이 어떤 프로모션 채널로 제품을 인지했고, 구매까지 연결되었는지, 구매 후 제품에 대한 고객의 평가까지 디지털 채널에 남겨진 데이터를 분석하여 파악할 수 있게 되었다.

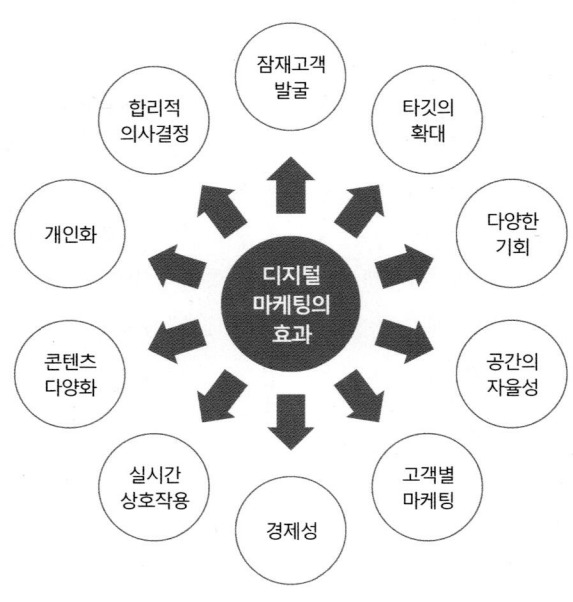

디지털 마케팅의 효과

3) 디지털 마케팅 글로벌 동향

(1) 자동화된 데이터 기반의 마케팅 시대

고객 행동 기반의 데이터 중심 마케팅이 지속적으로 진화하고 있는 가운데, 고객의 경험(콘텐츠 소비 성향, 행동, 위치, 반응 등)은 곧 데이터가 되어 축적되고 있다.[30] 축적된 데이터를 기반으로 분석을 통해 소비자들에게 필요한 콘텐츠를 제공할 수 있고, 타겟 고객들의 성향 파악 및 이들에게 맞춤형 콘텐츠들이 자동으로 노출되는 알고리즘 마케팅이 적용되고 있다.

(2) AI기반의 마케팅 자동화 시대

최근 머신러닝 기술들이 디지털 마케팅의 다양한 영역에서 빠르게 확산 및 적용되는 추세이다.[31] 고객들의 성향을 분석하여 상품을 추천하고 구매 가능성 높은 고객들을 찾아내는 알고리즘, 문의에 대응하는 자동화된 챗봇, 콘텐츠를 만드는 인공지능 기술 등이 출시되고 있다.

(3) 고객 경험 제공 및 콘텐츠 마케팅의 시대

최근 마케팅의 성공 여부는 고객 경험의 차별화와 연관 관계가 있다. 고객 차별화를 위해 UI 개선, 기능의 단순화, 최신 트렌드를 반영한 콘텐츠 경험 등을 바탕으로 고객들의 만족도와 충성도를 높일 필요가 있다.[32]

(4) 옴니채널 마케팅의 시대

옴니 채널은 '모든 것, 모든 방식'을 뜻하는 옴니(Omni)와 유통 경로를 뜻하는 채널(Channel)의 합성어로 온라인과 오프라인 채널을 결합하여 소비자가 다양한 채널을 넘나들며 상품들을 검색하고 구매할 수 있도록 하는 서비스이다.[33] 플랫폼 시대의 도래와 함께 옴니 채널을 활용한 디지털 마케팅이 각광을 받고 있다. 옴니 채널 마케팅은 스마트폰, 태블릿PC 등의 다양한 디지털 디바이스와 디지털 채널들을 동시에 활용하면서 소비자들의 편의 증대를 위해 디지털 공간과 물리적 공간의 장벽을 없애고 있다.[34] 글로벌 기업들은 인터넷을 활용한 디지털 모바일 카탈로그 및 온라인 쇼핑 공간의 제공, SNS 활용, 라이브(Live)방송을 통한 유통 채널의 확대 등 다양한 유통 채널들을 유기적으로 결합하여 고객들에게 가치 있는 새로운 경험을 제공할 수 있도록 노력하고 있다.[35]

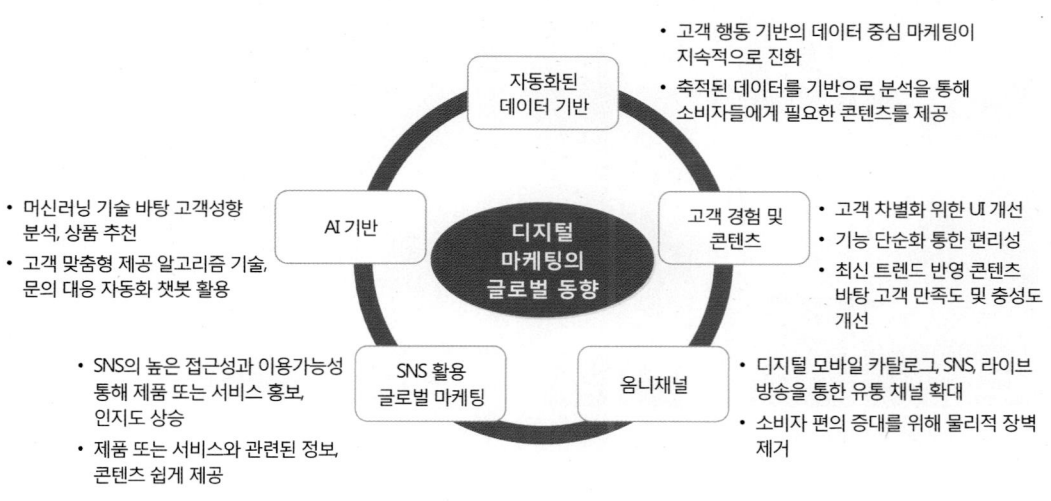

디지털 마케팅 글로벌 동향

10원 경쟁 속 '팬덤 구축' 들어간 롯데마트, 왜?

- 이마트·홈플러스 최저가 경쟁 속 몸사리기
- 비용 효율화 통해 수익구조 유지하기 위한 전략
- 충성고객 겨냥 멤버십 올해 공식 론칭

▲ 롯데마트 서울역점(자료 : 롯데쇼핑)

    롯데마트는 1998년 강변점과 잠실점을 시작으로 대형마트 시장에 진출하였다. 특히 잠실점은 최초 할인점과 아울렛의 복합매장으로 사람들의 소비를 창출하였다. 최근에는 트랜드에 따라 제타플렉스를 활용하여 젊은 세대가 즐기고 소비하는 와인과 주류 중점 판매를 위한 '보틀벙커'와 '룸바이홈랩', '롭스플러스', '콜리올리', '토이저러스', '데카트론' 등 전문점 형태의 카테고리 킬러 매장을 통해 고객들이 다양한 경험을 할 수 있는 기회를 제공하고 있다.

    롯데마트는 최근 인도네시아, 베트남으로 진출하여 해외 시장 확장을 도모하고 있다. 인도네시아는 많은 인구와 자원을 바탕으로 안정적인 성장을 하고 있으며 베트남은 젊은층 인구가 많고 정치가 안정적이여서 소비 여력이 큰 신흥시장으로 대형마트 산업이 꾸준히 성장할 수 있는 국가로 판단할 수 있다.

Case Study

　롯데마트가 고물가 속에서도 최저가 경쟁에 올인하지 않겠다는 전략을 내세워 이목이 집중된다. '10원 전쟁'에 사활을 걸기 보단, 충성고객 확보에 전념하겠다는 전략이다. 1일 대형마트 업계에 따르면 롯데마트는 지난해 신설한 물가안정 TF(테스크포스)의 '프라이싱팀'을 올해도 운영한다. 프라이싱팀은 상품 특성에 따른 가격 변경 등을 예측해 판매가를 관리하는 조직이다.

　고물가에 대응하기 위해 만든 팀이긴 하지만, 최저가를 보장하진 않는다. 일부 상품을 최저가로 내세우기보단 인기 상품 가격을 저렴한 수준으로 관리해 장바구니 전체 물가를 낮추겠다는 방침이다. 이마트와 홈플러스가 최저가 경쟁에 매진하고 있는 것과는 다른 모습이다. 이마트는 다음달 3일 분기별로 수요가 높은 상품을 선정해 최저가에 판매하는 '더 리미티드' 상품을 론칭하기로 했다.

　홈플러스는 '물가안정 프로젝트'의 일환으로 선호도가 높은 상품을 대상으로 대형마트 3사 중 가장 저렴하게 판매하는 최저가 보상제를 운영 중이다. 이처럼 롯데마트가 경쟁사와 달리 최저가 경쟁에 목매지 않는 이유는 수익성 개선에 몰두하고 있는 강성현 롯데마트 대표의 새로운 마케팅 전략에 따른 것이다.

　강 대표는 올 초 내부 직원들에게 업무 비용 효율을 높이겠다며 반값 한우와 같은 기존에 대형마트가 해오던 할인 마케팅보다는 개인화 서비스를 통한 충성고객 확보에 집중하겠다고 밝혔다. 이를 통해 인력, 점포 구조조정을 통해 이룬 흑자를 이어가겠단 방침이다. 롯데마트는 2021년 1~3분기 누적 기준 140억원의 영업적자를 기록했지만, 1년 만인 2022년 1~3분기 기준 420억원의 흑자를 냈다.

　강 대표는 할인전단 등 불특정 다수를 향한 마케팅을 지양하고, 충성고객에게 마케팅 비용을 집중해 흑자를 이어가겠다는 계획이다.

　이에 롯데마트는 지난해 하반기 롯데마트 전용 포인트 멤버십인 '스노우포인트'를 시범 운영했다. 스노우포인트는 구매 횟수에 따라 적립률이 높아지는 멤버십이다. 올해 공식 론칭을 하기 위해 준비 중이다.

　롯데마트 관계자는 "1년 내내 유지하기 어려운 최저가 정책보단 많은 상품을 합리적인 가격에 판매하는 가격 정책을 가져가고 있다"며 "올해는 이런 가격 정책에 충성고객 마케팅을 병행할 것"이라고 말했다.

노연경 기자 / 뉴스핌 / 2023. 02. 01. /
https://www.newspim.com/news/view/20230131000950

학습문제

문제 1

가격전략에 관한 설명으로 옳지 않은 것은?(2023년도 38회 경영지도사 기출)

① 기업의 마케팅 목표 및 마케팅 믹스와의 조화를 고려하여 수립할 필요성이 있다.
② 수요와 가격탄력성이 높지 않을 경우, 상대적 고가격전략이 적합하다.
③ 시장침투(market-penetration) 가격전략은 신제품 출시 초기에 높은 가격을 책정하고, 추후 점차적으로 가격을 인하하여 시장점유율을 확대하고자 하는 전략이다.
④ 진입장벽이 높아 경쟁자의 시장 진입이 어려운 경우, 스키밍(market-skimming) 가격전략이 적합하다.

문제 2

촉진믹스 전략중 광고와 판매촉진에 관한 장점으로 옳지 않은 것은?
(2023년도 38회 경영지도사 기출 변형)

① 광고되는 제품은 표준적이고 합법적이므로 소비자는 광고를 보고 제품 구매하는 것이 사회저으로 인정되는 행동이라 생각하게 할 수 있다.
② 광고는 비교적 일인당 적은 촉진비용으로 넓은지역에 촉진이 가능하다.
③ 판매촉진은 경쟁기업의 모방이 어려우며 장기간 브랜드 이미지 향상에 도움을 준다.
④ 판매촉진은 소비자의 즉각적 반응으로 매출의 신속한 증가를 가져오며 목표고객의 데이터베이스를 구축 할 수 있다.

Case Study

문제 3

시장침투 가격전략의 적용이 적합하지 않은 경우를 고르시오.
(2021년도 36회 경영지도사 기출 변형)

① 수요의 가격탄력성이 높거나 원가우위 경쟁력으로 경쟁사 반응을 무력화시킬 수 있는 경우
② 높은 시장성장성으로 장기적 관점에서 이익확보가 가능한 경우
③ 규모·범위의 경제에 의한 수확체증과 원가절감효과가 예상되는 경우
④ 진입장벽이 높아 경쟁사 진입이 어렵거나, 경쟁이 심한 시장에서 낮은 인지도의 제품이 초기에 진입할 경우

문제 4

옴니채널전략의 개념으로 옳지 않은 것은?(2021년도 36회 경영지도사 기출 변형)

① 고객에게 일관되고 통일된 쇼핑환경과 경험을 제공하기 위해 온오프라인을 포함하여 고객과 상호작용하는 모든 접점을 결합한 소매유통채널이다.
② 기업관점에서 채널성과증진 및 단계별 터치포인트를 디자인, 관리, 통제할 수 있다.
③ 다양한 채널을 활용하여 매출증신, 통일된 브랜드 이미지 전달할 수 있으나 통일된 데이터 통합에 어려움이 있다.
④ 고객요구에 즉시 반응하는 실시간 채널을 구축해야 하는 어려움이 있을 수 있다.

문제 5

글로벌마케팅에서 현지화(licalization)에 대한 설명으로 옳지 않은 것은?
(2020년도 35회 경영지도사 기출 변형)

① 본국중심의 글로벌 전학으로 규모와 범위의 경제가 가능하다.
② 경영권을 현지법인에게 위임하여 각국에 맞는 경영방식을 수행한다.
③ 고객지향적 마케팅과 매출상승 및 우호적인 현지반응을 기대할 수 있다.
④ 비용상승과 글로벌 최적화가 어렵다는 특징이 있다.

문제 6

가격조정전략에 관하여 가격할인과 가격차별화의 개념과 차이점에 대해 설명하시오.
(2020년도 35회 경영지도사 기출)

문제 7

글로벌마케팅에서 해외시장진출 전략을 4가지 이상 기술하시오.
(2020년도 35회 경영지도사 기출)

문제 8

촉진믹스 전략은 크게 푸시(Push) 전략과 풀(Pull)전략으로 구분할 수 있다. 두 전략을 비교하여 설명하시오.(2023년도 38회 경영지도사 기출)

※ 해설은 부록에 기재됨.

참고문헌

1) 이철, 「한국 기업의 글로벌 마케팅력과 기업 특성 요인의 관계-비가격 경쟁력을 중심으로」, 『국제경영연구』, 제13권, 제1호, 2002, 151-179pp.

2) Arshed, N., Kalim, R., Iqbal, M., Shaheen, S., 「Role of real sector and HDI : does competitiveness contribute?」, 『Journal of the Knowledge Economy』, 2022, 1-27pp.

3) 강희석, 이윤옥, 「코로나 시대 환대산업 서비스의 언택트 마케팅에 관한 고찰」, 『한국엔터테인먼트산업학회논문지』, 제14권, 제7호, 2020, 161-173pp.

4) Roggeveen, A. L., Sethuraman, R., 「Customer-interfacing retail technologies in 2020 & beyond : An integrative framework and research directions」, 『Journal of Retailing』, Vol.96, No.3, 2020, 299-309pp.

5) 윤정현, 서민교, 「기술집약형 중소기업의 국제기업가정신, 기술 및 마케팅 역량, 국제화 성과 간 관련성에 관한 연구」, 『한국경영학회 통합학술발표논문집』, 2014, 1602-1610pp.

6) 한은식, 박광서, 「글로벌 무역환경 변화에 따른 우리나라 대학의 선진형 무역전문인력 양성방안에 관한 연구」, 『무역상무연구』, 제47권, 2010, 403-428pp.

7) Deligonul, S., 「Reflections on Czinkota and Ronkainen's International Marketing Manifesto : A Perspective from North America」, 『Journal of International Marketing』, Vol.11, No.1, 2003, 40-46pp.

8) Ho, J. K. K., 「Formulation of a systemic PEST analysis for strategic analysis」, 『European academic research』, Vol.2, No.5, 6478-6492pp.

9) Chung, H. and Na, J., 「Development of wine recommendation app using artificial intelligence-based chatbot service」, 『Journal of the Semiconductor & Display Technology』, Vol. 18, No. 3, 2019, 93-99pp.

10) 하진석, 김창석, 「집단지성과 적시학습을 이용한 SERO 노트 시스템 모형 설계」, 『한국지능시스템학회 논문지』, 제22권, 제5호, 2012, 590-596pp.

11) Hall, E. T., 「Unstated features of the cultural context of learning」, 『In The Educational Forum』, Vol.54, No.1, 1990, 21-34pp.

12) Hofstede, G., 「Dimensionalizing cultures : The Hofstede model in context」, 『Online readings in psychology and culture』, Vol.2, No.1, 2011. 1-26pp.

13) 김현회, 이병희, 백필호, 「국내 소셜커머스 시장의 변천 및 기업의 진화-쿠팡, 티몬, 위메프를 중심으로-」, 『경영사학』, 제32권, 제4호, 2017, 135-154pp.

14) 양정은, 김봉석, 「전시주최자의 마케팅믹스가 전시참가업체의 만족도와 사후행동에 미치는 영향」, 『호텔경영학연구』, 제18권, 제3호, 2009, 281-299pp.

15) McCarthy, E. J., 「Basic Marketing : A Managerial Approach」, Homewood : Irwin, 1960.

16) Ramarapu, S., Timmerman, J. E. and Ramarapu, N., 「Choosing between globalization and localization as a strategic thrust for your international marketing effort」, 『Journal of Marketing Theory and Practice』, Vol. 7, No. 2, 1999, 97-105pp.

17) 김창봉, 남윤미, 「기업의 문화마케팅 및 글로벌 마케팅 전략 요인이 CSR 성과에 미치는 영향 관계에 관한 실증 연구」, 『e-비즈니스연구』, 2012, 223-240pp.

18) Levitt, T., 「The globalization of markets」, 『Harvard Business Review』, Vol. 61, 1983, 92-102pp.

19) Hofstede, G., 『Culture's consequences : International differences in work-related values』, SAGE, 1984.

20) Marieke de Mooji., 「Global marketing and advertising understanding cultural paradoxes」, 3rd edition, SAGE, 2010.

21) Konina, N., 『Digital strategies in a global market : Navigating the fourth industrial revolution』, Springer Nature, 2021.

22) 이원준, 「4차 산업혁명의 논의와 경영 및 마케팅 관리의 변화」, 『Korea Business Review』, Vol. 22, No. 1, 2018, 177-193pp.

23) Katsikeas, C., Leonidou, L., Zeriti, A., 「Revisiting international marketing strategy in a digital era : Opportunities, challenges, and research directions」, 『International Marketing Review』, Vol.37, No.3, 2020, 405-424pp.

24) 고완기, 「디지털시대의 마케팅 전략」, 『한국컴퓨터정보학회논문지』, 제6권, 제1호, 2001, 90-94pp.

25) Grishikashvili, K., Dibb, S. and Meadows, M., 「Investigation into big data impact on digital marketing」, 『Online Journal of Communication and Media Technologies』, Vol.4, 2014, 26-37pp.

26) 윤정현, 서민교, 「기술집약형 중소기업의 국제기업가정신, 기술 및 마케팅 역량, 국제화 성과 간 관련성에 관한 연구」, 『한국경영학회 통합학술발표논문집』, 2014, 1602-1610pp.

27) Shankar, V., Grewal, D., Sunder, S., Fossen, B., Peters, K., Agarwal, A., 「Digital marketing communication in global marketplaces : A review of extant research, future directions, and potential approaches」, 『International Journal of research in Marketing』, Vol.39, No.2, 2022, 541-565pp.

28) Nabieva, N. M., 「Digital marketing : current trends in development」, 『Theoretical & Applied Science』, Vol. 2, 2021, 333-340pp.

29) 성민정, 조정식, 「마케팅 커뮤니케이션에서 빅 데이터의 역할과 활용 방안」, 『광고연구』, 제115권, 2017, 7-48pp.

30) Varadarajan, R., 「Customer information resources advantage, marketing strategy and business performance : A market resources based view」, 『Industrial Marketing Management』, Vol.89, 2020, 89-97pp.

31) Ngai, E. W., Wu, Y., 「Machine learning in marketing : A literature review, conceptual framework, and research agenda」, 『Journal of Business Research』, Vol.145, 2022, 35-48pp.

32) Lee, D., Moon, J., Kim, Y. J., Mun, Y. Y., 「Antecedents and consequences of mobile phone usability : Linking simplicity and interactivity to satisfaction, trust, and brand loyalty」, 『Information & Management』, Vol.52, No.3, 2015, 295-304pp.

33) Lee, S., 「A case study of bandi&luni's bookstore using an online to offline(o2o) service design」, 『Journal of the Korea Industrial Information Systems Research』, Vol, 22, No. 1, 2017, 117-126pp.

34) Payne, E. M., Peltier, J. W. and Barger, V. A., 「Omni-channel marketing, integrated marketing communications and consumer engagement : A research agenda」, 『Journal of Research in Interactive Marketing』, 2017, 185-197pp.

35) Idrysheva, Z., Tovma, N., Abisheva, K. Z., Murzagulova, M., Mergenbay, N., 「Marketing communications in the digital age」, 『In E3S Web of Conferences』, Vol. 135, 2019, EDP Sciences.

제5장
무역계약과 인코텀즈

New Principles of
International Trade
of the 4th Industrial
Revolution

학습목표
1. 무역계약의 의의와 과정을 설명한다.
2. 무역계약의 주요 조건을 이해한다.
3. 무역계약의 종류를 설명한다.
4. 무역계약에 기재되는 조항을 이해한다.
5. CISG의 성립과 특징을 설명한다.
6. 무역거래에 있어 스마트 계약의 의의와 도입 필요성을 이해한다.
7. 인코텀즈 2020과 인코텀즈 2010의 차이점을 설명한다.
8. 인코텀즈 2020에 새로 추가된 정형거래조건을 설명한다.

Contents
Introduction : 메타버스 B2B 수출지원 플랫폼 '메타 트레이드 대구'로 디지털 통상지원 거점 확립
제1절 무역계약의 성립과 주요 요건
제2절 인코텀즈 2020의 이해와 특징
제3절 인코텀즈 2020의 정형거래조건 적용
Case Study : 상거래·금융에 '스마트 계약' 실용화 머지 않아

Introduction

메타버스 B2B 수출지원 플랫폼 '메타 트레이드 대구'로 디지털 통상지원 거점 확립

- 대구 주력산업 50개사 참가해 수출 계약 11건(약 97만달러) 체결

　대구광역시(이하 대구시)와 대구테크노파크(이하 대구TP)는 전국 최초 메타버스 B2B 수출지원 플랫폼으로 선보인 '메타 트레이드 대구(Meta Trade Daegu, 이하 MTD)'의 성공적인 1차년도 운영 실적을 발표했다.

　MTD는 중소벤처기업부와 중소기업기술정보진흥원이 주관하는 '지역주력 수출기업 Biz 플랫폼 구축 지원사업'으로 개발됐으며, 대구 주력산업(△디지털 헬스케어 △고효율 에너지 △수송기기·기계부품소재) 중소기업의 코로나 위기 조기 극복 및 디지털 기반 수출을 적극적으로 육성하기 위한 목표로 시작됐다.

　기존 온라인 가상 전시회의 한계를 넘어 메타버스 수출 플랫폼 환경 구축을 통해 글로벌 통상 환경 변동에도 유연하게 대처할 수 있는 MTD는 대구 주력산업 중소기업의 우수 제품과 기업 정보를 시공간 제약 없이 관람하고 상담, 계약 업무를 진행할 수 있는 메타버스 수출지원 플랫폼이다.

▲ 원스탑 국제통상 메타버스 플랫폼 홍보(자료 : 백뉴스)

이번 MTD에서는 약 4개월간 대구 주력산업 중소기업 50개 사와 미국, 아시아, 중동, 유럽 등 각지에서 497개사가 참가해 1255여건의 상담을 진행했으며, 이를 통해 약 97만달러 규모의 수출 계약 11건과 MOU 9건을 체결하는 등의 성과를 거뒀다.

MTD에는 △수출 제품 실감 콘텐츠 전시 및 수출 상담이 가능한 기업별 프라이빗 룸 △무역 전문가 매칭 서비스 △인공지능(AI) 기업-바이어 양방향 추천 서비스 등 다양한 수출지원 기능이 구축됐으며, 2차년도에도 대구 주력산업 50개 사를 대상으로 추가 운영할 예정이다.

이번 MTD에서는 대한환경(산업용수 태양광 정수 장치)의 두바이, 페루와 정수장비 납품 및 설치 계약 2건(10만달러 규모)을 시작으로 △동서오토텍(멀티포밍머신) △세양(네일 케어용) △아피스(낚시용품) △쓰리에이치(3H 스마트 지압침대) 등 11개 기업이 이란·인도·중국·일본·카자흐스탄 등 다양한 국가의 현지 기업과 플랫폼 내 수출 상담을 통해 수출 계약을 맺었다.

특히 쓰리에이치(3H 스마트 지압침대)는 새로 사업 분야를 확장하려는 영국 Acupressure bed 제품 가운데 하나인 '3H-920WS'를 포함한 3종 제품 판매 계약을 체결해 납품을 마쳤으며, 제이앤제이컴퍼니(기초스킨케어 화장품)는 태국 현지 기업과 총판 공급 계약을 체결하는 등 올해 안에 추가 계약을 이어나갈 계획이므로 앞으로 성과가 더 기대된다.

대구시는 이번 MTD를 통한 성공적인 수출 계약 체결은 대구 지역 제품의 품질·기술력이 국제적으로 인정받고 있다는 것을 보여주고 있다며, 앞으로 '글로벌 디지털 통상 무역의 거점' 대구가 구축될 수 있도록 기반을 다지기 위해 다양한 수출 관련 지원사업으로 국내 기업들의 판로 확장에 기여하며 글로벌 시장에서 성공을 이끌 것이라고 밝혔다.

곽성현 기자 / 백뉴스 / 2023. 06. 28. /
http://www.100news.kr/41366

제5장
무역계약과 인코텀즈

제1절 무역계약의 성립과 주요 요건

1. 무역계약 개요

1) 무역계약의 의의

무역계약(Trade Contract)이란 국제간의 상거래에서 나타나는 매매계약으로 대부분이 물품매매를 목적으로 하기 때문에 무역계약은 일반적으로 협의의 국제물품매매계약을 의미한다. 그러나 최근 국제 상거래의 양상이 물품매매 뿐만 아니라 기술 및 각종 서비스와 해외 건설, 플랜트 등으로 다양화되며 무역계약은 광의적으로 대리점계약, 차관계약, 국제라이센싱계약, 해외건설공사계약 등에도 적용되고 있다. 이때 매매당사자들은 무역계약 규칙을 설정하여 불필요한 분쟁을 사전에 방지하고 있다. 그러나 국제간 계약이 수반되는 무역거래는 언어나 사고방식, 법률체제 및 상관습을 달리하는 서로 다른 국가의 당사자 간의 거래이기 때문에 사전에 상대방에 대한 신용상태를 파악하여야 하고 거래에 준용될 법규나 관습을 명확히 하여야 한다.

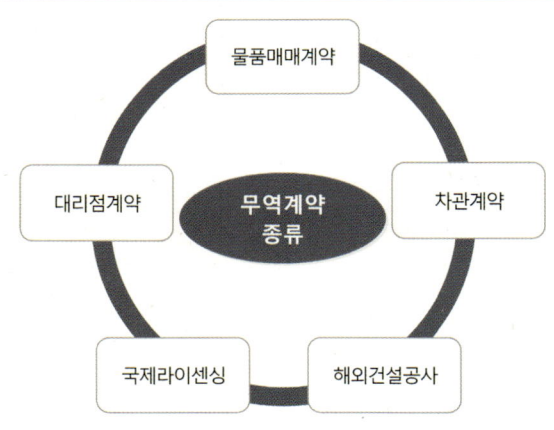

무역계약의 종류

2) 무역계약의 성립

무역계약은 일반계약과 같이 청약과 승낙에 의해 계약이 성립된다. 무역계약은 매매당사자들의 수출이나 수입하기에 적합한 물품 및 지역을 조사하는 해외시장조사에서 시작된다. 해외시장조사 방법으로는 직접 방문조사, 온라인 플랫폼 조사, 상공회의소, KOTRA, 무역협회 등을 통한 정보 획득 등이 있다. 해외시장조사를 통해 거래상대방을 발굴한 매매당사자들은 거래상대방에 대한 신용조사를 시행하고 거래제의를 통해 무역을 위한 계약절차를 이행한다.

무역계약의 기초적 성립과정

(1) 청약(Offer)

청약은 거래당사자 일방(청약자, Offeror)이 일정한 내용의 계약을 체결할 것을 상대방(피청약자, Offeree)에게 제의하는 의사표시이다. 청약내용은 확정적이며 이에 구속된다는 의사가 포함되어 있어야 한다. 이 청약에 대해 상대방이 승낙을 해야 계약이 성립된다. 가장 단순한 계약체결을 살펴보면, 상품에 대한 조회를 한 후, 구제적으로 상대방에게 청약서(Offer sheet)를 보낸다. 청약자의 청약에 대해 피청약자가 동의하면 승낙통보를 한다. 피청약자의 승낙에 의해 당사자의 의사가 합치되면 당사자는 계약서를 작성한다. 복잡한 매매거래는 별도의 계약서를 작성하지만 단순한 무역거래는 청약서에 대한 승낙의 통지만으로 계약이 성립된다.[1]

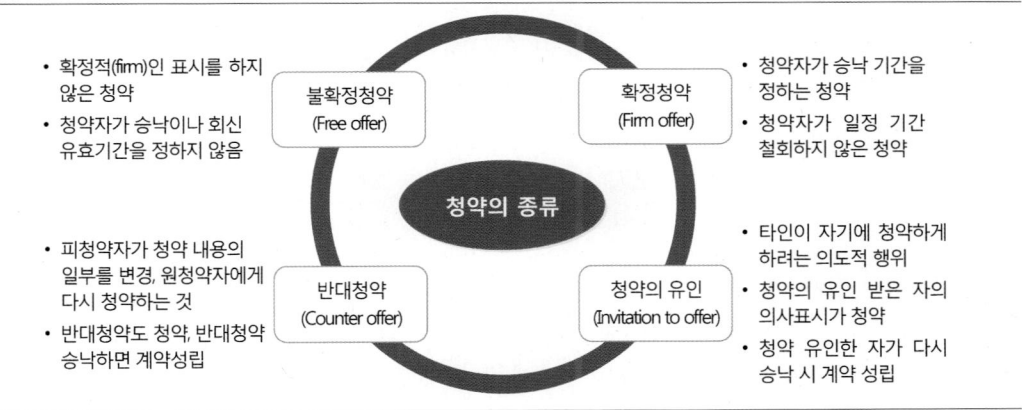

청약의 종류

(2) 승낙(Acceptance)

승낙은 청약에 대응하여 계약을 성립시킬 목적으로 피청약자가 청약자에게 행하는 의사표시이다. 계약은 당사자의 의사의 합치로 성립되기 때문에 승낙은 청약에 대한 무조건·절대적 동의이다. 청약에 대한 승낙이 있으면 계약이 성립된다.

2. 무역계약의 기본사항

품질, 수량, 가격, 운송 및 보험, 대금결제 등의 개별거래조건은 통상 계약서의 앞면에 기재하게 된다. 매매당사자의 기본의무, 물품의 검사, 클레임 제기방법 및 시기, 불가항력, 중재 및 분쟁의 해결, 준거법 등에 관한 일반거래조건은 계약서의 뒷면에 명기되어 있는 것이 보통이다. 그러나 뒷면에 있다고 결코 가볍게 보아 넘겨서는 안 되며, 실제로 계약이 분쟁으로 이어질 경우에는 오히려 이면약관(裏面約款)에 해당하는 일반거래조건이 더욱 중요하게 다루어지게 되는 경우도 많다.

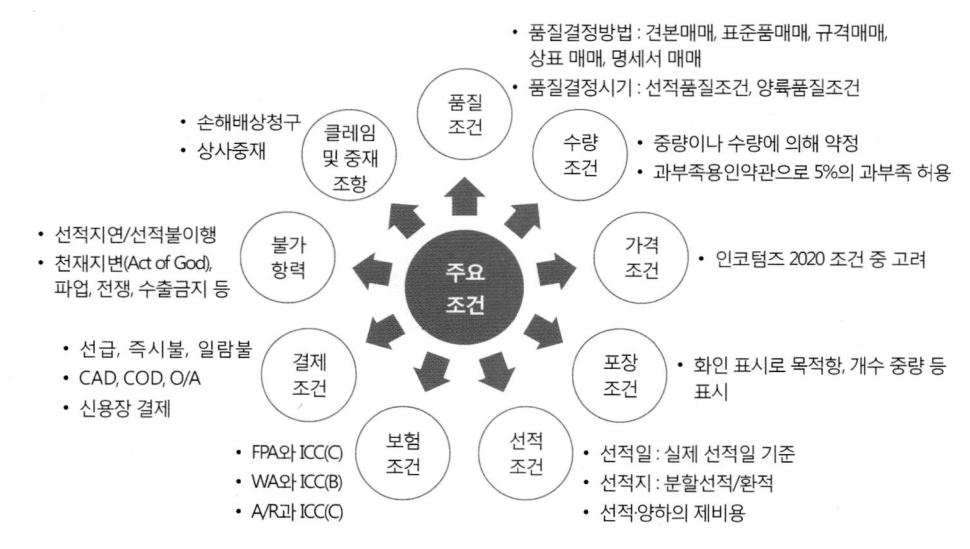

무역계약의 주요 9가지 조건

1) 품질조건(Terms of Quality)

- 품질결정방법 : 견본매매(Sale by sample), 표준품매매(Sale by standard), 규격매매(Sale by type or grade), 상표매매(Sale by brand), 명세서 매매(Sale by specification/description)
- 견본매매에 의하는 경우 "Quality to be as per sample"과 같이 견본과 같은 수준으로 약정하는

것이 좋다.
- 명세서 매매의 경우 "The Specification of the Goods shall be prescribed and specified in specification attached hereto"로 규정할 수 있다.
- 품질결정시기 : 선적품질조건(Shipped Quality Terms)과 양륙품질조건(Landed Quality Terms)중 선적품질조건으로 하는 경우가 많다.[2]

2) 수량조건(Terms of Quality)
- 일반적으로 중량(Weight)이나 수량(Pieces) 등에 의하여 약정된다.
- 과부족용인약관(More or Less Clause) : 신용장통일규칙(UCP 600)은 대량 화물일 때 동 조항이 없더라도 5%의 과부족은 허용하고 있다.
- Approximate Quantity(About, Circa, Approximately) : 신용장통일규칙(UCP 600)은 10% 범위 안에서 과부족을 허용한다.

3) 가격조건(Terms of Price)
- Incoterms 2020의 11개 조건 중 하나를 기준으로 하는 것이 용이하다.

4) 포장조건(Terms of Packing)
- 화인(Shipping Mark)의 표시 : Main Mark에다 목적항, 개수, 중량, 용적, 생산국 등을 표시한다.
- 포장의 견고성에 대한 의무는 매매조건의 여하에도 매도인에게 부과된다.

5) 선적조건(Terms of Shipment)
- 선적일 : UCP 600의 선적일은 서류발행일이 아닌 실제 선적일 기준
- 선적지(Loading Port)
  - 분할선적 / 환적(Partial Shipment / Transshipment)
- 선적·양하의 제비용(Free In, Free Out, Free In & Out)[3]

6) 보험조건(Terms of Insurance)
- FPA와 ICC(C), WA와 ICC(B), A/R과 ICC(C)
- 보험을 매도인이 부담하는 CIF조건 공급경우 : In case of CIF basis, 110% of the invoice amount will be insured by the Seller.

7) 결제조건(Terms of Payment)
   - 선급(Advance payment), 즉시불 또는 일람불(At sight), 연불(Deferred payment), 분할지급(Installment payment)
   - 서류 상환 지급(CAD: Cash Against Documents), 물품 인도시 지급(COD: Cash On Delivery)
   - 신용장에 의한 지급(At sight L/C, Usance L/C 등)

8) 불가항력(Force Majeure)
   - 수출업자의 고의, 과실 또는 태만 등에 의한 선적지연 및 선적불이행에 대해서는 물론 수출업자가 책임을 져야 하는데 천재지변(Act of God), 파업, 전쟁, 수출금지 등 불가항력이나 기타 수출업자의 통제가 불가능한 사유에 의한 선적지연은 면책될 수 있다.[4]

9) 클레임 및 중재조항(Arbitration Clause)
   - 클레임조항 : 클레임 제기기간, 제기방법(서면) 등
   - 중재조항, 중재기관, 중재 장소, 준거법(Governing Law)
   - 손해배상청구 : 손해배상청구는 상품이 목적지에 도착한 후 14일 이내에 통보한다. 그리고 지체 없이 신용 있는 감정인의 증명서를 우송한다.
   - 중재 : 매매당사자 간에 원만한 해결이 되지 않는 모든 클레임은 대한민국 서울시에서 대한상사중재원의 상사중재규칙 및 대한민국 법에 따라 중재에 의하여 최종적으로 해결한다. 중재인의 판정은 최종적인 것으로 당사자 쌍방에 대하여 구속력을 가진다.

3. 무역계약서

1) 무역계약서의 개요

무역계약서는 계약체결 방법도 서면이나 구두 방식 등 어느 것을 채택하여도 무방하며 정해진 절차가 있는 것도 아니다. 무역계약은 국제간 거래의 특성을 갖는 한편 상법상의 매매계약에 규율되고 있으며, 그 특성으로는 불요식 계약이고, 유상계약이면서, 쌍무계약이고, 낙성계약(諾成契約)이라는 법률적 특성을 갖는다.[5]

2) 계약의 당사자

① 본인(Principal) : 거래로부터 발생하는 권리의무의 주체로서 자기의 계산과 위험(For account and risk)으로 거래하는 자

② 대리인(Agent) : 거래의 권리의무의 주체가 타인이며, 타인의 계산과 위험으로 거래하는 자(거래로부터 발생하는 손익은 본인에 귀속되며, 대리인은 본인을 위해 제공된 서비스에 대한 보수로 수수료를 받음)

3) 무역계약의 종류

(1) 개별계약(Case by Case Contract)

개별계약방법은 매번 거래의 건별로 먼저 간단한 오퍼나 오더를 확정한 후 수출입 본계약을 확정하는 방법으로서 통상 거래상대방과 최초 거래시나 초기 거래에 활용하는 방법이다. 또한, 개별계약방법은 거래 건별로 특정계약조건을 우선적으로 또는 전반적인 조건을 일괄적으로 협의, 확정하여 수출입 본계약을 확정하는 방법이기도 하다.6) 무역계약서의 이면약정사항은 무역에 관한 일반약정(General Terms and Conditions)으로서 대리인이 개입되지 않고, 계약상 권리와 의무의 당사자인 본인대 본인 계약(Principal to Principal Basis Contract)이라는 사항과 계약서 표면약정사항인 품질, 수량, 가격 및 선적조건 등을 정하는 기준 등 개별약정사항을 해석하는 기준과 계약불이행과 관련한 조항으로서 불가항력조항, 클레임조항, 중재조항 및 준거법조항 등 수출입거래시 일반적으로 적용되는 공통사항이 여기에 포함된다.7)

(2) 포괄계약(Master Contract)

포괄계약방법은 통상 동일한 거래상대방과 계속적으로 거래가 이루어지는 경우에 채택하는 방법으로서 이는 매 거래마다 건별로 수출입본계약을 체결함에 따른 번거로움을 피하는데 적합한 방법이다. 수출입거래당사자는 당사자 간의 향후 수출입 거래준칙에 해당하는 일반거래조건협정(Agreement of Memorandum on General Terms and Conditions of Business)을 약정한다.8) 개별 계약체결시 무역계약서 이면약정사항에 포함되는 무역거래일반약정(General Terms and Conditions) 사항과 함께 거래 건별로 오퍼나 오더를 확정하는 방법을 정한다.

(3) 독점판매계약(Exclusive Contract)

독점판매계약은 수출업자는 수입국의 지정수입자 이외의 다른 수입자에게 관련 계약을 제공하지 않으며, 수입업자는 수출국 다른 업자의 해당 물품을 취급하지 않는 조건으로 이루어지는 계약이다. 이 계약서에는 매매당사자간 준수해야 할 의무가 명시되어야 하는데 매도인은 저렴한 가격의 제공, 매수인시장의 다른 업자에게 거래하지 않을 것, 다른 명의나 제3자를 통해서 우회적으로 침투하지 않을 것, 일정수준의 품질을 보장해 줄 것을 약정해야 한다. 그리고 매수인은 최대한 물품을 판매할 것, 가장 좋은 값을 받도록 노력할 것, 수출국 다른 회사의 동종물품을 취급하지 않을 것, 연간 최소판매량을 보장해 줄 것을 약정해야 한다.9)

(4) 계약서의 작성 실무

무역계약은 불요식계약이므로 별도의 형식이 필요하지 않지만, 계약서 작성이 무역계약의 유효성에 영향을 미치지 않는다. 그러나 거래 사실 확인 및 분쟁 예방과 신속한 해결을 위해 거래 조건에 대한 합의를 명확히 하고 서명된 계약서를 작성하는 것이 바람직하다. 일반적으로 매도인과 매수인은 매매계약서에 구체적인 거래조건을 명시하고, 각각 서명한 후 보관한다.

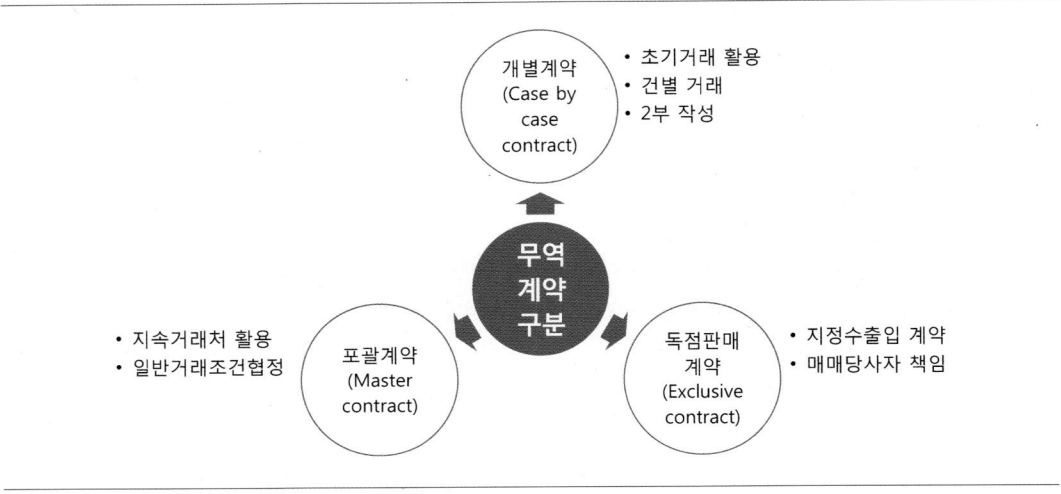

무역계약의 주요 종류

① 물품매도확약서(Offer Sheet)

물품매도확약서에는 계약체결에 필요한 주요 거래조건이 기재되어있다. 따라서 별도의 계약서를 작성하지 않고 물품매도확약서를 그대로 계약서로 이용하는 가장 간단한 방법이다. 이 경우 매도인이 발행한 물품매도확약서에 매수인이 승낙의 표시로 서명한 후 이를 각자 한통씩 보관한다.

② 매도계약서(Sales Note)

매도계약서는 매도인이 작성하여 매수인에게 보내는 특정 물품의 판매서이다. 매도인이 당사자 간에 합의된 거래조건을 모두 담은 판매서 2통을 작성하여 정식으로 서명을 한 후 매수인에게 보내면 매수인은 이를 검토한 후 이의가 없으면 반대서명을 한 후 1통은 자신이 보관하고, 나머지 1통은 다시 매도인에게 보낸다. 매도인의 청약 의사(Offer)에 대해 매수인이 수락의 표시로 주문하면 매도인이 이를 다시 한번 확인하는 형태로 매수인에게 보내어지기 때문에 주문확인서(Confirmation of Order)라고도 불리운다.

③ 구매계약서(Purchase Order)

작성주체가 매도인이 아니라 매수인이라는 것일 뿐 계약서의 내용이나 형식은 매도계약서의 경우와 거의 같다. 매수인이 자신이 필요로 하는 물품의 구매조건을 모두 담은 구매주문서 2통을 작성하여 정식으로 서명을 한 후 매도인에게 보내면 매도인은 이를 검토한 후 이의가 없으면 반대서명을 한 후 1통은 자신이 보관하고, 나머지 1통을 다시 매수인에게 보내면 이것이 곧 계약서가 되는 것이다.

④ 일반거래 조건협정서 또는 각서(Sales Agreement or Memorandum)

매매당사자가 한곳에 모여 모든 매매조건에 대해 구체적으로 합의를 한 후 이를 정식계약서로 작성하여 양당사자가 서명을 한 후 한통씩 보관하는 방법이다. 한번에 끝나는 것이 아니라 지속적인 거래관계를 개설하고자 하면 이용되는 방법이다.

(5) 계약서의 주요 내용

무역거래에 사용되는 매매계약서의 형식과 내용은 거래상품의 성질이나 거래의 상황 또는 이를 작성하는 회사에 따라 다르다. 일반적으로 모든 거래에 공통되는 사항으로 장래의 계약이행 상의 책임을 면제하기 위한 면책조항이나 분쟁해결을 위한 중재조항 등이 인쇄되어 있다(품질보증, 불가항력조항, 클레임제기기간, 손해배상을 제한하는 조항, 중재조항, 무역정의 및 준거법조항 등).

4) 무역계약서(예시)

거래제의를 거쳐 매매당사자가 거래관계의 개설을 합의하면 장래의 거래관계를 원만하게 진행시키기 위하여 이른바 「일반거래조건에 관한 협정서」(Agreement on General Terms and Conditions of Business)를 작성한다. 이것은 청약과 승낙으로 성립되는 개별계약이 체결되기 전에, 거래의 기본적·포괄적인 내용을 합의하는 포괄계약(Master Contract)의 성격을 갖는다. 협정서가 개별계약서보다 먼저 작성되기 때문에 협정서에서 합의된 사항이 개별계약을 구속한다. 협정서에는 일반적으로 거래형태, 거래물품의 품질, 가격, 수량, 선적, 결제, 보험 등의 기본적인 거래조건, 불가항력, 지연선적, 정형거래조건, 준거법조항, 클레임과 중재 등의 조항들이 포함된다.

[개별계약방법의 수출입 계약서 표면 예시]

HEEMANG CORPORATION
W.T.P.O. BOX 1010
Trade Tower 30F.
Kangnam-Ku, Seoul, Korea
TEL: +82-0-0000-0000 FAX: +82-0-0000-0000

SALES CONTRACT NO.123

DATE : August 7, 2022

MESSRS, SARANG CO., LTD.
  London, U.K.

We as Seller confirm having sold you as Buyer the following goods on the terms and conditions as stated below and on the back hereof.

QUANTITY	DESCRIPTION	PRICE	SHIPMENT
10,000 yards	Printed Synthetic Febric 44 x about 500yards 100% Acrylic Fast Color	C.I.F London in U.S. Currency $0.72	October. 2022

Total Amount : US$7,200.00

PAYMENT : By a Documentary Letter of Credit at 90 days after sight in favour of you.
INSURANCE : Seller to cover the CIF price plus 10% against All Risks including War and SRCC Risks.
PACKING : About 500 yards in a carton box
DESTINATION : London, U.K.

<SHIPPING MARK>
SARANG
LONDON
BOX NO. 1/UP
MADE IN KOREA

PLEASE SIGN AND RETURN THE DUPLICATE

BUYER	SELLER
SARANG CO., LTD.	HEEMANG CO., LTD
(Signed)	(Signed)
_____	
David Jones	GIL DONG HONG
President	Export Manager

[개별계약방법의 수출입 계약서 이면 예시]

Agreement on General Terms and Conditions of Business
일반거래조건 협정서

This agreement entered into between the SARANG CO., LTD., London, U.K.(hereinafter called the buyer), and the HEEMANG CO., LTD., Seoul, Korea(hereinafter called to as the seller) witness as follow;
본 협정서는 영국 런던 소재의 ㈜사랑(이하 매수인이라 함)과 한국 서울 소재의 ㈜희망(이하 매도인이라 함) 사이에 체결된 것으로 다음과 같이 협정한다.

(1) Business : Both Seller and Buyer act as Principals and not as Agents.
(1) 거래형태 : 매도인과 매수인은 모두 대리인이 아닌 본인으로써 거래를 이행한다.

(2) Samples : In case Shipment Samples be required, the seller shall forward them to the buyer prior to shipment. The Seller is to supply the buyer with samples free of charge.
(2) 견본 : 선적품의 견본이 필요하면 매도인은 매수인에게 선적 전에 매수인에게 견본을 제공한다. 매도인은 매수인에게 대가 없이 견본을 제공하여야 한다.

(3) Quality : The quality of the goods to be shipped should be about equal to the sample on which an order is given.
(3) 품질 : 선적된 물품의 품질은 주문한 견본과 일치하여야 한다.

(4) Quantity : Weight and Quantity determined by the seller, as set forth in shipping documents, shall be final.
(4) 수량 : 매도인에 의해 선적서류에 기재된 무게와 수량이 최종적이다.

(5) Prices : Unless otherwise specified, prices are to be quoted in U.S. Dollars on C.I.F London basis.
(5) 가격 : 별도로 정한 것이 없으면, 가격은 CIF 런던 조건의 미 달러화로 견적한다.

(6) Firm Offers : All firm offers are to remain effective for three days including the day cabled. Sundays and National Holidays shall not be counted as days.
(6) 확정청약 : 확정청약은 전신을 보낸 날을 포함하여 3일간 유효하며 일요일과 공휴일은 해당 기간에 포함하지 않는다.

(7) Orders : Except in cases where firm offers are accepted all orders are to be subject to the Seller's final confirmation.
(7) 주문 : 확정청약에 대해 승낙한 경우 제외한 모든 주문은 매도인의 최종 확인이 요구된다.

(8) Packing : Proper export standard packing is to be carried out, each set bearing the mark A/S with port mark, running numbers, and the country of origin.
(8) 포장 : 적정한 수출 표준 포장이 이루어져야 하며, 각 포장의 화인은 A/S 표시와 함께 도착항, 일련번호, 원산지를 표시한다.

(9) Payment : Draft is to be drawn at 90d/s for the full invoice amount under Irrevocable Letter of Credit which should be issued/opened in favor of seller immediately documents attached, namely, Bill of Lading, Insurance Policy, Commercial Invoice and other documents which each contract requires. The others shall be governed and interpreted under the UCP600.
(9) 결제 : 환어음은 매도인을 수익자로 하여 계약에 따른 선하증권, 보험증권, 상업송장 및 기타서류로 발급된 취소불능신용장 하에 일람 후 90일 출급으로 발행한다. 기타 사항들은 UCP600을 바탕으로 적용되고 해석된다.

(10) Shipment : Shipment is to be made within the time stipulated in each contract. The date of Bill of Lading shall be taken as conclusive proof of the day of shipment. Unless expressly agreed upon, the port of shipment shall be at the Seller's option.
(10) 선적 : 선적은 각 계약에서 정한 시일 내에 이루어져야 한다. 선하증권의 발행일은 선적일의 확정적인 증거로 간주한다. 별도의 합의가 없으면 매도인이 선적항을 선택한다.

(11) Marine Insurance : All shipments shall be covered on All Risks including War Risks and S.R.C.C. for the invoice amount plus 10 percent. All policies shall be made out in U.S. Dollar and claims payable in London.
(11) 해상보험 : 모든 선적품은 전쟁 및 파업, 폭동 및 시민 소요에 대하여 송장금액의 110%에 대하여 보험에 가입하여야 한다. 모든 보험증권은 미 달러화로 표기하며 런던에서 청구할 수 있다.

(12) Shipping Notice : Shipment effected against the contract of sale shall be immediately noticed by E-mail
(12) 선적 통지 : 매매계약에 따른 선적은 이메일로 즉시 통보하여야 한다.

(13) Marking : All shipments shall be marked as arranged otherwise.
(13) 화인 : 모든 선적품은 약정한 바와 같이 화인을 표기한다.

(14) Force Majeure : The Sellers shall not be responsible for the delay in shipment due to force majeure, including mobilization, war, strikes, riots, civil commotion, hostilities, blockade, requisition of vessels, prohibition of export, fires, floods, earthquakes, tempest and any other contingencies, which prevent shipment within the stipulated period, in the event of any of the aforesaid causes arising, document proving its occurrence or existence shall be sent by the Sellers to the Buyers without delay.
(14) 불가항력 : 매도인은 동원, 전쟁, 파업, 폭동, 시민 소요, 적대행위, 봉쇄, 선박징발, 수출금지, 화재, 홍수, 지진, 폭풍 외의 기타 우발사고로 인한 약정된 기간 내의 불가항력으로 인한 선적 지연에 대해서는 책임을 지지 않는다. 불가항력의 사건이 발생하는 경우 매수인에게 사건의 발발이나 존재를 증명할 수 있는 서류를 지체없이 송부해야 한다.

(15) Delayed Shipment : In all cases of force majeure provided in the Article No.14, the period of shipment stipulated shall be extended for a period of 21 days. In case shipment within the extended period should still be prevented by a continuance of the causes mentioned in the Article No.14 or the consequences of any of them, it shall be at the Buyer's option either to allow the shipment of late goods or to cancel the order by giving the Sellers the notice of cancellation by cable.
(15) 선적지연 : 14조의 불가항력과 관련된 모든 상황에 따라 규정된 선적기일은 21일간 연장된다. 14조의 불가항력 원인이 지속되거나 그 결과에 따라 연장된 선적기일까지 방해되면 매수인은 상품의 늦은 선적을 허용하거나 전신에 의하여 취소통지를 보냄으로 주문을 취소할 수 있다.

(16) Claims : Claims, if any, shall be submitted by cable within 14 days after arrival of goods at destination. Certificated report by recognized surveyors shall be sent by mail without delay.
(16) 클레임 : 클레임은 목적지에 상품이 도착하고 14일 이내에 전신으로 통지한다. 검증된 감정인에 의한 증명서는 지체없이 우편으로 송부되어야 한다.

(17) Arbitration : All claims which cannot be amicably settled between Seller and Buyer shall be finally settled by arbitration in Seoul, Korea in accordance with the Commercial Arbitration Rules of the Korea Commercial Arbitration Board and under the Laws of Korea.
(17) 중재 : 매도인과 매수인 사이에서 원만한 해결이 어려운 모든 클레임은 대한민국 서울특별시의 대한상사중재원의 상사중재규칙 및 대한민국 법률에 따라 최종적으로 해결한다.

(18) Jurisdiction : The award rendered by the arbitrator shall be final and binding upon both parties concerned.
(18) 재판관할 : 중재자의 판정은 최종적이며 양측 당사자에 대한 구속력이 있다.

(19) Trade Terms : Unless specially stated, the trade terms under this contract shall be governed and interpreted by the INCOTERMS 2020.
(19) 거래조건 : 별도로 명시한 경우를 제외하고, 이 계약 하의 거래조건은 인코텀즈 2020에 따라 규율되고 해석한다.

(20) Governing Law : This Agreement shall be governed as to all matters including validity, construction and performance under and by United Nation Convention on Contracts for the International Sale of Goods(1980).
(20) 준거법 : 본 계약에 대한 유효성, 성립, 이행을 포함한 협정서 내의 모든 사항은 UN국제물품매매계약협약(1980)에 따라 규율된다.

This Agreement shall be valid on and after Aug. 7, 2022.

본 협정서는 2022년 8월 7일 부로 유효하다.

(Buyer) SARANG CO., LTD.   (Seller) HEEMANG CO., LTD.
(매수인) ㈜사랑   (매도인) ㈜희망

(signed)   (signed)
(서명)   (서명)

4. 국제물품매매계약에 관한 UN협약(CISG)

1) CISG 성립

20세기 초 UNIDROIT(International Institute for the Unification of Private Law: 사법통일을 위한 국제기구)는 일군의 유럽법학자들에게 국제물품매매에 적용할 통일법 작성을 요청하였으며, 1935년에 그 예비초안이 발표되었다.[10] UNIDROIT에서 작성한 두 가지 통일법 초안 「국제물품매매에 관한 통일법 협약(Hague Convention Relating to a Uniform Law on the International Sale of Goods: ULIS)」과 「국제물품매매계약의 성립에 관한 통일법 협약(Hague Convention Relating to a Uniform Law on the Formation of Contract for the International Sale of Goods: ULF)」은 1964년 4월 헤이그에서 개최된 28개국 외교 회의에서 채택되었다.[11] 이 두 가지 협약은 헤이그회의에서 채택되어 '헤이그협약(the Hague Convention)'이라고 불린다.

2) CISG 가입국

우리나라도 2004년 2월 17일에 동 협약에 가입하여 2005년 3월 1일부터 발효되었으며, 일본에서는 2009년 1월 1일부터 발효되었다. 우리나라의 주교역국인 중국, 미국, 베트남이 모두 CISG에 가입함에 따라 CISG 의 중요성은 매우 커졌다.

3) CISG의 특징

매매당사자의 이익을 균형 보장되며, 적용범위를 매매계약의 성립에 관한 문제와 매매계약에서 발생하는 매도인과 매수인의 권리 및 의무에 한정한다. 또한 계약자체의 효력이나 소유권에 관하여 계약이 가지는 효력은 규율 대상에서 제외되며, 국제매매법의 절차적인 면과 실체적인 면 통합, 당사자자치 보장, 가입국의 유보허용 등이 있으며, 자동집행조약(Self-executing treaty)으로 별도의 입법 없이도 국내법과 동일한 효력을 가질 수 있다.

4) CISG의 성격

① 직접성 : CISG는 국제물품매매계약에 적용되는 직접법이며 실체법이다. CISG는 우리 민법과 마찬가지로 국제물품매매계약에 직접 적용된다.
② 국제성 : CISG는 국제물품매매계약에 적용되는 법이다.(원칙적으로 영업소를 달리하는 당사자 간의 물품매매계약에 적용된다.)
③ 통일성 : CISG는 국제물품매매계약에 적용되는 통일법이다.(준거법에 우선하여 적용되어 국제물품매매계약에 적용되는 법을 통일함을 목적으로 한다.

5. 스마트 계약의 등장

1) 스마트 계약 정의

스마트 계약(Smart contract)은 블록체인 기술을 기반으로 하여 계약의 자동실행이 보장되는 특성을 가진 컴퓨터 프로그램으로 정의할 수 있다. 스마트 계약 역시 수출입업자의 의사합치 과정을 거쳐 성립되는 계약의 일종으로 볼 수 있으며 무역계약의 불필요한 절차나 서류 등의 한계를 보완할 수 있을 것으로 전망된다.[12] 스마트 계약의 경우, 1994년 암호학자이자 법학자였던 닉 자보(Nick Szabo)가 주장한 개념이다.

2) 스마트 계약의 의의

제4차 산업혁명의 중요한 기술 중 하나인 블록체인의 등장은 금융, 통관, 물류, 유통이력, 저작권, 부동산, 의료, 에너지 등 모든 산업 분야에 적용되어 진화를 거듭하고 있다.[13] 최근 제조 분야에 블록체인과 사물인터넷이 융합된 스마트 팩토리는 무인공장관리를 실현하였으며, 소비자는 자신이 주문한 물품의 생산 진행 상황을 실시간으로 확인할 수 있어 소위 말하는 "디지털 혁명"이 실현되고 있는 것이다.[14][15] 이러한 블록체인 기술은 당사자들 간의 계약에도 적용할 수 있다. 거래와 관련된 조건이 만족되면 거래 당사자들 간에 자동으로 계약이 체결되고 계약체결과 동시에 대금결제가 이뤄지는 기반 기술이 스마트 계약이다.

스마트 계약에서 가장 중요한 부분은 거래중개자(은행)의 참여 없이 대금결제가 이루어진다는 것이다. 아울러 플랫폼에 포함된 모든 당사자들이 특정 거래와 관련된 정보를 저장하고 관리하기 때문에 특정 계약 당사자 중 한 명이 당해 계약 자체를 부정하거나 당해 거래 자료를 삭제하는 것이 불가능하다. 즉, 블록체인 기반 스마트 계약은 사기와 같은 위험을 미리 방지할수 있다는 점에서 안전계약의 체결이 가능하고 수출업자, 수입업자, 통지은행, 개설은행 등의 핵심 플레이어를 기준으로 매매계약체결과정부터 블록체인 네트워크상에 신용장 등록 및 서류제출 및 통지 과정이 모든 이해관계자에게 실시간으로 공유되어 계약의 공동화를 가능케 한다.[16]

3) 스마트 계약의 특성

스마트계약의 특성으로는 첫째, 계약절차의 단순화를 들 수 있다. 기존의 계약은 일방의 청약과 이에 대한 동의의 과정을 거쳐 이뤄진다. 하지만 동의를 위한 과정이 한 번의 승낙으로 이루어지면 매우 단순하게 계약이 체결될 수 있으며 블록체인기술을 기반으로 하는 프로토콜 혹은 규약으로서 입력된 정보를 자동으로 실행하거나 업데이트하는 일종의 프로그램이 될 수도 있다.[17]

둘째, 안전한 거래 보장을 들 수 있다. 거래당사자들이 블록체인에 기업의 정보, 대표자의 이력, 기존 거래처와 관계 등에 대한 정보가 등록되면 블록체인에 등록된 모든 당사자들에게 저장되고 보관이 이루어진다. 이렇듯 새로운 기술에 의한 기회[18]들로 인해 계약조건에 대한 정보가 입력되면 해당 계약조건과 일치하는 당사자가 자동으로 연결되고 계약과 관련된 정보가 블록체인에 기록될 수 있다. 또한, 이전에 사기와 같은 거래 내역도 저장되어 있기 때문에 사기와 같은 문제를 미연에 방지할 수 있다.

셋째, 거래관련 비용을 절감할 수 있다. 은행과 같은 중개자의 개입 없이 자동으로 계약을 체결하고 동시에 이행되는 스마트 계약의 특성으로 인하여 계약과 관련된 절차가 사라지기 때문에[19] 거래 당사자들은 거래와 관련된 시간과 비용을 절감할 수 있다. 이러한 스마트 계약은 상호 약속된 틀 속에서 상호 간 거래가 빈번하거나 데이터 보안에 민감하고 나아가 IT 시스템의 확장력을 가지는 업무에 더욱 강력하게 접목될 수 있다.

4) 블록체인과 스마트 계약의 관계

블록체인기술(Blockchain technology)은 비트코인이 소개됨에 따라 유명해져 은행 등 제3자 개입 없이 대금이라는 것을 교환할 수 있게 하는 4차 산업혁명 시대의 핵심 기술로 분산 컴퓨팅 기술을 활용하여 데이터 위변조 방지에 특화된 기술로 볼 수 있다. 즉, Peer-to-Peer(P2P) 기반으로 거래정보 검증을 위해 10분간 발생되는 정보를 블록의 형태로 보관하는 특징이 있다.[20][21]

전통적인 개념에서 계약은 당사간의 의사합치에 의한 법률행위로 상호 약속의 교환이다. 계약이 성립된 후 당사자들은 계약서에서 합의한 의무를 이행하여야 하며 의무의 이행이 완전히 이루어지면 계약은 종료된다. 하지만 계약 체결 당사자의 신의성실에 의한 의무가 이행되지 않거나 처음부터 계약 이행에 대한 의사가 없는 당사자들로 인한 사기의 위험도 있다. 그러나 블록체인기반 스마트계약에서는 이러한 문제들을 사전에 방지할 수 있다. 즉, 계약 체결 당사자들은 블록체인에 자신들에 대한 정보를 등록하여야 한다. 이러한 정보의 등록에 대한 진위여부는 이전에 기록 저장된 당사자들의 다른 블록체인 상의 정보와 일치하여야만 등록이 가능하다. 그리고 이러한 정보들은 허위로 작성하거나 이전의 기록을 수정하거나 삭제하는 것이 불가능하다.

다만, Sklaroff(2017)라는 연구자가 주장한 바에 따르면 스마트계약은 컴퓨터 코드를 통해 무결하게 정의되어야 하는 점, 선적물품 퀄리티 문제 등으로 인한 대금지급 연장은 허용되지 않기 때문에 지속적인 비즈니스를 하기 위해서는 매매계약 체결당사자들 간 구두 합의가 중요한 부분이다.[22]

5) 국제상거래에 스마트 계약 도입 필요성

국제상거래를 이행하는 당사자 입장에서는 생산요소이동의 제약, 국가 간의 상이한 경제정책과 제도의 차이, 대금회수의 위험성, 언어와 상관습의 차이 등으로 인한 상거래 장벽을 극복하여야 하는 많은 문제가 있다. 정보통신기술의 발달과 인터넷의 등장은 전자상거래라는 새로운 형태의 상거래 방식을 태동시켰으며 이러한 전자상거래는 국내뿐만 아니라 국제상거래에도 널리 활용되고 있으며 점점 더 확대될 전망이다.

　블록체인을 기반으로 하는 플랫폼의 국제상거래 도입은 전통적인 상거래와 기존의 전자상거래가 추구하지 못했던 효과를 발휘할 수 있다. 강력한 신뢰성과 탈중앙화의 특성을 가진 블록체인 플랫폼의 국제상거래에서의 활용은 전통적인 상거래 방식 및 기존 전자상거래 방식에 상당한 변화를 예견하고 있다. 특히 블록체인기반 플랫폼은 국제상거래 SCM 전체에 거래 당사자들이 정보를 관리하고 저장함으로써 국제상거래의 신뢰성, 효율성, 투명성, 안전성을 개선[23]할 수 있고 스마트 계약에 대한 무수히 많은 논쟁이 있기는 하지만 블록체인에 관한 광범위한 담론을 적용하는 데 있어 기술낙관론자들은 소프트웨어에 관한 기술 발전이 전통적인 계약 시스템의 상당수 부분을 대체할 수 있을 것으로 전망한다.[24]

　특히, 국제상거래에서 여전히 중요한 역할을 담당하는 신용장 거래의 맹점을 보완할 수 있는 계기가 4차 산업혁명 시대의 핵심 기술인 블록체인에 있다.[25] 스마트 계약의 정의를 사전에 정의된 조건을 자동으로 실행하는 프로토콜로 보았을 때 블록체인기술이 접목된 신용장 거래는 수출입업자 간 사전에 지정된 계약조건이 충족될 때 대금결제를 보장할 수 있어 기존 신용장 거래보다 안전성과 확실성이 증가하는 장점이 생긴다.[26]

제2절 인코텀즈 2020의 이해와 특징

1. 인코텀즈 2020의 의의

1) 인코텀즈(Incoterms 2020)의 제정배경

무역거래는 세계적으로 통일된 법이 존재하지 않아 오랫동안 형성되어 온 무역관습에 의해 수행되고 있다.[27] 보편화된 무역관습으로는 인코텀즈(International Commercial Terms: Incoterms)가 있다. 인코텀즈는 정형거래조건의 해석에 관한 국제규칙(International Rule for the Interpretation of Trade terms)으로 국제상업회의소(International Chamber of Commerce: ICC)가 제정하였다. 인코텀즈는 물품매매계약상 기업 간 관행(Business to Business Practice: B2B Practice)을 반영하며 매매가격의 산출근거가 되는 가격조건으로서의 역할과 위험의 이전, 제공해야 하는 서류 등을 규정함으로써 매매당사자의 의무를 명시한 인도조건으로서의 역할을 한다.

2) 인코텀즈(Incoterms 2020)에서 정형거래조건의 채택

무역거래시 발생할 수 있는 장애요인을 해결하기 위하여 매매당사자는 법규를 계약에 포함하게 되는데 정형거래조건을 채택하고 인코텀즈를 채용함으로써 이런 준거법의 불확실성을 해소할 수 있다. 인코텀즈는 매도인과 매수인 중 누가 물품에 대한 운송이나 보험을 마련하고 선적서류 및 수입허가를 취득하는지, 언제 어디서 물품을 인도하는지, 운송비용, 포장비용 도는 적재 또는 양하비용 등의 비용들을 누가 부담하는지 규정한다.

2. 인코텀즈 2020과 인코텀즈 2010의 차이점

인코텀즈의 당초 제정 목적은 국제 거래조건에 관한 해석을 통일하고 명확한 국제규칙을 제시하기 위함이다. 이에 따라 인코텀즈는 국제상업회의소(ICC)가 1936년에 제정한 이래로 국제무역환경 및 상관습을 반영하여 총 8차례 개정이 시행되었다. 2020년 1월부터 시행된 인코텀즈 2020의 주요 변경사항을 살펴보면 우선, 매도인과 매수인의 의무가 명시된 A1~A10와 B1~B10을 재배열하였다. 인코텀즈 2020에서는 상대적인 중요성이 높은 인도와 위험이전조항을 A2/B2와 A3/B3로 배치하여 편의성을 도모하고 있다.

인코텀즈2010과 인코텀즈2020의 비교

	인코텀즈2010	인코텀즈2020
A1/B1	일반의무(General obligations)	일반의무(General obligations)
A2/B2	허가/인가/통관/기타 절차(Licences, authorizations, security clearances and other formalities)	인도(Delivery)
A3/B3	운송계약과 보험계약(Contact of Carriage & Insurance)	위험이전(Transfer of risks)
A4/B4	인도(Delivery)	운송(Carriage)
A5/B5	위험이전(Transfer of risks)	보험(Insurance)
A6/B6	비용분담(Allocation of costs)	인도/운송서류(Delivery / Transport document)
A7/B7	매수인/매도인에 대한 통지(Notices)	수출/수입통관(Export/import clearance)
A8/B8	인도서류(Delivery document)	점검/포장/화인표시(Checking/Packaging/Marking)
A9/B9	점검/포장/화인표시(Checking/Packaging/Marking)	비용분담(Allocation of costs)
A10/B10	정보에 관한 협조 및 관련 비용(Assistance with information and related costs)	통지(Notices)

인코텀즈 2020은 인코텀즈 2010의 DAT(Delivered at Terminal, 도착터미널인도) 조건이 삭제되고 DPU(Delivered at Place Unloaded, 도착지양하인도) 조건을 추가하였다. 그리고 인코텀즈 2020에서는 종래의 인코텀즈 2010에서의 CIF 조건과 CIP 조건에 대하여 보험부보의 차이를 두었다. FCA 조건의 경우 인코텀즈 2010에서는 매도인은 매수인에게 지정한 장소에 물품을 인도하면 의무가 면하게 되었으나 인코텀즈 2020에서는 FCA조건에서 본선적재표기(On-board notation) 선하증권(Bill of Lading: B/L)을 선택적(Optional)으로 추가할 수 있게 되었다.

제3절 인코텀즈 2020의 정형거래조건 적용

인코텀즈는 국제 무역상에서 사용되는 용어와 규칙을 표준화하여 국외 거래 시 발생할 수 있는 분쟁을 최소화하고, 거래의 신뢰성을 높이는 데에 기여한다. 인코텀즈 2020은 11개 조건으로 구성되었으며 이번 개정에서는 인터넷을 통한 거래와 같은 최신 기술의 도입에 관한 내용이 반영되었으며, 기존의 용어와 규칙을 보완하고 새로운 용어와 규칙이 추가되었다.

이처럼 인코텀즈 2020의 적용은 국제 무역에서 수행되는 거래에 있어서 매우 중요하다. 인코텀즈 규정에 따라 거래를 진행하면, 해외 거래 시 발생할 수 있는 분쟁을 예방하고, 거래 당사자 간의 이해관계를 명확하게 하여 거래의 원활한 진행을 도모할 수 있다. 따라서 인코텀즈 2020의 내용을 충분히 이해하고 적용하는 것이 중요하다.

📋 인코텀즈 2020 요약

구분		수출포장	하역(상차)	수출지운송	수출통관	수출지터미널비용	선적비용	국제운송	적화보험	수입지터미널비용	수입지운송	하역(하차)	수입통관
모든 운송수단	EXW	매도인	매수인	매수인	매수인	매수인	매수인	매수인	-	매수인	매수인	매수인	매수인
	FCA(창고)	매도인	매도인	매수인	매도인	매수인	매수인	매수인	-	매수인	매수인	매수인	매수인
	FCA(기타)	매도인	매도인	매도인	매도인	매수인	매수인	매수인	-	매수인	매수인	매수인	매수인
해상운송	FAS	매도인	매도인	매도인	매도인	매도인	매수인	매수인	-	매수인	매수인	매수인	매수인
	FOB	매도인	매도인	매도인	매도인	매도인	매도인	매수인	-	매수인	매수인	매수인	매수인
	CFR	매도인	매도인	매도인	매도인	매도인	매도인	매도인	-	매수인	매수인	매수인	매수인
	CIF	매도인	매도인	매도인	매도인	매도인	매도인	매도인	매도인 ICC(C)	매수인	매수인	매수인	매수인
모든 운송수단	CPT	매도인	매도인	매도인	매도인	매도인	매도인	매도인	-	매도인	매수인	매수인	매수인
	CIP	매도인	매도인	매도인	매도인	매도인	매도인	매도인	매도인 ICC(A)	매도인	매수인	매수인	매수인
	DAP	매도인	매도인	매도인	매도인	매도인	매도인	매도인	-	매도인	매도인	매수인	매수인
	DPU	매도인	매도인	매도인	매도인	매도인	매도인	매도인	-	매도인	매도인	매도인	매수인
	DDP	매도인	매도인	매도인	매도인	매도인	매도인	매도인	-	매도인	매도인	매수인	매도인

1. 인코텀즈 2020의 E조건과 F조건

1) 공장인도조건(Ex Works: EXW)

(1) 의의

공장인도조건은 계약물품을 매도인이 자신의 작업장 구내 또는 다른 지정된 장소에서 수출 통관되지 않은 상태로 그리고 매수인의 수취용 차량(Collecting vehicle)에 적재하지 않은 상태로 매수인의 임의처분 하에 적치 하는 때에 매도인이 인도를 이행하는 것을 의미한다. 매도인이 지정장소 또는 그 지정장소 내에 합의지점이 있는 경우에는 그 지점에서 수출통관하지 않은 물품을 매수인의 임의처분 하에 놓아 두면 되고, 그때까지의 위험과 비용을 부담한다.[28]

(2) 특징

　　공장인도조건(EXW)은 매수인이 목적지까지 운송함에 있어서 모든 비용과 위험을 부담하므로 이 공장인도조건(EXW)은 매도인 최소한의 의무(Sellers's minimum obligation)를 나타낸다. 수출에 따른 수출지에서의 통관절차 및 관세, 제세 등 모든 비용을 매수인이 부담한다. 매도인의 입장에서는 국내매매와 동일하기 때문에 외국무역에 익숙하지 못한 생산자가 직접 수출하는 경우 또는 매수인의 지점 또는 출장소 등이 수출국에 설치되어 있는 수출지의 사정에 능통한 경우에 이용되고 있다.

(3) 내용
- 인도 및 위험 이전 시기 : 물품이 지정장소 또는 지정장소 내 합의지점에서 매수인의 임의처분 하에 놓아둔 때
- 비용의 분기점 : 인도 및 위험이전시기와 동일
- 수출 및 수입통관 : 매수인
- 매도인이 물품적재에 유리한 입장에 있더라도 매수인의 수취용 차량에 적재의무 없음
- 매도인이 자신의 위험과 비용으로 적재하기 원하는 경우에는 FCA 규칙이 적합함
- 물품인도를 위한 지정장소는 매도인의 구내일 수도 있고 다른 장소일 수도 있음

2) 운송인인도조건(Free Carrier: FCA)

(1) 의의

　　운송인인도(FCA)조건은 매도인이 약정물품을 매수인이 지정한 운송인(Carrier)에게 인도함으로써 매수인에 대한 물품 인도의무를 완료하는 조건이다. 매도인이 물품을 지정장소에서, 또는 그 지정장소 내의 지정된 지점이 있는 경우에는 그 지점에서 매수인이 지명한 운송인 또는 기타의 자에게 인도하거나 또는 그렇게 인도된 물품을 조달하는 것을 의미한다. 인도의 지정장소가 매도인의 구내(Seller's premises)인 경우 매도인은 매수인이 제공한 운송수단에 물품을 적재한 때 인도가 이루어지고, 그 밖의 장소(운송인의 장소)인 경우 물품을 매도인의 운송수단상에 적재되어 있는 상태로 매수인이 지정한 운송인 또는 그 밖의 당사자의 임의처분상태에 둘 때 인도가 이루어진다.

(2) 특징

　　운송인인도조건(FCA)은 철도, 도로, 내수로, 해상 및 복합운송 등 어떠한 운송형태에도 이용할 수 있는 정형거래조건으로 현대적인 운송방법, 특히 컨테이너 운송방식이나 "Roll on-roll off" 수송방식과 같은 복합운송방식에 부응하기 위해 고안됐다.

　　운송인인도조건(FCA)에서 운송인(Carrier)은 실제 운송인이나 운송주선인(Freight Forwarder)과 같

은 운송 관계인으로서 운송계약에 의하여 철도, 도로, 내수로, 해상, 항공운송 및 이와 같은 여러 가지 운송수단을 결합한 복합운송을 수행하거나 주선하는 자를 말한다.

(3) 내용
- 위험의 이전시기(인도장소) : 매도인의 구내 또는 그 밖의 장소(운송인의 구내)
- 매도인의 구내 : 매수인이 제공한 운송수단에 적재한 때
- 그 밖의 장소 : 매도인의 도착운송수단상에서 매수인이 지정한 운송인 또는 기타의 자에게 인도한 때
- 비용의 분기점 : 인도 및 위험이전시기와 동일
- 수출통관 : 매도인 / 수입통관 : 매수인
- 해상운송시 : 매수인이 운송인에게 본선적재표기 선하증권 발행지시, 매도인이 운송서류를 매수인에게 제공

3) 선측인도조건(Free Alongside Ship: FAS)

(1) 의의

선측인도(FAS)조건은 계약물품이 지정된 선적항 본선의 선측에서 매수인의 임의처분하에 적치될 때 매도인의 인도의무가 종료된다. 물품이 지정된 선적항에서 매수인이 정한 본선의 선측(예를 들어 부두 또는 부선(Barge)상)에 놓일 때, 혹은 그렇게 인도된 물품을 조달(Procure)한 때 매도인이 인도의무를 완료하는 것을 의미한다. 물품이 본선의 선측에 놓여질 때 물품의 멸실 또는 손상의 위험이 매도인으로부터 매수인에게 이전되며 매수인은 그 시점으로부터 모든 위험과 비용을 부담한다. 매도인은 합의된 기일 또는 기간 내에 항구의 관습적인 방법으로 인도한다.

(2) 특징

선측인도(FAS)조건은 물품을 해상운송 또는 내수로운송에 의하여 운송할 경우에만 쓰이는 조건이다. 선측인도(FAS)조건은 매도인이 선적항에서 물품을 본선상에 적재하는 의무를 부담하지 않은 조건으로 원맥, 원목 및 원면 등과 같이 선적비용이 많이 소용되는 대량의 산물거래에 자주 이용되는 조건이다. 선측인도(FAS)조건에서 주요 사항은 선측에 관한 개념이다. 선측인도란 본선이 부두에 정박하고 있거나 부두 밖에 있거나를 불문하고 또한 거리나 방향에 관계없이 양화기(Winch), 양화구(Tackle) 기타의 선적을 위한 작업용구가 도달할 수 있는 장소를 말한다. 장소적으로는 부두에 접안해 있을 때는 부두상(On the quay)이며, 해상에 정박해 있을 때에는 부선 내(In lighters)이다.

(3) 내용
- 인도 및 위험이전시기 : 지정선적항 또는 지정선적항에서 매수인이 지정하는 적재지점이 있는 경우에는 그 적재지점에서 매수인이 지정하는 본선의 선측에 물품을 놓아두거나 또는 그렇게 인도된 물품을 조달한 때
- 비용의 이전시기 : 위험의 이전시기와 동일
- 본선수배의무 : 매수인
- 수출통관 : 매도인, 수입통관 : 매수인

4) 본선인도조건(Free on Board: FOB)

(1) 의의

본선인도(FOB)조건은 선적항에서 약정물품이 본선에 적재(Loading on board)할 때 매도인의 인도의무를 이행하게 되는 정형거래조건으로 매도인은 그때까지 물품의 멸실이나 손상에 대한 위험을 부담한다. 매도인이 지정선적항 또는 지정선적항에서 매수인이 지정하는 적재지점이 있는 경우에는 그 지점에서 매수인이 지정한 본선에 적재하거나 또는 그렇게 인도된 물품을 조달하는 것을 의미한다. 물품이 본선상에 있을 때 물품의 멸실 또는 손상의 위험이 매도인으로부터 매수인에게 이전되며 매수인은 그 시점으로부터 모든 비용을 부담한다.

(2) 특징

본선인도조건(FOB)은 주운임 미지급조건에 해당하며 매수인이 운송계약을 체결할 의무를 부담하고, 매도인은 운송계약을 체결한 매수인이 지정한 운송인에게 약정물품을 인도함으로써 인도의무를 완수하는 조건이다.

FOB 조건은 다음과 같은 특징이 있다.

첫째, 선적항에 물품인도를 조건으로 하는 대표적인 선적지 매매조건이다.

둘째, 매도인은 계약내용에 합치하는 물품을 인도함으로써 인도의무를 이행하는 현물인도조건으로서 현실적 인도방식에 해당한다.

셋째, FOB 조건은 해상운송이나 내수로 운송에만 사용되어야 하며, 만약 당사자가 본선의 난간을 통과하여 물품을 인도하는 것을 의도하지 않는다면 FCA 조건이 사용되어야 한다.

본선인도조건(FOB)의 특징은 현실적 인도조건으로써 매도인이 매수인 또는 그의 대리인(운송인)에게 현물을 직접 인도하고 그에 대해 대금을 지급받는 동시이행조건임을 말한다. 그러나 무역거래에 사용되는 본선인도(FOB)조건은 이러한 현물인도와 대금지급이 동시에 일어나기가 곤란한 경우가 많으므로

당사자간의 특약에 의해 매도인이 선하증권을 취득하여 제공하고 이와 상환으로 화환어음을 결제하는 방식을 채용하여 현물인도의 어려움을 해결하고 있는 것이 현실이다.

(3) 내용
- 인도 및 위험이전시기 : 지정선적항 또는 지정선적항에서 매수인이 지정하는 적재지점이 있는 경우에는 그 적재지점에서 매수인이 지정하는 본선의 선측에 물품을 놓아두거나 또는 그렇게 인도된 물품을 조달한 때
- 비용의 이전시기 : 위험의 이전시기와 동일
- 본선수배의무 : 매수인
- 수출통관 : 매도인, 수입통관 : 매수인
- 터미널에 인도되는 컨테이너화물의 경우에는 부적합-FCA규칙이 적합

2. 인코텀즈 2020의 C조건과 D조건

1) 운임포함조건(Cost and Freight: CFR)

(1) 의의

운임포함(CFR)조건은 매도인이 지정된 목적지까지 계약물품을 운송하는 데 필요한 비용과 운임을 지급하여야 하지만 계약물품이 선적항에서 본선에 적재한 이후로 계약물품의 멸실 또는 손상에 관한 위험은 물론 일체의 비용 부담이 매도인으로부터 매수인에게로 이전되는 정형거래조건이다. 매도인이 본선상에 물품을 적재하거나 또는 그렇게 인도된 물품을 조달할 때 인도의무가 완료된다. 물품이 본선상에 있을 때 물풍의 멸실 및 손상의 위험은 이전되지만, 매도인은 운송계약을 체결하고 지정 목적항 또는 목적항의 합의지점까지 물품을 운송하는데 필요한 비용 및 운임을 부담한다.

(2) 특징

매도인은 운송계약을 체결하여야 하는 의무를 가지고 운송에 소요되는 일체의 비용을 부담하여야 한다. 물품이 선적된 이후에 수출항에서 동 화물이 멸실되었을 경우에도 이는 매수인의 위험부담이다. 따라서 운임포함(CFR)조건은 매도인으로부터 제시된 운송서류와 상환으로 물품의 대금을 지급하여야 하는 서류인도조건, 즉 상징적 인도(Symbolic delivery)조건이다. 운임포함(CFR)조건은 해상운송이나 내수로 운송에만 사용되는 조건으로, 만약 당사자가 본선의 난간 너머로 물품을 인도하는 것을 의도하지 않는다면, 운송비지급인도(CPT)조건이 사용되어야 한다.

(3) 내용
- 인도 및 위험이전시기 : 지정선적항에서 매도인이 지명한 본선상에 물품을 인도하거나 또는 그렇게 인도된 물품을 조달한 때
- 비용의 이전시기 : 지정목적항
- 본선수배의무 : 매도인
- 수출통관 : 매도인, 수입통관 : 매수인
- 터미널에 인도되는 컨테이너화물의 경우에는 부적함-CPT규칙이 적합

2) 운송비·보험료포함인도조건(Cost, Insurance and Freight: CIF)

(1) 의의

　　운송비·보험료포함인도(CIF)조건이란 선적항에서 계약물품의 선적원가(Cost)와 목적항까지의 보험료(Insurance Preminum) 그리고 목적항까지의 운임(Freight)을 매도인이 부담하는 조건으로 물품이 본선의 난간을 통과할 때까지의 멸실이나 손상에 관한 일체의 위험을 매도인이 부담하는 조건이다. 매도인이 본선상에 물품을 적재하거나 또는 그렇게 인도된 물품을 조달할 때 인도의무가 완료된다. 물품이 본선상에 있을 때 물품의 멸실 및 손상의 위험은 이전되지만, 매도인은 운송계약을 체결하고 지정 목적항 또는 목적항의 합의지점까지 물품을 운송하는데 필요한 비용 및 운임을 지급하여야 한다.29) 매도인은 또한 운송 중 물품의 멸실 또는 손상에 대한 매수인의 위험에 대하여 최소담보조건[ICC©]으로 보험담보계약을 체결한다.30)

(2) 특징

　　매도인은 운송계약을 체결하여야 하는 의무를 가지고 운송에 소요되는 일체의 비용을 부담하여야 한다. 물품이 선적된 이후에 수출하엥서 동 화물이 멸실되었을 경우에도 이는 매수인의 위험부담이다. 따라서 운송비·보험료포함인도(CIF)조건은 선적지에서 인도의무의 완료시점으로 하는 선적지인도조건이다. 운송비·보험료포함인도(CIF)조건은 매도인의 위험부담의 분기점과 비용부담의 분기점이 불일치하는 조건이다. 운송비·보험료포함인도(CIF)조건은 매도인으로부터 제시된 운송서류와 상환으로 물품의 대금을 지급하여야 하는 서류인도조건, 즉 상징적 인도(Symbolic delivery)조건이다. 운송비·보험료포함인도(CIF)조건은 해상운송이나 내수로 운송에만 사용되는 조건으로 만약 당사자가 본선의 난간 너머로 물품을 인도하는 것을 의도하지 않는다면, 운송비·보험료지급인도(CIP)조건이 사용되어야 한다.

(3) 내용
- 인도 및 위험이전시기 : 지정선적항에서 매도인이 지명한 본선상에 물품을 인도하거나 또는 그렇게 인도된 물품을 조달한 때

- 비용의 이전시기 : 지정목적항
- 본선수배의무 : 매도인
- 수출통관 : 매도인, 수입통관 : 매수인
- 터미널에 인도되는 컨테이너화물의 경우에는 부적함-CIP규칙이 적합

3) 운송비지급조건(Carriage Paid To: CPT)

(1) 의의

운송비지급(CPT)조건은 매도인이 약정물품을 운송인에게 인도하는 때에 인도의무를 완수하고 지정된 목적지까지 운송을 위해 소요되는 일체의 비용을 부담하지만 인도 이후에 발생하는 일체의 위험뿐만 아니라 인도완료 이후에 발생하는 비용 및 운임 이외의 추가 비용은 매수인이 부담하는 조건을 의미한다. 매도인이 인도장소 또는 인도장소 내의 합의된 인도지점이 있을 때 그 지점에서 매도인이 지정한 운송인에게 물품을 인도하거나, 또는 그렇게 인도된 물품을 조달한 때 매도인의 인도의무는 완료되지만, 지정목적지까지 또는 합의가 있는 경우 그 지정목적지의 어느 지점까지 물품운송에 필요한 운송계약을 체결하고 운송비를 지급하여야 하는 것을 의미한다.

(2) 특징

운송비지급(CPT)조건이 선적지인도조건에 포함되는 것은 매도인이 약정물품을 자기의 위험과 비용으로 운송인과 목적지까지 운송계약을 체결하고 운임을 지급하고 무사고 운송서류만 발급받으면 매도인의 의무가 선적지에서 종료되기 때문이다. CPT 조건은 위험부담의 분기점과 비용부담의 분기점이 일치하지 않는다. 운송비지급(CPT)조건은 운송형태에 관계없이 채용이 가능한데, 특히 복합운송에 알맞은 조건이다. 즉, 이 조건은 복합운송방식과 컨테이너수송 또는 트레일러 및 Roll on-roll off 수송을 포함하여 모든 운송방식에 있어서 채용될 수 있는 조건이다. 운송비지급(CPT)조건 조건에 있어서 매도인의 인도의무는 운송인에게 현실적 인도로서 이행된다.

(3) 내용

- 인도 및 위험이전시기 : 물품을 인도장소로부터 또는 그 인도 장소에 합의된 인도지점이 있는 경우에는 그 지점에서 운송계약을 체결한 운송인에게 교부하거나 또는 그렇게 인도된 물품을 조달한 때
- 비용의 이전시기 : 수입국의 지정목적지 또는 지정목적지 내 합의지점까지 운송계약을 체결하고 운송비지급
- 위험의 이전시기와 비용의 이전시기가 다름
- 수출통관 : 매도인부담 / 수입통관 : 매수인 부담

4) 운송비·보험료지급조건(Carriage and Insurance Paid To: CIP)

(1) 의의

운송비·보험료지급(CIP)조건은 매도인이 약정물품을 운송인에게 인도하는 것에 추가하여 지정된 목적지까지 운송계약을 체결하고 운송비를 지급하며 운송중의 위험에 대비하여 보험계약을 체결하고 보험료를 납부하는 조건을 말한다. 하지만 물품의 인도 이후에 발생하는 일체의 위험 및 운임 이외의 비용은 매수인이 부담하는 조건이다. 인도장소 또는 인도장소 내의 합의된 인도지점이 있을 경우 그 지점에서 매도인이 지정한 운송인에게 물품을 인도하거나, 또는 그렇게 인도된 물품을 조달할 때 매도인의 인도의무는 완료되지만, 지정목적지까지 또는 합의가 있는 경우 그 지정목적지의 어느 지점까지 물품운송에 필요한 운송계약을 체결하고 운송비를 지급하며, 운송 중 물품의 멸실 또는 손상에 대한 매수인의 위험에 대하여 보험계약을 체결하고 보험료를 지급하는 것을 말한다.

(2) 특징

운송비·보험료지급(CIP)조건이 선적지인도조건에 포함되는 것은 매도인이 약정물품을 자기의 위험과 비용으로 운송인과 목적지까지 운송계약을 체결하고 운임을 지급하고 무사고 운송서류만 발급받으면 매도인의 의무가 선적지에서 종료되기 때문이다. 운송비·보험료지급(CIP)조건은 위험부담의 분기점과 비용부담의 분기점이 일치하지 않는다. 운송비·보험료지급(CIP)조건은 운송형태에 관계없이 채용이 가능한데, 특히 복합운송에 알맞은 조건이다. 즉, 이 조건은 복합운송방식과 컨테이너수송 또는 트레일러 및 roll on-roll off 수송을 포함하여 모든 운송방식에 있어서 채용될 수 있는 조건이다. 운송비·보험료지급(CIP)조건에 있어서 매도인의 인도의무는 운송인에게 현실적 인도로서 이행된다. 매도인은 보험업자와 보험계약을 체결하고 보험료를 지급하여야 한다. 2020년에 제정된 운송비·보험료지급(CIP)조건은 최고수준의 보험조건으로 다시 말해 ICC(A)조건으로 적화보험을 들어야 한다. 그러나 운임·보험료포함인도(CIF)조건에서는 과거와 그대로 ICC(C)수준의 최저수준의 보험조건으로 보험을 들어야 한다.[31]

(3) 내용

- 인도 및 위험이전시기 : 물품을 인도장소로부터 또는 그 인도 장소에 합의된 인도지점이 있는 경우에는 그 지점에서 운송계약을 체결한 운송인에게 교부하거나 또는 그렇게 인도된 물품을 조달한 때
- 비용의 이전시기 : 수입국의 지정목적지 또는 지정목적지 내 합의지점까지 운송계약을 체결하고 운송비지급
- 위험의 이전시기와 비용의 이전시기가 다름
- 수출통관 : 매도인부담, 수입통관 : 매수인부담

- 매도인이 운송 중 물품의 손실 및 손상에 대한 매수인의 위험에 대하여 최대담보조건[ICC(A)]으로 보험 부보

5) 도착지인도조건(Delivered at Place: DAP)

(1) 의의

도착지인도(DAP)조건은 지정목적지 또는 지정목적지 내의 합의지점이 있는 경우에는 그 지점에서 양륙을 위해 준비된 도착운송수단상에서 물품을 매수인의 임의처분상태로 두거나, 또는 그렇게 인도된 물품을 조달한 때 매도인의 인도의무가 완료되는 것을 말한다. 지정목적지 또는 지정목적지 내의 합의지점이 있는 경우에는 그 지점에서 양륙을 위해 준비된 도착운송수단상에서 물품을 매수인의 임의처분상태로 두거나, 또는 그렇게 인도된 물품을 조달한 때 매도인의 인도의무가 완료되는 것을 말한다. 매도인은 지정목적지 또는 지정목적지 내의 합의지점까지 운송계약을 체결하거나 그러한 운송을 마련하여야 하고, 물품이 인도될 때까지 물품의 멸실 또는 손상의 위험을 부담한다.

(2) 특징

매도인은 지정목적지 또는 지정목적지 내의 합의지점까지 운송계약을 체결하거나 그러한 운송을 마련하여야 하고, 물품이 인도될 때까지 물품의 멸실 또는 손상의 위험을 부담한다.

(3) 내용

- 인도 및 위험이전시기 : 물품을 지정목적지에서 또는 그 지정목적지에 합의된 지점이 있는 경우 그 지점에서 양륙을 위해 도착된 매도인의 운송수단상에서 매수인의 임의 처분하에 두거나 또는 그렇게 인도된 물품을 조달한 때
- 비용의 이전시기 : 위험의 이전시기와 동일
- 수출통관 : 매도인부담 / 수입통관 : 매수인부담
- 매도인이 지정목적지 또는 지정목적지 내의 합의지점까지 운송계약을 체결하거나 그러한 운송을 마련하여야 함

6) 도착지양하인도조건(Delivered at Place Unloaded: DPU)

(1) 의의

도착지양하인도(DPU)조건에서는 매도인은 물품을 지정목적지(그 지정목적지에 합의된 지점이 있는 경우에는 그 지점)에서 '도착운송수단에서 양하하여(Unload the goods from the arriving means of transport)' 매수인의 처분하에 두거나 그렇게 인도된 물품을 조달함으로써 인도하여야 한다.32) 지정목적지 또는 지정목적지 내의 합의된 지점이 있는 경우 그 지점에서 도착된 운송수단으로부터 물품을 양륙한 후 매수인의 임의처분상태로 두거나 또는 그렇게 인도된 물품을 조달한 때 매도인의 인도의무가 완료된다.

(2) 특징
매도인은 지정목적지 또는 지정목적지 내의 합의된 지점까지 물품운송계약을 체결하거나 그러한 운송을 마련하여야 하며, 물품양륙에 따른 모든 위험과 비용을 부담한다. 매도인은 물품이 인도된 때까지 물품의 멸실 또는 손상의 모든 위험을 부담한다.33)

(3) 내용
- 인도 및 위험이전시기 : 물품을 지정목적지에서 또는 그 지정목적지에 합의된 지점이 있는 경우 그 지점에서 도착된 운송수단상으로부터 양륙하여 매수인의 임의처분하에 두거나 또는 그렇게 인도된 물품을 조달한 때
- 비용의 이전시기 : 위험의 이전시기와 동일
- 수출통관 : 매도인부담, 수입통관 : 매수인부담
- 매도인이 지정목적지 또는 지정목적지 내의 합의지점까지 운송계약을 체결하거나 그러한 운송을 마련하여야 함

7) 관세지급인도조건(Delivered Duty Piad: DDP)

(1) 의의
관세지급인도(DDP)조건은 매도인이 물품을 수입국의 지정된 목적지에서 수입통관된 상태로 매수인에게 인도하는 것을 의미한다. 매도인은 적용 가능한 경우에 목적국에서 수입을 위한 일체의 관세를 포함하여 그 곳까지 물품을 반입하는 관련된 모든 위험과 비용을 부담해야 하는 조건이다. 매도인이 지정목적지 또는 지정목적지 내의 합의지점이 있는 경우에는 그 지점에서 양륙을 위해 도착된 운송수단상에서 수입통관된 물품을 매수인의 임의처분 하에 두거나 또는 그렇게 인도된 물품을 조달한 때 매도인의 인도의무가 완료되는 것을 말한다. 매도인은 지정목적지 또는 지정목적지 내의 합의지점까지 운송계약을 체결하거나 그러한 운송을 마련하여야 한다. 매도인은 물품이 인도될 때까지 물품의 멸실 또는 손상의 모든 위험을 부담한다.

(2) 특징

관세지급인도(DDP)조건은 매도인이 수입국의 일정 지점에서 매수인의 임의처분하에 약정물품을 적치하는 때에 인도를 이행하는 도착지인도조건이다. 공장인도(EXW)조건이 매도인의 최소의무를 나타낸다면 관세지급인도(DDP) 조건은 매도인에 대한 최대 의무를 나타낸다. 관세지급인도(DDP) 조건은 매도인이 계약과 일치하는 물품을 매수인의 임의처분 하에 적치하여야 하는 의무를 가지므로 현실적 인도방식이다.

(3) 내용
- 인도 및 위험이전시기 : 물품을 지정목적지에서 또는 그 지정목적지에 합의된 지점이 있는 경우 그 지점에서 양륙을 위해 도착된 매도인의 운송수단상에서 매수인의 임의처분하에 두거나 또는 그렇게 인도된 물품을 조달한 때
- 비용의 이전시기 : 위험의 이전시기와 동일
- 수출통관, 수입통관 : 매수인부담
- 매도인이 지정목적지 또는 지정목적지 내의 합의지점까지 운송계약을 체결하거나 그러한 운송을 마련하여야 함

상거래·금융에 '스마트 계약' 실용화 머지않아
- 프로그래밍 코드 내포한 '계좌'와 데이터, 이더리움으로 거래
- 자본시장연구원 "안전서 등 문제도 많아... 당분간 기존거래와 병존"

　블록체인 기술을 활용한 스마트계약이 점차 상거래나 금융 분야에서 실용화될 것으로 전망된다. 본래 블록체인은 중개 수수료를 없애는 등 탈(脫)중앙화를 특징으로 하며, 오로지 노드(참여자 개념)의 승인을 받으면 된다. 이에 암호화폐의 일종인 이더리움이 거래 수단으로 접목되면서 일상생활에서의 스마트 계약이 가능하게 된 것이다. 즉 이더리움을 거래 수단으로 하면서, 프로그래밍 코드를 내포한 형태의 '계좌'와 데이터를 주고받을 수 있는 '거래'의 개념을 새롭게 도입함으로써 스마트계약의 실용화 가능성을 크게 높였다.

　최근 자본시장연구원은 따르면 이미 금융권의 경우는 블록체인 네트워크상에서 은행, 증권사 등 중앙화된 중개인을 거치지 않고 이뤄지는 탈중앙화 스마트계약이 실용화될 가능성이 커졌다. 만약 대출이나 자금입출금, 각종 금융상품 거래 등에서 스마트계약이 현실화되면, 이는 자연스레 일반 상거래로 확산될 가능성이 크다는 전망이다. 연구원은 "그렇게 되면 사전에 작성된 프로그래밍 코드가 기계적으로 계약을 검증하고 실행하기 때문에 별도의 중앙화된 중개인을 필요로 하지 않게 된다"면서 "이는 재화와 용역 거래에서 가장 큰 부담을 안기는 거래비용이나 수수료 등을 절감할 수 있어 커다란 산업적 시너지를 기대할 수 있을 것"이라고 내다봤다.

　연구원은 스마트계약에 대해 "프로그래밍 코드를 내포한 형태의 '계좌'와 데이터를 주고받을 수 있는 '거래'의 개념을 도입한 것"으로 정의하고 있다. 특히 그 기술이 날로 발전하고 있는 가운데, 세계 각국에선 금융을 중심으로 가파른 성장 추세를 보이고 있다는 설명이다.

　연구원에 따르면 탈중앙화에 의한 스마트계약은 블록체인 네트워크의 특징에 따라 언제 어디서든 누구나 간편하게 접근할 수 있다. "블록체인 네트워크 자체가 365일 24시간 쉬지 않고 운영되며 별도의 업무 종료 시각이 존재하지 않기 때문"이라는 이유다.

　일단 스마트계약은 거래 내용을 프로그래밍 코드로 작성하면, 블록체인 네트워크에 의해 계약과 결제 등이 이뤄진다. "물리적인 장치도 필요 없고 유지비용도 전혀 들지 않는다. 또한 공간, 시차, 언어, 규제, 자본금 등의 제약으로부터도 자유롭다"는게 연구원의 설명이다.

　이에 따르면 특히 앞으로 상거래 등에서 스마트계약을 활용할 경우 금융기관이나 각종 거래 중개자에게 지급하는 비용을 크게 절감할 수 있다. 거래 당사자들은 다만 블록체인 네트워크

Case Study

상에서 노드를 포함해 블록을 검증·생성하는 주체에게 네트워크 사용 대가를 지급하면 된다. 이 경우 비용은 기존의 은행 수수료 등에 비할 바 없이 소액이다.

연구원은 또 "스마트계약은 특히 오픈소스를 기반으로 하고 있어 개별 '디파이'(탈 중앙화된 금융거래 기관이나 주체들) 간 상호 연결과 조합이 자유롭다"면서 "그러나 기존 금융시스템에서는 금융회사 간 이해관계로 인하여 상호 협력이 잘 일어나지 않았으며 이에 따라 금융서비스 간 시너지가 매우 제한적이었다. 이에 비해 스마트계약은 프로그래밍 코드 및 저장 데이터가 투명하게 공개되어 있다"고 장점을 설명했다. 즉 별도의 동의를 구하지 않고도 다른 디파이의 프로그래밍 코드를 응용하여 사용할 수 있다는 것이다.

한편 스마트계약은 이더리움을 이용해 가능한 만큼, 이에 따른 문제점도 있다. 즉 암호화폐의 특성상 가격 변동이 심하고 안정성이나 보안의 문제도 적지 않다는 지적이다. 또 "사용자 보호 측면에서 매우 취약하며, 따라서 향후 각국의 규제로 인해 성장 속도가 위축될 가능성이 있다"면서 "기존 금융회사와 달리 고객센터가 없으므로 서비스를 이용하는 중 불합리한 결과가 예상치 못하게 발생하였더라도, 사용자가 이에 대해 민원을 제기하고 이를 무효로 하는 것이 거의 불가능하다"는 것이다.

연구원은 이런 이유로 "앞으로 스마트계약이 실용화되더라도, 상당 기간 기존 금융시스템과 공존하면서 일부 영역에서 사용자에게 새로운 옵션을 제공하는 정도의 제한적 역할에 그칠 것"이라면서 "중앙화된 중개인의 역할이 중요하지 않은 비교적 간단한 영역에서 시작하여, 향후 디지털화된 실물 자산으로 저변을 확장하고, 점차 자산운용 서비스로도 영역을 넓힐 것"이라고 전망하고 있다.

조민혁 기자 / 중소기업 투데이 / 2021.11.15 /
http://www.sbiztoday.kr/news/articleView.html?idxno=11518

학습문제

문제 1

무역계약에서 승낙에 대한 설명으로 옳지 않은 것은?(2021년도 국가공무원 7급 공채 제2차 필기시험)

① 피청약자가 청약의 조건들 가운데 일부분만을 승낙한 경우에는 계약이 성립되지 않는다.
② 영미법에서 승낙의 효력 발생시기는 대화자간이나 격지자간 모두 도달주의 원칙을 적용하고 있다.
③ 청약에 대해 피청약자가 적극적인 행위나 진술을 하지 않는 침묵에 의한 승낙은 원칙적으로 승낙으로 인정되지 않는다.
④ 승낙 방법이 지정되지 않은 경우에는 관습적으로 신속한 수단이나 청약 시에 이용한 방법으로 하는 것이 계약을 유효하게 성립시킬 수 있다.

문제 2

무역계약의 법적 성격에 대한 설명으로 옳지 않은 것은?(2020년도 국가공무원 7급 공채)

① 쌍무계약은 양 당사자가 동시에 채무를 부담하는 것으로 매매계약이 성립되면 매도인은 물품인도의무를 부담하고, 매수인은 대금지급의무를 부담한다.
② 낙성계약은 일방당사자의 청약에 대하여 상대방이 승낙함으로써 성립되는 계약으로 요물계약이라고도 한다.
③ 유상계약은 서로 대가관계에 있는 재산상 급부 등을 목적으로 이루어지는 계약으로서 무상계약과 대응되는 개념이다.
④ 불요식계약은 특별한 형식 없이 구두나 행위에 의하여도 의사의 합치만 확인되면 계약이 성립된다는 것이다.

Case Study

문제 3

무역계약의 품질조건에 대한 설명으로 잘못된 것은? (제49회 국제무역사)

① 곡물의 품질결정 시기와 관련하여 기본적으로 선적품질조건이지만 해상운송 중 발생한 해수, 습기 등에 의한 손해를 입은 경우 매도인이 책임지는 조건을 Tale Quale(TQ) 조건이라 한다.
② 품질조건을 약정하는 방법 중 선적품질조건은 약정된 물품이 선적시의 품질과 일치할 것을 조건으로 결정하는 방법이다.
③ 당해 생산물을 관장하는 공인기관의 판정에 의해 보통수준의 품질의 것을 인도하기로 약정하는 조건을 USQ라 한다.
④ 견본매매를 하는 경우 매도인의 입장에서 'Quality to be similar to sample'처럼 완곡한 표현을 사용하여 마켓 클레임을 예방하는 것이 필요하다.

문제 4

국제물품매매계약에 관한 UN협약(CISG)에 대한 내용으로 옳지 않은 것은?
(2022년 국가직 7급 공무원 기출)

① 계약적합성 판단시기와 관련하여 위험이전 시에 불일치가 존재하면, 불일치 사실이 위험이전 후에 발견된 경우라도 매도인은 책임을 진다.
② 대금지급은 당사자가 약속한 장소가 있으면 그 장소에서, 약속한 장소가 없는 경우에는 원칙적으로 매수인의 영업소에서 이루어져야 한다.
③ 매수인은 당해 사정에 비추어 실행 가능한 짧은 기간 내에 물품을 검사하거나 물품이 검사되도록 하여야 한다.
④ 상대방의 계약위반에 대한 통지의 경우 발신주의 원칙이 적용되어 통지가 지연되거나 도달하지 않는 경우에도 통지의무를 이행한 것으로 본다.

문제 5

Incoterms 2020에 대한 내용으로 옳지 않은 것은?(2021년도 국가공무원 7급 공채)

① DAP조건은 물품이 지정목적지에서 도착운송수단에 실어둔 채 양하준비된 상태로 매수인의 처분 하에 놓인 때 인도되는 조건이다.
② FCA조건에서 해상운송을 사용하는 경우에 본선 적재 표시된 선하증권이 필요하다면 매수인이 운송인에게 본선적재 선하증권을 발행할 것을 지시할 수 있도록 하는 선택적 방식을 규정하였다.
③ Incoterms 2020 규칙은 매도인과 매수인의 의무, 위험의 이전, 비용부담에 대해 규정하고 있으며, 매매계약의 존재 여부, 관세 부과에 대한 사항을 다루고 있다.
④ FCA, DAP, DPU, DDP조건에서 매도인 또는 매수인이 운송계약을 체결하거나 또는 자신의 운송수단에 의한 운송을 허용하였다.

문제 6

Incoterms 2020에 대한 내용으로 옳지 않은 것은?(2020년도 국가공무원 7급 공채)

① FCA 조건에서 운송인은 철도, 도로, 항공, 내수로 또는 이들의 복합방식에 의한 운송을 이행하거나 또는 그 이행을 조달하기로 약정하는 자를 말하며 운송인 또는 운송대리인을 포함한다.
② DPU 조건에서 물품이 매도인에 의해 지정목적지에서 도착운송수단에 실린 채 양하 준비된 상태로 매수인의 처분하에 놓이는 때에 인도한 것으로 본다.
③ FAS 조건에서 매도인은 물품을 선측에 인도하거나 이미 선적을 위하여 그렇게 인도된 물품을 조달하여야 한다.
④ CIP 조건에서 매도인은 협회적하약관의 A약관이나 그와 유사한 약관에 따른 광범위한 담보조건으로 부보할 의무가 있으나, 당사자들은 더 낮은 수준의 담보조건으로 부보하기로 합의할 수 있다.

Case Study

문제 7

국제물품매매계약에 관한 UN협약(UN Convention on Contracts for the International Sale of Goods: CISG)의 제25조에 대한 다음 물음에 답하시오.(2022년도 39회 관세사 시험 기출)

Q 본질적 위반의 정의와 요건을 쓰고, 본질적 위반이 계약에 미치는 효과를 6가지만 쓰시오.

문제 8

Incoterms® 2020에 관한 다음 물음에 답하시오.(2023년도 40회 관세사 시험 기출)

Q. Introduction(소개문)에서 제시되어 있는 (1) 'Incoterms® 2020 규칙 내 조항의 내부적 순서(소개문53)' 중에서 "A1/B1~A5/B5 조항의 명칭"을 국문과 영문으로 쓰고, (2) "Incoterms® 2020 규칙에서 변경한 사항(소개문 62)"을 5가지만 쓰시오.

문제 9

Incoterms® 2020의 CIF 규칙에서 복수의 운송인이 존재하는 경우에 관한 다음 물음에 답하시오.(2021년도 38회 관세사 시험 기출)

Q1 당사자 간에 선적항에 대한 합의가 있는 경우 (1) 복수의 운송인이 존재하는 운송 구간 및 (2) 위험이전시기에 관하여 설명하시오.

Q2 당사자 간에 선적항에 대한 합의가 없는 경우 (1) 복수의 운송인이 존재하는 운송구간, (2) 위험이전시기 및 (3) 위험부담시점의 연장방법에 관하여 설명하시오.

※ 해설은 부록에 기재됨.

참고문헌

1) 김상만, 『무역계약론』, 서울 : 박영사, 2013.

2) 김학민, 황윤섭, 이예림, 배경원, 김현철, 「취업연계형 FTA 실무과정 참고교재. 1권」, KOTRA, 2020.

3) 김학민, 황윤섭, 이예림, 배경원, 김현철, 「고용계약형 FTA 실무과정 참고교재」, KOTRA, 2019.

4) 이기영, 「이기영 관세사의 관세사 칼럼-분쟁해결조건을 위한 계약조항」, 『법률저널』, 2016.

5) 한국무역협회, 「무역계약 일반」, KITA.NET, 2015.

6) 한국무역협회, 「무역계약서」, KITA.NET, 2008.

7) loadlumin, 「수출입(무역)계약의 일반적인 절차, 4차산업혁명 지식서비스」, 2018.

8) 한국무역협회, 「무역실무매뉴얼」, 2022.

9) 이기영, 「관세사시험, 형태별 무역계약의 종류」, 『법률저널』, 2016.

10) 오원석, 한기문, 「수출금융에 있어서 채권양도계약의 준거법에 대한 소고」, 『무역상무연구』, 제49권, 2011, 89-109pp.

11) 김상만, 「CLOUT 판례 분석을 통한 CISG의 적용요건으로서의 국제성(Internationality)에 대한 고찰」, 『아주법학』, 제6권, 제1호, 2012, 603-638pp.

12) Garg, R., 「Ethereum based Smart Contracts for Trade and Finance」, 『International Journal of Economics and Management Engineering』, Vol.16, No.11, 2022, 619-629pp.

13) Bikse, V., Grinevica, L., Rivza, B., Rivza, P., 「Consequences and Challenges of the Fourth Industrial Revolution and the Impact on the development of Employ ability Skills」, 『Sustainability』, Vol.14, No.12, 2022. 6970.

14) Datta, P., 「The promise and challenges of the fourth industrial revolution(4IR)」, 『Journal of Information Technology Teaching Cases』, 제13권, 제1호, 2023, 2-15pp.

15) Anshari, M., Syafrudin, M., Fitriyani, N. L., 「Fourth industrial revolution between knowledge management and digital humanities」, 『Information』, Vol.13, No.6, 2022, 292.

16) Raghunathan, P., Shibu, S., & Rekha, P., 「Design of blockchain DApps to simplify GST and letter of credit processes in deregulated financial services」, 『In 2022 2nd Asian Conference on Innovation in Technology(ASIANCON), Pune, India』, 2022, 1-6pp.

17) Giancaspro, M., 「Is a 'smart contract' really a smart idea Insights from a legal perspective」, 『Computer Law & Security Review』, Vol.33, No.6, 2017, 825-835pp.

18) Khan, S. N., Loukil, F., Ghedira-Guegan, C., Benkhelifa, E., Bani-Hani, A., 「Blockchain smart contracts : Applications, challenges, and future trends.Peer-to-peer Networking and Applications, 14(2021). 2901-2925pp.

19) Taherdoost, H., 「Smart Contracts in Blockchain Technology : A Critical Review」, 『Information』, Vol.14, No.2, 2023, 1-19pp.

20) Toorajipour, R., Oghazi, P., Sohrabpour, V., Patel, P. C., & Mostaghel, R., 「Block by block : A blockchain-based peer-to-peer business transaction for international trade」, 『Technological Forecasting and Social Change』, 제180권, 2022, 1-10pp.

21) Fauziah, Z., Latifah, H., Omar, X., Khoirunisa, A., Millah, S., 「Application of blockchain technology in smart contracts : A systematic literature review」, 『Aptisi Transactions on Technopreneurship(ATT)』, Vol.2, No.2, 2020, 160-166pp.

22) Sklaroff, J. M., 「Smart contracts and the cost of inflexibility」, 『University of Pennsylvania Law Review』, Vol.166, No.1, 2017, 263-303pp.

23) Law, A., 『Smart contracts and their application in supply chain management』, Doctoral dissertation, Massachusetts Institute of Technology, 2017.

24) Blaszczyk, M., 「Smart contracts, lex cryptographia, and transnational contract theory」, 『Georgetown University, Law Center』, 2023, 1-50pp.

25) Al-Amaren, E. M., Ismail, C. T. B. M., Nor, M. Z. B. M., 「The blockchain revolution : A gamechanging in letter of credit(L/C)」, 『International Journal of Advanced Science and Technology』, Vol.29, No.3, 2020, 6052-6058pp.

26) 이동준, 「우리나라 수출업체의 수출대금 결제유형 선택에 관한 연구 : 4IR 시대의 환경적 특성 적용」, 『중앙대학교 대학원 박사학위논문』, 2023.

27) 김창봉, 정경욱, 「물류 4.0 시대에서 물류효율성 증대를 위한 인코텀즈 상 정형거래조건의 탄력적 운용방안 연구」, 『무역학회지』, 2022, 제47권, 제4호, 69-88pp.

28) 이원준, 『국제물품매매계약에서의 위험이전에 관한 연구』, 배재대학교 대학원, 2021.

29) KOTRA 통상지원팀, 「FTA해외활용지원센터 우수사례집 2020」, KOTRA, 2021, 1-187pp.

30) 이원정, 「CIP 조건의 국제물품매매계약에서 항공화물에 대한 피보험이익-대법원 2018.3. 15. 선고 2017 다 240496 판결을 중심으로」, 『한국해법학회지』, 제42권, 제2호, 2020, 327-359pp.

31) 박종석, 「영국물품매매법에서 매매계약에 관한 사례연구」, 『지역사회 현안과 담론』, 제18권, 2019, 105-117pp.

32) 김상만, 「인코텀즈 2020(Incoterms® 2020) 주요 개정 내용과 시사점」, 『법학논고』, 2019, 259-287pp.

33) 궁문초, 박석재, 왕문하, 「인코텀즈 2020 의 중국 내 적용에 관한 연구」, 『무역상무연구』, 제91권, 2021, 25-42pp.

제6장
국제무역결제의 이해

New Principles of
International Trade
of the 4th Industrial
Revolution

학습목표
1. 신용장의 의의 및 신용장의 당사자와 종류에 대해서 설명한다.
2. 신용장의 특성을 이해한다
3. 신용장의 거래절차와 효용성에 대해 확인한다.
4. 신용장에서 요구하는 선하증권을 이해한다.
5. 신용장 통일규칙(UCP 600)과 e-UCP 600을 이해한다.
6. 무신용장 방식인 송금방식, 추심방식, 팩터링과 포페이팅 방식의 차이점을 설명한다.
7. 송금방식의 종류를 파악한다.
8. 추심방식의 지급도조건과 인수도조건의 차이점을 알고 거래절차를 설명한다.
9. 블록체인 기반 무역결제 프로세스 적용에 따른 영향과 기대효과를 설명한다.

Contents
Introduction : 무역금융 리스크, 블록체인 기술로 해소한다
제1절 신용장 결제방식의 이해와 적용
제2절 송금, 추심, 팩토링, 포페이팅 결제의 이해와 적용
제3절 블록체인 기반 무역결제의 적용과 확산
Case Study : 맞춤형 성장 전략으로 글로벌 성장 가속화 나선 우리은행

Introduction

무역금융 리스크, 블록체인 기술로 해소한다

○ **정보 투명성·비가역적 저장 통해 대금 지불 소요 시간 대폭 단축 가능**

블록체인 기술은 더 이상 스타트업이나 핀테크 사기업의 전유물이 아니다. 이미 기성 금융기관들도 이 기술을 활용해 기존 서비스 프로세스를 혁신하고 있기 때문이다. 금융기관 중 가장 보수적이라 할 수 있는 은행조차도 블록체인 기술을 적극 도입하고 있다. 그중 하나가 바로 무역금융이다. 광의의 무역금융은 수출입 거래 시 수출자(판매자)와 수입자(구매자) 간의 상거래에 필요한 자금을 융통하는 활동 일체를 말한다.

그러나 통상적으로 사용되는 협의의 무역금융은 수출자와 수입자 간의 대금지급을 지원하는 금융서비스다. 이 협의의 무역금융은 국경을 넘어 여러 금융기관(주로 은행)들과 수출입 관계자들이 수많은 관련 서류들을 주고받으면서 이뤄진다. 그렇기 때문에 리스크가 크고, 거래 종결까지 오랜 시간이 걸리며, 그 과정도 매우 복잡하다. 은행들은 이러한 문제를 해결하기 위해 블록체인 기술을 적용하고 있다. 블록체인이 제공하는 투명성과 정보의 비가역적 저장을 통해 무역금융의 리스크를 해소하고, 거래에 소요되는 시간을 줄이는 것이다. 실제로 SC(Standard Chartered)의 경우 기존 5~6일 이상 걸리던 신용장 거래 시간을 블록체인을 도입해 24시간으로 단축시키기도 했다. 외국의 선진 은행들은 이미 블록체인을 활용해 무역금융 시스템을 혁신해 나가면서 은행 간 컨소시엄을 구성해 사업 실적을 쌓아 올리고 있다. 반면 국내 은행들은 여전히 걸음마 단계에 머물러 있다. 각 은행들이 나름의 플랫폼을 구축했지만, 이를 통한 거래 실적은 전무한 상황이다.

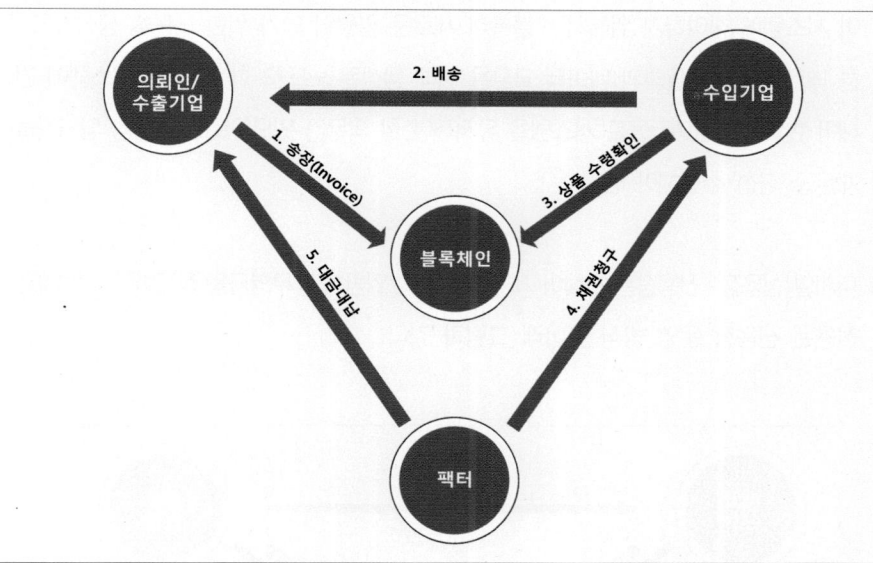

　　　　　　　📷 블록체인 활용한 팩토링 거래 흐름

　　　더 나아가 많은 플랫폼들(Waves, Universa, Rootstock, Codius, Agrello, Symbiont, BitShares, Eximchain, Imandra Contracts, AntShares 등)은 사용자가 특별한 기술적인 지식이 없어도 스마트 컨트랙트를 체결하고, 분산형 저장소에 데이터를 저장할 수 있도록 지원한다.

　　　블록체인 기술 적용이 유망한 무역금융 분야는 팩토링(Factoring)과 신용장(LC) 거래이며, 각 영역에서 블록체인이 활용되는 방식은 다음과 같다.

1) 팩토링 : 수출기업, 수입기업, 팩토링 업체(Factor) 같의 문서 교환에 블록체인의 스마트 컨트랙트를 적용할 수 있다.
　① 송장 처리
　　- 사전 합의된 양식대로 입력된 회계문서, 송장 등을 활용해 각 배송 건별 해시 생성
　② 상품수령 확인
　　- 상품 수령 문서의 내용(결제통화, 금액, 문서 게시일자)과 해시를 대조해 일치 여부 확인
　③ 팩토링 거래 완료
　　- 팩터가 블록체인에서 배송 완료 여부를 확인한 후 판매자에게 대금 지불

이 시스템에 참여하기 위해서는 블록체 새로운 일원이 되기 위한 노드를 생성하고, 다른 네트워크 멤버들과의 데이터 교환을 위해 생성된 노드를 회사의 정보시스템에 연결해야 한다. 또 참여자들은 시스템을 유지해야 할 의무가 있으므로 무역금융 당사자들이 채굴을 직접 수행해야 한다.

2) 디지털 신용장 : 신용장은 은행이 제공하는 가장 일반적인 무역금융 상품이다. 블록체인이 적용된 신용장 운영 방식은 아래 그림과 같다.

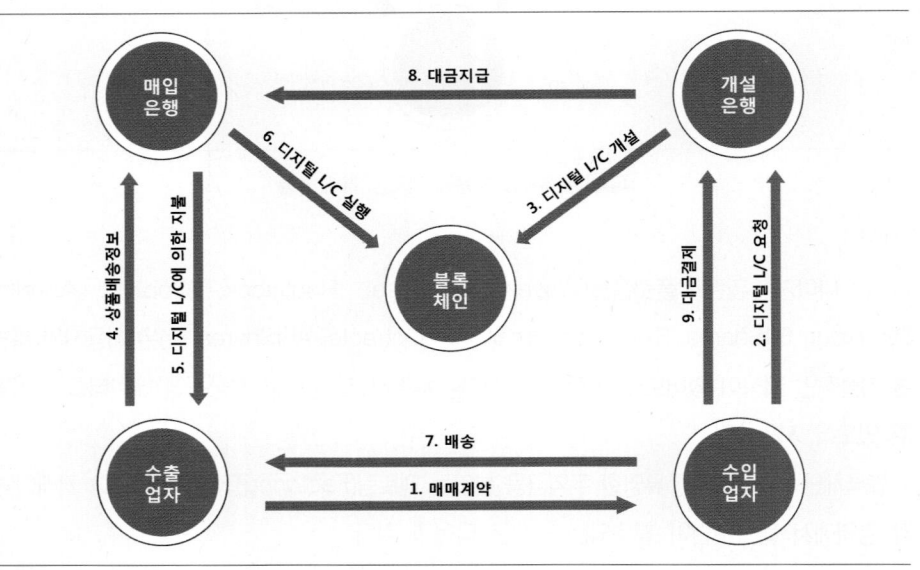

블록체인 활용한 LC 거래 흐름

① 디지털 LC 개설 신청
  - 수입기업이 자산의 거래 은행(발급 은행)에 디지털 LC 개설을 신청
  - 신청 시 수출기업에 대한 상세정보 및 계약 조건(기간, 물량 등)을 발급 은행에 제공
② 디지털 LC 기설
  - 발급 은행이 LC 발급 정보를 블록에 저장
  - 저장된 정보는 거래 관계자(수입기업, 수출기업, 발급 은행, 매입 은행)에 공개

③ 디지털 LC 실행
- 수출기업이 자신의 거래 은행(매입 은행)에 배송 문서(송장 등) 제출
- 매입 은행은 수출기업에게 판매 대금을 선 지급하고, 지급 정보를 블록에 저장
- 발급 은행이 매입 은행에 대금을 지불하고 수입기업에게 해당 금액을 청구

○ **노드 참여자 늘리고 중재기구 구성해야**

저자들은 블록체인 기반 무역금융 시스템의 추가적인 개선 사항으로 다음의 세 가지를 제안한다.

첫째, 블록체인 네트워크의 참여자 수를 늘려야 한다. 블록체인이 독립적인 참여자의 수가 충분이 높아져야 51%의 공격(50% 이상 연산 능력을 가진 소수 참여자들이 나머지 참여자들의 승인 없이 블록을 생성하는 것)을 방어할 수 있다.

둘째, 법정통화 또는 법정통화에 연동되는 디지털 통화로 거래할 수 있는 기능을 추가해야 한다. 블록체인의 스마트 컨트랙트 내에 결제 기능이 추가되면 결제 자체를 자동화할 수 있다. 결제가 자동화되면 블록체인 기반 무역금융은 현재보다 단순한 거래 흐름을 가지고, 결제 리드타임 또한 단축될 것이다.

셋째, 플랫폼 내에 중재기구가 설치돼 대부분의 분쟁이 법원 개입 없이 해소돼야 한다. 스마트 컨트랙트가 인적 개입 없는 계약의 작동을 가능하게 하더라도 그 실행 논리가 불명확한 지점에서 분쟁이 발생할 수 있다. 이때 발생한 분쟁을 블록체인 플랫폼 내에서 해소할 수 있어야 블록체인의 장점인 분권화, 자동화를 완성할 수 있다.

데이터넷 / 2022. 11. 20. /
https://www.datanet.co.kr/news/articleView.html?idxno=178507

제6장 국제무역결제의 이해

제1절 신용장결제방식의 이해와 적용

1. 신용장의 정의 및 거래당사자

1) 신용장 정의

신용장은 수입업자의 요청에 따라 수입업자의 거래은행이 수출업자 앞으로 발행하는 문서를 말한다. 신용장이란 단어는 이 문서를 지칭할 때 사용되는 용어이기도 하지만 이 문서를 통한 거래방식이나 결제방식 자체를 의미하기도 한다. 신용장 결제방식은 수입상의 거래은행이 수입상을 대신하여 수입대금을 지급할 것을 수출상에게 약속하는 것을 의미한다. 신용장 조건으로 수출입업자들이 서로의 거래이행을 약속하는 경우 수출상은 명시된 사항을 충실하게 이행하고 증거서류를 제시한다. 결국 신용장은 수출상의 대금회수 불안과 수입상의 물품회수 불능의 위험을 해결하기 위해 이용되고 있는 결제방식이다.[1] 화환신용장제도는 운송물품에 대한 권리증권(Document of title)을 물적담보로 은행에 제공하여 수출상은 대금을 할인하여 자금에 충당할 수 있고, 은행은 만일의 대금상환 불능 시 담보물처분권을 행사하여 어음변제에 충당할 수 있는 강점이 있다. 한편, 원활한 신용장 거래를 위하여 민간단체인 국제상업회의소(International Chamber of Commerce: ICC)는 신용장통일규칙(Uniform Customs and Practice for Documentary Credits: UCP)을 제정하여 Incoterms와 더불어 실무계에서 가장 널리 사용되고 있다.[2] 해당 규칙은 국제상업회의소가 1933년 제정하였고 현재 사용되고 있는 것은 제6차 신용장통일규칙(UCP 600)이다.[3]

2) 신용장 거래의 주요 당사자

① 개설의뢰인/수입업자(Applicant) : 신용장의 개설을 의뢰(신청)하는 수입업자를 Applicant라고 한다. 상품매매계약에 따라 수출업자에게 신용장을 발행해 주어야 할 의무가 있는 Importer(수입상) 또는 Buyer(구매자)를 말하며, 환어음의 지급인으로서 Drawee, 대금지급의무자로서 Accountee, 화물의 수하인으로서 Consignee, 신용공여자로서 Accreditor라고 한다.

② 수익자/수출업자(Beneficiary) : 신용장 개설을 통해 이익을 받는 당사자를 의미하고 발행신청인의 반대개념으로 Exporter, Seller, Drawer, Accounter, Consignor, Accreditee 라고도 한다. 이는 신용장에 의해 수혜를 받을 권리가 있는 자로서 신용장이 지정하고 있는 자를 의미하여 수익자로서의 권리는 신용장에 기재된 서류를 제시함으로써 가능하다[신용장통일규칙(UCP 600) 제2조

제4호].

③ 개설은행(Issuing bank) : 발행의뢰인의 의뢰에 따라 신용장을 발행하는 은행이며 개설은행(Opening bank 혹은 Establishing bank)라고도 한다. 신용장 거래에서 발행은행이 가장 중요한 역할을 하기 때문에 발행의뢰인은 자기의 거래은행 중에서도 국제적으로 신용도가 높거나 외국환거래 경험이 풍부한 지점이나 환거래은행을 선정하게 된다.

④ 확인은행(Confirming bank) : 신용장 개설은행이 수출국에 환거래 취급은행이 없거나 그 신용상태를 수출업자가 믿기 어려울 때 수출국에 있는 유명한 은행이 수입업자 또는 개설은행의 요청으로 그 신용장을 확인하여 보증해 주는 확인은행이라 한다. 또한, 확인은행은 신용장 발행은행의 대외적 신용도가 낮거나 수입국의 대외지급 제한 가능성 등에 대비하여 수출자의 요청에 따라 신용장에 발행은행과 별도의 지급 확약을 추가하는 은행, 수출상 입장에서는 두 은행으로부터 각기 독자적인 지급확약을 받게 된다.

⑤ 통지은행(Advising bank) : 우선 신용장의 통지(Advice)란 신용장을 발행한 은행(발행은행)이 신용장의 발행내용을 신용장의 수익자(Beneficiary)에게 알리는 것을 말한다. 개설은행의 요청에 따라 신용장을 수익자(수출업자)에게 통지하는 은행을 의미하며 수출국에 있는 개설은행의 환거래 은행으로서 즉, 수익자 소재지에 있는 신용장 발행은행이 본점 및 지점이나 환거래 계약 체결 은행(Correspondent Bank)으로서 신용장을 수익자에게 단순히 통지해 주는 역할을 한다[신용장통일규칙(UCP 600) 제2조 제1호].

⑥ 매입은행(Negotiating bank) : 수익자(수출업자)가 신용장 조건과 일치하는 선적서류를 제시할 경우 이를 매입하고 수출대금을 지급하는 은행을 의미한다. 제3자가 지급인인 어음 또는 수표에 대한 권리를 취득한 은행을 말한다. 신용장 거래에서는 신용장의 한 형태인 매입신용장에 의해서 수익자가 발행한 환어음 및 운송서류를 매입하는 은행을 말한다. 일반적으로는 지급신용장의 지급은행, 인수신용장의 인수은행을 포함하는 말로서 사용된다[신용장통일규칙(UCP 600) 제2조제11호].

⑦ 지정은행(Nominated bank) : 신용장에 매입은행이 지정되어 있지 않아서 수익자가 매입을 의뢰하는 은행을 뜻하며 지급, 연지급, 인수, 매입에 따른 각종 수수료를 취득할 수 있을 뿐만 아니라 수익자와 금융거래를 창설하는 계기가 될 수 있다.

⑧ 상환은행(Reimbursing bank) : 개설은행으로부터 위임받아 매입은행으로부터의 상환청구에 응해 개설은행을 대신하여 대금상환을 하는 은행이다. 대개 개설은행의 예치환거래 혹은 해외지점이며 통상 통지은행이 이를 겸한다. 특히, 상환은행은 발행은행의 지시에 따라 신용장대금을 매입은행에 지급하는 은행을 의미하기도 하는데 대금을 결제한다는 의미에서 Settling bank(결제은행), 환어음에 대하여 지급을 하는 은행이라는 점에서 Drawee bank(어음지급은행)이라고도 한다.[4]

⑨ 양도은행(Transferring bank) : 제1수익자의 의뢰를 받아 제2수익자에게 신용장의 양도통지를 행하는 은행이다. 지정은행 혹은 매입은행만이 이를 이행할 수 있으며 일반적으로 통지은행이 해당 역할을 겸한다.

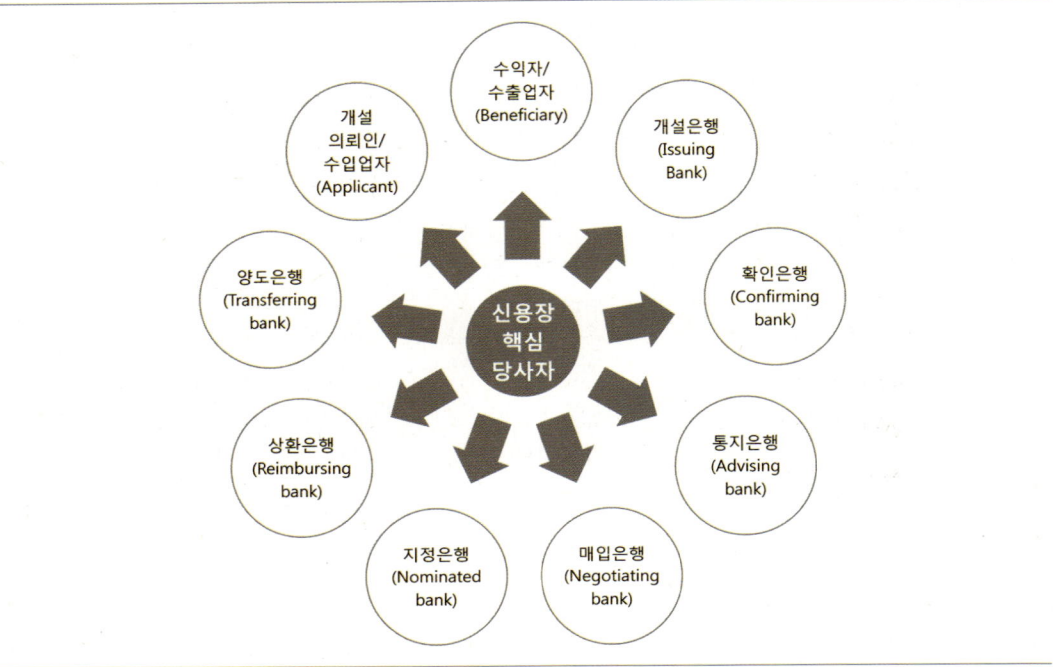

블록체인 활용한 LC 거래 흐름신용장(L/C) 핵심 당사자

2. 신용장 특성 및 거래 과정

1) 신용장(Letter of Credit)의 주요 특성

① 독립성의 원칙(Independence principle of the credit) : 신용장은 국제매매계약에 의해 개설 또는 발행되지만 신용장이 일단 발행되면 매매계약내용과 상관없이 별개의 법률관계가 형성된다. 예를 들어 매매계약과 다른 물품과 수량이 선적되었다고 하더라도 수익자가 제시한 서류가 신용장과 일치하면 대금지급에 영향을 받지 않는다는 것이다.[5]

② 추상성의 원칙(Abstraction principle of the credit) : 수익자가 인도한 물품이 매매계약과 일치하는지의 여부와 상관없이 은행은 신용장에서 요구하는 서류만을 가지고 대금지급여부를 판단한다는 원칙이다.

③ 엄밀일치의 원칙(Doctrine of strict compliance) : 추상성의 원칙에 따르면 신용장거래는 물품거래가 아니라 서류거래이므로 서류만으로 대금지급여부를 결정하게 된다. 따라서 은행이 신용장조건에 엄밀히 일치하지 않는 서류를 거절할 수 있는 권리를 가진다는 엄밀일치의 원칙이며 제시한 서류가 조건과 일치하는가 여부에 관한 심사는 오로지 서류 문면상의 일치여부를 기준으로 한다.

④ 상당일치의 원칙(Doctrine of substantial compliance) : 상당일치의 원칙은 엄밀일치의 원칙을 완화한 것으로서 수익자가 제시한 서류가 신용장조건과 형식적으로 불일치가 있더라도 실질적인 의미에서 신용장조건과 일치하는 경우 은행이 대금지급을 거절할 수 없다는 원칙이다. 예를 들어 신용장에 선적항을 Busan가 아니라 Pusan이라고 표기하였다고 하더라도 서류의 불일치로 간주하지 않는다는 것이다.

⑤ 사기거래의 원칙(Fraud rule) : 신용장거래의 원칙인 독립성의 원칙, 추상성의 원칙이 적용되지 않는 원칙으로서 개설은행이나 개설의뢰인이 서류가 위조된 사실을 입증하면 대금지급을 거절할 수 있다는 원칙이다.6) 다시 말해서 수익자가 제시한 서류가 신용장 조건과 일치하더라도 그것이 위조 또는 사기로 작성된 것이 입증되면 은행은 이를 수리할 의무가 없다.

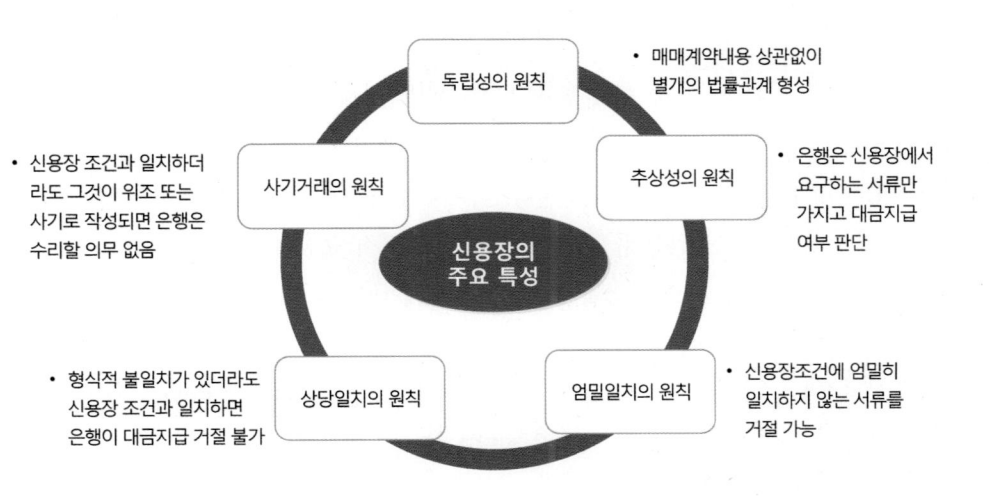

블록체인 활용한 LC 거래 흐름신용장의 주요 특성

3. 신용장의 거래절차

신용장의 거래절차는 가장 보편화된 매입신용장을 예로 들어 계약 체결부터 대금 회수 종료까지의 절차를 확인해보도록 한다.

① 매매계약의 체결 : 매매계약을 체결할 때 지급조건을 신용장으로 약정하는데 수출입상이 무역계약을 체결하면서 결제조건은 L/C로 할 것을 합의하는 단계이다.
② 신용장 개설의뢰 : 수입상은 자신의 거래은행에 신용장의 개설을 의뢰한다. 이때 수입상은 개설의뢰인, 거래은행은 개설은행(혹은 발행은행)이 된다.
③ 통지은행에 신용장송부 : 개설은행은 개설된 신용장을 수익자가 소재한 환거래은행 즉, 통지은행에 발송한다. 즉, 신용장 개설을 의뢰받은 개설은행(Issuing Bank)은 수입상의 지시에 따라 수출상(수익자) 앞으로 신용장을 개설한 다음 수출상이 소재하고 있는 외국의 환거래은행(통지은행)에 신용장을 송부해 수출상에게 신용장 내도(도착)를 통지한다.
④ 수익자에 신용장개설통지 : 통지은행은 신용장의 외관상 진정성을 확인해 수익자에게 신용장개설을 통지한다.
⑤ 계약 확인 및 물품제조 : 신용장개설통지를 받은 수출상은 물품을 생산 또는 집하하여 선적한다. 해당 과정에서 신용장을 수취한 수출상은 그 신용장 조건이 매매계약조건과 일치하는지 확인하고, 계약 조건에 해당하는 물품을 제조하며, 필요시 협력업체에 물품을 조달 또는 구매한다.
⑥ 수출신고물품 등의 제조 등 수출 준비가 완료되면, 관세청에 수출신고를 한다.
⑦ 물품선적 : 수출신고 수리가 되면 수출상은 물품을 선적하고, 운송인에게 운송증권(해상운송의 경우 Bill of Lading: B/L)을 발급받는다. 여기서 선하증권(B/L)은 운송계약 체결의 증거이고, 화물수취증이며, 권리증권성이 있는 해상운송의 대표적 운송서류를 의미한다.
⑧ 수출보험 부보 : 경우에 따라 수출상은 수출화물에 대한 보험에 부보(보험 가입) 한다.
⑨ 수출물품의 선적이 완료되면 수출업자는 신용장에 기재되어 있는 서류를 모두 구비하여 환어음 및 상업송장을 발행한다. 그리고 수출업자는 환어음 등을 자신의 거래은행에 제시하고 매입신청(서류심사 의뢰)을 하는데 이는 실무상 NEGO한다고 말한다.
⑩ 매입은행은 환어음 및 제시한 서류의 서류심사 후 신용장의 요건에 부합하는 경우 수출상에게 환어음 대금을 지급한다.
⑪ 매입은행은 수출상에게 지급한 환어음 대금을 결제 받기 위해 개설은행에 환어음 및 서류를 송부하고, 개설은행은 서류심사 후 신용장 조건과 일치 시 대금을 지급한다.

⑫ 개설은행은 매입은행으로부터 수취한 운송서류와 환어음의 도착을 수입상에게 통지하고, 수입상은 서류와 상환으로 대금을 결제하고 운송서류를 인도받는다.(이때 운송서류는 B/L 선하증권)

⑬ 서류를 받은 수입상은 운송인에게 화물 도착 통지를 받고 선적서류(=운송서류)와 상환으로 화물을 수령한다.

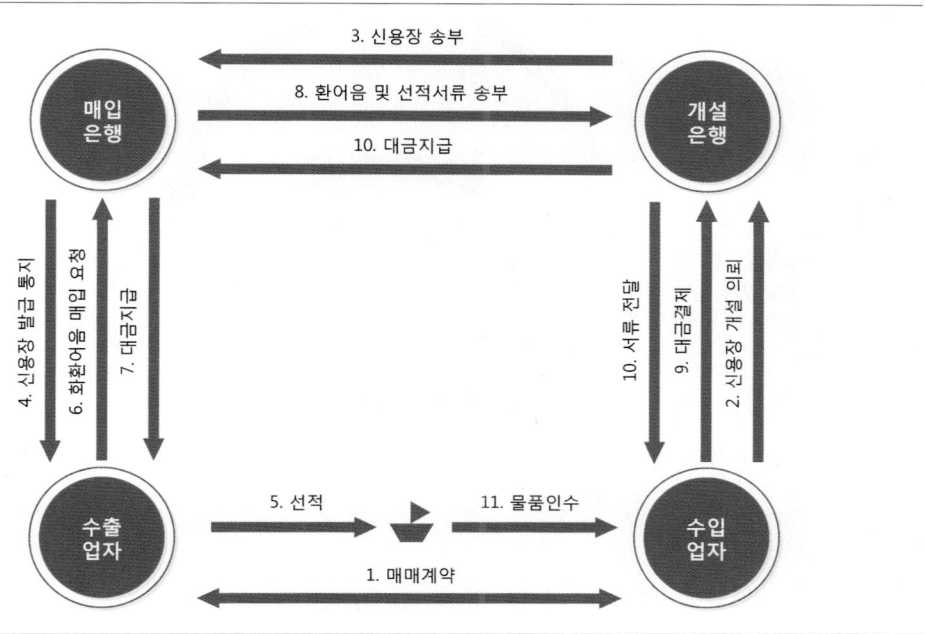

블록체인 활용한 LC 거래 흐름신용장의 거래절차

4. 신용장의 효용성

한번 발행된 신용장은 관련 당사자 전원의 동의없이 수입업체가 임의로 취소할 수 없기 때문에 신용장이 발행되면 수출업자는 안심하고 선적할 수 있다. 서류를 은행에 제시함으로써 수출대금을 즉시 회수할 수도 있으며 "한국은행 총액한도 대출관련 무역금융 취급세칙"에 의거해 금융지원을 받을 수 있다.7) 물품의 대금은 상품 선적 이후에 이뤄지며 특히 기한부 신용장일 경우에는 수입상품의 판매대전으로 결제할 수 있는 이점이 있다. 특히 수출업자는 신용장에서 요구하고 있는 제반 조건대로 선적하지 않으면 수출대전을 못 받지만 수입업자는 계약조건대로 상품이 선적될 것이라는 확신을 가질 수 있다. 신용장 거래에서 신용장 조건에 일치하는 서류를 매입하기 때문에 수출국 소재의 매입은행들로서는 발행은행으로부터의 지급이 보장되어지므로 대금회수 불확실성을 제거할 수 있다. 한편, 매입은행은 수출상이 발행하는 환어음의 선의의 소지인(Bona fide holder)으로서 그 어음이 지급거절 혹은 인수거절된 때에는 최초 발행인인 수출상에게 소구권을 행사할 수 있다.[8]

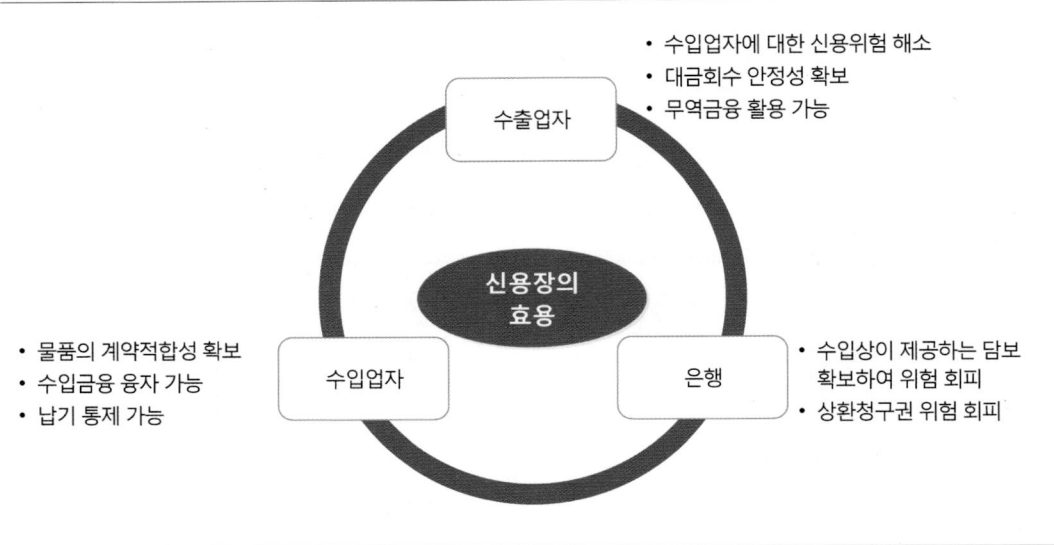

블록체인 활용한 LC 거래 흐름신용장의 효용

5. 신용장에서 요구하는 선하증권(B/L)

신용장에서 선하증권을 요구하는 통상적인 문구는 다음과 같다.

Full set of clean on board ocean bills of lading (dated not later than August 31, 2022) made out to order (or of Shinhan Bank) and blank endorsed, and marked 'freight pre-paid' (or collect) and notify 'accountee'.

① Full set of B/L : 선하증권은 통상적으로 3통(Original, Duplicate, Triplicate)의 원본을 발행하며 모두가 동일한 효력이 있다. 따라서 정본 1통으로 화물을 처분할 수 있으므로 네고은행은 선하증권 3통이 모두 첨부된 환어음을 매입한다.[9]

② Clean B/L : 온전한 상태로 화물이 선적되었음을 입증하기 위한 무사고 선하증권 제출을 요구하는 것이다. 선적이 온전하게 이루어지지 않은 경우 사고부 선하증권(Dirty or foul B/L)이 발행되며 은행은 이를 수리하지 않는다.

③ On Board B/L : 본선 적재를 확인하기 위하여 선적필 선하증권을 요구하는 것이다. 컨테이너선은 수취식 선하증권(Received B/L)을 발행하므로 선하증권에 선적부기(On board notation)를 하여 선적필 선하증권으로 제출이 요구된다.[10]

④ Ocean B/L : 해상운송임을 확인하기 위하여 해상선하증권을 요구하는 것이다. 흔히 선하증권은 해상운송 외에 다른 운송에서도 사용된다. 특히, 복합운송증권의 경우에는 해상선하증권을 요구하는 은행이 지급을 거절할 수 있으므로 유의하여야 한다.

⑤ Dated not later than August 31, 2022 : 통상적으로 신용장에 선적 일자가 명기되지만 해당일 이전에 선적이 요구된다는 것을 의미하며 선하증권 상에 2022년 8월 31일 이전의 날짜가 기재되어 있지 않으면 신용장을 네고 하지 않는다는 의미이다.

⑥ Made out to order : 선사가 목적지에서 누구에게 화물을 인도하는지 제시하는 지시식 선하증권으로 기재된 대상의 지시에 따라 선사는 화물을 인도한다. 이때 'to order'로 기재된 경우에는 선사는 선하증권을 소지한 누군가에게 화물을 인도하며 'to order of Shinhan Bank'로 기재된 경우에는 신한은행이 지정한 자에게 화물을 인도한다.

⑦ Blank endorsed : 선하증권을 백지백서하여 은행에 제시하라는 뜻으로 백지백서 신용장은 선하증권에 양수인을 기재하지 않기 때문에 은행은 이를 통해 자유롭게 화물을 지배할 수 있다.

⑧ Marked freight prepaid(or collect) : 선하증권 상 운임지불필을 제시하라는 의미이다. 통상적으로 정형거래조건 상의 CIF 조건에서는 'Freight prepaid'로 FOB 조건에서는 'Freight collect'로 표기하여 선하증권을 발행한다.

⑨ Notify Accountee : 환어음에 대한 지급인(Accountee)인 수입상의 상호 및 주소를 기재를 요구하는 것이다. 복수의 통지처가 있는 경우에는 'Also Notify Party'로 기재한다.

6. 신용장 주요 유형

신용장은 선적(운송)서류의 첨부 여부 기준, 대금 지급시기의 기준, 결제방법 기준, 취소가능 여부 기준, 제3은행의 확약 여부에 관한 기준, 양도가능 여부 기준에 따라 다음과 같이 구분할 수 있다.

📑 신용장(L/C)의 주요 유형

구분	형태
선적(운송)서류 첨부 여부	화환신용장 (Documentary L/C) • 환어음에 선적서류가 첨부되어야 개설은행이 지급, 인수 또는 매입할 것을 확약하는 상업신용장 무화환 신용장 (Clean L/C) • 운송서류 없이 환어음의 제시만으로 개설은행이 지급, 인수 또는 매입할 것을 확약하는 상업신용장
대금 지급시기기준	일람출급신용장 (At sight L/C) • 어음이 신용장 조건에 일치하는 한 개설은행은 즉시 지급을 해야 하는 일람출급어음인 신용장 기한부신용장 (Usance L/C) • 신용장에 의해 발행되는 어음의 기한이 한시적으로 정해져 있는 신용장
결제방법 기준	지급신용장 (Payment L/C) • 수익자가 개설은행이나 개설은행이 지정한 은행에 직접 선적서류를 제시하면 지급하겠다는 것을 확약한 신용장 연지급신용장 (Deferred L/C) • 환어음의 발행 없이(선적)서류제시만을 요구하면서 신용장조건에 따라 결정된 기일에 지급이 이루어지도록 정한 신용장 인수신용장 (Acceptance L/C) • 수익자가 선적서류와 기한부어음을 발행하여 제시하면 인수은행이 이를 인수하여 만기일에 지급하는 신용장 매입신용장 (Nego L/C) • 환어음이 매입될 것 예상하여 개설은행이 어음발행인, 어음배서인, 어음소지인에 대해서도 지급을 확약하는 신용장
취소가능 여부	취소불능신용장 (Irrevocable L/C) • 관계당사자 전원의 합의 없이는 신용장의 취소나 조건변경이 불가능한 신용장 취소가능신용장 (Revocable L/C) • 신용장을 개설한 은행이 수익자(수출업자)에게 사전통지 없이 신용장 자체를 취소하거나 조건변경을 할 수 있는 신용장
제3은행 확약 여부	확인신용장 (Confirmed L/C) • 개설은행 이외의 제3은행이 개설은행의 요청에 의해 수익자가 발행한 어음의 지급, 인수 또는 매입을 확약한 신용장 미확인신용장 (Unconfirmed L/C) • 신용장 개설은행 이외의 제3은행의 확약없이 개설은행의 지급확약으로만 구성되는 신용장
양도가능 여부	양도가능신용장 (Transferable L/C) • 수익자가 신용장금액의 전부 또는 일부를 제3자에게 양도할 수 있는 권한을 부여한 신용장 양도불능신용장 (Non-transferable L/C) • 제3자에게 양도할 수 없는 신용장을 의미하고 신용장상에 "transferable"이라는 문구가 표시되어 있지 않은 신용장

[예시] 취소불능화환신용장 발행신청서

I/L NO	①DATE MAY 07/2022	②CREDIT NUMBER M - 0801 - 905 - NS - 00054
ADVISING BANK		④APPLICANT CHUNG ANG CORP. 47, Heukseok-ro, Dongjak-gu, Seoul, Republic of Korea
SETTLING BANK		
⑤BENEFICIARY ABCDEF INC DETAIL ADRESS		⑤AMOUNT US$ 184,140.00
		⑥DATE AND PLACE OF EXPIRY JULY 25/2022
TENOR OF DRAFT : at sight ⑦		⑧DRAWN ON

DOCUMENTS :
☐ FULL SET OF CLEAN ON BOARD OCEAN BILLS OF LADING MADE OUT TO THE ORDER OF ⑨ NATIONAL COOPERATIVE FEDERATION MARKED "FREIGHT ⑩PREPAID" AND "NOTIFY ACCOUNTEE"
☐ MARINE INSURANCE POLICY OR CERTIFICATE IN DUPLICATE, ENDORSED IN BANK FOR 110% OF THE INVOICE VALUE, INSURANCE POLICIES OR CERTIFICATE MUST EXPRESSLY STIPULATE THAT CLAIMS ARE PAYABLE IN THE CURRENCY OF THE DRAFT AND MUST ALSO INDICATE A CLAIMS SETTING AGENT IN KOREA. INSURANCE MUST INCLUDE : INSTITUTE CARGO CLAUSE : ⑪
INSURANCE TO BE COVERED BY BUYER.
☐SIGNED COMMERCIAL INVOICE IN ⑫ TRIPLICATE
☐PACKING LIST IN ⑬ TRIPLICATE
☐OTHER DOCUMENTS : ⑭ ATTACHED

PARTIAL SHIPMENT(43P) : ☐ ALLOWED ☐ PROHIBITED	TRANSSHIPMENT(43T) : ☐ ALLOWED ☐ PROHIBITED
Loading(44A) : U. S. A. PORT(S) Latest DATE OF SHIPMENT(44C) : JULY 10, 2022	DISCHARGE(44B) : KOREAN PORT(S)

COMMODITY DESCRIPTION OF GOODS/SERVICES : ⑮ GRAIN FED FROZEN BEEF

HS NO.⑯	COMMODITY DESCRIPTION(45A)	QUANTITY	UNIT PRICE	AMOUNT
0202.30-000	CHUCK EYE ROLL	54.00M/T (MAX44.29M/T)	US$5.510	US$184,140.00- (MAX189,664.20)
	TOTAL	54.00M/T (MAX44.29M/T)		US$184,140.00- (MAX189,664.20)

SHIPMENT FROM ⑰U.S.A. PORT(S)	PARTIAL SHIPMENTS	TRANSHIPMENTS
TO ⑱KOREAN PORT(S) LATEST JULY 10/2022	⑲ ALLOWED	⑳ PROHIBITED

DOCUMENTS MUST BE PRESENTED WITHIN ㉑ 7 DAYS AFTER THE DATE OF ISSUANCE OF THE BILLS OF LADING or OTHER TRANSPORT DOCUMENTS BUT WITHIN THE CALIDITY OF THE CREDIT

SPECIAL CONDITIONS ㉒ ATTACHED

위와 같이 신용장 발행을 신청함에 있어서 위 기재사항이 수입승인 사항과 틀림없음을 확인하고 따로 제출한 외국환 거래약정서의 해당 조항에 따를 것을 확약하며, 아울러 위 수입물품에 관한 모든 권리를 귀 은행에 양도하겠습니다.

2022년 월 일
신청인 : CHUNG ANG CORP.
대표이사 :   (인)

담보금			(10) National Livestock Cooperative Federation
지급보증액			(인)
OPEN COMM	Corres Charge	Cable Charge	Authorized Signature

Except so far as otherwise expressly stated, this documentary credit is subject to the "Uniform Customs and Practice for Documentary Credit"(2007Version) International Chamber of Commerce Publication No.600)

*Other Document:

1. One Copy of Certificate of Origin issued by Chamber of Commerce
2. One Copy of Meat and Poultry Export Certificate of Wholesomeness for export to The Republic of Korea specifying the following articles 1), 2), 3) issued by US. Department of Agriculture.
    1) The staughtering and processing date.
    2) The names of staughtering and processing facilities.
    3) The EST number given by the exporting country's government to the taughtering and processing facilities.
3. One Copy of Weight Certificate showing number of carton box
4. One Original beneficiary's statement stating that one original of each shipping documents(Two copies in case of B/L, invoice and packing list) is dispatched within 7 days from the B/L date to the supplier's agent in Korea through any fast postal service company with its receipt attached.
5. The Shipping Mark should be marked all documents
    Shipping Mark: 9904AS0299PK13

*Special Conditions:

1. All banking charges, including postage occurred outside Korea are for account of the beneficiary.
2. Grade and yield grade should be special items designated by CHUNG ANG CORP.
3. Payment shall be made subject to deduction of delay penalty which is to be 0.1% of invoice value per day from July 12/2022 to on board date of B/L.
4. All documents shall be specified as the net and gross weight of cargo in Metric Ton or Kilogram.
5. Final place of delivery must be specified as Yong-in warehouse designated by CHUNG ANG CORP. on B/L Yong-in Warehouse: (detail address)
6. The Supplier shall bear all the expenses including inland Transportation Charge, Terminal Handling Charge and Documentation Fee etc. occurring from the arrival in Korea up to the delivery at CHUNG ANG CORP.-designated warehouse except only for the Wharfage and Container Tax. and those contents should be marked on B/L.

제2절 송금, 추심, 팩토링, 포페이팅 결제의 이해와 적용

1. 송금거래방식의 개요와 주요 유형

1) 송금거래방식의 개요

송금방식에 활용되는 송금환은 외국환에 의한 결제방식의 하나로 송금인이 대금을 송금할 목적으로 은행에 송금대금을 원화로 지급하고 외국에 있는 수취인이나 채권자에게 송금할 것을 청구하는 외국환을 의미한다. 이렇듯 송금결제방식이란 수입자가 물품을 사전 혹은 사후, 동시에 수출자에게 물품대금 전액을 외화로 송금하여 지불하는 것으로 실무적으로는 대부분 전신환(Telegraphic Transfer: T/T)방식을 사용하고 있다.

① 수표송금방식(Demand draft: D/D) : 수입자가 미리 물품대금에 상당한 현금을 은행에 내고 은행이 송금수표를 발행해주면 이를 수입자가 수출자 앞으로 직접 우송하여 결제하는 방식이다.

② 우편송금(Mail transfer: M/T) : 수입자의 요청에 따라 송금은행이 송금수표를 발행하는 대신에 지급은행에 대하여 일정한 금액을 지급해 줄 것을 위탁하는 지급지시서(Payment order)에 해당하는 우편환을 발행하여 이를 송금은행이 직접 지급은행 앞으로 우편으로 발송하는 방식이다.

③ 전신환(Telegraphic transfer: T/T) : 해당 방식은 우편송금환보다 송금과정이 신속하게 대금을 수취할 수 있을 뿐만 아니라 분실이나 도난위험, 환변동 위험도 거의 없기 때문에 송금방식 중에서도 가장 안전한 결제방식이다.[11]

2) 사전송금방식

사전송금방식은 수출자가 물품을 선적하기 전에 수입자에게 미리 대금의 전액을 지급받는 방식으로 소액결제, 견본품, 본-지사 간의 거래에서 자주 활용될 수 있으며 수출자에게 상대적으로 유리한 조건이고 수입자는 불리한 조건에 위치한다. 이렇듯 사전송금방식에 의한 수출은 수출대금 전액을 수출 물품의 선적 전에 외국환은행을 통하여 외화로 미리 송금받고, 영수일로부터 1년 이내에 대응수출을 이행하는 방법이다.

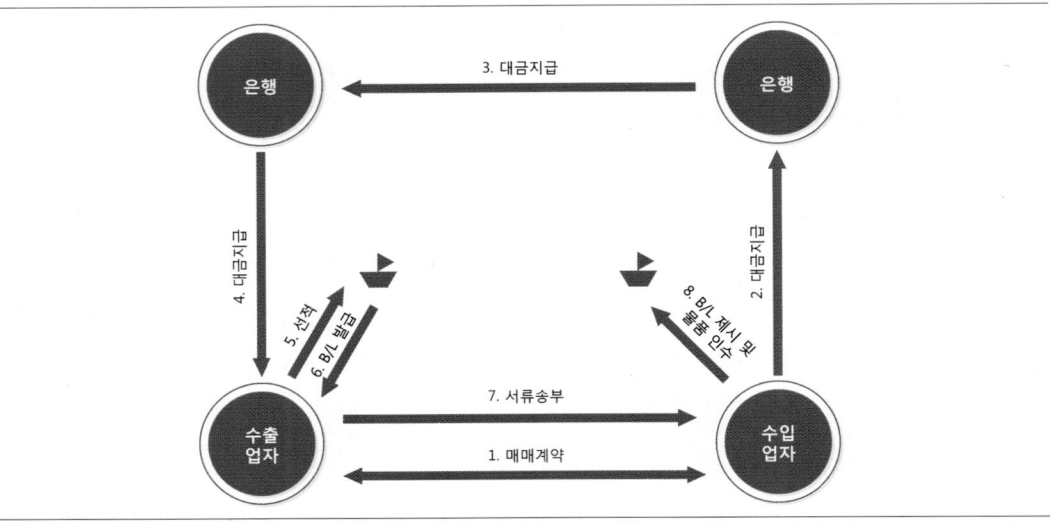

[그림] 블록체인 활용한 LC 거래 흐름사전송금방식의 거래 흐름도

2) 사후송금방식

사후송금방식은 물품의 인도와 동시에 또는 인도 후 일정기간 이내에 수출대금 전액을 외국환 은행을 통하여 송금받는 거래로서 대금결제 기간은 채권확보 차원에서 수출업체가 자율적으로 결정할 수 있다.[12] 또한, 대금교환의 대상에 따라 현물상환 방식(Cash on delivery: COD)과 서류상환 방식(Cash against documents: CAD)으로 구분될 수 있다.

한편, O/A(Open account) 방식도 사후송금의 일종으로 경우에 따라 매 건별로 결제를 행하지 않고[13] 미리 정해진 결산기에 양자 간의 채권, 채무를 상쇄한 후 그 차액만 결제하기도 한다.[14]

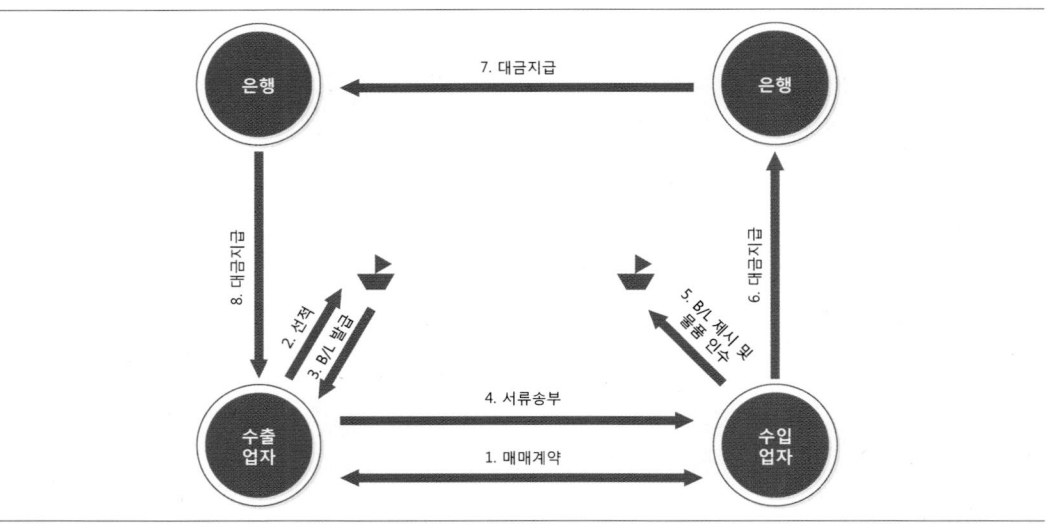

[그림] 블록체인 활용한 LC 거래 흐름사후송금방식의 거래 흐름도

2. 추심결제방식의 개요와 주요 유형

1) 추심거래방식

추심결제방식의 기본은 별도로 명백한 합의가 없거나 국가, 주, 또는 지방의 법률에 위배되지 않는 한 국제상업회의소가 제정한 추심에 관한 통일 규칙(Uniform Rules for Collections: URC 522)의 적용을 받는다. 추심결제방식은 수출자가 선하증권 등의 유통증권을 제시하면 이에 대해 수입자가 대금을 지급하는 방식으로, 한 당사자가 권리증권(Document of title)을 제시하면 다른 당사자가 대금을 지급하는 것을 보장함으로써 원격지에 있는 거래당사자의 리스크(Risk)를 감소시킬 수 있는 장점이 있다.[15]

2) 추심거래의 당사자 및 의무관계

추심결제 조건의 결제는 환어음이 무조건 발생하게 되는데 수출자와 수입자 사이에 서류와 대금 등이 직접 송부되는 직접결제 방식과는 다르게 추심은 은행을 통해 대금과 서류가 송부된다. 또한, 추심 방식은 송금결제와 같이 수입자의 신용도에 큰 의존을 할 수 밖에 없는데 이러한 이유로 추심 방식은 본-지사 간의 거래 등 신용도가 높은 회사 간의 거래에서 활용된다. 아래는 해당 추심 방식의 결제의 당사자를 나타낸다.

① 추심의뢰인(Principal) : 계약물품을 선적하고 자신의 거래은행에 추심의 취급을 의뢰하는 매매계약상 수출업자를 의미한다. 물품을 선적하고 거래은행에 추심을 지시하는 자로 볼 수도 있다.
② 추심의뢰은행(Remitting bank) : 추심의뢰인으로부터 금융서류와 상업서류의 추심을 의뢰 받은 수출국 소재 은행으로 추심의뢰인의 대리인 역할을 한다. 즉, 수출업자로부터 금융서류와 상업서류의 추심을 의뢰받은 수출국 은행으로 추심의뢰인의 대리인의 성격을 띠는 것이다.
③ 추심은행(Collecting bank) : 추심과정에 참여하는 모든 은행, 통상 수입업자의 거래은행으로 추심의뢰서에 따라 지급인에게 추심하여 대금을 송부한다(추심의뢰은행의 대리인 역할). 이는 추심의뢰은행 이외에 추심과정에 참여하는 모든 은행으로 볼 수도 있으며 보통 수입자의 거래은행으로 추심의뢰은행이 요청한 추심의뢰서에 따라 지급인에게 추심하여 대금을 송부하는 은행이다.
④ 제시은행(Presenting bank) : 지급인에게 직접 추심서류를 제시하는 은행으로 넓은 의미에서 추심은행에 포함된다. 추심은행이 수입업자의 거래은행이 아닌 경우 제시은행 존재하고 수출지의 추심의뢰은행이 수입국 소재 자행의 해외지점을 추심은행으로 선정한 경우 그 해외지점과 수입자가 거래가 없는 경우에는 수입자 거래은행으로 서류를 재송부하여 제시하게 되는데 이 경우 수입자의 거래은행이 제시은행이 되는 것이다.
⑤ 지급인(Drawee) : 추심의뢰은행의 추심의뢰에 대하여 최종 지급, 인수 담당자로 통상 수입업자를 의미한다(추심 의뢰한 상업어음에 대하여 지급을 하는 자).

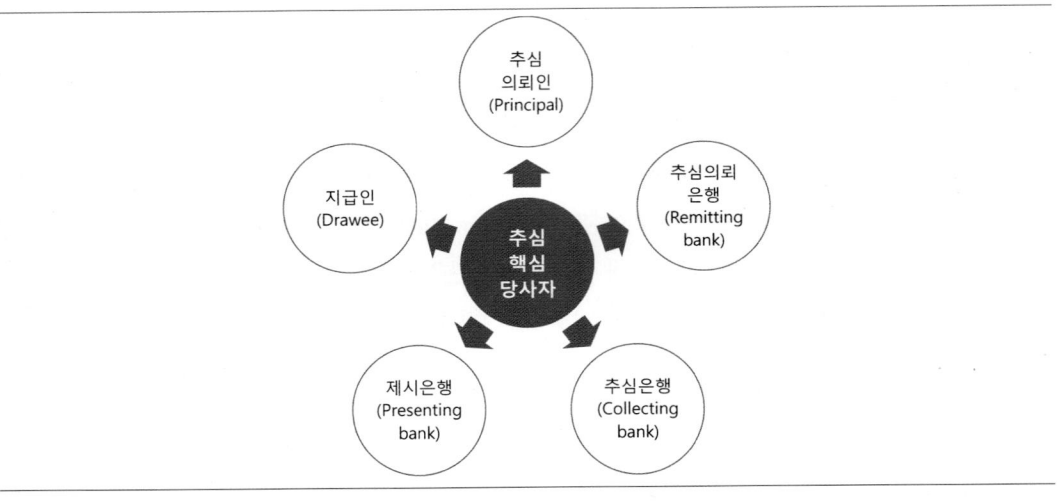

블록체인 활용한 LC 거래 흐름추심의 핵심 당사자

3) 추심결제방식 유형

① 지급인도(Document against Payment: D/P) 조건 : D/P Usance 거래란 수입상의 거래은행인 추심은행이 Usance 기간 동안 추심서류를 보관하고 있다가 만기일(Maturity date)에 수입상에게 제시하여 대금의 지급과 상환으로 서류를 인도하는 방식의 거래를 의미한다. 예컨대 결제조건에 대한 표현이 "D/P at 30 days after B/L date"라고 되어 있으면 추심은행은 서류가 도착하였더라도 "B/L 일자 후 30일의 날짜"에 서류를 인도하여야 한다. 만약 선하증권의 일자가 3월 20일이라면 4월 19일에야 수입상에게 서류를 인도해야 한다.

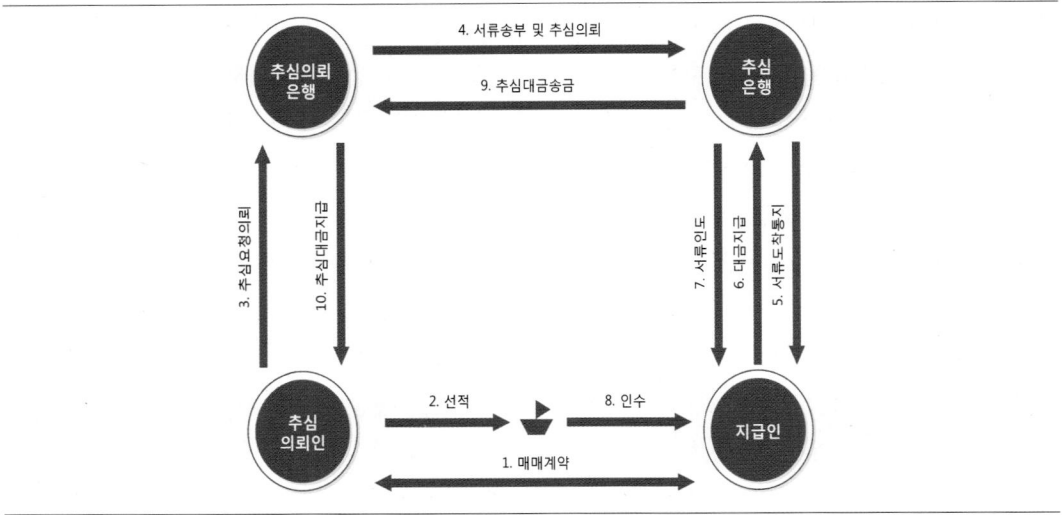

블록체인 활용한 LC 거래 흐름지급인도조건 흐름도

② 인수인도(Document against Acceptance: D/A) 조건 : 해당 D/A 조건은 인수인도조건(引受引渡條件) 또는 인수도조건(引受渡條件)이라고도 하는데 동 거래조건은 수입상이 기한부어음을 인수함으로써 관계 운송서류를 인도받고, 당해 수입물품을 통관하여 판매한 후 동 대금으로 어음만기일에 결제하게 됨으로써 수출상으로부터의 신용공여(외상거래)가 D/P조건에 추가된 형태이다. 따라서 수입상은 우선 수입물품을 인도받아 국내판매 또는 수출용 원자재로 사용한 후에 동 대금으로 만기일(Maturity date)에 수입대금을 갚는 편리한 수입방법의 하나이다.

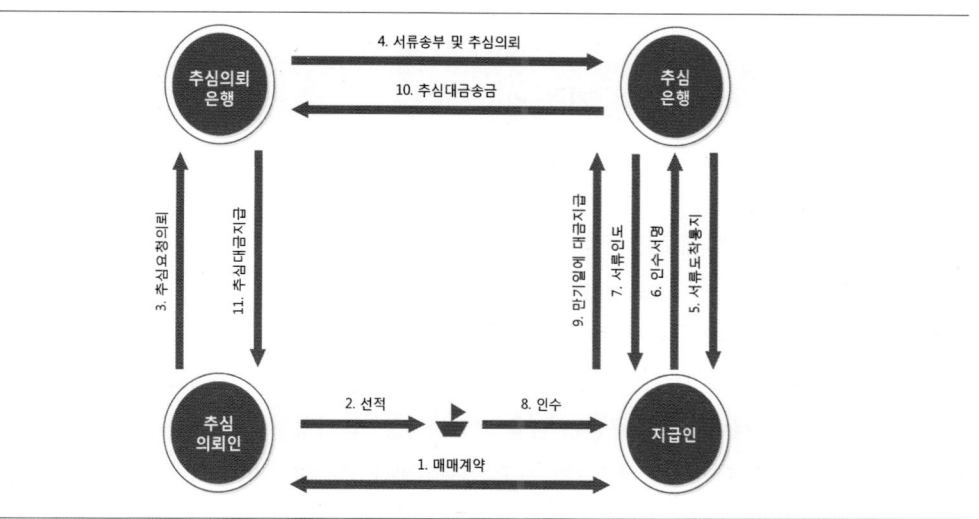

블록체인 활용한 LC 거래 흐름인수인도조건 흐름도

4) 추심결제의 한계점

추심결제의 한계는 신용장과 비교한 한계를 의미하며 사후송금과 비교하면 오히려 장점에 해당할 수 있는 점을 고려해야 한다. 추심거래의 조건은 수입자에게는 자금 담보력이 부족한 경우 매우 편리하게 이용할 수 있는 제도이지만 화환신용장과 같은 은행의 지급확약이 없기 때문에 다음과 같은 한계를 가진다.[16]

첫째, 은행의 지급확약이 없다. 수출자의 신용위험을 커버할 수 없는 가장 큰 한계가 되며 대외신용도가 낮은 수입자는 추심결제 방식을 사용할 수 없다. 또한, 수입자의 신용이 불량하거나 지급불능이 된 경우에는 수출자는 대금회수 불능상태의 위험이 따른다.

둘째, 대금회수가 신용장에 비해 늦다. 신용장방식을 활용한다면 수출자는 물품을 선적하면 수출대금 전액을 자신의 거래은행으로부터 일시에 선 지급 받을 수 있으나 추심방식에서는 수출자는 선적한 이후에도 선적 서류를 첨부한 추심 환어음을 발행하여 추심요청을 해야하기에 해당 추심기간 동안의 대금지급 지연이 불가피하다.

셋째, 은행의 서류심사 의무가 없다 해당 한계점은 수입자의 상업위험을 커버하지 못하는 것을 의미하는데, 추심 방식에서는 선적서류의 일치성을 심사할 책임이나 또는 스스로 대금지급의 의무를 부담하지 아니하며 수출자의 추심대리인에 불과하다. 따라서 수입자는 추심은행에 대금을 지급 완료하였을 경우에는 수입자는 계약조건과 불일치한 물품을 수령했더라도 추심은행에 대해 항변할 수 없다.

넷째, 추심통일규칙의 준거법으로서의 한계가 있다. 추심결제 방식의 준거법은 신용장 통일규칙에 비해 활용도가 높지 않은 실정이며, 추심거래의 필수서류에 해당하는 어음에 관한 각국의 규정들은 강행규정인 경우가 많아, 추심통일규칙에 우선 적용된다.

3. 팩토링 결제의 개요와 기능

1) 팩토링 거래방식

팩토링 결제는 비교적 새로운 금융기법으로 평가받고 있는데, 이들의 금융기법은 기본의 결제방식이 가지는 한계를 어느 정도 보완하고 신용위험, 비상위험 등을 어느 정도 커버할 수 있기에 기존 결제방식을 보완하는 방편으로서 활용을 고려해볼 수 있다.[17] 팩토링이란 수출상이 매출채권을 팩토링 회사에게 양도하는 대가로 팩토링 회사로부터 금융지원, 신용조사 및 채권의리 및 대금회수, 기타 사업처리 대행 등의 서비스를 제공받는 금융 기법이다.[18] 팩터링 서비스를 취급하는 팩터가 수출자를 대신하여 수입자에 대한 신용조사를 대신하고 신용위험을 인수하여 매출채권 기일관리 등 회계처리를 하는 금융기법이다.

2) 팩토링 결제 주요 기능

팩토링은 팩토링 회사(Factor)가 기업이 외상판매로 받은 채권을 소구권 없이(Without recourse) 할인하여 주는 금융을 의미하며 수출상과 수입상 사이에 팩터가 개입하여, 외상거래로 발생한 수출상의 외상채권을 수출팩터가 대신하여 매입해줌으로써 수출상의 자금부담을 완화시키고, 수입상에게는 수입팩터가 신용을 제공하여 외상으로 매입할 수 있는 혜택을 부여해주는 금융기법이다.[19]

UNIDROIT(국제팩터링협약)에 따른 팩터링 계약은 개인 또는 가사용 구매품의 판매 이외의 물품 판매에 관해 공급자와 그 고객(Customer, 채무자) 간에 체결된 매매계약에서 발생한 받을 어음(Receivables)을 팩터에게 양도하기 위해서 공급자(Supplier)와 팩터가 체결하는 계약을 뜻한다. 이러한 팩터링의 기능은 팩토링 회사가 수출자를 대신하여 수입자에 관한 신용조사 및 신용위험 인수(지급보증), 매출채권 기일관리 등 업무 대행 서비스를 제공하는 부분에 있다.[20]

3) 팩토링의 당사자 및 특징

① 거래기업(Client) : 수출팩터와 팩토링 계약을 체결하여 매매거래로 발생한 외상매출채권을 수출팩토링 회사에게 양도하고 선적전 금융(전도금융)을 제공받는 당사자를 의미한다.

② 고객(Customer) : 공급자와 거래하는 고객으로 공급자로부터 물품이나 서비스를 구매하는 구매자, 채무자(Debtor), 수입상(Importer) 등 외상매출채권을 매입한 팩토링 회사에 대해 대금채무를 부담한다.

③ 팩터(Factor) : 거래기업으로부터 외상매출채권을 매입하거나 채무자에게 추심을 하는 당사자로써 채권양수인(Assignee), 팩토링 회사(Factoring institute) 등이 이에 해당한다.

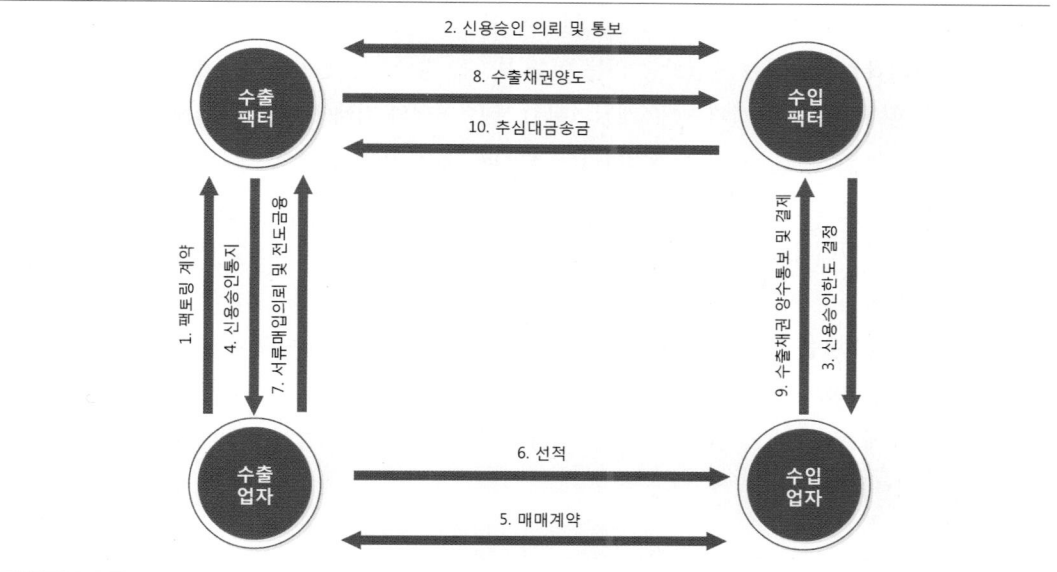

블록체인 활용한 LC 거래 흐름팩토링거래 절차

4. 포페이팅 결제의 개요와 주요 특징

1) 포페이팅 결제 개념 및 특징

포페이팅(Forfaiting)은 국제상거래에서 소구 없이 약속어음 또는 환어음을 포페이터가 고정이자율로 할인하여 매입하는 선진 금융 기법이다.[21] 포페이팅의 거래당사자는 수출상, 수입상, 포페이터(기한부 어음을 할인하여 매입하는자), 보증은행(수입자를 위해 지급보증을 하거나, 지급보증서를 발급하는 은행) 등이 있다. 또한, 포페이팅 자체는 중, 장기 약속어음 할인 또는 환어음의 할인으로서 현금을 대가로 채권을 포기하는 연지급 어음매입방식을 의미한다.

포페이팅시장은 연지급 어음할인시장이라고도 부르며 환어음 또는 약속어음의 할인매입은행인 포페이터(Forfaiter)는 할인매각자에게 소구권 행사없이 어음을 할인 매입하는 특징을 가진다.[22] 할인대상 증권은 환어음과 약속어음에 국한되며 대상어음이 포페이터가 인정하는 일류기업이 발행한 어음이 아닌 경우에는 은행 지급보증 혹은 어음상의 지급보증을 필요로 한다. 또한 해당 금융기법은 고정이자율 할인, 할인요율 결정 등에 따라 중장기 어음을 고정금리부로 할인하기 때문에 거래마진을 확정할 수 있으며 수출거래 전에 포페이터와 협의를 통해 수출가격을 조정한다면 수출자의 금융비용을 전가할 수도 있다.

2) 포페이팅 거래의 당사자와 거래절차

① 포페이팅의 거래 당사자 : 포페이터, 보증은행(Avalising, Guaranteering bank), 수출입자 등이 있으며 포페이터는 중장기 연불어음을 할인하여 매입하는 은행이 된다.[23] 보증은행은 수입자를 위하여 지급을 보증하는 지급보증 또는 어음 보증을 발급하는 은행으로 이해할 수 있다. 포페이팅의 활용대상은 주로 장기거래(6개월~10년) 혹은 거액의 거래(100만불 이상)에 활용되며 국가 위험도가 높은 새로운 시장을 개척하려는 경우나, 혹은 거래상대방의 신용도가 낮은 업체와 거래할 때 사용한다.

② 포페이팅의 거래절차 : 포페이팅 거래 유형에 따라 차이는 존재할 수 있지만 통상적인 거래는 수입자가 자신의 거래은행에 어음의 지급 보증을 요청하고, 지급을 보증한 은행이 수출자에게 지급보증된 어음을 보내면, 수출자의 지급보증된 어음 제시에 대하여 포페이터는 지급보증은행의 양도 승낙을 받게 된다. 이후 수출자가 제시한 어음을 포페이터가 소구권 없이 할인매입하고 이와 동시에 포페이터가 만기에 어음을 어음지급인(수입자 혹은 발행은행)에게 제시하여 대금을 지급 받는다.

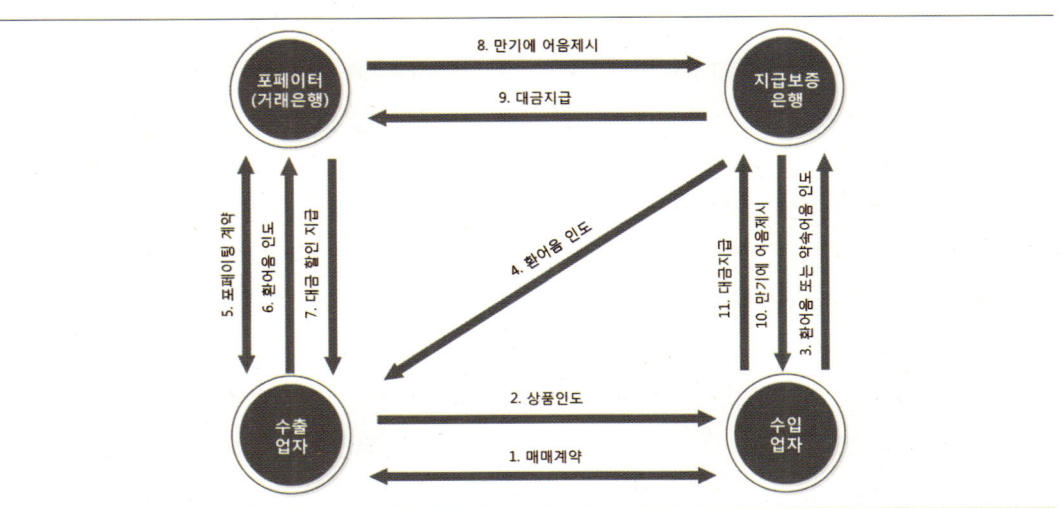

블록체인 활용한 LC 거래 흐름포페이팅거래 절차

제3절 블록체인 기반 무역결제의 적용과 확산

1. 블록체인 기반 무역결제 프로세스

국제간 무역거래의 종결은 수출업자 측면에서 수출대금 결제과정을 마쳐야 하는 점이 특징적인데 최근 그 물품대금결제 패러다임이 변화하고 있어 기존 전통적인 결제방식의 한계점이 보완될 필요성이 부각되고 있다.24)25)26)

블록체인기반 스마트계약을 통한 무역거래를 수행할 경우, 기존의 무역거래절차에 대한 리모델링이 요구된다. 이하에서는 신용장방식에서 블록체인기반 스마트계약을 적용한 거래절차를 나타내고 있으며 요약하여 살펴보면 다음과 같다.

① 수출업자(이하 수익자)와 수입업자(이하 발행의뢰인)는 거래조건에 관한 계약내용을 스마트계약으로 체결한다.
② 발행의뢰인은 발행은행과 신용장거래와 관련하여 스마트계약을 체결하고, 신용장 발행을 의뢰하면 발행은행은 매매거래조건 및 외국환거래약정서 등을 검토한 후 신용장을 발행한다.
③ 신용장은 수익자에게 통지되기 전에 통지은행을 포함한 다른 참여은행에 의해 순차적으로 검토하여 승인한다. 수익자는 블록체인 네트워크에 제출된 신용장 거래조건을 검토하여 승인한 후, 발행은행과 수익자 간에 신용장 조건을 합의하여 약정한다.
④ 수익자는 발행은행과 신용장 거래약정이 확정되면 물품을 준비하여 통관한 후 선적한다.
⑤ 이때 상업송장 등 관련 서류와 보험증권 등 보험관련서류를 블록체인 네트워크에 제출한다. 또한 거래물품의 통관시에 세관이나 기타 검사기관 등은 발행한 통관 관련 서류를 블록체인 네트워크에 제출하고, 수출지에서 물품을 선적한 운송업자는 선하증권 등 운송 관련 서류를 블록체인에 제출한다.
⑥ 물품이 운송되어 수입국에 도착한다.
⑦ 수입지에서 물품은 제3자 기관 및 세관 등에 의해 검사가 이루어지고 세관 및 검사기관과 운송업자는 통관관련서류를 비롯한 인도 지시서(Delivery Order: D/O) 등 물품인도서류를 블록체인 네트워크에 제출한다.
⑧ 통관 후 물품을 수입업자(매수인)에게 인도한다.
⑨ 수입업자 거래은행은 스마트계약에서 약정한 지급조건에 따라 수출업자 거래은행(코레스은행)을 통하여 매도인에게 자동으로 대금을 지급한다(스마트계약의 조건에 따라 코레스은행이 제외될 수도 있음).
⑩ 신용장상의 대금지급조건이 기한부(Usance L/C)인 경우에는 발행의뢰인은 만기일에 발행은행에 대금을 지급한다.

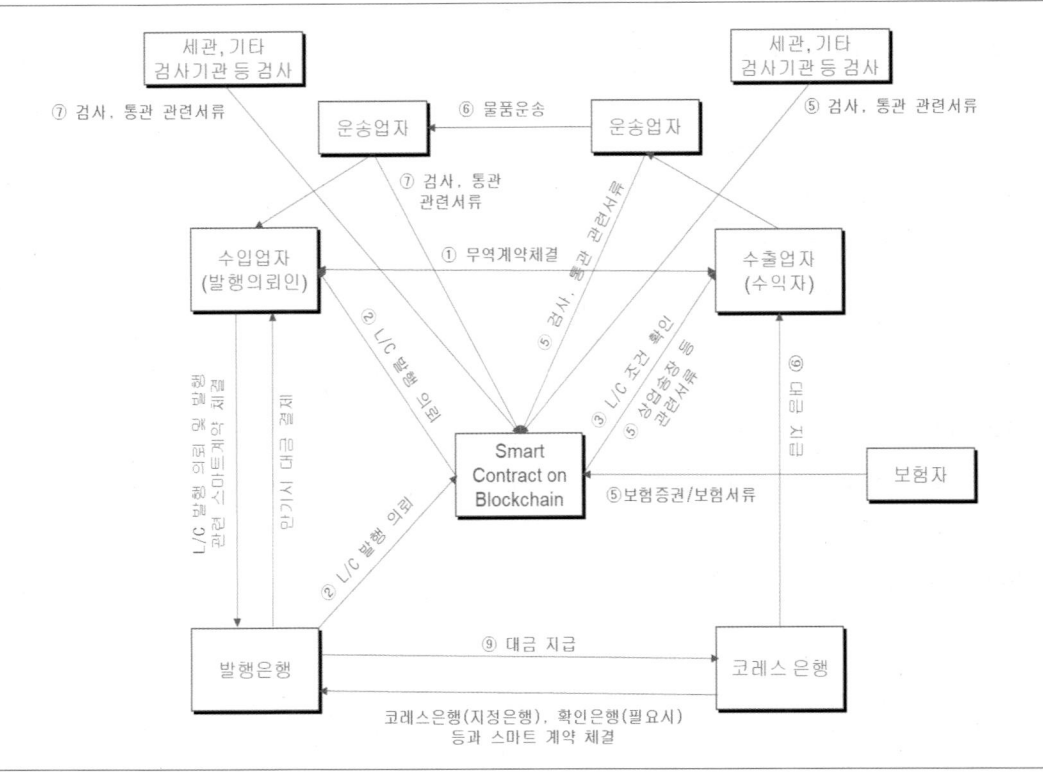

　　　　　블록체인 활용한 LC 거래 흐름블록체인기반 무역결제 프로세스

2. 블록체인 기술 활용에 따른 영향 및 기대효과

1) 블록체인 기술 활용에 따른 무역결제 영향

　무역결제에 블록체인 기술 적용하면 다음과 같은 영향이 나타날 수 있다.

　첫째, 대금결제 방법의 자동화를 통하여 수출업자에게 대금결제의 확실성을 제공한다는 점이다. 신용장과 같은 대금결제방법은 무역거래의 흐름과 대금결제과정에서 은행의 역할을 통해 비즈니스 위험을 완화하는 효과가 있으나, 프로세스가 복잡하다. 블록체인 기술을 활용할 경우 거래를 자동화하고 거래조건의 명확화를 통한 분쟁예방이 가능하기 때문에 빠르게 대금결제가 이루어질 수 있다. 이는 블록체인기술이 가지는 보안(Secured)이나 안전성의 장점이 있기에 가능한 것으로 정보의 분산처리 및 암호화 기술 적용이 기대되는 대목이다.27)

　둘째, 블록체인 기술을 활용할 경우 무역물품을 실시간으로 추적할 수 있으며 운송조건에 대한 가시성을 확보할 수 있어 수입업자에게 물품인도를 확실하게 보장하고 물품의 손상이나 오·배송 관련 위험관리를 가능하게 할 뿐만 아니라 문서조작이나 오류로 인한 손실을 Peer-to-Peer(P2P) 방식의 비

즈니스 거래로 방지할 수 있게 해준다.[28]

셋째, 기존 환어음(Bills of exchange)과 같은 결제수단은 제3자에게 양도될 수 있는데, 해당 방법은 무역거래 관련 정보의 이용이 제한적이고, 무역거래 관련 증빙서류와 수동적인 검사에 따른 높은 비용과 프로세스의 비효율성으로 인하여 은행은 비즈니스 위험에 취약하였다. 이는 블록체인을 통하여 결제수단을 직접 발행할 경우 사기성 송장발행 방지, 채권 유동성 확대 및 자금관리 프로세스의 효율성을 향상시킬 수 있다. 또한 블록체인을 통하여 가장 최신 버전의 무역결제서류를 효과적으로 관리할 수 있다. 또한, 무역결제에서 블록체인의 활용은 대금결제 수단의 디지털화를 통해 은행의 리스크 감소하고 금융수익 증가하는 등의 효과를 기대할 수 있다.[29]

2) 블록체인 기술 적용 기대효과

무역결제에 블록체인 기술을 활용할 경우 기대효과는 첫째, 스마트계약으로 무역계약을 체결하므로 무역계약 관련 거래조건을 명확하게 할 수 있어 거래조건과 관련한 모호에 따른 해석상의 차이로 인한 거래분쟁을 방지할 수 있다. 둘째, 무역결제 관련 서류를 실시간으로 검토하고 승인함으로써 선적시간을 절약할 수 있다. 셋째, 블록체인 네트워크에 접속 가능한 전자송장, 전자보험증권, 전자선하증권 등 무역결제 관련 서류를 이용하여 실시간으로 대금을 회수할 수 있다. 넷째, 수출업자 은행은 위험을 부담할 중개기관이나 코레스 은행이 필요하지 않게 됨으로써 거래절차를 간소화하고 시간을 절약할 수 있다. 다섯째, 블록체인 기술은 선하증권의 추적이 가능하고, 서류의 위조나 변조가 불가능하므로 이중지불 가능성이 제거된다. 여섯째, 물품운송과정을 실시간으로 모니터링할 수 있어 물품의 운송상황을 정확하게 파악할 수 있으며, 오·배송 및 물품의 분실을 방지할 수 있다. 일곱째, 스마트계약으로 실행되는 계약조건에 의해 코레스 은행의 활용 등에 따른 추가적인 거래비용이 제거할 수 있다.

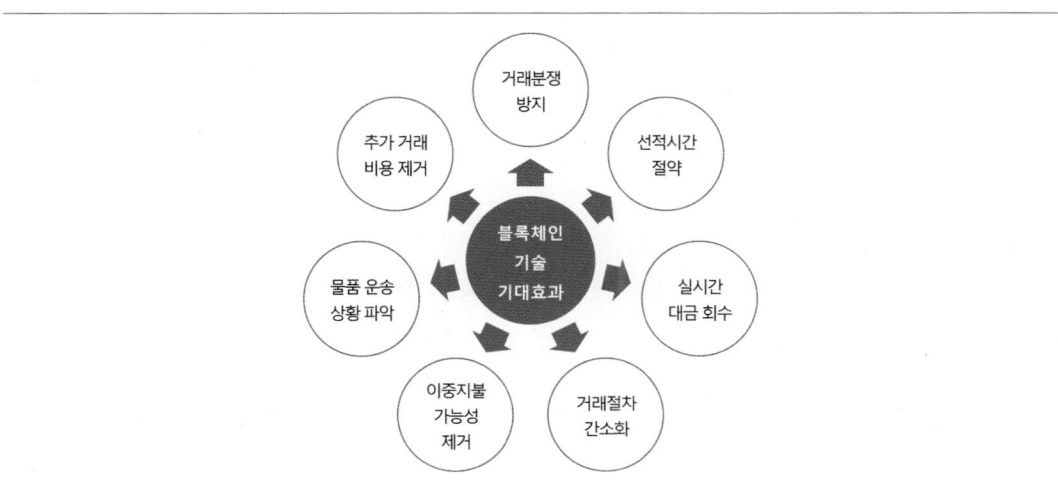

블록체인 활용한 LC 거래 흐름무역결제에서 블록체인 기술의 기대효과

3. 블록체인 기술 적용 사례

1) TradeLens

TradeLens는 세계 최대 컨테이너 운송사인 머스크(Maersk)가 블록체인 플랫폼 Hyperledger fabric 개발사인 IBM과 협력하여 설립한 회사이자 서비스 플랫폼 이름이다. 해상운송사, 항만, 터미널 운영사, 세관 등으로부터 전송되는 128개 이상의 공급체인 정보가 이벤트 발생마다 실시간으로 업데이트되어 선적 절차를 최소화하고 운송 중에도 수정 변경이 가능하게 한다. 또한, 블록체인기반 거래플랫폼은 산업간 폭넓은 융복합화를 통하여 새로운 무역결제 생태계를 가능하게 하기 때문에 TradeLens 같은 사례를 뒷받침할 충분한 근거가 있다.[30]

개방형 API(Application Program Interface)를 통해 기업의 사내 시스템과 직접 연계가 가능하기 때문에 선적 정보를 기업의 내부시스템으로도 조회가 가능하다. TradeLens는 기술적으로 IBM의 Hyperledger Fabric 기반의 플랫폼을 사용하며 오픈 소스의 허가형 블록체인 네크워크를 구축하여 서비스를 제공하는 구조이다. 선사가 가입할 때마다 블록체인 노드가 신규로 생성되고 개별 채널을 통해 관리가 가능하게 된다. 계약 등 사업적으로 민감한 정보는 채널에 참가하는 구성원(노드)에게만 전달된다.[31]

TradeLens 서비스는 머스크를 통해 독일에서 2년간 시범 운영을 거친 후 프랑스, 덴마크, 네덜란드, 폴란드, 영국, 스페인 등 유럽 7개국에서 개시되었으며 커버리지를 전세계로 확대 한다는 계획을 발표하였다. 현재까지 TradeLens를 통해 실제 거래되는 e-B/L(electronic Bill of Lading)을 발행하고 있는 운송사는 머스크가 유일하며 아시아에서 e-B/L이 발행된 사례는 아직 없는 것으로 파악된다.

2) Trade Safe

싱가포르 정보통신개발청(Infocomm Development Authority: IDA)은 2016년 6월 DBS은행 및 스탠다드차타드 은행과 기밀로 데이터를 공유하는 블록체인 플랫폼 Trade Safe를 개발하였다. Trade Safe는 60개의 모의송장을 통해 시범 운영되었으며 20개의 사용자 시나리오를 통과하여 개념검증(Proof of Concept: PoC)을 완료하였다.

기존의 종이 송장은 복제와 위조가 쉽고 은행이 검증하기가 어렵다는 문제점이 있었기 때문에 사기 범죄에 쉽게 노출될 수 있었다. 이때 스탠다드차타드 은행은 2014년 중복 송장을 사용한 중국의 칭다오 항구 사기로 약 2억달러의 손실을 입은 경험이 있다. 일부 현지 기업들이 칭다오 항구에 쌓여있는 동일한 금속 재고로 여러 장의 송장을 만들어 사기 대출을 받았다가 이를 갚지 못한 것이다. 블룸버그에 따르면 당시 해당 은행은 1억 9,300만달러(한화 약 22조 8,512억원)의 원자재 자산을 감손 처리한 것으로 알려졌다.

Trade Safe는 디지털 원장을 사용하기 때문에 송장을 기록하고 은행 간의 중복송장에 대해서는 경고를 발생시킴으로써 위조 송장을 방지할 수 있다. 이는 기존의 종이 송장 시스템에서 은행이 송장을 확인할 수 있는 단일의 정보출처 부재와 보안 등의 이유로 데이터를 공유할 수 없다는 점을 극복한 것이다.

최근들어 분산형 전기 자동차(Distributed Electric Vehicle: EV)의 사용이 증가함에 따라 차량 인터넷(Internet of Vehicle: IoV)에서의 에너지 관리가 보편화되고 있는 사례에서도 블록체인기술은 Trade Safe와 함께 주목받는 사회적 이슈로 생각해볼 수 있다.[32]

한편, 2016년 8월 싱가포르 정보통신개발청(IDA)주도로 신용장 거래 절차를 개선하고자 Hyperledger Fabric 기반의 블록체인 플랫폼을 개발하였다. Bank of America와 HSBC가 신용장 거래 플랫폼 개발에 공동으로 참여하였다. 싱가포르의 무역금융 플랫폼을 통해 공개된 정보는 모든 참여자들에게 공유되며, 스마트계약을 통해 대금결제 등의 거래가 자동으로 실행된다. 수출업자와 수입업자, 그리고 은행 간 허가된 분산원장에 정보를 공유함으로써 기존 종이기반의 신용장 거래를 반영한다.

3) Barclays-Ornua

2016년 9월 Barclays 은행과 아일랜드 낙농기업 오르누아(Ornua)는 Wave가 개발한 블록체인 플랫폼을 통해 신용장 거래를 완료하였다. 오르누아(Ornua)는 세이셸(Seyshelles Trading Company)에 10만 달러 상당의 치즈와 버터를 수출하는 거래를 진행하였으며 이는 신용장을 블록체인에 기록하여 관리하는 세계 최초의 디지털 무역거래로 알려졌다.

Wave가 개발한 블록체인 플랫폼은 모든 참여자가 발송 문서와 기타 원본 거래서류를 확인하고 전송할 수 있도록 제공하고 있으며 모든 참여자의 거래 정보는 분산원장을 통해 공유되기 때문에 안전하고 신속한 특징이 있다. 기존 무역 거래는 전 세계 여러 지역의 참여자가 관여하여 복잡하고 많은 양의 서류작업이 필요하였는데, 이러한 과정에서 발생되는 비효율적인 부분을 제거하였다. 일반적으로 7~10일 정도 소요되는 신용장 발급에서 승인까지의 과정은 블록체인 플랫폼에서 불과 4시간 미만으로 단축된다.

Barclays는 서류작업 간소화로 거래비용을 줄이기 위해 블록체인 활용도를 제고하였으며 서류작업과 보관, 관리 비용이 전체 무역 거래대금의 5%를 차지한다고 지적하였으며, 이를 통해 무역 거래 절차를 가속화하고 거래비용의 절감과 서류 사기의 위험을 줄일 수 있을 것으로 기대된다.

4) Marubeni

일본 종합상사 마루베니(Marubeni)는 2017년 7월 6일 보험회사 솜포 재팬 니폰코아(Sompo Japan Nipponkoa)와 블록체인기술을 이용한 플랫폼으로 신용장 및 기타 무역 관련 서류의 사용을 분산원장 기술이 대체하는 방법을 설명하였다.[33]

일본과 호주 간의 거래로 IBM의 하이퍼레저 패브릭(Hyperledger Fabric)을 사용하여 신용장 발급과 무역서류 전송 등의 모든 거래 과정에 적용되었다.

　기존의 무역 거래에는 여러 관계자가 존재하고 신용장 교환 등과 같은 복잡한 절차를 따르지만, 전자화가 진행되지 않아 서면으로 교환하고 있는 실정이다.

　무역거래에 참여하는 관계자들이 동일한 블록체인을 사용하여 거래 정보를 공유함으로써 효율성이 높아지는 것을 확인하였으며 블록체인 플랫폼을 통해 모든 참여자 간의 합의 형성 시스템을 사용하여 중앙조직이 없는 경우에도 거래가 이뤄진다.

　거래에 필요한 서류의 전송시간이 수일에서 2시간으로 단축됨에 따라 노동 비용과 기타 비용을 절감하였으며 모든 참여자와 거래 내역을 공유하여 투명성을 향상시키고 관리를 수월하게 한다는 것을 확인하였다. 거래 내역이 공유되기 때문에 감시가 쉬우며 이중 항목에 대한 보호 기능이 포함되어 있기 때문에 거래 과정을 위조하는 것은 불가능하다.

　상기 사례에서는 블록체인에 참여하지 않는 관계자들에 관한 문제와 블록체인에서 공유하는 정보의 국제표준에 관한 문제가 제기된 바 있다. 블록체인 플랫폼을 사용하지 않는 당사자에게는 거래 정보를 전송하는 것이 불가능하며, 이에 따라 당사자 가운데 한명이라도 사용할 수 없을 경우에는 기존의 방식대로 처리해야 한다. 거래에 필요한 다양한 정보의 전송을 가능하게 하려면 블록체인에서 공유하는 정보의 표준화가 선행되어야 한다.

제6장 국제무역결제의 이해

Case Study

맞춤형 성장 전략으로 글로벌 성장 가속화 나선 우리은행

- 지난해 해외법인 순익 2882억 9600만원 … 전년比 65.12%↑
- 글로벌 금융시장 불확실성 확대 … 국가별 맞춤 성장 전략 수립
- 동남아, 현지 영업력 강화 … 유럽, IB·지상사 영업 집중

    지난해 동남아시아와 중국을 중심으로 국외시장에서 호실적을 달성한 우리은행이 맞춤형 성장전략을 통해 글로벌 성장을 가속화하고 나섰다. 우리은행은 글로벌 금융시장의 불확실성이 확대되는 가운데 안정적 성장을 위해 철저한 리스크 관리를 기반으로 국가별 특성에 맞춰 △현지 영업력 강화 △디지털 경쟁력 강화 △추가 증자 등을 통한 사업기반 내실화에 주력하고 있다.

    지난해 우리은행의 해외법인 당기순이익은 2882억 9600만원으로 2021년(1745억 9500만원)에 비해 1137억 100만원(65.12%)이 증가했다. 국가별로 살펴보면, 인도네시아 우리소다라은행은 11곳 해외법인 가운데 가장 높은 실적을 달성했다. 지난해 당기순이익이 684억 1200만원으로 2021년(472억 9600만원)과 비교해 211억 1600만원(44.6%)이 증가했다.

    지난 2017년 법인이 설립된 베트남우리은행은 지난해 최대실적을 달성했다. 당기순이익이 632억 1600만원으로 2021년에 비해 131%(358억 5900만원)가 증가했다. 우리은행은 러시아-우크라이나 사태 등의 글로벌 불확실성이 확대되고 있는 가운데 지역별 맞춤형 성장전략을 통해 호실적을 달성했다고 설명했다.

    이어서 캄보디아 우리은행은 지난해, 2021년(487억 6900만원)보다 22.7%(110억 6700만원)가 증가한 598억 3600만원의 순이익을 올렸다. 중국 우리은행은 2021년에 비해 148.2%가 증가한 128억 9100만원의 당기순이익을 기록했으며, 미국법인인 우리아메리카은행은 2021년 대비 75.5%가 증가한 362억 3900만원이 순이익을 기록했다. 더불어 유럽우리은행은 2021년 6억 4900만원 적자에서 지난해에는 13억 2900만원의 흑자를 기록하며 흑자전환에 성공했다.

▲ 베트남우리은행(왼쪽)과 인도네시아 우리소라다은행 전경.(자료 : 우리은행)

　글로벌 금융시장의 불확실성 속에서도 지난해 호실적을 달성한 우리은행은 올해 리스크 관리를 강화하고, 글로벌 금리 변동성 영향 분석을 통한 국가별 대응방안 수립으로 안정적인 성장을 추구할 계획이다. 먼저 우리은행은 최근 5년간 순이익 기준, 연평균 30% 이상 고성장한 동남아 3대 법인(인도네시아·베트남·캄보디아)에 대해 현지 영업력을 더욱 강화할 방침이다.
　캄보디아법인은 고소득 자영업자를 대상으로 하는 프리미엄 전략 점포를 확대하고 ATM을 추가 설치하는 등의 네트워크 재구축 전략에 나서고 있다. 이에 유동 인구가 많은 쇼핑몰이나 공단 지역을 중심으로 지점 및 출장소를 개설하고 있다. 또한 고객 접점을 지속적으로 확대하기 위해 올해 3개 네트워크를 추가 신설해, 리테일 영업망을 확충해 나갈 계획이다. 아울러 글로벌 금융시장이 안정화되면 캄보디아, 베트남 등에 대한 추가적인 증자도 고려하고 있다. 전 세계 금융권 최대 화두로 꼽히는 디지털 전환 역시 현지화를 통한 맞춤형 서비스로 확대할 예정이다. 베트남법인은 현지 플랫폼사 제휴 서비스 확대로 리테일 신규 고객을 유치할 계획이며, 캄보디아 법인은 지난해 출시한 우리페이(KHQR)를 기반으로 결제시스템을 통한 비대면

Case Study

영업을 강화할 예정이다.

인도네시아 법인은 ODS(Outdoor Sales·아웃도어 세일즈) 시스템을 활용해 리테일 대출 업무를 단계별로 디지털화해 나갈 예정이다. 아울러 지난 1월 오픈한 '우리소다라WON뱅킹'에는 고객 편의를 고려한 생활밀착형 서비스인 편의점 출금 서비스, QR코드 결제, 비대면 실명확인 기능, 생체 인증 등을 추가해 고객 친화적 디지털 플랫폼으로 발전시킬 방침이다. 한편 높은 경제 성장이 예상되는 인도 등의 서남아지역은 우량 현지기업을 대상으로 수출입 외환 및 여수신 거래 확대해 현지화에 더욱 매진할 계획이다. 이를 위해 우리은행은 벵갈루루 등, 인도 주요 거점 지역에 지점 추가 신설을 추진하고 있다.

또한 인플레이션감축법(IRA) 등의 적극적인 투자유치 정책을 펴칠고 있다. 미주지역 공략을 위해 미국법인과 뉴욕, LA 지점 영업시너지를 확대해 나갈 예정이며, 유럽법인은 유럽지역 영업 활성화를 위해 헝가리, 폴란드 사무소와 연계해 유럽 전 지역을 대상으로 IB 및 지상사 영업에 집중할 계획이다. 한편 우리은행은 국내 성장의 한계를 고려해 글로벌 시장에서 신성장 동력을 찾기 위해 총력을 기울이고 있다. 지난 2014년 인도네시아 소다라은행 합병을 시작으로, 2015년 미얀마 여신전문금융사 신설, 2016년 필리핀 저축은행 웰스뱅크 인수, 2017년 베트남 현지법인 신설, 2018년 캄보디아 WB파이낸스 인수, 유럽법인 설립 그리고 2022년에는 캄보디아법인 상업은행 전환 등 탄탄한 해외 영업기반을 마련했다. 우리은행 관계자는 "올해 글로벌 금융시장은 러시아-우크라이나 전쟁 장기화와 미국 등 주요국의 기준금리 인상 등의 영향으로 어느 때보다 변동성이 심화될 것으로 예상한다"며 "글로벌 부문은 철저한 리스크 관리하에 국가별 맞춤형 성장전략을 추진해 안정적 성장을 추구해 나갈 계획이다"고 말했다.

이성노 기자 / 2023.03.22. / 한스경제
http://www.hansbiz.co.kr/news/articleView.html?idxno=647087

학습문제

문제 1

다음 UCP600 해석(Interpretations)에 관한 내용 중 올바른 것은?
(제47회 국제무역사 1급 56번 기출)

① 신용장은 취소불능이라는 표시가 있어야만 취소가 불가능하다.
② 서로 다른 국가에 위치한 같은 은행의 지점들은 같은 은행으로 본다.
③ 만기를 정하기 위해 "from"과 "after"라는 단어가 사용된 경우에는 명시된 일자를 제외한다.
④ 서류의 발행자를 표현하기 위해 사용되는 "first class(일류)", "well known(저명한)", "qualified(자격있는)" 라는 용어들은 수익자를 포함하여, 해당 서류를 발행하는 모든 서류 발행자가 사용할 수 있다.

문제 2

화환신용장 거래에서 은행에 대한 설명으로 잘못된 것은?(제48회 국제무역사 1급 46번 기출)

① 확인은행은 개설은행과 마찬가지로 수익자에 대하여 상환청구권을 행사할 수 없으며 독립된 별개의 지급, 연지급, 인수 또는 매입에 대한 추가적인 확약에 대해 일차적인 책임을 지게 된다.
② 양도은행은 국내에 소재하는 제2수익자에게는 양도할 수 있지만 국외에 소재하고 있는 제2수익자에게는 양도가 불가능하다.
③ 개설은행으로부터 통지 요청을 받은 통지은행이 신용장 및 조건변경을 수익자에게 직접 통지하지 않고 다른 은행을 이용하는 경우가 있는데, 이 경우 이용되는 다른 은행을 '제2통지은행(Second advising bank)'이라 한다.
④ 연지급은행으로 지정된 은행은 신용장의 제 조건과 일치하는 서류를 수익자가 제시할 때 개설은행의 지시에 따라 수익자에게 만기일을 기재한 연지급확약서를 발행한다.

Case Study

문제 3

화환신용장의 특성에 관한 설명으로 올바른 것은? (제49회 국제무역사 1급 47번 기출)

① 은행은 서류로 거래하는 것이며 물품, 용역 또는 의무이행으로 거래하는 것이 아니라는 원칙은 독립성이다.
② 신용장은 그 본질상 그것이 근거될 수 있는 매매계약 또는 기타 계약과는 별개인 추상적인 거래이다.
③ UCP 600은 ISBP745의 특별보록이며 ISBP의 규칙들을 실무에서 적용하는 기준을 정한 것이다.
④ 개설의뢰인이 수익자에게 Warranty bond를 요구하는 것은 신용장의 한계성을 극복하는 방법이 될 수 있다.

문제 4

화환신용장의 양도에 대한 설명으로 잘못된 것은? (제49회 국제무역사 1급 52번 기출)

① 동일한 조건변경서에 대해 하나 이상의 제2수익자가 거부하더라도, 다른 제2수익자는 수락할 수 있다.
② 국외양도은행은 제2수익자로부터 선적서류를 제시받은 후 제5영업일이내 까지는 심사를 완료하여야 한다.
③ 양도은행에서 발생된 양도관련 수수료는 제1수익자의 부담이다.
④ 원신용장에 확인이 추가되었다면, 양도된 신용장도 확인이 추가된 신용장이다.

문제 5

화환신용장에서 수익자가 무시해도 되는 문구에 대한 설명으로 잘못된 것은?
(제49회 국제무역사 1급 56번 기출)

① This amendment shall enter into force unless rejected by the beneficiary within 5 banking days of this amendment date
② Insurance should cover usual risks
③ Packing condition is as per proforma invoice
④ A clean transport document is acceptable only.

문제 6

추심에 관한 통일규칙(Uniform Rules for Collection: URC 522) 에 관하여 (1) 추심의 정의, (2) 추심 당사자의 명칭과 그 정의를 쓰고, (3) 제7조에서 규정하고 있는 "상업서류의 인도(Release of Commercial Documents)"에 대하여 설명하시오.(2023년도 40회 관세사 시험 기출)

문제 7

UCP 600상 양도가능신용장의 (1) 개념을 쓰고, (2) 양도요건 4가지만 쓰시오.
(2022년도 39회 관세사 시험 기출)

문제 8

국제상거래에서 발생하는 수입업자의 대금지급 거절이나 지급불능과같은신용위험에 대처하기 위하여 수출업자는 수출대금회수불능에 대한 안전장치를 마련할 필요가 있다. 이 경우 수출업자가 수입업자의 신용위험에 대처하기 위하여 국제팩터링(Factoring) 제도와 포페이팅(Forfaiting)제도를 활용할 경우 그 효용과 한계점을설명하시오.(2016년 33회 관세사 시험 기출)

※ 해설은 부록에 기재됨.

참고문헌

1) 김창봉, 정경욱, 「AHP 기법을 활용한 무역대금결제방식 선택 시 고려요인에 관한 연구」, 『국제상학』, 2021, 제36권, 제1호, 27-46pp.

2) Citaristi, I., 「International chamber of commerce—icc. In the europa directory of international organizations」, 『The Europa Directory of International Organizations 2022』, Vol. 24, 2022, 629-632pp.

3) 박석재, 「제6차 개정 신용장통일규칙(UCP 600)의 주요 내용에 관한 연구」, 『무역상무연구』, 제33권, 2007, 63-89pp.

4) 한재필, 박미봉, 「UCP600 하에서 통지은행의 의무에 관한 연구」, 『무역상무연구』, 제91권, 2021, 115-135pp.

5) 김선옥, 「신용장발행은행의 독립지급의무의 실무적인 운용과 예외」, 『무역학회지』, 제43권, 제4호, 2018, 89-110pp.

6) 정하윤, 「백투백신용장거래에서 사기의 원칙과 거래상의 사기-대법원 2017. 11. 14. 선고 2017다 216776 판결을 중심으로」, 『상사판례연구』, 제33권, 제1호, 2020, 77-124pp.

7) 채진익, 「무역금융제도의 운용상 문제점과 그 개선방안에 관한 연구」, 『무역학회지』, 제44권, 제6호, 2019, 39-54pp.

8) 김동민, 「국제거래에서 화물인도지시서와 상환하지 않은 운송물의 무단반출에 대한 책임」, 『법과 기업연구』, 제11권, 제2호, 2021, 113-151pp.

9) 이용완, 허윤석, 「한·아세안 FTA 직접운송원칙에 관한 판례연구 : 통과선화증권을 중심으로」, 『관세학회지』, 제20권, 제4호, 2019, 209-225pp.

10) 이제현, 「Incoterms® 2020의 개정 주요내용과 통관관련 보안 규정상의 문제점에 관한 연구」, 『관세학회지』, 제22권, 제1호, 197-213pp.

11) 김지용, 이제홍, 「수출대금결제 방식의 변화에 따른 대금 회수 위험관리에 관한 연구」, 『e-비즈니스연구』, 제21권, 제4호, 2020, 73-86pp.

12) 한우정 외, 무역거래에서 송금(T/T) 방식의 결제 위험성에 영향을 미치는 요인분석」, 『무역학회지』, 제44권, 제6호, 2019, 87-103pp.

13) 김창봉, 이동준, 「유통물류 환경 변화에 따른 사후송금방식(Open Account) 수출거래특성과 신용위험 최소화 방안 연구-은행 금융플랫폼의 부분적 역할」, 『한국물류학회지』, 제32권, 제4호, 2022, 11-27pp.

14) Kim, S. M., 「Open account」, 『In Payment Methods and Finance for International Trade』, 2021, 69-73pp.

15) Luling, Z., Zhengxiong, J., Lvzhen, R. and Chaoyang, Y., 「Reconsideration of the bill of lading as a document of title」, 『Journal of Law and Society』, Vol. 5, No. 1, 2022, 66-72pp.

16) 김상만, 「무역거래에서 추심결제방식에 의한지급결제에 대한 실무적 고찰」, 『지급결제학회』, 제10권, 제1호, 2018, 157-175pp.

17) 오원석, 박세훈, 「국제대금결제에서의 신용위험 대처방안에 관한 연구 : 국제팩토링·포페이팅을 중심으로」, 『무역상무연구』, 제39권, 2008, 143-175pp.

18) 한경닷컴 사전의 경제용어사전을 참조하였음
(https://dic.hankyung.com/apps/economy.view?seq=359)

19) Negescu, M. D., Burlacu, S., Mitriță, M., & Buzoianu, O. C. A., 「Analysis of Factoring at the International Level」, 『Managerial Challenges of the Contemporary Society』, Vol. 13, No. 1, 2020, 99-102pp.

20) 김병학, 홍길종, 「무역결제방식의 변화에 따른 수출보험제도의 개선방안에 관한 연구」, 『통상정보연구』, 제8권, 제3호, 2006, 99-119pp.

21) 김창선, 「국내 외국환은행의 포페이팅 위험관리 비교 고찰」, 『무역학회지』, 제43권, 제5호, 2018, 1-23pp.

22) 장청, 강원진, 「포페이팅의 유용성과 한계성에 대한 고찰」, 『무역학회지』, 제33권, 제2호, 2021, 425-445pp.

23) 허해관, 「2012 년 제정 ICC 포페이팅통일규칙(URF) 에 관한 소고」, 『무역상무연구』, 제58권, 2013, 149-177pp.

24) Cefis, E., Leoncini, R., Marengo, L., Montresor, S., 「Firms and innovation in the new industrial paradigm of the digital transformation」, 『Industry and Innovation』, Vol.30, No.1, 2023, 1-16pp.

25) Uysal, F., Ahmadisheykhsarmast, S., Sonmez, R., 「A smart contract framework as an alternative method for letter of credit use in construction procurement」, 『The Twelfth International Conference on Construction in the 21st Century(CITC-12)』, 2022, 643-649pp.

26) Zhu, L., Li, Z., 「The blockchain bill of lading and its function as a document of title」, 『Tulane Maritime Law Journal』, Vol.46, 2022, 87-114pp.

27) Van Vuuren, M. J., 「Using blockchain technology to solve to the international transaction

dilemma」, Doctoral dissertation, University of Johannesburg, 2022.

28) Toorajipour, R., Oghazi, P., Sohrabpour, V., Patel, P. C., Mostaghel, R., 「Block by block : A blockchain-based peer-to-peer business transaction for international trade」, 『Technological Forecasting and Social Change』, Vol.180, 2022, 1-10pp.

29) Alsalim, M. S. H., Ucan, O. N., 「Secure banking and international trade digitization using blockchain」, 『Optik』, Vol.272, 2023, 1-10pp.

30) Jovanovic, M., Kostić, N., Sebastian, I. M., Sedej, T., 「Managing a blockchain-based platform ecosystem for industry-wide adoption : The case of TradeLens」, 『Technological Forecasting and Social Change』, Vol.184, 2022. 1-15pp.

31) Keresztes, É. R., Kovács, I., Horváth, A., Zimányi, K., 「Exploratory analysis of blockchain platforms in supply chain management」, 『Economies』, Vol.10, No.9, 2022, 1-20pp.

32) Kapassa, E., Themistocleous, M., 「Blockchain technology applied in IoV demand response management : A systematic literature review」, 『Future Internet』, Vol.14, No.5, 2022, 1-19pp.

33) Basumatary, A., Joshi, S., 「Adoption Of Blockchain In Trade Finance And Its Impact On Financial Decision Making」, 『In 2022 International Conference on Decision Aid Sciences and Applications(DASA)』, 2022, IEEE.

제7장
원산지기준과 증명제도

New Principles of International Trade of the 4th Industrial Revolution

학습목표
1. 원산지규정의 개념과 정의를 이해한다.
2. 국제무역에서 원산지규정의 중요성을 설명한다.
3. 원산지판정의 주요 결정기준을 파악한다.
4. 실질변형기준의 종류와 종류별 특징을 파악한다.
5. 원산지증명서의 내용과 역할을 이해한다.
6. 원산지표시제도에 따른 표시방법을 파악한다.
7. FTA별 원산지검증 방법을 파악한다.
8. 디지털 시대의 원산지증명시스템을 이해한다.
9. 원산지 증명시스템 활용의 혜택을 파악한다.

Contents
Introduction : 수입 꽃 밀려오는데 … 원산지 표시 '나 몰라라'
제1절 원산지 규정의 이해 및 개요
제2절 원산지 증명과 검증
제3절 디지털시대의 원산지 증명시스템
Case Study : 인천세관 지난해 원산지 거짓표시 위반 단속 194억 물품 적발

Introduction

수입 꽃 밀려오는데 … 원산지표시 '나 몰라라'

- 먹거리와 달리 관심도 낮아 / 온라인쇼핑몰 등 불법 만연
- 생산자단체 '단속강화' 요구 / "규제 강화땐 판매 위축될라"
- 정부는 대책 마련에 미온적

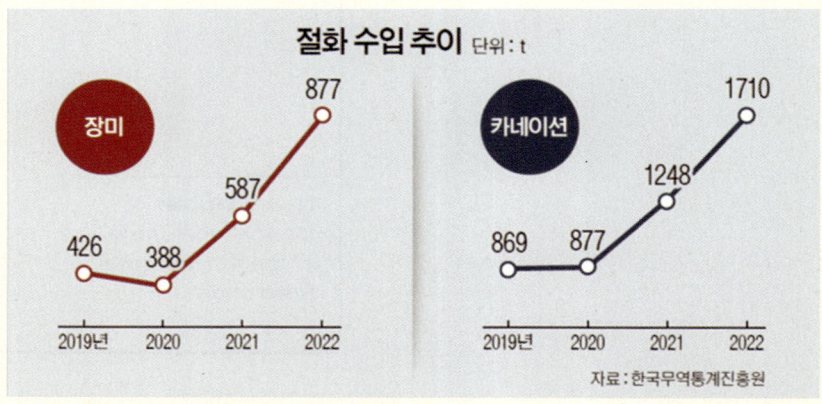

▲ 한국무역통계진흥원 자료 재구성(최지연 기자 / 농민신문)

　꽃(절화) 수입이 급증하고 있다. 꽃 소비가 극도로 위축됐던 코로나19 이전 수준을 훌쩍 뛰어넘어 역대 최고치를 넘볼 정도로 엄청난 물량이 쏟아져 들어오고 있다. 그러나 일반 농축산물에 비해 상대적으로 원산지표시에 둔감한 소비 성향을 악용해 교묘하게 원산지를 혼용하거나 아예 원산지표시 없이 판매하는 사례가 만연해 국내 화훼시장이 갈수록 혼탁해지고 있다. 한국무역통계진흥원에 따르면 절화 수입량은 최근 급증 추세를 보이고 있다. 대표적인 수입 품목인 절화 장미는 수입규모가 코로나19 이전인 2019년 426t(380만달러)에서 2022년 877t(853만달러·잠정치)으로 두배 넘게 늘었다. 카네이션 역시 수입량이 같은 기간 869t에서 1710t(잠정치)으로 두배 가까이 증가했다. 코로나19 완화로 올해는 수입이 한층 더 폭증할 전망이다.

　이처럼 꽃 수입이 급증하면서 서울 강남터미널 경부선 화훼 도매상가와 남대문 대도꽃상가 등 도매유통 단계에서는 수입 꽃을 취급하는 상인들이 부쩍 늘었다. 대도꽃상가의 한 도매상인은 "소매화원들이 국산 꽃으로만 장사하기 힘들다고 최근 수입 꽃을 많이 찾는다"며 "외국산 꽃의 색과 품종이 다양해져 소매점들의 수요가 갈수록 늘 것으로 보인다"고 말했다.

　문제는 일반 소비자가 많이 찾는 온라인 판매처나 소매화원이다. 꽃 수입이 급격히 늘고 있으나 일반 소비자들이 시중에서 꽃을 구매할 때는 수입 꽃 표시를 찾아보기 힘들다는 점이다.

우리나라는 2017년부터 '농수산물의 원산지표시 등에 관한 법률'에 따라 화훼류에도 원산지표시제를 시행하고 있다. 국산 절화 가운데 국화·카네이션·장미·백합·글라디올러스·튤립·거베라·아이리스·프리지어·칼라·안개꽃은 원산지표시를 해야 하며, 외국산은 절화나 분화 가릴 것 없이 모두 원산지를 표시해야 한다. 하지만 소비자 구매 단계에서는 원산지표시 위반 사례가 끊이지 않고 있다. 국립농산물품질관리원에 따르면 화훼류 원산지표시 위반 적발 사례는 2020년 63건, 2022년 75건 등으로 집계됐지만 수입 증가 추세를 감안하면 이는 빙산의 일각이라는 게 화훼업계의 일치된 목소리다. 실제로 최근 젊은층이 선물용 꽃 구매 때 많이 이용하는 사회관계망서비스(SNS)에서 '꽃다발'을 검색하면, 금액과 주문 방법서만 있고 원산지표시가 없는 곳이 적지 않다. 이는 명백한 원산지표시 위반이다.

온라인 쇼핑 플랫폼도 사정은 크게 다르지 않다. 국내 한 대형 플랫폼에 입점한 A사의 경우 장미꽃을 포함한 꽃다발 상품 화면에는 '원산지 : 국내산(경기도)'이라고 적혀 있지만, 상품 상세페이지에 들어가면 '콜롬비아 장미 농장과 직접 계약을 맺어 들여온다'고 적혀 있다. 이 역시 원산지표시 위반이다. 온라인 판매만의 문제는 아니다. 일반 소매화원들의 경우 소비자들이 꽃 원산지에는 큰 관심을 두지 않는다는 점 때문에 품목별 원산지표시를 소홀히 하는 사례가 적잖다.

정부도 수입 꽃 유통의 문제점을 파악하고 있으나 대책 마련에는 미온적이다. 농림축산식품부는 2021년 '제1차 한국화훼산업 육성종합계획'에 화훼 유통 시장 투명성 제고를 위한 수입 절화 도매시장 상장과 원산지표시제 개선방안을 마련했지만, 이후 아무것도 달라지지 않았다. 농식품부 관계자는 "원산지표시제와 관련해 현장에서 개정 요구가 올라와 중요성은 인지하고 있지만 이전에 재사용 화환 표시제 시행 이후 가짜꽃(조화)이 많이 사용되면서 부작용이 생긴 일이 있다"며 "수입 꽃 규제가 자칫 판매 위축을 불러일으킬까 봐 신중하게 접근할 계획"이라고 밝혔다.

생산자단체들은 수입 꽃 폭증에 대응해 수입 꽃 유통관리를 더욱 철저히 해줄 것을 요구한다. 김윤식 한국화훼자조금협의회장은 "이제는 외국산 절화가 연중 들어오고 소매화원에서도 수입 꽃 취급을 크게 늘리고 있다는 점을 감안할 때 농관원은 단속 기간을 꽃 성수기인 4~5월로 한정할 게 아니라 상시화해야 한다"고 밝혔다. 김완순 서울시립대학교 환경원예학과 교수는 "도·소매상인들이 해당 법령에 대한 이해와 준수 의식이 충분하지 않은 것으로 보인다"며 "담당 기관과 지방자치단체가 보다 적극적으로 계도와 홍보에 나서야 한다"고 강조했다.

최지연 기자 / 농민신문 / 2023. 02. 10. /
https://www.nongmin.com/article/20230208500438

제7장
원산지기준과 증명제도

제1절 원산지규정의 이해와 개요

1. 원산지규정의 개요

1) 원산지규정의 개념적 정의

원산지규정(Rules of Origin)이란 특정 물품이 해당국가에 생산되었다는 것을 증명하는 기준 및 절차를 말한다. 이를 위해 각 국가 간 FTA(Free Trade Agreement)를 체결함에 있어 HS코드에 따라 품목별로 원산지규정을 구성하여 협정문을 세워 기준을 정하였다.[1] 원산지규정은 주로 원산지절차, 통관 절차 및 관세행정 관련 부문으로 나뉘며, 전체적으로 무역 원활화에 대한 규정을 제시하여 무역 당사국 간의 협정에 따라 특혜관세를 신청할 수 있다.[2] 최근 FTA의 확산으로 원산지규정의 중요도가 더욱 높아지고 있으며, 원산지의 인정 범위에 따라 적용할 수 있는 관세율이 달라지고 기업의 해외 투자 및 생산방식에도 영향을 미칠 수 있다.[3]

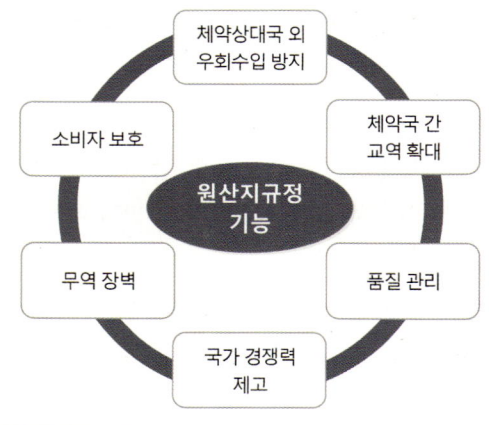

블록체인 활용한 LC 거래 흐름원산지규정 기능

2) 원산지규정의 분류

원산지(Country of origin)란 원산지 기준(Origin criterion)에 따라 결정된 상품의 국적을 의미하는 것으로 공산품의 경우 그 물품이 생산·제조·가공된 나라를 말한다.[4] 그리고 원산지규정(Rules of Origin)은 국제적으로 거래되는 물품의 국적(Nationality)으로 법령이나 행정규칙을 의미한다. 원산지

규정은 적용 목적에 따라 특혜원산지규정(Preferential rules of origin)과 비특혜원산지규정(Non-preferential rules of origin)으로 분류할 수 있다.5) 특혜원산지규정은 특정 국가들에게 관세 특혜를 부여하는 규정으로, FTA APTA(Asia-Pacific Trade Agreement)의 적용 또는 일반특혜관세제도(Generalized System of Preference: GSP)를 통해 이루어진다. GSP는 개발도상국가들의 산업화를 촉진하고 경제성장을 가속화하기 위해 만들어졌다.6) 이러한 규정은 특혜를 받을 자격이 있는 국가들을 명확히 구분하여, 특혜를 받지 않는 국가들이 무료로 혜택을 받지 못하도록 하며, 특혜관세를 통해 효과를 얻기 위한 목적으로 사용된다.

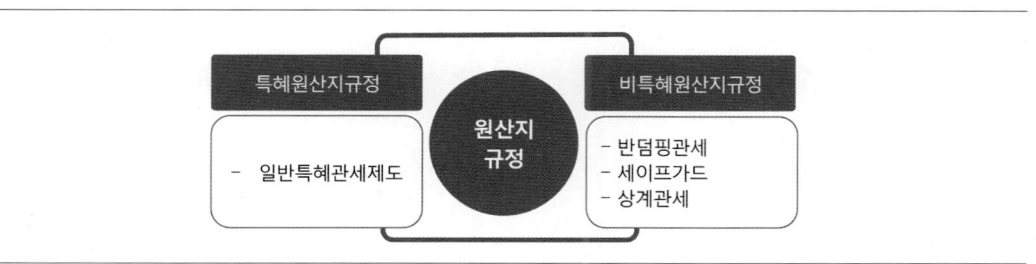

블록체인 활용한 LC 거래 흐름원산지규정의 적용 목적에 따른 분류

3) 원산지규정의 중요성

원산지규정은 각 국가마다 판이하며 원산지 자체의 복잡성, 불명확성, 차별적 적용 가능성으로 인해 무역장벽의 기능을 하고 있는 것이 원산지규정이 국제무역상 이슈로 대두된 원인이라고 할 수 있다.7) 원산지규정을 준수하기 위해 수출업체는 원재료 구매를 국내로 변경해야 할 수 있다.8) 원산지규정은 이 규정은 원산지의 판정을 위한 조건을 엄격하게 설정하거나 국가에 따라 차별적으로 적용하여 반덤핑관세, 상계관세 부과, 쿼터 적용 등의 무역 관련 조치에서 원산지의 확실한 구별이 필요한 경우에 사용하여 간접적인 수입제한 효과를 가질 수 있다. 결국 기업들은 경제의 세계화(Globalization)가 가속화될수록 원재료를 글로벌 소싱하거나 제품의 글로벌 생산을 확대하는 등의 방식을 더욱 많이 활용하게 되면서, 물품의 국적이라고 할 수 있는 원산지를 결정하는 것이 까다롭지만 중요하게 된다.9)

2. 수출입 원산지판정의 주요 결정기준

FTA의 본질은 체결 당사자 국가의 물품에만 다른 나라 물품보다 낮은 관세를 부과하여 서로 이득을 보자는 것이 핵심이다.10) 따라서 원산지확인을 소홀히 하면 FTA에 따른 관세절감도 받지 못하고 기업에게 엄청난 손실이 초래될 수 있다. 뿐만 아니라 원산지의 인정 범위에 따라 적용될 수 있는 관세율이 달라지고 기업의 해외투자방식에도 영향을 미칠 수 있다.11) 이에 양자 간 FTA 협정을 맺은 체약국은

FTA 협정문에 원산지결정에 대한 기준을 규제하며 상품의 국적을 결정하고 검증하는 법령이나 규칙을 '원산지규정(Rules of origin)'이라고 현시하였다. 원산지규정은 원산지결정기준에 따라 나뉘며 일반적으로 상품의 '실질적인 변형'이 어느 국가에서 일어났는지가 원산지를 결정하는 기준이 된다.[12]

1) 완전생산기준

완전생산기준은 하나의 국가에서 제품을 완전히 생산하거나 획득된 물품(Goods wholly obtained or produced in one country)의 경우 해당 국가를 물품의 원산지로 간주하는 규정이다.[13] 일반적으로 동물, 식물, 광물 등 천연상품이나 천연상품으로만 제조된 물품에 적용되며, 해당 물품의 전체 공정을 진행한 국가를 원산지로 판정하는 기준으로 사용한다. 이때 말하는 천연생산물 또는 천연생산품은 해당 국가의 영토, 영해 등 해당 지역에서 생산, 채취 및 제조된 농수산물·광산물·동물·물품 등을 포함하고 있다.

2) 실질변형기준

실질변형기준의 결정 기준은 제품이 2개국 이상의 국가에서 생산, 가공 또는 제조된 경우에 해당 물품의 본질적인 특성이 결정되는 생산과정이 최종적, 실질적인 변형(Substantial transformation, Sufficient working or processing)이 이루어진 국가를 원산지로 간주하는 방법이다.[14] 원산지 결정은 복잡한 규정에 따라 이루어지며, 세번(HS 품목번호)변경기준을 원칙으로 하되 부가가치기준 혹은 특정가공공정기준을 보완적으로 적용시키거나, 위 세 가지 기준을 조합하여 적용하기도 한다.[15] 따라서 해당 물품의 실질적 변형이 일어나는 마지막 가공국(제3국)이 원산지가 될 수 있으며, 실질적인 변형이 발생하지 않는 최소 가공 작업은 원산지 결정에 영향을 주지 않는다.

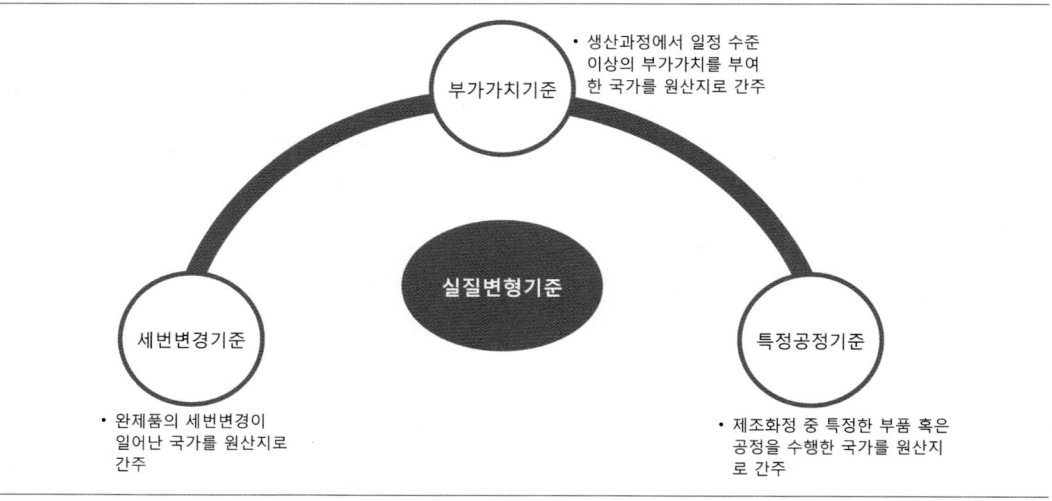

블록체인 활용한 LC 거래 흐름실질변형기준

(1) 세번변경기준

세번변경기준(Change in Tariff Classification Criterion: CTC)[16]은 역외국 재료의 세번[17]이 해당 국가에서 진행된 제조공정으로 인해 생산된 완제품이 충분한 변형을 겪은 것으로 간주되어 세번이 달라질 경우, 이러한 세번변경이 일어난 국가를 원산지로 간주하는 기준이다.[18] 세번변경기준에는 HS에 기반하여 2단위 변경(Change of Chapter: CC), 4단위 변경(Change of Tariff Heading: CTH), 6단위 변경(Change of Tariff Subheading: CTSH) 등이 있다.

(2) 부가가치기준

부가가치기준(Value Content: VC)[19]은 제품의 생산과정에서 일정 수준 이상의 부가가치를 부여한 국가를 원산지로 간주하는 기준으로, 해당 기준을 사용하는 방법으로는 역내 부가가치 비율이 일정 이상이어야 하는 최소 부가가치비율에 의한 방식(Domestic or Region Value Content: RVC), 최종제품과 수입 원재료 가격의 격차가 얼마나 나는지에 의한 방식(Imported Content: IC), 부품가치에 의한 방식(Value Content: VC) 등으로 구분된다.

(3) 특정공정기준

특정공정기준은 주로 화학 분야 또는 섬유나 의류 분야에 사용되며 제조과정 중 특정한 공정이 수행되어야 한다는 것을 조건으로 하는 원산지 결정기준이다. 세번변경기준이나 부가가치기준에 보완적으로 사용된다.[20] 이는 특정가공공정이 실질적 변형을 판정하는 또 다른 기준이 된다고 볼 수도 있다. 섬유산업의 경우, 한·미 FTA협정에서 섬유산업에 대한 국내 섬유업계의 요구사항은 패브릭포워드(Fabric forward)[21]였으나 한·미 FTA협정은 미국의 방식을 활용하여 얀포워드(Yarn forward)[22]로 결정된 바 있다.

3) 보충적 원산지결정

앞서 설명한 완전생산기준 혹은 실질변형기준은 원산지결정 시 특정 품목이 해당 기준을 충족하는지에 따라 전부 인정되거나 전혀 인정되지 않는 것과 절대성이라는 성질을 가진다. 예를 들어, 원산지결정에서 세번변경기준을 사용할 경우에는 거의 원재료와 부가가치가 수출국에서 일어나게 되고, 아주 작은 부분의 수입 원재료를 사용한 경우에도 수출품에 대한 특혜관세의 혜택을 누리지 못하는 경우가 생길 수 있다.[23] 원산지판정의 절대성은 제품 생산에서 중대한 왜곡 현상을 초래할 수 있다.

📋 원산지결정에 대한 보충적 기준

구분	형태
미소기준	- 비원산지 재료가격이 당해물품의 전체가격에서 차지하는 부분이 미미할 경우, 품목별 원산지 기준에서 규정하는 원산지 요건을 충족하지 못할 경우에도 예외적으로 원산지로 인정
누적기준	- FTA 상대국산 원재료를 사용한 경우 국산재료(원산지재료)로 간주하여 역내산 원산지 인정 - 특혜 국가범위에 따라 양자간(Bilateral)누적, 유사(Diagonal)누적, 완전(Full)누적으로 구분
흡수방식 (흡입방식)	- 비원산지 재료가 충분한 작업 또는 가공을 거쳐 원산지 제품이 되어 최종제품의 중간부품으로 사용될 경우 이 최종제품의 원산지 판정시 해당 중간 부품의 비원산지 재료도 역내산 간주
불안정공정/ 최소가공기준	- 세번이 변경되더라도 최소 가공만 일어난 경우는 변형으로 인정하지 않음 • 운송, 보관 중 보존 작업 /포장, 상품성 개선 작업 또는 하역, 포장 등 선적준비작업
직접운송원칙	- 당사국에서 수입국으로 직접 운송된 물품만 원산지로 인정
역외가공인정	- 자국산 부품을 사용하여 제3국에서 반제품을 만든 후, 재반입하여 자국에서 최종 생산한 물품에 대해 자국산 부품가격을 자국에서 발생한 부가가치 금액에 포함
부속품 및 포장용품에 관한 규정	- 부속품, 예비부품, 공구 등은 해당물품의 원산지에 따라 원산지를 결정함 - 소매판매를 위한 포장용품 및 포장용구는 그 내용물의 원산지를 따르지만, 관세율표상 포장용품과 내용물을 별개의 품목 번호로 분류하고 있는 때에는 이를 적용하지 않음

자료 : 조미진·김한성·김민성·양주영, "동아시아 FTA를 대비한 한국 원산지규정 추진방안", 「연구보고서」 10-04, 대외경제정책연구원, 2010.12.30., pp.53-54.

제2절 원산지증명과 검증

1. 원산지증명서

1) 원산지 증명서의 의의

원산지증명서(Certificate of Origin: C/O)는 수출이 예정된 상품이 그 국가에서 생산되거나 제조되었다는 것을 확인하는 공문서이다. 이 서류는 발급주체, 서식과 내용 및 유효기간 등에 관한 자세한 규정을 내포하여 무역에서 발생하는 문제들을 수입물품의 원산지나 생산지를 판별하기 위한 목적으로 주로 이용된다.[24] 원산지증명서의 발급은 주로 수출국에 머무르고 있는 수입국 영사가 진행하는데 우리나라의 경우는 대한상공회의소와 세관에서 주관하고 있다.

2) 원산지 증명서 종류

원산지증명서의 종류로는 일반원산지증명서, 일반특혜관세제도 원산지증명서(Generalized System of Preference Certificate of Origin: GSP C/O), 범개도국간특혜무역제도 원산지증명서(Global System of Trade Preferences among Developing Countries: GSTP C/O) 등이 있다.[25] 그중 GSP는 개발도상국가의 수출 확대 또는 공업화 촉진과 같은 발전을 위해 개발도상국이 선진국으로 농수산품 및 공산품을 수출할 때, 해당 물품들에 대해서 무관세 또는 저율의 관세를 아무런 조건 없이 부과하는 관세상의 특혜대우를 말한다. 또한 GSTP는 개발도상국가들 사이의 특혜무역제도이며, 개발도상국 간의 실효성 있는 무역체제를 설정하는 수단으로 시작되었다.

2. 원산지표시제도

1) 원산지표시제도의 의의

수입물품 원산지표시제도란 공정한 무역거래질서를 세우고 불법수입행위를 막음과 동시에 국내 소비자를 보호하기 위한 제도라는 궁극적인 목표가 있다. 원산지표시는 소비자와 생산자 권익보호를 위해 거래과정에서 물품의 원산지를 누구나 알 수 있도록 하기 위해 표시방법과 확인 또는 판정절차를 실정법으로 규범화한 것으로써 원산지규정의 일부라고 할 수 있다.[26]

2) 원산지적용범위 및 표시

(1) 원산지표시방법

원산지표시의 대상은 일반 수입물품과 FTA 교역품목에도 예외 없이 원산지표시가 필수적이다. 수입물품의 원산지는 규정에 따라 한글 표시는 "원산지 : 국명" 또는 "국명 산(産)"으로, 영문 표시는 "Made in 국명" 또는 "Product of 국명"으로 표시된다. 원산지표시는 최종구매자가 식별하기 쉬운 크기의 활자체로 쉽게 지워지거나 떨어지지 않도록 표시하여야 한다. 수입 후 분할 재포장이 필요한 물품은 분할 재포장된 물품에, 분할 재포장이 필요하지 않은 물품은 낱개 또는 산물로 거래될 때 해당 물품이나 판매용기, 판매장소에 스티커, 푯말, 안내문 등을 통해 원산지를 표시한다. 특히 주문자상표부착(Original Equipment Manufacturer: OEM)방식에 입각하여 수입물품의 원산지와 주문자가 위치한 국명이 달라 최종구매자가 해당 물품의 원산지를 혼동할 수 있는 물품은 해당 물품 및 포장·용기의 전면에 원산지표시를 해야 한다.[27]

(2) 표시단위

표시단위에 대한 원칙은 보통 최소 포장단위로 해당 수입물품의 현품에 표시하는 것이지만 다음과 같은 예외가 존재한다. 해당 물품에 원산지 표시가 불가능하거나 물품의 훼손 또는 가치 저하의 경우, 원산지 표시를 위한 비용이 과하거나 포장이 되어 판매가 되지 않는 물품, 외관상 원산지 오인 가능성이 적은 경우 등이 있다. 해당 물품들은 원산지를 표시하지 않고 최소포장 또는 용기 등에 수입물품의 원산지를 표시할 수 있다.[28]

(3) 표시요령

대외무역관리규정 제76조(수입물품 원산지표시의 일반원칙)에 따르면 『수입 물품의 원산지는 제조단계에서 인쇄(Printing), 등사(Stenciling), 낙인(Branding), 주조(Molding), 식각(Etching), 박음질(Stitching) 또는 이와 유사한 방식으로 원산지를 표시하는 것을 원칙으로 한다. 다만, 물품의 특성상 위와 같은 방식으로 표시하는 것이 부적합 또는 곤란하거나 물품을 훼손할 우려가 있는 경우에는 날인(Stamping), 라벨(Label), 스티커(Sticker), 꼬리표(Tag)를 사용하여 표시할 수 있다.』라고 규정되어 있다. 또한 최종구매자가 원산지를 착각할 우려가 없는 경우에는 일반적으로 주로 활용하는 약어를 사용하여 원산지표시를 할 수 있다.[29]

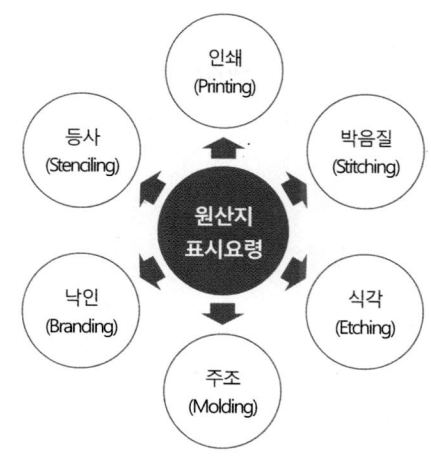

블록체인 활용한 LC 거래 흐름원산지표시 요령

(4) 수입물품 원산지표시의 면제

원칙적으로 원산지를 표시하여야 하는 수입물품 중 대외무역관리규정(산업통상자원부고시 제2019-197호)에 따라 다음의 경우에 해당될 시 원산지표시가 면제될 수 있다. 외화획득용 원료 및 시설기재로 수입되는 물품이나 개인이 보낸 물품 및 휴대품의 경우 면제가 가능하다. 또한 수입 후 실질적 변형을 일으키는 제조공정에 투입되는 부품 및 원재료로서 실수요자가 직접 수입하거나 판매 또는 임대목적에 제공되지 않는 물품으로서 실수요자가 직접 수입하는 경우가 포함된다. 그 외에도 연구개발용, 견본품, 통과화물, 재수출조건부 물품, 재수입 물품, 외교관 면세대상물품 등 원산지표시가 면제될 수 있는 경우가 있다.

3) 원산지표시의 확인·검사

수입자는 물품의 수입통관시 원산지표시 여부에 대한 세관장의 확인이 필요하며, 세관장은 규정을 위반하는 사항에 대하여 원산지표시를 명령 또는 정정 및 말소와 같은 조치를 취할 수 있다. 또한 세관장의 요청에 따라 수입신고 전까지 원산지증명서 등 관련된 자료의 제출 및 확인을 받아야 한다.

4) 원산지확인을 위한 직접운송원칙

물품을 수입할 때 수입 물품에 대한 원산지표시에 대하여 대외무역관리규정 제93조에 따르면 『수입 물품의 원산지는 그 물품이 원산지국가 이외의 국가(이하 "비원산국"이라 한다)를 경유하지 아니하고 원산지국가로부터 직접 우리나라로 운송반입된 물품에만 해당 물품의 원산지를 인정한다.』고 정의하고 있다. 다만, 지리적 또는 운송과정으로 인해 제3국에 환적 또는 일시장치를 하였을 경우에는 세관 감시 하에 다른 행위가 없음이 인정된다면 직접운송된 물품으로 취급한다. 또한 박람회나 전시회와 같은 행사를 위해 제3국으로 수출되었던 물품이 우리나라로 수입된 경우에도 직접운송된 물품으로 보고 있다.

3. 원산지검증

1) 원산지검증의 의의

원산지검증은 협정관세를 유지 할 수 있는가에 대한 여부를 판단하고 국내 수출자(생산자 포함), 국내 수입자 또는 원산지증빙서류 발급기관이나 체약상대국의 수출입업자를 대상으로 수출입물품의 원산지 조사를 실시하는 것으로 FTA 특혜를 받을 수 있는지에 대한 적정성 여부를 판단한다. 원산지검증은 원산지요건 이외에도 관련된 협정이나 국내법 등에 규정된 모든 특혜 요건 또는 허위표시에 대한 여부를 확인하여 필요한 조치를 취할 수 있다고 본다. 이때 특혜를 적용받은 협정관세의 적정 여부와 수출입물품의 원산지확인을 위하여 국내 수입자·수출자·생산자 및 원산지증빙서류 발급기관, 체약상대국 수출자·생산자를 대상으로 원산지를 조사한다.[30]

2) 원산지검증 목적

FTA 체결국이 늘어남과 동시에 원산지 판정에 대한 엄격성도 함께 높아졌으며, 무역 상대국의 수출국에 대한 원산지 검증 요청 횟수도 늘어나는 추세이다.[31] 원산지검증은 주로 불공정무역행위를 방지하고 제3국의 물품이 우회수출입되어 거래되는 것을 막아 국내산업을 보호하기 위해 사용된다.[32] 그 외에도 관세탈루방지를 통한 세수증대, 협정국 간의 교역과 투자촉진, 상대국의 검증요청 수행을 통한 FTA 이행관리를 위해 원산지검증이 이루어진다.

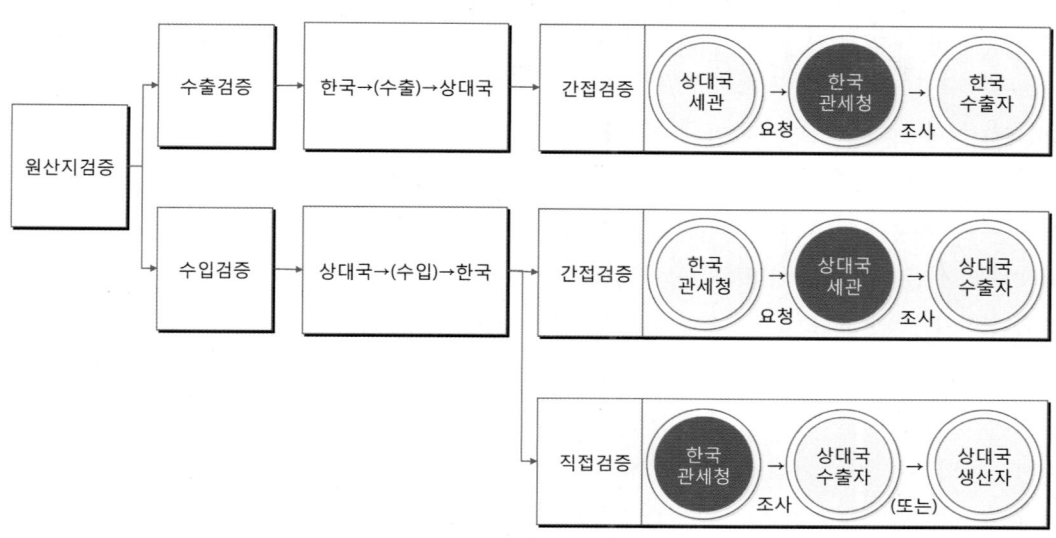

블록체인 활용한 LC 거래 흐름원산지검증 구분

3) FTA별 원산지검증 방법

원산지검증은 수입인지 수출인지에 따라 수입물품에 대한 원산지조사와 수출물품에 대한 원산지조사로 나뉘게 된다. FTA 협약에 따라 원산지조사 수행 주체가 달라지며 직접검증과 간접검증으로 구분된다.33) 직접검증은 수입국 세관에서 체약상대국의 수출자 또는 생산자를 직접 조사하는 방식으로 주로 미국에서 사용되고 간접검증은 수입국 세관이 수출국 세관과 같은 처분청을 통해 검증을 의뢰하여 해당 처분청이 수출자 및 생산자를 대상으로 원산지조사를 진행하는 방법으로 주로 유럽에서 사용되고 있다. 직접검증과 간접검증을 혼합하여 사용하는 경우도 있는데 이는 아시아에서 주로 사용하는 방법이다.34) 수출물품에 대한 원산지조사는 체약상대국의 관세당국의 검증요청에 응하여 우리나라 세관에서 체약상대국으로 수출된 해당 물품을 대상으로 원산지조사를 진행하게 된다.

4) 원산지검증 이후 조치

(1) 협정관세 적용보류

수입물품에 대한 원산지검증을 진행하는 중 같은 물품에 대해 추가 수입신고가 되면 특례법 시행령 제17조에 따라 검증 종결시까지 협정관세를 적용하는 것을 일시적으로 보류할 수 있는 제도이다. 대상 물품은 주로 조사대상 수입자가 추가로 수입한 조사대상 물품 또는 동종·동질 물품이며 서면조사 통지를 받은 원산지검증을 시작한 날부터 검증결과를 통지받는 날까지 적용된다. 사후에는 원산지조사 결과에 따라 원산지결정기준이 충족했다고 판단되면 수입자에게 원산지검증 대상 물품에 대한 세금의 경정 및 관세의 환급을 고려하고 혜택을 볼 수 있도록 한다.

(2) 협정관세 적용제한

원산지검증의 결과로 수입물품이 원산지기준에 미달 또는 원산지증빙서류 미제출과 같은 이유로 협정관세의 적용을 하지 않고 추징하는 것을 의미한다. 협정관세 적용제한은 필요한 원산지 증빙서류를 미제출 또는 허위사실 기재하거나, 정해진 시간 내에 회신하지 않았을 경우에 발생한다. 또한 검증 결과 원산지가 다르거나 필요한 원산지 증빙서류를 보관하지 않았을 때에도 제한이 발생한다. 이외에 조사대상자의 조사 거부 또는 불가능의 경우 등 다양한 경우에 협정관세 적용에 제한이 발생할 수 있다.

제3절 디지털 시대의 원산지관리시스템

디지털 시대에서의 원산지증명시스템은 제품이나 서비스의 출처와 원산지를 확인하고 검증하는 과정을 이미지 인식 기술, 텍스트 분석 기술 등의 여러 가지 디지털 기술을 활용한다. 이를 활용하면 소비자들에게는 제품의 원산지에 대한 투명성을 제공하고, 기업에는 지적 재산권 보호와 불법 복제 및 유통 방지의 이점을 제공할 수 있다. 이를 통해 기업과 소비자는 상호신뢰를 바탕으로 소비자들이 윤리적인 제품을 선택할 수 있도록 도움을 줄 수 있다. 이를 상용화할 시 우리나라 수출기업의 경쟁우위 확보 및 효율성 증대에 긍정적 영향을 미칠 수 있게 된다.

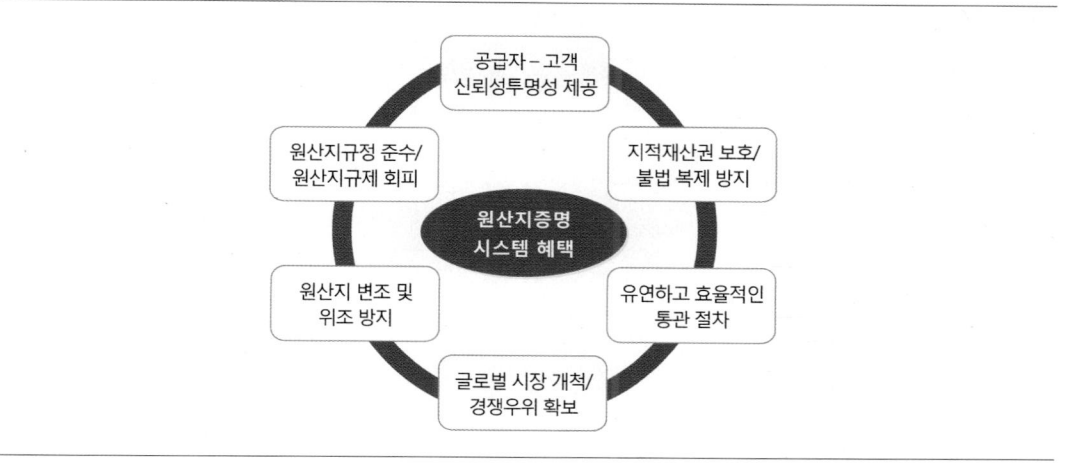

원산지증명시스템 혜택

1. FTA-PASS 원산지관리시스템

FTA-PASS 원산지관리시스템은 수출업체와 원재료 공급업체간의 원산지 관리를 간편하게 처리하고, 관세청 통관시스템과 연계하여 원산지증명서 및 제반서류 작성 및 발급을 용이하게 한다. 수출업체는 시스템을 통해 제품의 세부 정보와 원산지 관련 문서를 입력하고, 해당 제품이 특정 FTA 협정에 부합하는지 확인할 수 있다. 이를 통해 업체는 원산지 증명서를 발급받고, 해당 국가로의 수출 시 원산지 혜택을 받을 수 있다.

이는 우리나라가 발효 중인 많은 FTA 협정에 따라 기업이 거래하는 물품에 대한 원산지 관리를 전한화하는 것이다.[35] FTA-PASS 시스템은 자동화와 디지털화를 통해 FTA 원산지 관리를 간소화하고, 원재료 공급업체부터 최종 수출자까지 협업을 강화하는 데 도움을 준다.

FTA-PASS 원산지관리시스템은 FTA-PASS 회원가입 및 기초정보 설정 후 이용 가능하다. 이때 원산지관리에 필요한 정보 입력를 입력하고 협정의 원산지규정을 적용하여 원산지판정하고 원산지증명서류 발급하는 과정을 디지털로 수행한다. 이외에도 원산지확인서 유통, 문서보관, 작성대장, 인증수출자 신청 등의 기능을 지원하고 있다.

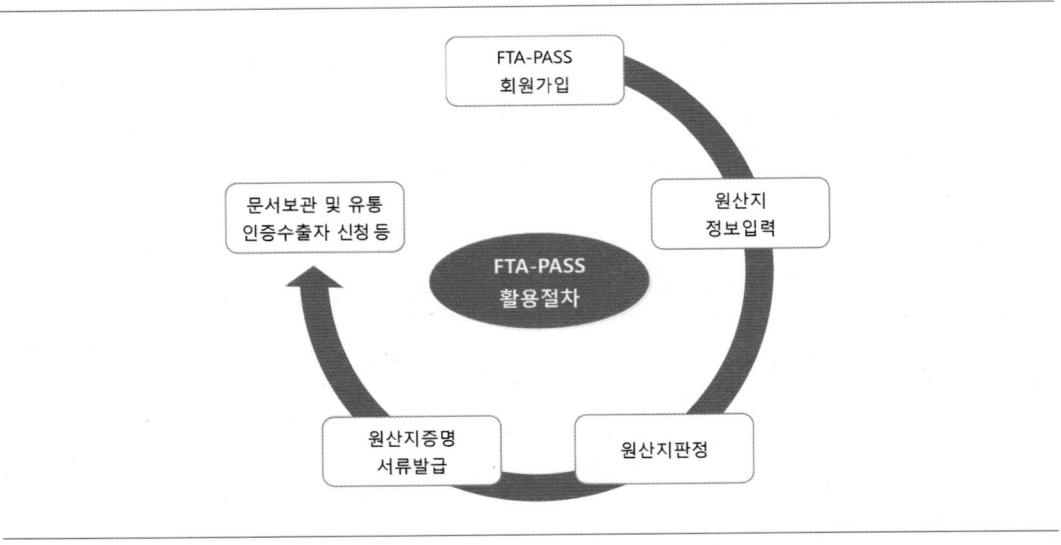

FTA-PASS 활용절차

2. 블록체인 기반 원산지증명서 발급 서비스

디지털 시대의 원산지증명시스템 중 하나로는 블록체인 기술을 이용한 원산지증명서(C/O) 발급 서비스가 있다. 블록체인이란 탈중앙화된 분산원장을 통해 거래 기록을 안전하게 저장하고 검증하는 기술로 원산지증명시스템에서는 제품의 원산지정보를 블록체인에 기록하여 변조나 위조를 방지하고, 제품의 이력을 신뢰할 수 있는 방식으로 추적할 수 있다. 이 서비스는 생산자와 소비자를 연결하여 제품의 원산지를 검증하고, 제품의 안전성과 품질을 보장하는 데에 활용된다. 원산지를 증명하기 위해 독립된 인증기관은 제품의 원산지를 확인하고 검증한 후, 인증서를 발급하여 제품에 부착하거나 디지털 형태로 제공한다.

또한, 이 같은 블록체인 기반 국가 간 원산지 정보 교환 플랫폼 구축은 실시간으로 정보교환체계와 이를 바탕으로 신속한 통관을 지원한다. 특히, 국가 간 FTA를 체결은 상호 국가 간에 무역의 비중을 증가시키지만, C/O 서류전달·심사(진위확인) 절차에 따른 물류 지체로 활용에 제한이 나타난다. 이때 블록체인 기술을 바탕으로 한 원산지증명서 신청/발급/심사 절차 개선은 수출기업에게는 원산지증명서 심사 지체로 인한 물류비용 절감의 혜택을 주며 수입기업에게는 수입지 세관 원산지증명서 제출면제로 기업의 경제적 이익 확대를 기대할 수 있다. 따라서 이와 같은 블록체인 기반 원산지 증명서 발급 서비스는 글로벌 시장에서 새로운 국가 및 수출입 기업의 경쟁력으로 나타나고 있다.

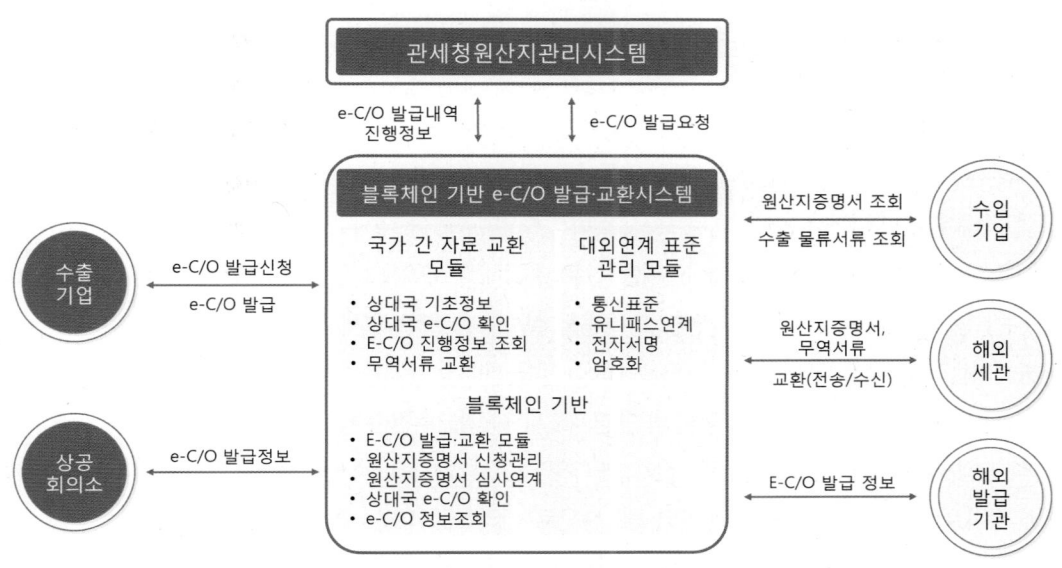

블록체인 기반 원산지증명서 발급 서비스

인천세관 지난해 원산지 거짓표시 위반 단속 194억 물품 적발
- 중국산을 국산으로 둔갑시킨 공공조달 업체 5곳 등 총 23곳

인천본부세관이 지난 한 해 동안 원산지표시 위반 업체에 대한 단속을 벌여 23개 업체에 194억 원 상당의 물품을 적발했다. 12일 인천세관에 따르면 수입 업체들의 수입신고내역 물품의 국내 유통 과정에서 원산지허위 표시, 소비자 오인 유도 등 대외무역법상 원산지 표시 규정을 위반한 것으로 드러났다. 수입업체들의 수입신고내역·무역서류 등을 분석해 원산지표시 위반 혐의업체 29개를 특정하고 현장 조사 등을 실시해 총 23개 업체가, 수입 물품을 국내 유통시키는 과정에서 라벨갈이(예. 중국산→국산) 등을 통해 원산지를 허위 표시하거나 소비자의 오인을 유도하는 등 '대외무역법'의 원산지표시 규정을 위반한 것으로 드러났다.

적발 업체들이 수입한 주요 품목은 전자칠판(38억 원), 변압기(32억 원), 액정모니터(31억 원), 종이호일(24억 원), 조명기구(21억 원) 순으로 나타났다. 이들 물품의 원산지는 중국(160억 원), 프랑스(21억 원), 베트남(10억 원), 핀란드(3억 원) 순인 것으로 밝혀졌다. 이 과정에서 인천세관은 조달청·환경부 등 유관기관과 협업해 공공조달 물품, 국민생활 밀접물품에 대한 합동 기획단속을 펼쳤다.

공공조달 물품 원산지를 허위 조작해 부정 납품한 업체를 조달청과 합동으로 단속한 결과, 총 5개 업체(총 적발금액 70억 원)를 적발했다. 이들은 공공기관 등과 국산제품 납품 계약 체결 후, 중국산 제품을 국산으로 속여 납품하는 등 원산지표시 규정을 위반하거나 조달계약상의 직접생산 기준을 위반한 것으로 드러났다. 인천세관은 조달청 등 유관기관에 위반사실을 통보하거나 '대외무역법' 위반 혐의로 영업정지 등 행정조치를 취했으며, 조달청은 '국가계약법' 등에 따라 향후 조달계약 참여 제한조치를 취했다.

'국민생활 밀접물품' 또한, 환경부 산하 한국물기술인증원과 합동으로 수도용품의 원산지표시 위반 여부를 단속하는 등 국민안전과 밀접한 물품을 대상으로 단속한 결과, 수입한 수도용품, 미용기기, 종이호일, 조명기구 등에 대해 원산지표시 규정을 위반한 13개 업체(총 적발금액 83억 원)를 적발했다. 인천세관 관계자는 "공정무역 질서 확립을 위해 올해도 원산지표시 위반 단속기능을 강화해 K-브랜드를 보호하고, 조달청 등과의 협업을 강화해 공공조달 부정 납품 또는 수입 요건(안전기준) 위반 등 국민안전을 위협하는 물품에 대해 지속적으로 단속해 나갈 계획"이라고 말했다. 한편 지난해 12월 '대외무역법' 개정으로 원산지표시 위반과 관련한

Case Study

관세청의 단속 대상(권한)이 '수입 원료를 사용해 국내에서 생산된 물품'으로까지 확대된 만큼, 이들 물품에 대한 원산지 허위표시 단속 활동도 강화하겠다고 덧붙였다.

이춘만 기자 / 브릿지경제 / 2023. 01. 12. /
https://www.viva100.com/main/view.php?key=20230112010003665

학습문제

문제 1

「관세와 무역에 관한 일반협정」(GATT) 제11조에 따른 수량제한의 예외에 해당하지 않는 것은?(2023년도 국가공무원 9급 공채 필기시험 국제법개론 문제 14번)

① 산품의 국내생산이 비교적 근소하여 생산의 대부분을 수입산품에 직접적으로 의존하는 동물성 산품의 생산허용량을 제한하기 위해 정부의 시장안정프로그램으로 부과되는 쿼터
② 자국의 통화준비의 현저한 감소라는 급박한 위협을 저지할 목적으로 국제수지를 보호하기 위한 수입제한조치로서 부과되는 쿼터
③ 식료품의 위급한 부족을 방지하기 위해 일시적으로 적용한 수출제한조치로서 부과되는 쿼터
④ 덤핑 방지를 위해 특정가격 이하의 수출을 제한하는 정부의 수출허가제도에 따라 부과되는 쿼터

문제 2

1994년 「관세와 무역에 관한 일반협정」(GATT)의 최혜국대우원칙에 대한 설명으로 옳지 않은 것은?(2022년도 국가공무원 9급 공채 필기시험 국제법개론 문제 18번)

① 최혜국대우원칙은 동종상품에 대한 법률상의 차별뿐만 아니라 사실상의 차별도 금지한다.
② GATT 제24조에 근거한 관세동맹 회원국 간의 특혜는 최혜국대우원칙의 예외로 허용된다.
③ 최혜국대우원칙은 관세뿐만 아니라 과징금의 부과방법에도 적용된다.
④ 최혜국대우원칙은 원칙적으로 수입상품에 대해서만 적용된다.

Case Study

문제 3

세계무역기구(WTO)에 대한 설명으로 옳지 않은 것은?(2021년도 국가공무원 9급 공채 필기시험 국제법개론 문제 3번)

① 국가가 아니면서 완전한 자치능력을 가진 독립된 관세지역의 경우에는 회원국 지위를 갖지 아니한다.
② WTO는 법인격을 가지며 각 회원국은 WTO에 필요한 특권과 면제를 부여한다.
③ 각료회의와 일반이사회는 WTO협정의 해석을 채택할 독점적인 권한을 가지고 있다.
④ WTO는 총의(consensus)와 투표를 결합한 의사결정 방식을 취하고 있다.

문제 4

「관세와 무역에 관한 일반협정」(GATT) 제20조의 일반적인 예외에 해당하지 않는 것은?(2021년도 국가공무원 9급 공채 필기시험 국제법개론 문제 13번)

① 사람, 동물 또는 식물의 생명 또는 건강 보호를 위해 필요한 조치
② 미술적 가치, 역사적 가치 또는 고고학적 가치가 있는 국보의 보호를 위하여 부과되는 조치
③ 영화 필름의 상영에 대한 양적 제한 조치
④ 금 또는 은의 수입 또는 수출에 대한 조치

문제 5

「관세와 무역에 관한 일반협정」(GATT) 제24조에 대한 설명으로 옳지 않은 것은?(2020년도 국가공무원 9급 공채 필기시험 국제법개론 문제 9번)

① 관세동맹 구성 영토 간의 실질적으로 모든 무역에 관하여 또는 적어도 동 영토를 원산지로 하는 상품의 실질적으로 모든 무역에 관하여 관세 및 그 밖의 제한적인 상거래 규정은 철폐된다.
② 자유무역지역의 비당사자인 체약당사자와의 무역에 대하여 자유무역지역 창설 시에 부과되는 관세는 동 지역의 형성 이전에 구성영토에서 적용 가능한 관세 및 그 밖의 상거래규정의 일반적 수준보다 전반적으로 더 높거나 제한적이어서는 아니 된다.
③ 관세동맹이나 자유무역지역, 또는 동 동맹이나 지역의 형성으로 이어지는 잠정협정에 참가하기로 결정하는 체약당사자는 신속히 체약당사자단에 통보해야 한다.
④ 각 체약당사자는 자신의 영토 내의 지역 및 지방 정부와 당국에 의한 이 협정 규정의 준수를 확보하기 위해 자신에게 이용 가능할 수 있는 합리적인 조치를 취한다.

문제 6

최근 X국에 대한 A국의 철강제품 수출량이 대폭 증가하였다. X국은 A국의 철강제품 수입 급증으로 인해 자국 철강회사들이 타격을 입어 철강시설의 가동률이 떨어지고 공장을 폐쇄하게 되면 향후 전쟁 등 비상상황에서 철강수급에 문제가 생기게 되고 결국 국가 안보가 위협받을 수 있다고 주장하면서, A국에서 수입되는 철강제품에 대하여 44%의 추가 관세를 부가하였다. 또한 X국은 다른 철강제품 수출국인 B국에 대해서는 수출쿼터를 설정하였다. 한편, X국은 C국에 대해서는 원거리에 있다는 이유로 철강제품에 대해 추가 관세 부과나 수출쿼터 설정 조치를 취하지 않았다. 다음 물음에 답하시오.(2023년도 국가공무원 5급(행정) 공개경쟁채용 제2차시험 국제법[국제통상])

Q1. X국이 A국, B국, C국에 취한 추가 관세 부과 및 수출쿼터 설정 조치가 GATT 위반인지 논하시오.
Q2. X국은 국가안보를 이유로 자국의 조치가 적법하다고 주장하고 있다. 이 주장의 정당성 여부를 검토하시오.

Case Study

문제 7

관세율표 제6부에 관하여 다음 규정을 서술하시오.
(2023년도 제40회 관세사 2차 2교시 관세율표 및 상품학, 문제 3번)

Q1. 제6부 주(Notes) 제1호 및 제28류 주(Notes) 제6호("동위원소"의 정의 포함)

Q2. 제28류 주(Notes) 제2호

Q3. 제38류 주(Notes) 제3호

문제 8

대외무역법령상 원산지의 표시 등과 관련하여 (1) 수출입 물품의 원산지 표시방법(시행령 제56조제1항) 4가지를 쓰고, (2) 수입된 원산지표시대상물품에 대하여 "대통령령으로 정하는 단순한 가공활동(시행령 제55조제2항)"이란 무엇인지 쓰시오.(2023년도 제40회 관세사 2차 무역실무)

※ 해설은 부록에 기재됨.

참고문헌

1) 고용부, 「우리나라 FTA 협정상 원산지규정의 의의 및 결정기준 비교」, 『통상법률』, 제71권, 2006, 10-39pp.

2) 박기영, 『FTA 원산지결정기준 세부항목별 이해도에 관한 연구』, 부경대학교 경영대학원, 2015.

3) John J. Barcelo Ⅲ, 「Harmonizing Preferential Rules of Origin in the WTO System」, 『Cornell Law School Legal Studies Research Paper Series, No.06-049, Cornell Law School』, 2006, 6-49pp.

4) 윤영호, 『FTA원산지증명과 비즈니스 모델』, 두남출판사, 2009.

5) 이영수, 권순국, 「FTA 원산지규정 위반 판정사례와 시사점」, 『무역상무연구』, 제49권, 2011, 493-518pp.

6) Sytsma, T., 「Rules of origin and trade preference utilization among least developed countries」, 『Contemporary Economic Policy』, Vol. 39, No.4, 2021, 701-718pp.

7) Cadot, O., Estevadeordal, A., Suwa-Eisenmann, A. and Verdier, T., 『The origin of goods : Rules of origin in regional trade agreements』, OUP Oxford, 2006.

8) Hayakawa, K., 「Multiple preference regimes and rules of origin」, 『Review of World Economics』, Vol. 159, No.3, 2023, 673-696pp.

9) Falvey, R. and Reed, G., 「Economic effects of rules of origin」, 『Weltwirtschaftliches Archiv』, Vol. 134, No. 2, 1998, 209-229pp.

10) 조준영, 원동환, 「중소기업의 FTA 활용도를 높이기 위한 컨설팅 방향 제언」, 『경영컨설팅연구』, 제12권, 제3호, 2012, 153-174pp.

11) John J. Barcelo Ⅲ, 「Harmonizing Preferential Rules of Origin in the WTO System」, 『Cornell Law School Legal Studies Research Paper Series, No.06-049, Cornell Law School』, 2006, 6-49pp.

12) 김연숙, 「한·중 FTA 의 원산지결정기준에 관한 연구」, 『무역학회지』, 제33권, 제3호, 2008, 239-256pp.

13) 안재진, 「FTA 체결 확대에 따른 원산지규정의 중요성과 원산지정보의 효율적 관리방안 연구」, 『사회과학연구』, 제34권, 제1호, 2008, 51-80pp.

14) 박현희, 「한국의 기체결 FTA 협정상 원산지결정기준 비교 연구」, 『무역학회지』, 제37권, 제2호, 2012, 335-357pp.

15) 김창봉, 이지영, 최진숙, 신준호, 「우리나라 수출입 중소기업의 원산지 증명서류 관리와 사후검증 성과에 관한 실증연구」, 『대한경영학회지』, 제33권, 제2호, 2020, 341-359pp.

16) 예를 들어 라이터의 원산지가 HS 6단위 세번변경기준이라고 할 때, 일본산 라이터 노즐 및 부품 (HS 9613.90.0000)을 이용하여 중국에

17) 통일상품명 및 부호체계(HS : Harmonized Commodity Description and Coding System)에 의한 분류를 의미한다.

18) Wei, S.-J., and Yu, X., 「Semi-inclusive regional economic agreements in the pacific : a perspective from global value chains」, 『China Economic Journal』, Vol. 14, No. 2, 2021, 171-186pp.

19) 부가가치기준은 정확하게 물품의 원산지를 확인할 수 있는 방식이지만 환율, 임금 등의 생산비용 변화, 효율적인 비용절감 기술 등장, 원산지확인을 위한 행정비용 유발, 국가들간 이익분배의 불균형 초래, 투입재료에 대한 정확한 부가가치 산출 어려움 등의 문제점을 가지고 있다.

20) Estevadeordal. Antoni, 「Mapping and Measuring Rules of Origin around the World」, 『Trade Forum, the 16th General Meeting, PECC』, 2005, 69-113pp.

21) 원사가 아니라 제직단계부터 시작해 염색과 봉제공정까지 자국 수행으로 하는 의류제품 원산지기준이다.

22) 직물·의류 등 섬유 완제품에 들어가는 기초 원자재인 `실` 생산지에 따라 원산지를 규정하는 기준이다.

23) 조미진, 안경애, 「한국 FTA 원산지규정의 비교와 국내기업의 FTA 활용현황에 관한 분석」, 『무역학회지』, 36(3), 2011, 83-105pp.

24) 백제흠, 「자유무역협정상 원산지증명서의 하자와 협정관세의 적용」, 『조세학술논집』, 제37권, 제1호, 2021, 87-142pp.

25) 하성흔, 유연우, 「FTA 협정서상 전자원산지증명서 관련 조항 개선방안 연구 : 한국의 FTA를 중심으로」, 『통상정보연구』, 제23권, 제4호, 2021, 3-23pp.

26) 진병진, 임병호, 「소비자보호를 위한 한국 원산지표시제도의 문제점과 개선방안」, 『무역학회지』, 제44권, 제2호, 2019, 143-157pp.

27) 신한동, 「한국의 원산지표시제도 운용에 관한 연구」, 『무역학회지』, 제35권, 제1호, 2010, 273-304pp.

28) 대외무역관리규정 제76조의2(산업통상자원부고시 제2019-197호)

29) 임목삼, 「한-미 원산지 표시 제도 체계에 관한 비교 연구」, 『관세학회지』, 제21권, 제2호, 2020, 155-174pp.

30) 황수정, 전동화, 「수출기업의 내부역량과 FTA 원산지검증 요청빈도 간의 관계에 관한 실증연구」, 『통상정보연구』, 제24권, 제2호, 2022, 265-282pp.

31) 김창봉, 황재은, 「조직학습이론에 따른 원산지 관리 내부요인이 원산지 검증성과에 미치는 영향에 관한 연구」, 『관세학회지』, 제23권, 제1호, 2022, 105-124pp.

32) 신동현, 『원산지제도 절차적 규정의 적용에 대한 연구』, 조선대학교 대학원, 2016.

33) 고재길, 「FTA 원산지검증에 대응한 효율적인 매매계약 체결방안」, 『무역연구』, 제16권, 제3호, 2020, 549-567pp.

34) 김만길, 정재완, 「한국과 미국, EU 의 FTA 협정 상 원산지검증에 대한 비교연구」, 『무역상무연구』, 제58권, 2013, 267-286pp.

35) 이인성, 김석태, 「FTA 원산지관리시스템 전환사용의도에 관한 연구」, 『e-비즈니스연구』, 제23권, 제6호, 2022, 253-269pp.

제8장
통관 및 AEO제도

New Principles of
International Trade
of the 4th Industrial
Revolution

학습목표
1. 관세법의 목적과 성격을 이해한다.
2. 관세법 적용원리에 관하여 파악한다.
3. 관세의 특징에 관하여 이해한다.
4. 수출입 통관 과정의 중요성을 설명한다.
5. 수출입 통관 절차에 관하여 파악한다.
6. 전통적 수출입 통관과 4차 산업혁명 시대 수출입 통관의 차이를 이해한다.
7. AEO 제도에 대해서 설명한다.
8. 우리나라 AEO 공인 기준에 관하여 파악한다.
9. AEO-MRA의 의의와 중요성에 대하여 설명한다.
10. AEO-MRA 추진 절차에 대해 파악한다.

Contents
Introduction : 관세청, 석유 블렌딩 시장 개척 등 '수출·경제활력 제고대책' 발표
제1절 관세법의 의의와 특징
제2절 디지털 전환 시대 통관의 특징과 주요 유형
제3절 AEO 제도의 이해와 AEO MRA 적용
Case Study : 신라免, 첨단 물류시설 '스마트 물류센터' 인증 취득

Introduction

관세청, 석유 블렌딩 시장 개척 등 '수출·경제활력 제고 대책' 발표

- 하반기 전국세관장회의서 6대 분야 19개 추진과제 제시
- 고광효 관세청장 "수출회복 불씨 살리는데 총력 다할 것"
- 데이터·첨단기술 활용한 관세행정 혁신방향 토론도 열려

고광효 관세청장은 14일 2023년 하반기 전국세관장회의에서 수출·경제활력 제고대책을 발표하고 "수출 회복의 불씨를 살리고 하반기 경기 반등을 지원하기 위해 총력을 다하겠다"고 밝혔다.

그는 추경호 부총리 겸 기획재정부장관이 참석한 가운데 인천세관에서 열린 이날 세관장 회의에서 그간 관세청에서 발표한 수출·경제활성 대책들이 추진동력을 잃지 않도록 이행현황과 성과를 지속적으로 점검할 것을 세관장들에게 주문했다.

이와 관련, 관세청은 작년 7월 국가첨단산업 지원방안을 시작으로 9월 면세산업 활성화 대책, 10월 전자상거래 활성화 방안을 발표한데 이어, 올해 들어서도 2월 수출활력 제고 대책, 3월 디지털 관세 규제혁신 방안, 8월 통관물류 규제혁신 방안을 속속 발표했다.

고 청장은 회의에서 6대 분야 19개 과제로 구성된 '수출·경제활력 제고대책'을 발표하고 "석유 블렌딩 수출시장 개척 등 기업들의 현장애로를 해결하기 위한 신규과제를 지속적으로 발굴해 나가겠다"고 강조했다.

이날 발표된 수출·경제활력 제고대책 6대 분야는 △수출·물류 규제혁파 △해외 비관세장벽 해소 △디지털 기반 데이터·통관 인프라 구축 △외국인 관광 및 면세산업 활성화 △우리 기업의 글로벌 경쟁력 보호 △세정을 통한 안정적 성장기반 제공 등이다.

수출·물류 규제 혁파에는 고 관세청장이 강조한 석유 블렌딩 수출시장 개척 추진과제가 포함됐다. 외국 석유 중개업체에 판매된 국산 석유 제품을 종합보세구역에 반입·블렌딩 후 수출하는 절차를 신설하는 방안이다.

이외에도 △수출지원형 복합물류보세창고 제도 신설 등 보세제도 규제 혁파 △국가첨단산업단지 등의 종합보세구역 지정 등국가 첨단산업 육성 지원 △전자상거래 간이수출 허용세관을 전국 세관으로 확대 등 전자상거래 수출 확대 지원 △자유무역지역 반입후 수출물품 원산지

증명서 발급 허용 등 자유무역협정 활용 제고 지원 △수출신고수리물품 적재시한 연장 등 수출관련 긴급 조치 등이 수출·물류 규제혁파 과제로 제시됐다.

해외 비과세장벽 해소를 위한 과제는 국가간 원산지증명서 전자교환 시스템 확대 등 해외 통관애로 해소와 함께 글로벌 관세협력 강화, 개도국 대상 전자통관시스템(UNI-PASS) 보급 확산 등이 포함됐다.

디지털 기반 데이터·통관 인프라 구축 과제는 수출기업의 무역데이터 활용 지원과 전자통관시스템 전면 개편이, 외국인 관광 및 면세산업 활성화를 위한 과제는 중국 단체관광 재개에 따른 입국·면세쇼핑 편의 제고 등이 추진된다.

이와 함께 우리 기업의 글로벌 경쟁력 보호를 위해 K-브랜드 보호 강화, 반덤핑관세 회피 우회수입 단속, 첨단기술 해외유출 국경통제 강화, 수출산업 공급망리스크 관리 등이 추진되며, 세정을 통한 안정적 성장기반 제공을 위해 수출중소기업 대상 세정지원과 기업의 납세오류 및 추징 예방을 지원한다.

한편, 관세청은 이날 회의에서 '관세행정 디지털 혁신전략'을 주제로 데이터와 첨단기술을 활용한 관세행정 혁신 방향에 대한 토론을 진행했다. '대민 서비스의 디지털 전환', '디지털 관세행정 설계', '부처간 데이터 협업', '스마트 업무환경 구축' 등을 위한 전략이 논의됐다.

고 관세청장은 회의 말미에 "관세청이 글로벌 중추국가에 걸맞는 기관이 되기 위해서는 관세행정 전반에 디지털 전환을 이뤄야 한다"며 "일상적인 업무는 자동화되고, 고도의 전문성이 요구되는 업무에는 인공지능 등 신기술을 접목해 업무 효율성을 높여야 한다"고 강조했다.

또한 "관세청의 디지털 혁신사례가 국제 관세행정의 표준으로 자리잡을 수 있도록 해외 관세당국과 협력을 확대하는 등 국제사회에 적극 공유할 것"을 주문했다.

한편 관세청은 이번 하반기 전국세관장회의에서 제시된 '수출·경제활력 제고대책'의 가시적인 성과를 위해 청내 모든 자원을 활용해 추진동력을 확보할 계획으로, 디지털 혁신 등 관세행정의 미래 비전에 대한 논의도 지속적으로 추진할 방침이다.

윤형하 기자 / 한국세정신문 / 2023. 09. 14/
http://www.taxtimes.co.kr/news/article.html?no=261164

제8장
통관 및 AEO 제도

제1절 관세법의 의의와 특징

1. 관세법의 목적과 성격

1) 관세법의 목적

관세법 제1조에 따르면, 관세법은 관세의 부과·징수 및 수출입 물품의 통관을 적정하게 하고 관세수입을 확보함으로써 국민경제의 발전에 이바지함을 목적으로 한다. 즉, 관세법은 관세의 부과·징수 및 수출입 물품의 통관 적정성을 확보하는 수단으로 관세수입을 확보하여 궁극적으로 국민경제 발전에 이바지함을 목적으로 한다.

2) 관세법의 성격

관세법은 행정법적 성격, 조세법적 성격, 통관법적 성격, 형사법적 성격, 실체법 및 절차법적 성격, 국제거래법적 성격 등 6개의 성격을 갖고 있다.

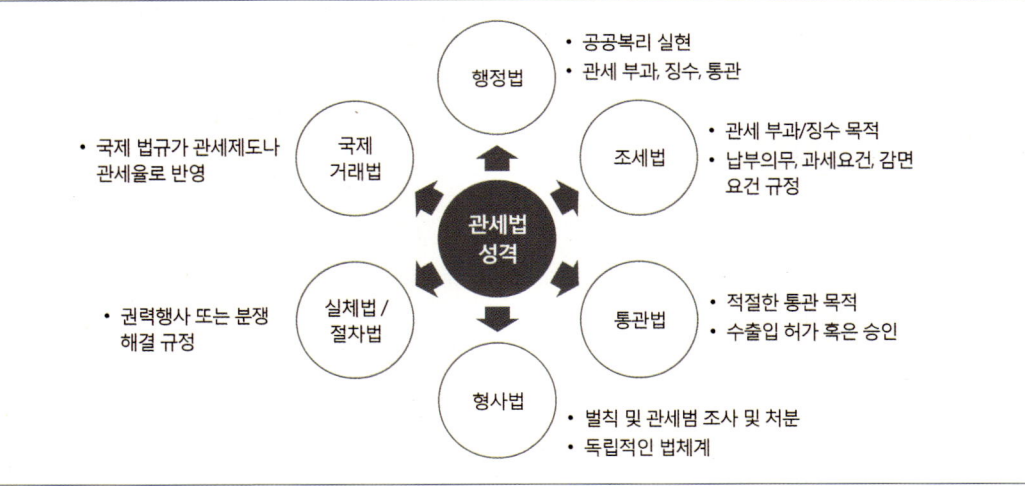

관세법의 성격

(1) 행정법적 성격

행정법은 행정을 대상으로 하는 법을 말하는데 관세법의 대상이 관세행정이기 때문에 관세법은 행정법의 성격을 갖는다. 관세법의 행정법적 성격은 관세법이 공공복리를 실현하기 위해 작용하고 국가라는 공법적인 권리주체에 의해 수행되며, 수출입 물품에 대해 관세의 부과·징수와 통관이라는 구체적인 행정조치에 적용되는 점에서 찾을 수 있다.

(2) 조세법적 성격

조세범처벌법 제2조에 따르면, 조세란 관세를 제외한 국세로 규정되어 관세를 제외하고, 국세기본법 제2조 제1호에서도 국가가 부과하는 조세인 국세의 종류에 관세는 포함되지 않는다. 그러나 국세기본법 제3조 2호에서 관세법이 국세인 조세를 다루는 법임을 확인할 수 있다. 따라서 관세는 국세로 조세에 해당되고, 관세법은 대부분이 관세의 부과·징수와 그 절차에 대한 내용을 포함하고 있다.[1] 또한, 관세법이 관세의 부과·징수를 목적으로 하고 있다는 것에서 조세법적 성격을 확인할 수 있다. 즉, 관세법에는 관세의 납부의무 등 과세요건과 감면요건을 규정하는 동시에 그 징수 절차와 감면 절차도 함께 규정하고 있기 때문에 관세법은 조세법적 성격을 가지고 있다.

(3) 통관법적 성격

관세법은 수출입 물품의 통관을 적정하게 한다는 목적에 따라 통관법적 성격을 갖는다. 통관(Customs clearance)은 관세법 규정에 명시된 절차를 이행하여 물품을 수출, 수입 또는 반송하는 것이다.[2] 즉, 대외무역을 관리하는 각종 법령에 의거하여 정부의 주무부처나 정부의 위탁을 받은 기타 관련단체가 수출입을 허가 또는 승인한 사항을 수출입되는 실물과 대조, 확인하여 실물이 허가/승인 사항과 다름이 없을 때 수출입 신고를 수리하는 형식을 취하는 것으로 세관장이 집행한다.

(4) 형사법적 성격

관세법은 관세징수와 통관의 적정성 보장이라는 목적을 달성하기 위해 벌칙과 관세범의 조사, 처분에 관한 절차 규정을 두고 있고, 과세 사건의 전문성을 고려하여 관세범의 조사, 처분권은 전적으로 세관공무원에게 부여하고 있다.[3] 따라서, 관세법은 일반 형사법인 형법 및 형사소송법과는 특별법적인 지위에 있고, 내국세 분야의 처벌법규인 조세범처벌법 및 절차법과도 독립된 법체계 하에 있다.

(5) 실체법 및 절차법적 성격

실체법은 권력행사 또는 분쟁의 해결 등에 대해 규정한 법이다. 즉, 법률의 규정 내용을 표준으로 한 권리나 의무의 실체, 권리나 의무 발생, 변경, 소멸, 성질, 내용, 범위 등의 실체적 법률관계를 규정하는 법률로서 헌법, 민법, 형법, 상법 등이 있다. 절차법은 실체법상의 권리 또는 의무를 실행하거나 실행시키기 위한 절차에 관한 법이다.

관세법에서 '총칙', '과세가격과 관세의 관세 부과·징수 등', '세율 및 품목 분류', '감면·환급 및 분할납부 등'에 대한 제1장~제4장과 관세범에 대한 벌칙을 규정한 제11장은 실체법적 성격을 갖고 있다. 또한, 관세 징수 절차, 통관절차, 행정심판과 행정소송절차, 관세범 처벌 절차 등은 절차법적 성격을 갖는다.

(6) 국제거래법적 성격

관세법은 국제거래 활동과 관련된 법으로 관세법 제51조(덤핑방지관세의 부과대상), 제72조(계절관세)의 탄력관세제도와 제73조(국제협력관세, 제80조(양허 및 철회의 효력) 등 국제관세협상의 결과를 반영하는 조항이 포함되어 있고, 국제간 교역물품의 통관을 담당하고 있기 때문에 국제거래법적 성격을 갖고 있다. 즉, 관세법에서는 다수의 WTO(World Trade Organization) 협정, WCO(World Customs Organization) 협약, 특정국과의 협정(FTA 등), 일반적으로 승인된 국제 법규가 관세제도나 관세율로서 반영되어 있기 때문에 국제거래법적 성격을 갖는다.[4]

2. 관세법의 적용원칙

1) 조세법률주의

조세법률주의는 국가가 자의적으로 과세하는 것을 방지함으로써 국민의 재산권을 보호하고 국민생활의 법적 안정성 및 예측가능성을 확보하는 기능을 가지는 것으로 과세권자는 법률에 의해서만 조세를 부과·징수할 수 있으며, 납세의무자는 법률에 의해서만 납세의무를 진다는 원칙이다.[5]

조세법률주의를 구현하기 위해서는 과세요건, 조세의 부과·징수의 절차는 모두 법률로 규정해야 한다는 법정주의, 과세요건에 관한 세법의 규정은 명확하고 상세해야 한다는 과세요건 명확주의, 새로운 세법의 효력발생 전에 이미 완결된 사실에 대해서는 새로운 세법 도는 새로운 해석·관행을 적용할 수 없다는 원칙인 소급과세의 금지, 세법의 해석은 원칙적으로 문리해석에 의하여야 하며 보충적·제한적으로 논리해석이 허용된다는 세법의 엄격 해석 등의 요건이 있다.[6] 관세도 조세법적 성격을 갖고 있기 때문에 법률에 따라 관세가 부과·징수되는 조세법률주의 원칙에 따른다.[7]

2) 조세평등주의와 납세자재산권의 부당한 침해금지

조세평등주의는 조세정의를 실현하기 위해 입법에 있어서 국민의 조세부담을 공평하게 배분하도록 하며, 세법의 해석·적용에 있어서는 국민을 평등하게 취급해야 한다는 원칙이다. 관세법에서도 관세법 제5조 1항에 '관세법을 해석하고 적용할 때에는 과세의 형평과 해당 조항의 합목적성에 비추어 납세자의 재산권을 부당하게 침해하지 아니하도록 하여야 한다.'라는 조세평등주의 원칙이 포함되어 있고, 납세자 재산권의 부당한 침해금지의 원칙이 제시되어 있다.[8]

3) 소급과세금지의 원칙

관세법의 해석이나 관세행정의 관행이 일반적으로 납세자에게 받아들여진 후에는 그 해석이나 관행에 따른 행위 또는 계산은 정당한 것으로 보며, 새로운 해석이나 관행에 따라 소급하여 과세되지 않는다고 관세법 제5조 2항에 소급과세를 금지하고 있다.[9]

4) 신의성실의 원칙

신의성실의 원칙 또는 신의칙은 법률행위에 권리 행사자가 권리를 행사하고 의무 이행자가 의무를 이행하는데 상대방의 신뢰와 기대가 무너지지 않도록 신의와 성실을 가지고 행동해야 한다는 원칙이다. 관세법에서는 '납세자가 그 의무를 이행할 때에는 신의에 따라 성실하게 하여야 한다. 세관공무원이 그 직무를 수행할 때에도 또한 같다'라고 관세법 제6조에 규정하여 신의성실의 원칙을 제시하고 있다.[10]

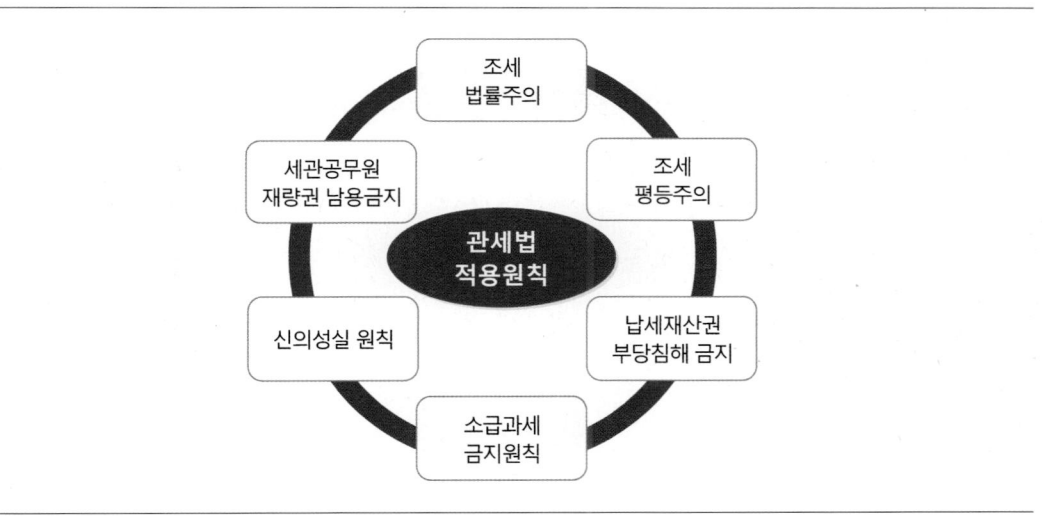

관세법의 적용 원칙

5) 세관공무원 재량권 남용금지의 원칙

세관공무원은 그 재량으로 세관공무원의 직무를 수행할 때에는 과세의 형평과 관세법의 목적에 비추어 일반적으로 타당하다고 인정되는 한계를 엄수하여야 한다고 관세법 제7조에 규정하여 세관공무원 재량권 남용금지의 원칙을 제시하고 있다.[11]

3. 관세의 특징

관세의 특징은 아래와 같다.
- 국가권력에 의해 징수되는 강제성
- 국제기구 또는 다른 국가와 관련되는 국제성
- 국경세로서 무역장벽의 기능
- 물품의 수입에 부과되는 물품세
- 수입될 때마다 부과되는 수시세
- 납세자와 담세자가 상이(소비세로서 간접세)
- 재정수입과 산업정책의 수단
  관세징수를 통한 재정수입 확보 및 상대적으로 관세율이 높은 산업에 대해서는 보호 수준이 높아져서 생산자원과 투자가 상대적으로 촉진되어 산업 정책적 수단으로 작용할 수 있다.
- 상반된 이해관계의 발생
  관세의 부과는 생산자 간, 생산자와 소비자간 상반되는 이해관계가 따른다.

제2절 디지털 전환 시대 통관의 특징과 주요 유형

1. 디지털 수출입 통관의 등장

우리나라 관세청의 통관시스템은 UNI-PASS를 바탕으로 한 Paperless 통관시스템을 추구하고 있다.12)13) 이 같은 싱글윈도우(Single Window) 시스템은 국가의 통관 절차를 통합하고 단일 창구를 통해 수입 및 수출에 관련된 모든 관련 정보를 통합 관리하는 시스템이다. 관세청, 통관 담당 기관, 수출입 업체 등 각각의 주체들이 필요한 정보를 싱글윈도우 시스템에 입력하고 공유함으로써, 통관 절차를 효율적이고 원활하게 처리할 수 있다. 이를 통해 관련 기관 간의 협력과 정보교환을 간소화하여 비용과 시간을 절감하고, 통관 절차의 투명성과 신속성을 높일 수 있다.

한편, UNI-PASS는 통관 절차의 자동화와 디지털화를 통해 기업들의 업무 효율성을 향상시키고, 국가 간의 무역 협력을 강화하는 데 도움을 준다. 이는 물품의 수입신고, 관세 계산, 검사, 납부 등의 과정을 통합하여 관련 기관들이 효율적으로 협력할 수 있도록 지원한다.

그럴 뿐만 아니라, 4차 산업혁명 시대에서 수출입 통관은 기술과 디지털화의 발전에 따라 변화하고 있다. 4차 산업 기술을 통해 전통적인 수출입 통관 절차에 비해 더욱더 효율적이고 스마트한 방식으로 진행된다. 4차 산업 혁명을 통한 수출입 통관은 1) 자동화 및 디지털화, 2) 빅데이터와 인공지능 활용, 3) 스마트 관세 관리, 4) 블록체인 기술 도입 등으로 요약할 수 있다. 4차 산업 시대의 수출입 통관은 기술의 발전과 디지털화의 영향을 받아 더욱 스마트하고 효율적인 방식으로 진행된다. 이러한 변화는 수출입 업무의 효율성과 안전성을 향상하고, 기업들이 글로벌 시장에서 경쟁력을 갖출 수 있는 기회를 제공한다.14)15)

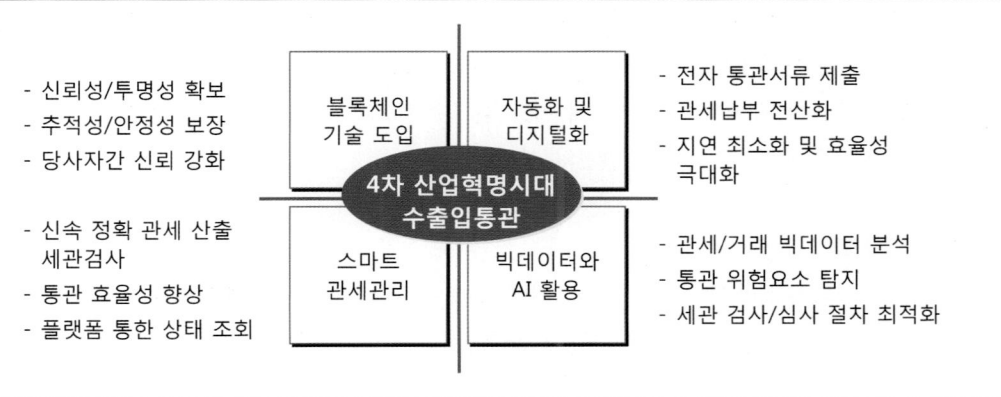

4차 산업혁명 수출입 통관 특징

2. 전자통관시스템을 활용한 수출입 통관

수출입통관이 무역에서 차지하는 위치와 중요성은 통관절차가 수출입 거래 절차의 중심부에 위치하고 있는 것을 확인할 수 있다. 수출업자 입장에서 계약물품을 외국으로 이동하기 위해서 운송수단에 선적하기 전에 반드시 통관절차를 거쳐야 하고, 수입업자 입장에서는 계약물품을 수입국으로 반입하기 위한 필수 과정이다.[16]

한편, 디지털 전환 시대에서는 관세법에 따른 통관절차도 변화하고 있다. 관세법 제2조 13호에서 언급된 '통관'은 디지털화와 자동화의 영향을 받아 혁신적인 방식으로 진행되고 있다.[17]

먼저, 디지털 전환 시대에서는 신고, 검사, 심사, 신고처리 등의 세관 절차가 전자적인 방식으로 이루어진다. 기존의 종이 문서 대신에 수출입업자는 디지털 신고 시스템을 통해 물품 내용을 과세관청에 알리게 된다. 검사 과정에서는 자동화된 시스템이 신고 내용과 물품이 일치하는지를 확인하고, 심사 과정에서는 디지털 데이터를 분석하여 신고 내용의 정확성을 검토한다. 마지막으로, 신고처리는 전자적인 방식으로 이루어지며 과세관청은 디지털 데이터를 받아들인다. 이처럼 디지털 신고 시스템과 자동화된 절차를 통해 물품의 원활한 이동과 수출입 거래의 원활한 진행이 가능해지고 있다.

1) 수입통관

최근 원활한 수입통관을 위해 관세청의 전자통관시스템인 UNI-PASS가 이용되고 있다. UNI-PASS 시스템 상의 수입신고에는 입항일자, 결제방법, 운송수단, 관세징수 형태 등이 포함되며 수입통관 신고를 작성하고 제출한다. 또한, UNI-PASS는 관세 및 부가세를 자동으로 계산하여 수입품의 분류, 국가별 관세율, 부가세 등을 고려하여 정확한 금액을 계산하여 제공하고 있으며 UNI-PASS를 통해 신고된 수입품은 통관 검사를 통해 수입품의 합법성과 품질을 확인한다.

이 같은 수입신고는 수입하고자 하는 자가 우리나라에 수입될 물품을 선적한 선박 또는 항공기가 1) 출항하기 전, 2) 입항하기 전, 3) 입항 후 물품이 보세구역에 도착하기 전, 4) 보세구역에 장치한 후 등의 과정 중에 선택하여 세관장에게 수입신고 하고, 세관장은 수입신고가 관세법 및 기타 법령에 따라 적법하고 정당하게 이루어진 경우에 이를 신고수리하고 신고인에게 수입신고필증을 교부하여 수입물품이 반출될 수 있도록 하는 일련의 과정이다.

(1) 출항 전 신고

항공기로 수입되는 물품이나 일본, 중국, 대만, 홍콩으로부터 선박으로 수입되는 물품을 선(기)적한 선박과 항공기가 해당물품을 적재한 항구나 공항에서 출항하기 전에 수입신고하는 것을 말한다.[18]

(2) 입항 전 신고

수입물품을 선(기)적한 선박과 항공기가 입항하여 해당물품을 적재한 항구나 공항에서 출항한 후 입항하기 전에 수입신고하는 것을 말한다. 관세법 제135조에 따라 최종 입항보고를 한 후 하선(기) 신고하는 시점을 기준으로 하지만 입항보고를 하기 전에 하선(기) 신고하는 경우에는 최종 입항보고 시점을 기준으로 한다.

(3) 보세구역 도착 전 신고

수입물품을 선(기)적한 선박과 항공기가 입항하여 해당물품을 통관하기 위하여 반입하려는 부두 밖 컨테이너 보세창고와 컨테이너 내륙통관기지를 포함한 보세구역에 도착하기 전에 수입신고 하는 것을 말한다.

(4) 보세구역 장치 후 신고

수입물품을 보세구역에 장치한 후 수입신고하는 것으로 관세법 제241조 3항에 따르면, 수입하거나 반송하려는 물품을 지정장치장 또는 보세창고에 반입하거나 보세구역이 아닌 장소에 장치한 자는 그 반입일 또는 장치일로부터 30일 이내에 수출 및 수입 또는 반송신고를 하여야 한다.[19]

(5) 수입물품검사

세관공무원은 관세법 제246조에 따라 수출입 또는 반송하려는 물품에 대하여 검사를 할 수 있다. 최근 검사는 관세청이나 관련 기관에 의해 수행되며, 필요에 따라 실물 검사, 엑스레이 검사, 샘플 추출 등이 이루어진다. 세관장은 수입신고가 관세법에 따라 적합하게 이루어졌을 때에는 지체없이 수리하고 신고인에게 신고필증을 발급한다(관세법 제284조 1항).

세관장은 관세를 납부해야 하는 물품에 대하여 신고를 수리할 때 관세채권의 확보가 곤란한 경우 등은 관세에 상당하는 담보의 제공을 요구할 수 있다.[20]

2) 수출통관

수출신고는 물품 내용에 관하여 수출업자가 그 내용을 과세 관청에 알리기 위해 세관장에게 EDI(Electronic Data Interchange)나 인터넷을 통해 관세청 UNI-PASS에 수출신고 자료를 전송하는 것이다. 관세법 제242조에 따르면 수출신고는 수출물품의 화주, 관세사, 관세법인, 통관취급법인이 할 수 있다. 수출신고 시기는 수출물품이 확보된 후 적재하기 전까지 수출물품이 장치된 물품소재지를 관할하는 세관장에게 신고하여야 한다.

최근 디지털 기술의 발전으로 인해 수출신고는 더 이상 보세구역 등에 화물을 반입한 후 세관검사 등의 절차를 거치지 않고도 이루어질 수 있게 되었다. 수입통관과 마찬가지로 수출통관은 Paperless

통관 시스템을 통해 이루어지며, 일반적으로는 관세청의 전자통관시스템(UNI-PASS)을 통해 전자문서를 전송하는 방식으로 자유롭게 신고가 가능하다.[21] 이와 같은 UNI-PASS를 통해 수출통관 절차는 효율적이고 투명한 방식으로 처리되어 수출품의 합법성과 안전성을 보장하며, 원활한 수출 거래가 이루어지고 있다.

한편, 수출 심사는 신고 내용이 정확한 것인지 확인하는 과정으로 수출신고된 내용에 대해 형식적 요건이 정확히 신고되었는지를 확인하는 요건 심사가 이루어진다. 이상이 없을 경우 신고가 수리되어 수출신고필증이 교부된다. 수출신고 된 물품에 대한 신고서의 처리방법은 자동수리, 심사후 수리, 검사후 수리 세가지 방법으로 처리된다.[22]

(1) 자동수리(수출신고서의 작성 및 수리)

전산에 의하여 자동으로 수리되는 것을 말한다. 검사대상 또는 서류제출대상이 아닌 물품은 수출통관시스템에서 자동수리된다.

(2) 심사후 수리

자동수리대상이 아닌 물품 중 검사가 생략되는 물품으로 세관직원이 신고 내용을 심사하고 수리하는 방법이다.

(3) 검사후 수리

현품검사기 필요한 신고물품에 적용되는 수리방법이다. 수출물품에 대하여는 검사생략이 원칙이나 수출시 현품의 확인이 필요한 경우와 우범물품으로 선별된 물품 중 세관장이 검사가 필요하다고 판단한 물품에 대하여 수출물품을 실제로 검사하고 수출신고를 수리하는 방법이다.

(4) 수출신고 물품 검사

디지털 기술의 발전으로 인해 물품 검사 자동화가 진행되고 있다. 수출검사란 수출신고에 따라 신고내용과 물품이 일치하는지 여부를 확인하는 과정이다. 물품은 사전에 세관에 등록된 데이터와 연계되어 실시간으로 검사가 이루어질 수 있도록 되었다. 센서 기술과 이미지 인식 기술의 발전으로 물품의 상태를 실시간으로 모니터링하고, 자동으로 일치 여부를 판단하는 시스템이 구축되었다. 이를 통해 물품 검사 과정은 빠르고 효율적으로 이루어질 수 있게 되었다.

제3절 AEO 제도의 이해와 AEO MRA 적용

1. AEO 제도의 이해

세계 무역환경이 관세무역일반협정(General Agreement on Tariffs and Trade: GATT)체제에서 세계무역기구(World Trade Organization: WTO)체제로 전환되면서 자유무역이 확대되고, 점진적으로 국제무역의 장벽이 완화되고 있다. 동시에 전 세계 교역량이 증가하면서 무역안전을 저해하는 테러, 밀수, 위생안전 등 불법무역도 함께 증가하는 등으로 국제무역환경이 급격하게 변화하고 있다.[23]

이렇게 전 세계의 무역량 증가로 신속한 통관절차의 이행이 요구되고 있으나, 테러, 밀수 등으로부터 화물 보안 및 안전 등을 담보할 수 있는 조치들도 요구되고 있는 실정으로서 이들을 동시에 조화시키는 것은 간단하지 않다. 국제무역의 수요가 증가함에 따라 공급체인 보안과 안전이 중요하지만, 국제무역 수요 전체에 대하여 검사 등의 정밀 통관수속을 진행하는 것은 불가능하다.

WTO는 제1차 각료회의에서 무역원활화(Trade facilitation) 이슈를 논의함에 따라 1996년부터 WTO 회원국들은 무역원활화에 많은 노력을 하였다. 그러나 2001년 9월 미국에서 911 테러사건이 발생한 후 세계 무역환경은 국경안전에 초점을 맞추어 국제물류 전반의 보안을 강화하고 있는 추세다.[24]

이러한 세계 무역환경의 변화에 따라 세계관세기구(World Customs Organization: WCO)는 국가간 무역 및 물품이동에 있어 테러방지 등 안전을 우선적으로 확보하면서 교역흐름을 저해하지 않는 방안에 대한 수년간의 논의 끝에 "SAFE Framework of Standards to Secure and Facilitate Global Trade"라는 표준규범을 만들어 2005년 6월 WCO총회에서 만장일치로 채택하였으며, AEO는 이러한 국제규범에서 규정하고 있는 민·관협력제도를 말한다. 또한, 2017년 2월 WTO 무역원활화협정(Trade Facilitation Agreement: TFA)'[25]이 발효됨으로써 WTO 회원국은 수출입 통관 관련하여 AEO제도 도입에 대한 추가적인 무역 원활화 조치를 제공할 의무를 가지게 됐다.[26]

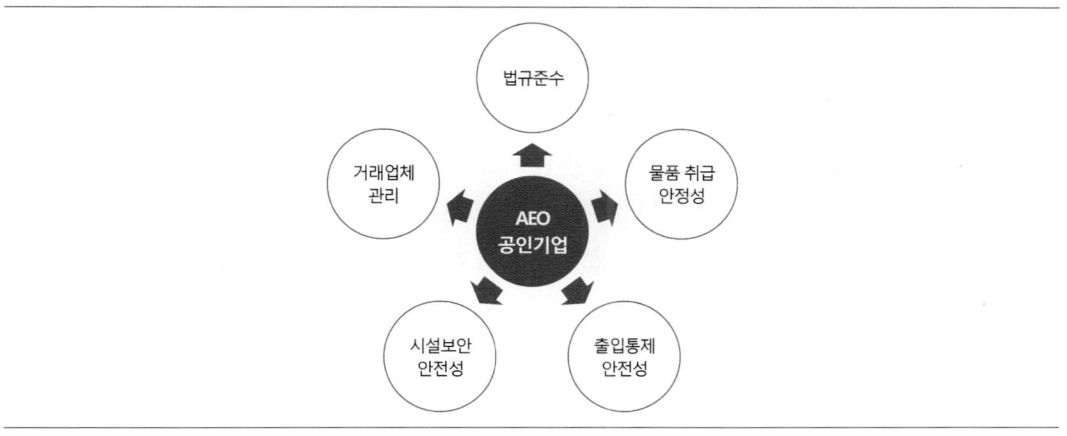

AEO 공인기업의 특징

AEO공인기업은 무역 공급체인(Supply Chain)을 구성하는 기업들 가운데 관세법 등 법규준수도(Compliance)가 높고 물품취급, 출입통제, 시설보안, 거래업체관리 등에서 안전관리(Secure and security) 수준이 우수한 기업에 대하여 관세 당국의 심사를 통해 공인받은 무역업체이다.[27] AEO는 기업들의 참여와 협력을 바탕으로 무역공급체인의 안전을 확보하는 제도로서 AEO공인기업에는 신속통관, 세관검사 면제 등 통관절차상의 혜택을 부여하고 비AEO기업에게는 수출입검사 강화 등 관세행정 역량을 집중하는 것이 AEO제도의 핵심이다.

2. 우리나라 AEO 공인기준

글로벌 공급체인에서 수출입물품의 제조·운송·보관 등 무역과 관련된 수출입업체, 관세사, 보세구역운영인, 화물관리인, 보세운송업자, 화물운송주선업자, 하역업자, 선박업자, 항공사 등이 안전관리 기준을 충족하는 경우 AEO 업체로 공인되면 통관절차상의 혜택을 받을 수 있다.[28] 기업이 AEO 공인을 받기 위해서 첫째, 관세법, 대외무역법 등 수출입 관련 법령을 성실하게 준수해야 한다. 둘째, 관세 등 기업의 영업활동과 관련한 세금체납을 하지 않는 등 재무 건전성을 갖추어야 한다. 셋째, 수출입물품의 안전한 관리를 확보할 수 있는 운영시스템, 거래업체, 운송수단 및 직원교육체계 등을 갖추어야 한다. 마지막으로 그 밖에 WCO에서 정한 수출입 안전관리에 관한 표준 등을 반영하여 관세청장이 정하는 기준을 갖추어야 한다.

AEO 고시에 따른 공인기준 체계를 살펴보면 구체적인 요구사항이 부문별로 상이하나 크게 아래의 <표>와 같이 법규준수, 내부통제시스템, 재무건전성, 안전관리 분야의 4가지 영역으로 구성된다.[29]

우리나라 AEO 제도의 공인기준 체계는 세부적으로 구분할 수 있다. 첫째, 법규준수는 기업의 관세행정 법규준수이력을 평가하기 위한 기준으로 관세청장이 정한 결격사유가 없이 일정한 수준 이상을 유지해야 한다.[30] 여기에는 신청인 및 신청기업의 법규위반 내역, 관세청에서 측정하는 법규준수도[31] 점수(80점 이상)가 포함된다. 둘째, 내부통제시스템은 AEO 공인 및 유지에 필요한 내부 환경과 통제시스템을 평가하기 위한 기준으로 기업의 사업모델에 맞는 내부통제시스템을 구축해야 한다. 셋째, 재무건전성은 관세행정 법규준수도와 공급체인의 안전성을 지속적으로 유지하고 향상시킬 수 있는 재정적 능력을 평가하기 위한 기준이다. 기업이 관세 등 국세와 지방세의 체납이 없고, 법규준수 이행이 가능한 정도의 재정을 유지해야 한다. 넷째, 안전관리는 거래업체 관리, 운송수단 등 관리, 출입통제 관리, 인사관리, 취급절차 관리, 시설과 장비 관리, 정보기술 관리, 교육과 훈련 등 모두 8개 기준을 충족해야 한다.

AEO 공인기준 체계

법규 준수	내부 통제시스템	재무 건전성	안전관리
• 결격 사유 해당 여부 • 허위신고 여부 • 수출입 관련법령 위반 • 관세행정 법규준수도	• 통제 환경 • 위험평가 • 통제 활동 • 정보 및 의사소통 • 내부통제 활동 평가	• 재무 건전성	• 거래업체 관리 • 컨테이너 및 트레일러 • 출입통제관리 • 인사관리 • 취급절차 관리 • 시설 및 장비 관리 • 정부 기술 관리

3. AEO 공인 절차와 혜택

우리나라 AEO 제도의 공인절차를 살펴보면 서류심사, 현장심사, 심의위원 등 3단계 절차를 거쳐 공인된다.

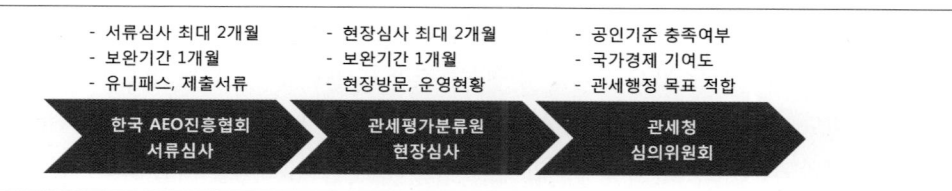

AEO 제도의 공인 절차

AEO 제도의 국내 혜택을 살펴보면 [그림]과 같다. AEO 고시상 주요 혜택은 크게 3가지 영역으로 구분하여 살펴볼 수 있다.

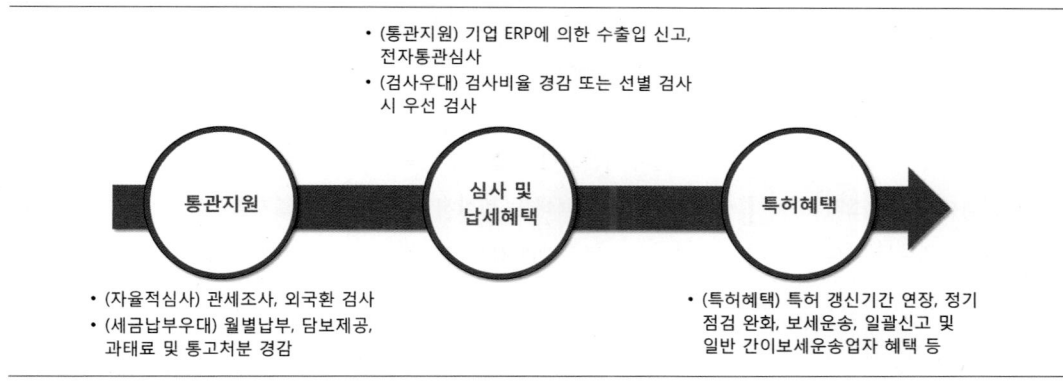

AEO 제도의 혜택

4. AEO MRA

상호인정약정(Mutual Recognition. Arrangement: MRA)은 자국에서 인정한 AEO업체를 상대국에서도 인정하고 상호 합의한 세관절차 특혜를 제공하는 관세 당국간의 약정을 말한다.[32] 예를 들어, 우리나라와 미국 간에 체결된 AEO 상호인정약정으로 인해서 우리나라에서 공인을 받은 AEO 수출업체가 미국에서 수입통관을 할 때 AEO 기업으로 인정되어 신속통관의 혜택을 받게 된다.

1) AEO MRA 효과

WCO는 무역원활화 효과를 강화하기 위해 국가 간 AEO MRA 체결을 권고하고 있다. AEO 제도를 도입한 국가는 자국의 AEO 공인업체가 교역상대국의 세관 통관시 검사율 축소 등 AEO 혜택을 부여받을 수 있도록 국가 간 MRA를 체결하고 있다.[33] 이는 국가 간 WCO SAFE Framework를 제도적 기반으로 수출입 안전과 원활화를 추구한다. WCO에 따르면 국가 간 무역거래가 AEO MRA를 통해 검사율 축소 및 공급체인의 리드타임 단축 등의 효과가 나타난다고 하였다. 수출업체와 수입업체 모두 AEO 공인을 받았을 경우 최소검사율을 기록하고, 수출업자만 AEO 공인시 검사율 감소의 효과가 나타난다.

AEO MRA는 국가 간 AEO 혜택을 공유하는 것과 동시에 자국 기업의 정보가 상대국에 노출되는 것을 방지한다. 수출기업이 AEO MRA가 체결되지 않은 국가의 수입국에서 AEO 혜택을 받기 위해서는 수입국의 AEO 공인을 획득해야 한다.[34] 이는 수출기업의 중요한 기업정보가 상대국 세관에 제공되어야 함에 따라 기업의 시설현황, 영업정보 등 다양한 정보가 유출될 수 있으며 원칙적으로 상대 국가에서 AEO공인을 받는 것은 불가능하다. 그러나 AEO MRA 체결을 통해 체결국 간 거래에서 AEO기업에 대하여 추가적인 정보 제출을 요구하지 않기 때문에 기업정보 노출을 방지할 수 있다.

AEO MRA 주요 혜택

구분	주요 내용
• 수입검사율 축소	• AEO 화물에 대해 상대국 세관의 수입검사 감축
• 우선통관 및 검사	• 대국 세관에서 실제 검사시 일반화물 보다 우선 검사(심사) 조치
• 서류심사 간소화	• 상대국 수입신고시 제출서류 생략 또는 서류심사 비율 감소
• 비상시 우선조치	• 천재지변, 국경폐쇄 등 비상시 AEO화물 우선조치통관
• 세관연락관 상설	• 체결국內 세관연락관 상설·활용으로 통관애로 등 해소

최근 FTA가 확대되면서 관세장벽이 낮아지고 있지만 자국산업보호를 목적으로 각 국가의 비관세장벽(Non-Tariff Barriers)이 강화되고 있다.[35] AEO제도는 국가로부터 인정받은 신뢰성을 갖춘 기업

으로서 국제무역의 수출경쟁력을 제고하고 무역장벽을 완화할 수 있는 대안으로 부상하고 있다.

2) AEO MRA 주요 혜택

4차 산업혁명 시대의 디지털 전환은 AEO MRA를 통해 무역업체 간의 협력과 혜택을 강화하고, 효율적이고 안정적인 국제무역 환경 조성에 큰 역할을 한다. 이는 디지털 기술과 무역의 융합으로 인해 무역 절차의 간소화와 효율성을 증진하는 한편, 경쟁력을 강화하는 데 기여한다.36) AEO MRA 가 체결되고 발효되면 양 국가의 AEO 기업이 수출하는 화물에 대하여 수입검사율 축소, 서류심사 간소화, AEO화물 우선통관, 비상시 우선조치 등의 혜택이 적용된다. 통관혜택 적용으로 인해 통관 소요시간이 단축되면 물류비용이 절감될 뿐만 아니라 무역거래의 예측가능성 확보 효과도 발생한다.37)

AEO 제도의 국외혜택(MRA)

구분	주요 내용
• 수입검사율 축소	• AEO 기업 화물에 대해 MRA 체결국 검사 축소
• 수입관련 서류 최소화	• 불필요한 수입 서류 생략, 서안에 따라 판단
• 검사 우선 처리	• 검사대상 선별 시 AEO 화물 우선 검사
• 통관장애 발생 우선 처리	• 자연재해, 국경폐쇄 조치 등 상황 발생시 AEO 통관 가능토록 지시
• 세관 연락관 통한 통관애로 처리	• 검사 지체, 세관 보류 등 상황 발생 시 연락관 통해 신속 해결

3) AEO MRA 추진절차

AEO MRA 추진 절차는 각 국가별로 상이하나 일반적으로 WCO에서 권장하고 있는 단계적 접근 (Phased approach)방법을 따르고 있다. 단계적 접근 방법은 1) 양국 간 AEO 공인기준 비교, 2) 현지 방문 합동심사, 3) 혜택 및 공인업체 정보공유 등 운영절차 협의, 4) 양국 관세청장 간 서명 단계로 구분한다.

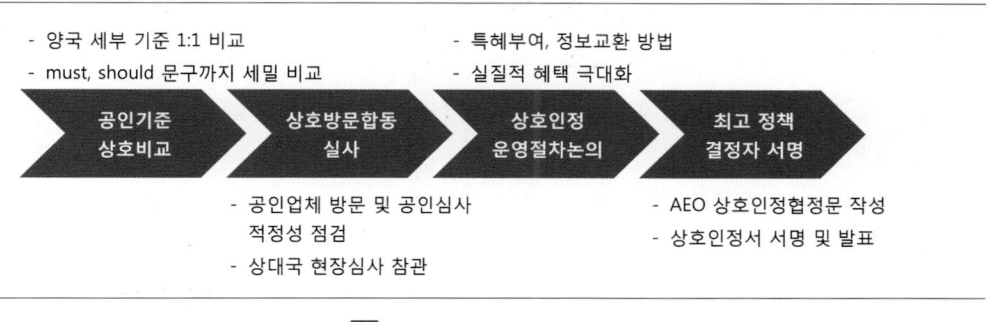

AEO MRA 추진 절차

신라免, 첨단 물류시설 '스마트 물류센터' 인증 취득

- 영종도 자유무역지역 제2통합물류창고 국토부 장관 인증 취득
- 업계 최초 수출입 안전 관리 우수업체(AEO) AA등급 획득 등
- 국내 최고 수준 화물관리 및 운영역량 확보로 면세업계 선도해

신라면세점(대표 이부진) 관계자는 28일 "국토교통부가 주관하는 스마트 물류센터 인증을 인천국제공항 자유무역지역 내 위치한 총면적 14,039㎡(4,250평) 규모의 제2 통합물류센터로 획득했다"고 밝혔다. 스마트 물류센터는 첨단 물류시설과 운영 시스템 도입을 통해 저비용, 고효율, 친환경성 등 다양한 측면에서 우수한 성능을 발휘할 수 있다고 국토교통부 장관이 인증한 물류창고를 말한다.

▲ 인천공항 옆 영종도 신라면세점 제2통합물류창고(자료 : 신라면세점)

신라면세점 관계자는 "신라면세점의 제2통합물류센터는 예측 기반의 업무 수행을 통한 면세품 인도 물량 사전 예측, 재고 현황 파악 효율화, 인도장 혼잡도 개선 등의 부분에서 뚜렷한 성과를 보이고 있고 자동화 설비 및 프로세스 구축을 통해 공간 효율화와 업무 생산성을 극대화하고 있다"고 말했다.

신라면세점의 제2통합물류센터는 ISO 14001, ISO 45001 국제표준 통합 인증도 획득했다. 이를 바탕으로 환경과 안전분야에서도 국제적인 기준의 센터 관리 역량을 인정받고 있다. 특히 비닐 사용량 감축 및 재활용 완충재 세단기, 전기차량 도입과 더불어 현장 참여형 안전신고제도를 운영하여 환경·안전 관리 체계를 확립했다는 평가도 받고 있다.

Case Study

한편, 신라면세점은 면세업계 최초로 수출입 안전 관리 우수업체(AEO) AA 등급을 획득한 경험을 바탕으로 최고 수준의 화물관리 및 운영 역량을 보유했다는 평가를 받고 있으며, 수출입 안전 관리 우수업체(AEO) 인증을 보유한 수백여 기업을 대상으로 관세청이 주관한 AEO 활용 사례 나눔 대회를 4차례 수상해 업계를 선도 하고 있다.

양진우 신라면세점 SCM 팀장은 "물류 과정의 업무 생산성 향상을 위한 지속적인 자동화 설비 도입과 함께 상품 입고부터 보관, 반출, 세관신고를 비롯한 전체 공정의 시스템화를 이뤄낸 부분을 인정받아 스마트 물류센터 인증을 획득한 것 같다"며, "앞으로도 차별화된 물류 운영 노하우를 통해 고객들의 쇼핑 편의와 친환경 운영 체계 구축에 최선을 다할 것"이라고 말했다.

김재영 기자 / ㈜티알앤디에프뉴스 / 2022. 12. 28. /
https://www.trndf.com/news/newsview.php?ncode=1065573552481490

학습문제

문제 1

관세법령상 통관에 대한 설명으로 옳지 않은 것은?(2022년도 국가공무원 9급 공채)

① 세관장은 원산지를 표시하여야 하는 물품의 원산지 표시가 부정한 방법으로 사실과 다르게 표시된 경우 그 위반사항이 경미하면 해당 물품의 통관을 허용한 후 사후에 이를 보완·정정하도록 할 수 있다.

② 세관장은 관세 보전을 위하여 필요하다고 인정할 때에는 용도 세율의 적용을 받은 수입물품에 통관표지를 첨부할 것을 명할 수 있다.

③ 수출입을 할 때 법령에서 정하는 바에 따라 허가·승인·표시 또는 그 밖의 조건을 갖출 필요가 있는 물품은 세관장에게 그 허가·승인·표시 또는 그 밖의 조건을 갖춘 것임을 증명하여야 한다.

④ 세관장은 운송수단으로부터 일시적으로 육지에 내려지는 외국물품 중 원산지를 우리나라로 허위 표시한 물품은 유치할 수 있다.

문제 2

관세법 상 보세구역에 반입한 장치기간이 지난 외국물품의 매각에 대한 설명으로 옳지 않은 것은?(2020년 국가공무원 7급 공채 필기시험)

① 세관장은 장치기간이 지난 외국물품을 매각한 때에는 매각 물건, 매각 수량, 매각 예정가격 등을 매각 후 10일 내에 공고하여야 한다.

② 매각된 물품의 질권자나 유치권자는 다른 법령에도 불구하고 그 물품을 매수인에게 인도하여야 한다.

③ 세관장은 보세구역에 반입한 외국물품이 창고나 다른 외국물품에 해를 끼칠 우려가 있는 경우 장치기간이 지나기 전이라도 공고한 후 매각할 수 있다.

④ 세관장은 관세법 제210조에 따른 방법으로도 매각되지 아니한 물품에 대하여는 그 물품의 화주등에게 장치 장소로부터 지체 없이 반출할 것을 통고하여야 하며, 반출통고일부터 1개월 내에 해당 물품이 반출되지 아니하는 경우에는 소유권을 포기한 것으로 보고 이를 국고에 귀속시킬 수 있다.

Case Study

문제 3

관세법령상 농림축산물에 부과하는 특별긴급관세에 대한 설명으로 옳은 것은?
(2020년 국가공무원 7급 공채 필기시험)

① 당해 연도 수입량이 기준발동물량을 초과하는 경우 국내외 가격차에 상당한 율인 당해 양허세율에서 그 양허세율의 3분의 1을 뺀 세율로 부과할 수 있다.

② 기준가격과 대비한 수입가격 하락률이 100분의 10 초과 100분의 40 이하인 때에는 국내외가격차에 상당한 율인 당해 양허세율에 의한 관세에 기준가격의 100분의 10을 초과한 금액의 100분의 40에 해당하는 금액을 추가하여 부과한다.

③ 관세법 시행령 제90조 제1항의 규정을 적용함에 있어서 부패하기 쉽거나 계절성이 있는 물품에 대하여는 기준발동물량을 산정함에 있어서 3년보다 짧은 기간을 적용하거나 기준가격을 산정 시 다른 기간 동안의 가격을 적용하는 등 당해 물품의 특성을 고려할 수 있다.

④ 관세법 제73조의 규정에 의하여 국제기구와 관세에 관한 협상에서 양허된 시장접근물량으로 수입되는 물품은 특별긴급관세 부과대상에 포함하지만, 그 물품은 특별긴급관세의 부과를 위한 수입량을 산정하는 때에는 이를 제외한다.

문제 4

관세법령상 설명으로 옳은 것은? (2020년 국가공무원 9급 공채 필기시험)

① 입국장 면세점과 입국장 인도장이 동일한 입국경로에 함께 설치된 경우 보세판매장의 운영인은 입국장 면세점에서 판매하는 물품(술·담배·향수는 제외한다)과 입국장 인도장에서 인도하는 것을 조건으로 판매하는 물품(술·담배·향수는 제외한다)을 합하여 미화 1,200달러의 한도에서 판매해야 하며, 술·담배·향수는 관세법 시행규칙 제48조제3항에 따른 별도 면세범위에서 판매할 수 있다.

② 장기간에 걸쳐 사용할 수 있는 물품으로서 임대차계약 또는 도급계약 등에 따라 해외에서 일시적으로 사용하기 위하여 수출된 물품 중 법인세법 시행규칙 제15조에 따른 내용연수가 4년(금형의 경우에는 3년) 이상인 물품이 수입될 때에는 그 관세를 면제할 수 있다.

③ 공항 및 항만 등의 입국경로에 설치된 보세판매장에서는 외국에서 국내로 입국하는 자에게 물품을 판매할 수 있다.

④ 관세청장은 특정물품에 적용될 품목분류의 사전심사 또는 재심사의 신청이 농산물 혼합물로서 제조공정이 규격화되어 있어 성분·조성의 일관성 확보가 용이한 경우에는 해당 신청을 반려할 수 있다.

문제 5
관세법령상 지정보세구역에 대한 설명으로 옳은 것은?(2021년도 국가공무원 7급 공채)

① 지방자치단체가 소유하고 있는 토지에 지정된 지정보세구역에 건물을 신축하기 위해서는 세관장과 사전에 협의하여야 한다.
② 지정장치장에 물품을 장치하는 기간은 3개월의 범위에서 관세청장이 정한다. 다만, 관세청장이 정하는 기준에 따라 세관장은 6개월의 범위에서 그 기간을 연장할 수 있다.
③ 지정장치장의 화물관리인은 화물관리에 필요한 비용(법제323조에 따른 세관설비 사용료를 포함)을 화주로부터 징수할 수 있다. 다만, 그 요율에 대하여는 세관장의 승인을 받아야 한다.
④ 세관장은 지정장치장의 질서유지와 화물의 안전관리를 위하여 필요하다고 인정할 때에는 화주를 갈음하여 보관의 책임을 지는 화물관리인을 10년의 범위 내에서 지정할 수 있다.

문제 6
관세법령상 통관 등에 관한 내용이다. 다음 물음에 답하시오.
(2021년 제38회 관세사 2차 시험 2교시 관세법 문제 1번)

Q1. 통관의 정의를 간략히 쓰고, 통관요건 3가지를 설명하시오.

Q2. 관세법에서 규정하고 있는 통관의 제한에 의거하여 (1) 수출입의 금지 물품 3가지, (2) 지식재산권 보호대상 6가지, (3) 통관의 보류 6가지를 각각 쓰시오.

문제 7
관세법령상 통관과 관련된 우편물의 검사, 우편물 통관에 대한 결정, 수출입신고대상 우편물, 우편물 납세절차를 각각 설명하시오.(2018년 제35회 관세사 2차 시험 2교시 관세법 문제 3번)

문제 8
관세법상 통관 후 유통이력 신고와 유통이력 조사에 대하여 설명하시오.
(2018년 제35회 관세사 2차 시험 2교시 관세법 문제 4번)

※ 해설은 부록에 기재됨.

참고문헌

1) 박진호, 「2020년 세기본법 및 소득세법 판례회고」, 『조세법연구』, 제27권, 제2호, 2021, 7-45pp.

2) 정재완, 「FTA 원산지판정에 있어 관세평가원칙의 적용에 관한 연구」, 『조세연구』, 제18권, 제4호, 2018, 7-34pp.

3) 최준호, 「수출입통관화물 관리를 위한 보세사 활용방안에 관한 연구」, 『관세학회지』, 제20권, 제3호, 2019, 181-199pp.

4) 박민규, 「한국 관세 환급 법제 개선방안에 관한 연구」, 『통상법률』, 제102권, 2011, 40-67pp.

5) 김경하, 오문성, 「조세법률주의와 실질과세의 관계에 관한 연구」, 『경영교육연구』, 제35권, 제2호, 2020, 105-126pp.

6) 임재혁, 「과점주주의 간주취득세에 있어서 '주주'개념의 해석 : 대법원 2018. 11. 9. 선고 2018두 49376 판결을 중심으로」, 『조세법연구』, 제25권, 제1호, 2019, 163-219pp.

7) 김창봉, 윤여진, 「관세 업무 역량에 영향 요인과 기업 성과에 관한 실증적 연구」, 『관세학회지』, 제14권, 제4호, 2013, 21-36pp.

8) 임다희, 김은미, 「자유무역협정에 따른 원산지 분쟁에 관한 연구 : 사례분석을 중심으로」, 『관세학회지』, 제17권, 제3호, 2016, 101-118pp.

9) 이용완, 허윤석, 「선화증권이 선대신용장(Red Clause L/C) 의 상환과 추심에 이용된 경우의 정당한 소지인의 확정조건에 관한 연구」, 『지역산업연구』, 제43권, 제4호, 2020, 185-201pp.

10) 윤성헌, 『조세포탈죄 실행행위의 해석기준과 개선방안에 관한 연구』, 서울대학교 대학원, 2019.

11) 김태훈, 『국세기본법상 납세자권리보호제도의 개선방안에 관한 연구』, 조선대학교 대학원, 2022.

12) Lee, J., 「Robotics Process Automation(RPA) And The Import/Export Customs Declaration Process」, 『Global Trade and Customs Journal』, Vol.18, No.10, 2023. 384-390pp.

13) Bassa, L., Kwateng, K. O., Kamewor, F. T., 「Paperless custom clearance and business supply chains」, 『Marine Economics and Management』, Vol.4, No.1, 2021, 42-58pp.

14) Abdulaziz, A., 「Special Economic Zones for the Digital Economy」, 『International journal of social science & interdisciplinary research』, Vol.11, No.7, 2022, 90-93pp.

15) Yi, Moon, 「Trade facilitation for the products of the industry 4.0 : The case of customs classification of drone」, 『Journal of Korea Trade』, Vol.23, No.8, 2019, 110-131pp.

16) 안태건, 김도연, 「특허보세구역제도 운영에 대한 관세분쟁사례 연구」, 『통상정보연구』, 제21권, 제2호, 2019, 75-93pp.

17) 이정선, 허은숙, 「DDP 조건에서 수입통관과 관련된 매수인의 리스크 관리방안에 관한 연구」, 『관세학회지』, 제21권, 제4호, 2020, 29-49pp.

18) 라공우, 강진욱, 이선표, 「우리나라와 중국의 관세법제의 비교연구」, 『관세학회지』, 제12권, 제1호, 2011, 81-111pp.

19) 유준수, 「국제무역 거래시 스마트 계약과 디지털 조세의 연계 방안에 대한 연구」, 『무역상무연구』, 제86권, 2020, 75-100pp.

20) 라공우, 송진구, 「한국과 중국의 관세담보조항에 대한 비교 연구」, 『관세학회지』, 제17권, 제4호, 2016, 59-79pp.

21) 한상현, 최준호, 「수출관리의 효율화를 위한 미국의 자동수출신고시스템(AES)에 관한 연구」, 『e-비즈니스연구』, 제11권, 제2호, 2010, 439-459pp.

22) 예상균, 「관세법상 조사의 법적성격과 적법절차원칙-관세법상 검증수색 및 신변수색을 중심으로」, 『한양법학』, 제30권, 제4호, 2019, 95-117pp.

23) Kim, Y. G., Koo, K. H., Park, H. and Keum, H., 「자유무역협정의 구성요소가 교역에 미치는 영향 분석」, 『The Contents of Free Trade Agreements and Their Effects on Trade』, 2018.

24) 김장호, 최관선, 「무역원활화협정과 전자무역의 역할에 관한 연구」, 『통상정보연구』, 제17권, 제1호, 2015, 29-55pp.

25) 무역원활화협정은 WTO 설립 및 DDA 협상 개시 이후 타결된 최초의 다자무역협정으로 통관의 신속화와 무역 비용 감소를 통한 국가 간 교역 확대를 목표로 한다.

26) 김창봉, 손예찬, 「우리나라 수·출입 기업의 AEO MRA 효과 실증 연구」, 『관세학회지』, 제20권, 제1호, 2019, 169-188pp.

27) 하의현, 「AEO 인증이 기업성과에 미치는 영향 : 패널데이터 분석」, 『무역학회지』, 제41권, 제4호, 2016, 91-110pp.

28) 최준호, 「수출입통관화물 관리를 위한 보세사 활용방안에 관한 연구」, 『관세학회지』, 제20권, 제3호, 2019, 181-199pp.

29) 권승하, 안재진, 「AHP 분석을 이용한 우리나라 수입업자 AEO 공인기준에 대한 연구」, 『관세학회지』, 제19권, 제4호, 2018, 191-213pp.

30) 최준호, 「수출입통관화물 관리를 위한 보세사 활용방안에 관한 연구」, 『관세학회지』, 제20권, 제3호, 2019, 181-199pp.

31) AEO 고시상 AEO 업체가 관세법, 대외무역법 등 수출입 관련 법령에서 규정된 사항의 준수여부를 「통합 법규준수도 평가와 운영에 관한 시행세칙」에 따라 측정한 통합법규준수도 점수와 종합심사 결과 측정한 법규준수도 점수를 말한다.

32) 권승하, 정재우, 이동준, 「한-인도 국가 간 AEO-MRA 상호인증 구축이 수출입 기업의 성과에 미치는 영향 연구」, 『관세학회지』, 제20권, 제4호, 2019, 247-266pp.

33) 경윤범, 한상필, 「수출확대를 위한 AEO MRA 의 전략적 개선방안 연구」, 『관세학회지』, 제19권, 제3호, 2018, 65-88pp.

34) Kim, J. K. and Kim, H. J., 「A study on the benefit and expected effect of introducing an aeo programmes」, 『The International Commerce & Law Review』, Vol. 49, 2011, 167-188pp.

35) 이기환, 「중국기업인의 대 한국 무역장벽인식에 관한 실증연구」, 『무역상무연구』, 제80권, 2018, 357-380pp.

36) 김창봉, 천홍욱, 「 AEO 제도 활성화에 영향을 미치는 요인에 관한 실증적 연구」, 『무역학회지』, 제37권, 제1호, 2012, 203-228pp.

37) 김진규, 김현지, 「우리나라 수출입기업의 AEO 인증제도 도입에 따른 혜택 및 기대효과에 대한 연구」, 『무역상무연구』, 제49권, 2011, 167-188pp.

제9장
무역보험제도와 국제상사중재

New Principles of
International Trade
of the 4th Industrial
Revolution

학습목표
 1. 해상보험의 주요 원리에 관하여 설명한다.
 2. 해상보험 특성에 관하여 파악한다.
 3. 해상운송보험과 무역보험의 차이를 설명한다.
 4. 무역보험제도의 개념과 의의를 이해한다.
 5. 무역보험의 개념 및 특징에 관하여 이해한다.
 6. 무역보험의 종류에 대해서 파악한다.
 7. 상사중재 제도에 관하여 이해한다.
 8. 담보위험에 대하여 이해한다.
 9. 클레임 해결방안에 관하여 파악한다.
 10. 중재의 절차 및 과정에 관하여 설명한다.

Contents
 Introduction : '보잉 추락 이어 팬데믹' 겹악재에 무너질 뻔한 수출기업 살린 '이것'
 제1절 기존 해상보험의 이해
 제2절 무역보험의 운영과 주요 유형
 제3절 무역클레임과 상사중재 제도의 이해
 Case Study : 한국무역보험공사, 원전·방산 첨단전략산업 수출금융 등 입체적 지원

Introduction

'보잉 추락 이어 팬데믹' 겹악재에 무너질 뻔한 수출기업 살린 '이것'

- 기술력 앞세워 글로벌 항공업체에 수출하다가 737맥스 추락·팬데믹·고물가 등 연속 악재에 일시적 자금난 … 무보 '특례지원'에 기사회생 에어버스 화물기 개조 사업 수주 따내며 부활

▲ 2022년 12월 19일 경남 사천 켄코아에어로스페이스 사남공장. 공정을 마친 각종 금속 부품이 수출길에 오를 준비를 하고 있다. / 사천=전준범 기자

작년 12월 19일 경남 사천 사남면에 있는 켄코아에어로스페이스(이하 켄코아) 사남공장. 드넓은 부지에 길게 뻗은 공장 안으로 들어서자 거대한 기계음이 귀를 찔렀다. 금속 자재가 절삭 과정에서 쏟아내는 마찰음 위로 작업자들이 강판을 두드리고 나사 조이는 소리가 포개졌다. "화물기 하중 보강용 바닥과 도어 프레임 등에 쓰이는 알루미늄 플레이트를 만든다고 이해하시면 된다." 현장 안내를 맡은 박길주 켄코아 부장이 말했다. 공장 한쪽에서는 작업복 차림의 직원 여럿이 헬리콥터 뼈대를 조립하고 있었다. 이 회사가 미국 보잉사에 납품하는 소형 공격형 헬기 동체였다. 공군 초도 훈련비행기 'KT-100'도 보였다. 헬기와 비행기의 존재가 이곳을 공장이라기보다는 항공사 격납고처럼 느껴지게 했다. 박 부장은 "항공기 동체

조립은 전문가의 수작업이 필수"라며 "국산 헬리콥터 '수리온'의 후방동체·조종장치 양산 경험을 바탕 삼아 동체 전체 조립으로 사업 영토를 넓혔다"고 했다.

켄코아는 2013년 4월 설립된 항공우주 전문기업이다. 사천 본사와 미국 자회사를 중심으로 아시아·북미·유럽 지역의 항공우주 산업계에 항공기 부품 가공·조립과 유지보수 등의 서비스를 제공한다. 업력은 10여년에 불과하지만 정교한 기술력을 인정받아 대한항공·한화에어로스페이스·한국항공우주산업(KAI) 등 국내 대기업은 물론 보잉·록히드마틴·프랫앤드휘트니 등 글로벌 대형 항공업체까지 고객사로 확보했다. 회사 설립 초기인 2014년 16억원 수준이던 매출액은 지난해 3분기 기준 548억원으로 8년 만에 34배 이상 불었다. 수출 경기 악화에도 켄코아의 작년 연간 매출액은 사상 최대치인 750억원에 달할 것으로 보인다. 2014년과 비교하면 47배가량 증가하는 셈이다. 작년 3분기까지 42억원을 찍은 영업이익도 더 늘어날 전망이다. 직원 수는 설립 초 40여명에서 현재는 약 400명으로 10배 증가했다.

금융투자업계도 켄코아의 성장세를 긍정적으로 바라본다. 나승두 SK증권 연구원은 "보잉 B-767·777 기종의 구조물 생산과 완제기 조립 노하우를 바탕으로 에어버스 항공기 PTF(Passenger to Freighter·여객기를 화물기로 개조) 등으로 사업 영역을 확대했다"며 "국내에서 유일하게 F-35와 F-22 전투기에 탑재되는 부품을 생산·납품 중이고, 미 항공우주국(NASA)의 유인 달 탐사 프로젝트 '아르테미스'에도 참여했다"고 했다. 이렇게만 보면 켄코아가 설립 이래 쭉 탄탄대로를 걸어온 것 같지만, 실제론 그렇지 않았다. 첫 번째 위기는 이 회사가 한창 성장 가도에 있던 2018~2019년 들이닥쳤다. 핵심 고객사 중 한 곳인 보잉사의 '737맥스' 항공기가 연거푸 추락하면서 '죽음의 비행기'라는 오명을 얻은 것이다. 한국을 포함한 세계 40여개 국가에서 737맥스 기종 운항을 중단했다. 이날 현장에서 만난 정재한 켄코아 부사장은 당시를 이렇게 기억했다. "P/O(Purchase Order·구매 주문서)가 들어오지 않는 상황이 6개월 넘게 이어지면서 매출에 큰 타격을 받았고, 직원들도 불안감을 느꼈다. 회사로선 보잉 의존도가 높았던 매출 구조를 다변화할 필요성을 느꼈어요. 그런데 그때 하필이면 신종 코로나 바이러스 감염증(코로나19) 사태까지 터졌다." 737맥스의 연이은 추락 사고로 매출에 직격탄을 맞은 상황에서 팬데믹(pandemic·감염병 대유행)마저 찾아온 것이다. 켄코아로선 생존을 위한 사업 영토 확장을 추진할 수밖에 없었다. 켄코아가 택한 미래 먹거리는 여객기를 화물기로 개조하는 PTF 사업. 우수한 기술력과 품질, 납기 준수 능력이 있었기에 에어버스 여객기를 화물기로 바꾸는 글로벌 PTF 사업에 합류할 수 있었다.

그런데 또 다른 문제가 켄코아를 기다리고 있었다. 화물기 개조에 필요한 각종 금속 제품 개발용 원소재를 100% 외국에서 사와야 하는데, 보잉-팬데믹 사태를 잇달아 겪으면서 회사의 유동성이 일시적으로 악화한 것이다. 여기에 인플레이션까지 심화하면서 파운드당 3달러 수준이던 알루미늄 플레이트 가격이 6달러 이상으로 두 배 넘게 올랐다. 정 부사장은 "해외에서 사온 원소재를 가공·조립해 수출하면 몇 개월 뒤 돈이 들어오는 구조인데, 여러 악재가 복합적으로 얽히면서 원소재 조달에 필요한 자금이 잠깐 부족해졌다"며 "원자재 확보가 늦어져 약속한 납기를 지키지 못하면 신뢰 관계에 금이 가고, 후속 사업 참여를 보장받을 수 없어 우려가 컸다"고 회상했다.

○ 단기 자금경색 뚫어준 무보 특례지원

절체절명의 순간, 구세주로 등장한 존재는 한국무역보험공사(무보)였다. 무보는 성장 잠재력과 기술력은 충분한데 일시적으로 무역보험 이용 요건을 충족하지 못한 기업을 대상으로 '무역보험 특례지원 제도'를 운영하고 있다. 무보는 내부 심사 절차를 거쳐 켄코아를 무역보험 특례지원 대상 업체로 선정했다.

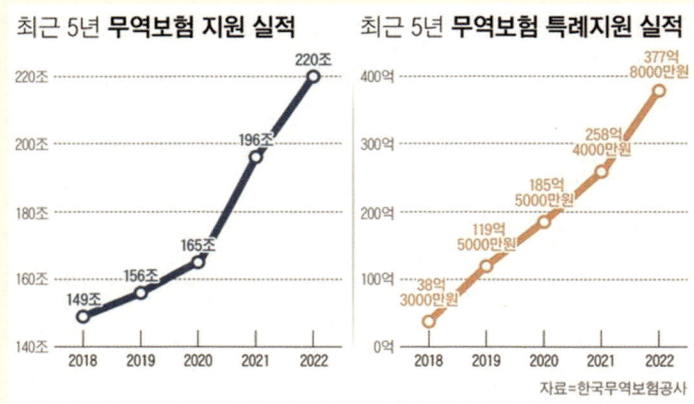

▲ 한국무역보험공사 자료를 재구성함(전준범 기자 / 조선비즈)

켄코아는 무보로부터 받은 긴급 자금을 원소재 수입 예산에 보탰다. 막힌 혈이 뚫리자 다음 단계부터는 일사천리였다. 켄코아는 완성도 높은 제품을 납기 내에 무사히 수출했고, 2020년 2600억원 규모의 1차 수주에 이어 2021년 1200억원 규모의 2차 수주까지 모두 따낼 수 있었다. 정 부사장은 "무보의 특례지원 제도가 문제 해결의 시발점 역할을 해줬다"며 "지금 켄코아는 그때와 전혀 다른 회사로 탈바꿈해 빠르게 성장하고 있다"고 했다. 무보의 무역보험 지원 금액은 2017년 145조원에서 2022년 220조원까지 증가했다. 같은 기간 중견·중소 수출기업 지원금액은 48조원에서 70조원으로 늘었다. 켄코아 사례와 같은 무역보험 특례지원 실적도 늘고 있다. 2018년 38억3000만원 수준이던 무역보험 특례지원 규모는 지난해 377억8000만원으로 4년 사이 10배가량 불어났다. 이인호 무보 사장은 "어려운 대외 여건 속에서 우리나라 기업들이 수출을 포기하지 않고 해외시장을 적극 개척할 수 있도록 사각지대 없는 전방위 지원체계를 구축하겠다"고 말했다.

전준범 기자 / 조선비즈 / 2023. 01. 06. /
https://biz.chosun.com/policy/policy_sub/2023/01/06/XJIS4YMNWNHT3PBI5KBNOEZJKE/?utm_source=naver&utm_medium=original&utm_campaign=biz

제9장
무역보험제도와 국제상사중재

제1절 기존 해상보험의 이해

1. 해상보험의 의의와 종류

해상보험이란 해상위험으로 발생하는 선박과 화물의 손실을 대비하여 선박과 화물에 대하여 이해관계를 갖는 여러 사람이 분담금을 각각 제출하여 공통 준비재산을 형성하고, 해상위험으로 인하여 경제적 손해를 입은 자가 있다면, 이에 대한 보상을 공통 준비재산으로 할 것이라고 정한 제도를 말한다.

1) 적화보험

적화보험(Cargo Insurance)은 화물을 대상으로 하는 보험으로 국제운송(해상운송, 항공운송, 육상운송) 중 수반되는 외부의 우연한 사고와 각종 위험으로 발생되는 화물의 물적 손해, 책임 손해, 비용 손해를 보상한다. 특히 국제운송 중 화물사고 발생 시에는 운송인에게 화주가 손해배상을 요구할 수 있으나, 운송계약서인 선하증권(Bill of Lading: B/L)에서 여러 가지 면책사유를 규정하고 있으며, 운송인의 귀책 사유로 인한 손실이라 하더라도 일정 금액으로 책임이 제한된다. 여기서 화물은 일반적인 상품 그 자체를 의미하며 사유물이나 선내에서 소비하기 위한 소모품이나 식료품 등은 화물로 취급하지 않으며 적화보험의 대상이 될 수 없다.

2) 선박보험

선박보험은 선박을 보험목적물로 하는 보험이다. 선박의 관리 및 운항 시 분실이나 훼손 또는 선박을 보존하기 위해 지출된 경비 및 선박으로 인해 책임손해가 있는 경우 이러한 손해를 보험조건에 맞추어 보상하여 주는 보험을 말한다. 선박보험은 그 종류가 다양하지만, 통상적으로 선체보험(Hull & Machinery Insurance)을 선박보험이라고 볼 수 있다. 선체보험은 기본적으로 선박 그 자체에 대한 보상뿐만 아니라 선박의 의장용구나 항해에 필요한 모든 화물을 대상으로 해상운송 중 일어난 선박의 물적 손해와 비용 손해를 보상한다. 선박건조보험은 선박의 건조에서부터 시운전, 진수, 인도에 이르기까지 전체적인 제반 손해를 보상해 주는 보험이다.[1]

3) 배상책임보험

① 충돌배상책임보험(Collision Liability Insurance) : 선체보험에 포함되는 충돌배상책임보험은 선

박의 충돌사고로 인해 상대 선박에게 물어주어야 하는 손해배상금을 특정 한도(선체보험상 협정보험가액)까지 보상한다. 그런데 선체보험증권에 규정된 '3/4충돌배상책임약관(3/4 Collision Liability Clause)'에 의해 피보험선박이 상대 선박 또는 그 선박에 적재된 화물에 손상을 발생시키었을 때 선주의 법률상 배상책임의 3/4까지만 보상된다.2) 특히, 본 약관은 상대 선박과 그 화물에 대해 충돌 손해만을 보상하며, 상대 선박과 그 선박에 적화된 화물의 제거 비용, 유류오염손해, 선원 및 여객의 인적 손해 등은 보상하지 아니한다.

② 선주책임상호보험(Protection & Indemnity Insurance: P&I Insurance) : P&I보험은 선체보험에서 보상되지 않는 비용 손해와 제3자에 대한 배상책임을 담보로 하기 위하여 선주들이 관리하는 비영리 상호보험을 말한다. 선주들의 상호보험조합인 P&I Club에 의해 P&I보험이 인수된다. P&I보험에서 보호(Protection)란 선체보험증권상 3/4 충돌배상책임약관에서 보상하지 않는 손해를 보상하는 것을 말하며, 배상(Indemnity)이란 해상운송인의 귀책 사유로 인해 화물손해 발생 시 화주에 대한 운송인의 손해배상책임을 보상하는 것을 말한다.

4) 운임보험

운임보험(Freight insurance)이란 보험목적물을 해상운임으로 하는 보험이다. 선박이 해난사고로 인하여 항해가 중단되거나 포기하게 되는 경우, 해당 사고가 발생하지 않았을 때 취득하였을 선주의 후지급운임을 보상하는 보험이다. 한편 운임은 선지급운임과 후지급운임 두 가지로 구별된다.

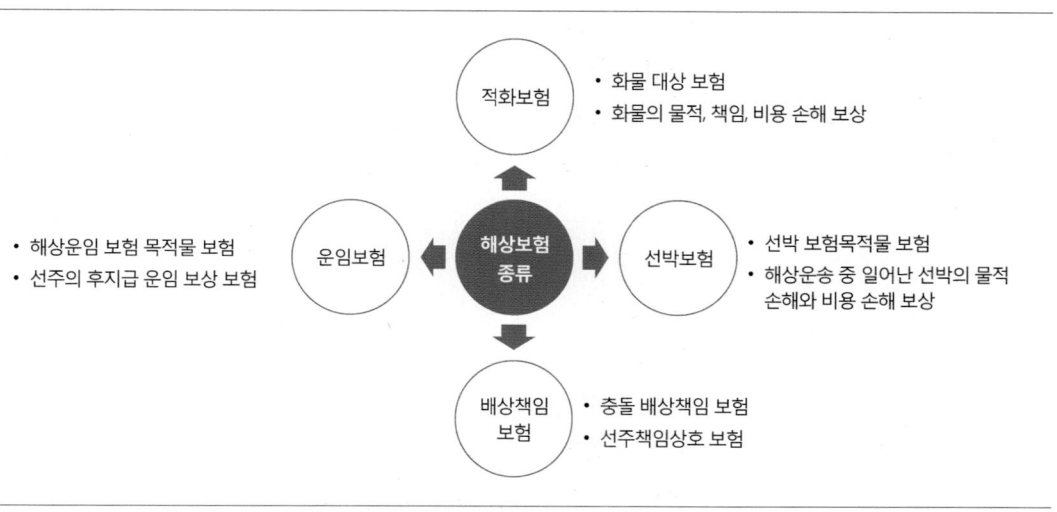

해상보험 종류

첫째, 선지급운임인 경우 최종목적지까지 물품을 운송하지 못하더라도 선지급된 운임은 반환되지 않는다고 선하증권에 운임확정 취득약관을 명시하고 있어 화주가 운임보험에 가입할 필요가 있다. 둘째, 후지급운임인 경우 선주가 항해중단으로 인한 운임손실위험을 부담하므로 선주가 운임보험에 가입하게 된다. 운임보험은 별도의 운임약관이 포함된 해상보험증권으로 인수되기도 하지만, 통상적으로는 선체보험에 의해 인수된다.

2. 해상보험의 주요 원리

1) 피보험자의 고지의무

보험계약을 체결하기 전에 피보험자는 본인이 알고 있는 유의해야 할 모든 상황을 보험자에게 알려야 할 의무가 있다. 여기서 유의해야 할 상황이라는 것은 보험계약의 체결여부 및 요율산정에 반영될 수 있는 사실을 말한다.

보험계약자는 위험에 관한 사정을 가장 잘 파악할 수 있는 위치에 있으므로 고지의 책임은 우선 보험계약자에게 있다. 만약 보험계약자가 고의 및 중과실로 허위고지를 하거나 고지를 하지 않았을 경우에는 신의성실의 원칙을 통해 보험자는 그 계약을 파기할 수 있다.

2) 담보

담보(Warranty)란 피보험자가 반드시 지켜야 할 약속이다. 이는 어떤 특정한 사건이 일어나거나 일어나지 않을 것이라는 약속사항, 또는 어떠한 요건이 충족될 것이라는 약속사항, 또는 특수한 사실의 존재를 긍정 또는 부정하는 약속사항을 말한다. 담보에는 보험증권에 명백히 나타나는 명시담보와 이와는 달리 해상보험증권에는 제시되지 않으나 피보험자가 당연히 지켜야 할 약속사항으로 볼 수 있는 내항성담보(Warranty of seaworthiness), 적법담보(Warranty of legality)와 같은 묵시담보가 있다.[3] 담보는 피보험자에 의하여 반드시 준수 및 시행되어야 하며 만일 피보험자가 담보를 위반하였을 시 보험계약의 해지사유가 된다.

3) 근인주의

보험자는 보험증권상 담보되는 위험과 그렇지 않은 위험이 지속적으로 혹은 동시에 일어나 손해를 발생하는 경우에 정확하게 손해의 원인을 규명하지 않는다면 손해의 보상이 이루어지지 않을 수 있다.[4] 따라서 손해에 대하여 다양한 원인에 대한 인과관계의 분석을 필요로 하며 여러 원인 중 손해를 발생한 진정한 원인을 가려내는데 반영되는 원리를 근인주의라고 한다. 여기서 근인(Proximate cause)이란 무조건 시간적으로 가장 밀접한 원인을 뜻하는 것이 아닌 사고를 발생시킨 가장 지배적이고 직접적인 원인을 의미한다.[5]

4) 해상보험의 주요 용어

(1) 해상보험의 당사자

① 보험자 : 보험자(Insurer or assurer)는 보험금을 지급할 의무를 지며 해상위험을 부담하여 보험사고가 발생한 경우에 대가로 보험료를 받는 자를 말한다. 보험자는 보험사업의 사회성, 공공성 등의 특징에 따라 그 자격이 제한되어 한국에서는 법인체인 보험회사(Insurance company)로 되어 있다.

② 보험계약자와 피보험자 : 보험계약자(Policy holder)란 보험계약의 당사자로서 보험자와 보험계약을 자기 명의로 체결하고 계약 시 보험료 납입의 책임을 가지는 자를 말한다. 피보험자(Insured or assured)란 보험목적물에 대하여 경제적 이해관계, 다시 말해 피보험이익을 갖고 피보험재산에 손실이 발생하면 보험자로부터 배상을 받는 자를 말한다.

(2) 피보험이익

보험에는 반드시 피보험자가 보험의 목적물과 경제적, 금전적 이해관계가 존재해야 하는데 이를 피보험이익(Insurable interest)이라고 한다.6) 다시 말하면 보험이 보호해야 하는 대상은 선박이나 화물 같은 어떤 사물 그 자체가 아니라 보험을 목적물에 대하여 특정인이 가지는 이해관계이며, 이러한 피보험이익이 보험계약을 통해 보장받는 대상이 된다.

(3) 보험가액과 보험금액

보험가액(Insurable value)이란 피보험이익에 대해 객관적으로 주관적 이해관계를 평가한 금액이며 보험사고가 발생한 경우에 피보험자가 얻게 되는 손해액의 최고한도액을 뜻한다. 보험가액을 객관적으로 결정할 수 없는 경우에는 계약당사자 간의 합의에 의해 보험가액을 결의할 수 있다.

보험금액(Insured amount)이란 보험계약을 체결할 경우, 피보험자가 실제로 보험에 가입한 금액이자 보험자 관점에서는 손해보상의 최고 책임한도액이 된다. 보험금은 보험가액 범위 내에서 결정되며 부보된 피보험이익의 한도를 금액으로 표시한다.

(4) 보험금

보험금(Claim amount)이란 담보위험으로 보험목적물에 경제적 손해가 나타난 경우 보험자가 피보험자에게 보상금으로 주는 금액을 말한다.7) 전부보험인 경우에는 보험사고가 발생한 경우 보험금으로 손해액 전액을 지급하지만, 일부보험의 경우에는 법령 또는 보험약관에 따라 보상방법이 달라진다.

(5) 보험료

보험료(Insurance premium)는 보험자가 위험을 담보하고 보험사고로 인하여 손실이 발생했을 경우 피보험자에게 손실을 보상할 것을 약속하고 그 대가로 보험자에게 보험계약자가 지불하는 반대급부를 말한다. 보험료의 산출근거로 볼 수 있는 보험료율(Premium rate)은 선박의 항로, 상태, 보험조건, 화물의 종류 등에 따라 달리 책정된다.

(6) 보험대리점

보험대리점(Insurance agent)은 독립된 법인으로 같은 보험자를 위하여 지속적으로 보험계약의 체결을 대신하거나 중개를 영업으로 한다. 보험계약은 보험자가 보험계약자와 직접 체결할 수도 있고, 보험대리점을 사이에 개입시켜 체결할 수도 있다.

(7) 보험중개사

보험중개사(Insurance broker)는 피보험자의 이익을 대표하여 다수의 보험자와 협상하고, 저렴한 보험료로 양질의 보험계약이 성립되도록 중개와 자문 역할을 하는 자이다. 현재 보험중개사는 손해보험 중개사, 생명보험 중개사, 제3보험 중개사(상해보험, 간병보험, 질병보험, 그밖에 대통령령이 정하는 보험종목) 등 주로 3가지로 구분되는데, 보험중개사가 되려면 금융감독원(보험개발원이 위탁받아 수행)이 실시하는 시험에 합격해야 한다.

3. 해상보험약관

국제물품 매매계약 시 매매당사자들은 해상보험약관을 통해 물품의 금액, 보험가입 금액, 물품의 성질, 물류환경에 관하여 담보조건과 누가 보험에 가입할 것인지 약정한다. 무역계약에서는 보통 해상보험 중 적화보험에 관하여 해상보험약관을 구성하고 있으며 해상보험의 가입을 통해 화물의 이동간에 발생하는 위험에 대한 손해를 보험회사가 보상하게 된다.

이때 계약에서 결정한 해상보험 조건에 가입하게 되며 이에 관련한 위험에 대한 보상만을 받을 수 있다.[8] 무역계약에서 보험에 가입하기로 명시된 보험가입자는 해상보험에 가입하게 되며 보험약관은 런던보험자협회가 제정한 협회적화약관(Institute Cargo Clause)에 따른다. 해당 약관은 구약관과 신약관으로 구분된다.

적화보험 손해보상 범위(구약관)

구분	단독손해손부담보조건 (FPA)	분손담보조건 (WA)	전위험담보조건 (A/R)
• 전손	O	O	O
• 공동 해손	O	O	O
• 해난구조비 및 손해방지비	O	O	O
• 좌초, 침몰, 대화재가 발생한 경우 단독해손	O	O	O
• 선적, 환적, 양하 중의 매포장 단위의 전손	O	O	O
• 화재, 폭발, 충돌, 접촉 및 피난항에서의 양하로 인한 손해	X	O	O
• 약관상 면책사항 이외의 외래적, 우연적 사고에 의한 손해	X	X	O

주1) 전손 : 부보된 화물이 위험에 의해 전부 멸실되어 시장 가격을 상실하였을 경우
주2) 공동해손 : 공동의 해상사업에 있어 공동의 안전을 위해 고의적이고 합리적으로 발생시킨 이례적인 희생손해나 비용을 그러한 희생 또는 비용지출의 결과로 위험을 면하게 되어 무사히 목적지에 도착할 수 있었던 이해관계인이 그 희생이나 비용에 대해 서로 분담해주는 해상법상 특유한 제도
주3) 단독해손 : 공동해손과 달리 화주와 선주 중 어느 한쪽이 단독으로 부담하는 제도

적화보험 손해 보상범위(신약관)

손해보상 범위	ICC(C) 조건	ICC(B) 조건	ICC(A) 조건
• 화재 또는 폭발	O	O	O
• 본선 또는 부선의 좌초, 교사, 침몰, 전복	O	O	O
• 육상운송용구의 전복, 탈선	O	O	O
• 본선, 부선, 운송 용구의 타물과의 충돌, 접촉	O	O	O
• 피난항에서의 화물의 하역	O	O	O
• 지진, 화산의 분화, 낙뢰	X	O	O
• 공동해손희생 손해	O	O	O
• 투하(Jettision)	O	O	O
• 갑판유실(Washing Overboard)	X	O	O
• 본선, 부선, 선창, 운송용구, 컨테이너, 지게차, 또는 보관 장소에서의 해수, 호수, 강물의 유입	X	O	O
• 본선, 부선에의 선적 또는 양륙작업 중 바다에 빠지거나 갑판에서 추락하여 발생한 포장단위당의 전손	X	O	O
• 약관상 면책사항 이외의 외래적, 우연적 사고에 의한 손해	X	X	O
• 공동해손, 구조비	O	O	O
• 쌍방과실 충돌(Both Blame Collision)	O	O	O

주) 공동해손희생 손해 : 공동해손 발생 시 희생되는 현실적인 손해

위와 같이 해상보험약관 중 FPA, WA나 ICC(B), ICC(C)는 손해보상 범위가 ICC(A/R)과 ICC(A)에 비해 협의적이기 때문에 부가위험에 관한 보험조건을 추가적으로 가입함으로써 저렴한 보험료로 보험가입 효과를 거둘 수 있다. 이외에도 해상보험약관 체결 간에 내륙보관 확장담보조건(Inland Storage Extention: ISE)을 두어 적화보험증권에 명시된 기간을 연장할 경우 담보할 수 있다.

📋 해상보험 부가조건

해상보험 부가조건

- 도난, 절도, 불도착으로 인한 손해(TPND: Theft, Pilferage & Non-Delivery)
- 우수, 담수로 인한 손해(RFWD: Rain and/of Fresh Water Damage)
- 곡손, 우손으로 인한 손해(Breakage)
- 한습손, 열손으로 인한 손해(Sweat and Heating Damage)
- 누손, 중량부족으로 인한 손해(Leakage/Shortage)
- 투하, 갑판유실위험으로 인한 손해(JWOB: Jettision and Washing Over Board)
- 요손, 곡손으로 인한 손해(Denting and/or Bending)
- 자연발화으로 인한 손해(Spontaneous Sombustion)
- 곰팡이손으로 인한 손해(Mould and Mildew)
- 녹손, 산화, 변색으로 인한 손해(ROD: Rust, Oxidation, Discolouration)
- 갈고리손으로 인한 손해(HH: Hook and Hole)
- 혼합위험으로 인한 손해(Contamination)

4. 해상보험의 특성

1) 손해보상계약

손해보상계약이란 '실손보상의 원칙(The principle of indemnity)'에 따라 손해가 일어나기 전의 상태로 피보험자를 회복시켜주는 것이며, 또한 보험자의 보상을 통해 피보험자가 부당이익을 누려서는 아니 된다는 것이다. 한편, 최근 수출입기업은 디지털 기술의 발전으로 스마트 계약 기술을 활용하여 계약 조건과 보상 기준을 자동화하고 프로그래밍화할 수 있으며, 보상 절차와 보상 지급을 효율적으로 처리할 수 있게 되었다. 그리고 사물인터넷(IoT) 기술의 발전으로 보상과 관련된 데이터를 실시간으로 수집하고 분석하여 손해 발생 여부와 보상 기준을 판단할 수 있으며 스마트 클레임 처리를 통해 보험 청구서 작성, 문서 처리, 보상 지급 과정을 자동화하고 최소한의 인적 개입으로 빠르고 정확한 보상 처리를 수행하고 있다.[9]

2) 기업보험성

글로벌 전자상거래의 확산에 따라 무역의 형태가 다양화되면서 보험은 보험료를 가계에서 부담하는지 혹은 기업에서 부담하는지에 따라 가계보험(Family Insurance)과 기업보험(Business Insurance)으로 구분된다. 한편 상법(제663조)은 '불이익변경금지의 원칙'을 규정하고 있다. 불이익변경금지의 원칙이라 함은 특약에 의하여 보험계약의 당사자는 상법의 내용보다 약관의 내용을 보험계약자에게 불리하게 변경하지 못한다는 원칙이다.[10] 하지만 불이익변경금지의 원칙은 가계보험(자동차보험, 상해보험, 주택화재보험, 가정생활보험, 레저보험)에만 적용되고 해상보험에는 적용되지 않는다.

3) 국제성

글로벌 시장에서 해상보험은 바다를 통하여 글로벌하게 활동하는 해운업자 또는 무역업자 등이 활용하는 보험이므로 국제성을 갖는다. 따라서 해상보험실무에서는 영국의 런던국제보험인수협회(International Underwriting Association of London: IUA)의 보험증권과 협회약관이 널리 사용되고 있다. 해상보험에 있어서는 영국해상보험법(Marine Insurance Act, MIA)과 판례법인 보통법이 우리나라 상법보다는 더 중요한 법원(法源)이 된다. 적화보험상 준거법약관의 효력에 관하여 우리나라 대법원은 보험계약의 성립 및 효력에 관해서는 우리나라 상법이 적용되고, 그 밖의 보험자의 책임과 결제에 관해서는 영국법이 적용된다고 하는 소위, '준거법의 분할'을 인정하고 있다.[11]

4) 해외재보험에 높은 의존성

해상보험은 해외재보험에 대한 의존성이 매우 높다. 해상보험에 가입을 하는 목적은 보험의 가액이 크기 때문에 국내 보험자들은 이러한 위험을 분산하기 위해 해외재보험에 가입하고 있기 때문이다. 특히, 우리나라 손해보험회사는 인수능력이나 보상능력이 충분하지 못하기 때문에 해외재보험에 대한 의존도가 다른 선진국 손해보험회사와 비교하여 높을 수밖에 없다.

5) 국제경쟁성

해상보험은 국제성을 띠고 있어 여타의 보험종목과 비교하여 일찍부터 역외보험이 허용되었다. 역외보험이란 국내 거주자가 외국보험자(외국 법령에 의하여 설립되고 외국에서 보험사업을 영위하는 자)와 직접 체결한 보험을 말한다. 현재 우리나라 보험업법상 역외보험이 허용되는 보험으로는 수출적화보험, 수입적화보험, 항공보험, 선박보험, 재보험, 생명보험, 장기상해보험 등이 있다. 따라서 해상보험을 이용하는 무역업자나 선주는 자신의 편의에 따라 국내 또는 해외에서 자유롭게 보험계약을 체결할 수 있다.

6) 담보의 존재

해상보험은 피보험자에게 엄격한 담보(擔保) 혹은 담보특약(擔保特約)의 준수를 요구한다. 해상보험에서 담보는 피보험자가 무조건 지켜야 할 계약으로서, 어떤 특정한 일을 행할 것 또는 행하지 않을 것이라는 약속사항 혹은 어떤 조건이 충족될 것이라는 약속사항이나 특정한 사실상태의 존재를 긍정 또는 부정하는 약속사항을 말한다.12) 만약 피보험자가 담보를 위반한 때에는 위반 이후의 손해에 대하여 담보위반과 손해와의 인과관계 유무와 상관없이 보험자는 책임을 부담하지 않는다.

7) 해륙복합보험성

해상보험은 해상에서의 손해뿐만이 아니라 해상사업에 수반되는 육상위험 또는 강이나 호수와 같은 내수로에서의 손해까지 확장하여 담보한다. 예를 들어, 적화보험의 경우 창고간약관(Warehouse to Warehouse Clause)에서는 보험자의 책임이 송하인의 창고로부터 수하인의 창고라고 규정하고 있다. 따라서 적화보험은 해상위험뿐만 아니라 육상위험까지 담보한다.

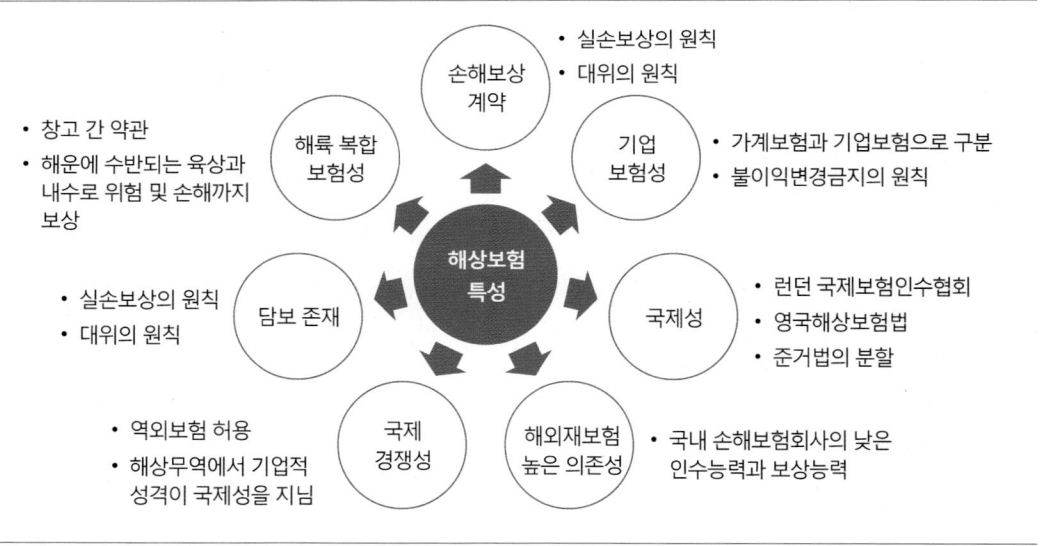

해상보험의 특성

제2절 무역보험의 운영과 주요 유형

1. 무역보험의 개요

1) 무역보험의 등장 배경

무역보험이란 무역이나 그 외의 대외거래에서 발생하는 다양한 위험을 담보하는 보험을 말하며, 수출보험과 수입보험으로 구별된다. 수출업자가 물품을 수출하고 수출대금을 지급받지 못하거나 금융기관이 제공한 수출금융을 회수하지 못하는 경우, 그리고 수입업자가 외국 수출업자로부터 적기에 화물을 인도받지 못하거나 선지급금을 회수하지 못하는 경우에 발생하는 손실을 한국무역보험공사가 무역보험법에 의하여 보상해주는 비영리정책보험을 말한다.[13]

2) 무역보험의 목적

초기에는 무역보험은 주로 수출보험에 초점을 맞추었지만, 2010년부터는 경제성장과 수출에 필수적인 주요 원자재, 에너지, 필수 시설재와 같은 안정적인 확보를 위해 수입보험이 도입되었다. 이러한 변화는 4차 산업혁명의 영향을 받아 무역보험의 범위를 확대하고 현대적인 경제 환경에 적합한 방식으로 발전시키는 데 기여하였다.[14]

3) 무역보험의 기능

(1) 무역거래에서의 불안제거

무역보험 중 수출보험은 수출자의 거래 위험 부담을 경감시킨다는 점에서 국제 상거래를 국내 상거래와 동일한 환경과 조건으로 조성하는 일차적인 기능을 가지고 있다. 수입자의 일방적인 계약파기, 파산 혹은 대금지급지연으로 인한 신용위험과 수입국에서 발생한 비상위험으로 인하여 수출자나 수출금융을 제공한 금융기관이 입는 손실을 보상해 궁극적으로는 우리나라의 수출을 촉진하고 진흥하는 기능을 갖는다.[15]

(2) 금융 보완적 기능

담보능력이 부족한 수출업체는 수출신용보증서나 수출보험증권을 담보로 활용하여 무역 금융 지원이 가능해진다. 이로 인해 위험도가 높아서 이전에는 지원이 어려웠던 수출거래에도 무역 금융 지원이 확대된다. 수출보험을 통해 한국무역보험공사나 민간 보험사가 신용을 보증하므로, 담보 능력이 부족한 수출업체도 대출을 받을 수 있고, 금융기관도 수출자에게 더욱 유리한 조건으로 대출을 공급할 수 있다.

(3) 수출진흥 정책수단의 기능

수출자는 수출보험을 통해 수출대금을 받지 못하더라도 대금 미결제로 인한 손실을 보상받을 수 있으므로, 외상거래나 신규 수입자를 적극적으로 발굴하여 신시장 개척과 시장 다변화를 도모할 수 있다. 또한 정부는 수출보험을 통해 보험료 등을 적절히 설정하여 장기적으로 수지균형을 목표로 하며, 수출자에게 유리한 보상제도를 선택하여 수출경쟁력을 강화시키는데 활용하고 있다.

(4) 해외기업 및 수입자에 대한 신용조사 기능

수출보험은 보험사고를 사전에 방지하고 효율적으로 인수와 관리를 하기 위해서 수입국의 정치·경제 상황을 파악하고 해외수입자의 신용상태를 조사한다.[16) 신용조사 및 수출자에게 신용 정보를 제공함으로써 수출자는 건전한 수출거래를 할 수 있고, 동시에 새로운 수입자와 거래의 위험도를 낮추어 신규 수입 발굴과 수출거래 확대에 기여하는 부수적인 기능을 갖는다.

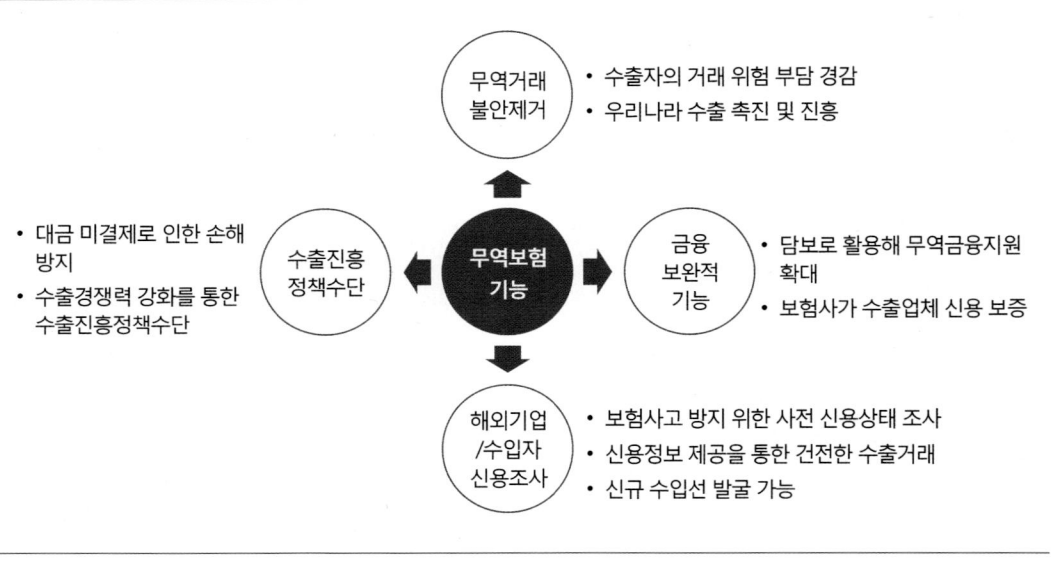

무역보험 기능

4) 담보위험의 종류

(1) 비상위험

비상위험(Political risk, emergency risk)은 수입국 정부의 외환부족에 기인하여 환거래의 제한 및 금지, 수입국가의 수입금지 또는 제한조치, 외국에서의 내란·전쟁·정변 등과 같은 비상사태 등 수출업자에게 책임을 물을 수 없는 사유로 발생하는 위험이다.

(2) 신용위험

신용위험(Credit risk)은 수입업자가 대금을 지급할 능력이 부재거나, 대금지급을 지연시키는 등 마땅히 수행해야 할 채무나 의무를 게을리하거나, 이행하지 않음으로 인하여 발생하는 위험이다.

(3) 기업위험

기업위험(Management risk)은 기업가의 판매예상 또는 경영예측이 어긋나는 등 기업의 활동과정에서 일어나는 위험이다.

2. 무역보험의 운영

1) 무역보험의 운영방법

무역보험은 개별보험인수방식과 포괄보험인수방식으로 운영되고 있어, 이 중 한 가지 방법을 활용하여 보험계약을 체결해야 한다.

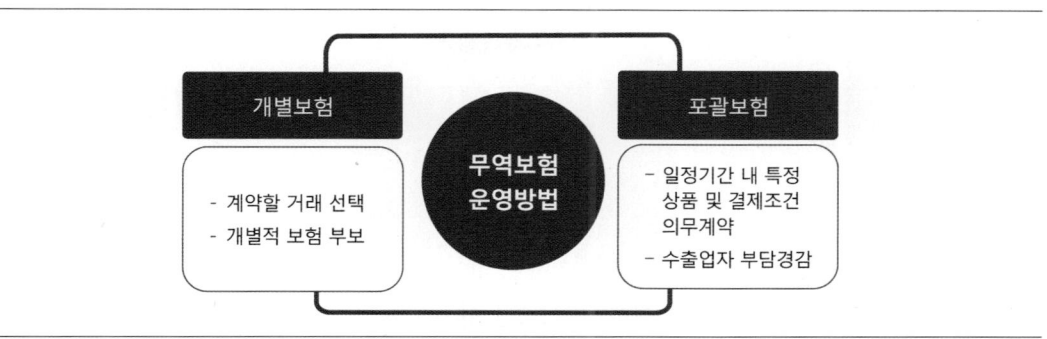

무역보험 운영방법

(1) 개별보험

개별보험은 보험계약자가 계약할 거래를 선택하고, 보험자는 그와 관련한 내용을 심리하여 인수여부를 결정하는 방식이다. 개별보험의 경우 보험계약자가 판단하여 수입국의 상황, 수입업자의 신용상태 등에 위험이 있다고 판단되는 거래에 한하여 개별적으로 부보한다.

(2) 포괄보험

포괄보험은 보험계약자와 보험자가 이전에 포괄보험계약을 체결하여 일정기간 내의 특정상품 또는 특정결제조건의 수출을 의무적으로 계약하고, 보험자도 이를 자연스럽게 인수하는 방식이다. 포괄보험은 보험료가 개별보험보다 50% 할인되어 보험계약자인 수출업자의 책임이 줄어들게 된다.

2) 무역보험의 운영종목

4차 산업혁명의 변화에 따라 한국수출보험공사는 2010년에 수입보험까지 지원하도록 업무를 확장하면서 K-SURE(한국무역보험공사)로 재출범하게 되었다. 현재 K-SURE는 수출 및 수입보험 업무뿐만 아니라 신용조사와 해외채권 회수 등 다양한 영역에서 운영되고 있다. 이러한 변화는 4차 산업혁명의 영향을 받아 무역보험 시스템이 확장되고 발전하는 데에 기여하였다.

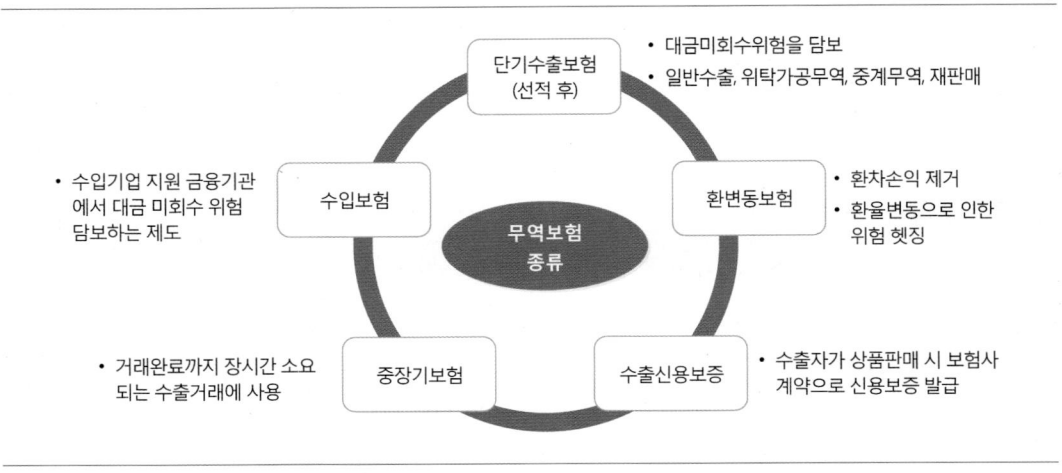

무역보험 종류

(1) 단기수출보험(선적 후)

단기수출보험은 수출계약을 대금 결제기간이 2년 이하로 체결하고 수출대금을 회수할 수 없을 때의 수출자가 입게 되는 손실을 보상하는 제도로 대금미회수위험을 담보하는 특징을 갖고 있다. K-SURE에서 담보하는 대금미회수위험은 수입자의 지급불능·거절·지체 등으로 인한 신용위험이나 수입국의 정권변화, 정치적 리스크로 말미암아 큰 손해가 발생하고 비상위험과 같이 평소에 예견할 수 없는 거래위험이다. 단기수출보험의 대상이 되는 거래는 일반수출, 위탁가공무역, 중계무역, 재판매로 나뉜다.

(2) 환변동보험

환변동보험은 기업이 수출입으로 인해 외화를 획득 또는 지급하는 과정에서 생길 수 있는 환차손익을 제거하고, 환위험 이전에 외화금액을 원화로 확장시켜 환율변동으로 인한 위험을 헷징(Hedging)하는 제도이다. K-SURE가 환율변동으로 인한 손실을 보장하고 이익을 환수하여 기업과 금융기관은 영업이익을 완전히 확보하고, 환율등락으로 인한 환차손익을 제거해 안정적인 경영환경을 기획할 수 있다.

(3) 중장기수출보험

중장기수출보험은 수출대금의 결제기간이 2년을 초과하는 중장기 거래를 대상으로 하는 보험제도로서 플랜트, 선박과 같은 거래완료까지 장시간이 소요되는 수출거래에 사용된다. 중장기수출보험은 크게 선적전, 공급자신용, 구마재신용, 구매자신용·채권으로 나뉜다.

(4) 수출신용보증

수출신용보증은 수출자가 수출상품을 판매할 때, 수입자로부터 대금을 지급받기 위한 신용보증을 요구할 수 있다. 수출자는 보험사와 계약을 체결하여 수출신용보증을 발급받을 수 있으며, 보험사는 수입자에게 신용보증서를 전달한다.

(5) 수입보험

수입보험은 전략물자나 원자재 확보를 목적으로 우리나라에서 생산되지 않는 원유, 가스와 같은 물품을 수입하는 수입기업, 그 수입기업을 지원하는 금융기관에서 대금 미회수 위험을 담보하는 제도이다. 수입보험은 크게 수입자용, 금융기관용, 글로벌공급체인 세 가지로 나뉜다.

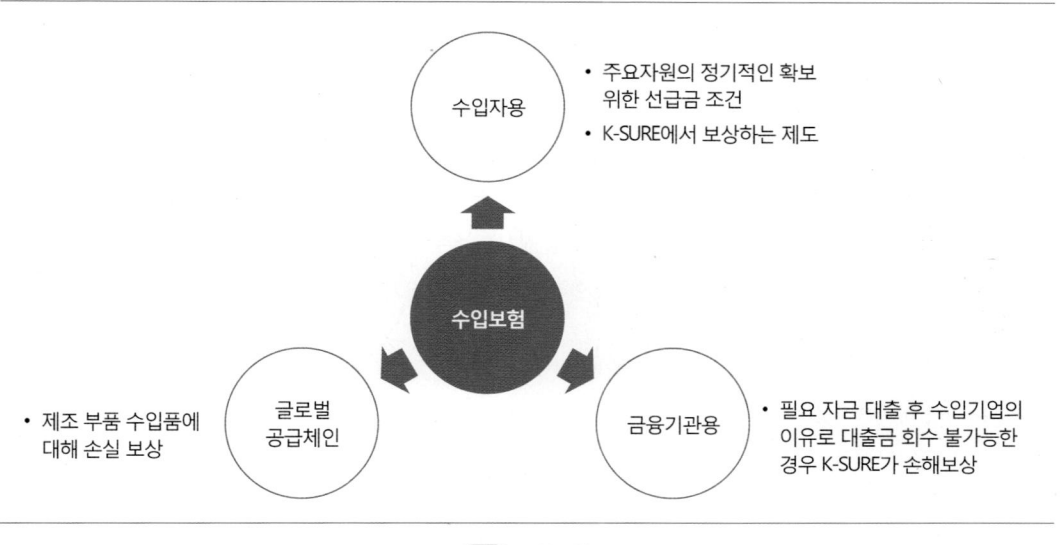

수입보험

3. 디지털 무역보험의 도입

4차 산업혁명 시대의 경쟁은 글로벌 시너지 경쟁으로써, 불확실성이 높은 글로벌 경쟁환경에서 정부의 역할은 새로운 디지털 전환의 기회와 디지털 무역기회를 적극 창출해 나가야 한다.[17] 이를 적절히 뒷받침하기 위해서 4차 산업혁명, 디지털 전환 시대적 변화에 대응해 무역보험의 개선과 재정립이 필요하다. 4차 산업혁명의 진전으로 인하여 디지털 무역이 확대됨에 따라 이에 수반되는 다양한 리스크를 효과적으로 관리할 필요성이 있다.[18]

이미 AI가 소비자들의 보험 가입 상담을 진행하고 있으며, AI 알고리즘에 의해 운영되는 로보어드바이저 펀드가 변액보험 상품의 높은 수익률을 이끌어내고 있다. 이처럼 무역보험 분야에서도 빅데이터, 클라우드 컴퓨팅, AI의 기술적 지식을 활용해 무역보험 프로세스의 최적화, 미래정보시스템 구축, 리스크 관리시스템의 고도화로 무역보험사업의 디지털화가 촉진될 것으로 예상된다.[19]

디지털 전환은 새로운 무역보험 시장의 개발과 접근을 위해 시급한 사안이다. 불변 원장을 통해 거래 활동의 진행 상황을 투명하게 추적함으로써 중개 위험을 줄이고 보험계약 정산 및 분쟁 해결을 자동화할 수 있다. 이러한 효율성은 소비자와 기업들에 대한 미시적인 효과와 국가 및 산업에 대한 무역이익이라는 거시적 효과를 가져 올 것이다.[20]

디지털 무역보험 주요 계획

실행과제	주요 내용
• 新산업 수출 특별지원 프로그램 운영	• 新산업분야 기업군에 대한 신용조사, 한도 책정 등 더욱 차별화된 지원 프로그램 구축
• 新산업 중소기업 장기자본투자 도입	• 新산업 벤처 및 성장형 중소기업의 장기성장을 자본투자 형태로 지원
• 스마트 프로젝트 특별지원 프로그램	• 스마트 플랜트 등 신시장 수주 활성화를 위한 차별화된 지원방원 마련
• 차세대 선진기술 확보 위한 해외 M&A 지원	• 新산업분야 인수합병에 대한 금융지원

자료 : 한국무역보험공사(2017) 6차 중장기 경영계획에서 발췌

제3절 무역클레임과 상사중재 제도의 이해

1. 무역클레임과 대체적 분쟁해결제도

1) 분쟁의 발생

4차 산업혁명 시대가 도래함에 따라 기술적 발전과 변화, 데이터 보안과 개인정보 보호, 인공지능과 자동화 등으로 인하여 무역 거래 효율성이 증대에도 불구하고 여전히 무역 거래는 전통적인 방식을 추구하는 경우가 많으며, 고전 방식을 통한 비효율성으로 인하여 다음과 같은 분쟁이 발생할 수 있다. 예를 들면, 기한보다 지연된 이행(Delay in performance), 물품 인도 및 대금 지급 거절, 기한보다 지연된 이행으로 인해 계약상 물품 인도 및 대금 지급이 지연되는 경우, 물품 인도 및 대금 지급 미완료, 자연재해, 파업, 폭동, 전쟁 등의 원인으로 계약상 물품 인도 및 대금 지급이 어려운 경우가 있다.

2) 무역클레임

무역클레임은 매매당사자의 거래 간에 발생할 수 있는 불만 및 요구에 대한 의사표시이다. 손해배상청구, 원상회복청구, 대금감액청구, 계약취소, 해제, 해지 등이 있다. 클레임을 제기하는 자를 제기자(Claimant), 청구인이라 하며, 제기를 받는 자를 피제기자(Claimee) 또는 피청구인이라 한다.[21]

3) 무역클레임의 해결

무역클레임 해결을 위하여서는 소송이나 재판 외의 대체적 분쟁해결제도(Alternative Dispute Resolution: ADR)를 따를 수 있다. 대체적 분쟁해결방식으로는 포기, 타협 등의 당사자 간의 합의와 알선, 조정, 중재, 등의 제3자가 개입하여 분쟁을 판정하는 방법이 있다.

(1) 클레임 포기(Waiver of claim)

클레임 포기는 클레임 제기자가 피제기자에게 단순 경고만을 한 후 클레임을 포기하는 것이다. 일반적으로 클레임 포기는 클레임 청구액이 상대적으로 미미하거나 피해가 적어 장기적인 관점에서 클레임을 철회하고 포기하게 되는 경우이다.[22]

(2) 타협(Compromise)

타협은 매매당사자 간 협상에 의한 합의를 우호적으로 해결하는 것을 의미한다.

(3) 알선(Intermediation)

알선은 매매당사자 사이에서 해결될 수 없는 분쟁에 관하여 당사자 중의 어느 일방이 제3자에게 의뢰하여 다른 당사자에게 원만한 해결을 위한 권고를 요청하는 것을 의미한다.

(4) 조정(Mediation)

조정은 알선에 의하여 클레임이 해결되지 못하면 매매당사자가 합의한 공정한 제3인을 조정인으로 하여 조정인이 제시하는 해결안에 대하여 합의함으로써 클레임을 해결하는 방법이다. 조정은 중재의 전 단계로 중개기관과 다른 기관을 이용할 수 있다.[23]

(5) 중재(Arbitration)

중재는 조정과 마찬가지로 매매당사자의 합의에 의해서 중재인(Arbitrator)을 선정하여 중재인이 행한 중재판정(Award)에 따름으로써 분쟁을 해결하는 방법이다.

(6) 소송(Litigation)

소송은 매매당사자 중 일방이 상대방에게 강제를 가하기 위하여 국가기관인 법원에 제소하여 국가 공권력 발동을 요청하는 방법이다.

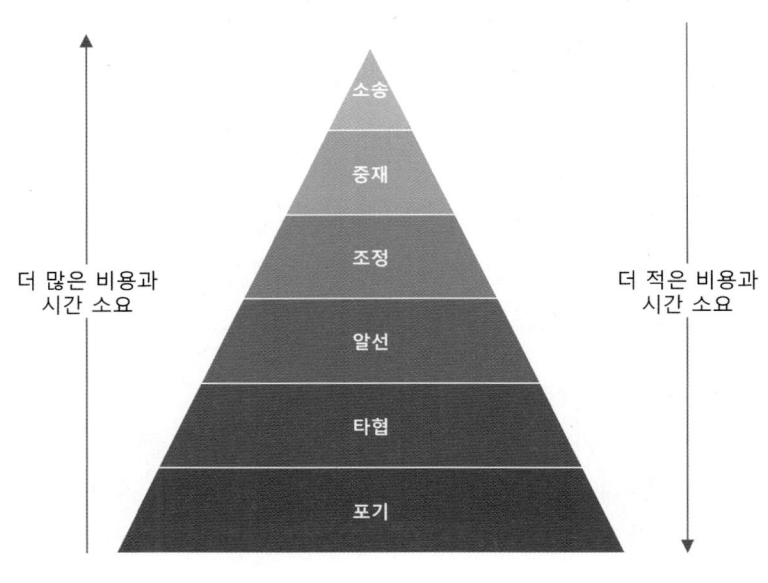

클레임 해결 방안

2. 상사중재의 의의와 특성

1) 중재의 의의

중재(Arbitration)는 분쟁에 관련된 당사자들 간에 사전 또는 사후의 합의를 바탕으로 제3자인 중재인에게 분쟁의 판정을 요구하고 그 판정을 통해 최종적으로 분쟁을 해결하는 제도를 의미한다.[24] 중재는 분쟁 당사자들 사이에서 법원이 아닌 제3자 중재인에 의해 진행되는 자주법정제도이며 분쟁 당사자들은 현재나 미래에 발생할 수 있는 사법상의 법률관계에 대해 일부 또는 전부를 법원의 판결이 아닌 중재인의 판정에 따라 결정하고 이를 따르게 된다.

한편, 4차 산업혁명 시대 무역에서 전자상거래의 기조가 증가함에 따라서 매매당사자 간의 온라인 분쟁이 발생하는 경우 중재, 소송 등의 분쟁해결방안을 꾀하기 보다도 간편한 구제를 위한 방안이 주로 활용되고 있기도 하다.[25] 이 같은 대체적 분쟁해결(ADR)제도는 국제 상거래가 신속화, 다품종 소량화됨에 따라 활용하는 기업들이 늘어나는 추세다.[26]

중재의 장점과 단점

중재의 장점	중재의 단점
• 비공개의 원칙	• 중재 합의의 곤란
• 신속한 분쟁 해결	• 법률 문제의 취약성
• 저렴한 중재 비용	• 중재판정의 예측 가능성
• 무역 전문가의 판정	• 상소제도의 결여
• 법원의 확정 판결력	• 중재인의 대리인적 성향
• 민주적인 절차	• 절충적 판정

2) 중재의 특성

(1) 단심제

중재판정 결과는 분쟁에 대하여 당사자들에게 법원의 확정판결과 동일한 효력이 있다. 중재는 1심에 한하고 있으며 불복의 기회가 없으며 판정에 불만을 표하여도 재판과 같이 2심이나 3심과 같은 항소 절차가 없다.

(2) 신속한 분쟁해결

소송을 위하여서는 소송절차부터 대법원까지의 진행이 2~3년이 소요되기도 하지만 중재는 국내 중재가 4개월 정도 소요되며 국제 중재의 경우 6개월이 소요된다. 또한, 중재는 집중심리를 통하여 심리 횟수를 줄이고 예비회의 제도를 두어 심리자체에 대한 소요시간도 단축하여 진행한다.

(3) 저렴한 중재비용

중재제도는 단심제로 진행되어 재판 비용보다 저렴하다. 또한, 대한상사중재원의 경우에는 외국중재기관보다 저렴한 비용으로 중재를 진행할 수 있다.27)

(4) 국제적인 인정

뉴욕협약에 가입한 체약국 간 중재판정의 경우에는 상호 간 승인 및 강제집행이 보장되고 있다. 따라서 중재는 국적이 다른 기업 간의 분쟁해결제도로써 활용된다.28)

(5) 전문가에 의한 판단

중재는 분쟁에 대한 해박한 지식과 경험이 있는 전문가를 통하여 사건을 검토하고 판정을 하도록 한다. 이를 통하여 실체적인 진실을 정확하게 가늠할 수 있으며 변호사의 법률지식, 기업인의 실무지식 등을 종합하여 판단하게 된다.

(6) 충분한 변론기회의 부여

중재는 단심제로 운영되어 분쟁당사자는 중재인에게 변론을 위한 시간, 증인, 증거물 등을 확보하기 위한 기회 및 시간을 요구할 수 있다.

(7) 심리의 비공개

중재 심리결과는 비공개되는데 이는 중재심리가 분쟁 발생 책임소계에 대한 공방의 과정에서 실체적인 진실을 추구하고 있기 때문에 당사자가 허락하지 않는 한 무관한 제3자의 심문과정 참여를 허용하지 않는다.

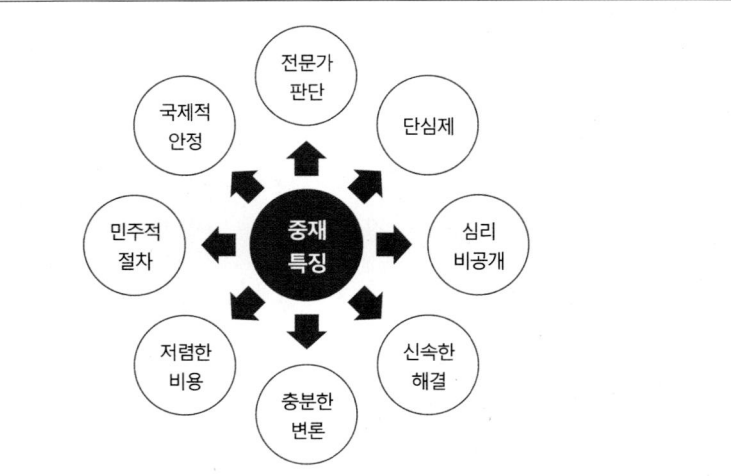

중재의 특징

(8) 민주적인 절차 진행

중재인은 당사자와 별도의 격식 없이 평등한 위치에서 진행되는데 증인선서 또한 요구하지 않으며 관계 당사자의 인격을 존중한다.

3. 중재절차와 국제중재협약

1) 중재절차와 판정

(1) 중재절차

중재절차는 중재를 위한 사건이 접수되고 판정이 내려지는 전과정을 뜻한다. 중재절차는 당사자 간의 합의가 있는 경우 합의된 사안을 따르나 합의가 없는 경우에는 우리나라는 상사중재규칙에 따라 결정되고 있다. 따라서 일반적인 중재절차는 중재신청서의 접수, 중재비용의 예납, 중재신청의 접수통지, 중재인 선정, 제1차 심문기일 통지, 심문개최, 피신청인으로부터 반대신청서 접수, 심문종결, 중재판정, 중재판정 정본 및 원본송달의 순서로 이루어지고 있으며 대부분 국가에서 유사하게 시행되고 있다.[29]

(2) 중재판정

중재판정부는 분쟁당사자 간에 별도로 합의된 사안이 없는 경우 심리가 종결된 날로부터 30일 이내에 과반수 판정을 내려야 한다. 그리고 중재판정부는 중재계약 범위 내에서 손해배상을 비롯한 기타 구제를 명할 수 있는데 이때 중재에 대한 비용의 부담자와 부담비율을 지정하여야 한다. 중재판정은 서면으로 작성하며 당사자의 성명, 주소, 판정 주문, 판정에 대한 요지, 작성년월일 등을 기재하여 중재인이 서명하여야 한다.[30]

① 중재판정의 효력

중재판정은 법원의 확정판결과 당사자 간에 나타내는 효력이 동일하며 당사자가 사전에 존중 및 복종할 것으로 합의한 것이므로 사적인 실체법상의 의무부담의 원인을 제공한다. 또한, 법률은 공법적인 효과를 부여하게 되므로 중재판정은 법원 판결과 같은 효력을 나타낸다. 결국, 중재판정의 성립 및 발효는 형식적인 확정이며 중재인이라도 중재판정의 결과를 철회할 수 없다.

② 중재판정의 집행

중재판정은 국내중재판정과 외국중재판정이 있으며 이는 판정이 내려진 장소에 따라 구분된다. 그러나 판정이 외국에서 내려졌다고 하더라도 국가에 따라서 국내 판정으로 보기도 한다.[31] 이 같은 구분의 목적은 판정에 대한 집행의 문제이며 국제 사법적인 측면에서 외국 중재판정에 대한 국내집행은 해당 국가의 실정법이 다를 수 있다. 이같이 국가마다 다른 해석은 집행이 지연되거나 보류되는 문제가 야기되기도 한다.

③ 중재판정의 취소[32]

중재판정은 다음과 같은 원인이 있어 당사자가 중재판정 취소의 소를 제기하는 경우 일반법원의 판결로 취소될 수 있다.

- 중재인의 선정 또는 중재절차가 중재법이나 중재계약에 의하지 아니한 때
- 중재인의 선정 또는 중재절차에 있어서 당사자가 소송 무능력자이거나 대리인이 적법하게 선임되지 아니하였을 때
- 중재판정이 법률상 금지된 행위를 할 것을 내용으로 한 때
- 중재절차에 있어서 당사자를 심문하지 아니하였거나 중재판정에 이유를 붙이지 아니하였을 때
- 민사소송법 제422조 제4호 내지 제9호에 해당하는 사유가 있을 때, 즉 재판에 관여한 법관이 그 사건에 관하여 직무에 관한 죄를 범할 때나 판결에 영향을 미칠 중요한 사항에 관하여 판단을 일탈(逸脫)한 때

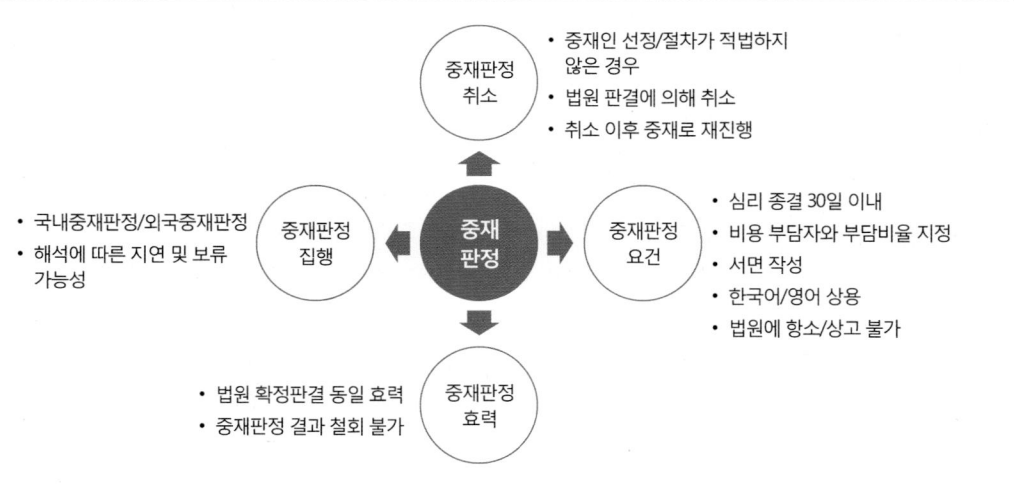

중재판정의 특징

④ 중재판정의 취소효과

법원의 판결에 의하여 중재판정이 취소된 경우 중재의 결과는 무효이다. 이때 중재판정이 취소되었더라도 이를 소송으로 해결하는 것이 아니며 중재계약은 유효하므로 사건을 계속 중재로 해결하여야 한다.[33] 따라서 중재의 전체 절차에 대한 하자로 선임된 중재인들은 다시 중재를 진행하여야 하며 중재인들은 법원 판결문의 지적 사항을 보완하여 신속히 판정할 수 있다.[34]

2) 국제중재협약

(1) 제네바협약

제네바의정서는 중재에 관한 최초의 다수 국가 간의 협약으로 1923년 체결된 '중재조항에 관한 의정서(Protocol on Arbitration Clauses)'를 말한다.[35] 제네바의정서는 분쟁에 관한 중재계약의 효력에 관하여 국제적 승인을 목적으로 하고 있으나 외국중재판정에 관한 승인 및 집행이 보장되지 못했다. 따라서 제네바의정서에서 나타나는 실제적인 결함을 제거하기 위하여 1927년 '외국중재판정의 집행에 관한 협약(Convention on the Execution of foreign Arbitral Awards)'을 체결하였으며 이것이 바로 제네바협약이다.

(2) 뉴욕협약

뉴욕협약(New York Convention)은 1958년 뉴욕의 UN본부에서 48개국의 대표가 채택한 '외국중재판정의 승인과 집행에 관한 UN협약'을 의미하며 1959년 6월 7일 정식으로 발효되었다.[36] 뉴욕 협약의 적용은 집행을 요구 받은 국가와 다른 국가의 영토 내에서 내려진 중재판정까지를 그 대상으로 하고 있으며 임시 및 상설중재와 서면으로 된 중재합의는 계약이든 아니든 불문하고 승인 및 집행이 인정된다. 그리고 중재판정의 승인 및 집행청구자는 중재합의 원본 또는 사본과 판정문의 원본 또는 사본만 집행국 법원에 제출하면 된다.

4. 스마트 클레임 처리

1) 스마트 무역클레임

4차 산업혁명은 디지털 기술의 발전과 혁신을 통해 무역환경을 변화시켰다. 이에 따라 스마트 무역클레임 처리가 등장하여 무역 분쟁의 해결과 효율성 향상에 기여하고 있다. 스마트 무역클레임 처리는 기존의 무역 분쟁 해결방식을 디지털 기술과 데이터 활용을 통해 혁신적으로 개선한 접근 방법이다. 스마트 무역클레임 처리는 인공지능, 빅데이터, 블록체인 등의 디지털 기술을 적극적으로 활용한다.[37]

2) 스마트 무역클레임 처리방식

스마트 무역클레임 처리는 자동화된 프로세스를 통해 클레임 접수, 검토, 결정 및 보상 등을 신속하게 처리할 수 있다.[38] 인공지능을 활용한 자동 분석 시스템은 클레임 타당성을 평가하고[39] 이에 따라 조치할 수 있다. 기존의 수작업과 번거로운 절차를 줄이고, 실시간으로 데이터를 분석하여 무역 분쟁의 원인을 신속하게 파악하고 해결방안을 제시할 수 있다.[40] 마지막으로 투명하고 안전하며 중앙 제어 기관 없이 작동하는 정보 저장 및 전송 기술인 블록체인 기술을 활용하여 클레임 처리 과정을 투명하게 기록하고 관리하여 모든 당사자 간의 신뢰성을 확보함으로써 분쟁 해결에 대한 투명성을 제공한다. 스마트 무역클레임 처리는 4차 산업혁명 시대에 따른 무역 분쟁의 특징과 요구사항을 반영하여 무역 환경을 혁신하고 효율성을 극대화하는 중요한 도구이다.[41]

제9장 무역보험제도와 국제상사중재

Case Study

한국무역보험공사, 원전·방산 첨단 전략산업 수출금융 등 입체적 지원

▲ 김윤홍 신한은행 부행장, 윤종배 한국무역보험공사 본부장, 장영진 산업통상자원부 제1차관, 강환석 방위사업청 차장, 김윤태 KOTRA 부사장, 박성호 경남은행 본부장(왼쪽부터)이 지난 6일 정부세종컨벤션센터에서 열린 방산 육성 및 방산기업 수출 활성활을 위한 수출금융지원 업무협약 체결식에 참석해 기념촬영을 하고 있다.

한국무역보험공사(K-SURE)가 수출 활로를 모색하기 위해 원전·방산을 비롯한 첨단 전략산업 분야에서 입체적인 지원 체계를 전개하고 있다. K-SURE는 지난 6일 방위사업청, KOTRA, 신한은행·경남은행과 함께 방위산업 육성과 방산 수출 활성화를 위한 수출금융 공동지원 업무협약을 체결했다. 국내 방산기업들의 금리 부담과 담보 부족에 따른 자금조달 어려움을 덜어 해외시장 진출을 촉진하기 위해서다. 올 상반기 중 약 1000억원 규모로 공급 예정인 방위산업 지원 자금에 K-SURE는 보증서를 제공하는 구조로 공동 금융 지원 체계에 참여한다.

첨단전략산업 중소기업에 대한 현장 밀착 행보도 활발하게 진행하고 있다. 지난 2월에는 스마트 공장 설비 중소기업인 삼미정공 수출 현장을 찾아 원자력발전소 건설 분야로의 사업 영역 확대와 해외시장 개척 지원 방안을 논의했고, 이어 3월에는 2차전지 부품 수출기업 신흥에스이씨를 방문해 2차전지 벨류체인(공급체인) 대표기업으로서 한 단계 더 도약하기 위한 무역보험 추가 활용방안을 협의했다.

K-SURE는 올해 중소·중견기업 수출 성장과 국가전략산업 등 미래 신성장 동력 강화를 위한 입체적인 지원을 지속할 계획이다. 올해 수출 감소가 계속되고 있지만 중소·중견기업 지원 목표를 74조원으로 전년과 동일한 수준으로 정하고, 수출 반전을 위한 정부의 무역금융 362조원 공급 계획에도 발맞춰 수출신용보증을 운영할 방침이다. 방산·원전 등 전략수주산업 프로젝트에 참여하는 기업의 일괄보증과 컨설팅까지 아우르는 무역보험 패키지 등을 지원하고, 반도체·배터리 등 첨단전략산업은 공정별 맞춤 지원을 확대하기로 했다.

또 K-SURE는 최근 앙골라 태양광 발전 프로젝트에 약 3억유로(약 4300억원)의 금융을 지원했다. 앙골라 정부가 전력 낙후지역 20만가구에 태양광 전력을 공급하기 위해 추진하는 사업에 독일 수출신용기관(ECA)과 협조 금융을 제공해 한국 태양광 수출기업의 아프리카 진출 저변을 넓혔다. 지난 1월에는 아르헨티나 옴브레 무에르토 리튬 염호(소금호수) 개발 프로젝트에 5억2000만달러(약 6400억원)의 금융 지원을 결정했다. 주요 광물 개발 프로젝트에 대한 적극적인 지원은 한국 기업이 안정적인 공급체인을 확보하고 글로벌 경쟁력을 강화의 밑거름이 될 수 있는 만큼 K-SURE는 관련 해외 프로젝트 수주도 적극 지원할 방침이다.

이와 함께 K-SURE는 지난해 12월 대규모 인프라·친환경 에너지 프로젝트 수주를 촉진을 위해 사우디아라비아 수출입은행(Saudi-EXIM)과 업무협약을 체결했다. 같은 해 미국 수출입은행(US-EXIM), 스페인 수출신용기관(CESCE)과도 프로젝트 발굴 협력과 양국 수출 확대를 위한 파트너십을 맺었다. 이를 활용해 글로벌 수출금융 네트워크를 촘촘하게 구축해 간다는 구상이다.

매일경제 / 2023. 04. 25 /
https://www.mk.co.kr/news/special-edition/10721092#none

학습문제

문제 1

중재(Arbitration)제도에 대한 설명으로 옳지 않은 것은?
(2021년도 국가공무원 7급 공채 제2차 필기시험 무역학 나형 문제 6법)

① 중재판정에 관하여 대한민국의 법원에서 내려진 승인 또는 집행 결정이 확정된 후에는 중재판정 취소의 소를 제기할 수 있다.
② 중재는 당사자가 중재인을 자유롭게 선택할 수 있기 때문에 분쟁 내용에 적합한 전문가에 의한 판단을 기대할 수 있다.
③ 중재합의는 독립된 합의 또는 계약에 중재조항을 포함하는 형식으로 할 수 있으며, 서면으로 하여야 한다.
④ 계약이 중재조항을 포함한 문서를 인용하고 있는 경우에는 중재합의가 있는 것으로 본다.

문제 2

중재(Arbitration)제도에 대한 설명으로 옳지 않은 것은?
(2018년도 국가공무원 7급 공채 제2차 필기시험 무역학 나형 문제 11번)

① 소송에 비해 분쟁을 신속하게 해결하므로 시간과 비용을 절감할 수 있다.
② 비공개로 진행되므로 비밀이 외부에 누설될 염려가 없다.
③ 중재판정은 법원의 확정판결과 동일한 효력을 갖는다.
④ 단심제가 아니기 때문에 상소(上訴) 제도를 활용할 수 있다.

문제 3

상사중재제도의 장점으로 옳지 않은 것은?
(2014년도 국가공무원 7급 공채 제2차 필기시험 무역학 A형 문제 1번)

① 분쟁이 신속히 해결된다.
② 중재는 공개로 진행된다.
③ 비용이 적게 든다.
④ 법관(중재인)을 실정에 맞게 선정할 수 있다.

문제 4

외국중재판정의 승인 및 집행에 관한 유엔협약(뉴욕협약, 1958) 제10조와 제12조에 관한 내용이다. ( )에 들어갈 용어를 순서대로 바르게 나열한 것은?
(2022년도 관세사 1차 시험 1교시 A형 무역영어 문제 70번)

> ○ At any time thereafter any such extension shall be made by notification addressed to the Secretary-General of the United Nations and shall take effect as from the ( ) day after the day of receipt by the Secretary-General of the United Nations of this notification, or as from the date of entry into force of the Convention for the State concerned, whichever is the ( ).
>
> ○ This Convention shall come into force on the ( ) day following the date of deposit of the third instrument of ratification or accession.
>
> ○ For each State ratifying or acceding to this Convention after the deposit of the third instrument of ratification or accession, this Convention shall enter into force on the ( ) day after deposit by such State of its instrument of ratification or accession.

① ninetieth - later - thirtieth - ninetieth
② sixtieth - earlier - sixtieth - sixtieth
③ ninetieth - later - thirtieth - sixtieth
④ sixtieth - earlier - thirtieth - ninetieth
⑤ ninetieth - later - ninetieth - ninetieth

Case Study

문제 5

무역분쟁해결 방법에 관한 설명으로 옳지 않은 것은?
(2023년도 제27회 물류관리사 1교시 A형 3과목 국제물류론 문제 120번)

① ADR(Alternative Dispute Resolution)에는 타협, 조정, 중재가 있다.
② 중재판정은 당사자간에 있어서 법원의 확정판결과 동일한 효력을 가진다.
③ 소송은 국가기관인 법원의 판결에 의하여 분쟁을 강제적으로 해결하는 방법이다.
④ 뉴욕협약(1958)에 가입한 국가간에는 중재판정의 승인 및 집행이 보장된다.
⑤ 상사중재의 심리절차는 비공개로 진행되므로, 기업의 영업상 비밀이 누설되지 않는다.

문제 6

한국 중재법상 임시적 처분 전의 잠정적 처분의 내용과 임시적 처분의 요건을 각각 설명하시오.
(2019년 36회 관세사 2차 4교시 무역실무 문제 3번)

문제 7

한국 중재법에서 규정하고 있는 중재판정의 취소사유를 설명하시오.
(2017년 34회 관세사 2차 4교시 무역실무 문제 2번)

※ 해설은 부록에 기재됨.

참고문헌

1) Bagheri, M., & Hosseini Balouchi, M., 「Vessel Insurance; Commercial Needs and Contractual Choices or Legal Obligations; Domestic and International Regulations」, 『Journal Of Researches Energy Law Studies』, 2023, 1-21pp.

2) Mukherjee, P. K.(2023). 「Maritime Autonomous Surface Ships(MASS) : Precarious Legal Position of the Shore-Based Remote Controller. In Autonomous Vessels in Maritime Affairs : Law and Governance Implications」, Cham : Springer International Publishing, 2023, 277-295pp.

3) 최성수, 「해상보험법상 담보의무제도의 현안과 과제」, 『법학연구』, 제46권, 2015, 163-197pp.

4) 정분도, 윤봉주, 임태성, 「영국해상보험 담보특약의 변화와 개선방안에 관한 연구」, 『산업경제연구』, 제25권, 제2호, 2012, 1751-1770pp.

5) 신건훈, 이병문, 「영국 보험법상 손해방지의무에 관한 연구」, 『무역상무연구』, 제80권, 2018, 145-167pp.

6) 이정원, 「국제물품매매계약과 매도인의 매매목적물에 대한 피보험이익에 관한 고찰-대법원 2018. 3. 15. 선고 2017 다 240496 판결의 평석을 중심으로」, 『법학연구』, 제22권, 제4호, 2019, 1-26pp.

7) 정병석, 「해상법 분야의 국제사법 준거법 조항 개정을 위한 입법론적 검토」, 『국제사법연구』, 제28권, 제1호, 2022, 683-736.

8) 이재복, 「협회적하약관(ICC) 상 운송조항(Transit Clause) 의 변천과정에 관한 연구」, 『무역상무연구』, 제43권, 2009, 337-370pp.

9) Chen, C. L., Deng, Y. Y., Tsaur, W. J., Li, C. T., Lee, C. C., & Wu, C. M.(2021). A traceable online insurance claims system based on blockchain and smart contract technology. Sustainability, 13(16), 9386.

10) 김원규, 「보험계약법상 설명의무의 면제와 기업보험에 관한 연구」, 『법학연구』, 제19권, 제3호, 2019, 107-126pp.

11) 황현영, 「해상보험에서 담보특약과 약관규제법의 적용 : 대법원 2015. 3. 20 선고 2012 다 118846(본소), 2012 다 118853(반소) 판결」, 『한양법학』, 제26권, 제4호, 2015, 323-347pp.

12) 정분도, 윤봉주, 「영국의 담보특약 변화와 개선방안에 관한 연구」, 『한국산업경제학회 정기학술발표대회 초록집』, 2012, 93-104pp.

13) 라공우, 「우리나라 수출보험제도의 운용상 문제점과 발전방안 연구 : 재판매보험과 환변동보험운용 실태를 중심으로」, 『무역학회지』, 제37권, 제1호, 2012, 335-356pp.

14) 김창봉, 박세환, 「한국수출기업의 무역대금결제의 위험관리에 따른 무역보험제도에 관한 실증적 연구」, 『통상정보연구』, 제19권, 제2호, 2017, 213-236pp.

15) 김창봉, 양혜정, 「우리나라 중소 수출기업의 수출보험 이용의도에 대한 결정요인 연구」, 『통상정보연구』, 2022, 제23권, 제1호, 3-22pp.

16) 채진익, 「사례를 통한 무역금융제도상의 주요 쟁점과 개선방안에 관한 연구」, 『관세학회지』, 제17권, 제1호, 2016, 175-196pp.

17) Kumar, P., Taneja, S., Mukul, & Özen, E., 「Digital Transformation of the Insurance Industry- A Case of the Indian Insurance Sector」, 『The Impact of Climate Change and Sustainability Standards on the Insurance Market』, 2023, 85-106pp.

18) 성승제, 「디지털 시대 전쟁과 무역보험-여러 불가항력 사유들을 포함하여」, 『기업법연구』, Vol. 36, No. 4, 2022, 121-157pp.

19) 김창봉, 박영연, 「e-수출보험활용과 위험관리가 기업의 수출성과에 미치는 영향에 대한 연구」, 『e-비즈니스연구』, 제16권, 제3호, 2015, 265-291pp.

20) Sinha, D., & Roy Chowdhury, S., 「Blockchain-based smart contract for international business-a framework」, 『Journal of Global Operations and Strategic Sourcing』, Vol. 14, No. 1, 2021, 224-260pp.

21) Baughen, S., 『International Trade and the Protection of the Environment』, Oxfordshire : Taylor & Francis, 2023.

22) Choi, R. I., 「A study on effective trade claims solutions through commercial arbitration system」, 『Journal of the Korea Society of Computer and Information』, Vol. 22, No. 1, 2017, 99-106pp.

23) 오현석, 김성룡, 「조정에 의한 국제화해합의에 관한 UN 협약의 주요내용과 특징에 관한 연구」, 『통상정보연구』, 제22권, 제2호, 2020, 195-220pp.

24) 신현석, 「재판청구권 보장을 위한 중재판정의 효력에 관한 소고」, 『저스티스』, 제184권, 2021, 45-82pp.

25) Beebeejaun, Z., & Faccia, A., 「Electronic Alternative Dispute Resolution, smart contracts and equity in the energy sector」, 『The Journal of World Energy Law & Business』, Vol. 15, No. 2, 2022, 97-113pp.

26) 김영국, 「싱가포르 국제상사분쟁해결 제도의 최근 쟁점과 시사점-국제상사분쟁해결 허브국가를 지향하는 관점에서」, 『법학연구』, 제31권, 제1호, 2020, 67-100pp.

27) 신군재, 「KCAB 개정 국제중재규칙에 관한 고찰」, 『관세학회지』, 제13권, 제1호, 2012, 267-280pp.

28) 김준기, 「국제경제분쟁해결제도의 미래와 전망-국제상사법원, 국제투자법원 및 국제중재의 비교 고찰과 그 함의」, 『비교사법』, 제28권, 제3호, 2021, 303-327pp.

29) Park, J. S., 「A study on the resolution of commercial disputes under the south-north korea arbitration rules」, 『Journal of Arbitration Studies』, Vol. 15, No. 1, 2005, 67-93pp.

30) 최병권, 「효율적 중재진행을 위한 당사자의 의무 고찰-2017 영국중재법을 중심으로」, 『무역학회지』, 제45권, 제1호, 2020, 203-219pp.

31) 오창석, 「외국중재판정의 승인·집행에 관한 최근 대법원 판례의 쟁점 검토 : 대법원 2017. 12. 22. 선고 2017 다 238837 판결을 중심으로」, 『법학연구』, 제58권, 2018, 401-427pp.

32) 도혜정, 「중재친화적인 스위스 국제중재의 중재판정취소의 소에 관한 연구」, 『중재연구』, 제30권, 제1호, 2020, 161-184pp.

33) 오창석, 「중재판정부의 판정 권한에 관한 연구」, 『법학논총』, 제43권, 2019, 169-196pp.

34) Lester, S., 「Can Interim Appeal Arbitration Preserve the WTO Dispute System?」, 『Cato Institute Free Trade Bulletin』, Vol. 77, 2020, 1-6pp.

35) 김자회, 「치사성 자율무기시스템에 대한 적법성 검토 : 제네바협약 제 1 추가의정서 제36조의 검토의무를 중심으로」, 『인도법논총』, 제38권, 2018, 9-41pp.

36) 오석웅, 「국제거래에 있어서 'Soft Law'의 의의와 역할」, 『법학연구』, 제18권, 제4호, 2018, 463-487pp.

37) John, K., Kogan, L., & Saleh, F., 「Smart contracts and decentralized finance」, 『MIT Sloan Research Paper』, No. 6800-22, 2022.

38) Marino, R., & Kashani, S. M. M., 「The Mechanism of Smart Contract Conclusion in the Italy's and Iran's Legal System」, 『European Journal of Privacy Law & Technologies』, Vol.4, No.2, 2023, 273-292pp.

39) Pachahara, S., & Maheshwari, C., 「Dispute Resolution on Blockchain : An Opportunity to Increase Efficiency of Business Dispute Resolution?」, 『Conβlict Studies Quarterly』, No.39, 2022, 63-80pp.

40) Wiegandt, D., 「Blockchain and Smart Contracts and the Role of Arbitration」, 『Journal of International Arbitration』, Vol.39, No.5, 2022, 671-690pp.

41) Chaisse, J., Kirkwood, J., 「Smart courts, smart contracts, and the future of online dispute resolution」, 『Stan. J. Blockchain L. & Pol'y』, Vol.5, 2022, 62-91pp.

제10장
글로벌 전자상거래의 추진과 주요 현황

New Principles of
International Trade
of the 4th Industrial
Revolution

학습목표
1. 전자무역의 개념 및 의의를 설명한다.
2. 디지털 경영을 구성하고 있는 요인들에 관하여 이해한다.
3. 전자무역의 발전 과정에 관하여 설명한다.
4. 전자무역 및 전자상거래 관련 법규에 관하여 이해한다.
5. 통관단일창구의 개념과 특성에 관하여 설명한다.
6. 국내 전자무역 발전 프로세스에 관하여 이해한다.
7. 4차 산업혁명 시대의 전자무역의 중요성에 관하여 이해한다.
8. 해외직구 및 역직구의 개념 및 의의에 관하여 설명한다.
9. 해외직구 및 역직구가 구성하고 있는 요인에 관하여 이해한다.
10. 전자무역 절차를 가치사슬 관점에서 구성 요인 및 의미를 설명한다.

Contents
Introduction : 관세청, 전자상거래 수출지원에 팔 걷었다 … '목록통관' 전국세관으로 확대
제1절 제4차 산업혁명 시대 글로벌 전자무역의 확산
제2절 글로벌 전자상거래의 개념과 현황
제3절 해외직구 및 역직구 개념 및 현황
Case Study : 제이앤에스㈜, 스마트 공장과 전자상거래로 글로벌 시장에 약진

Introduction

관세청, 전자상거래 수출지원에 팔 걷었다 … '목록통관' 전국 세관으로 확대

- 수출통관 고시 개정, 200만원 이하 전자상거래물품 대상 '내달 1일 부터 시행'

　내달 1일부터 200만원 이하 전자상거래 물품에 대해 정식수출신고를 수출목록 제출로 갈음하는 '목록 통관'이 전국 세관으로 확대 적용된다. 31일 관세청은 전자상거래 수출 활성화를 위해 '수출통관 사무처리에 관한 고시'를 2월 1일부터 개정·시행한다고 밝혔다. 이번 조치는 작년 10월 발표한 '전자상거래 관련 국민편의 및 수출제고 방안' 일환으로, 목록통관 허용 세관을 현행 인천·김포·평택 3개 세관에서 물품이 보관된 장소를 관할하는 34개 전국 모든 세관으로 확대하는 내용이다.

　목록통관은 200만원 이하 물품에 대해 정식 수출통관 절차를 거치지 않고 간이하게 신고하는 방법으로, 전자상거래 업체가 특송업체를 통해 전자상거래 물품 수출시 주로 이용하는 신고 방법이며, `22년 전자상거래 수출 중 목록통관은 69.1%의 비중을 보였다. 하지만 그간 특송업체가 전자상거래 물품을 목록통관 방식으로 수출하기 위해서는 다른 공항만을 통해 수출을 원할 경우에도 인천공항·항만, 김포공항, 평택항으로 운송한 후에 해당 세관에서만 수출을 할 수 있었다.

　관세청은 이번 조치로 전자상거래 업체 또는 특송업체가 원하는 인근 공항만 세관에서 목록통관을 이용할 수 있게 됨으로써 물품운송에 따른 물류비용을 절감하고 통관 시간을 크게 단축시킬 것으로 보고 있다. 또한 전자상거래 수출업계 건의와 최근 글로벌 전자상거래 플랫폼을 통한 풀필먼트 수출이 크게 증가하는 추세를 감안해 수출 신고 이후 수출 가격 정정기간을 현행 30일에서 60일로 연장함으로써 영세 전자상거래 업체의 부담을 완화하는 방안도 마련됐다.

풀필먼트(fulfilment)는 해외판매가 확정되지 않은 상태에서 국외 반출해 글로벌 전자상거래 업체가 지정한 물류센터에 선(先) 입고후, 주문이 이뤄지면 배송하는 체계다. 하지만 국내 전자상거래 업체가 글로벌 전자상거래 플랫폼에 입점해 대량의 물품을 해외 풀필먼트 창고로 수출하는 경우, 수출신고 시에는 잠정가격으로 신고한 후 글로벌 전자상거래 플랫폼을 통해 실제 판매돼 수출 가격이 확정된 때로 부터, 30일 이내에 잠정가격으로 신고된 수출신고가격을 정정해야 했기 때문에 업계의 부담으로 작용했다.

따라서 이번 조치는 다품종 소량 판매로 가격자료 정리가 복잡하고 회계처리에 상당 시일이 소요되는 전자상거래 업계의 현실적인 어려움을 해소하기 위해 수출신고 정정기간을 업계 요구에 맞춰 60일로 연장한 것이다. 김희리 관세청 통관물류정책과장은 "이번 조치로 전자상거래 수출업체의 물류비용과 업무 부담이 크게 줄어들어 전자상거래 수출 확대에 큰 도움이 될 것으로 기대된다"며 "앞으로도 기업활동에 어려움 있는 제도는 적극적으로 개선하여, 전자상거래 수출기업의 글로벌 경쟁력을 강화할 수 있도록 지원해 나갈 것"이라고 밝혔다.

권종일 기자 / 세정일보 / 2023. 01. 31. /
https://www.sejungilbo.com/news/articleView.html?idxno=41368

제10장
글로벌 전자상거래의 추진과 주요 현황

제1절 제4차 산업혁명 시대 글로벌 전자무역 확산

1. 전자무역의 개념 및 의의

1) 4차 산업혁명 관점의 전자무역 확산

4차 산업혁명 시대에서 기업들은 경영활동의 디지털화(Digitalization)를 통해 해외시장에 진출하고 있으며 각 국가의 중요한 정책 과제로 부상하고 있다.[1)2)] 정보통신기술의 급속한 확산 및 발달을 통해 사무업무를 넘어서 일반적인 경영활동 과정에서 나타나는 공급체인관리, 자산관리, 인력관리, 지식관리, 유통관리, 안전관리, 수출입관리 등 거의 모든 비즈니스 활동에 정보처리시스템이 적용되고 새로운 업무처리방식으로 전환되어 현재의 전자무역이 등장하였다.[3)] 이때 전자무역은 전자기기를 통해 수출입 거래를 수행하는 것을 의미하며 전자적인 방식으로 주문, 계약, 인보이스, 통관 등 무역 절차를 처리하는 것을 포함한다. 나아가 4차 산업혁명 시대의 전자무역은 Digital Economy Partnership Agreement(DEPA)를 지향하고 있는 것이 특징이다.[4)]

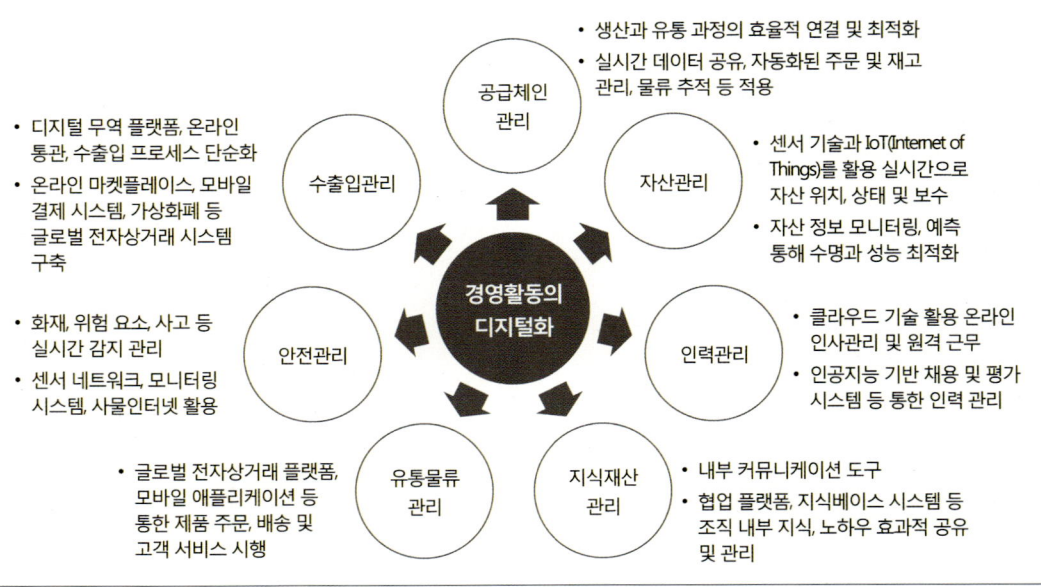

경영활동의 디지털화

2) 전자무역의 정의

전자무역은 우리나라 대외무역법에 명확하게 규정되기 이전에는 무역자동화, 인터넷 무역, 사이버 무역 등이 혼돈되어 사용되었으나 그 내용은 서로 유사하다. 일반적으로 전자무역은 재화 또는 서비스의 국가 간의 거래인 무역행위의 본질적 업무를 인터넷을 포함한 정보기술(IT)을 활용하여 전자적·정보 집약적 방법으로 수행하는 무역활동을 의미한다.5)

2. 우리나라 전자무역의 활용 확산

1) 디지털 기술 발전과 전자무역의 확산

4차 산업혁명 시대에 우리나라는 선진적인 IT 인프라와 높은 디지털 기술 수준을 보유하고 있어 이를 기반으로 전자무역의 전개와 확산을 할 수 있어졌다. 또한, 산업통상자원부, 관세청, 한국무역협회 등의 적극적인 노력으로 우리나라는 디지털 무역 플랫폼을 활용하여 수출입 거래를 원활하게 진행하고 있다.

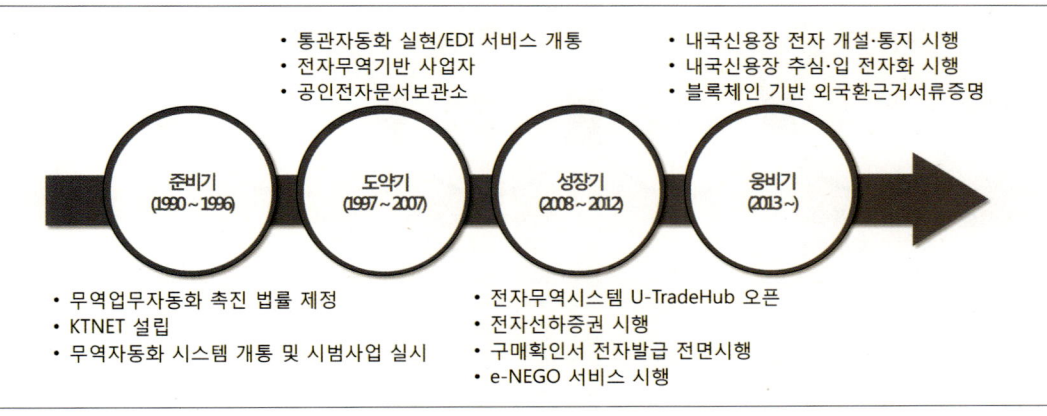

우리나라 전자무역의 도입과정

(1) KTNET(Korea Trade Network: 한국무역정보통신)의 U-Trade Hub

KTNET은 외환(한국은행과 금융결제원), 요건확인(산업통상자원부), 통관(관세청), 운송 및 물류(국토교통부와 해양수산부), 보험(보험개발원) 등 영역에서 각각 무역자동화 업무를 개발하였고 각 업무를 연결하는 중심이 되었다. 특히, U-Trade Hub는 디지털 플랫폼으로서 4차 산업혁명의 인공지능 및 빅데이터 분석 기술을 활용하여 거래 데이터를 분석하고 시장 동향을 파악하는 등 기업들이 수출입 전략 수립 등 전자무역을 지원하는 역할을 한다.

최근 2022년 3월 KTNET은 포스코인터내셔널과의 컨소시엄으로 수출대금결제 프로세스 디지털화를 목적으로 BaaS(Blockchain-as-a-Service) Platform을 통해 국제무역거래와 대금결제에 분산원장기술을 접목하여 전자전하증권(e-B/L) 도입을 위해 노력하고 있으며 관련 연구가 지속해서 이뤄지고 있다.[6][7][8]

(2) 관세청 통관단일창구(Single Window) 활용 확산

4차 산업혁명의 발전과 디지털 기술의 도입으로 유럽경제위원회(UN/ECE) 산하 UN/CEFACT는 통관 업무에 IT를 활용하도록 한 통관단일창구(Single window) 적용을 각 국가에 적극적으로 권고하였다.[9] 마찬가지로 우리나라가 1968년에 가입한 세계관세기구(World Customs Organization: WCO)도 1999년 6월 30일 통관절차의 표준화, 통관절차의 신속간소화, 통관 업무에 IT의 최대한의 활용 등을 핵심적인 내용으로 하는 일명 개정교토협약(Revised Kyoto Convention)을 채택하였다.[10]

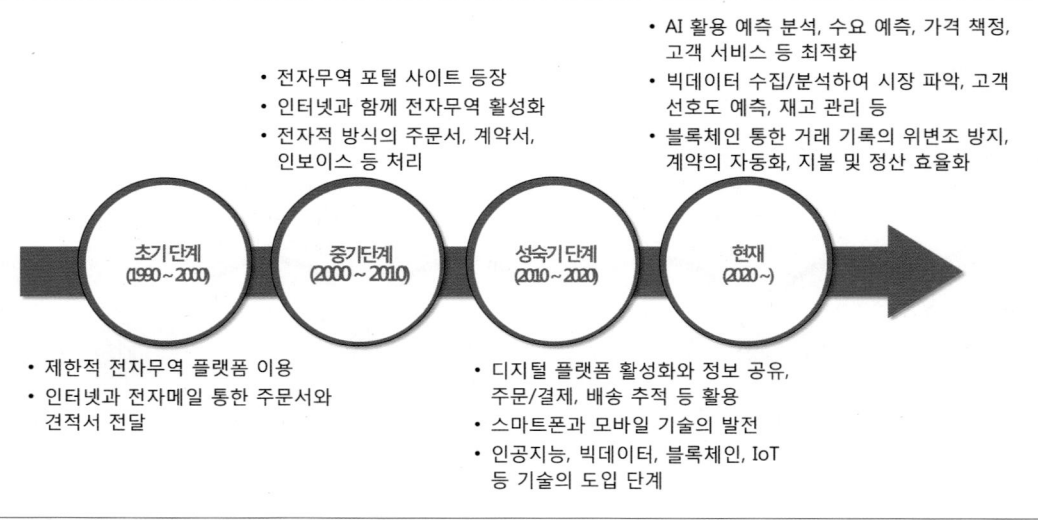

우리나라 전자무역의 발전과정

이와 같은 국제적 추세에 대응하여 관세청은 KTNET과의 협력하에 우리나라의 통관단일창구(Single Window: UNI-PASS)인 전자통관시스템을 갖추도록 하였다. 관세청의 이러한 추진 전략 덕택으로 우리나라는 통관단일창구인 UNI-PASS를 성공적으로 구축했으며 이와 같은 기반 인프라를 통해 요건확인신청부터 수출입신고, 물품반출까지의 통관진행정보 등 무역업체에 일괄 제공하고 있다.[11]

제2절 글로벌 전자상거래의 개념과 현황

1. 전자상거래의 개요 및 특성

1) 전자상거래의 개요

통상적으로 전자상거래(Electronic commerce)는 전자무역과 유사한 개념으로 제시되지만, 전자상거래는 상거래의 과정에서 인터넷의 활용을 중심개념으로 한다는 점과 전자무역은 수출입 업무의 처리를 전자적 형태로 처리한다는 점을 주요 개념으로 제시하는 점에서 차이점이 나타난다. 즉, 전자상거래는 인터넷이나 PC통신을 이용해 상품을 사고파는 행위 혹은 사업을 의미하는데 전자상거래상의 고객은 스마트폰, 스마트 워치 등을 활용하여 소비를 행하는 특성을 가지고 3차 산업혁명을 거쳐 4차 산업혁명의 본격적인 도래 이후 컴퓨터 통신망에서 상품 등을 구매하는 총체적인 경제활동을 의미한다. 이때 4차 산업혁명의 핵심 기술 등은 전자상거래에도 영향을 미치게 되는데 디지털 경제의 활발한 발전으로도 이어져 기업 혹은 지역 재정 수익 효율성에도 새로운 기회를 가져오고 있기 때문이다.[12]

2) 전자상거래의 특성

최근 전자상거래는 전자적 거래와 그 방식을 채택하여 상품과 용역, 그리고 디지털 콘텐츠를 구매 및 이용하는 것을 포함하는 개념으로 확산하고 있다. 그리고 전자상거래로 이루어지는 디지털 경제(Digital economy)가 함께 실현되고 있는데 총요소생산성(Total Factor Productivity: TFP)이 다각적으로 고려되어 기술 정보에서 기존 지역 장벽에 대한 핵심 자원을 제공하고 분산 인프라 구축의 중요성을 암시한다.[13] 또한, 전자상거래는 시장 신제품의 특성과 소비자의 소비 욕구가 함께 반영되어 다양한 산업군과 연계되는 특성을 가지기도 하며 기존 "소유경제"에서 "구독경제"의 개념이 나타난다.[14]

전자상거래 소비패턴의 패러다임

	소유경제	구독경제
의미(소유권)	생산물 소비까지의 상품형태와 소비 이후에 소유권 이전 (소비자)	원하는 상품에 대해 구독료를 지급하면 공급자가 정기적 제공 (일정기한 정기회원)
대금지불방식	소비자가 생산자에게 지불	사용량 및 기간만큼 지불
구조	제품 및 서비스 -> 채널 -> 소비자	제품 및 서비스 -> 플랫폼 -> 소비자
특성	일회성 소비	맞춤형 소비와 소비자 경험의 반복성

2. 글로벌 전자상거래의 의의 및 특성

1) 글로벌 전자상거래의 의의

글로벌 전자상거래(Cross Border E-Commerce)는 전 세계 각 나라의 소비자와 판매자가 인터넷 혹은 유무선의 네트워크망을 통하여 가상의 온라인 시장에서 중간상 없이 교역하는 것으로 정의할 수 있다.[15] 글로벌 전자상거래를 대표적으로 설명하는 기업은 아마존, 알리바바, 라쿠텐 등이 있으며 이들은 배송, 콘텐츠 스트리밍, 온라인 쇼핑몰 입점 등 다양한 서비스를 제공하고 있다. 다만, 디지털 경제 체제하에서 글로벌 전자상거래는 지속해서 발전하고 있지만 특정 국가 혹은 분야에 국한되어 있어 정보 시스템의 디지털화, 마케팅 교육 등의 영역으로도 다뤄질 필요가 있다.[16][17]

2) 글로벌 전자상거래의 특성

글로벌 전자상거래의 가장 큰 특징은 시공간적 제약이 해소되어 기업과 소비자가 전 세계적으로 비즈니스를 진행할 수 있다는 것이다. 이를 통해 기업들은 글로벌 시장에서 경쟁력을 확보하기 위해 제품과 서비스의 품질을 개선하고 혁신적인 마케팅 전략을 채택한다. 글로벌 전자상거래는 다국적 결제 시스템과 다국어 지원을 제공하여 소비자들의 편의성을 높이고 다양한 문화적 요구에 부응한다.[18] 최근에는 빅데이터 기반의 마케팅 시스템이 등장하여 글로벌 전자상거래는 계속해서 변화하고 있다.

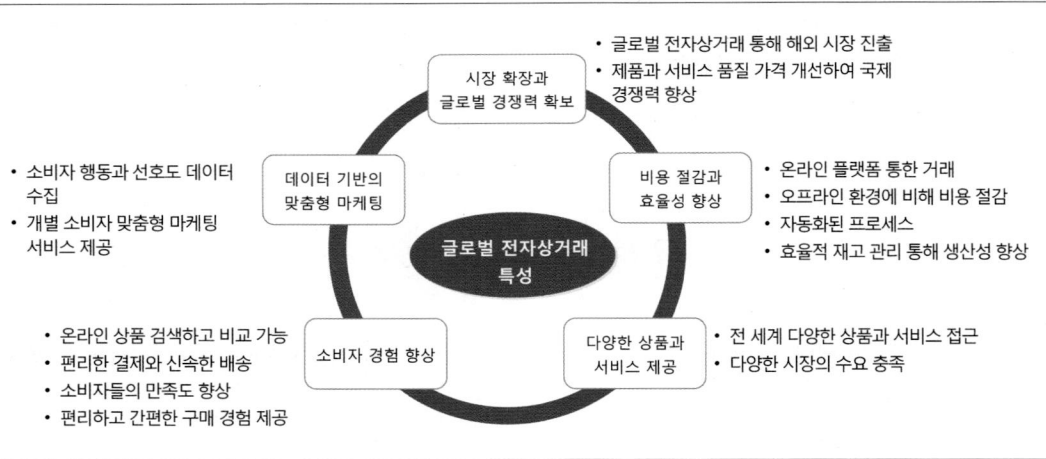

글로벌 전자상거래 특성

3. 글로벌 전자상거래의 종류

1) B2C(Business-to-Consumer) 글로벌 전자상거래

B2C(Business to Consumer) 글로벌 전자상거래는 기업과 소비자 간 국경을 넘는 상거래가 온라인 플랫폼을 통해 이루어지는 형태를 의미하며 아마존(Amazon), 타오바오(Taobao), 라쿠텐 이치바(Rakuten Ichiba) 등이 있다. 이때 B2C 거래는 전자상거래의 다양한 유형 중 대표적인 한 방식이고 기업이 생산한 재화 또는 용역을 개인 혹은 단체 등 소비자에게 판매하는 형태로 이해할 수 있다.

2) B2B(Business-to-Business) 글로벌 전자상거래

B2B(Business-to-Business) 글로벌 전자상거래는 기업과 기업 간 수출입 거래에서 나타나는 마케팅, 계약, 물류, 결제 등 일련의 절차 중 일부 또는 전부가 온라인을 통해 이뤄지는 것을 의미하고 대체적으로 부품이나 원료, 기계 등 생산 자재를 취급하는 경우가 많다. 우리나라 중소수출제조기업의 경우에는 알리바바, 아마존을 비롯하여 Kompass, TradeKorea, Kmall24 등의 전자상거래 플랫폼을 활용하거나 온라인 컨퍼런스 참여, 전자적 형태의 브로셔 배포를 통해 글로벌 온라인 시장에 진출하고 있다.[19]

4. 글로벌 전자상거래 플랫폼

1) 글로벌 전자상거래 플랫폼의 의의

정보기술과 온라인의 발달로 날로 복잡해지는 글로벌 무역 환경 하에서 글로벌 전자상거래를 위한 온라인 플랫폼은 중소수출기업의 신규 해외거래기업 발굴 및 글로벌 시장 진출에 매우 중요한 수단이다. 기업은 온라인 사이트 등의 글로벌 전자상거래를 플랫폼을 활용하여 거래 상대방에게 제품과 서비스를 제공하고 있다.[20] 이처럼 글로벌 전자상거래 수단인 플랫폼은 글로벌 시장에 진출하고자 하는 기업에 해외 기업과의 마케팅 접점과 새로운 수출 확대방안을 제안하고 있다.[21]

2) 글로벌 전자상거래 플랫폼의 성장

글로벌 전자상거래 플랫폼 활용은 외부 지향적인 조직 운영으로 기업의 운영 전략을 변화시키고,[22] 외부 자원뿐 아니라 정보기술 자원의 수준을 확인할 수 있는 기준이 된다.[23] 수출기업은 무역거래알선사이트를 활용한 제품홍보, 거래선 발굴, 신규계약체결 등 e-마켓플레이스를 중심으로 한 온라인 마케팅활동이 주류를 이루어 왔으나, 2010년 중반 이후부터 전 세계적으로 수출입을 위한 글로벌 전자상거래 시장이 급성장하면서 Amazon, Taobao, eBay 등을 활용한 B2C 글로벌 전자상거래에 대한 국내 수출기업의 관심뿐만 아니라, B2B 글로벌 전자상거래에서의 플랫폼 활용도 높아지고 있다.[24]

제3절 해외직구 및 역직구 개념 및 현황

1. 해외직구 및 역직구 이해

1) 해외직구 및 역직구 개념

글로벌 전자상거래에서 해외직구와 역직구는 각각 '수입' 및 '수출'에 대응한다.25) 이는 무역 중 국경을 넘나드는 전자상거래를 포함하는 거래를 부르는 용어이며 정부에서는 같은 대상을 소관 부처의 특징과 이력에 따라 다소 다르게 호칭하고 있다.

산업통상자원부에서는 '무역', '전자상거래', '전자무역' 등으로 혼용하여 사용하다가, 최근에는 '전자상거래 무역'이라는 용어로 수렴되어 사용되고 있다. 관세청에서는 '해외직구'와 '역직구'라는 용어를 그대로 사용하고 있다. 해외역직구 및 해외직구의 영문명칭으로는 Global Electronic Commerce, Global Electronic Trading, Cross Border Electronic Commerce, International Electronic Commerce 등의 용어가 혼용되고 있으며, 대부분이 글로벌 전자상거래 무역이라는 같은 대상을 칭하고 있다. 특히, 4차 산업혁명 시대의 해외직구와 역직구 개념은 경제 프로세스의 디지털화라는 변화에 힘입어 정보통신산업 자체뿐만 아니라 경제활동의 전 분야를 망라하는 종합적인 추세가 되고 있는 것이 현실이다. 따라서 B2B, B2C 등의 거래관계에 속한 기업들은 인터넷 상거래, 디지털 농업, 스마트 네트워크 시스템, 무인 운송, 개인 맞춤형 의료 등 어떠한 방향으로 사업전략을 고려하든 디지털 혁명의 영향력을 무시할 수 없을 것이다.26)

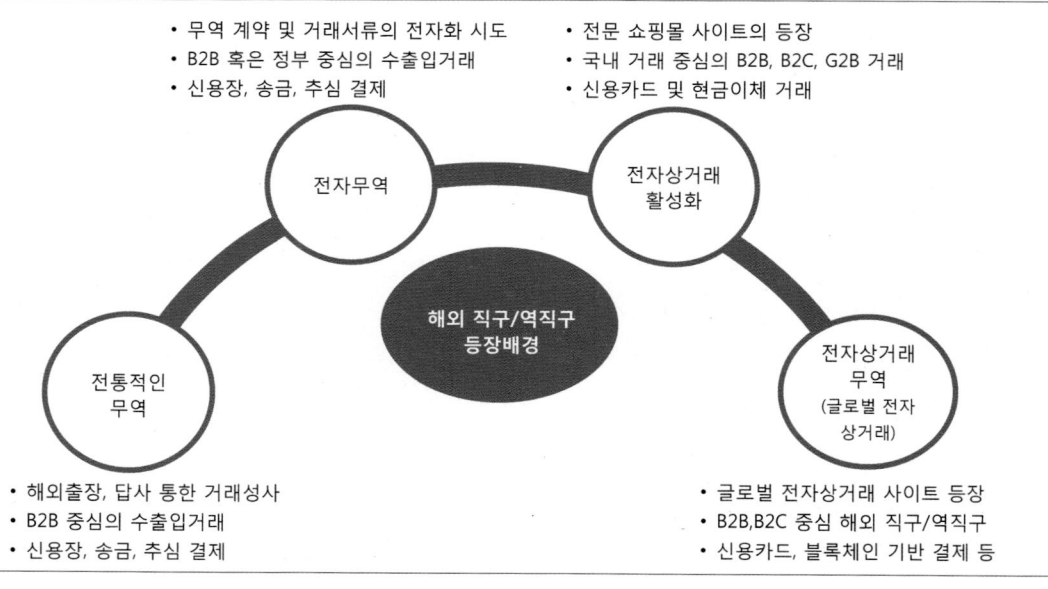

해외 직구/역직구 등장배경

2) 해외직구 및 역직구의 규모

해외직구 및 역직구 시장은 정보통신기술의 발달, 합리적 소비문화의 확산, 그리고 소비패턴의 변화 바람을 타고 하나의 단일시장이 되면서 그 규모도 급속하게 확대되었다. 글로벌 시장의 빠른 성장과 함께 우리나라 해외직구 시장규모는 2016년부터 2021년까지 연평균 53.6% 성장하였다. 또한, 역직구 시장규모는 2016년부터 2020년까지 연평균 65.4%의 높은 성장률을 보여왔으나 중국을 비롯한 해외국가들의 대외적인 정치, 경제적 상황의 변화로 2021년도에는 2020년도에 비해 27% 감소하기도 하였다.

국내 해외 역직구·직구 실적

해외 직구/역직구 규모 (억원, %)

	2016	2017	2018	2019	2020	2021
직구	19,079(+12%)	22,436(+18%)	29,717(+32%)	36,360(+22%)	40,677(+12%)	51.152(+26%)
역직구	22,934(+82%)	29,509(+29%)	36,265(+23%)	60,046(+66%)	60,034(-)	43,915(-27%)

자료 : 국가통계포털(KOSIS) https://kosis.kr/

우리나라의 국가별 해외직구 및 역직구 실적은 2021년도 기준 미국이 2조 707억 원으로 가장 많은 해외직구 규모가 나타났으며 중국이 3조 5,876억 원으로 가장 많은 역직구 규모가 나타났다. 해외직구 규모의 추이는 2019년부터 2021년까지 대부분 국가에서 상승하고 있는 것으로 나타났다. 그러나 해외 역직구의 규모는 2020년까지 상승세를 보여왔으나 2021년 급격하게 감소하는 것으로 나타났는데 이는 우리나라 해외 역직구 규모의 80% 이상을 차지하는 중국에서의 역직구 규모가 급감하였기 때문이다.

국가별 역직구·직구 실적

국가별 해외 직구 규모 (억원)				국가별 해외 역직구 규모 (억원)			
	2019	2020	2021		2019	2020	2021
미국	17,686	18,116	20,707	미국	1,955	2,566	2,796
중국	6,624	8,182	13,362	중국	51,847	52,005	35,876
유럽연합	8,603	10,338	11,384	유럽연합	402	408	324
일본	2,186	2,353	3,290	일본	2,265	2,309	2,806
아세안	150	327	671	아세안	2,016	1,411	1,029
기타	1,112	1,362	1,738	기타	1,962	1,653	1,408
합계	36,360	40,677	51,152	합계	60,046	60,034	43,915

자료 : 국가통계포털(KOSIS) https://kosis.kr/

2. 해외직구 및 역직구의 비즈니스 모델

1) 해외직구 및 역직구의 비즈니스 기본 형태

4차 산업혁명 시대에는 기술과 디지털화가 비즈니스 및 소비패턴에 큰 영향을 미치고 있으며 COVID-19 펜데믹 또한 최종 소비자들의 해외직구 모델에 영향을 미쳐 새로운 형태로 발전하고 있는 현실이다.[27] 또한, 비즈니스 모델은 여러 환경과 형태의 차이로 인하여 국내의 전자상거래와 비교하여 다소 복잡하고 불특정한 이해관계가 관여된다. 보통의 전자상거래와는 달리, 해외직구 및 역직구는 소비자와 판매자가 국적을 달리하는 동시에, 오픈마켓 형태의 온라인 쇼핑몰과 입점 기업이 말단의 두 주체인 소비자와 판매자 사이에서 전자상거래의 주체로 등장하는 구조이다.[28] 이때 기업들은 수직적 혹은 수평적 통합을 통해 산업 및 조직에 대한 광범위한 목표를 설정할 수 있는데 새로운 비즈니스 모델을 위한 제품 재료, 웹 사이트 콘텐츠, 특정한 이메일 뉴스 등의 글자를 상단에 노출하여 홍보할 수 있다.[29]

해외직구 및 역직구의 비즈니스 기본 형태

2) 해외직구 및 역직구의 비즈니스 모델

해외직구 및 역직구 모델은 국경을 넘어 수입기업과 수출기업 사이에서 무역거래가 이루어지는 형태이다. 수출기업이 해외 기업인 경우 직구(수입) 거래가 이뤄지고, 수출기업이 국내 기업인 경우에는 역직구(수출) 거래가 이루어진다. 이러한 비즈니스 모델은 온라인 쇼핑몰의 형태(오픈마켓, 독립몰 등), 위치(국내, 해외), 그리고 물류창고의 위치(국내, 해외, 해외 보세구역 등)에 따라 구분된다.

(1) 해외직구의 비즈니스 모델

해외직구(수입) 모델은 첫째, 해외 글로벌 온라인 쇼핑몰 직구 모델, 둘째, 구매대행 모델, 셋째, 물류대행 모델(배송대행지활용)로 구분할 수 있다. 구매자 또는 구매기업은 직구 형태에 따라 직접 구매 및 수입 절차를 거치지 않아도 되거나 다양한 제품을 구매할 수 있는 기회가 제공된다. 따라서 구매자 또는 구매기업은 관세, 부가세 등의 추가 비용, 배송 시간, 정품 여부 등을 고려하여 해외직구 업체의 결정을 내리는 것이 중요하다.

(2) 해외 역직구의 비즈니스 모델

해외 역직구(수출) 모델은 첫째, 국내 오픈마켓 입점 모델, 둘째, 국내 독립몰 운영 모델, 셋째, 해외 글로벌 온라인 쇼핑몰 입점 모델, 넷째, 해외 직판 쇼핑몰 운영 모델, 다섯째, 해외 보세구역 모델 등으로 구분할 수 있다. 이와 관련하여 해외 역직구의 비즈니스 모델에 따라 제품 판매방식과 수익 창출 모델이 달라지므로 기업의 특징과 목표를 연계하여 결정하여야 한다.

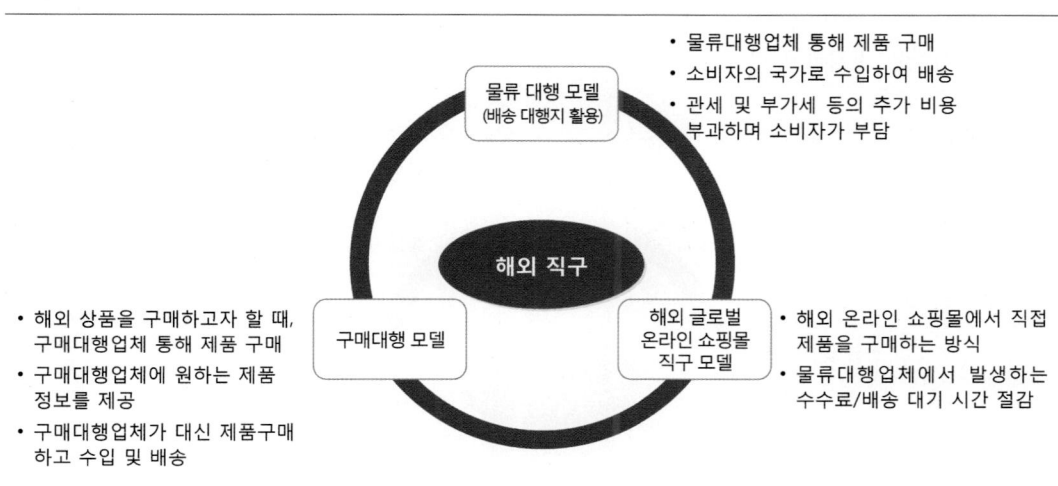

글로벌 전자상거래 모델(해외 직구)

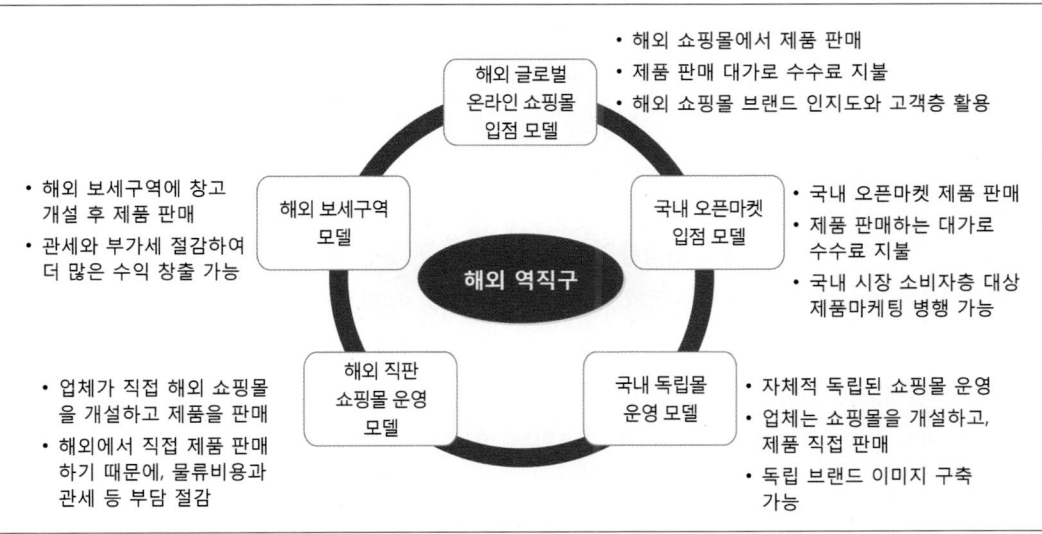

글로벌 전자상거래 모델(해외 역직구)

3. 글로벌 공급체인관리 관점에서 해외직구 및 역직구

해외직구 및 역직구는 글로벌 공급체인관리 관점에서 전반적으로 다음의 5단계 프로세스를 도출한다. 첫 번째는 마케팅이다. 제품과 서비스를 홍보하여 구매기업을 유도하고 상품을 등록하며 관리한다. 두 번째는 상품을 소싱하고 구매하여, 상품 공급체인을 관리하고 공급자를 관리한다. 세 번째는 상품 거래계약과 함께 대금결제를 한다. 네 번째는 물류 및 배송이 이루어지고 그 과정에서 통관절차가 행해진다. 창고관리도 중요한 업무로 다루어진다. 마지막은 서비스 및 사후관리로서 고객만족을 위한 불만사항을 관리하고 반품관리를 한다.

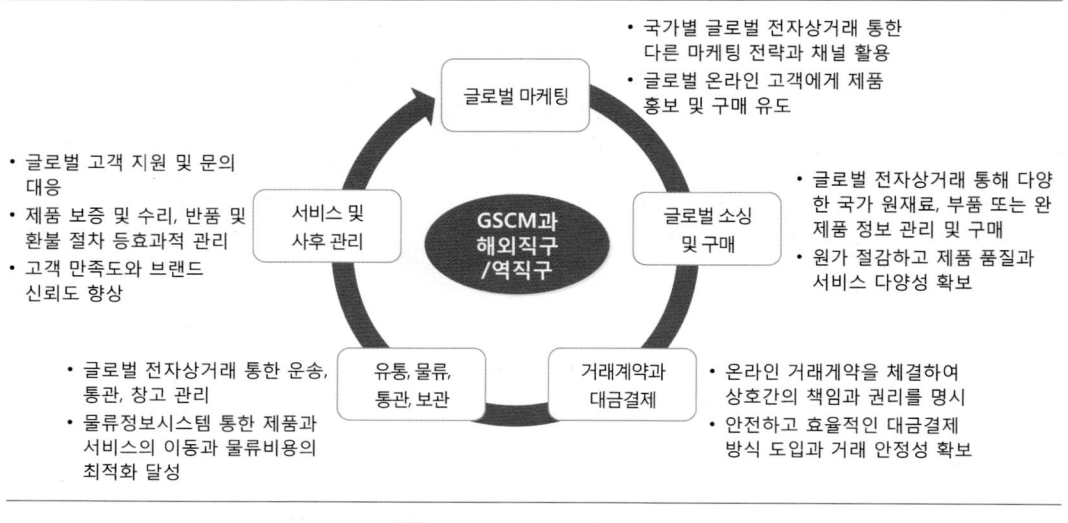

GSCM과 해외 직구/역직구

4. 주요 국가들의 해외역직구 정책

주요 국가 정부는 자국의 산업 경쟁력을 강화하고 새로운 성장 동력을 확보하기 위해 전자상거래 관련 법제도를 개선하고, 적극적인 정책적 지원을 추진하고 있다. 이때 우리나라의 주요 교역 대상국을 중심으로 어떤 법제도와 정책을 실행하고 있는지 파악하는 것이 중요하다.[30] 해당 과정에서 중요한 점은 법제도의 정책적 시사점과 더불어 해외역직구 정책에 수반되는 상거래의 디지털 전환이 공급망에 미치는 주요 영향 또는 새롭게 도출되는 비즈니스 전략을 파악하는 것이다.[31]

1) 중국

중국은 1999년부터 전자상거래를 육성 분야로 지정한 이후 지속적인 정책 발표로 전자상거래 산업을 발전시켜왔다. '인터넷플러스(互聯網+)' 정책을 선언하여 전자상거래를 규제 강화보다는 '활성화'에 초점을 맞추며 글로벌 시장에서도 성장을 주도하고 있다. 중국 정부는 규제와 지원을 통해 전자상거래의 밸류체인을 전방위적으로 지원하고 단절 없는 생태계를 구축하여 마케팅, 결제, 금융, 통관, 물류/배송, 소비자 보호, 인프라 등 모든 단계에 영향을 미치며, "선 성장 후 관리" 정책으로 가속화하고 있다.

한편, 중국의 전자상거래 발전 같은 경우 디지털 경제에 관련된 인터넷 서비스가 중요한 역할을 한다. 중국은 섬유 집약적인 디지털 인프라를 구축함으로써 자체적으로 차별성 있는 전자상거래 발전을 도모하고 있으며 초대형 내수시장에 맞게 설계된 혁신은 대고객 비즈니스 서비스를 선도할 수 있는 동인으로 나타난다.[32]

2) 일본

일본은 2002년에 "전자상거래 준칙"을 제정하여 전자상거래 정책을 시작했다. 모바일 서비스가 다른 국가에 비해 일찍 발전하고 보편화된 일본은 전자상거래 시장의 확대에 발맞추어 중소기업의 해외판로 개척을 지원하는 정책을 추진해왔다. "EC를 활용한 해외판로 개척 지원사업"은 일본 정부가 중소기업과 소규모 사업자가 전자상거래를 통해 해외 시장에 진출하는 경우, 비용 지원과 교육, 홍보를 지원한다.

3) 싱가포르

싱가포르 정부는 2006년 iN2015 마스터 플랜을 시작으로 정보통신발전 10개년 계획을 추진하여 세계 최고 수준의 정보통신 인프라를 구축하고 국가 미래 경쟁력을 향상시키는 목적을 가졌다. 이어서 2015년에는 iN2015의 후속 단계인 'InfocommMedia2025(iM2025)MasterPlan'을 공개하였고, 정보통신미디어생태계 조성과 사람들 간 연결성 제고를 위한 투자와 혁신을 지속적으로 추진하고 있다.

또한, 싱가포르의 다음 세대 전자상거래 무역 플랫폼인 NTP(National Trade Platform)는 기존의 무역신고 업무를 담당하던 TradeNet 서비스와 무역 및 물류 커뮤니티인 TradeXchange를 통합하여 구축되었다. NTP는 제3자 개방형 혁신 서비스로서, 계약 이전, 마케팅, 물류 및 배송 추적에 중점을 두고 있으며, 기업들의 이용시 연간 600억 달러 이상의 비용 절감 효과를 기대할 수 있다. NTP는 B2G 서비스뿐만 아니라 B2B 서비스를 제공하며, 기업의 End-To-End 프로세스를 지원하는 다양한 부가 서비스를 제공한다. 즉, 디지털화의 맥락에서 싱가포르는 진화하는 글로벌 무역과 세관의 운영방침 등 투자를 통한 새로운 기회를 창출할 수 있어야 할 것이고 단순한 해외직구의 영역뿐만 아니라 신규 공급망 관리, 세관 규정 준수, 무역금융 및 리스크 관리 등과 같은 분야에서 블록체인, 인공지능(AI), 사물인터넷(IoT), 클라우드 컴퓨팅과 같은 기술을 구현할 때 얻을 수 있는 잠재적 이점에 대해 지속해서 관심을 가져야 한다.[33]

제이앤에스㈜, 스마트 공장과 전자상거래로 글로벌 시장에 약진

제이앤에스 주식회사는 2010년 창립되어 그동안 국내시장을 주도한 해외 글로벌 기업에 맞서 콘택트렌즈를 생산하는 제조업체로 발돋움하여 제품의 약 70% 이상을 수출 중인 중소기업이다. CE, GMP, ISO13485, 의료기기 제조 허가증, 일본 공장 등록증 등의 인증을 바탕으로 고품질의 제품을 생산하여 해외 수출 및 국내 판매에 주력하고 있는 회사이다. 주요 제품군으로는 Clear Lens, Color contact Lens 등이 있으며, 그 중에 주력 제품군은 Color contact lens이다. 세계 콘택트렌즈 시장의 규모는 2020년 9억2,800만 달러로 2026년까지 연평균 4.6%의 지속적인 성장률이 전망되는 점을 미루어 볼 때 제이앤에스㈜의 지속적인 성장이 예상된다. 특히, 콘택트렌즈의 기본적인 교정 기능 외에도 소비자들의 미적 욕구와 개성을 충족시킬 수 있다는 점에서 컬러렌즈 시장이 빠르게 성장하고 있어 글로벌 시장에서 제이앤에스㈜의 지속적인 성장이 기대된다.

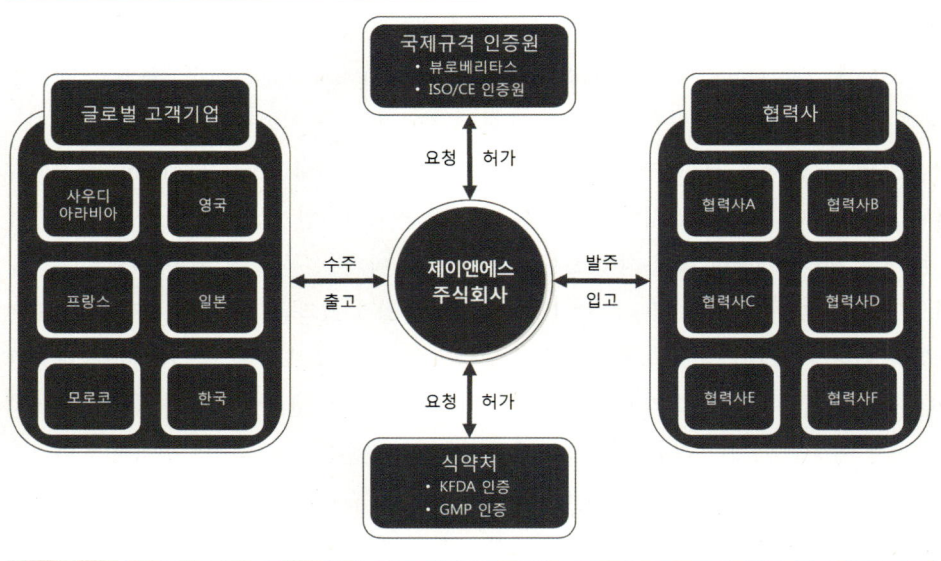

제이앤에스㈜의 글로벌 협력체계

Case Study

한편, 증가하는 콘택트렌즈에 대한 글로벌 시장 수요에 대응하기 위하여 최근 제이앤에스㈜는 생산 관리 시스템(Manufacturing Execution System, MES)을 도입하여 스마트 공장 구축에 나섰다. 콘택트렌즈는 가장 핵심 공정이 인쇄이고, 일손이 많이 가는 부분이 검사이다.

제이앤에스㈜는 이 두 가지 공정을 첨단 자동화한다면 전체 공정의 70% 이상 개선 효과를 기대할 수 있을 것으로 밝혔다. 또한, 콘택트렌즈 제조 과정에서는 생산자, 고객 및 협력 업체 간 유기적인 생태계 구축의 Value Chain 연계 강화의 필요성이 나타났다. 이에 제이앤에스㈜는 기업의 지속가능한 성장을 위해 스마트 공장을 구축하고 영업 수주부터 원부자재 입고, 제조 및 공급망에 이르기까지 효율적인 지능화 처리할 수 있도록 하여 날로 심화하는 글로벌 시장의 경쟁 환경에서 선도적인 위치를 점할 수 있게 되었다.

제이앤에스㈜의 스마트 공장을 들여다보면 인쇄공정에는 신규 인쇄기를 도입하고 비전검사기와 연동하여 정확한 인쇄 작업수량을 자동수집하고 대량 발생 가능성이 있는 편심불량을 비전검사기를 활용하여 MES에서 실시간 수집 및 모니터링하여 사전에 인지할 수 있도록 하였다. 따라서 정확한 수량파악으로 과생산을 방지하여 재공을 감소하고, 인쇄공정에서 발생하는 불량을 해당 공정에서 파악하여 주문 수량 대비 부족분 발생 시 미리 대처함으로써 납기 지연을 방지하였다. 그리고 검사공정은 현재 수작업에 의한 육안검사를 통하여 14가지 불량 유형 중 대표되는 불량 검출에만 의존하고 있는데, 자동화 비전검사기를 설치하여 모든 불량 항목에 대하여 자동판정하여 불량판정의 정확도를 높이고자 하였다. 또한 불량판정 결과를 MES에 실시간 자동수집하여 분석함으로써 불량원인 파악 및 개선에 적극 활용 생산성 향상을 할 수 있도록 하였다. 또한 온도, 습도 및 먼지 등 환경요인이 작업에 직접적인 영향을 주는 공정에 센서를 통하여 데이터를 수집하고 MES의 생산 데이터와 연동하여 분석할 수 있도록 하였다.

그리고 MES를 통해 조색 레시피 데이터를 축적하고 관리함으로서 제품을 안정적으로 균일하게 양산화 할 수 있는 잉크 배합을 가능하도록 하고 있으며, 제품 레시피 배합 비율로 잉크의 묽기를 파악하여 최적의 양산성을 가지고 있는 레시피를 도출하고 있다. 또한 잉크의 제조 이력을 통해 제품의 색 편차를 최소화 하기 위한 조건들을 파악하고 그에 대한 점도, 습도, 온도 데이터를 축적하며 그 외에 잉크 소분 관리를 통해 이색 불량에 대응할 수 있는 데이터를 관리를 하는 중이다. 또한, 이같은 스마트 공장 시스템을 바탕으로 한 보정계수를 통해 점도에 따라 발생하는 색 차이의 간극을 작업 전 미리 최소화 함으로써 빠른 불량 분석 및 대처에 용이하다.

일반적인 제조에서 불량률이 1%가 넘으면 많다고 하지만, 콘택트렌즈 업계에서는 특히 컬러 콘택트렌즈의 경우 평균적인 불량률이 30% 전후로 낮은 수율이 나타난다. 특히, 콘택트렌즈는 온습도, 이물질 등 제조 환경에 민감하기 때문에 많은 국내기업들이 어려움을 겪고 있다. 그러나 제이앤에스의 경우는 클리어한 제조환경과 품질에 초점을 두고, MES를 최대한 활용하여 9% 이하의 불량률을 달성했고 경쟁기업들에 비교했을때도 수율 및 품질이 우수한 편으로 해외시장에서 품질을 인정받고 있다. 이처럼 제이앤에스㈜는 품질에 직결되는 측정 및 검사 설비 관리를 실시간 수집 및 축적하고 검사 정보를 실시간 관리함으로써 제품제조에 미치는 불량원인을 사전에 제어하여 최적의 상태로 관리함으로써 체계적인 제조 환경관리를 통한 제품 품질향상으로 고객 신뢰를 확보하게 되었다. 제이앤에스㈜는 향후 GPU기반 고성능 서버 도입과 AI를 통한 자동화 분석 초석을 계획하고 있다고 밝혔다.

한편, 제이앤에스㈜는 자사 전자상거래 플랫폼을 운영하여 글로벌 시장의 수요에 대응하여 대량생산에 초점을 맞춘 생산방식보다 다품목생산을 목표로 하고 있다. 제이앤에스㈜가 글로벌 시장에서 차별화된 생산관리가 가능하게 된 이유는 앞서 밝힌 MES를 바탕으로 콘택트렌즈 업계에서 선도적인 데이터 관리 기술로 전문성 및 품질 강화가 가능했기 때문이다. 즉, 제이앤에스㈜는 데이터 관리 중심의 최적화 생산관리방식을 지향하며 콘택트렌즈 인쇄하기 전 공정인 조색 단위부터 고객이 제품을 착용하기 전까지 차별화된 렌즈 관리하여 글로벌 시장에서 고객만족도를 향상하고 있다.

향후 제이앤에스㈜는 구축한 스마트 공장을 바탕으로 하여 고객이 원하는 맞춤형 렌즈를 만들 수 있도록, 그동안 MES를 통해 쌓아온 데이터와 다품종 소량생산의 효율을 높여 AI 기술 기반의 높은 부가가치 고도화를 목표로 하고 있다. 그리고 향후에는 주문서를 자사 전자상거래 플랫폼에서 고객이 업로드 하면 자동으로 생산 계획 및 인보이스 패킹이 만들어져 주문오더 실시간 생산관리 체계를 강화하고, 원부자재(자재마스터 및 BOM연동) 발주를 시스템과 연계할 계획이라 밝혔다. 이는 주문 오더별 실시간 생산지시 및 계획이 이루어짐으로써, 현재 바이어에게 받은 엑셀 오더주문서를 MES시스템에 넣는 과정이 생략 됨으로 공수가 줄어들 것이고 이 과정에서 오는 휴먼 에러 및 납기 지연 방지로 고객 만족도 제고를 기대해 볼 수 있는 부분이다.

자료제공 : 제이앤에스(http://www.jslens.com/)

Case Study

학습문제

문제 1

다음 중 전자무역에 대한 정의로 가장 올바른 것은?(2021년 전자상거래관리사 2급 필기시험)

① 무역에 관련된 정보, 정보처리, 거래를 사이버상에서 행하는 것을 지칭한다.
② 무역을 전자적 혹은 정보통신망을 이용하여 행하는 것을 지칭한다.
③ 무역에 관련된 정보, 정보처리, 거래를 온라인/오프라인에서 행하는 것을 지칭한다.
④ 무역을 인터넷상에서 행하는 것을 지칭한다.

문제 2

다음 중 플랫폼 비즈니스의 특징으로 가장 올바르지 않은 것은?
(2021년 전자상거래운용사 자격증 시험)

① 플랫폼을 이용한 상거래 방식으로 다양한 분야의 정보를 공급하거나 가상 또는 현실을 연결하는 비즈니스 모델
② 2개 이상의 서로 다른 집단 사이의 직접적인 상호작용을 촉진함으로써 새로운 가치를 창출하는 사업
③ 다수의 생산자와 소비자가 연결되어 상호작용하며 가치를 창출하는 기업과 산업 생태계 기반의 장
④ 한 기업이 가치 창출의 처음부터 끝까지 폐쇄적으로 통제하는 비즈니스

문제 3

역물류에 관한 설명으로 옳은 것을 모두 고른 것은?
(2022년 제26회 물류관리사 자격시험 기출문제)

> ㄱ. 수작업인 경우가 많아서 자동화가 어렵다.
> ㄴ. 대상제품의 재고파악 및 가시성 확보가 용이하다.
> ㄷ. 최종 소비단계에서 발생하는 불량품, 반품 및 폐기되는 제품을 회수하여 상태에 따라 분류한 후 재활용하는 과정에서 필요한 물류활동을 포함한다.

① ㄱ ② ㄱ, ㄴ ③ ㄱ, ㄷ ④ ㄴ, ㄷ ⑤ ㄱ, ㄴ, ㄷ

문제 4

우리나라에서 전자무역이 실질적으로 수행되지 못하는 이유에 관하여 서술하시오.

문제 5

글로벌 전자상거래에서 고객 만족도를 높이기 위해 어떤 전략적인 방법이 사용될 수 있는지 설명하시오.

문제 6

글로벌 전자상거래에서 해외로의 물류 배송 절차는 어떻게 이루어지는지 설명하시오.

문제 7

4차 산업혁명 시대의 글로벌 전자상거래에서 전자거래 사기 방지를 위한 대표적인 보안 기술은 무엇인지 설명하시오.

문제 8

글로벌 전자상거래에서 소비자 보호를 위해 어떤 제도가 도입되고 있는지 설명하시오.

※ 해설은 부록에 기재됨.

참고문헌

1) Temin, P., 「Globalization」, 『Oxford Review of Economic Policy』, Vol.15, No.4, 76-77pp.

2) Luo, S., Yimamu, N., Li, Y., Wu, H., Irfan, M., Hao, Y., 「Digitalization and sustainable development : How could digital economy development improve green innovation in China?」, 『Business Strategy and the Environment』, Vol.32, No.4, 2023, 1847-1871pp.

3) 정재우, 「국가별 전자무역의 비교와 시사점」, 『무역학회지』, 제33권, 제4호, 2008, 283-286pp.

4) Peters, M. A., 「Digital trade, digital economy and the digital economy partnership agreement (DEPA)」, 『Educational Philosophy and Theory』, Vol.55, No.7, 2023, 747-755pp.

5) 전자무역 촉진법 제2조 제1항(전자무역이라 함은 대외무역법 제2조 제1호의 규정에 의한 무역의 일부 또는 전부가 전자무역문서에 의하여 처리되는 거래를 의미한다.)

6) 유광현, 도광호, 「블록체인 기반 무역플랫폼을 통한 eB/L 활용전략에 관한 연구」, 『관세학회지』, 제24권, 제1호, 123-143pp.

7) 민철홍, 「UNCITRAL MLETR 분석과 전자무역 서비스 적용 방안에 관한 연구-해외 주요 사례를 중심으로-」, 『무역금융보험연구』, 제23권, 제4호, 15-37pp.

8) Pejović, Č., Lee, U., 「Blockchain bills of lading : A new generation of electronic transport documents」, 『Poredbeno Pomorsko Pravo』, Vol.61, No.176, 31-62pp.

9) 송선욱, 「무역절차 간소화를 위한 Single Window구축에 대한 연구」, 『통상정보연구』, 제7권, 제4호, 2005, 157-175pp.

10) 정재호, 마정화, 정경화, 「주요국의 통관제도 및 개정교토협약 유보조항 조사」, 『세법연구』, 제9권, 제3호, 2009, 92-93pp.

11) 송선욱, 「효과적 세관통제를 위한 사전 전자정보 제출에 관한 연구」, 『관세학회지』, 제9권, 제1호, 2008, 1-16pp.

12) Xiao, H., Liu, J., 「The impact of digital economy development on local fiscal revenue efficiency」, 『Economic Analysis Letters』, Vol.1, No.2, 2022, 1-7pp.

13) Pan, W., Xie, T., Wang, Z., Ma, L., 「Digital economy : An innovation driver for total factor productivity」, 『Journal of Business Research』, No.139, 303-311pp.

14) 백지연, 「전자상거래(e-commerce) 시장과 구독경제」, 『2021 글로벌 ICT 이슈리포트』, 2021. 1-6pp.

15) 현화정,『중소수출기업의 B2B 글로벌 전자상거래 플랫폼 활용에 관한 연구』, 중앙대학교 대학원 박사학위논문. 2022.

16) Purnomo, A., Susanti, T., Rosyidah, E., Firdausi, N., Idhom, M.,「Digital economy research : Thirty-five years insights of retrospective review」,『Procedia Computer Science』, No.197, 2022, 68-75.

17) Panasenko, S., Seifullaeva, M., Ramazanov, I., Mayorova, E., Nikishin, A., Vovk, A. M.,「Impact of the pandemic on the development and regulation of electronic commerce in Russia」,『International Journal of Advanced Computer Science and Applications』, Vol.13, No.5, 2022, 652-658pp.

18) 김창봉, 유신동, 이동준,「중국 B2C 글로벌 전자상거래 소비자의 구매체험 요인이 재구매 의도에 미치는 영향에 관한 연구 : SOR 모형의 적용을 중심으로」,『통상정보연구』, 2022, 제24권, 제2호, 25-47pp.

19) 김창봉, 허영,「중소수출제조기업의 B2B 글로벌 전자상거래 활용요인에 관한 연구」,『국제상학』, 제37권, 제1호, 2022, 67-86pp.

20) 현화정,『중소수출기업의 B2B 글로벌 전자상거래 플랫폼 활용에 관한 연구』, 중앙대학교 대학원 박사학위논문, 2022.

21) 김창봉, 정경욱,「우리나라 수출중소기업의 B2B 역직구 플랫폼 활용이 기업성과에 미치는 영향 연구」,『한국물류학회지』, 제31권, 제5호, 2021, 1-14pp.

22) Li, L., Su, F., Zhang, W., Mao, J. Y.,「Digital transformation by SME entrepreneurs : A capability perspective」,『Information Systems Journal』, 제28권, 제6호, 2018, 1129-1157pp.

23) Mikalef, P., Pateli, A.,「Information technology-enabled dynamic capabilities and their indirect effect on competitive performance : Findings from PLS-SEM and fsQCA」,『Journal of Business Research』, 제70권, 2017, 1-16pp.

24) 이동열, 남경두, 김동춘,「수출기업의 내부 환경에 따른 Global B2B On-line Marketing Platform 활용이 기업 성과에 미치는 영향」,『무역연구』, 제15권, 제3호, 2019, 523-548pp.

25) 김창봉, 민철홍, 박상안.,「해외직구·역직구시장에서 중소기업의 참여와 성과에 영향을 미치는 결정요인에 관한 실증연구」,『통상정보연구』, 제18권, 제4호, 2016, 3-29pp.

26) Mamatzhonovich, O. D., Khamidovich, O. M., & Esonali o'g'li, M. Y.,「Digital economy : essence, features and stages of development」,『Academicia Globe : Inderscience Research』, Vol.3, No.4, 2022, 355-359pp.

27) Alcedo, J., Cavallo, A., Dwyer, B., Mishra, P., Spilimbergo, A.,「E-commerce during COVI

D : Stylized facts from 47 economies」, 『National Bureau of Economic Research』, No.w29729, 2022, 1-19pp.

28) 김승철, 『한국 수출기업의 전자무역 활용수준과 성과에 관한 연구』, 중앙대학교 대학원, 2004.

29) Babu, G. V. D. A., Sathish, M. D., 「E-Commerce Customer Segmentation Using Machine Learning」, 『IJRASET』, 2022, 1275-1277pp.

30) 민철홍, 『해외역직구에 있어서 플랫폼 활용과 분쟁조정수준이 기업성과에 미치는 영향에 관한 연구』, 중앙대학교 대학원 박사학위논문, 2019.

31) Al Mashalah, H., Hassini, E., Gunasekaran, A., Bhatt, D., 「The impact of digital transformation on supply chains through e-commerce : Literature review and a conceptual framework」, 『Transportation Research Part E : Logistics and Transportation Review』, Vol.165, 2022, 1-25pp.

32) Jiang, H., Murmann, J. P., 「The rise of China's digital economy : An overview」, 『Management and Organization Review』, Vol.18, No.4, 2022, 790-802pp.

33) Jaloliddin, R., 「Digitalization in Global Trade : Opportunities and Challenges for Investment」, 『Global Trade and Customs Journal』, Vol.18, No.10, 2023, 391-395pp.

제11장
글로벌 로지스틱스와 스마트 항만

New Principles of
International Trade
of the 4th Industrial
Revolution

학습목표
1. 글로벌 로지스틱스의 절차 및 과정에 관하여 설명한다.
2. 국제 운송에서 사용되는 운송 수단 및 특성에 관하여 설명한다.
3. 복합 운송의 개념 및 특징에 관하여 설명한다.
4. 정기선 운송과 부정기선 운송의 차이를 이해한다.
5. 컨테이너 운송 형태에 관하여 설명한다.
6. 4차 산업혁명 시대의 디지털 운송의 등장을 이해한다.
7. 해상운송의 디지털 전환 트렌드에 관하여 이해한다.
8. 항만의 개념과 의의를 이해한다.
9. 항만의 주요 시설에 관하여 설명한다.
10. 스마트 항만의 요건에 관하여 설명한다.

Contents
Introduction : 드론·AI·로봇까지…인천항 '스마트 항만'으로 변신
제1절 국제운송의 주요 유형과 디지털 운송
제2절 항만의 요건과 주요시설
제3절 주요 스마트 항만 사례
Case Study : 롯데 이천물류센터, 맞춤형 자동화로 인력 '최소화' 효율 '극대화'

Introduction

드론·AI·로봇까지 … 인천항 '스마트 항만'으로 변신

- 인천항만공사, 안전관리 시스템 시범 운영
- 스마트 컨테이너·무인 부두도 개발
- "높은 생산성과 안전사고 차단 기대"

 인천항이 '스마트 항만'으로 변신한다. 드론(무인항공기)이 날아다니며 물류 창고 재고를 조사하고, 인공지능(AI) 영상 분석 기술을 이용해 실시간으로 연안여객터미널 시설에서 사고 여부를 점검하는 날이 머지않았다.

▲ 인천 신항 컨테이너 터미널(자료 : 인천항만공사)

 29일 인천항만공사에 따르면, 공사는 자율 비행 드론 전문기업인 브룩허스트거라지와 함께 드론과 AI 기술을 접목한 물류창고 재고조사 기술을 11월 중 선보일 예정이다. 화물을 선반이 아닌 바닥에 보관하는 항만의 특수한 상황을 고려해 자동으로 배터리 교체가 가능한 실내 완전 자율 비행 드론을 개발 중이다. AI 기반 바코드·라벨 인식 기술과 창고 관리 시스템도 접목한다.
 또 물류창고 운영 효율화를 위한 한국형 물류로봇도 개발한다. 이를 위해 유진로봇이 주관하고 한국전자통신연구원, 인천테크노파크, 한국통합물류협회, AJ네트웍스, 핌즈가 참여하는 컨소시엄도 구성했다. 물류 흐름을 원활하게 하고, 화물 운송 시스템을 고도화하기 위해 실시간 위치 확인과 원격 제어가 가능한 스마트 컨테이너도 개발 중이다. 설계도 제작을 마쳤고, 내년에 시제품을 제작해 2024년에는 실증 테스트가 가능할 전망이다.

항만 안전을 위해 사물인터넷(IoT·사물들이 인터넷으로 연결돼 정보를 주고받는 기술)과 AI 영상 분석 기술을 활용한 스마트 안전관리시스템은 이미 구축돼 시범 운영 중이다. 시스템이 적용된 연안여객터미널 제4 부잔교(물 위에 떠서 선박과 육지를 잇는 구조물)에서는 폐쇄회로(CC)TV 영상을 AI가 분석해 해상 추락사고와 선박 화재 등 사고 발생 시 10초 이내에 감지와 경보 알림이 가능하다. 올해는 현실의 기계·장비 등을 컴퓨터 속 가상세계에 구현하는 기술인 '디지털 트윈' 등 신기술과 새로운 기능을 추가해 다른 부잔교에 확대 적용할 계획이다.

인천항만공사 관계자는 "화물 이송 시스템 자동화와 탄소 배출 저감을 위한 자율 협력 주행이 가능한 야드트랙터(항만에서 컨테이너 옮기는 장비)와 화물 하역·이송 등을 무인 자동화한 부두 등 개발도 추진 중"이라며 "첨단 기술이 반영된 스마트 항만은 24시간 운영이 가능해 높은 생산성을 발휘할 뿐만 아니라 사람 접근이 제한돼 안전사고 발생 요인도 사전 차단되는 장점이 있다"고 말했다.

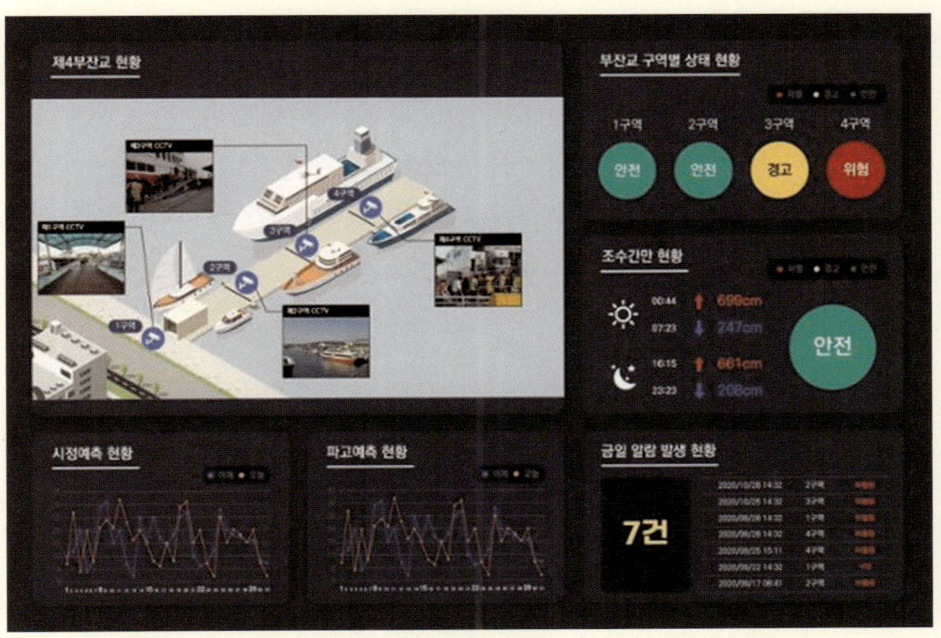

▲ 인천항 스마트 안전관리시스템 메인 화면(자료 : 인천항만공사)

이환직 기자 / 한국일보 / 2022. 06. 29. /
https://m.hankookilbo.com/News/Read/A2022062914410002105

제11장 글로벌 로지스틱스

제1절 국제운송의 주요 유형과 디지털 운송

글로벌 로지스틱스(Global Logistics)는 제품 또는 서비스를 원재료에서 최종 소비자에게까지 효율적이고 효과적인 이동을 관리하는 것을 의미한다. 이는 원자재, 부품, 재공품, 완제품, 정보, 자금 등의 자원을 관리하여 공급체인을 효율적으로 운영하고 최종 소비자에게 원하는 제품 또는 서비스를 제공하는데 필요하다. 글로벌 로지스틱스를 활용하여 기업들은 공급체인 총비용을 절감하고 고객 요구에 신속하고 안전하게 대응하고 관련 서비스 수준을 향상하고 있다.

글로벌 로지스틱스

4차 산업혁명의 문턱에 선 글로벌 로지스틱스는 시대 흐름과 더불어 물류 수요의 변화와 기술혁신으로 국외는 물론 국내 물류 산업에까지 영향을 미치게 되었다.[1] 세계 각지에 위치한 공급업체, 제조업체, 유통업체 및 소비자 사이의 거리와 시간의 제약을 극복하고, 재고를 최소화하고, 운송 및 창고 관리를 개선하여 비용을 절감하고 효율성을 높인다. 이를 위해 기업은 물류기술을 도입하고 혁신하며, 품질 향상, 운송 및 보안 문제 해결 등을 통해 지속적인 발전을 추구하고 있다.

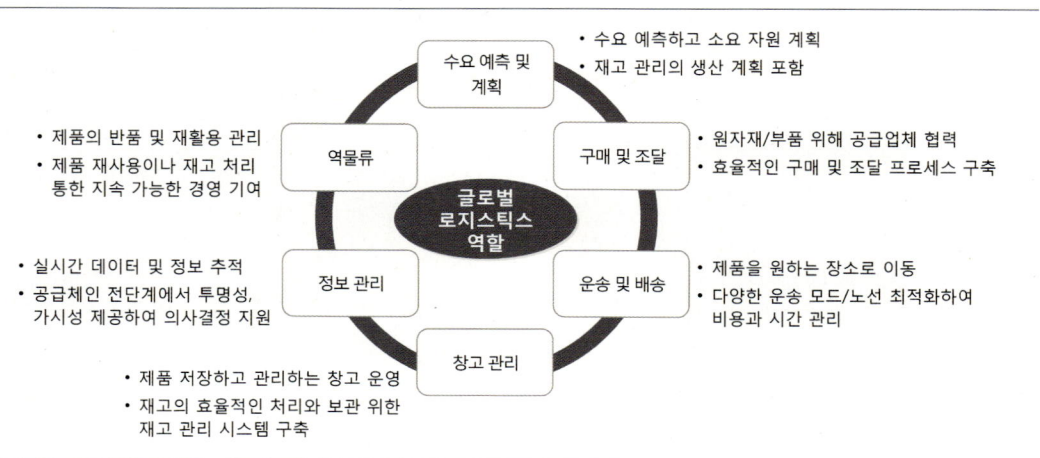

글로벌 로지스틱스 역할

글로벌 로지스틱스는 국가 간에 제품을 운송하는 국제운송, 해상, 항공, 차량 등의 다양한 운송 모드를 복합적으로 활용하는 복합운송, 표준화된 크기와 형식의 컨테이너를 이용하는 컨테이너 운송, 정보기술을 활용하는 디지털 운송 등의 개념을 융합하여 효율적이고 통합된 운송 시스템을 구축한다. 따라서 글로벌 로지스틱스를 이해하여 효율적이고 효과적으로 관리하기 위하여서는 국제운송, 복합운송, 컨테이너 운송, 디지털 운송에 관한 이해가 필요하다.

1. 국제운송의 개요

1) 국제운송의 의의

국제운송(International transportation)은 국가와 국가 사이의 무역거래에서 수출자로부터 수입자에게 매매계약으로 화물인도가 이루어지는 것을 말한다. 국제운송은 거래조건, 화물의 성질, 화물인도시기, 지형적 환경과 같은 조건들에 의해 정해진다. 국제운송의 형태는 주로 해상·항공·육상운송으로 나뉘며 세 가지 운송 방법을 서로 결합한 복합운송이 있다. 현대에는 해상운송이 세계무역량의 약 80% 이상을 차지하고 있으며 국제무역과는 불가분의 관계를 가지고 있다. 최근에는 항공운송의 비중도 점차 증대되고 있으며, 컨테이너 도입과 함께 복합운송도 급진적으로 발전하고 있다.

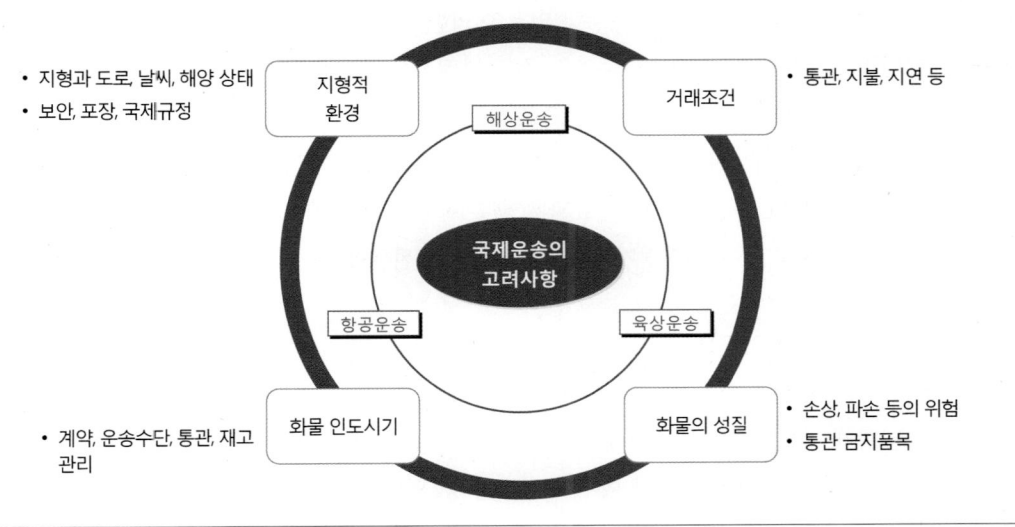

국제운송의 고려사항

2) 국제운송의 당사자 및 특성

(1) 국제운송의 당사자

국제운송의 당사자는 운송인(Carrier), 송화인(Consignor), 수화인(Consignee)으로 나뉜다. 운송인은 선주 또는 선사 등 운송을 담당하는 자를 의미하며 송화인은 화물의 주인으로 수출지에서 물품을 보내는 자이고, 수화인은 화물의 주인으로 수입지에서 물품을 수령하는 자를 의미한다.

(2) 국제운송의 특성

국제운송의 특성은 다음과 같다. 첫째, 수화인은 운송인에 대해 송화인과 같은 권리를 가지게 된다. 둘째, 국제운송계약이 성립되면 선하증권이 계약에 근거하여 발행된다. 셋째, 운송인은 송화인이 선하증권의 발행을 청구하면 반드시 발행하여야 한다. 넷째, 선하증권이 발행되면 송화인과 수화인의 권리는 증권 소지인이 모두 가질 수 있다.

3) 해상운송

국제무역은 항공운송에 의해서도 상당 부문 이루어지지만 해상운송에 크게 의존한다. 긴급을 요하는 서류나 휴대폰과 반도체와 같은 비교적 경량의 화물로 인하여 항공운송의 수요는 과거보다 크게 늘었다. 그러나 중량이 많이 나가는 화물이나 장척(長尺)화물, 부피가 많이 나가는 화물 등은 아직도 해상운송이 주류를 이룬다.

한편, 19세기 후반기의 세계무역 항로의 주축은 여객선이었는데, 이 여객선이 화물선을 겸하여 정기항로에 여객과 화물을 정기적으로 수송하였다. 이러한 여객선의 정기적인 운항이 정기선(定期船) 운항의 시초였다. 따라서 당시의 순화물선은 주로 부정기선으로 운항되다가, 19세기 말경에 이르러 정기선 운항이 시작되었다. 여객운송을 중심으로 하는 정기여객선의 운항은 20세기에 접어들면서부터 대량 이민(移民)의 시대가 막을 내리게 됨으로써 서서히 쇠퇴의 기색을 보이기 시작하였고, 세계 해운 시장에서 여객과 화물의 수송에 관한 수요관계(需要關係)에 변화를 일으킨 제1차 세계대전 이후에 와서는 마침내 화물정기선이 여객정기선보다 더 크게 발전하였다.[2]

(1) 해운동맹

해운동맹은 정기선 운송을 수행하는 컨테이너 선박의 운용을 규제하는 수단으로 특히 컨테이너 선박의 운항을 통해 수익을 창출하는 해운선사는 해운동맹(20세기 후반부터 '전략적 제휴(Strategic alliance)'라고 지칭하고 있다)의 가입 여부가 상당히 중요하다. 해운선사 간 동맹을 맺음으로써 공동으로 정기선 운송을 담당할 수 있기 때문이다. 해운업 자체가 화물을 실어 나르면 되는 단순히 산업인 것으로 보이지만 자세히 들여다보면 전후방 산업 효과가 상당히 크다. 선박을 건조하는 조선업, 운송에 따른 위험을 커버하기 위한 보험 산업, 항만을 보유한 지역경제, 수출입 화물을 집하 및 혼재하는 포워더와 선적 화물에 대해 검수 및 검량하는 업체가 속한 물류 산업 등이 해운업과 함께 움직인다.

(2) 정기선 운송과 부정기선 운송의 특징

해상운송은 운항형태별로 정기선 운송과 부정기선 운송으로 크게 구분된다. 정기선 운송(Liner service)은 운임(Freight tariff)이 사전에 공표되고 항로, 기항지, 선박 발착(發着)의 시간 등이 일찍 정해진 상태에서 운항한다. 이에 반하여 부정기선 운송(Tramper service)은 화물을 멀리 국외로 이동시키고자 하는 화주의 수요가 있을 때만 운항한다. 운임도 사전에 공표되기 보다는 항로별 혹은 품목별로 선주와 용선자 사이에 협상을 통해서 정해진다. 또한 부정기선 운송에서 선박을 빌리는 당사자인 용선자가 자기(自己)의 운항 목적을 위해 선박 한 척을 빌리기 때문에 송화인이 소수에 불과하나 정기선 운송에서는 한 척의 선박에 수천 혹은 수만 명의 송화인이 존재한다는 점에서 부정기선 운송과는 상당한 차이가 있다.

📋 정기선 운송과 부정기선 운송

정기선 운송	부정기선 운송
• 운임이 사전에 공표되고 항로, 기항지, 선박 발착의 시간이 정해진 상태에서의 운항 • 한 척의 선박에 수천 혹은 수만명의 송화인이 존재 • 규모의 경제효과 활용과 중심항 논리에 의해 선박의 대형화가 요구되기 때문에 정기선 운송을 업으로 하는 선박 회사 소수에 불과	• 화물을 국외로 이동시키고자 하는 화주의 수요가 있을 때만 운항 • 항로별, 품목별로 선주와 용선자의 협상 통해 운임 결정 • 용선자가 자기의 운항 목적을 위해 선박 한 척을 빌리기 때문에 송화인이 소수임

(3) 해상운송계약

해상운송계약은 해상을 통한 화물운송을 약정하고 운임을 지불하는 계약을 의미한다. 해상운송계약은 용선계약과 개품운송계약으로 나뉜다. 용선계약은 다량의 화물을 특정 항해 또는 기간에 걸쳐 용선자에게 제공하는 계약이며, 부정기해운시장에서 주로 맺어진다. 용선계약은 항해용선계약(Voyage Charter), 정기용선계약(Time Charter), 나용선계약 또는 선체용선계약(Bare Boat Charter)으로 구분된다. 그리고 개품운송계약은 소량화물을 운송하고자 하는 운송인이 개별적인 물건운송을 인수하는 계약이며, 선하증권은 이 계약의 운송계약서의 역할을 한다. 선하증권은 운송인이 운송계약 체결 후 화물을 수령한 후 발행하는 것으로, 운송계약서의 내용과 일치한다고 가정된다. 이처럼 항해용선계약서와 선하증권은 상호 보완적인 관계를 가지며, 운송서류로 사용된다.

① 용선계약

용선계약은 선주가 물품을 일정 항구에서 다른 항구로 운송하고, 용선자가 운임을 지급하는 계약이다. 용선계약은 국제조약이 적용되지 않으며, 화주는 선하증권계약상 화주에 비해 불리한 입장에 있을 수 있다. 항해용선계약에서도 용선계약부 선하증권이 발행되며, 이 경우 국제조약이 강행적으로 적용된다. 보편적으로 표준항해용선계약서를 통해 항해용선계약이 체결되며, 발틱국제해운이사회(BIMCO)가 제정한 "GENCON"이 널리 사용된다.

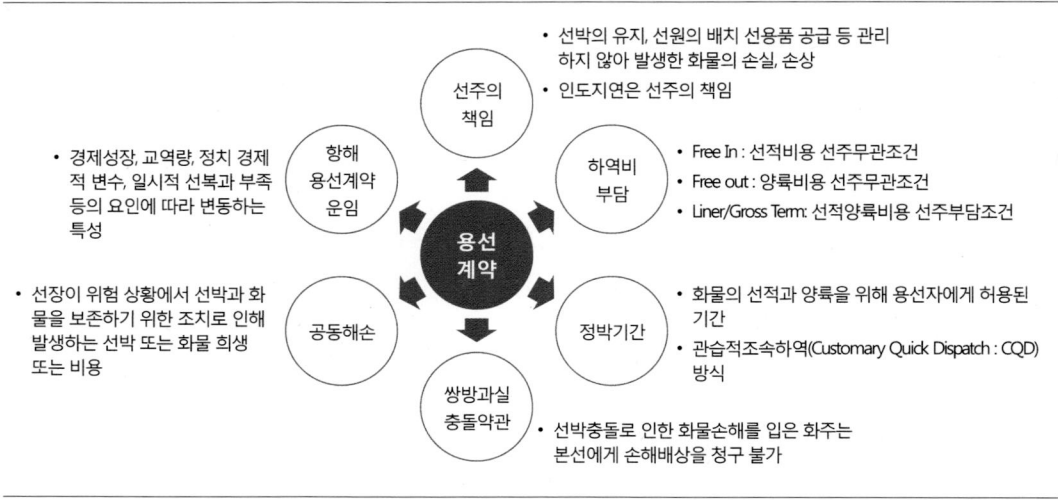

용선계약 내용

② 개품운송계약

개품운송계약은 소량의 화물을 운송하기 위해 선박을 전부 빌리지 않고 운송인에게 위탁하는 계약이다. 개품운송은 별도의 운송계약서가 작성되지 않고, 선하증권(Bill of Lading: B/L)을 발행하여 운송계약을 증명한다. 선하증권은 선박회사가 화물을 수령 또는 선적한 후에 송하인에게 일방적으로 서명하여 발행된다. 개품운송계약은 선하증권에 포함되거나 이를 통해 운송계약이 증명되는 형태이다.

선하증권은 선박회사의 양식을 사용하는 경우가 많지만, 발틱국제해운이사회의 CONLINEBILL (2000)이 정기선 운송의 양식이 사용되기도 한다. 이 같은 선하증권은 화물 수령증, 권리증권, 운송계약의 증거로의 기능을 한다.

또한, 선하증권은 기능과 관련하여 요인증권, 요식증권, 문언증권, 인도증권, 상환증권, 지시증권, 처분증권의 법적 성질이 나타난다.

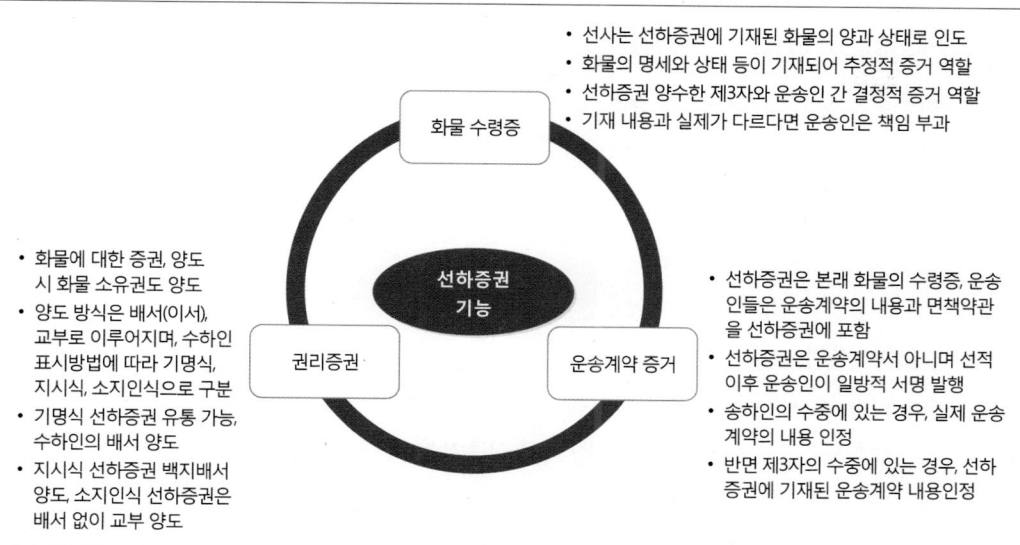

선하증권 기능

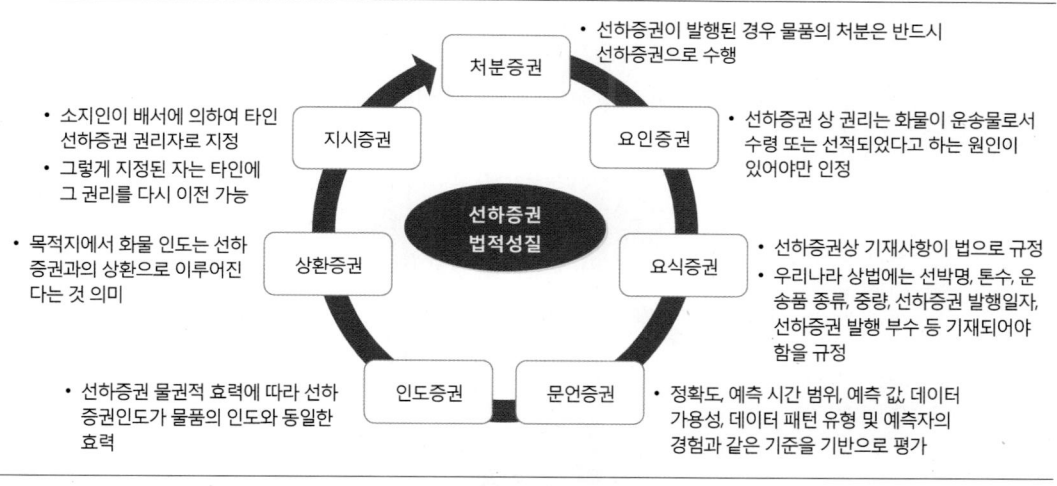

선하증권의 법적성질

 이 같은 선하증권은 전통적으로 종이 문서로 사용되어 왔으나 최근에는 교통물류와 정보통신기술의 발전하고 위조와 변조, 규제의 불확실성, 관행과 시스템의 변화 등의 문제가 나타나며 선하증권의 위기로 인한 변화가 나타나고 있다.

 선하증권의 위기에 대한 대응으로 기업은 교통통신 환경이 개선됨에 따라 신속한 물품 인수 등을 위하여 권리포기 선하증권(Surrender B/L)을 활용하고 있는 것으로 나타난다.[3] 또한, 디지털화와 정보 기술의 발전으로 디지털 선하증권 등장하고 있는데 기업은 이를 통해 물리적인 보관과 운반의 부담 절감할 수 있으며 전자적 문서처리를 통해 정보의 공유와 업무 처리 속도를 향상할 수 있다. 또한, 디지털 선하증권은 보안 및 무결성을 위한 암호화와 디지털 서명 기술을 활용하여 위조나 변조 방지하고 있다.[4]

2. 복합운송의 개념과 유형

1) 복합운송의 의의

복합운송(Multimodal transport)이란 육·해·공 중 두 가지 이상의 운송형태를 복합시켜, 운송인이 특정 화물을 전체 운송구간에 대하여 책임을 지고 운송하는 방식을 말한다.[5] 복합운송인은 일관운송의 전체적인 책임자가 되며, 복합운송증권(Combined transport document)은 복합운송인이 발행하는 복합운송계약의 증거서류이다. 복합운송의 형태 중 해륙복합운송이 가장 많이 사용되는 방법으로, 두 가지 운송수단을 활용하여 화물 운송의 전구간에 단일운임을 적용하여 유통비용이 절약되며 컨테이너에 의해 일관운송이라는 두 가지가 결합되어 이루어진 것이다.

2) 복합운송의 특성

복합운송은 운송수단의 복수성, 국가간의 이동, 복합운송인의 전구간 운송책임 인수, 복합운송계약 체결을 포함하는데 다음과 같은 특성을 가지고 있다.[6]

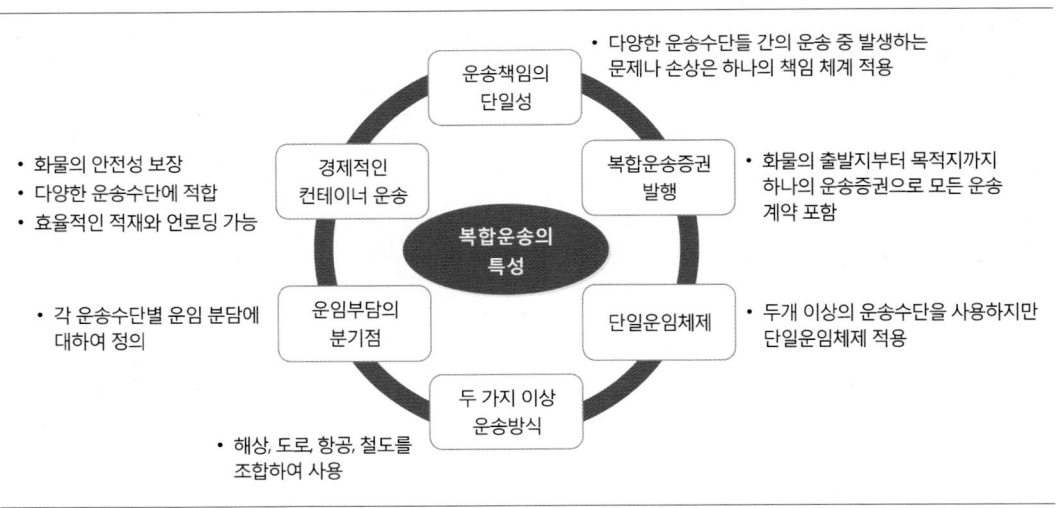

복합운송의 특성

3) 복합운송인

복합운송인(Multimodal Transport Operator: MTO)이란 두 가지 운송수단을 적절히 조합하여 2개국 이상을 운송하는 사람으로 ITO(Intermodal Transport Operator: ITO) 또는 CTO(Combined Transport Operator: CTO)라고도 한다.

먼저 무선박 운송인이란 해상운송에서 직접 선박을 운항하지 않고 해상운송인에게는 화주가 되는 NVOCC(Non-Vessel Operating Common Carrier: NVOCC)[7]를 말한다. 다음으로 운송주선인은 프레이트 포워더(Freight forwarder)로 불리며 직접 운송수단을 보유하지 않은 상태로 송화인의 화물을 양도받아 수화인에게 화물을 양도할 때까지 복합운송체제하에 운송계약의 주체가 되며 화물의 운송, 선적, 보관, 보험, 집하, 입출고와 같은 서비스 또한 제공한다.[8] 운송주선인은 복합운송증권을 발행하여 계약운송인(Contracting carrier)이 되며 전구간의 운송책임을 부담하게 된다. 실제운송인(Actual carrier)이란 운송수단을 직접 보유하면서 복합운송인의 입장을 수행하는 사람이다. 선박회사, 항공회사, 트럭회사 등이 이에 포함된다.

4) 복합운송의 형태

복합운송의 연결형태는 내륙수로(Inland waterway), 철도, 해상, 항공 등 매우 다양하다.

📋 복합운송의 형태

구분	형태	내용
피기백(Piggy-Back)	철도와 트럭	• 컨테이너를 철도의 무개화차에 적재하는 운송방식
피시백(Fishy-Back)	해운과 트럭	• 선박에 트럭으로 운송된 컨테이너를 적재하는 운송방식
버디백(Birdy-Back)	항공과 트럭	• 항공기에 트럭으로 운송된 컨테이너를 적재하는 운송방식
도로-항공	트럭과 항공	• 트럭과 항공을 혼합하여 이용하는 방식
철도-해운	철도와 수운	• 기차를 철도를 구비한 특수선박에 적재하여 운송하는 방식
선박-부선	선박과 부선	• 연안항구와 내륙수로 사이의 해운을 혼합하여 이용하는 방식
해운-항공	해운과 항공	• 선박과 항공기를 혼합하여 이용하는 방식
항공-철도	철도와 항공	• 철도와 항공기를 혼합하여 이용하는 방식
파이프라인	파이프라인	• 파이프라인을 국가 간에 설치하여 이용하는 방식

5) 복합운송의 주요경로

(1) 해륙복합운송경로

해륙복합운송에는 아메리카 랜드브리지(American Land Bridge: ALB), 캐나다 랜드브리지(Canadian Land Bridge: CLB), 미니 랜드브리지(Mini Land Bridge: MLB), 마이크로 브리지(Interior Point Intermodel Bridge: IPI), 시베리아 랜드브리지(Trand Siberian Railload: TSR), 중국횡단철도(Trans China Railway: TCR)가 있다.

📑 해륙복합 운송경로

구분	내용
아메리카 랜드브리지	• 해상운송으로 극동의 주요 항구로에서 북비서안의 주요 항구까지 운송한 후, 철도로 내륙운송 후, 다시 해상운송으로 북미동남부에서 유럽지역 항구까지 연결
캐나다 랜드브리지	• 해상운송으로 극동의 주요 항구로에서 캐나다 서해안까지 운송, 캐나다 철도 내륙운송으로 몬트리올 또는 캐나다 동부해안까지, 다시 캐나다 동부 항구에서 해상운송으로 유럽의 각 항구까지 연결
미니 랜드브리지	• 해상운송으로 극동의 주요 항구에서 미국 서안까지 내륙운송을 활용하여 미국 동안 또는 멕시코만 지역의 항구까지 연결
마이크로 브리지	• 극동의 주요 항구에서 북미 서안의 주요 항구까지 내륙 운송으로 절도와 트럭 이용
시베리아 랜드브리지	• 해상운송으로 극동의 주요 항구에서부터 러시아의 나호트가 또는 보스토치니까지 내륙운송
중국횡단철도	• 극동의 주요 항구에서부터 천진이나 상해 등 중국 연운항까지 중국횡단철도를 이용하여 유럽까지 연결

(2) 해공복합운송경로

해공복합운송경로에는 한국-미서부해안-유럽경로, 한국-두바이-유럽경로, 한국-홍콩-유럽경로, 한국-싱가포르-유럽경로가 있다.

📑 해공복합 운송경로

구분	내용
한국-미서부해안-유럽	• 운임이 두바이경로보다 20% 이상 비싸지만 소요기간이 14~17일 정도로 약 3~4일 정도 단축, 신뢰도가 높아 선박 및 항공편의 운항회수가 빈번하여 가장 많이 이용되는 운송경로
한국-두바이-유럽	• 운임이 가장 싸지만 21일 정도로 소요기간이 가장 오래 걸려 많이 이용되는 편은 아님
한국-홍콩-유럽	• 비싼 가격과 더불어 홍콩에서 항공화물 체화현상이 일어나 스페이스 확보문제로 인하여 이용이 감소
한국-싱가포르-유럽	• 홍콩경로보다 가격이 저렴하고 소요기간이 12~13일 정도이나 대량수송 시에는 싱가포르 발 항공기의 스페이스 공급이 너무 적어 어려움

6) 복합운송증권

(1) 복합운송증권의 개념

복합운송증권(Multimodal Transport Document: MTD)이란 복합운송의 운송계약에서 육·해·공 중 두 가지 이상의 운송수단을 활용하였다는 것을 증명하기 위해 복합운송인이 발행하는 증권을 말한다.[9] 복합운송증권은 복합운송인이 수탁지점에서 목적지까지 운송하기 위해 화물을 자신의 지배하에 수령하였음을 증명하는 공식적인 수취증으로 선하증권과 유사한 기능을 가지고 있다. 또한 복합운송증권은 이미 발행되기 전에 체결한 운송계약의 조건과 내용을 구체적으로 입증하는 운송계약서이다. 만약 유통성 복합운송증권일 경우, 유가증권의 성질을 띠며 수취인의 배서 또는 인도에 의하여 화물에 대한 처분권이 주어지는 권리증권이 된다.

(2) 복합운송증권과 선하증권의 차이점

복합운송증권(MTD)과 비슷한 것으로 통과선하증권(Through B/L)이 있다. 즉 통과선하증권은 해상운송 및 육상운송을 복합적으로 이용할 경우 발급되는 증권이기 때문에 이전부터 복합운송증권의 일정으로 사용되어 왔다. 그러나 통과선하증권은 선하증권의 한 부류로 반드시 선박회사나 대리인에 의해 발급되어야 한다. 즉 최초의 운송구간이 해상운송일 경우에만 이를 이용할 수 있어 모든 복합운송에서 활용할 수 없다는 한계가 있다.

7) 복합운송의 사례

복합운송을 활용하고 있는 사례로는 미국 조지아주에서 목화 생산을 하고 멕시코에서 노동력을 활용하여 면직을 진행하며, 메사추세츠의 섬유산업을 활용하여 제품을 가공하는 면직산업이 예시가 있다. 원재료는 육로를 통해 이동하며 가공되다가 면직 제품은 해상운송을 통해 특혜관세지역으로 이동하고, 이를 통해 세금 및 관세 부담을 최소화하여 비용을 절감한다. 제품은 다시 자본력을 갖추고 있는 미국으로 이동하여 마케팅을 진행한다. 이와 같은 복합운송 전략을 통해 기업은 글로벌 시장에서 경쟁력을 확보하고 비용을 최소화하게 된다.

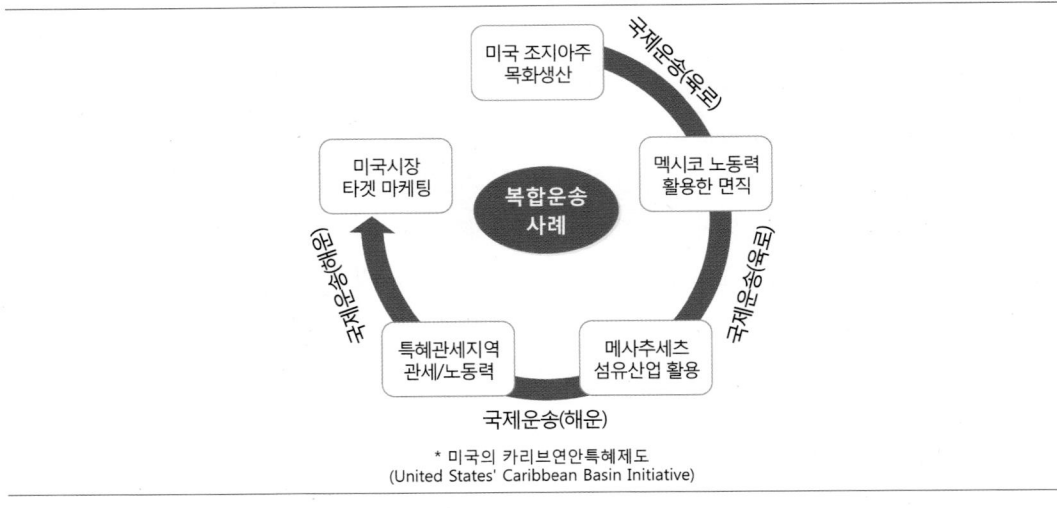

복합운송 사례

3. 컨테이너 운송의 개요와 유형

1) 컨테이너 운송의 개요

화물수송에서 컨테이너 사용은 컨테이너라는 국제적으로 규격화된 수송용기를 모체로 육해공 일관 수송할 수 있다는 점에서 그 의의가 있다.10) 화주의 공장에서 컨테이너에 제품을 적입하고 봉인하면 화주가 원하는 도착지까지 컨테이너를 열거나 환적하지 않은, 처음 그 상태 그대로 안전하고 빠르게 도착하는 것이 컨테이너의 국제복합운송이다. 특히 컨테이너를 통한 수송은 하역의 기계화, 포장비 절감을 불러왔고, 컨테이너의 특성에 따라 화물의 도난 방지가 된다는 여러 장점이 있다. 컨테이너 운송으로 인하여 국제운송은 빠른 시일 동안 혁명적으로 성장할 수 있었고, 앞으로도 컨테이너에 의한 반입인도 조건(Delivery Term)과 같은 무역조건의 정비 및 발전이 기대된다.

2) 컨테이너 종류

국제표준화기구(International Organization for Standardization: ISO)에 따르면, 컨테이너란 "내구성 및 반복사용에 견딜만한 강도를 갖고 있고, 상품수송을 하나 이상의 수송방식에 연계할 수 있으며 도중에 재차 채워넣음 없이 상품수송을 하도록 특별히 설계"된다.11) 컨테이너는 수용하는 화물의 종류, 수송기관, 구조, 재질, 적재량, 모양 등에 따라 여러 가지로 나눌 수 있는데, 크기 및 기능에 따라 구분된다.12) 대표적으로 온도 조절이 가능한 DRY 컨테이너(냉동 컨테이너 포함), 액체화물 운송의 TANK 컨테이너, 천정 개방형인 OPEN-TOP 컨테이너, 곡물 사료와 같이 BULK 화물 운송의 BULK 컨테이너 등 여러 가지 종류가 있다.

컨테이너의 종류

3) 컨테이너 운송 형태

(1) CFS/CFS(LCL/LCL, pier to pier)

선적항의 CFS(Container Freight Station: CFS)로부터 목적항의 CFS까지 컨테이너에 의한 화물 운송 형태로서 컨테이너 서비스의 가장 초보적인 이용방법이다. CFS/CFS 운송은 pier to pier 혹은 LCL/LCL 운송이라고도 불리는데, 운송인이 여러 화주로부터 컨테이너에 가득 채울 수 없는 소량 화물(Less than Container Load: LCL)을 집하하여 운송인이 지정한 선적항 CFS에서 LCL 화물 목적지별로 분류한 다음 컨테이너에 혼재 운송하여 목적항의 CFS에서 여러 수화인에게 화물을 인도하는 운송 방식이다. LCL 화물의 경우 자연히 송화인 및 수화인이 각각 여러 사람으로 구성되며, 운송인은 선적항과 목적항 간의 해상 운임만을 징수하고 이에 따른 운송 책임도 선적항 CFS에서 목적항 CFS까지이다.

(2) CFS/CY(LCL/FCL, pier to door)

운송인이 지정한 선적항의 CFS로부터 목적지의 CY(Container Yard: CY)까지 컨테이너를 운송하는 형태로, 운송인이 여러 송화인들로부터 선적항의 CFS에서 집하하여 컨테이너에 적입한 후 최종 목적지의 수화주인 공장 또는 창고까지 화물을 운송한다. 이 운송 형태는 CFS/CFS에서 한단계 발전한 운송 방식으로 일반적으로 수입업자가 여러 사람의 송화인들로부터 각 LCL 화물을 인수하여 일시에 자기 지정 창고까지 운송하고자 하는 경우에 이용하기 좋으며 현재 우리나라에 가장 많이 보급된 방법이다. 다수의 송화인과 단수의 수화인의 구조를 띤 이 수송 방법은 선적시에는 CFS에서 여러 사람들로부터 LCL 화물을 컨테이너에 혼재하여 수화인 지정의 최종 목적지까지 운송해 양하하게 된다.

(3) CY/CFS(FCL/LCL, door to pier)

CFS/CY 운송형태의 적재하역지를 뒤바꾼 형태가 되는 CY/CFS 운송은 선적지의 운송인 지정 CY로부터 목적항의 지정 CFS까지 컨테이너에 의한 화물 운송 방식으로서 단수의 송화인, 복수의 수화인의 구조를 갖고 있다. 즉, 선적지에서 수출업자가 FCL(Full Container Load: FCL) 화물을 컨테이너로 운송한 다음 수입항의 CFS에서 화물을 내려 각각의 수화인들에게 인수하도록 하는 운송 방식이다. 이 방법은 한 수출업자가 수입국의 여러 수입업자에게 일시에 화물 운송을 하고자 할 때 많이 이용되며, 화주는 선적국의 지정 CY로부터 수입항의 지정 CFS까지의 운임을 지불하게 되고 책임 또한 동일 구간에 한한다.

(4) CY/CY(FCL/FCL, door to door)

컨테이너의 장점을 최대한으로 활용한 방식으로 생산업자의 창고로부터 화주의 창고까지 육해육 혹은 육해공을 잇는 일관수송의 형태로서 화물의 생산지 혹은 공장에서 컨테이너에 만재한 화물을 그대로 선적항 및 양륙항을 통과하여 최종 목적지의 수화주 창고까지 컨테이너의 개폐없이 수송하는 방법이다. 따라서 해당 수송 방식은 수송의 3개 요소라고 하는 신속성, 안전성, 경제성을 최대한으로 충족시켜 컨테이너의 소기 목적을 100% 달성하기에 크게 장려되고 있지만, 보통 大수출업자와 大수입업자 간에 사용될 수 있는 방밥으로, 한 수출업자가 자사 상품을 전량 컨테이너에 적입하여 그대로 수입업자 창고까지 상품을 인도하고자 하는 경우에 이용된다.

4) 컨테이너 관련 협약

컨테이너가 안전하고 빠르게 운송 및 유통되어 경제성과 효율성을 발휘하기 위해선 국제적으로 규격화되고 구조적으로 안전해야 한다. 이를 위해 여러 국제협약과 국제규격이 있으며, 국제운송용 화물 컨테이너에 적용되는 주요 협약과 규격은 다음과 같다.

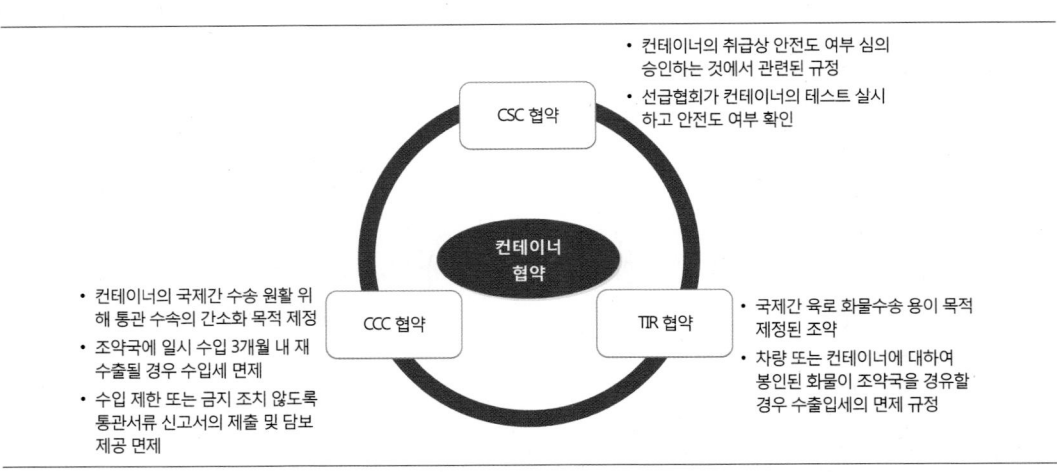

컨테이너 관련 협약

4. 디지털 운송의 등장

1) 4차 산업혁명과 디지털 운송의 등장

4차 산업혁명은 정보통신기술의 발전과 인공지능, 빅데이터, 사물인터넷 등의 기술들이 융합되어 새로운 경제와 산업 구조를 형성한다. 이 같은 기술의 발전에 따라 디지털 인터넷, 사물형 인터넷, 물리적 인터넷, 스마트 그리드, 에너지 패킷 등의 상호연결성이 강조되고 있다.[13]

글로벌 로지스틱스는 빅데이터와 인공지능 기술의 발전으로 인해 로지스틱스 데이터의 수집과 분석이 더욱 정밀하고 실시간으로 이루어진다.[14] 또한, 사물인터넷 기술을 활용하여 물류 네트워크의 연결성과 투명성이 향상되고 인공지능과 자동화 기술의 발전으로 로봇이나 드론을 활용한 자동화 물류 시스템이 보다 더욱 발전하고 있다.[15] 뿐만 아니라, 글로벌 로지스틱스 네트워크의 확장과 통합을 통해 전 세계적으로 상품의 이동이 활발해지면서 다양한 국가와 지역 간의 로지스틱스 네트워크가 연결되고 통합되는 추세이다.[16]

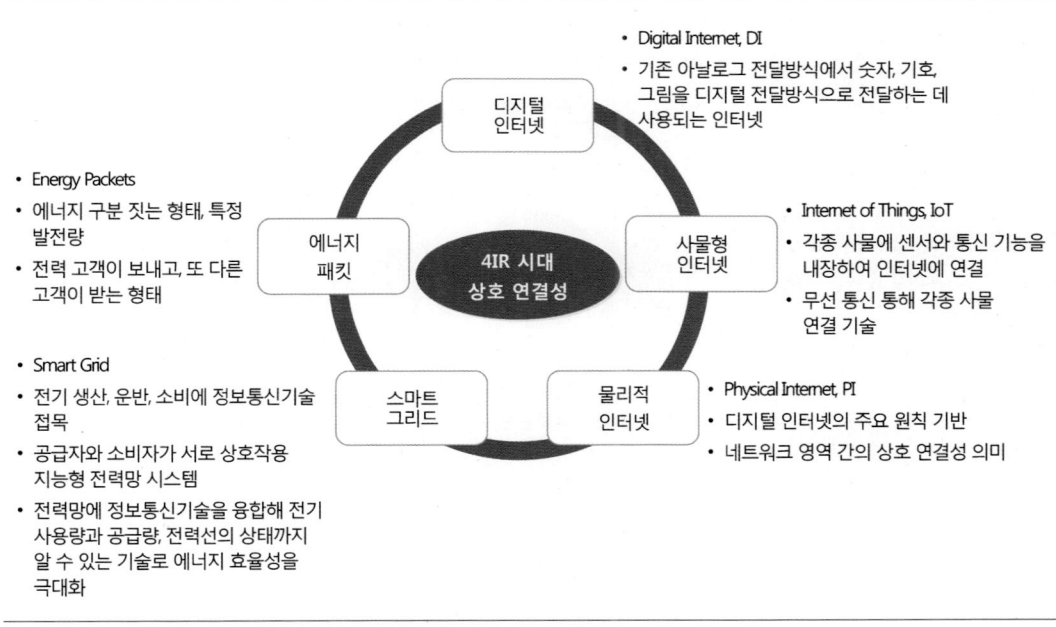

4IR 시대 상호 연결성

2) 디지털 시대와 플랫폼의 발달

4차 산업혁명이 등장하기 이전부터 일상에서 확인할 수 있는 사업 유형인 플랫폼은 유연한 구조를 가진 비즈니스 모델로 흔히 용도에 따라 다른 목적으로 활용될 수 있다. 플랫폼은 공급자와 수요자가 한곳에서 다양한 거래를 이루어 낼 수 있는 공간이라고 정의된다.[17] 플랫폼이 ICT 기술의 발전으로 온라인과 모바일 기술이 결합하면서 다수의 사용자가 동시에 거래를 할 수 있는 시설과 공간의 역할에서 전자상거래 시장으로 성장하게 되며, 디지털 플랫폼의 형태를 갖추게 되었다.[18] 이 과정에서 플랫폼은 간단히 거래를 공간과 시설을 제공하는 기능에 검색, 가격 비교, 프로모션, 상품의 등록, 주문, 판매 문의, 반품에 이르기까지 거래를 위한 모든 절차를 동시에 처리할 수 있도록 제공할 수 있게 되었다.[19]

3) 해상운송분야의 디지털 전환

해상운송의 변화를 주도할 디지털 트렌드로서 e-플랫폼(e-Platforms), 무인선박과 로봇(Autonomous vessels and robotics), 빅데이터(Advanced analytics), 인공지능(Artificial intelligent), 사물인터넷(Internet of things), 사이버 보안(Cyber security), 블록체인(Block chain) 등을 제시하고 있다.[20] 또한 e-플랫폼은 상업부문에서, 블록체인은 상업부문과 지원기능에서 중요한 영향을 미칠 것으로 보고 있다. 인공지능을 활용한 해운 분야에는 두 가지 응용 분야가 있다.[21]

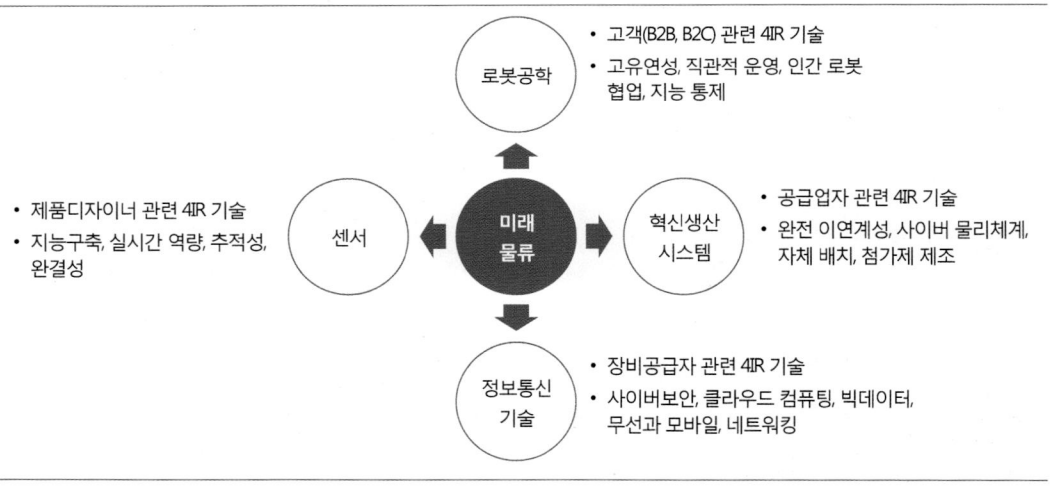

미래의 로지스틱스 영역

첫째, 일반적으로 인공지능으로 인식되는 기술과 다양한 응용으로 구현된 자율 선박 기술이다. 머신 러닝 기술은 발전된 상황 인식으로 항해 중 이상 감지, 충돌 회피 혹은 조종을 포함한 여러 선박 작업을 지원한다. 일반적으로 자율운항선박은 IoT, 데이터 분석 등 육상의 디지털 기술의 집합체로 담당 센터와 연결되어 감시·관제 하에 운항된다.

둘째, 스마트 해운은 인공지능을 기반으로 하여 비즈니스 운영에 최적화되어 있다. 해운기업 블록체인은 프라이빗 블록체인 플랫폼을 활용한 스마트 계약과 디지털화된 무역 문서 프로세스를 실행한다.22) 화물 및 선박 기계 모니터링을 위한 사물인터넷 지원 블록체인의 응용 프로그램의 수는 아직 적은 편이다. 프로토타입화된 몇 가지 애플리케이션에는 수송 암호 화폐 서비스도 포함되어 있다.

해상운송분야에서 디지털 전환을 주도하는 핵심적인 기술은 블록체인이다. 블록체인 기술을 활용하여 글로벌 공급체인의 모든 계약을 디지털화하고 컨테이너 등의 이동과 운송거래 기록을 전 세계적으로 추적할 수 있다. 이를 통해 운송 거래의 신속성과 안전성을 높이며, 선박과 자산의 이동 상황을 블록체인을 기반으로 추적할 수 있다.23)

디지털 전환은 스마트하고 안전한 솔루션을 개발하고, 직원과 고객에게 발달된 사용자 경험을 제공하며, 디지털 도구의 출시를 가속화하는데 활용된다. 예를 들어, 냉동 컨테이너 등에 운송 시 IoT 기기를 장착하여 작동 상태를 확인하고 추적하는 서비스를 제공할 수 있다. 고객은 더 많은 가시성, 투명성, 상호 작용 및 빠른 속도를 요구하고 있으므로 디지털 전환은 이러한 요구를 충족시키는데 큰 도움이 된다. 고객과의 관계를 새롭게 디자인한 '고객 경험(Customer experience)' 프로그램을 도입하여 새로운 고부가가치 서비스를 제공할 수 있고, 고객의 요구에 대응하며, 고객의 기대치를 더 잘 충족시켜 주는 디지털 솔루션을 제공하고 있다.24)

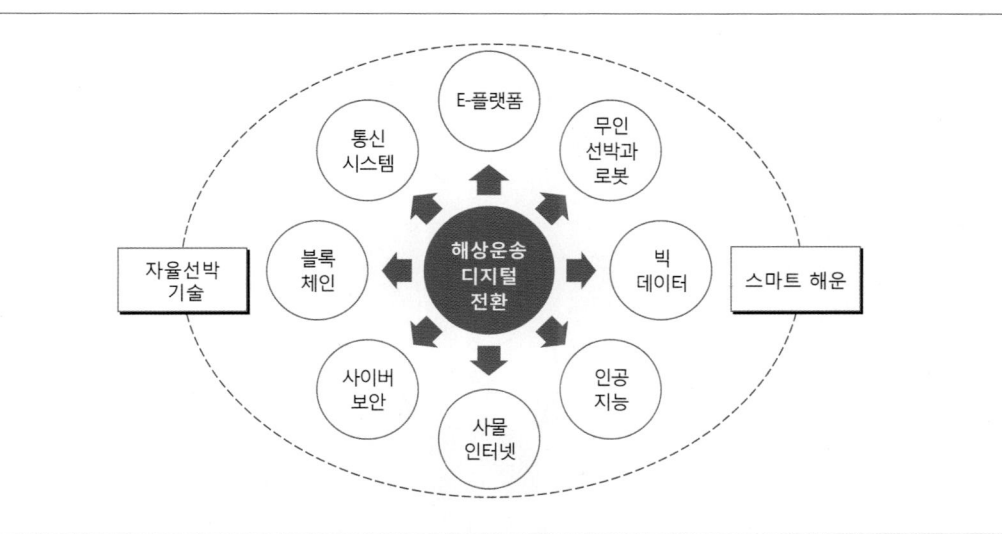

해상운송의 디지털 전환 트렌드

제2절 항만의 요건과 주요시설

1. 항만의 개념 및 의의

1) 항만의 의의

항만은 해륙의 연결기능이 수행되는 중계지이자 국제 무역의 관문이며 화물유통의 거점으로서 국가 경제발전에 중요한 역할을 담당하고 있다.25) 항만은 투자규모가 크고 건설기간이 수년에 걸치며 경제적 파급력이 큰 중요한 사회간접자본이다. 장기적인 안목으로 발전과 운영 계획을 확립해야 하며, 선박의 안전한 출입과 정박을 보장하고 화물을 적재하고 양하하는 장소로 기능한다. 해상교통과 육상교통의 접속지로서 입지조건이 중요하며 교통시설, 보관시설, 공장시설, 수륙연락시설 등을 갖추어야 한다. 항만은 우리나라의 무역활동을 촉진시키고 경제활동을 지원하는 역할을 한다. 항만개발계획을 수립할 때에는 면밀한 타당성 조사가 필요하다.

2) 항만의 역할

항만은 경제발전을 주도하는 상공업의 창출과 무역증진에 중추적인 역할을 한다. 항만의 사전적 의미는 바닷가가 굽어들어가서 선박이 안전하게 머물고 화물과 사람이 배로부터 육지에 오르내리기에 편리한 곳을 가리킨다. 항만은 안전한 정박을 위해 충분한 수심, 해저지질, 수면 등의 조건이 충족되어야 하며 하역과 선박 입출항이 자유롭게 이루어지기 위해 창고, 화물장치장, 육상교통수단, 급유, 급수 및 보급시설 등이 필수적이다. 항만은 해상 및 육상 수송을 연계하는 중요한 역할을 한다.

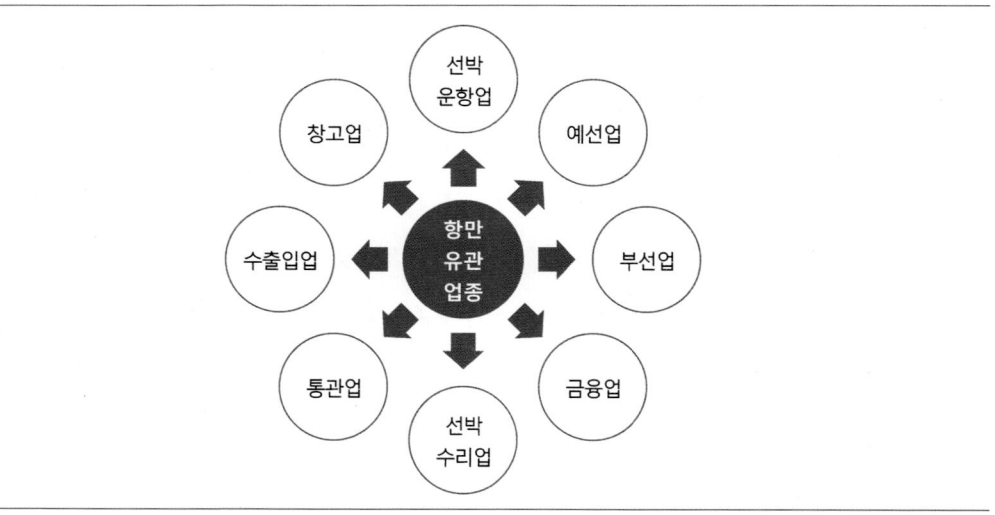

항만 유관 업종

2. 항만의 요건

항만은 해상수송 및 육상수송의 결절지역으로 이해할 수 있으며 수송, 도시연관기능 등을 가지고 있다. 이렇듯 항만은 다양한 기능과 역할을 통해 주변 지역의 성장까지 가능하게 하는 연관성을 가지기 마련인데 항만도시의 성장이 도시인구와 경제 규모 확대 등으로 변하게 되기 때문이다. 항만의 요건을 살펴보면 다음과 같다.[26]

항만의 요건에 따라 상대적으로 중요하게 인식되는 가치는 항만 근처 인구의 현황, 화물량과 밀접한 관계가 있는 생활수준, 교육수준 등이 있을 것이다. 그리고 철도, 도로 등 배후단지 주변의 교통을 보았을 때는 경제적 요건도 살펴볼 수 있는데 배후권의 도시계획과 토지이용, 취급화물량, 입출항 선박 등 항만의 전반적인 조건을 검토할 필요가 있다.

다음으로 항만의 기술적 요건은 항만에 있어 바람과 파도 등에 의한 설비와 염도, 해저구조에 의한 이상조류 및 강우에도 대비할 수 있어야 한다. 특히, 안개 등에 의한 장애요소 및 기상조건, 조위, 표사, 하천 등의 구조도 고려하여 항만의 기술적 안전을 충족시켜야 하는 것이다.[27]

3. 항만의 주요 시설

항만의 주요 시설은 일반적으로 수역시설, 외곽시설, 계류시설 등을 중심으로 임항교통시설, 보관시설, 선박보급시설 등으로 확장하여 구분할 수 있다. 항만의 주요 시설을 세부적으로 살펴보면 다음과 같다.

1) 수역시설

① 항로(航路, Access channel) : 항로의 사전적 정의는 바다를 통로로 하여 정기적으로 선박이 지나다니는 길이며 뱃길이라고도 부른다. 또한, 선박에 의하여 사람과 재화 등을 내륙 혹은 해외 격지로 이전시키는 길로 적하(積荷)가 가장 많은 지점 간을 연결하는 최단 거리가 가장 가까운 통로로 이해할 수 있다.

② 묘박지(錨泊地, Anchorage, Anchoring basin) : 묘박지는 선박이 계류 혹은 정박하는 장소를 뜻하며 선박의 정박에 적합하도록 항내에 지정된 넓은 수면(수역)을 뜻한다. 선박이 닻을 내리고 접안하기 위해 대기하는 수역이기도 한 묘적지는 잔잔하고 충분한 수심과 닻을 내리기 좋은 지반이 있어야 한다.

③ 선회장(船回場, Turning basin, Turning area) : 선회장은 지정된 항만에 입출항하고자 하는 최대크기의 선박이 특정 부두에 안전하게 접안 혹은 이안하기 위하여 진입로 부두 전면수역에서

선체를 180° 선회하는데 필요한 가항수역 범위를 나타낸다. 즉, 항만시설 가운데 수역시설의 하나로 선박이 부두에 접안 후 항행을 위하여 방향을 바꾸거나 회전할 때 필요한 수역을 의미한다.

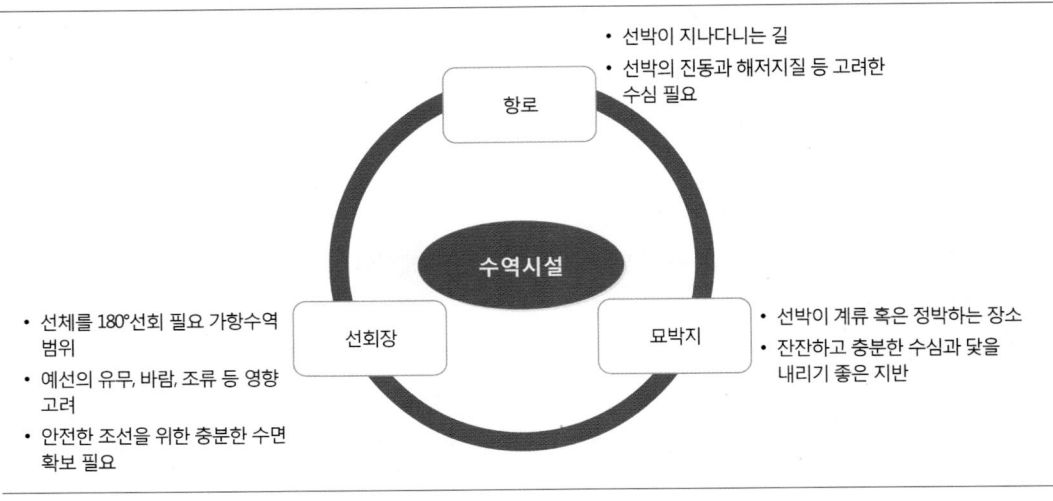

항만의 수역시설

2) 외곽시설

① 방파제(防波堤, Breakwater) : 방파제는 외곽시설의 한 종류로 외해(外海)로부터의 파랑(波浪)을 막아 내항을 보호하는 구조물을 의미하고 인공항에는 보통 방파제가 필요하다. 방파제는 외해로부터 밀려오는 파랑을 막고 안정성을 확보해 선박의 출입, 정박 및 하역작업을 할 수 있게 하는 중요한 시설물로 볼 수 있다.

② 방사제(防砂堤, Groyne) : 방사제는 해안선으로부터 먼 바다쪽으로 돌출하여 해안선의 흐름을 약화시켜 표사를 저지함으로써 해안의 침식이나 항만이 표사에 의해 얕아지는 것을 방지하기 위해 설치된 구조물이다. 방사제를 설치하는 것은 비용 대비 효율성 측면에서 매우 뛰어난 해안선 보호 방법의 하나로서, 해변의 침식을 방지하고 바닷가 부근 얕은 수심 속에 있는 모래의 이동을 방지하기 위해 설치되는 인공 구조물을 말한다.

③ 도류제(導流堤, Training dike) : 도류제는 하구에서 수류를 원하는 방향으로 흐르게 하기 위한 제방형 구조물로 도수제라고도 한다. 또한, 도류제는 토사의 퇴적 등으로 인한 유로(流路)의 교란 등을 방지하기 위하여 하천의 합류 지점이나 하구(河口) 부분에 설치하는 제방으로 물의 흐름을 제어하기 위하여 항만 입구나 하구에 설치하여 해안이나 하안(河岸)을 보호하고 수심을 유지하기 위해 설치하는 제방으로 이해할 수 있다.

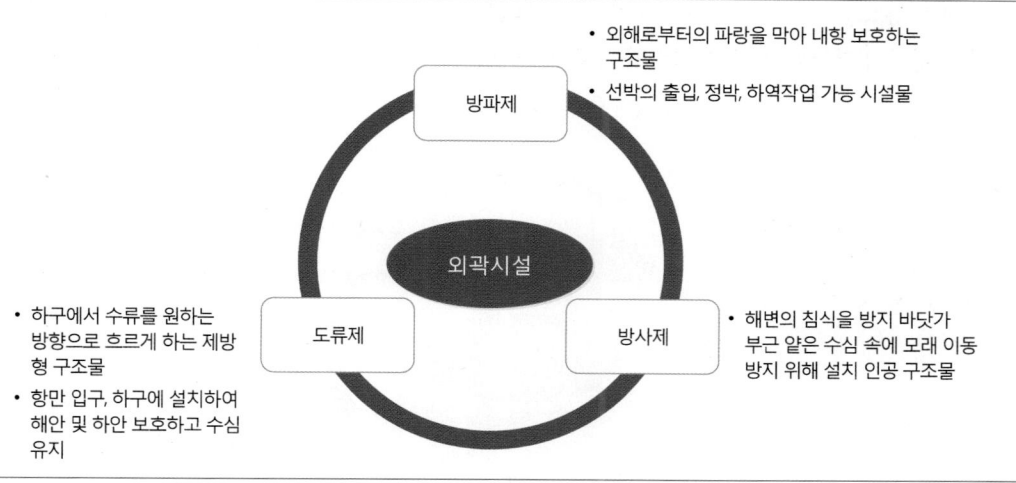

항만의 외곽시설

3) 계류시설

① 부두(埠頭, Wharf) : 부두는 선박이 계류하여 여객을 승하선시키거나 화물을 싣고 내릴 수 있도록 만든 항만시설로 통상 목재나 콘크리트의 축조물이 많으며, 해상운송과 육상운송의 중계지로서 중요한 역할을 한다. 항구에서 배를 대고 여객이 타고 내리거나 짐을 싣고 부리는 항만시설로 정의할 수도 있으며 자연 그대로의 지형·지물을 이용하기도 하나 인공적으로 해안 일부를 매립하거나 축조하는 것이 보통이다.

② 안벽(岸壁, Quay) : 안벽은 대형 선박을 접안 계류시키기 위한 해안 구조물인 계선안의 일종으로 배가 닿는 쪽은 벽면을 이루며, 그 배후는 토사로 채워 측압을 받치는 옹벽 구조를 말한다. 이는 선박을 대기 위하여 항만의 수제선(水際線)에 설치하는 계선안으로 그 앞면이 거의 연직인 벽을 가진 구조물 중 수심이 큰 것(4.5m 이상), 그리고 본선을 계류해서 육상과의 사이에 직접 여객이 승강하고 화물을 싣거나 풀기 위한 설비를 의미한다.

③ 잔교(棧橋, Pier) : 잔교는 배를 접안시키기 위해 물가에 만들어진 계선시설로 보통 육지에서 보통 육지에서 거의 직각으로 뻗어 나오고 그 양측에 배를 가로붙이지만, 강줄기 등에서는 육안(陸岸)에서 떨어진 수심이 적당한 곳에 육안과 나란히 만들어 그 가장 먼 쪽에 배를 대는 경우도 있다. 이와 같은 내용에서 전자를 제방형 잔교, 후자를 도형 잔교라 한다.

④ 부잔교(浮棧橋, Floating pier) : 부잔교는 선박의 계류를 위해 물 위에 띄워 만든 구조물로 육안(陸岸)으로부터 일정 거리를 두고 폰툰(Pontoon)이라고 부르는 상자형 배를 띄워 이것과 육지 사이를 도교로 연결한 접안시설이다. 이렇듯 부잔교는 물에 뜨도록 만든 상자형의 부체(浮體)를

물에 띄우고 그 위에 철근콘크리트, 강판, 목재 등으로 상판 혹은 데크를 깔아 여객의 승하선, 화물의 적양(積楊)에 편하도록 만든 구조물이다.

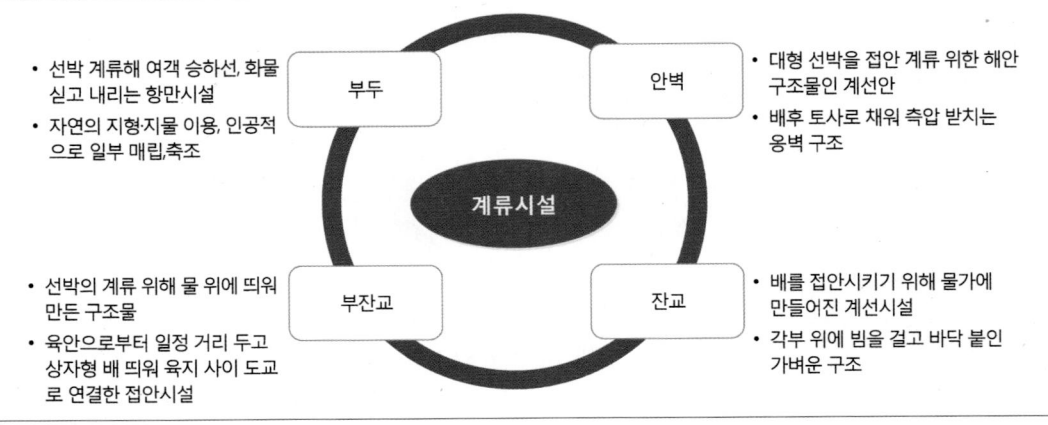

항만의 계류시설

4) 항만하역시설(Loading and discharging facilities)

항만시설은 선박의 출입, 승객의 승·하선, 화물 하역, 보관 및 처리 등을 위한 시설과 화물의 조립, 가공, 포장, 제조 등 부가가치 창출 위한 시설로 항만구역에 있는 시설과 구역 밖에 있는 시설 중 해양수산부장관이 지정·고시한 시설을 말한다.

① 부선(艀船, Barge) : 부선은 항만 내에서 짧은 거리의 해상운송에 사용되는 동력을 갖고 있는 소형선을 말한다. 또한, 부선은 외항에서의 난바다 하역 시 공간을 제공하고 동시에 본선과 육상 간 화물을 운반하는 수단이다. 특히, 본선에서부터 항구 내의 부두까지 또는 반대로 부두로부터 본선까지의 중계운송에 사용되는 경우가 많다. 예인선에 의해서 예인되는 부선을 Barge라고 하고 기관을 설치하여 스스로 운항하는 부선을 Lighter라고 한다.

② 기중기(起重機, Crane) : 기중기는 동력을 사용하여 무거운 짐을 매달아 올리고 이것을 수평으로 이동시킬 수 있는 기계 장치의 총칭이다. 여기에는 크레인, 이동식 크레인, 데릭(Derrick), 양화 장치 등으로 분류되고 있으며 통상 해상기중기는 해상에서 쓰이도록 선박 위에 장치된 이동식 크레인을 말한다.

③ 컨베이어(Belt conveyor) : 하역을 하지 않고 취급하는 화물 또는 소화물 하역에 주로 사용되는 하역기계로 벨트 컨베이어(Belt conveyor), 에이프런 컨베이어(Apron conveyor), 후크 컨베이어(Hook conveyor)등이 있다. 벨트 컨베이어의 경우 폭은 제품의 수송량 및 크기, 입도에 따라 결정되고 안전장치 적용으로 안전하고 효율적인 사용이 가능하다.

④ 그랩(Grab) : 그랩은 보통 크레인에 부착하여 광석, 석탄, 곡물 등 대량 살화물의 적양에 사용하는 기구이다. 이 그랩은 별도의 유압 시스템을 가질 수도 있으며 현장 특성에 따라서 전기릴이나 호스릴을 추가로 적용하여 설치 작업이 필요하다. 그랩의 종류로는 단순한 구조의 다용도 그랩 버켓과, 벌크재료에 적합한 엔진-모터 그랩, 원목 하역에 최적화된 엔진 우드 그랩 등이 있다.

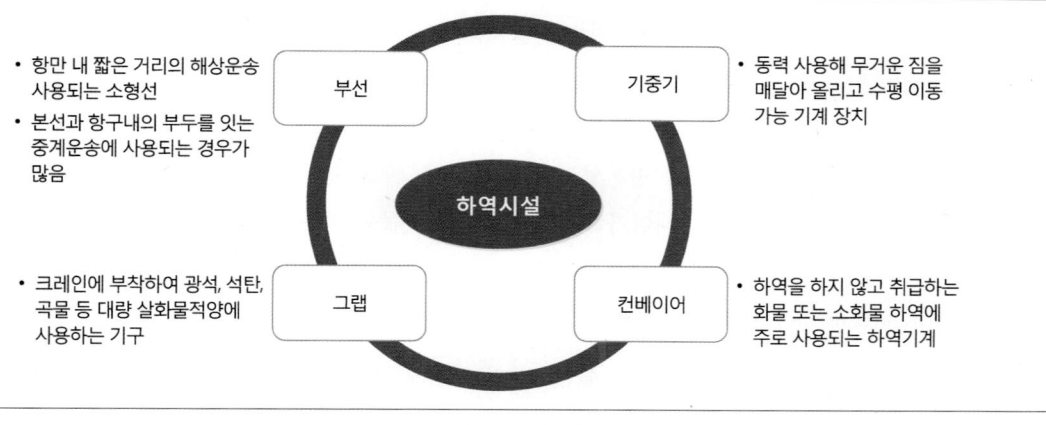

항만하역시설

5) 항만운송사업 및 부대사업

항만운송사업(Port transportation business)은 항만운송사업법 제3조에 의거해 항만과 그 주변에서 운송과 관련된 용역을 제공하는 사업. 항만하역사업, 검수사업, 감정사업, 검량사업 등을 말한다. 또한, 항만에서의 화물 적양, 보관, 수송 등의 작업과 창고, 하역기계, 무선 및 안벽 등의 시설 사용으로 효율적으로 해상운송의 기능을 보조하는 사업이다.

① 항만하역사업(港灣荷役事業) : 항만하역사업은 선박에 의하여 운송된 화물을 항만에서 선박으로부터 내려 화주에게 인도하거나 선박에 의하여 운송될 화물을 항만에서 선박에 싣는 사업을 의미한다. 하역이라는 의미는 선내하역과 연안하역이 있으며 선내하역은 세부적으로 난바다하역과 접안하역으로 나뉜다. 난바다하역은 묘박지 작업으로 수상작업을 의미하고 주로 화물출발지가 수운과 연결되는 항구에서 이뤄진다. 접안하역은 본선이 부두에 접안하는 방법으로 대부분의 선박이 이 접안하역한다.

② 검수사업(檢數事業) : 검수사업은 선적화물을 적하(積荷) 또는 양하(揚荷)하는 경우에 그 화물의 개수를 계산하거나 수도(受渡)를 증명하는 사업을 의미한다. 검수의 의미 자체는 화물의 수량을 파악하는 것을 뜻하므로 대수롭지 않을 것 같은 클레임으로 연결되기 때문에 엄정한 신뢰를 요구하는 경우가 많다. 또한, 검수사업은 선적화물을 적하 또는 양하하는 경우에 그 화물의

개수의 계산 또는 수도(受渡)증명(Mate's receipt: M/R)을 행하는 사업이다.

③ 감정사업(鑑定事業) : 감정사업은 선적화물의 적재에 관한 증명 및 조사, 감정하는 사업으로 화물의 적재상태 및 선박의 감정을 공정한 제3자의 입장에서 판정하는 업무이다. 그 업무로는 위험물 및 일반화물 적부검사, 원유감정 및 견본채취, 공동해손조사, 선가 감정 등이 있다. 그리고 감정사업은 선적화물의 적재 등에 관계되는 서류조사 및 감정을 하는 사업인데 직업적으로 감정에 종사하는 감정인을 서베이어(Surveyor)라고 한다.

④ 검량사업(檢量事業) : 검량사업은 선적화물을 적하(積荷) 또는 양하(揚荷)하는 경우에 그 화물의 용적 또는 중량을 계산하거나 증명하는 사업을 의미한다. 검량은 화물의 무게와 부피를 측정하는 것으므 검량 역시 본선의 안전성 추구와 수익을 위해 적재량을 가름해 주고 운임, 항비 등의 산출자료가 될 수 있다. 나아가 검량사업은 선적화물을 적하 또는 양하하는 경우에 그 화물의 용적 또는 중량의 계산 또는 증명을 행하는 사업인데 여기에 종사하는 자를 공인검량업자(Sworn measurer)라고 한다.

⑤ 기타 항만운송부대사업 : 이상의 주요 4가지 사업 이외에 항만운송부대사업에는 통선업, 용달업, 경비/강취방업, 선박청소업, 경비업, 급유업, 급수업, 컨테이너 수리업, 항만서비스업이 있다. 이 중 주요하게 살펴보는 기타 부대사업은 통선업으로 선원 및 선박대리점 직원이 본선과 육상을 오가게 하는 사업인데, 본선이 묘박중일 때 입출항 절차를 위한 관계자 및 선원의 상륙 시 이용된다.

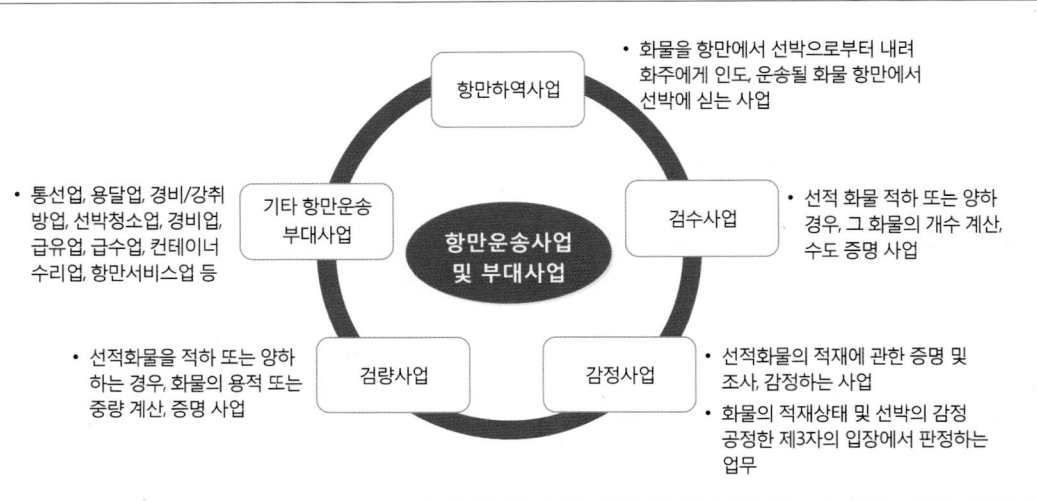

항만운송사업 및 부대사업

제3절 주요 스마트 항만 사례

1. 스마트 항만의 개념과 필요성

1) 스마트 항만의 개념

4차 산업혁명을 맞이하여 전 세계적으로 스마트 항만 구축과 지속가능성에 대한 관심과 실현이 활발하게 진행되고 있다.[28] 스마트 항만은 항만 운영과 관리를 정보통신기술과 인공지능을 활용하여 최적화하는 것으로 기존의 항만이 수작업과 일부 자동화된 시스템을 통해 운영되어왔다면, 스마트 항만은 첨단기술을 도입하여 항만 전체의 효율성 및 안정성을 향상시키는 것을 목표로 한다. 스마트 항만은 항만 내의 다양한 작업과 프로세스를 지능적으로 관리하여 신속성을 높이는 역할을 한다.[29] 스마트 항만으로 데이터 수집을 통해 빅데이터 분석을 하여 사고 예방, 경로 최적화, 연료 소비 감소 등의 효율적인 운영 전략을 구축할 수 있다.[30]

2) 스마트 항만의 필요성

스마트 항만은 기존의 항만 운영 방식에서 벗어나 스마트 기술을 적용하여 효율성, 안정성, 환경친화성, 신속성 등 다양한 특명의 성과를 높일 수 있다.[31] 이러한 스마트 기술은 센서, 빅데이터 분석, 인공지능, 자동화 등의 기술들을 활용한다.

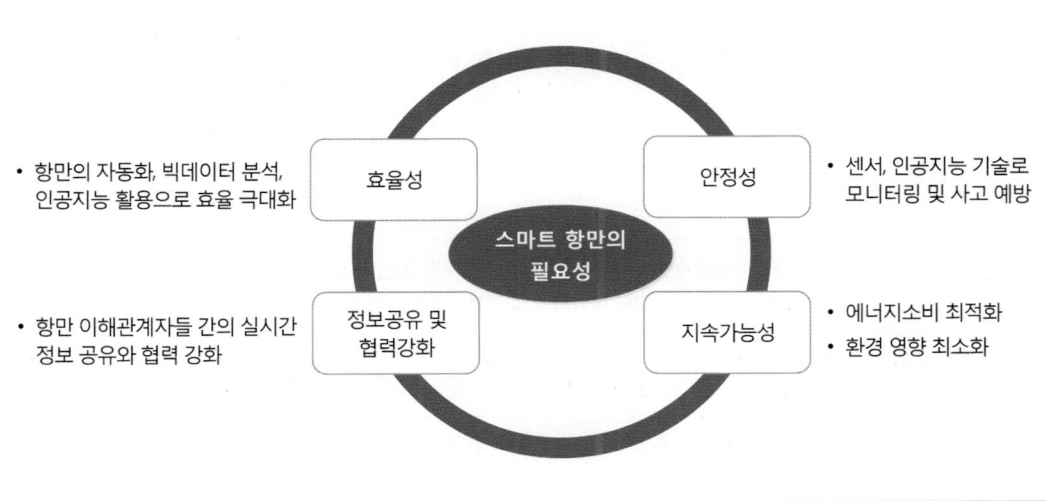

스마트 항만의 필요성

2. 글로벌 스마트 항만의 등장

1) 로테르담항

    네덜란드의 로테르담항은 스마트 항만 개념을 적극적으로 도입하여 혁신적인 항만 운영을 실현하였다. 인공지능 및 빅데이터 분석, 자율 운항 시스템, 로봇 기술과 자동화와 블록체인 기술을 도입하여 전통적인 항만 운영 방식에서 벗어나 스마트 항만을 추진하여 항만 운영의 효율화와 지속가능성을 극대화시켰다.32)

로테르담항 스마트 항만

구분	내용
인공지능 및 빅데이터	• 센서 네트워크를 통한 데이터 수집과 예측 모델 구축으로 최적의 운영을 결정 • 선박 운항 정보, 날씨, 흐름 등의 데이터로 선박 운항 최적화 및 개선
자율운항시스템	• 인공지능과 센서 활용을 통한 자동화로 선박 운항의 효율성과 안전성 향상
로봇기술과 자동화	• 로봇기술과 자동화를 활용한 자동화 및 생산성 향상으로 인력 투입 최소화 및 작업 효율 극대화
블록체인 기술	• 블록체인 기술을 통한 항만 운영의 투명성과 보안 강화 및 물류 과정 효율화 • 실시간 정보 공유, 투명한 거래기록으로 항구 내 다양한 이해관계자들 간의 협력 강화

2) 암스테르담항

    네덜란드의 암스테르담항은 인공지능과 자동화, 빅데이터 분석, 스마트 인프라, 지능형 물류로 항만 운영의 효율성과 경쟁력을 향상시키며 동시에 친환경적인 운영을 추구하는 모범 사례 중 하나로 꼽히고 있다. 정보기술과 인공지능을 활용한 항만 운영 최적화와 지속가능성을 강조하는 대표적인 사례이다.

암스테르담항 스마트 항만

구분	내용
빅데이터 분석	• 항만 운영에 필요한 대량 데이터 수집 및 분석, 항만 내 운영 효율성 개선 및 예측 분석 문제 예방 • 데이터 활용으로 항만 에너지 소비 최적화를 통한 환경적 지속가능 운영 추구
스마트 인프라	• IoT 기술을 활용한 항만 인프라 요소 연결, 센서 네트워크를 통한 상황 모니터링 및 데이터 수집 • 항만 운영자에게 실시간 정보 제공으로 항만 운영 효율성 극대화 및 안전 강화
지능형 물류	• 물류 프로세스 최적화로 인공지능과 머신러닝 기술 활용으로 화물 수송경로 최적화

3) 부산항

스마트 항만의 개념을 적극적으로 도입하여 혁신적인 항만 운영을 실현한 사례로 자율주행차, AI를 활용한 빅데이터 분석 및 스마트 시설 관리 등을 하고 있다. 특히 부산항의 경우 BPA-NET라는 통합 커뮤니티를 통해 빅데이터 시스템을 개발 및 운영 중에 있다. 부산항은 적극적인 스마트 시스템 도입으로 산업 활성화, 물동량 창출, 항만 개발 등을 추진할 계획이다.[33]

부산항 스마트 항만

구분	내용
스마트 시설 관리	• IoT 기술을 활용한 시설 연결 및 모니터링하여 스마트 조명 시스템, 스마트 에너지 관리 시스템 등 에너지 효율성 향상
BPA-NET	• 부산항 정보를 종합적으로 파악할 수 있는 통합 커뮤니티로 부산항 빅데이터 시스템
자율주행차	• 화물 운송 작업을 자동화, 효율성 극대화, 인공지능과 센서 활용으로 항만 내 안전성 확보

4) 여수광양항

여수광양항은 항만자동화를 통한 탄소중립형 통합항만 서비스를 구상하여 컨테이너 터미널의 환경사회투명경영 전략을 구축하고 있다. 또한 IoT 기술을 통한 선박 운항 상황, 화물 위치와 같은 상황을 모니터링하고 정보를 제공하고 있으며, 에너지 관리를 통해 환경 친화적인 운영을 실현하여 항만 운영의 지속가능성을 추구하고 있다.[34]

여수광양항 스마트 항만

구분	내용
IoT 기술	• 선박운항 상황, 화물 위치, 인프라 상태 등 모니터링하여 수집한 데이터를 운영자에게 정확하고 신속하게 제공
ESG 경영	• 컨테이너 터미널 관련 연구 분석으로 탄소 중립형 통합항만 서비스를 구상하여 에너지 소비 축소
항만자동화	• 자동 안벽 크레인, 자동이송장비, 자동야드크레인 등 자동화 추진

5) 인천항

인천항은 드론을 활용하여 물류 창고 재고조사를 하고 사람의 손길이 닿기 어려운 곳들까지 확인할 수 있도록 한다. 또한 국내에서 개발하는 물류로봇을 활용한 물류창고 운영 효율화, 물류 흐름 원활화, 화물 운송 시스템 고도화 등의 전략을 구축한다. 인천항은 항만 내 안전성 확보를 위해 IoT 센서가 있는 CCTV로 인체나 물체의 위치정보를 감지하여 재난 상황이 발생하였을 때 신속하게 대응할 수 있도록 운영자에게 정보를 전달한다.

📋 인천항 스마트 항만

구분	내용
무인항공기	• AI 기술을 접목하여 드론을 통한 영상 분석 기술로 물류 창고 재고 조사 • 자동 베터리 교체 가능한 실내 완전 자율 비행 드론 개발
스마트 안전관리 시스템	• 재난사고에 신속대응하고 IoT 센서가 있는 CCTV로 인체나 물체의 위치정보 감지
한국형 물류로봇	• 물류창고 운영 효율화시켜 물류 흐름을 원활화하고 화물 운송 시스템 고도화

제11장 글로벌 로지스틱스　　　　　　　　　　　　　　　　　　　　Case Study

롯데 이천물류센터, 맞춤형 자동화로 인력 '최소화' 효율 '극대화'
- 로봇 '이송·분류·출고' 전 과정서 활약
- 디팔레타이저·스태커 AMR '일등공신'
- 인력 40% 줄이고, 誤피킹률 0% 실현

　　지난 11일 오후 2시, 맞춤형 첨단 자동화 설비가 구현된 롯데글로벌로지스의 이천물류센터를 찾았다. 5층에 마련된 상온창고에는 사람보다 많은 로봇이 상품의 '입고→분류→출고'의 전 과정에서 질서 정연하고 속도감 있게 움직이고 있었다. 경기도 이천시 마장면 소재의 이천물류센터는 롯데슈퍼의 서울·수도권의 250여개 점포 물류를 책임지는 거점으로 자리매김했다. 박스와 낱개상품을 모두 취급해야 하는 슈퍼마켓 특성에 맞춘 자동화 설비를 구축, 작업 시너지를 극대화한 점이 특징이다.

　　이인국 롯데글로벌로지스 물류자동화솔루션팀장은 "대형마트는 박스, 편의점은 낱개 단위로 주문이 주로 들어오는데, SSM(기업형 슈퍼마켓)은 이 둘을 모두 취급해야 한다"며 "이에 맞춰 자사 물류기술원에서 설계 단계부터 참여해 자동화 시스템을 만들고 최적화했다"고 설명했다. 실제 롯데글로벌로지스는 로봇 기반의 창고 제어 시스템 WCS(Warehouse Control System)를 자체 역량으로 설계해 개발했다. WCS는 입고·보관·출고·재고관리를 담당하는 창고 관리 시스템 WMS(Warehousing Manegement System)와 연동해 첨단 IT기술로써 물류 자동화의 핵심을 담당한다.

▲ 롯데글로벌로지스 이천물류센터에서 스태커타입 AMR이 뒤쪽 보관 랙의 상품을 픽업해 이송하고 있다.(자료 : 뉴데일리 정상윤 기자)

이천물류센터에는 다양한 분야서 활용 중인 AGV(Automatic Guided Vehicle·고정노선 운송 로봇)는 물론 ▲디팔레타이저(Depalletizer·다관절 로봇팔) ▲로봇 소터(Robot Sorter·분류 로봇) ▲스태커 타입(Stacker Type·적재형)의 AMR(Autonomous Mobile Robot·자율주행 이송 로봇) ▲GTP(Good to Person·작업자 앞에 상품박스 이송) 등 최첨단 장비가 집약됐다. 이천물류센터의 자동화 설비는 크게 박스상품을 분류하는 'TC존'과 낱개상품을 분류하는 'DPS존'으로 구성돼 있다. 특히 이 가운데 TC존에서는 디팔레타이저가, DPS존에서는 스태커 타입의 AMR이 각각 세계, 국내 최초로 구현돼 활약 중이다.

우선 TC존의 디팔레타이저는 AGV가 팔레트 단위로 이송해온 상품박스를 3D AI 비전 및 모션 플래닝 기술을 활용해 크기를 파악하고, 정확히 흡착해 옮기는 기능을 수행한다. 이천물류센터에선 2대의 디팔레타이저가 시간당 650박스를 처리하고 있다. 이인국 팀장은 "예전에는 사람이 일일이 옮겼던 작업을 30kg 무게까지는 거뜬히 부착하는 디팔레타이저가 모두 대신하고 있다"며 "이들 박스는 QR코드 자동부착 후 휠 소터(Wheel Sorter·택배 물품 자동분류 시스템), 로봇 소터를 거쳐 점포별 슬롯에 자동으로 분류된다"고 말했다.

박스 단위보다 섬세함이 요구되는 DSP존에서는 총 29대의 스태커타입 AMR이 작업 효율화 극대화에 일조하고 있다. 10단까지 적재 가능한 스태커타입의 AMR은 롯데글로벌로지스가 국내에서는 가장 먼저 상용화한 기술이다. 출고 명령 시 보관 랙의 박스를 픽업해 컨베이어에 올리는 작업을 완벽하게 수행한다.

이인국 팀장은 "이 AMR은 종이박스 그대로 핸들링이 가능하며, 규격에 맞지 않는 상품은 토트(플라스틱 박스)를 이용해 이송한다"며 "AMR이 픽업한 박스는 GTP를 통해 작업자 바로 앞까지 이동하게 돼 작업자의 이동 경로와 피로도가 크게 축소하게 됐다"고 강조했다. 이천물류센터서 작업자가 가장 많이 배치된 곳은 이곳 GTP 솔루션 앞이었다. 작업자들은 AMR과 GTP로 옮겨진 상품을 주문 수량별로 피킹(Picking·물건을 박스에 담는 과정)만 하면 된다. 이때 DPS(Digital Picking System), DAS(Digital Assorting System) 등 피킹·분류 지원 기술은 혹시라도 발생할 수 있는 피킹 오류 방지에 도움을 준다.

Case Study

▲ 10단까지 적재 가능한 스태커타입의 AMR이 이천물류센터에 국내 최초로 구현돼 상품을 핸들링하고 있다.(자료 : 뉴데일리 정상윤 기자)

롯데글로벌로지스는 이천물류센터 자동화 완성도를 높이기 위해 2021년 3월부터 12월까지 김포 마트 온라인센터에 이천물류센터와 동일한 환경을 조성하고 주요 자동화 설비 테스트를 수행했다. 이후 지난해 1월 이천물류센터에 자동화 구축을 시작했고, 같은 해 3월 통합 테스트를 진행해 8월 안정화에 성공했다. 이 같은 첨단 자동화 설비 도입으로 이천물류센터는 필요인력을 이전 대비 40% 감축하면서도 오(誤) 피킹률이 0%를 달성하는 성과를 내고 있다. 또 AGV 및 AMR의 이동에 따른 사고 예방을 위한 센서 부착, 컨베이어 끼임 가능성을 낮추기 위한 롤러 간격 개선 등으로 안전성도 높였다.

롯데글로벌로지스는 현재 '상품 분류 자동화 방법 및 프로그램' 특허를 출원했으며, 박스 단위 분류자동화 등 3건의 출원을 진행하고 있다. 앞으로도 내재화한 우수한 스마트 물류기술을 기반으로 국내 물류센터의 자동화 작업을 계속하면서 스마트 물류역량을 대폭 강화한다는 계획이다.

김보배 기자 / 2023. 05. 12. / 뉴데일리경제 /
https://biz.newdaily.co.kr/site/data/html/2023/05/12/2023051200039.html

Case Study

학습문제

문제 1
국제복합운송에 관한 설명으로 옳지 않은 것은?
(2023년 제27회 물류관리사 자격시험 기출문제)

① 컨테이너의 등장으로 인해 비약적으로 발전하였다.
② 단일 운송계약과 단일 책임주체라는 특징을 가지고 있다.
③ 두 가지 이상의 상이한 운송수단이 결합하여 운송되는 것을 말한다.
④ UN국제복합운송조약은 복합운송증권의 발행 여부를 송화인의 선택에 따르도록 하고 있다.
⑤ 복합운송증권의 발행방식은 유통식과 비유통식 중에서 선택할 수 있다.

문제 2
최근 국제물류 환경변화에 관한 설명으로 옳지 않은 것은?
(2023년 제27회 물류관리사 자격시험 기출문제)

① 국제물류시장의 치열한 경쟁으로 물류기업간 수평적 통합과 수직적 통합이 가속화 되고 있다.
② 온실가스 감축을 위해 메탄올 연료를 사용하는 선박 건조가 증가하고 있다.
③ 4차 산업혁명 시대를 맞아 디지털 기술들을 활용하여 운영효율성과 고객만족을 제고하려는 물류기업들이 늘어나고 있다.
④ 기업경영의 글로벌화가 보편화되면서 글로벌 공급사슬에 대한 중요성이 증대되고 있다.
⑤ 코로나 팬데믹의 영향으로 전자상거래 비중이 감소하는 추세이다.

제11장 글로벌 로지스틱스

문제 3

허브 앤 스포크(Hub & Spoke) 시스템에 관한 설명으로 옳지 않은 것은?
(2023년 제27회 물류관리사 자격시험 기출문제)

① 셔틀노선의 증편이 용이하여 영업소 확대에 유리하다.
② 집배센터에 배달물량이 집중될 경우 충분한 상하차 여건을 갖추지 않으면 배송지연이 발생할 수 있다.
③ 모든 노선이 허브를 중심으로 구축된다.
④ 대규모 분류능력을 갖춘 허브터미널이 필요하다.
⑤ 운송노선이 단순한 편이어서 효율성이 높아진다.

문제 4

해륙복합운송 경로에 관한 설명으로 옳지 않은 것은?
(2022년 제26회 물류관리사 자격시험 기출문제)

① SLB(Siberia Land Bridge)는 한국, 일본 등 극동지역의 화물을 해상운송한 후 시베리아 대륙횡단철도를 이용하여 유럽이나 중동까지 운송하는 방식이다.
② CLB(China Land Bridge)는 한국, 일본 등 극동지역의 화물을 해상운송한 후 중국대륙 철도와 실크로드를 이용하여 유럽까지 운송하는 방식이다.
③ IPI(Interior Point Intermodal)는 한국, 일본 등 극동지역의 화물을 해상운송한 후 캐나다 대륙횡단철도를 이용하여 캐나다의 동해안 항만까지 운송하는 방식이다.
④ ALB(America Land Bridge)는 한국, 일본 등 극동지역의 화물을 해상운송한 후 미국대륙을 철도로 횡단하고 유럽지역까지 다시 해상운송하는 방식이다.
⑤ MLB(Mini Land Bridge)는 한국, 일본 등 극동지역의 화물을 해상운송한 후 철도와 트럭을 이용하여 미국 동해안이나 미국 멕시코만 지역의 항만까지 운송하는 방식이다.

Case Study

문제 5

국제 물류에서 발생하는 위험과 위험 관리 방안에 대해 설명하시오.

문제 6

국제 물류에서 사용되는 포장재(예 : 팔레트, 케이스, 박스 등)와 그 특성에 대해 설명하시오.

문제 7

4차 산업혁명에서 나타나는 해상운송분야의 디지털 전환을 간략히 서술하시오.

문제 8

스마트 항만의 등장에 관하여 논하시오.

※ 해설은 부록에 기재됨.

참고문헌

1) 손정수, 「4차산업혁명에 따른 물류혁신 기술에 관한 연구 : 삼성 SDS의 물류플랫폼 사례를 중심으로」, 『e-비즈니스연구』, 제20권, 제5호, 2019, 111-123pp.

2) 강미주, 「전통과 혁신의 조화, 미래 해운 100년을 향해 : 50년 넘는 저력, 확고한 경영원칙과 미래지향적 안목 가져」, 『해양한국』, 제2021권, 제4호, 2021, 76-81pp.

3) Joo, H. Y. and You, B. B., 「An Empirical Study on the Driving Force for Diffusion of Surrender B/L as an International Trade Payment Document」, 『Korea Trade Review』, Vol. 48, No. 2, 2023, 153-174pp.

4) 이기영, 이양기, 김종선, 「블록체인 선하증권 운용을 위한 블록체인 플랫폼의 상호 연계 필요성」, 『무역상무연구』, 제95권, 2022, 107-128pp.

5) 임영태, 「복합운송의 개념」, 『교통기술과정책』, 제4권, 제3호, 2007, 230- 231pp.

6) 이영민, 「한국과 몽골간의 물류교류에 관한연구」, 『한국경영교육학회 학술발표대회논문집』, 2014, 1-13pp.

7) 박지문, 「국제해상물건운송에 있어 계약당사자의 위험물 선적에 따른 법적 책임의 문제점에 관한 고찰-NYK Argus호 사건을 중심으로」, 『무역상무연구』, 제82권, 2019, 45-73pp.

8) 최재성, 『우리나라 수출입 기업의 해외 3PL 활용에 따른 성과 연구 : 현지 로컬 3PL과 한국계 3PL의 비교를 중심으로』, 중앙대학교 박사학위논문, 2021.

9) 김재우, 「ISBP 2007상의 복합운송서류 수리가능요건」, 『관세학회지』, 제9권, 제3호, 2008, 269-289pp.

10) 이지선, 이태형, 김소형, 허진수, 신민성, 「4차산업혁명 시대에 대응한 화물운송시장의 구조 혁신」, 『한국교통연구원 기본연구보고서』, 2021, 1-205pp.

11) 김건영, 「컨테이너의 역사와 발전과정」, 『월간교통』, 2010, 75-77pp.

12) Kim, J. G., 「Standard based r&d road-map for smart logistics and packaging」, 『The Monthly Packaging World』, 2015, 45-53pp.

13) 이지선, 이태형, 김소형, 허진수, 신민성, 「4차산업혁명 시대에 대응한 화물운송시장의 구조 혁신」, 『한국교통연구원 기본연구보고서』, 2021, 1-205pp.

14) Aheleroff, S., Xu, X., Lu, Y., Aristizabal, M., Velásquez, J. P., Joa, B. and Valencia, Y., 「IoT-enabled smart appliances under industry 4.0 : A case study」, 『Advanced Engineering Informatics』, Vol. 43, 2020, 101043.

15) 장명희, 「해상운송분야의 디지털 전환 성공요인에 대한 우선순위 평가에 관한 연구」, 『한국항만경제학회지』, 제37권, 제4호, 2021, 103-126pp.

16) 김창봉, 정경욱, 양혜정, 오유진, 「콜드체인 물류시스템 운용 중소수출기업의 공급망 리스크 관리가 해운물류 효율성에 미치는 영향에 관한 연구」, 『물류학회지』, 제33권, 제1호, 2023, 1-18pp.

17) 박정수, 「4차 산업혁명 시대, 혁신적 비즈니스 모델의 등장과 사회적 갈등」, 『국토』, 2020, 26-31pp.

18) 김창봉, 양교봉, 남윤미, 「중국 국경 간 B2C 전자상거래 플랫폼 사용 의도 결정요인 연구-배송위험의 조절효과를 중심으로」, 『통상정보연구』, 제24권, 제4호, 2022, 3-24pp.

19) Aheleroff, S., Xu, X., Lu, Y., Aristizabal, M., Velásquez, J. P., Joa, B. and Valencia, Y., 「IoT-enabled smart appliances under industry 4.0 : A case study」, 『Advanced Engineering Informatics』, Vol. 43, 2020, 101043.

20) 장명희, 「해상운송분야의 디지털 전환 성공요인에 대한 우선순위 평가에 관한 연구」, 『Journal of Korea Port Economic Association』, 제37권, 제4호, 2021, 103-126pp.

21) 이명구, 이은재, 「4차 산업혁명 기술을 적용한 관세행정 개선 방안에 관한 연구」, 『관세학회지』, 제19권, 제1호, 2018, pp.

22) 오명학, 민지영, 정상기, 「항만 인프라 스마트 유지관리 기술동향」, 『대한토목학회지』, 제70권, 제6호, 2022, 28-36pp.

23) 김철호, 「해상운송의 투명성 향상을 위한 블록체인 기술 활용과제」, 『무역통상학회지』, 제22권, 제5호, 2022, 107-126pp.

24) 신광섭, 「디지털 플랫폼 기반 화물운송시장의 변화와 과제」, 『월간교통』, 2021, 18-25pp.

25) 김명호, 「木浦港의 開發에 관한 硏究」, 『한국항만경제학회지』, 제11권, 1995, 217-241pp.

26) 정우천, 『항만물류 서비스품질과 관계품질이 관계지속의도에 미치는 영향』, 부경대학교 대학원, 2011.

27) 강윤구, 박원경, 문성호, 안익성, 이종인, 김태인, 심영석, 「[해양수산부] 항만 및 어항 설계기준·해설 : 설계코드 KDS 64 00 00. 상권」, 『국립중앙도서관 연계자료』, 제14권, 2017.

28) 이재훈, 장명희, 「지속가능한 스마트 항만을 위한 ESG 지표 개발에 관한 연구」, 『한국항해항만학회 학술대회논문집』, 제2022권, 제2호, 296-297pp.

29) 강영민, 「4차 산업혁명 대비 해운항만산업의 변화와 역할」, 『해양한국』, 제2019권, 제4호, 2019, 150-153pp.

30) Min, H., 「Developing a smart port architecture and essential elements in the era of Industry 4.0」, 『Maritime Economics & Logistics』, Vol. 24, No. 2, 2022, 189-207pp.

31) 이언경, 이수영, 「4차 산업혁명시대 국내 스마트항만 수준 측정과 비교분석」, 『해운물류연구』, 제35권, 제2호, 2019, 323-348pp.

32) 이수현, 김재윤, 「Industry 4.0 시대의 스마트 항만 효율성 평가」, 『산업경제연구』, 제35권, 제5호, 2022, 1075-1096pp.

33) 연정흠, 「부산항 스마트 해운항만 물류 시스템 구축방향」, 『국토』, 2020, 19-26pp.

34) 최성희, 「스마트항만 도입에 대한 항만 운영자와 이용자 간의 인식차이에 관한 실증연구-광양항을 중심으로」, 『한국항만경제학회지』, 제36권, 제3호, 2020, 99-114pp.

제12장
SCM 및 GSCM

New Principles of
International Trade
of the 4th Industrial
Revolution

학습목표
1. 경영혁신으로써의 SCM 개념을 이해한다.
2. 원재료에서 최종소비자까지 이어지는 공급체인의 일반적 구조를 파악한다.
3. 공급체인관리의 발전과정을 이해한다.
4. 공급체인관리 과정에서 운영적, 전술적 및 전략적 수준을 구분한다.
5. 글로벌 공급체인관리의 도입배경을 이해한다.
6. 글로벌 공급체인관리의 특징을 파악한다.
7. 공급체인 위험관리의 중요성을 이해한다.
8. 공급체인 위험의 공급 위험, 운영 위험, 수요 위험을 분류한다.
9. 4차 산업혁명 시대의 SCM 패러다임을 파악한다.
10. 4차 산업혁명 시대의 공급체인 도입과 발전과정을 이해한다.

Contents
Introduction : '아마존식 플라이휠' … 쿠팡 흑자 원동력
제1절 SCM의 개념과 발전
제2절 GSCM의 도입배경과 특징
제3절 SCRM의 정의 및 프로세스
제4절 4차 산업혁명 시대의 GSCM 패러다임 확산
Case Study : 대동의 DT(Digital Transformation)를 통한 변신, "농기계 제조 명가에서 미래농업 리딩 기업으로"

Introduction

'아마존식 플라이휠' … 쿠팡 흑자 원동력

- 자동화 기술 기반 물류 네트워크
- 신선식품 재고 손실 50% 감소
- 공급망 최적화 통해 이익률 제고
- 소규모 투자로 신사업 손실 줄여

▲ 쿠팡 로켓 배송

　쿠팡의 흑자 전환은 물류 혁신 기술과 공급망 최적화로 성장의 '플라이휠'을 구축한 덕분이다. 플라이휠은 규모의 경제를 통한 성장의 선순환을 말한다. 대규모 투자로 매출이 늘면서 고정비가 줄고 비용 효율은 높아지는 구조다. 이는 아마존이 내세운 전략이다. 쿠팡은 아마존이 걸은 길을 답습했다. 아마존은 1994년 창업 후 2002년 첫 흑자까지 8년이 걸렸다. 쿠팡 역시 정확히 8년 만에 적자 기업 꼬리표를 뗐다. 6조원의 누적 적자로 인한 시장 우려에도 '쿠팡식 로켓배송 물류 모델' 경쟁력을 입증했다는 평가다.
　김범석 쿠팡Inc 의장은 3분기 콘퍼런스콜에서 실적 원동력으로 자동화 기술에 기반한 물류 네트워크를 꼽았다. 김 의장은 "여러 지역에 신선식품 유통을 확대하면 재고 손실이 늘어나기 마련인데 쿠팡은 머신러닝 기술 기반 수요 예측으로 신선식품 재고 손실을 지난해보다 50% 줄였다"고 말했다.

쿠팡은 최근 2년간 물류 자동화 기술에 1조2500억원을 투자했다. 그동안 축적한 고객 주문 데이터에 기반한 직매입 상품의 소비자 수요 예측과 피킹로봇(AGV)을 이용한 재고 집품 및 운반, 자동분류 기술 등으로 업무 강도는 낮추고 비용은 절감했다. 김 의장은 "물류 전 과정을 통합하면서 별도의 콜드체인 네트워크 없이도 일반 소비재 트럭으로 신선식품을 배송할 수 있다"면서 "덕분에 수백만 개 상품을 무제한 무료 배송하고 새벽배송 할 수 있게 됐다"고 말했다.

주문부터 최종 배송까지 물류의 전 단계를 '엔드 투 엔드' 방식으로 일원화하면서 운영 효율성과 고객 경험 측면에서 경쟁 업체보다 우위를 점할 수 있었다는 설명이다. 김 의장은 "기술과 풀필먼트, 라스트마일 물류 통합을 통해 고객과 상품, 서비스와 가격 사이에 존재하는 기존의 트레이드오프(양자택일 관계)를 깰 수 있었다"고 강조했다.

직매입 방식의 로켓배송 상품군 뿐만 아니라 오픈마켓 상품군, 쿠팡 풀필먼트를 활용한 제트배송(로켓그로스) 서비스 역시 쿠팡 주요 성장 모델이다. 3분기 기준 쿠팡 입점 소상공인은 20만명에 육박한다. 작년보다 25% 늘어난 수치다.

쿠팡은 올 들어 전사 차원에서 수익성 개선에 주력해왔다. 프로세스 개선과 공급망 최적화를 통해 이익률을 높였다. 1분기 제품 커머스 부문에서 조정 상각 전 영업이익(EBITDA) 흑자를 낸데 이어 2분기에는 전체 조정 EBITDA 흑자를 거뒀다. 흑자 기조를 꾸준히 확대하며 3분기에는 적자를 벗어나 이익을 내는 e커머스 기업으로 변모했다. 정연승 단국대 경영학과 교수는 "쿠팡의 이번 흑자 전환은 소비자 신뢰와 충성도가 높아지면서 손익 구조가 안정적으로 개선되는 것을 증명했다"고 평가했다.

신사업 손실을 줄인 것도 흑자 전환에 주효했다. 쿠팡플레이와 쿠팡이츠, 핀테크, 글로벌 사업 등 신사업 부문의 조정 EBITDA 손실은 지난해와 비교해 50% 줄었다. 쿠팡은 올해 신사업 투자 규모를 2억달러 미만으로 유지했다. 거라브 아난드 쿠팡 최고재무책임자(CFO)는 "이번 실적으로 미래 성장을 위해 원칙에 기반한 투자를 지속하는 동시에 규모의 경제를 활용할 수 있는 역량을 보여줬다"면서 "장기적으로 더 많은 현금 흐름을 창출할 수 있는 서비스에 투자를 지속할 방침"이라고 말했다.

김범석 의장은 "신사업 부문 매출은 10% 성장했으며 매출총이익도 지난해보다 4200만달러 증가했다"면서 "신사업은 아직 초기 단계지만 새로운 시장에서 고객 혁신을 펼쳐나갈 잠재력이 있다. 소규모 투자에서 시작해 원칙에 입각한 장기 투자를 진행하겠다"고 말했다.

박준호 기자 / 전자신문 / 2022. 11. 11 /
https://www.etnews.com/20221110000232

제12장

SCM 및 GSCM

제1절 SCM의 개념과 발전

1. SCM의 개념

최근 경쟁의 심화, 제품수명주기 단축, 고객의 기대수준 향상 등 글로벌 시장 환경이 변화하면서 기업들은 제한적 경영혁신 방법과는 차원이 다른 새로운 경영혁신을 요구하고 있다.[1] 기업이 경쟁우위를 확보하기 위해서는 경쟁력 있는 상품 및 서비스 개발과 공급 능력이 갖춰져야 한다. 또한, 가치 창출의 원천이 되는 정확한 고객 수요 예측과 변화하는 고객 수요에 신속히 대응할 수 있는 능력이 중요하다.[2]

최근 글로벌 기업들은 경쟁우위를 확보하기 위해 기업 역량을 강화하고, 공급체인의 흐름을 총체적인 관점에서 통합관리 하기 위해 공급체인관리(Supply Chain Management: SCM)를 도입하고 있다. 공급체인(Supply chain)은 원재료를 최종 제품과 서비스로 변화하는 전 과정을 포괄하는 원자재 마치 서비스 공급자들 간의 상호 연결된 네트워크이다.[3] 따라서 공급체인은 고객의 요구를 충족시키기 위해 직·간접적으로 참여하는 모든 당사자로 구성된다고 볼 수 있으며 생산자와 공급자를 포함하여 운송, 창고관리, 도매업자, 고객까지 포함하는 개념으로 발전해왔다. 나아가 최근 4차 산업혁명 시대의 도래에 따른 SCM의 개념은 Industry 4.0 개념이 접목되어 스마트 공급 기술을 채용하는 스마트 공급체인망으로 이어지고 있으며 ICT(Information and Communication Technologies: ICT)가 스마트 공급체인망에 영향을 미치는 방향을 함께 이해할 수 있어야 한다.[4][5][6]

1) 공급체인

공급체인은 제품 및 서비스가 최종 고객에게 도달하기까지 거치는 조직 간의 연결고리로 다음과 같이 정의할 수 있다.
- 자재가 제품이나 서비스로 변환되는 과정과 생산된 제품 및 서비스가 고객에게 전달되는 모든 과정의 공급업체 간 상호 연결된 일련의 고리
- 공급자, 제조, 운송 및 보관, 유통 및 판매, 최종소비자의 연쇄구조
- 고객의 요구를 만족시키기 위해 필요로 하는 모든 단계의 유기적 관계

공급체인은 고객의 주문에서 시작하여 고객이 대금을 지급하였을 때 끝나는 것으로 기업이 이윤을 발생시키기 위해 고객 니즈를 충족시키는 것을 목적으로 한다. 예를 들어, 고객이 월마트(Wal-Mart)

매장에서 세제를 구매한다면 공급체인은 세제를 구매하고자 하는 고객 니즈에서 시작된다.7) 세제 제조업체인 P&G는 완제품을 생산하기 위해 플라스틱 커버, 포장지, 기타 원자재 등 세제를 생산하기 위해 여러 공급업체로부터 필요한 원자재를 구매하고 이러한 공급업체는 다시 하위단계의 공급업체로부터 원자재를 공급받는다.

월마트는 고객에게 가격, 재고 유무 등의 정보를 제공하고 고객은 월마트에 대금을 지급한다. 재고 보충 및 매장 판매 데이터를 물류센터로 전송하고, 전송된 데이터의 재고 보충 주문에 따라 완제품 재고를 월마트 매장으로 배송한다. 월마트는 해당 공급업체에 대금을 지급하고, 공급업체는 가격, 배송계획 등의 정보를 제공함으로써 일련의 제품, 정보, 현금의 흐름이 공급체인에서 발생하게 된다.

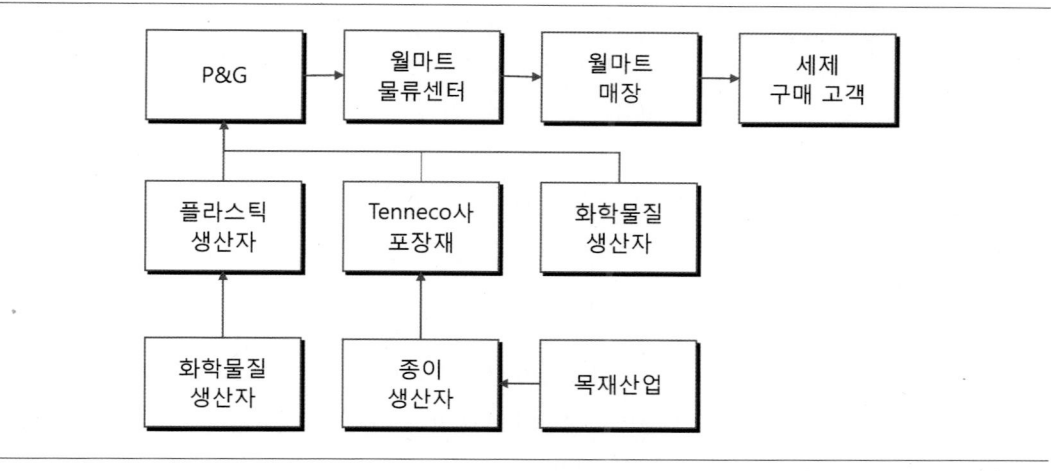

월마트 세제 공급체인 예시

2) SCM의 정의

기업은 공급자들에게 원자재 및 부품을 공급받아 완제품을 생산한 후 도·소매 공급체인을 통해 고객에게 전달한다. 기업을 중심으로 원자재나 부품을 공급하는 쪽을 공급체인의 '상류(Upstream)', 기업이 생산한 제품을 받아서 다른 제품의 생산에 활용하거나 유통시키는 방향을 공급체인의 '하류(Downstream)'라고 한다.8) 즉, 공급체인의 상류는 공급자 네트워크, 하류는 유통 네트워크에 해당한다.

공급체인의 흐름에 따라 자재는 상류에서 하류로 이동하고, 현금흐름(Cash flow)은 최종고객에서 유통망, 기업을 거쳐 공급자를 향해 공급체인을 역행한다. 또한 고객에서 발생한 수요정보는 현금흐름과 함께 공급체인의 하류로부터 상류로 전달되며 이 과정에서 공급체인의 정보는 공급체인통합을 위해 상하류를 총괄하여 공유한다.9)

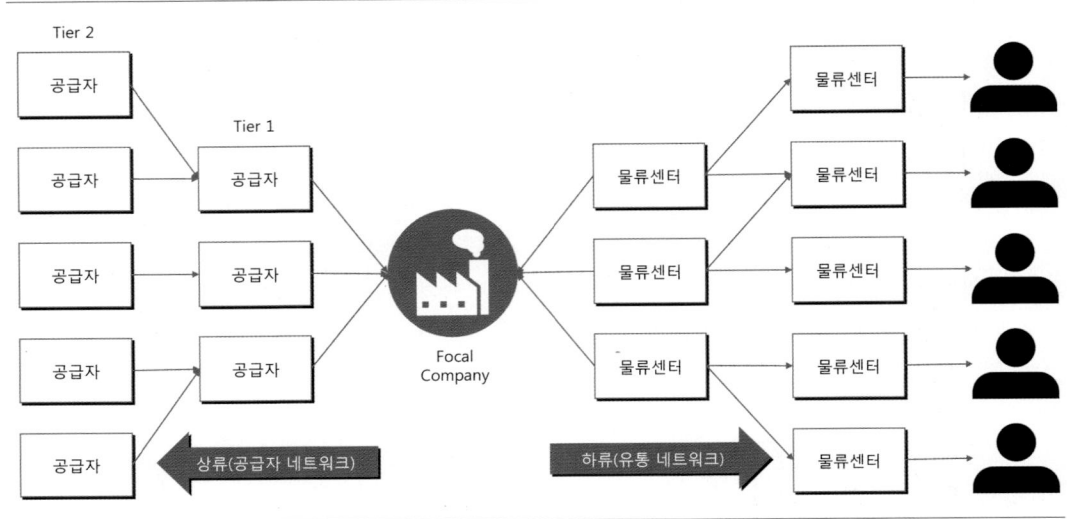

공급체인의 일반적 구조

2. SCM 발전 및 통합

1) SCM의 발전과정

　공급체인관리는 자재소요계획으로부터 생산자원계획, 전사적 자원관리, 확장형 전사적 자원관리 등으로 진화하여 현재의 공급체인관리 순으로 발전해왔다. 먼저, 자재소요계획은 단순히 목표 생산량을 차질 없이 생산하기 위한 적절한 자재수집 시기와 수량을 결정하기 위한 도구로, 최종 목표 생산량을 달성하기 위한 변수는 자재수급 외에 대란 요소가 전혀 없다고 가정하고 계획을 수립하는 방법이다.[10]

　둘째, 생산자원계획은 기업이 필요한 정보를 손쉽게 제공받는 것이 가능해지면서 자재뿐만 아니라 생산에 필요한 모든 제약조건을 계획 수립에 반영하고 효율적으로 관리하기 위한 것으로 자재 수급계획(Material Requirement Planning: MRP)의 확장된 개념이다.

　셋째, 전사적자원관리는 정보기술을 이용한 선진 프로세스로서 표준화, 단순화, 통합화를 통해 기업 자원을 효율적으로 관리하며, 기업의 전사적 차원에서 통합적 관리시스템을 구축하고 생산성을 향상하면서 비용을 최적화하는 경영혁신기법이다.

　넷째, 확장형 전사적 자원관리는 1980년대 전사적자원관리에서 진일보한 시스템으로 확정성 및 통합성을 가지고 업무 프로세스를 자동화하면서 공급업체, 고객 등의 상거래 지원 기능이 확장되었다.[11]

　다섯째, 제품생산을 위한 원재료 조달, 제품생산, 판매, 고객만족을 구현하기 위해 공급체인의 전체적인 관리가 중요하게 되었다. 이에 오늘날 공급체인관리는 기업에게 매우 중요한 전략으로 품질, 비용, 효용성을 동시에 달성하려는 기업이 적극적으로 도입하고 있다.

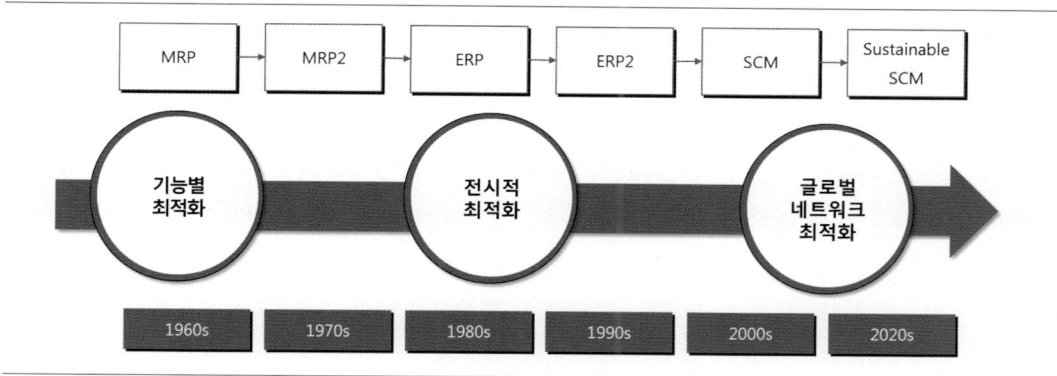

공급체인관리의 발전과정

2) 공급체인관리의 통합화 과정

공급체인관리의 통합화 과정은 [그림]와 같이 4단계를 따른다. 첫 번째 단계는 기본(Base line) 단계로 배송, 판매, 생산, 자재통제 및 구매와 같은 각각의 사업기능이 완전히 단절된 상태에서 기업의 업무를 수행하는 단계이다. 두 번째 단계는 기능 통합(Functional integration) 단계로 자재관리, 생산관리 및 판매물류 관리 등 유사업무를 통합하여 하나의 기능으로 수행하는 단계이다. 세 번째 단계는 내부 통합(Internal integration) 단계로 기업 내부의 자재 관리, 생산관리 및 판매물류를 통합하여 물자의 흐름 및 고객서비스를 관리하는 내부적 통합 단계를 형성한다. 마지막 단계는 외부 통합(External integration) 단계로 물자의 흐름과 고객서비스를 공급업체 내부통합부터 고객까지 포함시켜 통합하는 외부적 통합단계를 이루게 된다.12)

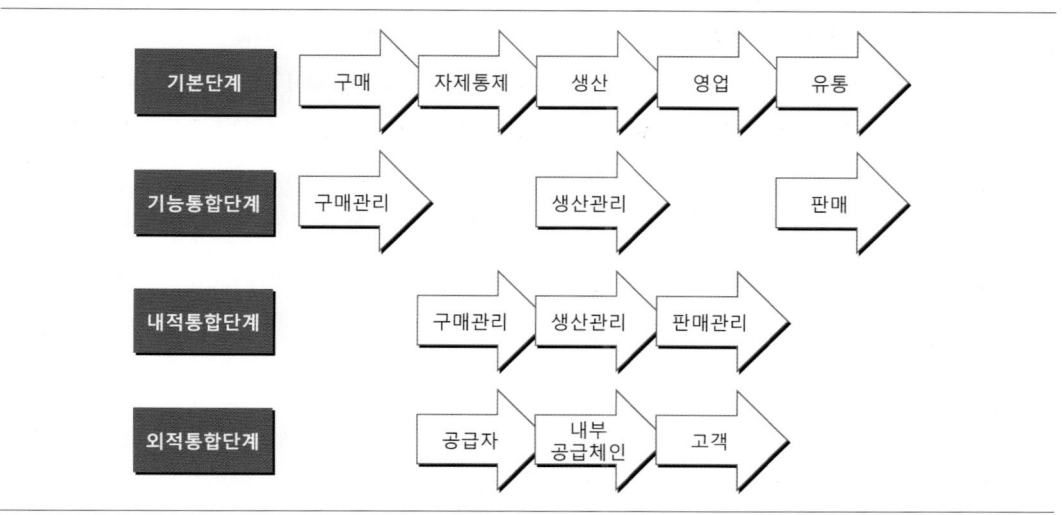

공급체인관리의 통합화 과정

3. 전략적 자산으로 SCM 활용 방법

선도 기업들은 타깃 시장의 주요 경쟁력 요인으로 하나를 선택하고, 나머지 부문은 경쟁 지위를 지원하는 역할로 활용한다. 실제 고객이 중시하는 부분의 경쟁 기반을 확보하는 것이 핵심이고, 경쟁 기반이 경쟁에 대응하는 강력한 차별화 포인트를 제공할 수 있어야 한다. 먼저 혁신 부문의 경쟁을 살펴보면, 경쟁 기업들은 고객들이 반드시 갖고 싶을 만한 제품 및 서비스를 개발한다. 기업들이 공급체인 지원하는데 신제품 출시 기간(Time-to-market), 대량생산 도입 기간(Time to volume)이 중요한 요소이다.

둘째, 고객 경험 부문을 살펴보면, 기업이 구체적인 니즈를 충족시킬 수 있는 경험을 고객에게 제공한다. 또한 고객 경험 부문에 경쟁력을 확보한 기업의 경우, 고객에게 제공되는 서비스에 대한 비용이 어느 정도인지 가늠하고 비용-수익성 관계를 잘 이해해야 한다.

셋째, 품질 부문을 살펴보면, 기업은 제품 및 서비스를 지속적이고 신뢰성 있게 제공해야 한다. 품질에서 경쟁력을 확보하기 위해서는 제품 개발이 매우 중요하고, 생산, 조달, 품질보증, 환불 등 주요 공급체인 프로세스도 중요하다.

넷째, 원가 부문의 경쟁을 살펴보면, 원가를 기반으로 경쟁하는 기업들은 비용에 민감한 구매자들이 매력을 느끼는 가격 및 시장점유율을 유지할 수 있는 가격으로 제품을 제공한다.[13] 원가 부문의 경쟁 기반을 갖추기 위해서 고도로 효율적인 운영이 필요하고, 제품과 프로세스의 표준화는 물론 공급자와 제품 품질, 재고관리 등을 기본적으로 갖추어야 한다.

전략적 자산의 공급체인 활용 방법

제품과 서비스 속성		공급망 주요 역할	
혁신	최첨단 제품 및 서비스	혁신	신제품 출시 기간과 대량생산 도입 기간
고객 경험	세부 고객 맞춤형 제품과 서비스	고객 경험	고객 관점에서 설계된 공급망의 상호작용
품질	신뢰 가능한 성능의 제품과 서비스	품질	우수한 구매 및 생산 관리와 품질 관리
원가	가장 낮은 가격의 제품 서비스	원가	효율적이고 낮은 비용의 환경과 프로세스

자료 : Shoshanah Cohen & Joseph Roussel(2013) 'Strategic Supply Chain Management'

4. SCM 설계

공급체인관리는 공급체인 총비용과 관련된 모든 설비가 고려되어야 한다. 공급체인에서 최종고객에게 제품 및 서비스를 전달하는 과정에서 발생하는 비용은 특정 업체에 국한되지 않고 공급체인 전체에서 발생한다. 공급체인관리는 공급자, 공급자의 공급자, 고개, 고객의 고객 등을 포괄하여 공급체인에 참여하는 모든 설비에서 발생하는 비용을 고려해야 한다.[14] 또한 공급체인 시스템 전체 관점에서 통합의 최적화가 필요하다. 공급체인 구성원의 모든 설비가 고려되어야 하고, 상호 연관성으로 고객서비스 요구 수준에 부합하면서 공급체인 총비용을 최소화하기 위해서는 필연적으로 '시스템 관점에서의 접근(Systems approach)'이 요구된다.[15]

공급체인관리는 기업 활동의 여러 수준이 관련되어야 하기 때문에 전략적 수준(Strategic level), 전술적 수준(Tactical level) 및 운영적 수준(Operational level)으로 구분할 수 있다. 전략적 수준은 최고경영자 및 임원급, 전술적 수준은 중간관리자급, 운영적 수준은 실무자 수준에서의 의사결정 및 활동이다. 공급체인관리는 고객서비스 요구 수준에 부합하면서 공급체인 시스템 총 비용의 최소화를 위한 공급체인의 통합을 고려하기 때문에 기업의 모든 수준에서 의사결정과 수행 활동이 함께 고려되어야 한다.[16]

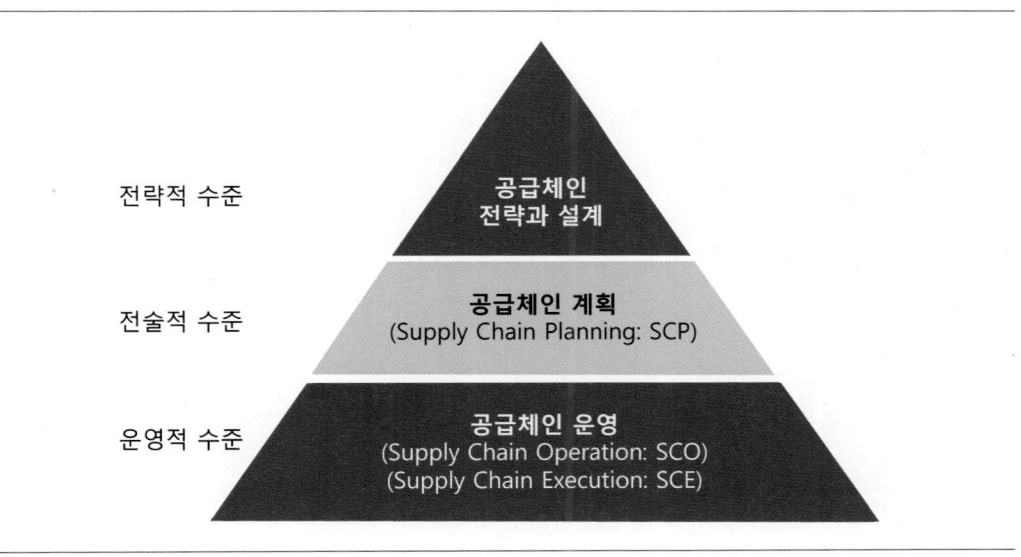

공급체인관리에 관련된 기업 활동 수준

먼저 전략적 수준은 공급체인 전략과 설계이다. 전략적 수준은 공급체인의 구조를 결정하는 단계이다. 공급체인에 어떤 조직들이 참여할 것인지, 각 조직들은 어떤 업무를 수행해야 하는지 등을 결정한다. 기업의 경쟁우위 역량을 고려한 공급체인의 전략적 방향성과 공급체인 설비 수, 위치선정, 공급체인을 고려한 제품설계 등 공급체인의 설계에 대한 의사결정 및 활동이 연관된다. 따라서, 전략적 수준에서의 의사결정은 대부분 장기간 영향을 미치기 때문에 기업의 최고경영자 및 임원 수준에서 수행되는 경우가 일반적이다.[17]

둘째, 전술적 수준은 공급체인 계획이다. 전략적 수준에서 결정된 공급체인 전략을 집행하기 위한 운영계획을 수립한다. 전술적 수준에서는 공급체인의 생산, 재고, 운송 등 통합적 계획을 고려한다. 공급체인 총 비용의 최적화를 위해 설비별 생산 계획 및 재고 배치 계획, 운송계획 등을 고려한다.

셋째, 운영적 수준은 공급체인 운영이며 공급체인 수행(Supply Chain Execution: SCE)라고도 한다. 전술적 수준에서 수립된 공급체인 계획을 수행하기 위한 운영계획을 수립하고 운영한다. 운영적 수준에서는 공급체인관련 의사결정구조의 가장 하부를 차지하고 있으며 가장 세부적인 계획을 수립해야 하기 때문에 공급체인 계획을 실제로 수행하기 위한 운영적 수준의 의사결정과 활동들이 이루어진다. 운영적 수준에서 의사결정은 단기간의 미래에 대한 계획을 수립하므로 공급체인운영과 관련된 의사결정에는 상대적으로 불확실성이 낮다. 정보시스템 측면에서는 공급체인 운영의 지원은 보통 전사적자원관리(Enterprise Resource Planning: ERP) 시스템에 의해 수행된다.[18]

제2절 GSCM의 도입배경과 특징

1. 글로벌 공급체인관리의 확산

최근 글로벌 공급체인관리(Global Supply Chain Management: GSCM)는 개별 기업의 최적화뿐만 아니라 전체 공급체인 차원에서 협력과 최적화를 통한 효율성이 제고되어야 한다. 자원과 정보흐름의 단절 및 불필요한 단계를 제거하여 전체 공급체인의 신속성을 개선시키고 총비용 관점에서 공급체인 전체의 이익을 극대화하는 관점에서 이해되어야 한다.

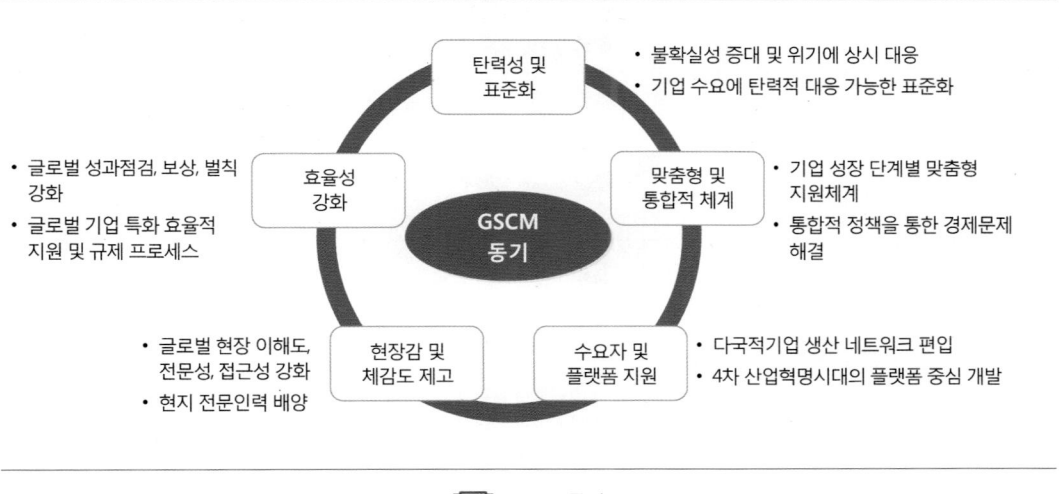

GSCM 동기

1) GSCM의 정의

글로벌 공급체인관리는 원재료 구입부터 최종소비자까지의 물류, 정보흐름을 국내에서 해외로 확장하여 2개국 이상의 국가에서 제품을 조달하고, 생산하여 글로벌 시장에서 판매하는 것이다. 최근 생산, 판매, 운송 전문기업으로 특화되어 있던 것을 글로벌 기업 간 네트워크 구축을 통해 글로벌 소싱, 글로벌 마케팅, 글로벌 통관, 글로벌 물류 활동을 바탕으로 국제무역거래에서 경쟁우위를 확보하는 것이다.[19]

2) 글로벌 공급체인관리의 특징

글로벌 공급체인관리는 리드타임 단축, 동기화 이행, 글로벌 프로세스 혁신, 비용감소 등의 특징을 갖고 있다. 리드타임 단축은 제품의 시작에서 최종 고객까지의 시간으로 제품의 주문부터 배송까지의 시간을 말한다. 글로벌 공급체인관리를 실행하면 리드타임을 단축시킬 수 있다. 동기화 이행은 생산 공정의 문제점을 발견했을 경우 그 문제점을 개선화고 전체를 최적화하는 것이다. 비용감소는 경영자원의 이용 효율화를 높이고, 기업 리스크를 최소화하면서 기업의 이윤을 극대화할 수 있다.[20]

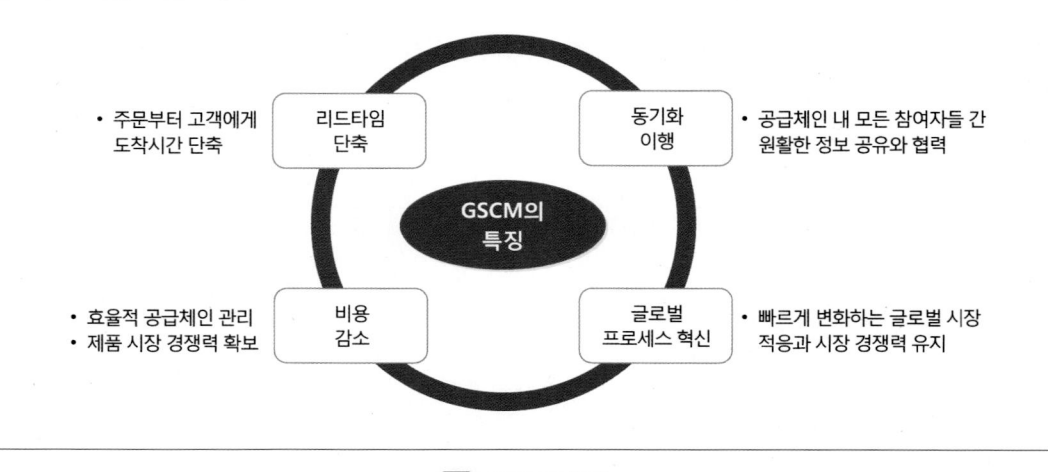

GSCM의 특징

2. GSCM의 도입 배경

4차 산업혁명 시대에는 기업들이 글로벌 지역에서 생산과 판매가 증가하고, 글로벌 고객 요구에 신속하게 대응하기 위해 글로벌 공급체인관리의 중요성이 증대되었다. 이러한 글로벌 공급체인관리의 필요성은 다양한 요인과 밀접한 관련이 있다.[21]

그 이유는 글로벌 공급체인관리의 도입 배경 자체가 공급자와 고객 간의 상호조정 요구 증대와 해외 법인 수 증가 등에 따른 글로벌 통합의 필요성이 증대했기 때문이다. 또한, 재고 및 물류비용의 증대나 글로벌 물류를 위한 조직화 그리고 유연하고 효율적인 생산체제를 확보하기 위한 새로운 전략으로 Industry 4.0 기술을 수용할 수 있어야 하기 때문이기도 하다.[22]

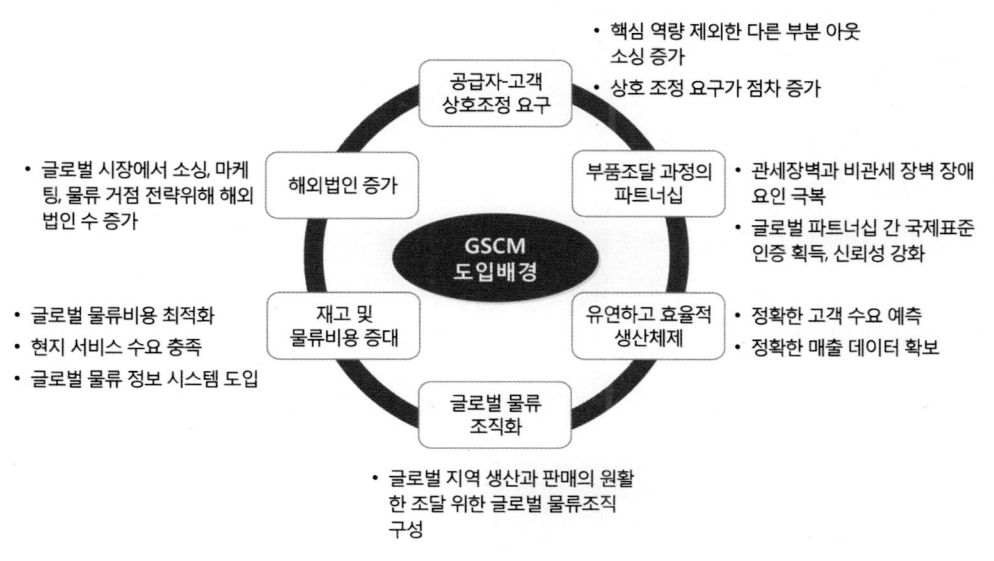

4IR 시대 GSCM의 도입배경

제3절 SCRM의 정의 및 프로세스

1. 공급체인 위험의 정의

1) 위험의 개요

4차 산업혁명 시대에 공급체인은 새로운 기술 접목과 디지털화로 인해 급격하게 변화하고 있다. 이러한 변화는 공급체인에 이점을 주지만 아직 안정화되지 않고 변동성이 높아 다양한 위험 요소들이 나타나고 있다.

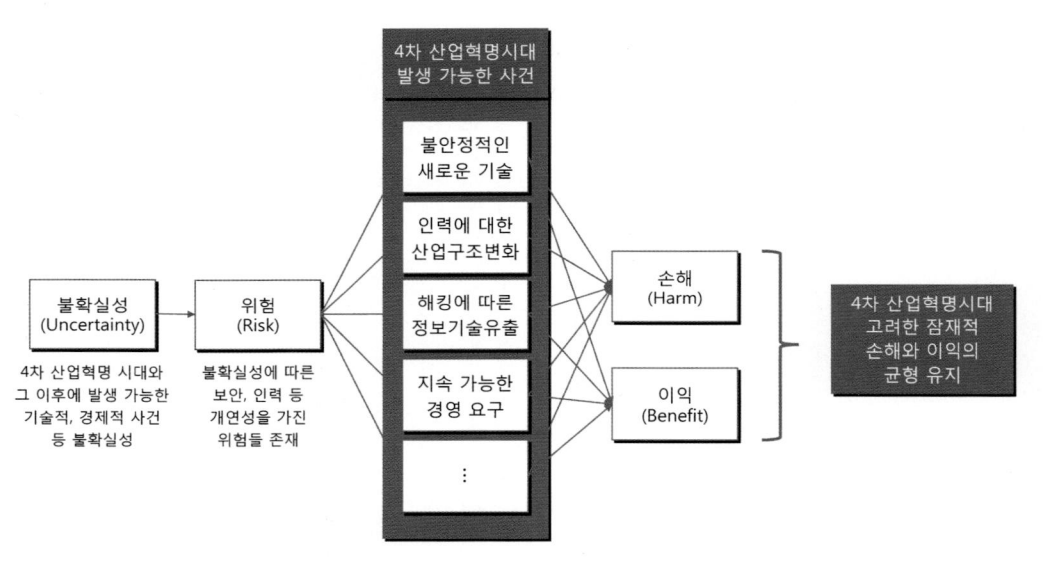

4차 산업혁명 시대의 공급체인 위험관리 개요

특히 불안정적인 새로운 기술이나 산업구조변화, 해킹, 지속가능한 경영 요구 등의 4차 산업혁명 시대에 발생가능한 위험 요소들이 존재한다. 이때 위험은 '사고 발생의 예측 가능성'으로 특별한 사건이 발생할 가능성이나, 위험이 미칠 수 있는 영향, 특별한 사건 발생의 결과가 손해 및 이익을 야기하는 예측하지 못한 사건으로 이어지는 경로의 인과 관계를 말한다.

위험이 발생할 때 기업에 미치는 영향을 시간의 흐름에 따라 나타내는 공급망성과는 사건이 발생하기 이전의 계획, 최초 위험 영향 감지, 회복 준비, 회복 노력 단계를 통해 위험이 발생한 이전의 수준 또는 그 이상의 수준으로 회복할 수 있다.[23] 위험이 나타나는 과정은 먼저, 사건이 발생하기 이전의 계획(Planning) 단계는 사건이 발생하지 않은 단계로 위험에 대비하기 위해 환경 변화를 확인한다.

둘째, 최초 위험의 영향(Initial impact) 감지 단계는 첫 번째 위험을 감지한 반응으로 위험의 최초 영향에 대응한다. 회복 준비(Preparation for recovery) 단계는 공급체인 성과가 감소하는 폭을 제한하고 위험이 미치는 총 영향을 파악하는 단계이다. 회복 노력(Recovery efforts) 단계는 기업이 받은 손실을 제거하여 공급체인 성과를 위험이 발생한 이전의 수준 또는 그 이상의 수준으로 회복한다.24)

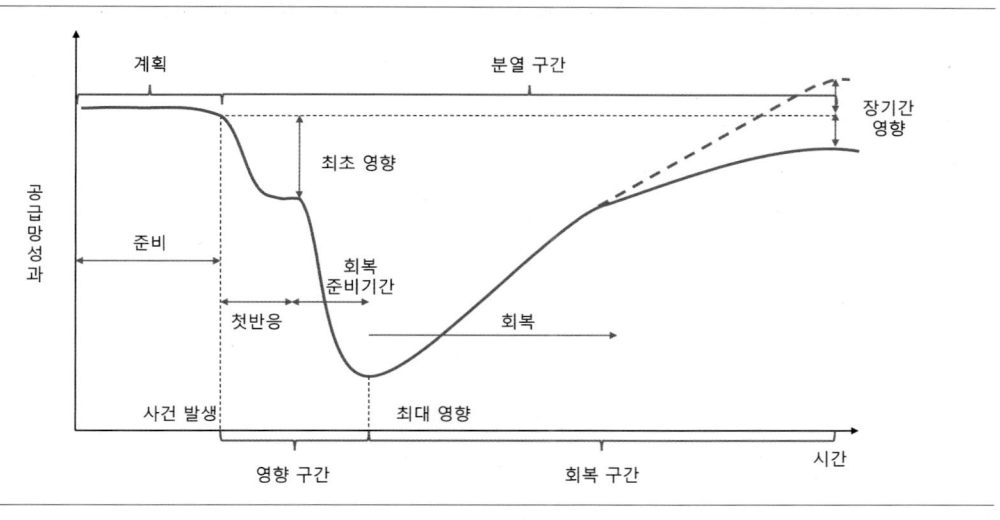

위험의 영향

2) 위험의 유형

위험의 유형은 위험의 통제 가능 여부, 의사결정 수준, 위험 발생 지점 등 다양한 기준으로 분류되고 있으나, 크게 [그림]과 같이 공급체인 외부 위험과 공급체인 내부 위험으로 구분할 수 있다.

(1) 공급체인 외부 위험(External risks)

외부 위험은 자연적 위험, 정치적 위험, 사회적 위험, 고객 수요의 변동과 같은 산업 및 시장 위험 등이 있다. 예를 들면 지진, 허리케인, 노동 쟁의 행위, 전쟁, 테러리스트 공격, 질병의 발병, 환율 상승, 원재료의 부족, 범죄 등 공급 체인 외부로부터 나타나는 위험들을 말한다.25)

(2) 공급체인 내부 위험(Internal risks)

내부 위험은 관리자의 실수, 생산에서 소비까지 배송의 적시성 및 지연 문제, 정보 기술 시스템의 불확실성, 장비의 고장, 과잉 재고, 수요 예측의 오류, 재정적 위험, 경미한 사고, 인적 과오, 정보기술 시스템의 실패 등과 같이 일반적으로 기업의 운영에서 나타나는 위험이다.26) 공급체인에서 발생할 수 있는 위험은 공급 위험, 운영 위험, 수요 위험 등 세 가지로 이루어진다.

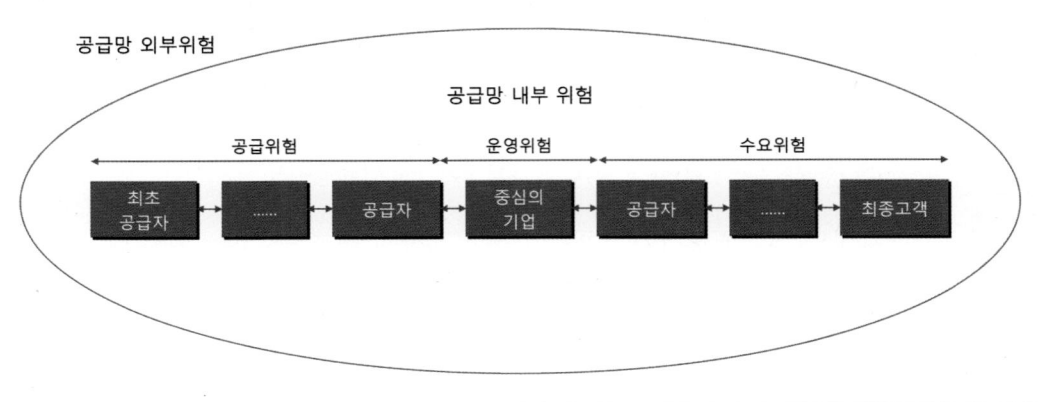

위험의 유형

① 공급 위험(Supply risks)

공급 위험은 공급자 또는 공급 시장으로부터 공급의 실패를 야기할 수 있는 인바운드(Inbound) 공급에 관련된 사건 발생의 가능성을 나타낸다. 최초 공급자로부터 기업까지의 원재료 이동 과정에서 나타날 수 있다. 공급 위험은 기업이 공급자의 능력을 정확하게 파악하지 못하거나, 거래 관계에 있는 공급자가 충분한 노력을 하지 않았을 경우에 나타날 수 있다. 관리자가 배송 스케줄을 잘못 관리할 경우, 공급자의 배송이 불안정할 경우, 공급자의 재고 관리의 실패로 조달이 중단되는 경우 등 소싱 전략의 위험도 공급 위험에 포함된다.

② 운영 위험(Operational risks)

운영 위험은 기업이 제품과 서비스를 생산하기 위한 내부 역량, 제품의 품질과 적시 생산, 기업의 수익성에 영향을 미칠 수 있는 사건의 가능성을 나타낸다. 운영 위험은 기업 내부에 존재하고, 핵심 설비의 고장이나 진부화, 제조 또는 프로세싱 역량의 부족으로 나타날 수 있다.

③ 수요 위험(Demand risks)

수요 위험은 기업이 고객에 의해 요구된 물량과 다양한 제품 선택에 영향을 미칠 수 있는 아웃바운드(Outbound) 흐름과 관련된 사건의 발생 가능성이다. 기업에서 고객까지 상품이 이동하는 과정에서 발생하는 수요 위험은 부정확한 수요 예측으로 인한 재고 부족과 이에 따른 배송 지연, 부적절한 신상품 도입으로 시장에서 판매 기회를 잃는 것이다.[27]

📋 공급체인 내부 위험의 분류

구분	내용
공급 위험	• 인바운드 공급에 관련된 사건 발생의 가능성 • 소싱 전략의 위험 포함
운영 위험	• 제품과 서비스를 생산하기 위한 내부역량 부족 • 제품의 품질과 적시 생산 위험 • 기업의 수익성에 영향을 줄 수 있는 가능성
수요 위험	• 아웃바운드 흐름과 관련된 사건의 발생 가능성 • 재고 부족 및 배송지연, 부적절한 신상품 도입으로 시장에서 판매기회 소실

2. 공급체인위험관리 프로세스

공급체인위험관리는 공급체인 내외부에 손해를 유발하는 사건이 발생하였을 경우, 그 위험과 차후 회복(Recovery)을 위해 위험을 판단하고 평가하는 의사결정이다.[28] 위험을 분석하여 효율적으로 관리하면, 위험 관련 의사결정의 수준을 향상시키고 공급체인의 원활한 흐름을 기반으로 이익을 도출할 수 있다.

1) 위험 인지(Identification)

공급체인의 위험 관리 프로세스의 제1단계는 위험 인지이다. 이는 공급, 운영, 수요, 보안, 거시적, 정책, 경쟁, 자본 위험들의 개념과 국내 수준 및 글로벌 수준을 이해하는 것이다.

2) 위험 평가(Assessment) 및 산정(Evaluation)

제2단계는 위험 평가와 산정이다. 위험들이 모든 공급체인에 영향을 미치는 것은 아니다. 공급체인은 위험들에 취약할 수 있지만, 위험 평가를 통하여 위험들로부터 보호할 수 있다. 이런 이유로 제1단계에서 인지된 위험들이 공급체인에 중요한지를 결정하고, 기업이 공급체인의 취약한 위험에 주의를 기울일 수 있도록 한다.[29]

3) 위험 관리 전략의 선택

제3단계는 위험 관리 전략의 선택이다. 제2단계에서 위험을 평가하고 산정한 후에 주요 위험들 항목을 제공하면, 위험을 관리하기 위한 적절한 전략을 선택하는 것이다. 위험 관리 전략들은 공급체인 전략과 협조 관계에 있기 때문에 위험과 관련된 손실의 가능성을 감소시킬 수 있다.[30]

4) 위험 관리 전략의 실행

제4단계는 위험 관리 전략의 실행이다. 위험 관리를 위한 전략의 실행은 확실한 시스템 구조를 요구한다. 글로벌화와 고객들이 요구하는 공급체인 패러다임과 조화를 이룰 수 있는 변화가 필요하다. 글로벌 공급체인에서 공급자와 소비자는 전 세계에 분산되어 있고, 기업들은 공급체인 구성원들의 증가로 공급체인 간 다른 네트워크 형태로 끊임없이 확장하여 복잡성(Complexity)이 증가하고 있다.[31] 그러므로 복잡성을 관리하는 것이 위험 관리 전략의 성공적인 실행을 위해 중요하다.

5) 위험 완화

제5단계는 공급체인 위험의 완화이다. 위험 관리 전략을 고안한 이후에도 모든 위험들을 피할 수는 없다. 따라서 심각하게 해로울 수 있는 위험이 실현될 것이라는 시뮬레이션을 통해 계획을 세우는 것이 중요하다. 위험 관리 전략은 사전 대책을 강구해 불확실성을 통해 예상되는 위험의 가능성을 다루고, 위험 완화 계획은 기업들에게 위험으로 야기된 잠재적인 손실에 분별 있는 의사결정을 제공한다.[32]

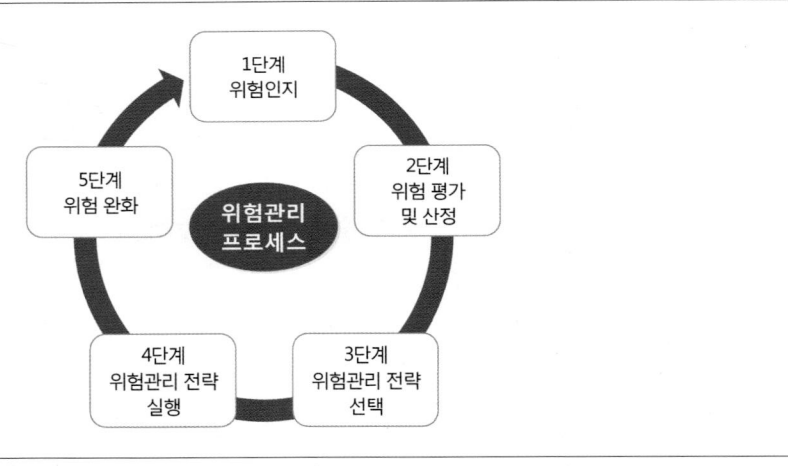

위험 관리 프로세스

제4절 4차 산업혁명 시대의 GSCM 패러다임 확산

1. 4차 산업혁명 시대의 SCM 패러다임

4차 산업혁명은 디지털화, 자동화, 인공지능, 빅데이터 등 첨단 기술의 발전으로 인해 기존 산업구조와 경제활동의 패러다임이 크게 변화하는 시대를 의미한다. 4차 산업혁명 시대의 SCM 시장은 기업의 파트너십이 중요한 요소로 작용하고 있으며, 기업 환경과 경제원리의 변화를 수용하고 재고감축의 압력에 유연성을 높이는 데 초점을 맞추고 있다. 기업들이 글로벌 지역에 생산과 판매 확장을 목표로 고객의 근접 지역으로 네트워크 구축하여 전체를 최적화하는 시점에서 기업 환경에 따른 경제원리가 변화하게 되었다. 이러한 변화는 기업들의 경영 방식과 비즈니스 모델에도 영향을 미치고 공급망 재구축(Restructuring) 전략을 통하여 기업 내부 및 외부의 공급체인 활동을 효율적으로 관리하는 것이 핵심 활동이 되었다. 또한, 4차 산업혁명이 본격적으로 접목되고 있는 제조 부문과 서비스 영역의 공급망은 Industry 4.0 시대에 들어 훨씬 복잡해졌기 때문에 기업들의 전략적 의사결정에 크라우드 소싱에 기반한 수요 예측이 한층 더 중요한 역할을 할 것이다.[33]

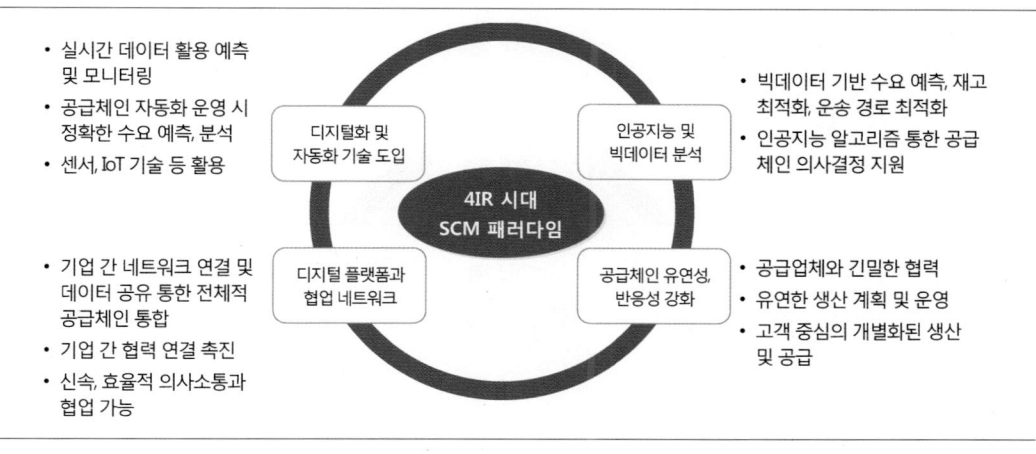

4차 산업혁명 SCM 패러다임

2. 글로벌 공급체인관리 발전과정

공급체인관리는 오랜 시간 동안 진화해오면서 여러 가지 발전과정을 거쳤다. 이에 따른 주요한 공급체인관리 발전 단계를 자세히 살펴보고자 한다. 초기 공급체인관리에서는 공급체인 최적화가 중요시되어 주로 비용 절감과 효율성 향상을 중점으로 고려되었다. 기업들은 재고 최소화, 생산 계획의 정확성 향상, 운송비용 최적화 등을 통해 공급체인을 최적화하고자 노력했다.

이후 4차 산업혁명 시대가 도래함에 따라 최근 몇 년 동안 데이터 분석과 예측이 SCM의 핵심 요소로 강조되고 있다. 빅데이터와 인공지능 기술의 발전으로 인해 기업들은 SCM에 대한 데이터를 수집, 분석하고 예측 모델을 구축하는 데에 활용하고 있다. 이는 공급체인의 투명성을 향상하고, 수요 예측과 재고 최적화 등의 의사결정에 기반을 제공하여 공급체인의 효율성과 반응성을 향상에 도움이 된다.

그리고 데이터 분석을 기반으로 한 기업 운영의 디지털화와 자동화 기술의 도입은 공급체인관리에서 중추 역할을 하고 있는데 빅 데이터 분석이 회계, 마케팅, 공급망 운영 등 다양한 비즈니스 기능에 성공적으로 활용되고 있고 머신러닝 및 컴퓨팅 인프라의 발전과 함께 공급망의 빅 데이터 분석에 대한 중요성이 급증하고 있기 때문이다.34) 이러한 중요성을 바탕으로 Industry 4.0 시대의 IoT, RFID, 자동화 기계 등을 통해 생산, 물류, 운송 등 SCM의 다양한 활동이 자동화되고 디지털화되고 있음에 따라 실시간 모니터링, 데이터 수집, 자동화된 프로세스 실행 등이 가능해지며, 효율성과 정확성을 높이고 인력 비용을 절감할 수 있게 되었다.

또한, 최근에는 전 세계적으로 환경보호 및 인권 보호, 사회적 책임의 중요성이 대두됨에 따라 지속가능한 SCM이 강조되고 있다. 기업들은 환경보호, 사회적 기업, 윤리적 공급체인 등을 고려하여 SCM을 설계하고 운영하는 데 관심을 기울이고 있다. 그리고 이러한 지속가능성은 고객들과의 관계 개선, 브랜드 이미지 향상, 법규준수 등과 연결될 수 있다.

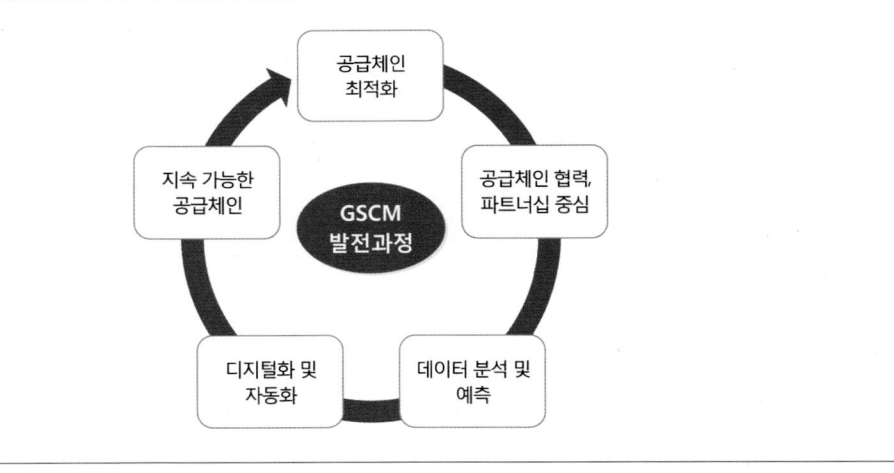

글로벌 공급체인관리 발전과정

이러한 발전과정을 통해 SCM은 비용 절감과 효율성 향상에 그치는 것에서 더 나아가, 협력, 데이터 기반 의사결정, 디지털화, 자동화, 지속가능성 등 다양한 측면에서 발전하고 있다. 이는 기업들이 경쟁력을 갖추고 변화하는 시장환경에 적응할 수 있는 강력한 도구가 되고 있다.

3. 글로벌 공급체인관리 도입 프로세스

급격한 기업 환경의 변화 및 정보통신기술의 발전에 일차적으로 신속 대응하고자 물류비용과 재고자산 불확실성이 높아지면서 고객서비스 품질을 높이기 위한 전략적 대응이 필요한 시점이 되었다. 이에 따라 공급체인을 도입하여 기업 운영 과정에서 발생하는 문제점을 개선하고 기업의 글로벌화를 성공적으로 이루게끔 하며 기업 요구에 맞게 글로벌 지역 내 어느 공급자들로부터라도 적시적기에 재료, 인적자원, 부속품 등을 받을 수 있는 환경을 관리하는 것이 중요해졌다.

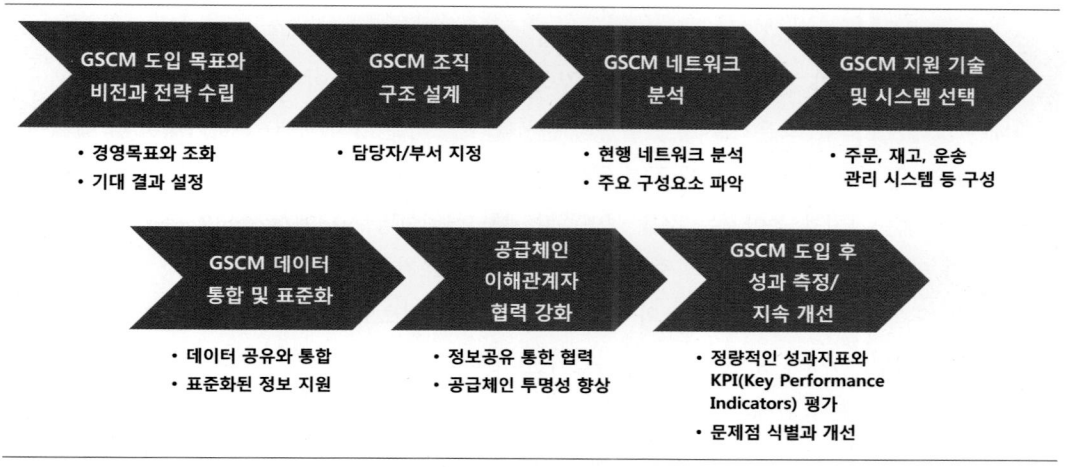

4차 산업혁명 시대의 글로벌 공급체인관리 도입 프로세스

4. 글로벌 밸류 체인과 Smile Curve의 이해

1) 글로벌 밸류 체인

글로벌 밸류 체인(Global Value Chain: GVC)은 제품이나 서비스가 제공되기까지의 공급체인과 생산과정에서의 가치 창출 활동을 나타내는 개념이다. 이는 제품 또는 서비스의 생산과정을 다양한 국가와 지역 간에 나누어 수행하고, 각각의 참여자가 전 세계적인 규모로 경쟁하고 협력하는 현대적인 비즈니스 환경을 반영하는데 진화경제지리학(Evolutionary Economic Geography: EEG)이라는 개념과 GVC는 별개의 독립적인 영역으로 발전되어 왔다.[35]

글로벌 밸류 체인은 제품 생산의 각 단계를 전 세계적으로 분산시킴으로써 다양한 이점을 제공하는데, 이는 원자재 공급, 부품 생산, 조립, 마케팅, 유통 등 다양한 활동에 이르는 여러 단계로 구성된다. 각 단계는 전 세계적으로 다른 지역에서 이루어질 수 있으며, 특정 국가나 기업이 특정 생산 활동에 집중함으로써 효율성과 경제성을 극대화한다.

한편, 글로벌 밸류 체인은 다양한 국가 간의 협력과 경쟁을 동시에 촉진한다. 각 국가는 자신의 경제적 강점과 특화된 능력을 활용하여 글로벌 밸류 체인에 참여하게 되며, 이를 통해 세계 시장에서 경쟁력을 갖추게 되고, 이는 더 낮은 생산 비용, 효율적인 생산과정, 기술 혁신, 다양한 제품 선택 등으로 이어지는 이점을 제공하게 된다.[36]

즉, 글로벌 밸류 체인은 현대 경제에 있어서 중요한 개념이며, 기업과 정부는 이를 고려하여 경쟁력을 강화하고 지속 가능한 성장을 추구하는 전략을 수립하는 데에 중요한 역할을 한다.

2) 4차 산업혁명 시대의 스마일 커브

스마일 커브(Smile Curve)는 4차 산업혁명 시대에서 제조업의 밸류체인을 표현하는 개념으로, 마이클 포터와 스탠리도프가 개발한 경쟁전략적인 분석 도구 중 하나이다. 이 개념은 제조업의 공급체인을 나타내는 그래프로, 가로축은 가치창조 활동의 순서를, 세로축은 가치(가격)를 나타내며 각 단계에서의 가치(가격) 분포를 나타내기 위해 곡선 형태를 나타낸다. 이를 통해 초기 단계에서는 가치가 낮고, 후기 단계에서는 가치가 높아지는 것을 보여준다. 4차 산업혁명 시대에서 스마일 커브는 제조업의 경쟁전략과 고부가가치 제품 생산의 중요성을 강조하는데, 초기 단계에서 원료 획득과 설계가 철저히 이루어지면 후속 단계에서의 가치창조와 마케팅이 더욱 효과적으로 이루어질 수 있다. 후기 단계에서는 브랜딩, 디자인, 마케팅 등 창조적이고 차별화된 가치를 제공하는 능력이 중요하다. 따라서 제조업체는 초기 단계와 후기 단계의 가치창조에 주력함으로써 경쟁우위를 확보할 수 있다.

스마일 커브의 배경은 제조업의 경쟁 환경이 변화함에 따라 기업들이 공급체인의 다양한 단계에서 경쟁력을 발휘해야 한다는 인식을 강조한다. 단순히 저렴한 제품 생산에만 집중하는 것이 아니라, 창의적인 기술과 디자인, 탁월한 마케팅과 서비스 등을 통해 고부가가치를 창출해야 경쟁에서 우위를 점할 수 있다. 이를 통해 기업들은 4차 산업혁명 시대의 제조업 경쟁에서 성공적인 위치를 확보할 수 있다.

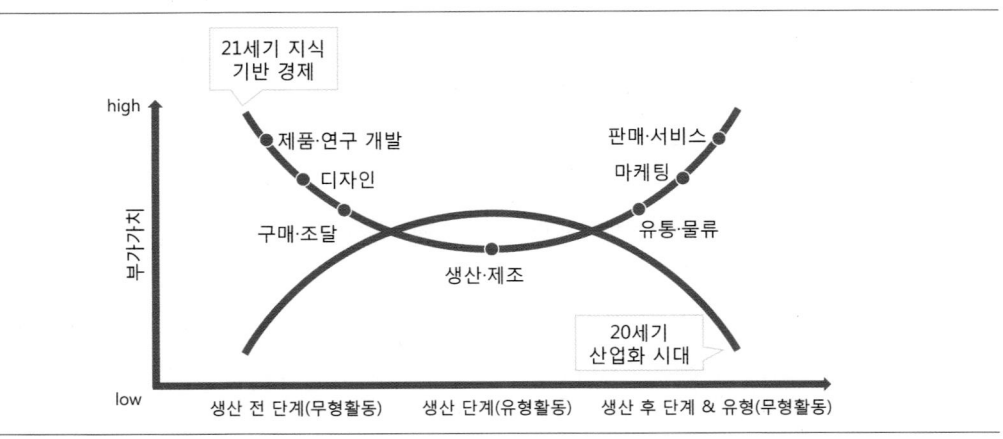

Smile Curve

제12장 SCM 및 GSCM   Case Study

대동의 DT(Digital Transformation)를 통한 변신,
"농기계 제조 명가에서 미래농업 리딩 기업으로"

"농부가 아침에 일어나 모니터로 작물의 상태를 체크한다. AI 가 분석한 결과에 근거하여 현재 작물 성장에 가장 알맞은 레시피를 추천받고, IoT 기술을 통해, AI 무인 작업 트랙터에 작업 지시를 내린다. 집에 있는 간이재배기에서 재배한 기능성 채소 섭취를 통해 하루 필요한 비타민을 충전한 후, E-Bike를 타고 농경지로 출근한다. 농경지에서는 한창 수확로봇이 카메라를 통해 작물의 생육상태를 판단하여 상품성 높은 작물들을 선별 수확하고 있으며, 이와 협업하는 운반 로봇이 부지런히 소형 자율주행 전기트럭에 이를 옮겨 담고 있다. 농민은 스마트폰 앱을 통해 현재 작물의 수확 수익성을 높일 수 있는 방안을 AI로부터 컨설팅을 받고, 농민의 지정 배송업체는 무인 배달로봇을 통해 오늘 수확한 작물을 고객에게 배송한다"

국내 농기계 제조 1위 기업인 대동이 꿈꾸며 만들어가는 머지않은 미래의 모습이다. 대동은 '농기계 제조 회사'로만 불리기엔 적절하지 않은 기업이 되었다. 이제는 한국을 대표하는 '미래농업 기업 대동'이 좀 더 어울리는 표현이 되었다.

▲ 농업기술의 발전과 변화하는 농업인의 삶(자료 : ㈜대동 제공)

1947년 태동한 대동은 한국 농산업과 농기계산업 발달의 역사와 맞닿아 있다. 광복 직후인 1947년에 창립해 1949년 석유엔진 발동기, 1962년 경운기, 1968년 농용 트랙터, 1971년

제12장 SCM 및 GSCM

콤바인, 1973년 보행 이앙기 개발·생산에 이르기까지, 대한민국 농기계 산업사에서 모조리 '최초' 기록을 쓴 대동은 2020년 '미래농업 리딩 기업'이라는 새로운 비전을 선포하며 업계 1위에 안주하지 않고 '業'의 본질을 바꾸는 전면적인 트랜스포메이션을 꾀하고 있다. 전통적인 농기계 제조사에서 '스마트 농기계', '스마트 모빌리티' '스마트팜' 그리고 '로보틱스'로 이뤄진 4대 미래 성장축을 본격화하며 미래농업 기업으로 변모 중이다.

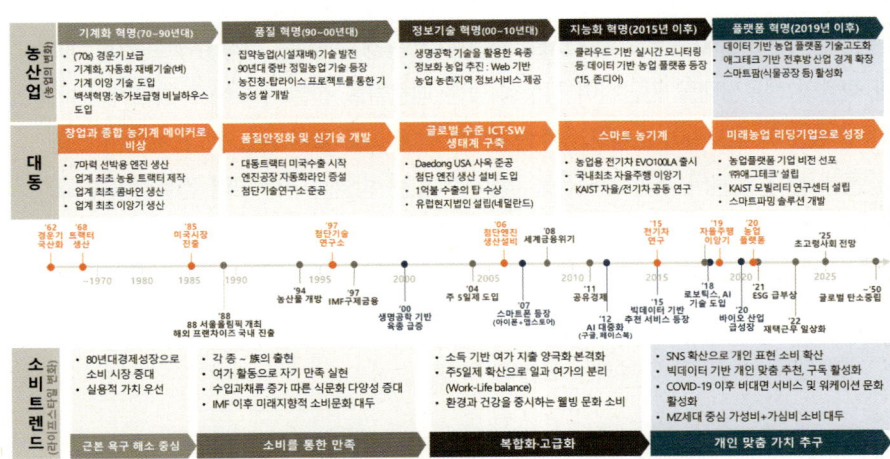

▲ 농산업과 소비트렌드의 변화 과정과 대동의 트랜스포메이션(자료 : ㈜대동 제공)

○ **그렇다면 대동은 왜 미래농업에 주목하는 것일까?**

대한민국 농가 평균 연령은 68세이며 그 중 47%가 65세 이상이다. 식량의 소비는 지속되지만 생산할 수 있는 인원은 줄어들고 있다. 그에 반해, 세계적으로 농업의 중요성은 더더욱 커지고 있다. 기후 변화, 코로나 팬데믹 그리고 러시아-우크라이나 전쟁은 국제 곡물 가격 폭등을 야기하며 식량 안보에 대한 중요성을 전 세계에 알렸다. 한국은 곡물자급률 20.2%를 기록(2020년 기준)하며 OECD 38개국 중 식량안보 최하위(32위) 수준에 머물렀다. 다시 말해, 생존을 위해 농업은 매우 중요하지만 종사 인원이 줄고 있는 형국이다. 이를 해결할 수 있는 것이 바로 '기술'이다. 무인화는 줄어드는 노동력의 감소를 메꾸고, 로봇은 힘든 작업을 대신하며, 발달된 기술은 같은 시간 안에 더 많은 수확량을 가져다준다. 기술은 생산성과 효율성을 극대화시킬 수 있다. 이제는 첨단 디지털 기술이 농업을 받쳐줄 수 있는 시대가 도래했다. 그 시대의 변화에 대동은 재빠르게 대응하고 있다.

2023년 초에 열린 CES에서의 화두는 단연 '존디어'였다. 한 해 매출이 70조가 넘는 농기계

Case Study

업계 세계 1위 기업인 이 회사는 CES 개막행사의 주제발표를 맡았으며 모빌리티 전시관 한 가운데 가장 넓은 공간을 차지했다. "농기계 회사가 왜 세계 최대 가전박람회에?"라는 질문을 가질 수 있지만, 이미 존디어는 인공지능(AI)과 에지컴퓨팅 그리고 자율주행 기술을 결합해 사람이 탑승하지 않아도 스스로 작업하는 트랙터인 자율주행 트랙터를 선보였다. 존디어는 미국 인구의 2%밖에 안되는 농민들에게 이러한 혁신 기술을 통해 식량 생산과 동시에 경제적, 환경적으로 농사를 쉽게 가능하도록 도와 노동력 부족 현상을 해결하고 더 적은 비용으로 더 많은 식량 생산을 가능케 했다. 농업과 디지털 기술이 만나 엄청난 시너지를 낸 것이다.

대동이 미래농업을 비전으로 삼은 이유에는 피할 수 없는 환경만 있는 것은 아니다. 한국 농기계산업 발전의 기초가 되고 농업인 삶의 질 향상에 기여한, 농업에 뿌리를 둔 기업이기에 한 선택이다. 많은 회사들이 생존을 위해 급박하게 기존 업과 관련이 없는 분야로 업의 전환을 무리하게 시도하다 몰락한 사례들을 우리는 자주 접할 수 있다. 그에 반해, 대동은 70년이 넘는 경험과 브랜드 파워를 바탕으로 제일 잘 할 수 있는 일을 중심으로 변화를 선택했다.

○ **그렇다면 대동은 어떻게 미래농업 기업으로 변신하려 하는가?**

미래 농업은 효율성과 생산성을 극대화한 '정밀 농업'이다. 그 범위는 넓고 업의 종류는 매우 많다. 존디어 같은 경우, 농기계 등으로 얻은 데이터를 활용하여 작물 정보 분석 및 분석 정보 기반 농업 솔루션 제공을 하는 플랫폼 비즈니스로 이미 수익을 창출하고 있다. 제조사가 어떻게 이런 '서비스'업을 할 수 있을까? 바로 '디지털 대전환(Digital Transformation: DT)' 때문이다.

'미래농업'이라는 새로운 업으로 전환한다는 것은 기존의 제품 제조/판매 중심 H/W기업에서 플랫폼 기반의 S/W 기업으로 업의 본질 자체가 바뀌는 근본적인 변신을 의미한다. 이를 위해 대동도 DT를 추진했고, 구호에 그치지 않는 실질적인 디지털 대전환을 이루어 내기 위해 사업분야만이 아니라 프로세스와 일하는 방식까지 포함하는 체계적인 추진 전략을 수립하였다. 대동의 DT Framework는 Biz Innovation(=BI), Process Innovation(=PI), 그리고 Work Innovation(=WI)으로 구성되었고, 업의 전환을 위해 PI와 WI가 기반이 되어 BI 추진을 지원하는 형태로 설계되었다. 이후, 각 분야별로 시기별 주요 목표를 세우고 끊임없이 구성원들과 소통하였다.

이런 노력의 일환으로 연간 100억원 이상의 대규모 투자가 수반되는 ERP(전사자원관리), MES(생산계획), PLM(제품수명관리), CRM(고객관계관리), SCM(공급망관리) 등의 디지털 핵심 시스템(Digital Core System)을 과감하게 도입하여 프로세스 자체의 디지털화에 박차를 가하고 있다. 이와 더불어, 미래 농업으로 가기 위한 가장 강력한 원동력인 구성원들의 일하는 방식을 바꾸기 위해 공간 혁신, 인사 제도 혁신 그리고 리더 육성을 위한 젊은 세대로 구성된 회의체 등을 꾸려 구성원들이 몰입해 생산성과 효율성을 극대화할 수 있는 환경 및 시스템 조성에 주력하고 있다.

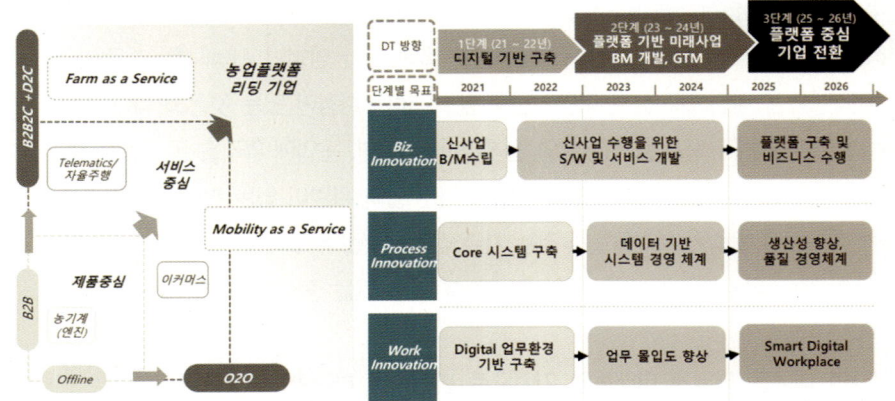

▲ 대동모빌리티의 디지털 플랫폼 전환과 목표(자료 : ㈜대동 제공)

○ 그렇다면 대동의 미래 4대 사업은 어떻게 구성되어 있는가?

대동의 4대 미래사업은 미래농업 플랫폼을 근간으로 유기적으로 결합되어 고객과 파트너에게 새로운 가치를 제공할 수 있도록 기획되었다. 즉, 농업 기반으로 형성된 브랜드와 고객 및 업력을 한 축으로 하고, 지난 76년간 다품종 소량 생산체제를 통해 구축한 제조 역량을 또 다른 축으로삼아 4대 신사업 분야인 '스마트 농기계, 스마트파밍, 스마트 모빌리티, 스마트 로보틱스'가 대동이라는 미래농업 플랫폼 위에서 글로벌 시장을 목표로 제품과 서비스가 혁신될 수 있도록 체계를 갖추어 가고 있는 것이다.

먼저, 스마트 농기계는 기존의 고품질 농기계에 센서와 S/W 기술을 융합하여 궁극적으로 트랙터에 내장된 AI 컴퓨터에 의해 무인 자율 작업이 가능한 수준을 지향하고 있다. 스마트 농기계는 스마트농업 시스템과 결합하여 경운/이앙/생육/수확에 이르는 농작업 전주기에 걸쳐 보다 세밀하고 정확한 데이터 기반의 정밀농업을 수행하는 핵심적인 수단이 될 것이다. 대동은 농업인구 감소와 고령화로 위기에 놓인 한국 농업의 현실적 대안으로서 'AI 무인 농기계 Fleet에 의한 정밀농작업 대행 서비스' 보급에 주력할 예정이며, 이를 통해 궁극적으로 국내 농산업의 디지털 전환을 리딩해가고자 한다.

Case Study

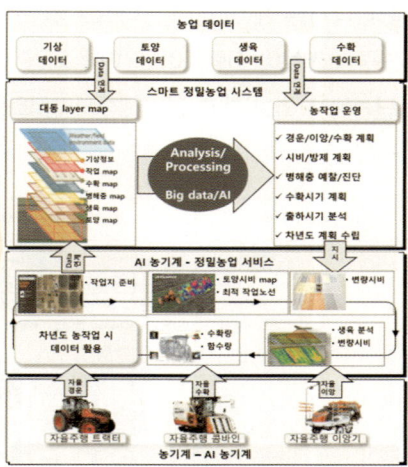

▲ 스마트 농기계를 통한 정밀 농업 서비스(자료 : ㈜대동 제공)

이러한 대동의 미래농업 모습은 머지않았는데, 대동은 농기계의 명가답게 국내 유일의 Level 3 자율주행 수도작(논농사) 숲주기 스마트 농기계의 Full Line-up을 구축하고 있으며, DAQ(트랙터에 부착된 데이터 수집 전용장치)를 활용한 AI 모델링을 통하여 Level 4 무인 자율 작업용 트랙터 개발도 진행 중이다.

'스마트 팜'은 몇 년 전까지는 매우 생소한 단어였지만 요즘은 손쉽게 지하철역에서도 스마트팜(일명 메트로팜)을 볼 수 있을 만큼 친근한 존재로 다가와 있다. 많은 이들에게 스마트팜은 메트로팜처럼 실내에서 식물을 키우는 형태가 연상되겠지만, 대동이 하고자 하는 스마트파밍은 훨씬 넓은 영역이자 하나의 '산업 혁신 생태계'를 의미한다.

스마트농기계가 기존 농업의 디지털 전환을 주도하는 역할을 수행한다면 스마트파밍은 신성장 산업으로서의 농업 혁신을 이끌어내는 역할을 수행할 것이다. 즉, 그린바이오-푸드테크 등 농업의 신성장 분야 활성화를 위해 Open Innovation 플랫폼을 구축하여 생산자와 소비자를 비롯 산학연이 해당 플랫폼을 기반으로 새로운 Value Chain을 형성하는 것을 목표로 한다.

그 중, 첫 단계인 Pre-Farming에서는 Bio-Health 소비자 트렌드에 맞춘 유망작물 IP 확보와 종자를 개발하는 산학연의 R&D가 진행 중이다. 실제 21년부터 서울대와 KIST와 공동 R&D를 진행되어 연구성과들이 가시화되고 있다. 이러한 Pre-Farming 단계는 기존 상용화된 작물뿐만 아니라 천연물 소재까지도 작물화하여 최적의 데이터기반 재배법을 개발하고, 농산물의 고부가가치화를 전개한다. 실제 재배 단계인 Core-Farming에서는 빅데이터와 AI

기술을 사용해 디지털 재배법 표준 라이브러리 축적과 AI 기반 복합환경 제어를 근간으로 하는 재배 솔루션 개발이 진행중이다. 이후 가공·유통을 위주로 하는 Post-Farming 단계에서는 선행 단계에서 확보된 작물의 고부가가치화를 위한 가공·상품화등이 진행 중이다.

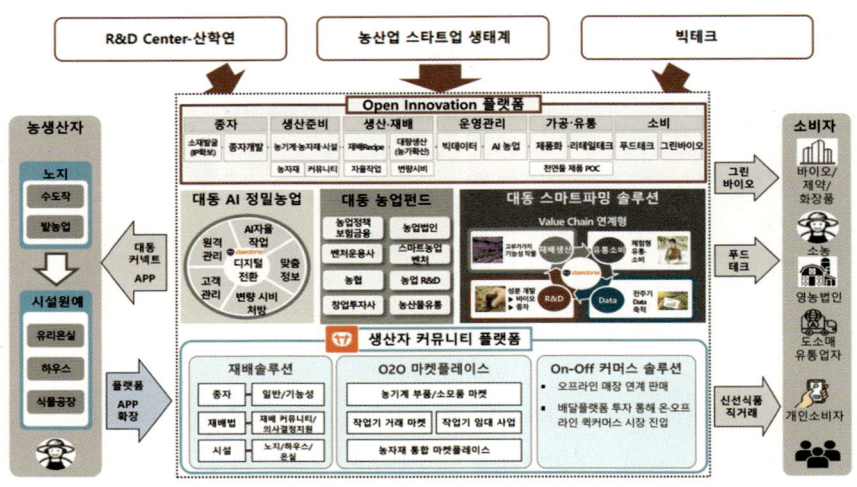

▲ 생산부터 소비자에 이르는 전 과정을 지원하는 ㈜대동 플랫폼(자료 : ㈜대동 제공)

즉, 대동이 추구하는 스마트파밍은 농업의 신성장 산업화를 지향하며 이를 통해 농산업의 디지털 전환을 가속화하여 기업가 정신에 충만한 젊은 파트너 기업들이 참여하는 대한민국 대표 Open Innovation 농업 플랫폼 구축을 목표로 하고 있다. 이러한 노력의 일환으로 인구 감소에 따른 '지방소멸' 위기에 처한 지방 지자체와 협업하여 농업플랫폼 기반의 농산업 단지인 '애그테크 밸리'사업이 진행 중이다.

스마트 농기계가 기존 사업의 경쟁력 강화에서 출발하였고, 스마트 파밍은 대동이 해왔던 농업에서 출발하였다면, 또 다른 한 축인 모빌리티는 핵심역량 기반 사업다각화 측면으로 탄생하였다. 모빌리티는 대동이 하던 업의 확장으로, 농업용 모빌리티에서 공도로 나가는 제품을 통해 고객을 찾아가 이동의 자유와 윤택함으로 고객의 일상을 행복하게 만드는 것을 목표로 하고 있다. 모빌리티 생산을 위해, 최고 수준의 생산환경과 공정기술을 갖춘, S-Factory를 준공하였고, 이곳에서 E-Bike, 스마트 로봇 체어, 소형트랙터, 골프 카트 등을 생산하고 있다. 모빌리티는 기존의 제조역량을 토대로 전동화, 자율주행 그리고 텔레매틱스 플랫폼 구축 및 구동 플랫폼의 공용화의 핵심 역량을 확보하며 성장을 꾀하고 있다. 로봇 모어를 포함하는

Case Study

초소형 플랫폼을 시작으로 스마트 체어 및 딜리버리 로봇으로 대표되는 소형 플랫폼, E-Bike로 대표되는 바이크 플랫폼, 골프카트와 ZTR이 속한 중형플랫폼과 UTV, e-경형트럭이 속한 대형플랫폼까지 모든 사이즈의 구동 플랫폼을 구축하는 동시에, 텔레매틱스를 통해 모빌리티 정보를 통합 활용하고 여기에 서비스 역량까지 더함으로써 전체적으로 일상 생활 속에서 이동이 필요한 부분에서 가치를 제공하는 모빌리티 플랫폼 사업을 영위하고 있다.

▲ ㈜대동의 핵심역량인 모빌리티 바탕의 사업 다각화(자료 : ㈜대동 제공)

대동은 한 걸음 더 나아가, 가장 자신 있는 농기계를 바탕으로 모빌리티 영역과 스마트 파밍 영역을 연계할 수 있는 링크 사업을 찾아내었는데 그것이 바로 로보틱스다. 대동은 2023년 1월 한국로봇융합연구원(KIRO)과 '대동-KIRO 로보틱스센터'를 공동 운영 중이다. 대동은 해당 센터를 로봇 사업 진출의 마중물로 삼고, 농업용 로봇을 넘어 비농업용 로봇까지 진출하고자 한다. 로보틱스센터에서 농작물 자율운반 및 방제 로봇, 경운·파종·수확 등 농작물 전주기에 활용 가능한 전동형 로봇 관리기, 실내용 배송 로봇 등을 개발 예정이다. 현재 개발 중인 운반 로봇의 경우, 환경 인식 기술을 이용해 사용자를 따라다니며, 농작물 운반을 수행하여 고객의 편의를 도모하고, 방제 로봇의 경우, 과수를 인식하는 AI기술 및 자율작업 기술을 접목하여 농약으로부터 작업자를 보호하고, 빠르고 정확하게 방제를 하여 인건비 절감 및 방제 비용을 낮출 수 있다. 또한 전동형 로봇 관리기는 기존 밭 농업 관리기에 전동화 기술과 스마트 농기계에서 습득한 실외 자율주행 기술을 적용하여 고객에게 선보일 예정이며,

편의성, 친환경, 저소음, 유지비 등의 장점으로 인하여 농촌 인구 감소 및 친환경 농업 트렌드에 따라 더욱 수요가 증가할 것으로 예상된다.

대동은 낙후된 한국 농업의 현실에 주목하여 '농업 기계화와 농기계의 국산화'라는 사명을 가지고 출발하였다. 농기계 국내 시장 1위에 만족하지 않고 해외 시장에 도전하여 세계 최대 시장인 북미 시장에서 트랙터 시장 점유율 10%에 육박하는 성공을 이끌어냈다. 그리고 식량 안보의 중요성 대두, 농업인구 감소, 곡물자급률 하락 등 변화화는 환경을 정확히 인지하고, 파워 트레인 등 대동의 뛰어난 제조 역량 및 농업 분야에 대한 업력 등을 발판삼아 '미래농업 리딩 기업'이라는 업의 전환을 'DT'를 통해 시도하고 있다. 뉴스에 로봇 회사 대동이라는 타이틀이 붙고, 전동화, 무인화 기술을 양산 제품에 담아내고 있는 현재의 변화는 대동이 앞으로 진행할 업의 변화 중 일부에 지나지 않는다.

어쩌면 대동은 2020년 미래농업 리딩 기업을 선포하면서부터 '농작지에서 스마트 파밍 기술로 재배된 기능성 작물들을 스마트 농기계를 통해 경작하고, 모빌리티에서 만들어진 운반 모빌리티 위에 수확 로봇을 부착하여 작물을 수확하는 모습'을 그려왔는 지도 모른다. 자신이 가장 잘하는 영역에서부터 확장을 하고(스마트 농기계), 가장 오랫동안 몸 담아온 업에서 혁신을 도모하며(스마트 파밍), 기존 역량의 다각화를 끊임없이 꾀하고(스마트 모빌리티), 미래 산업의 포트폴리오 안에서 융합하고 결합하여 시너지를 낼 수 있는 분야(로보틱스)를 찾아냈다. 이러한 4대 사업 축을 근간으로 구축된 다양한 제품군을 미래 농업 플랫폼에 담아내어 글로벌 시장에까지 도전하는 한국 농산업 디지털 전환의 대표 성공 사례로서 자리매김할 날이 머지않았다.

자료제공 : ㈜대동(https://ko.daedong.co.kr/)

Case Study

학습문제

문제 1

공급사슬 상에서 발생하는 경영환경변화에 관한 설명으로 옳지 않은 것은?
(2021년 제 25회 물류관리사 자격증시험)

① 공급사슬 상에 위치한 조직 간의 상호 의존성이 증대되고 있다.
② 정보통신기술의 발전은 새로운 시장의 등장과 기업경영방식의 변화를 초래하고 있다.
③ 기업 간의 경쟁 심화에 따라 비용절감과 납기개선의 중요성이 증대되고 있다.
④ 물자의 이동이 주로 국내나 역내에서 이루어지고 있다.
⑤ 고객의 다양한 니즈에 맞추기 위해 생산, 납품 등의 활동을 해야 할 필요성이 증대되고 있다.

문제 2

국제물류관리체계에 관한 설명으로 옳지 않은 것은?(2022년 제 26회 물류관리사 자격증시험)

① 현지물류체계는 본국 중심의 생산활동과 국제적으로 표준화된 판매활동이 이루어진다.
② 글로벌 SCM 네트워크 체계는 조달, 생산, 판매, 유통 등 기업 활동이 전(全)세계를 대상으로 진행된다.
③ 거점물류체계는 기업 활동의 전부 또는 일부를 특정 경제권의 투자가치가 높은 지역에 배치하고 해당 지역거점을 중심으로 이루어지는 물류관리체계이다.
④ 현지물류체계는 국가별 현지 자회사를 중심으로 물류 및 생산활동을 수행하는 체계로 현지국에 생산거점을 둔다.
⑤ 글로벌 SCM 네트워크 체계는 정보자원, 물류인프라, 비즈니스 프로세스를 국경을 초월해 통합적으로 관리하고 조정한다.

문제 3
공급사슬관리(SCM)의 필요성에 관한 설명으로 옳은 것을 모두 고른 것은?
(2019년 제 24회 물류관리사 자격증시험)

> ㄱ. 글로벌화에 따른 물류의 복잡성과 리드타임(Lead time) 증가에 대응해야 한다.
> ㄴ. 경쟁력 있는 가치를 제공하여 비용을 절감하고 고객 대응력을 확보해야 한다.
> ㄷ. 기업 간 정보를 공유하고 협력하여 채찍효과를 감소시켜야 한다.
> ㄹ. 제품개발·생산·유통·마케팅 등의 부문별 경쟁력을 외부에 의존하지 않고 내부 역량으로 확보해야 한다.

① ㄱ, ㄴ ② ㄱ, ㄷ ③ ㄴ, ㄹ ④ ㄱ, ㄴ, ㄷ ⑤ ㄴ, ㄷ, ㄹ

문제 4
월마트(Wal-Mart) 매장의 세제 사례를 중심으로 공급체인의 유기적 관계를 설명하시오.

문제 5
공급체인의 내부 위험과 외부 위험이 무엇인지 논하고 예를 제시하시오.

문제 6
위험이 발생하는 흐름도를 그리고 설명하시오.

문제 7
공급체인위험관리의 과정을 설명하시오.

문제 8
4차 산업혁명 시대의 SCM 패러다임에 대해 설명하시오.

문제 9
4차 산업혁명시대의 Smile Curve에 대하여 설명하시오.

※ 해설은 부록에 기재됨.

참고문헌

1) 구양미, 「코로나 19와 한국의 글로벌가치사슬(GVC) 변화」, 『한국경제지리학회지』, 제23권, 제3호, 2020, 209-228pp.

2) Park, S. T., Kim, T. U. and Kim, M. R., 「Digitization of supply chain management : key elements and strategic impacts」, 『Journal of Digital Convergence』, Vol. 18, No. 6, 2020, 109-120pp.

3) Farooque, M., Zhang, A., Thürer, M., Qu, T. and Huisingh, D., 「Circular supply chain management : A definition and structured literature review」, 『Journal of Cleaner Production』, Vol. 228, 2019, 882-900pp.

4) Zhang, G., Yang, Y., Yang, G., 「Smart supply chain management in Industry 4.0 : the review, research agenda and strategies in North America」, 『Annals of Operations Research』, Vol.322, No.2, 2023, 1075-1117pp.

5) Ali, S. B., 「Industrial revolution 4.0 and supply chain digitization : future of supply chain management」, 『South Asian Journal of Social Review』, Vol.1, No.1, 2022, 21-41pp.

6) Di Maria, E., De Marchi, V., Galeazzo, A., 「Industry 4.0 technologies and circular economy : The mediating role of supply chain integration」, 『Business Strategy and the Environment』, Vol.31, No.2, 2022, 619-632pp.

7) 이정민, 김창호, 김용렬, 「농식품 분야 블록체인 기술 활용 현황과 시사점」, 『한국농촌경제연구원 농정포커스』, 2019, 1-23pp.

8) Sauer, P. C. and Seuring, S., 「Extending the reach of multi-tier sustainable supply chain management-insights from mineral supply chains」, 『International Journal of Production Economics』, Vol. 217, 2019, 31-43pp.

9) Memari, Z., Pandari, A. R., Ehsani, M. and Mahmudi, S., 「Business management in the football industry from a supply chain management perspective」, 『International Journal of Sports Marketing and Sponsorship』, 2020.

10) 송상화, 「언택트 시대, 물류/SCM의 변화와 산업공학의 방향」, 『ie 매거진』, 제27권, 제4호, 2020, 18-21pp.

11) Khan, U., Asim, M. and Manzoor, S., 「Improving supply chain management of a distribution firm using ERP System」, 『European Journal of Business and Management Research』, Vol. 5, No. 2, 2020.

12) Phan, T., Doan, X. and Nguyen, T., 「The impact of supply chain practices on performance through supply chain integration in textile and garment industry of Vietnam」, 『Uncertain Supply Chain Management』, Vol. 8, No. 1, 2020, 175-186pp.

13) 왕아남, 「중국 e-비즈니스 기업의 O2O 마케팅믹스가 경영성과에 미치는 영향 : 경쟁우위의 매개효과를 중심으로」, 『e-비즈니스연구』, 제23권, 제4호, 2022, 99-119pp.

14) 문종범, 「공급사슬의 유형에 따른 통합전략의 수립에 관한 연구」, 『경영논집』, 2006, 40-52pp.

15) 김창봉, 손예찬, 「우리나라 수출입 전자 제조기업의 공급체인관리 역량과 재무적 성과에 관한 실증연구-생산관리역량의 매개효과를 중심으로」, 『통상정보연구』, 제22권, 제2호, 2020, 71-92pp.

16) 이진휘, 한재현, 정석재, 「재무적 가치 기반의 공급사슬 통합 모형에 대한 연구 고찰」, 『한국SCM 학회지』, 제12권, 제2호, 2012, 25-46pp.

17) 박지현, 김양민, 「최고경영자와 최고경영진의 특색이 연구개발 투자에 미치는 영향」, 『전략경영연구』, 제18권, 제2호, 2015, 45-73pp.

18) Seo, S. M., Lee, J. H. and Yoon, S. H., 「An integration technique of mutual complementation to eCRM and eSCM for Electronic Commerce」, 『Korea Information Processing Society』, 493-496pp.

19) 김창봉, 「GSCM 도입 기업의 물류 전략에 관한 사례연구」, 『한국무역학회 국제학술대회』, 2002, 305-305pp.

20) 이설빈, 「중소기업의 SCM 활동과 프로세스 혁신 및 품질성과 간의 구조적 관계 분석」, 『한국콘텐츠학회논문지』, 제19권, 제2호, 2019, 170-185pp.

21) 김창봉, 김도연, 「한국 물류 기업의 SCM 의 구축요인이 기업의 성과에 미치는 영향에 관한 실증연구」, 『e-비즈니스연구』, 제21권, 제3호, 2020, 3-19pp.

22) Taddei, E., Sassanelli, C., Rosa, P., Terzi, S., 「Circular supply chains in the era of Industry 4.0 : A systematic literature review」, 『Computers & Industrial Engineering』, Vol.170, 2022, 1-24pp.

23) 김창봉, 권승하, 「공급체인관리의 파트너십이 위험관리 성과에 미치는 영향」, 『무역학회지』, 제38권, 제1호, 2013, 91-112pp.

24) Prud'homme, A. M., 『Business Continuity in the Supply Chain : Planning for Disruptive Events』, Michigan State University. 2008.

25) Harland, C., Brenchley, R. and Walker, H., 「Risk in supply networks」, 『Journal of Purchasing & Supply Management』, Vol. 9, No. 1, 2003, 51-62pp.

26) 양재훈, 정석모, 김정환, 김민관, 「글로벌 공급사슬의 위험관리요인과 대응방안 연구」, 『관세학회지』, 제12권, 제1호, 2011, 459-486pp.

27) Christopher, M. and Peck, H., 「Building the resilient supply chain」, 『International Journal of Logistics Management』, Vol. 15, No. 2, 2004, 1-13pp.

28) 김창봉, 권승하, 「SCM의 위험관리, 파트너십, 사업성과의 관계 연구」, 『통상정보연구』, 제13권, 제3호, 2011, 203-228pp.

29) 박명섭, 허윤석, 이재성, 「국제물류 환경변화에 따른 무역업체들의 공급사슬 위험관리 전략에 관한 연구」, 『무역학회지』, 제39권, 제2호, 2014, 45-70pp.

30) 김동정, 이영재, 「공급사슬 위험평가 및 위험관리전략이 공급사슬 운영성과에 미치는 영향」, 『Journal of Information Technology Applications & Management』, 제21권, 제4호, 2014, 173-186pp.

31) 전이영, 『공급네트워크에서의 중앙성, 내부역량과 기업성과』, 서울대학교 대학원 박사학위논문, 2021.

32) 이창원, 김성준, 이규환, 「공급사슬 위험 완화 전략에 관한 연구」, 『대한경영학회 학술발표대회 발표논문집』, 2011, 297-300pp.

33) Ajayi, M. O., & Laseinde, O. T., 「A review of supply chain 4IR management strategy for appraising the manufacturing industry's potentials and shortfalls in the 21st century」, 『Procedia Computer Science』, Vol.217, 2023, 513-525pp.

34) Lee, I., Mangalaraj, G., 「Big data analytics in supply chain management : A systematic literature review and research directions」, 『Big data and cognitive computing』, Vol.6, No.1, 2022. https://doi.org/10.3390/bdcc6010017

35) Boschma, R., 「Global value chains from an evolutionary economic geography perspective : a research agenda」, 『Area Development and Policy』, Vol.7, No.2, 2022, 123-146pp.

36) 김창봉, 「4IR 시대의 글로벌 밸류체인(GVC) 활용과 인도시장 FDI 성과에 관한 연구」, 『무역학회지』, 제44권, 제1호, 2019, 115-127pp.

제13장
Green SCM

New Principles of
International Trade
of the 4th Industrial
Revolution

학습목표
1. Green SCM의 등장 배경을 이해한다.
2. Green SCM의 목적과 성격을 설명한다.
3. 기업에서 실천할 수 있는 Green SCM 활동에 관하여 설명한다.
4. Green SCM 현황에 관하여 파악한다.
5. 기업의 Green SCM 전략에 대하여 이해한다.
6. 탄소배출권의 중요성에 관하여 설명한다.
7. 우리나라 탄소배출권 현황에 대해 파악한다.
8. RE100의 중요성에 대해 논의한다.
9. 우리나라 및 세계 국가들의 RE100 추세 현황을 파악한다.
10. RE100의 가입 절차를 파악한다.

Contents
Introduction : 삼성전자, '지속가능한 반도체 생태계' 합류…친환경 칩 개발한다
제1절 Green SCM의 개요와 주요현황
제2절 Green SCM의 전략
제3절 Green SCM과 탄소배출권
Case Study : 친환경사업으로 대규모 자금조달 … SK지오센트릭 ESG 혁신

Introduction

삼성전자, '지속가능한 반도체 생태계' 합류 … 친환경 칩 개발한다

 기후 이상 변화와 관련되어 세계 각국 및 여러 기업들의 탄소 배출 감소를 위해 노력하고 있다. 이에 디지털 인프라를 제공하는 Equinix는 2030년까지 글로벌 기후 중립을 달성하고 나아가 지속 가능한 인프라를 활용하는 고객에 친환경적인 공급체인을 제공할 수 있도록 노력할 예정이라고 밝혔다.

 삼성전자가 환경 영향을 최소화하는 친환경 반도체 개발 생태계에 합류했다. 탄소 배출량 저감부터 친환경 공정 기술 개발까지 반도체 공급체인 전반의 '지속 가능성'을 목표로 사업을 전개할 방침이다.

 삼성전자는 최근 세계 최대 반도체 연구소인 벨기에 아이멕(imec)의 '지속 가능한 반도체 기술과 시스템(SSTS)' 프로그램에 가입했다. SSTS는 반도체 업계 공급체인 전반에 지속 가능한 솔루션을 이끌어내는 것으로 목표로 지난 2021년 가동했다.

 프로그램에 가입한 반도체 기업은 아이멕과 탄소 배출을 산출하는 시뮬레이션 프로그램을 만들고 환경 영향을 최소화할 반도체 기술과 시스템을 개발한다. 각종 반도체 공정 과정에서 발생하는 탄소 배출을 추적하고 이를 저감할 방법을 모색하는 것이 핵심이다. 에너지와 물, 광물 소비량을 측정하고 평가하는 웹 애플리케이션(imec.netzero) 도구도 활용한다.

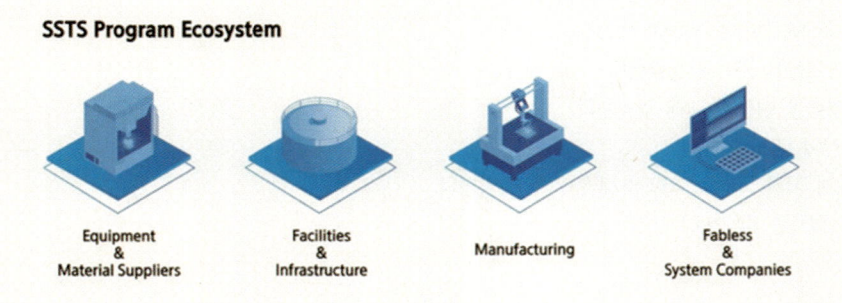

▲ 아이멕 SSTS 프로그램 생태계(자료 : 삼성전자)

SSTS는 반도체 제조사 뿐 아니라 소재·부품·장비(소부장) 등 반도체 공급체인 전체를 아우르는 것이 특징이다. 제품 설계부터 출하 및 유통까지 전주기를 관리해 친환경 반도체 생태계를 조성하려는 취지다. 어플라이드 머티어리얼즈를 포함, ASML, 도쿄일렉트론(TEL), 에드워드, 스크린 등 반도체 장비 회사와 구글, 아마존, 애플, 메타, 마이크로소프 등 글로벌 빅테크 기업도 SSTS 프로그램에 참여하고 있다.

삼성전자는 올해 초 반도체 제품 생산 전주기를 관점에서 탄소 배출량을 측정하는 자체 평가 시스템을 도입한 바 있다. 이번 아이멕 SSTS 합류로 글로벌 친환경 반도체 생태계까지 친환경 활동 영역을 넓힐 것으로 예상된다. 송두근 삼성전자 DS 부사장은 "(SSTS 가입은) 반도체 산업이 단순한 기술 요구사항을 충족시키는데만 집중해서는 안된다는 신념에서 비롯된 것"이라며 "다음 세대를 위해 지구를 보존할 수 있는 혁신 기술을 개발하는데 앞장 설 것"이라고 밝혔다.

한편, 삼성전자와 함께 대만 TSMC와 미국 글로벌파운드리스(GF)도 SSTS 프로그램에 가입해 주요 파운드리의 지속 가능한 반도체 생태계 조성 행보가 기대된다. 루크 반 덴 호 아이멕 CEO는 "SSTS 성공은 반도체 가치 체인 전에 걸친 적극적 참여에 달려있다"며 "삼성전자, TSMC, 글로벌파운드리가 이 프로그램에 함께 하게 돼 기쁘다"고 밝혔다.

권동준 기자 / 전자신문 / 2023. 05. 17. /
https://www.etnews.com/20230517000206

제13장
Green SCM

제1절 Green SCM의 개요와 주요 현황

1. Green SCM 개요

1) Green SCM 등장 배경

범지구적으로 환경문제가 심각해지면서 사회전반에서 환경문제를 해결하고자 하는 노력이 경주되고 있다. 이러한 노력은 정부, 기업, 민간 부문을 가리지 않고 행해지고 있다.[1] 환경 문제가 가장 큰 과제로 등장하게 된 시점은 지속가능한 발전 개념이 제시되면서부터라고 할 수 있다. 지속 가능한 발전을 기업에 접목하여 지속 가능한 산업 발전을 달성하기 위해서는 기존의 경영전략 및 생산방식이 근본적으로 변해야 하고, 이를 위해서는 기업들이 환경 경영(친환경 경영)을 도입해야 하는 것이다. 즉, 개별 글로벌 기업이 가지는 서로 다른 공급망 관행과 비즈니스 혁신 간의 연관성을 친환경 개념을 접목하여 이해할 필요가 있는 것이다.[2]

한편, 기업의 생산 활동으로 인하여 발생하는 환경 문제를 해결하기 위하여 자원을 절약하고 사용하는 자재를 친환경 자원으로 대체하거나, 재활용에 적극적으로 동참하고, 폐기 및 배출물의 제로화 등을 경영전략 수립 시 반영함으로써 기업은 최근 자원절약 측면에서 적극적으로 환경 보호에 동참할 필요성이 강조되고 있다.

2) Green SCM 정의 및 개념

Green SCM이란 Green Supply Chain Management의 약자로 친환경 공급체인관리를 뜻한다. 자세히는 제품의 설계에서부터 제조 및 공급에 이르기까지 전체 공급체인 상 에너지 절감, 폐기물 회수, 재활용 등 친환경 요소를 반영하여 관리하는 친환경 공급체인관리 체계를 의미한다. 이는 기존의 공급체인관리에서 친환경을 뜻하는 Green을 접목한 용어로 친환경 생산, 친환경 구매 활동 등 공급체인관리에 있어 친환경 요소를 고려 및 강조하는 경영전략을 의미한다.[3]

일반적으로 Green SCM의 시초가 되는 SCM(Supply Chain Management: SCM)은 원재료 추출에서 생산, 유통, 소비, 폐기에 이르는 전 과정에서 재화, 정보 현금의 흐름을 통합적으로 관리하는 것이다.[4] 1990년대 들어서면서 비용 절감 및 시장 접근성 제고를 위해 생산 공장 및 협력업체들이 전 세계 각지로 흩어지고, 이들을 연결하는 물류가 복잡하게 얽히게 되면서 SCM은 이들을 체계적으로 관리하는 데 중점을 두기 시작했다. 하지만 최근 환경 규제가 강화되고 소비자들의 의식 수준이 높아지면서 SCM 관점에서도 환경적 요소를 고려한 Green SCM이 부상 중이다. 전체 공급체인을 설계하고 운영하는 데 가격 품질, 민첩성, 유연성뿐만 아니라 온실가스 감축, 물·에너지·천연자원 사용 절감, 폐기물 최소화, 유해 물질 제거 등도 중시하는 경영전략을 의미한다.

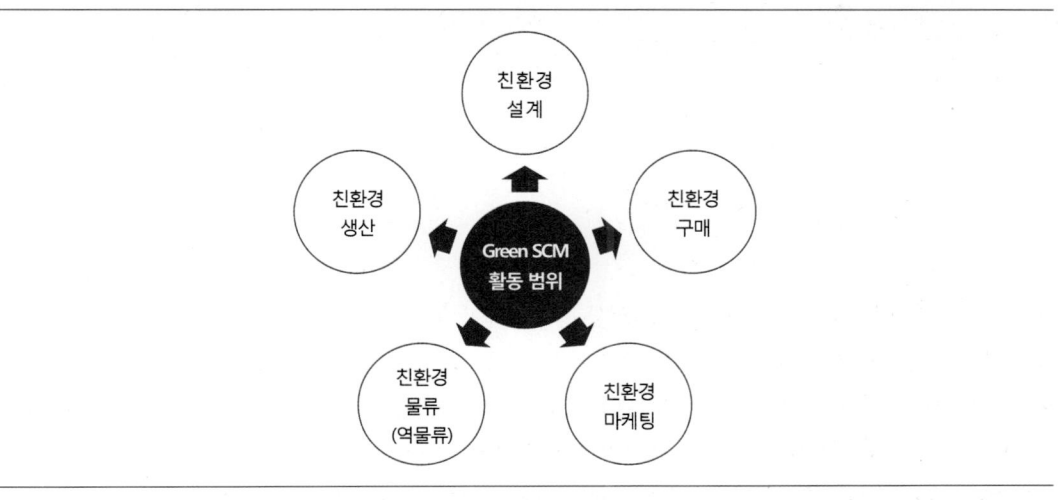

Green SCM 활동 범위

3) 4차 산업혁명 시대의 Green SCM

4차 산업혁명은 디지털 기술과 자동화, 인공지능 등의 혁신적인 기술들을 특징으로 하는데, 이러한 기술의 발전은 기업들이 더 효율적이고 경쟁력 있는 공급망을 구축할 기회와 다음과 같은 Sustainable Supply Chain Management(SSCM) 필요성을 제시한다.[5] 첫째, 디지털 기술은 탄소발자국 인증에 대한 요구를 충족시키기 위한 중요한 역할을 한다. 기업들은 생산과 운송 과정에서 발생하는 탄소 배출량을 추적하고 관리하기 위해 자동화된 시스템과 데이터 분석을 활용할 수 있다. 이를 통해 친환경 인증제도에 대응하고 환경오염을 줄이는 노력을 강화할 수 있다. 기업은 환경오염에 따른 탄소발자국 인증을 위하여 Green SCM 도입이 필요하다. 둘째, 디지털 기술은 환경단체 및 지역사회 압력에 대응하기 위한 Green SCM 활동을 지원한다.[6] 이를 활용하여 기업은 시간과 비용을 절감할 수 있는 SNS 및 온라인 플랫폼을 활용하여 기업의 환경적 조치 및 친환경 이미지를 홍보하는 것이 가능해졌다. 또한, 인공지능과 빅데이터 분석을 통해 폐기물 관리 및 재활용을 최적화하고 환경오염을 줄이는 방법에도 쉽게 접근할 수 있다.[7] 셋째, 디지털 발전은 정부의 환경 규제 강화에 대응하기 위한 Green SCM 도입의 필요성을 부각한다. 정부는 전 세계적으로 수출입거래에 대한 환경 규제를 강화하고 있으며, 이는 기업들이 친환경적인 생산과 운송 방식을 채택하도록 요구한다. 디지털 기술은 환경 규제 준수를 위한 데이터 관리 및 모니터링 도구를 제공하며, 기업들은 이를 활용하여 Green SCM을 효과적으로 구현할 수 있게 된다.

Green SCM 필요성

2. Green SCM 활동

1) 친환경 설계

친환경 설계 및 에코 디자인(Eco Design)이란, 물품 생산 시 친환경 프로세스를 기반으로 제품 디자인, 설계, 운송 수단 관리 등을 전사적으로 포함하는 일련의 활동을 의미한다.[8][9] 구체적인 방법으로는 천연자원으로부터 원재료를 추출하는 과정에서 불필요한 낭비를 줄이고 필수 원자재를 추출하며 필요한 양만큼만 사용하고 남는 잔여 자재의 적절한 재활용을 통하여 자원을 절약하는 것이다. 또한, 물품이 완성된 이후에도 중요한 자재들은 재회수하여 제품 설계자에게 전달함에 따라 재사용이 가능한 수준의 제품은 다시 제품 공정에 투입하여 리사이클링(Recycling) 제품 제조 활동을 의미한다.[10]

2) 친환경 생산

친환경 생산 및 친환경 제조(Green Manufacturing)란, 제조공정에서 발생하는 환경적 영향을 최소화하고 자원 및 에너지 효율성을 극대화하기 위한 접근 방법을 의미하고 녹색 제조 방법론과 지속가능한 에너지 사용이 다시금 강조된다.[11] 다시 말해 물품 제조 과정에서 환경 악영향을 최소화함과 동시에 조직이 생산 및 소비 활동을 수행하는 것을 의미하며, 친환경성을 최대한 유지하며 기업의 목표인 경제성을 창출하기 위하여 제품 생산의 시스템 효율성을 높이는 것이다. 친환경 생산이란 친환경 설계와 동시다발적 또는 차후 단계로 이루어지며 국내외 다양한 산업 전반 적용이 가능하여 공급체인관리 과정에서 친환경 경영전략 도입 시 필수 단계로 볼 수 있다.

3) 친환경 구매

최근 수출입 기업은 협력관계에 있는 파트너 기업의 환경 문제를 원인으로 기업 이미지 훼손에 치명적 영향을 받고 있다. 이에 친환경 구매(Green Purchasing)는 Green SCM에서 아주 중요한 부분으로 인지되기 시작하였다. 특히, 공급자 협업은 친환경 구매력을 향상할 수 있으며 최고경영진 의지와 함께 폐기물을 최소화할 수 있다면 기업 운영 효율성을 높여 친환경 성과를 향상할 수 있다.[12][13] 이러한 측면에서 친환경 구매란 개별 소비자 관점에서 살펴봤을 때, 원자재 구매 과정부터 완제품을 생산하기까지의 전 과정에 거쳐 사용하는 자원 및 에너지 최소화를 위하여 유해 물질을 최소로 배출하는 원자재와 완제품을 구매하는 행위를 뜻한다. 친환경 구매는 다시 말해 기업이 오염물질과 불필요한 에너지 낭비 감량, 재활용/재이용, 위험(유해) 물질 사용을 대체할 수 있는 자재 물색 과정을 포함한 구매 관련 역량이라고 정의할 수 있다. 친환경 구매는 전 세계적으로 강화되는 환경기준을 준수하기 위한 대응책으로써 Green SCM을 적용하고 있는 공급업체 또는 개별 공급업자들에 의하여 친환경성을 고려하여 환경오염을 방지하는 매개체 역할을 해내고 있다.[14]

4) 친환경 물류 및 역물류

역물류란 미국 물류관리 위원회에 따르면 물류 과정 내에 원자재, 유통 과정에서의 재고, 완제품 생산과 관련된 모든 물류 정보의 흐름(Flow)을 효율적으로 관리하기 위해서 실행되는 통제 과정이라고 정의하고 있다. 최근 환경 분야에서 강조되고 있는 개념은 회수 물류 및 회수 공급체인으로, 전통적 공급체인 제품 흐름(Flow)과는 반대 흐름의 개념이다. 다시 말해 소비자에서부터 공급업체에 가는 반대 흐름 또는 역 흐름(Reverse flow or return flow)에서 발생하는 문제들을 최적화하는 것이다. 이는 물품을 재생하여 가치를 창출하거나 적절하게 폐기하기 위하여 소비하는 지점에서부터 제품이 생산되기 시작하는 제조 공장으로까지 오는 흐름에 따라 효과성을 달성하는 것을 의미하며 크게 살펴보았을 때, 회수물류, 폐기물류 그리고 반품물류로 구분할 수 있다.

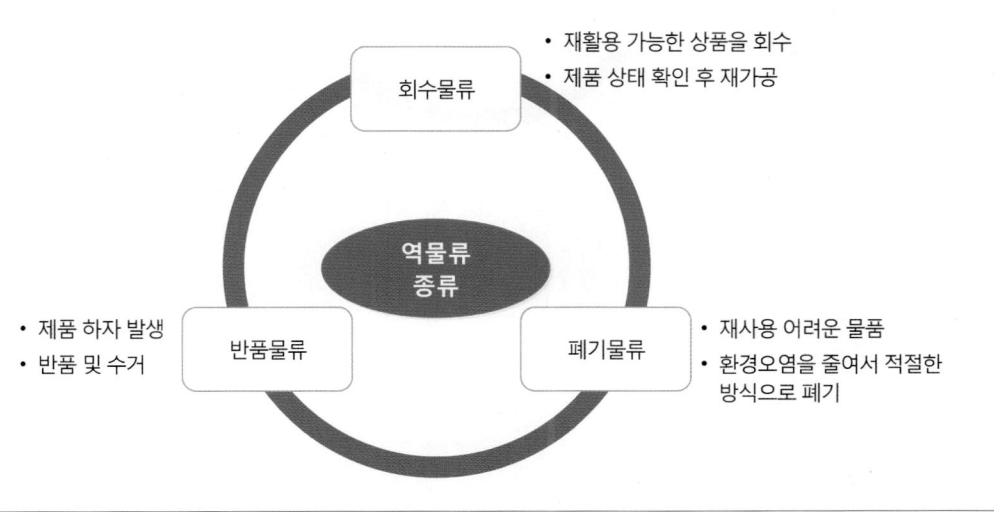

역물류의 종류

5) 친환경 마케팅

4차 산업혁명이 전파되면서 전 세계 국가 전역의 기업 생산성이 빠르게 증가하였고 새로운 형태의 산업혁명 패러다임 변화와 함께 지식경영의 확장으로도 혁명이 동시에 진행되고 있다.[15] 이에 따라 현재 기업들은 단순히 조직의 경제성 창출을 위하여 존재하는 것이 아닌 모든 사회적 관계를 고려하여 단순한 조직 경영을 넘어서는 지속 가능한 경영을 추구하기 시작하였다. 친환경 제품을 선호하는 소비자들이 급격히 증가하며, 기업은 제품 생산 시 사회적, 환경적인 악영향들을 고려해야 한다.[16] 이에 따라 인간 삶의 질을 향상하기 위하여 환경 보호 차원에서 환경에 안전한 제품 또는 서비스를 생산하고 제공하는 기업의 전반적인 활동인 친환경 마케팅 활동을 수행한다. 친환경 마케팅의 주요한 목적은 기업의 수익성, 경제성을 지속하여 유지하면서도 동시에 환경성을 고려하여 환경 보전에 대한 지역사회와 거래기업, 개별 소비자의 요구를 만족시키는 것이다.

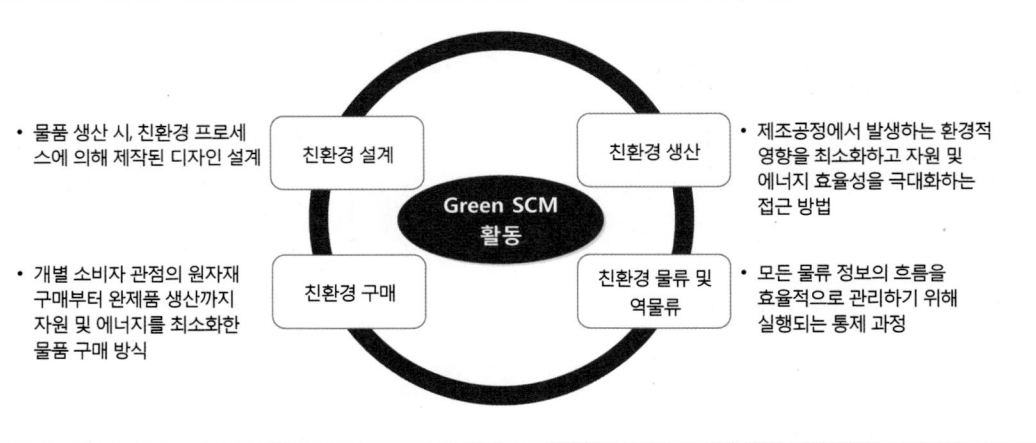

Green SCM 활동

제2절 Green SCM의 전략

1. 4차 산업혁명 시대의 Green SCM 현황

4차 산업혁명의 디지털 기술은 Green SCM을 위한 다양한 도구와 시스템을 제공하고 있다. 예를 들어, 인공지능과 빅데이터 분석은 환경영향 평가, 에너지 효율 개선, 재활용 및 폐기물 관리 등의 영역에서 Green SCM을 지원하는 데 활용될 수 있다.[17] 4차 산업혁명은 운송 및 물류 분야에서 지속 가능한 혁신을 가져왔다. 또한, 자율주행 차량, 전기 화물차, 스마트 물류 시스템 등의 기술이 Green SCM을 위한 환경친화적인 운송 방식을 개발하고 채택하는 데 도움을 준다. 이는 탄소배출 감소와 에너지 효율성 향상을 도모하며, 환경적 영향을 최소화할 수 있다. 생산과 제조 분야에서 에너지 효율성을 개선하고 친환경적인 방식으로 제품을 생산하는 기회를 제공한다. 나아가 스마트 공장(Smart factory), IoT(Internet of Things: IoT) 센서, 에너지 관리 시스템 등의 기술을 활용하여 에너지 소비를 줄이고 환경적인 생산방식을 도입할 수도 있다.[18][19]

1) 전체 공급업체 관리

기존까지는 조직의 제품 성능 및 성과에 직접적 영향을 미칠 수 있는 1차적인 관계 즉, 주요 공급업체를 중심으로 관리하였다면, Green SCM은 2차, 3차적으로 원자재 부품을 생산하는 협력업체 관리에도 충실해야 한다. 기업이 이러한 전체 공급업체 관리를 중요시 여기지 않는다면 시민단체, 지역사회 또는 비정부기구에 의하여 기업 이미지 손실 등 치명적인 악영향을 입을 수 있기 때문이다. 따라서 지속 가능한 성장을 도모하는 기업들은 점진적으로 협력업체의 관리 범위를 확대해가고 있다.

이처럼 기업이 공급체인 내에서 관리하는 협력업체 범위를 점차 확대해가는 과정에서 공급체인 내 협력업체를 친환경 업체로 교체하는 경우도 있고 친환경 역량을 자체적으로 강화하기도 한다.[20] 가장 대표적인 예시로는 제품 생산 시 사용되는 원재료 자체를 자연 친화적 원재료로 대체하는 방법이 있다. 기본적으로 유해 물질을 배출하는 원재료를 사용하는 것은 환경에 미치는 영향이 가장 크며, 제품 생산 과정 중에서 환경오염 여부를 결정하게 되는 것이다. 그리하여 일부 기업은 이러한 문제를 해결하기 위하여 빠르게 자연 친화적 원재료를 확보하는 데 나서고 있다.

2) 환경지표의 관리

기존 전통적 SCM이 제품의 품질, 비용, 신속성을 중심으로 설계되고 그에 따라 관리되었다면 Green SCM은 온실가스 배출량, 유해 물질 사용 여부, 재활용률 등의 환경적인 요소가 추가되었다. 또한, 이전까지는 기업이 협력업체에 각국 환경 관련 규제를 준수하라는 가이드라인을 제시하고 요구하는 정도였는데, 이제는 Green SCM의 필요성이 대두되면서 협력업체들이 스코어카드(Scorecards)

를 작성하거나 ESG 경영에 참여함으로써 정량적인 수치 및 등급으로 평가받고 있다. 이렇게 수치화된 점수를 토대로 향후 협력사를 선정하거나 투자를 결정할 시 이를 적용할 가능성이 증가하였다. 환경지표의 효율적인 관리는 협력업체와 파트너십을 강화하고, 미래에는 공급체인 협력업체의 환경지표가 더욱 활발히 관리될 뿐만 아니라, 거래업체 또는 투자업체 선정 시에도 적용될 가능성이 농후하다는 것을 뜻한다.

3) 역물류 관리

역물류(Reverse logistics)란 다 쓴 제품을 효과적으로 수거하고, 재사용/재활용이 가능한 부품을 분류, 가공하여 다시 원재료로 투입하는 과정을 체계적으로 관리하는 것을 의미한다. 전통적 SCM은 원재료 추출, 가공, 유통, 최종 소비자까지 일방향적 흐름을 관리하여 비용 및 시간적 효율성을 개선하고자 하였으나, 최근 Green SCM에서는 재활용, 재사용 개념이 확산하면서 물품이 폐기되는 데서부터 다시 원재료로 재화가 이동하는 역방향(Reverse) 흐름의 공급체인 개선을 위하여 경영전략을 시행하고 있다.[21] 다시 말해 물품 사용 후 폐기되던 자원이 전체 공급체인 내 재사용, 재활용을 위하여 순환하기 시작한 것이고 e-commerce 시장의 비약적인 성장으로 인해 회수물류 등의 역물류 영역이 본격적으로 중요해질 전망이다.[22] 선진국의 경우 생산자 책임 재활용에 대한 환경 규제가 엄격하여 물품 사용 후 폐기 이후에 발생하는 비용까지 생산자가 직접 부담해야 한다.

역물류의 목적은 환경 보호를 위해서는 자원 추출 후 원자재를 수급하고 물품을 재생산하는 것보다, 폐기될 물품을 분해하고 해당 물품에서 사용이 가능한 자원을 추출하여 재활용하는 것이 더욱 효율적이라는 인식이 확산하면서 도입되고 있다.

2. Green SCM 전략

1) 파트너십 강화

Green SCM을 효과적으로 구축하기 위해서는 협력업체, 동종업체, 지역사회의 환경 관련 시민단체와의 파트너십을 강화할 필요가 있다. 협력업체 및 동종업체와 협력을 통하여 개별 기업만으로는 초기 투자 비용이 부담스럽거나 규모의 경제 효과를 누리기 어려울 때 파트너십을 강화하는 것이 매우 효과적인 전략이 될 수 있다.[23] 특히, 환경 시민단체, 즉 환경 전문지식을 보유한 환경 시민단체와 협력을 통하여 Green SCM을 효과적으로 구축할 수 있다.[24]

2) 전체 공급체인 관점 내 공통 해결방안 모색

기업은 Green SCM을 성공적으로 구축하기 위해 원재료, 가공, 유통, 소비, 폐기 등 공급체인 전반 과정에 있어서 환경오염이 발생하는 부분을 파악하고 공통 해결방안을 모색할 필요가 있다. 공급체인은 특정 단계에서만 환경오염 최소화 노력을 수행하여도 효과적인 환경보호 활동이 수행되는 데 어려움이 있기 때문이다.

이에 대한 예시로 의류 제작 시 천연자원인 유기농 목화를 사용하여 제품을 생산하거나 농약을 사용하지 않는 등 공급체인 초기 단계에서 친환경 활동을 수행한다고 하더라도 이후 세척, 염색 단계에서 유해 화학물질을 사용하거나, 폐기 의류를 불에 태워 소각하는 과정에서 환경오염이 발생한다면 이는 친환경 공급체인관리로 칭하기 어렵다. 이처럼 공급체인 특정 구간에서만 단독으로 친환경 경영을 수행하는 것보다 전체 공급체인 내 공통 해결방안 모색이 유의미한 결과를 도출할 수 있다.

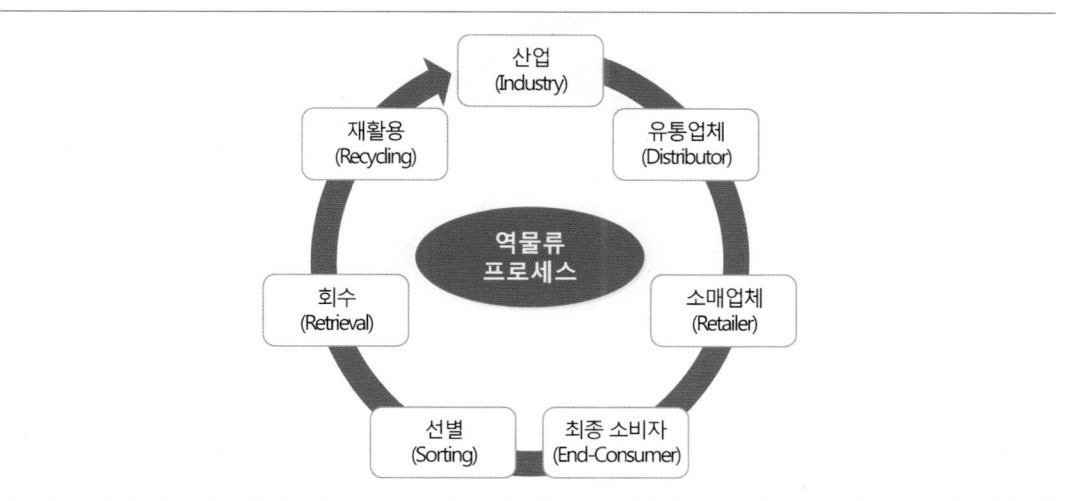

역물류(Reverse logistics) 프로세스

3) 투명한 커뮤니케이션

　기업은 Green SCM을 성공적으로 도입하기 위해 대내외적으로 Green SCM 협력 의지를 드러내야 한다. 기업의 최고경영진이 Green SCM의 중요성을 인지하는 과정을 통하여 협력업체와 친환경 이미지를 통한 경제적 이익을 창출함과 동시에 환경 보호를 위한 전략을 지속하여 수립해가야 하기 때문이다. 이러한 기업 내부 경영진의 의지와 협력업체 간 친환경 협업은 조직 구성원의 주의를 집중시킬 뿐만 아니라 향후 전개 과정에서 스스로 변화를 모색하는 계기가 되기도 한다. 또한, 협력업체, 주주, 소비자, 시민단체, 정부 등 다양한 이해당사자에게도 Green SCM 도입에 대하여 투명하고 일관된 커뮤니케이션을 통하여[25] 최근 기업의 Green SCM 구축 현황을 외부와 소통하고 알리고 기업의 경쟁우위를 확보해야 한다. 이는 직접적인 친환경 정보공유를 포함하여 ISO(International Organization for Standardization: ISO)와 같은 다양한 환경 인증제도를 채택하여 이를 증명하기도 한다.

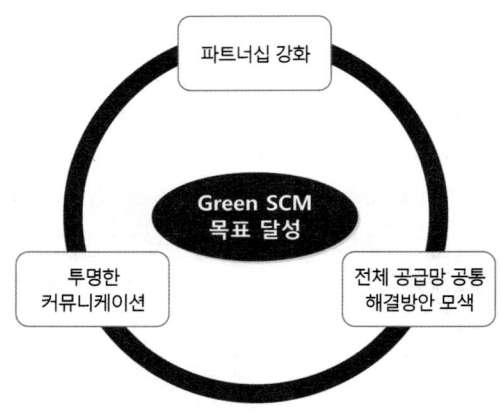

Green SCM 전략

제3절 Green SCM과 탄소배출권

1. 탄소배출권

1) 저탄소사회 등장 배경

지난 1992년 브라질 리우에서 개최된 UNCED(United Nations Conference on Environment and Development: UNCED)에서 UNFCCC(United Nations Framework Convention on Climate Change: UNFCCC) 기후변화협약이 체결되면서 기후변화와 관련된 국제협상이 가속화되고 온실가스 및 탄소 배출량 감축을 위한 국제 사회의 노력이 본격 시작되었다.[26] 1997년에 체결된 교토의정서에서는 유럽 국가들이 탄소 감축에 적극적으로 대응하는 계기를 제공해주었으며, 특히 교토의정서가 2005년 발효되게 되면서 주요 선진국은 자국의 감축 의무를 달성하기 위하여 구체적인 정책 및 규제를 도입함에 따라 탄소 감축 목표를 달성해야 했다.[27] 더군다나 최근 들어 교토의정서가 체결된 이후 기후변화체제에 대한 협상이 장기화되면서 본격적으로 중장기적인 감축대책 마련이 시급한 과제로 떠오르게 되었다.

기후변화는 자연적 및 인위적 요인 등 여러 가지 원인에 의하여 비롯되며, 이 중 인위적 요인인 이산화탄소 등의 온실가스가 상당 부분 기후변화에 관여하고 있다. 이러한 상황에서 국제 사회에서는 탈산소 사회로 전환하고자 하는 움직임이 활발히 진행되고 있으며, 기후변화에 관한 정부 간 협의체 보고서 1.5℃에서는 대부분 지역에서 평균온도가 상승할 것이며, 거주지역 대부분에서 극한 고온이 발생할 것으로 살펴보고 있다. 이러한 IPPC(International Plant Protection Convention: IPPC)의 지구 온난화 1.5℃에 대한 보고서를 시발점으로 하여 EU의 탄소국경세 논의가 이루어졌으며, 탄소국경세는 국경을 넘는 수입품에 관세를 부과하는 제도이나 이전에 유사한 제도로 EU는 탄소에 세금을 부과하는 내국세 개념인 탄소세와 EU 탄소배출권거래제(Emission Trading System: ETS)를 도입하여 시행 중이고 중국 또한 탄소중립을 달성하기 위한 핵심 정책으로 채택하고 있다.[28]

2) 배출권거래제도

배출권거래제란 개별 오염원을 대상으로 일정량의 오염물질을 배출할 권리를 인정해주고 이러한 권리를 사고팔 수 있는 시장을 개방하여 거래제 구성원들이 자율적으로 환경기준에 충족할 수 있도록 하는 제도를 뜻한다. 다시 말해, 배출권거래제에서는 오염의 배출권 또는 감축 목표를 할당하지만, 규제 대상 개별에 대한 감축 목표 강제성이 없으며, 배출권 시장가격과 자산의 오염 감축 비용을 비교한 후 배출권을 매매하게끔 한다.

배출권거래제도에서는 업체별로 오염물질의 배출감축 비용이 낮은 업체의 경우 배출량 감축을 통하여 얻게 되는 잔여 배출량에 대한 배출권을 상대적으로 배출감축 비용이 많은 업체에 재판매함으로써 차익을 얻게 되며, 반대로 배출감축 비용이 많은 업체의 경우에는 무리한 감축에 애쓰기보다는 배출 비용이 낮은 업체로부터 배출권을 구매함으로써 환경기준을 충족시킬 수 있게 된다.

3) 배출권거래제도 거래 방식

배출권거래제의 거래 방식은 크게 두 가지 방식으로 구분되며, 교토의정서에 의한 배출권거래제도인 총량 제한 방식과 프로젝트 감축 사업에 의한 크레딧 관련 방식인 기준인정 방식이다.[29] 첫 번째로 교토의정서에 의하여 규정된 총량 제한 방식은 참여 주체 간 배출량 한도를 정한 후 이를 기준으로 초과분 및 여유분이 발생할 시 이를 배출권으로 서로 거래할 수 있도록 허락하였다.

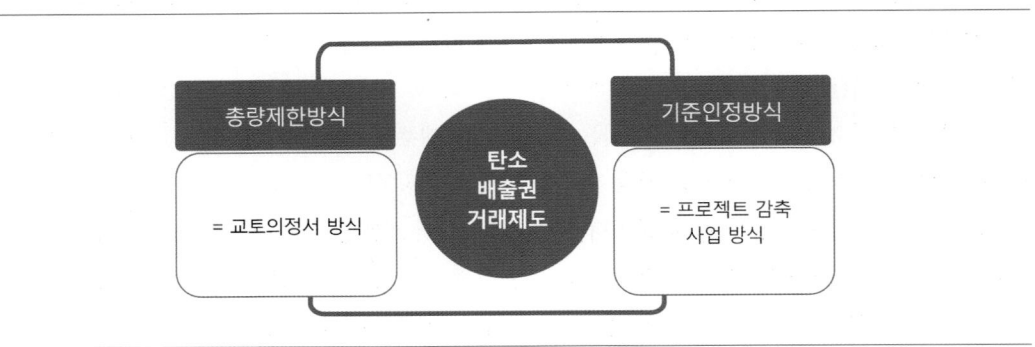

탄소배출권 거래제도 거래방식

총량 제한 거래 방식은 먼저 배출량 통제 당국이 정해진 기간을 예컨대 1년 정도로 정해둔 후, 해당 기간에 일정 그룹의 배출 시설물에 대한 오염물질 배출 총량의 기준 상한선을 책정한다. 다음으로 배출량 통제 당국은 배출물질의 상한을 개별 시설물의 배출허용량으로 세분화하며, 개별 시설물에 배출허용량을 할당하게 된다. 그 후 특정 이행 기간 안에 개별 배출업자들은 오염물질의 배출량을 측정하여 당국에 보고하고, 이행 기간 마지막 시점까지 당국이 책정해준 배출 시설물에 대한 허용량을 초과할 경우는 배출업자에게 범칙금을 부과하는 것이다.

두 번째로 제시되는 기준인정 방식은 프로젝트 감축 사업에 의한 크레딧 방식으로 기준배출량을 먼저 정하고 기업 자체적으로 온실가스 감축 사업 참여를 통해 적게 배출한 양을 배출권으로 발급받아 배출권 시장 내 거래를 허용하는 방식이다. 이처럼 배출권을 거래하는 시장은 프로젝트 시장이라 부른다.[30]

4) 우리나라 배출권거래제 현황

2030년 국가온실가스 감축 목표 달성에 기여한다는 목표를 한국 정부의 배출권거래제 3차 기본계획 목표로 설정하고 2030년까지 연도별 온실가스 감축을 위한 로드맵을 수립하였다.[31] 제3차 배출권거래제 기본계획은 2021년부터 2030년에 시행되고 있으며, 탄소배출권의 할당 및 거래 관련 법률에 의하여 수립되었다. 또한, 우리나라는 2050 탄소중립 추진전략을 수립하여 경제성장에 기여하고, 탄소

중립 목표를 달성하여 국민 삶의 질 개선을 달성하는 것을 목표로 삼아 이에 능동적으로 대응하고 있다.32)

특히 우리나라는 3+1 전략 추진을 통하여 경제구조의 저탄소화, 신유망 저탄소 산업 생태계 조성, 탄소중립 사회로의 공정 전환의 정책에 방향을 두고 있다. 주요 특징으로는 수소경제와 같은 신경제 에너지, 스마트 그리드와 같은 에너지 효율화, 유망 산업 육성 산업경쟁력 강화, 그린 모빌리티 등이 큰 특징이라고 할 수 있다.33)

우리나라 3+1 실행전략

구분	전략	내용
적응	• 경쟁구조 전 영역 저탄소화 전략	• 온실가스 배출원 대부분 차지하는 건물, 수송, 발전, 산업 분야 제도 개선 및 기술개발 지원 통한 온실가스 감축 조기 예방
기회	• 신유망 저탄소 산업 생태계 육성	• 탄소중립 패러다임 알맞은 기존 생태계 혁신 통한 저탄소 산업 설립 위한 새로운 성장 동력 육성 체계 구축
공정	• 공정 전환 통한 국민 참여 유도	• 전국민적 공감 토대 지역, 민간 자발적 주도 방식 추진 공정 전환 과정 소외되는 산업 계층 없도록 노력
기반	• 탄소 중립 인프라 강화	• 국제협력, 녹색 금융 활성화, 관련 기술 개발 확대, 제도 개선 등 탄소 가격 신호 강화 및 효과적 탄소 감축 이행 지원

자료 : 관계부처 협동 <2050 탄소중립> 추진전략(전자자료)

2. RE100

1) RE100 정의

RE100이란 재생에너지 전기, Renewable Electricity 100%의 약자이다. RE100은 비영리 기구로 2014년 다국적 기구인 The Climate Group에 의하여 시작되었으며, 탄소정보공개프로젝트(Carbon Disclosure Project: CDP)와 파트너 관계를 맺은 상황이다. RE100이 의미하는 바는 기업의 사용 전력을 100% 풍력, 태양광과 같은 신재생 에너지로 생산된 전력으로 교체하여 환경을 보호하자는 취지를 지닌다. 이를 위해 기업은 재생에너지 과정을 통해 생산된 전력만을 기업 활동에 사용하거나 이용한 전력량만큼 신재생에너지공급인증서(Renewable Energy Certificate: REC)를 구매해야 한다.34)

RE100은 본사 및 자회사에서 기존 사용하고 있던 전력 에너지를 직접 재생에너지로 교체하고 할당 기준을 준수하겠다는 것을 의미하며, 공급체인 거래 관계에 놓인 협력업체나 유통업체의 사용 전력을 재생에너지로 대체한다는 뜻은 아니다. 예를 들어 본사에서 납품받는 부품 및 원재료, 판매 과정에서 발생하는 탄소발자국 추정치는 계산되지 않는다는 것을 뜻한다. 따라서 컨설팅, 소프트웨어, 금융업체 등 공장 없이 사무실만 운영되고 있는 업종에 속한 기업의 경우 상대적으로 기준 충당이 수월하여 업종 간 형평성 문제가 언급된 바 있다.

2) RE100 필요성

전 세계적으로 기후변화는 미래 세대 국민의 삶과 경제에 치명적 위협을 가하고 있다. 미국 국립 환경 정보 센터(National Centers for Environmental Information: NCEI)는 기후재난으로 발생한 피해액이 연간 평균 총 130조 원에 이른다고 밝혔다. 또한, 세계적 재보험사로 알려져 있는 Swiss Re는 평균 지구 온도가 2.6도 상승할 때마다 경제적 악영향을 미쳐 2050년 전 세계 국내총생산 GDP(Gross Domestic Product: GDP)가 평균적으로 9.7%가량 감소할 것으로 예측하였다.

이에 따른 RE100 캠페인의 필요성은 명확하며 우리가 현재 직면하고 있는 환경 문제를 해결하고 기후변화를 막기 위해 RE100 시행으로 기업 활동에서 필연적으로 사용될 수밖에 없는 전기, 전력을 재생에너지 방식으로 생산된 전기로 교체하여 전 세계적 환경 보호 열풍에 동참해야 한다.[35] 기후 위기의 대표적 원인인 온실가스 배출 사용을 빠르게 줄이고 사회 전 분야와 주요 오염 배출원으로 지목받는 기업이 경각심을 지니는 것이 중요하다.

3) RE100 세계적 추세

국내 기업이 RE100에 참가하기 위해서는 한국 RE100 위원회에 신청서 제출 후 영국 RE100 본부의 최종 승인 검토 후 가입되는 절차이다.

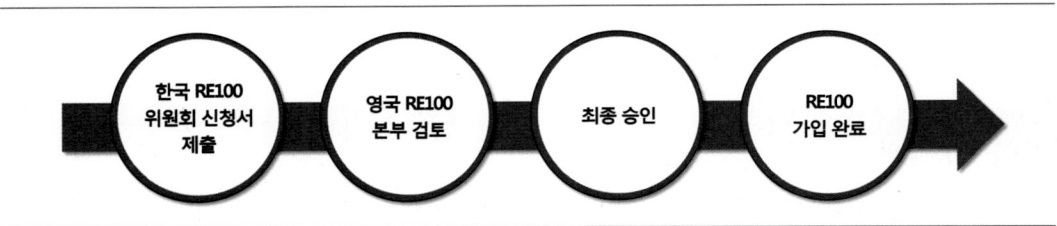

RE100 가입 절차

국내 SK그룹 8개 계열사는 국내 최초로 RE100 가입을 완료하였으며, 2020년 11월 가입이 승인되었음을 공식적으로 발표하였다.

국가 차원에서 비교하였을 때 영국은 세계에서 전력을 가장 많이 소비하는 12번째 국가인데, 영국이 연간 사용한 전력 소비량보다 큰 수치에 해당한다. 우리나라가 2020년 사용한 연간 전력 소비량은 약 550TW에 달하며 같은 해 RE100 회원사들은(2021년 기준 215개) 전체 사용 전력의 무려 45%를 재생에너지 과정을 활용한 전기로 조달하여 환경 보호에 기여하고 있다. 한국 기업도 환경 보호에 관한 인식이 높아지는 추세로 2020년도 SK 계열사가 국내 기업 선두로 하여 RE100 회원사에 가입하였다. 이들은 글로벌 기후 위기 시대에 온실가스를 줄여 환경을 보호함에 따라 친환경 기업 이미지를 확립하여 불확실한 수출 시장 내에서 경쟁우위 확보, 지속성과 성장을 도모하게 된다.

친환경사업으로 대규모 자금조달 … SK지오센트릭 ESG 혁신

지난해 SK지오센트릭은 플라스틱 재활용과 온실가스 배출량 감축을 대출금리에 연동해 금리 감면 혜택을 받는 지속가능연계차입에 성공했다. 목표 달성시 시중금리보다 낮은 금리를 적용받는다. 이를 통해 연간 줄어든 이자비용이 100억 가량에 이른다.

ESG[환경(Environment)·사회(Social)·지배구조(Governance)]가 국내외 글로벌 기업의 화두로 대두된 지 오래다. 기업의 비재무적 요소인 환경·사회·지배구조를 뜻하는 'ESG 경영'은 장기적 관점에서 친환경 경영, 사회적 책임경영 그리고 투명경영을 통해 지속가능한 발전을 추구하는 방식이다. 최근 SK지오센트릭은 사업모델 혁신을 통한 대출 성공으로 자본시장 등 외부 이해관계자들의 인정을 받았다. 화학 사업에서 폐플라스틱 재활용으로 도약하며 탄소 사업에서 그린 사업으로 체질을 바꾸는 노력이 시장의 공감을 얻은 것이다.

SK이노베이션 친환경 화학 사업 자회사인 SK지오센트릭은 지구와 토양을 뜻하는 '지오(Geo)'와 중심을 뜻하는 '센트릭(Centric)'을 조합한 것이다. 지구환경을 최우선으로 생각해 폐플라스틱 오염 문제를 해결하고자 하는 강력한 의지를 사명으로 표현했다. 1972년 국내 최초의 나프타 분해 설비를 가동해 화학 사업을 영위해온 SK지오센트릭은 폐플라스틱 재활용 중심의 사업모델 혁신에 역점을 두고 사업을 펼치고 있다. 지구를 중심에 둔 의미처럼 순환경제 선두 주자가 목표다.

SK지오센트릭은 2025년까지 SK울산콤플렉스 내 열분해, 고순도 폴리프로필렌(PP) 추출, 해중합 등 3대 화학적 재활용 기술을 한 곳에 모은 울산 리사이클 클러스터를 세계 최초로 조성하고 있다. 2025년까지 약 21만5000m2(약 6만5000평) 부지에 조성 중이며, 연간 25만 톤에 달하는 폐플라스틱을 처리할 수 있는 규모다. 나아가 2027년까지 SK지오센트릭의 글로벌 플라스틱 생산량 100%에 해당하는 연 250만 톤을 직간접적으로 재활용하는 계획도 밝혔다.

○ **ESG 경영 목표 달성하면 금리 감면**

SK지오센트릭은 이런 철학을 기반으로 국내 최초로 탄소감축 등 친환경 목표 연계 대출을 통해 대규모 자금을 조달했다. SK지오센트릭이 추진하는 ESG 사업을 대출액·약정금리와 연계하고, 그 목표와 달성도를 객관적 제3기관이 검증하는 '지속가능 연계 차입(Sustainability-Linked Loan: SLL)'을 지난해 11월 성공적으로 시행했다. SK지오센트릭은 BNP 파리바를 대표 주관사로, 중국농업은행·중국은행·MUFG은행·크레디아그리콜 CIB 등 글로벌 금융기관으로 구성된 대주단과 함께 3년 만기로 4750억원의 자금을 조달했다.

SLL은 대출금리 설정 방식에 기업의 지속가능 경영활동을 연계한 구조다. 자금조달 시 기업이 설정한 ESG 경영 목표를 달성하면 금리 감면 혜택을 제공하는 구조로 설계된다. SK지오센트릭은 플라스틱 재활용 규모 증대(2025년까지 90만 톤), 온실가스 배출량 감축(2025년까지 2019년 대비 24.9% 감축) 2가지를 SLL과 연계한 목표로 설정했다. 목표 달성 시 우대받는 최종 금리는 시중금리보다 낮은 금리로 약정됐으며, 이로써 연간 감소된 이자 비용은 100억원에 이른다.

지난해 미국중앙은행(Fed)의 급격한 금리인상 등 경색된 글로벌 자본시장 분위기에서 성공한 자금조달 사례이며, 무엇보다 그 방법에서 큰 의미가 있기에 업계의 주목을 받았다. SK지오센트릭이 추진하는 ESG 사업 청사진이 글로벌 은행의 인정을 받아 새로운 방법으로 자금조달 시장을 뚫은 것이다.

유리한 금리 외 원화 대출이라는 점에서도 주목을 받았다. SLL에 참여한 글로벌 대주단 입장에서는 달러가 아닌 원화 대출이 쉽지 않은 결정이었다. 이를 이끌 수 있었던 데는 SK지오센트릭이 한국 최초의 석유화학 회사에서 세계 최대 폐플라스틱 재활용 기업으로 거듭나겠다는

Case Study

'파이낸셜 스토리' 전략과 폐플라스틱 재활용 확대 목표가 주효했다. 대주단으로서는 SK지오센트릭이 제시한 친환경 사업과 달성 가능한 목표에 충분히 공감한 셈이다.

무엇보다 친환경 목표를 평가하는 제3자 인증기관인 DNV가 SK지오센트릭이 제시한 핵심성과 지표(Key Performance Indicator: KPI) 목표에 '매우 도전적인(Hight ambitious)'이라는 평가를 내렸다. 이는 SK지오센트릭이 설명한 친환경 목표가 매우 원대하고 야심적이라는 표현으로, 목표 달성이 충분히 도전적이지만 환경에도 긍정적 영향을 미칠 수 있는 수준이라는 의견을 제시한 것이다. DNV는 추후 목표 달성도를 직접 평가해 대주단에 의견을 공유한다. 이번 SLL은 DNV라는 국제적 외부 인증기관의 검증을 받고 성공한 국내 최초의 케이스다.

○ 녹색 채권? 이제는 SLL이 트렌드

이처럼 SLL은 ESG 외부 평가기관이 기업의 지속가능 활동을 평가하기 위해 지속적으로 대출 거래에 개입하는 것이 특징이다. 대출할 때 ESG 조건과 대출금리의 연동은 물론 대출 기간 동안 제3자 ESG 외부 평가기관이 차입 기업을 모니터링한다. 대주단은 ESG 외부 평가기관이 평가하는 등급에 따라 대출금리를 조정한다. 향후 대주단은 설정한 목표의 달성 수준을 검증하고, 이에 따라 금리도 일부 조정한다. 대주단과 SK지오센트릭이 상호 합의한 친환경 분야에 해당 자금이 쓰이도록 지속적인 노력을 기울인다.

SK지오센트릭은 친환경 목표 달성도를 투명하게 공개하기로 했다. 자사 홈페이지에 SLL 관련 공간을 개설해 친환경 달성 목표와 추진 계획을 공개하고, 달성 수준을 공유하도록 했다. 기후변화, 환경오염 등 환경·사회 이슈에 대한 관심이 고조되면서 기업의 영리활동에서 친환경 경영을 요구하는 지속가능 금융이 주목받고 있다. 지금까지는 채권시장을 중심으로 성장해온 지속가능 금융에서 최근 서유럽 등 글로벌 은행을 중심으로 대출시장이 빠르게 성장하고 있다. 지속가능 금융이라고 하면 녹색 채권(Green bond)이 대부분을 차지했지만, 최근 들어 지속가능 연계 대출이 빠르게 성장하고 있다.

대출 기관도 이제는 기업에 우수한 재무 실적뿐 아니라 사회와 환경에 미칠 긍정적 파급효과를 기대하는 것으로 보인다. 블룸버그 분석에 따르면, 2025년 글로벌 ESG 금융시장 규모는 2016년 23조 달러 대비 2배가 넘는 53조 달러로 추산되며, 전체 금융시장의 약 30%를 차지할 것으로 예상된다. 앞으로도 기업의 자금조달에 ESG 관련 금융시장의 성장은 꾸준히 이뤄질 것으로 보인다. 기업과 자본시장이 손잡고 ESG 측면에서의 지속가능성을 높이는 것이다.

이번 SLL 성공은 SK지오센트릭이 적극적으로 친환경 비즈니스로 사업모델 혁신을 추진하고,

그 과정에서 파이낸셜 스토리 전략을 자본시장과 소통해 재무적 성과로 연결된 첫 사례다. 기업과 금융사의 ESG 노력이 사회와 환경에 긍정적 효과로 이어지고, 나아가 지속가능성을 키우는 선순환으로 확산되길 기대한다.

이현주 기자 / 한경 ESG / 2023. 02. 06. /
https://www.hankyung.com/economy/article/202301206772i

Case Study

학습문제

문제 1
Green SCM의 등장 배경에 관하여 서술하시오.

문제 2
역물류의 개념에 관하여 설명하고 그 종류를 서술하시오.

문제 3
탄소배출권의 출현 배경과 그 의의를 서술하시오.

문제 4
Green SCM의 필요성에 대해 설명하시오.

문제 5
친환경 구매에 대하여 설명하시오.

문제 6
친환경 역물류에 대해 설명하시오.

문제 7
전체 공급업체에 대한 Green SCM 관리가 어떻게 이루어져야 하는지 설명하시오.

문제 8
Green SCM에서 파트너십 강화에 대해 설명하시오.

문제 9
탄소배출권 거래제도 거래 방식에 대해 서술하시오.

문제 10
RE100의 필요성과 세계적 추세에 대해 설명하시오.

※ 해설은 부록에 기재됨.

참고문헌

1) 김창봉, 양혜정, 「유통 물류 변화에 따른 친환경 정부지원이 중소제조업체의 수출경쟁력에 미치는 영향 : 친환경 동적 역량과 Green SCM 관행의 매개효과를 중심으로」, 『무역학회지』, 제47권, 제5호, 2022, 161-179pp.

2) Assumpção, J. J., Campos, L. M., Plaza-Úbeda, J. A., Sehnem, S., Vazquez-Brust, D. A., 「Green supply chain management and business innovation」, 『Journal of Cleaner Production』, Vol.367, 2022, 1-21pp.

3) 김창봉, 장시홍, 박상안, 「중국 수출입 제조기업의 Green SCM 구축역량이 기업성과에 미치는 영향에 관한 실증연구」, 『통상정보연구』, 제22권, 제1호, 2020, 287-309pp.

4) 권영식, 안현철, 「블록체인 기반 공급체인관리 서비스 활용의 결정요인 연구」, 『지식경영연구』, 제22권, 제2호, 2021, 119-144pp.

5) Wren, B., 「Sustainable supply chain management in the fast fashion Industry : A comparative study of current efforts and best practices to address the climate crisis」, 『Cleaner Logistics and Supply Chain』, Vol.4, 2022, 1-12pp.

6) 김창봉, 오유진, 「국내 중소수출제조기업 유통·물류 부문의 Green SCM 도입수준에 영향을 미치는 이해관계자 결정요인 연구-ISO 14001 데이터 구축 기간의 조절효과」, 『한국물류학회지』, 제32권, 제5호, 2022, 15-31pp.

7) 강유덕, 「자유무역협정(FTA)에 포함된 기업의 사회적 책임(CSR) 조항과 그 배경에 관한 연구 : 유럽연합(EU)의 사례」, 『유럽연구』, 제39권, 제3호, 2021, 1-35pp.

8) Ji, X., Wu, J., Zhu, Q., 「Eco-design of transportation in sustainable supply chain management : A DEA-like method」, 『Transportation Research Part D : Transport and Environment』, Vol.48, 2016, 451-459pp.

9) Singhal, P., 「Green supply chain and eco-design in electronic industry」, 『Delhi Business Review』, Vol.14, No.1, 2013, 57-78pp.

10) 김창봉, 풍설, 남윤미, 「중국 수출입 제조기업의 친환경 공급체인관리(Green SCM) 구축 수준과 공급체인성과 관계 연구-자원몰입의 조절효과를 중심으로」, 『통상정보연구』, 제23권, 제2호, 2021, 225-248pp.

11) Paul, I. D., Bhole, G. P., Chaudhari, J. R., 「A review on green manufacturing : it's important, methodology and its application」, 『Procedia materials science』, Vol.6, 2014. 1644-1649pp.

12) Tarigan, Z. J. H., Tanuwijaya, N. C., Siagian, H., 『Does top management attentiveness affect

green performance through green purchasing and supplier collaboration」, Doctoral dissertation, Petra Christian University, 2020.

13) Sharma, K., Aswal, C., Paul, J., 「Factors affecting green purchase behavior : A systematic literature review」, 『Business Strategy and the Environment』, 32(4), 2023, 2078-2092pp.

14) 박수현, 『친환경공급사슬관리의 실행이 환경적, 경제적, 사회적 성과에 미치는 영향에 관한 연구』, 한양대학교 대학원, 2018.

15) Manesh, M. F., Pellegrini, M. M., Marzi, G., Dabic, M., 「Knowledge management in the fourth industrial revolution : Mapping the literature and scoping future avenues」, 『IEEE Transactions on Engineering Management』, Vol.68, No.1, 2020, 289-300pp.

16) 민웅기, 「산업화와 기술 발전의 역사를 통해 본 친환경 마케팅의 전망에 대한 탐색적 연구 : 관광산업을 중심으로」, 『역사와 실학』, 2012, 121-146pp.

17) 김창봉, 오유진, 남대정, 「국내 의류 수출제조업체의 친환경 네트워킹 기술이 Green SCM 효율성 및 경쟁우위에 미치는 영향」, 『국제상학』, 제38권, 제1호, 2023, 139-156pp.

18) Sajadieh, S. M. M., Son, Y. H., Noh, S. D., 「A conceptual definition and future directions of urban smart factory for sustainable manufacturing」, 『Sustainability』, Vol.14, No.3, 2022, 1-22pp.

19) Grabowska, S., 「Smart factories in the age of Industry 4.0」, 『Management systems in production engineering』, Vol.28, No.2, 2020, 90-96pp.

20) Khan, S. A. R., Yu, Z., Farooq, K., 「Green capabilities, green purchasing, and triple bottom line performance : Leading toward environmental sustainability」, 『Business Strategy and the Environment』, Vol.32, No.4, 2023, 2022-2034.

21) 양창호, 「물류와 SCM의 이해」, 『박영사』.

22) Nanayakkara, P. R., Jayalath, M. M., Thibbotuwawa, A., Perera, H. N., 「A circular reverse logistics framework for handling e-commerce returns」, 『Cleaner Logistics and Supply Chain』, Vol.5, 2022. 1-15pp.

23) 박지영, 『지속가능한 공급사슬 구축을 위한 모기업과 협력기업의 공급체인 환경경영 전략』, 서울대학교 대학원, 2012.

24) 이정임, 이시은, 「기업의 녹색소비·생산 활성화 방안」, 『정책연구』, 2017, 1-142pp.

25) Qu, K., & Liu, Z.(2022). Green innovations, supply chain integration and green information system : A model of moderation. Journal of Cleaner Production, 339, 130557.

26) 강남규,『온실가스배출과 에너지 사용 감축이 기업의 재무성과에 미치는 영향』, 부경대학교 대학원, 2022.

27) 강정훈, 윤순진,「영국 기후변화법 제정의 네트워크」,『한국사회와 행정연구』, 제27권, 제3호, 2016, 113-145pp.

28) Zhang, H., Zhang, D., Zhang, X.,「The role of output-based emission trading system in the decarbonization of China's power sector」,『Renewable and Sustainable Energy Reviews』, Vol.173, 2023, 1-13pp.

29) 송홍선,「2050 탄소중립과 배출권거래제의 활성화」,『[KCMI] 이슈보고서』, 2021.

30) 손인성, 김동구,「EU ETS 4기의 주요 제도 설계가 향후 국내 배출권거래제 운영에 미칠 영향 분석」,『자원·환경경제연구』, 제30권, 제1호, 2021, 129-167pp.

31) 장명진, 곽민주, 이지웅,「수송부문 온실가스 배출량 요인분해 분석과 감축정책 평가 : 2018-2019」, 『Journal of Climate』, 제12권, 제3호, 2021, 271-279pp.

32) 이영지,『배출권거래제의 정책효과 실증연구』, 서울대학교 대학원, 2021.

33) Kong, J., & Cho, S.,「Towards net-zero emissions : energy system integration and policy direction for new and renewable energy」,『Journal of the Korean Society of Mineral and Energy Resources Engineers』, Vol. 58, No. 3, 2021, 258-265pp.

34) 이예지, 조민선, 채호진, 김재창, 이수출,「RE100의 현황과 우리나라에서의 시사점」,『에너지기후변화학회지』, 제14권, 제1호, 2019, 43-52pp.

35) An, S. H., & Woo, J.,「Comparative economic analysis of RE100 implementation methods in South Korea」,『Current Photovoltaic Research』, Vol.10, No.2, 2022, 62-71pp.

제14장
ESG의 등장과 확산

New Principles of
International Trade
of the 4th Industrial
Revolution

학습목표
1. ESG 경영의 출현 배경을 이해한다.
2. ESG 경영의 주요 동인을 설명한다.
3. 환경 경영 측면에서 지속가능성을 이해한다.
4. 사회적 경영 측면에서 기업의 사회적 책임에 관해 파악한다.
5. 거버넌스 측면에서 기업의 지배구조 구성의 중요성을 이해한다.
6. ISO 14001과 ISO 50001 인증 등을 통해 환경적 경영시스템 구축의 중요성을 설명한다.
7. ISO 45001과 ISO 37301 인증 등을 통해 사회적 경영시스템 구축의 중요성을 설명한다.
8. ISO 37001 인증 등을 통해 기업 내 거버넌스에 관한 이해의 중요성을 제시한다.
9. 사례를 통해 ESG 경영의 대두와 평가지표를 파악한다.

Contents
Introduction : 'ESG 무역장벽' 높아지는데 … 기업 '정보·예산 빈약' 한숨
제1절 ESG 시대의 글로벌 국제기구의 등장과 확산
제2절 ESG 경영과 국제인증의 필요성
제3절 ESG 경영의 중요성과 주요 과제
제4절 ESG 경영과 디지털 기술의 활용
Case Study : 한국가스기술공사, "에너지 전환에 따른 신사업 추진체계 강화"

Introduction

'ESG 무역장벽' 높아지는데 … 기업 '정보·예산 빈약' 한숨

- EU, 공급망 ESG 실사 추진
- 기준 미달 시 거래 중단 가능성

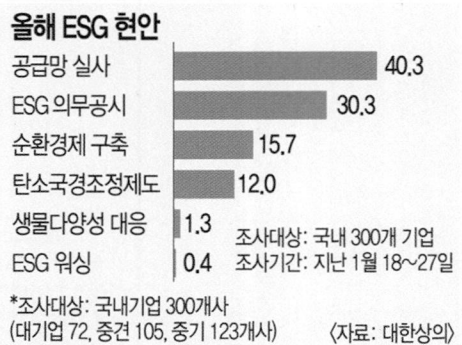

▲ 2023년도 국내 기업 ESG 현안(자료 : 대한상공회의소, 국민일보 강주화 기자 재구성)

글로벌 시장의 '환경·사회책임·지배구조(ESG) 무역장벽'이 가파르게 높아지고 있다. 하지만 한국 기업의 절반가량은 속수무책인 것으로 나타났다. 특히 중소기업은 정보·예산 부족 등으로 더 큰 어려움에 직면했다. 자칫하면 수출 길이 아예 막힐 수 있다. 유럽연합(EU)은 인권·환경보호 강화를 위해 '기업의 지속가능성 실사 지침(Corporate Sustainability Due Diligence: CSDD)'을 준비하고 있다. 지침이 발효하면 기업들은 인권·환경에 미치는 부정적 영향 예방, 문제 발생 시 구제 의무를 떠안는다. 관건은 EU 회원국뿐만 아니라 제3국의 기업도 적용을 받는다는 데 있다. 법무법인 광장의 ESG팀장을 맡고 있는 설동근 변호사는 8일 국민일보와의 통화에서 "EU로 수출하는 한국 기업의 가치사슬 안에 인권·환경 문제가 발생할 경우 재제, 분쟁이 있을 수 있다. 한국 기업도 (지침의) 적용을 받는 회사의 공급망에 속할 경우 ESG 개선 압력을 받을 수 있다"고 설명했다.

이미 독일 자동차회사 BMW는 자체적으로 거래처 3220곳의 ESG 경영 수준을 평가하고, 기준에 미달한 108곳을 거래선에서 뺐다. 미국 전자회사 GE도 협력업체 1286곳의 ESG를 평가한 뒤, 71개사와 거래를 아예 끊었다. 2020년 각 기업의 지속가능성 보고서에 나온 내용이다.

제14장 ESG의 등장과 확산

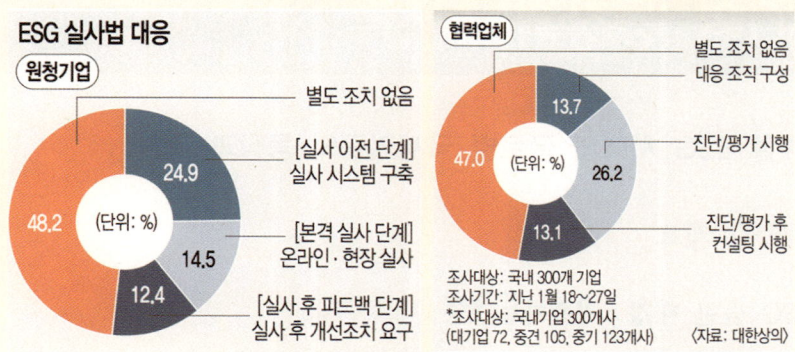

▲ 2023년도 국내 기업 ESG 실사법 대응(자료: 대한상공회의소, 국민일보 강주화 기자 재구성)

글로벌 시장에서 'ESG 장벽'은 태풍을 예고하고 있다. 재계 관계자는 "아직 한국에서는 BMW, GE의 거래선에서 배제된 협력업체들 같은 상황이 본격적으로 벌어지고 있지는 않다. 하지만 ESG가 글로벌 스탠다드로 자리를 잡고 있기 때문에 환경·인권 관련 ESG 경영을 안착시키지 못한 기업의 경우 수출 길이 막힐 수도 있다"고 분석했다.

상황은 심각해지는데, 한국 기업들의 대응은 더디다. 대한상공회의소가 기업 300곳을 대상으로 '2023년 ESG 주요 현안과 정책과제'를 조사한 결과에 따르면 40.3%는 올해 가장 큰 ESG 현안으로 'EU의 공급망 ESG 실사 대응'을 지목했다. 이어 ESG 의무공시(30.3%), 순환경제 구축(15.7%), 탄소국경조정제도(12.0%) 등이었다. 공급망 실사법에 대한 한국 기업의 대응 수준은 낮았다. 단기적 대응이 있느냐는 질문에 원청기업은 48.2%, 협력업체는 47.0%가 '별다른 대응 조치가 없다'고 답했다. 중소기업 사정은 더 나쁘다. 경남의 한 중소기업 관계자는 "환경·노동 문제에 대비하려면 연간 최소 1억원 이상의 비용을 써야하고, 인력 배치도 필요하다. 영업이익 수억원 수준의 우리 회사가 감당하긴 쉽지 않다. 솔직히 엄두가 안 난다"고 토로했다. 중소기업들은 ESG 경영에서 가장 어려운 점으로 'ESG 도입 및 실천 관련 정보 부족'(36.5%)과 '제한된 예산'(32.2%)을 꼽는다.

설 변호사는 "국내외 ESG 기준이 높아지고 있기 때문에 기업의 선제적인 ESG 대응이 장기적으로 비용을 줄이는 길이 될 것"이라고 지적했다. 대한상의 윤철민 ESG경영실장은 "정부가 업종별 ESG 가이드라인 제공하고 감세·공제 등의 세제지원을 확대할 필요가 있다"고 제안했다. 대한상의는 ESG지원센터를 통해 중소기업의 ESG 진단과 실사를 지원할 계획이다.

강주화 기자 / 국민일보 / 2023. 02. 08. /
https://news.kmib.co.kr/article/view.asp?arcid=0017932894&code=61141111&cp=nv

제14장
ESG의 등장과 확산

제1절 ESG 시대의 글로벌 국제기구의 등장과 확산

1. ESG 개요

1) ESG 출현 배경 : 지속가능경영

ESG에 대한 출현을 이해하기 위해서는 지속가능성(Sustainability) 및 지속가능성과(Sustainable performance)의 이해가 필수적으로 선행되어야 한다. 지속가능성이란 1987년 세계 환경 개발 위원회(World Commission on Environment and Development: WCED)의 지속가능경영 개발보고서에서 처음으로 제시된 개념으로, 전 세계 기업이 통용할 수 있는 가이드라인을 입안하기 위하여 연구센터(Global Reporting Initiative: GRI)가 국제 표준인 지속가능 보고서 발간하기 시작하면서부터 출현하였다.[1]

지속가능성은 단어 그대로 어떠한 행위가 지속될 가능성을 뜻하며, 이는 조직 생존 및 성장, 전략, 파트너십 등 조직 운영에 있어 수반되는 다양한 경영전략이 포함된다. 과거 기업의 지속가능성과를 측정할 때 조직이 보유한 재정적 자금을 토대로 재무성과 및 경제적 성과에 집중하는 것이 핵심이었다면, 이제는 기업이 수행하는 경영전략 및 활동에서 창출되는 부가적인 가치를 성과 측정에 포함하고 그에 따른 조직 지속가능성 수준을 판단하게 되었다.[2]

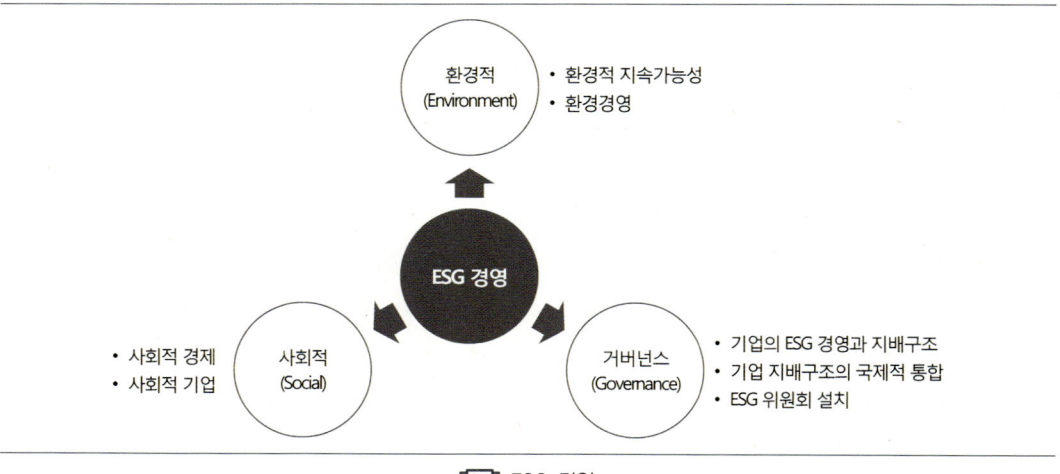

ESG 경영

기업은 지속가능성을 위한 사회적 책임, 공유사회에서의 공유 가치를 창출하는 등 수익 외 활동에 관한 관심이 높아지면서 유엔환경계획 파이낸스 이니셔티브(United Nations Environment Program

Finance Initiative: UNEP FI)는 기업이 경영활동 수행 시 다양한 이해관계에 놓인 당사자들에 의하여 E(Environment) 환경 보호, S(Social) 사회적 기여, G(Governance) 청렴한 지배구조 등을 조직 지속 가능성 향상을 위한 주요 동인으로 제시하였다.[3]

2) ESG 개념과 접근 방향성

ESG는 환경, 사회, 지배구조 영문 단어 약자의 조합으로 기업의 지속 가능한 성과, 기업이 창출해 낼 수 있는 가치, 그리고 기업의 비재무적 또는 운영적 성과지표를 뜻한다. 그간 기업 주요 평가 요소였던 재무적 요인(Financial factors) 또한 포함하고 비재무적 요소인 환경(Environment), 사회(Social), 지배구조(Governance)를 기업 경영 의사결정 과정에서 투영하겠다는 것을 뜻한다.[4]

2021년 1월 금융위원회가 발표한 바에 따르면, 2025년부터 자산 총액 2조 원 이상에 달하는 우리나라 유가증권시장 상장사 기업의 경우 ESG 지표 공시를 의무화한다고 하였다.[5] 2030년도에는 범위를 확대하여 자산 총액에 한정 없이 모든 코스피 상장사를 대상으로 ESG 공시 의무화를 확대하겠다고 발표한 바 있다. 이처럼 기업은 지속 가능한 성장이라는 목표 달성을 위하여 ESG 요인을 고려한 투자방식을 채택해야 하며 기업 내 투자자의 사회적 책임(Corporate Social Responsibility: CSR)이 점차 중요해지고 있다는 점을 인식해야 한다.

2. ESG 경영 구성요소

조직은 성과 측정을 위해서 크게 재무적 성과와 비재무적 성과로 구분할 수 있다. 이 중 비재무적인 성과를 구성하는 대표적인 요소로 ESG 개념이 포함된다. ESG가 의미하는 바는 Environment, Social, Governance의 약자로 환경, 사회, 지배구조를 뜻한다. 최근 기업성과를 측정하는 데 주요 사용되는 지속가능성 및 지속가능경영의 주요 요인이라고 할 수 있는 ESG의 세 가지 환경, 사회, 지배구조 요소에는 다양한 하위 구성 요인들로 이루어져 있으며, 기업이 미래의 경쟁우위 확보를 위하여 도움이 되는 지속가능 경영전략을 시행하는 데 기준으로 활용되고 있다.[6]

ESG경영의 세부구성요소

환경적 경영	사회적 경영	거버넌스
• 환경오염에 따른 규제	• 고객 만족 서비스	• 기업 윤리
• 기후변화 대응 탄소배출 절감	• 전체 공급망 관리	• 공정 경쟁
• 에너지 효율성 제고	• 사회적 책임	• 뇌물 및 반부패 방지
• 생태계 및 자원 보존	• 데이터 및 프라이버시 보호	• 이사회 및 감사위원회 구성
• 위험 폐기물 관리	• 지역사회 관계 유지 이윤 환원	• 컴플라이언스
• 친환경 구매 및 조달	• 근로자 안전 관리	

자료: KDI 경제정보센터 자료를 재구성하였음(https://eiec.kdi.re.kr/material/pageoneView.do?idx=1474)

1) 환경적(Environmental) 경영

(1) 환경적 지속가능성

ESG의 첫 번째 단어인 E(Environmental)가 환경이라는 단어로 번역되는 이유는 Environmental Sustainability(환경적 지속가능성)의 준말에서 비롯되었기 때문이다. 환경적 지속가능성이 최초로 언급된 지속가능발전목표(Sustainable Development Goals: SDGs)는 선진국에서부터 개도국, 저개발국가까지 전 세계 모든 국가에서 일반적으로 기준하는 세계 공통 목표로, 해당 기준을 달성하기 위하여 특정 노력을 행하는 기준이 되는 시스템이다. 이처럼 인류가 생존하는 데 있어 문제가 되는 환경적 측면에서 다양한 상황들을 해결하고, 후손들에게 아름다운 사회를 물려주기 위한 지속 가능한 발전 목표가 탄생하게 되었다.[7]

ESG의 첫 번째 단어인 Environmental 기업의 환경적 책임과 관련해서 많은 매체 및 보고서를 통하여 탄소제로 및 탄소중립의 개념으로 사용되고 있다. 탄소중립이란 세계적으로 매우 중요한 이슈가 되고 있는 개념으로 탄소중립(Carbon neutrality) 또는 넷 제로(Net-zero) 표현으로 사용되고 있다. 이는 이산화탄소를 배출한 양만큼 흡수하는 대책을 강구하여 온실가스 배출량을 '0'으로 줄인다는 개념이다.

(2) 환경 경영

2050년까지 실질 이산화탄소 배출량을 '0'으로 만드는 탄소중립을 선언한 국가는 한국, 미국, 중국 등 120개국이 넘는다.[8] 또한 전 세계 여러 국가에서는 UN의 3대 환경협약이 체결되어 있다. 전 세계적으로 환경적 가치에 대한 관심이 높아지면서 기업은 '이윤 추구'와 더불어 '지속가능성'까지 고려한 경영 전략을 찾아가고 있다.[9] 또한, 실제로는 환경오염 방지에 기여하고 있지 않으나 그린 워싱(Green washing) 속임수를 통하여 마치 친환경 원료나 생산 방식을 수렴한 것처럼 보이는 보여주기식 악용 사례도 나타나고 있다. 이에 따른 지역사회, 환경단체, 소비자들의 지속적인 모니터링을 통하여 기업과 함께 지속가능성을 추구해야 한다.[10]

ESG경영-환경

2) 사회적(Social) 경영

(1) 사회적 경제

ESG 경영에서 S(Social)에 해당하는 개념은 사회적 경제이다. 사회적 경제란 시장경제가 자본주의 방향으로 발전하기 시작하면서 초래된 인류 불평등 문제와 빈부격차, 환경오염에 관한 문제를 중심으로 대안으로 등장한 개념이다. 재무 역량과 경제 이윤의 극대화가 유일한 목표가 아닌 최고의 시장가치가 사회적 가치 창출인 기업의 활동이 이루어지는 경제를 사회적 경제라고 칭한다. 사회적 경제에서는 기업의 비재무적인 요소를 기업이 투자 관련 의사결정 시 고려해야 한다는 관점에서 ESG 투자를 지속가능투자 혹은 사회책임투자로 보고 있다. 사회책임투자란 기업의 재무적 성과를 중요시하는 과거 전통적인 투자방식과 다르게 사회적이고 환경적, 윤리적인 관점에서 이러한 가치를 반영하는 투자방식을 의미한다. 이러한 ESG의 사회책임투자가 활성화되기 위한 기반이 되는 경제가 사회적 경제라고 볼 수 있다.[11]

(2) 사회적 기업

사회적 기업의 의의는 다음과 같다. 먼저, 사회적 기업은 일반 영리 사기업에 비교하였을 때, ESG 실행에 높은 비중을 두고 있는 기업으로 취약 계층에게 일자리를 제공하며, 이를 통하여 지역 경제를 활성화하는 역할을 한다. 또한, 사회적 목적으로는 민주적 의사결정 구조를 추구하여 지역사회발전과 공익 증진에 힘쓰며, 지역사회 요구에 민감하게 반응하여 새로운 공공서비스를 확산하는 역할을 한다.

ESG경영-사회

3) 거버넌스(Governance) 경영

(1) 기업의 ESG 경영과 지배구조

기업의 지배구조(Governance)란 기업이 통제와 지시를 받아 운영되는 시스템으로, 소유주를 대신하여 대리인이 직접 경영구조를 운영하며 소유주와 이사진의 이익을 극대화하는 구조로 운영된다. 이사회의 책임은 회사 지배구조를 효율적으로 운영하는 것이며, 주주는 회사의 지배구조가 만족스러운 성과를 도출하기 위하여 이사를 임명하는 것이다. 이렇게 임명된 이사회의 역할은 전략적으로 회사의 목표를 설정한 후 이를 실현하기 위해서 경영진을 감독하고 주주에게 업무 전반을 보고한다.[12]

기업의 사회적 책임(Corporate Social Responsibility: CSR)과 ESG를 구분할 수 있는 가장 정확한 부분은 지배구조라고 할 수 있다. 과거 CSR의 경우 기업이 사회적 책임을 다하기 위하여 환경 보호를 위한 쓰레기 줍기 캠페인 및 지역사회에 일부 이익을 환원하는 등 환경적, 경제적 사회공헌 활동에 집중했다면, ESG는 이에 더불어 사회적 가치를 실현하기 위하여 기업 지배구조의 투명화를 추구한다. 다시 말해, CSR은 기업 외부적으로 사회적인 약자를 지원하는 차원이었다면 ESG에선 기업 외부뿐 아니라 기업 내의 정당한 노사관계, 양성평등, 투명한 채용, 친환경 공급체인관리 등을 통하여 기업 경영 전반적으로 사회적 가치를 연동하는 추세다.

(2) 기업 지배구조의 국제적 통합

기업의 지배구조를 국제규정으로 통합하고자 하는 움직임이 전 세계에 나타나고 있는데, 이는 특정한 국가에 한정하지 않고 다양한 형태로 운영되고 있는 글로벌 기업 수요에 대응하기 위한 것이다. 국제기업지배구조연대(International Coporate Governance Network: ICGN)의 경우 전 세계 기업에 일반적으로 통용할 수 있는 것을 목표로 다국적 기업의 지배구조 원칙을 개정하였으며, 이는 법적인 배경이나 상장 규정과 무관하게 적용할 수 있도록 하였다. 국제기업지배구조연대는 기업 내부의 지배구조를 우수하게 개편하는 데 관심이 있는 주요 기관 투자자로 구성되는 국제 회원 단체를 뜻한다. 해당 단체의 원칙은 기업 지배구조에 대하여 우수한 접근 관점을 취하면서 적절한 행동 지침을 실현하려는 경영진, 구성원에게 실질적인 도움을 제공한다.[13]

(3) ESG 위원회의 설치

한국 기업에서는 ESG 경영을 적극적으로 수행하기 위하여 기존 위원회를 ESG 경영 중심으로 개편하고 있다. 기업 이사회 내부에 ESG 위원회를 설치하거나, ESG를 위한 지속가능경영보고서를 발간하는 등의 ESG 경영의 가장 기초가 되는 활동이 확대되고 있다.[14]

또한, 정부가 내세운 기업 지배구조에 대한 개정안 중 하나로는 남녀평등에 대한 실질적인 수행을 위하여 국내 자본시장법을 개정하여 상장기업 중 자산이 2조 원이 넘는 경우 이사회를 구성하는 성별 비율의 기준을 준수하도록 하였다. ESG 경영이 화두에 오르게 되며 국내에서 10대 그룹으로 흔히 알려진 기업은 ESG 경영 추세에 대응하기 위하여 여성 사외이사를 적극적으로 영입하여 전환에 대비하고 있다.[15]

ESG경영-거버넌스

제2절 ESG 경영과 국제인증의 필요성

ESG 경영의 궁극적인 목적은 장기적인 기업가치 창출에 있다. 기업은 지속할 수 있는 경영을 위해서 ISO 인증 외에도 다양한 국제인증을 검토하고 획득하는 것이 중요하다. 이와 같은 국제인증의 취득은 기업의 신뢰를 제고하여 새로운 시장을 개척하고 이해관계자의 요구사항에 접근할 수 있기 때문이다.

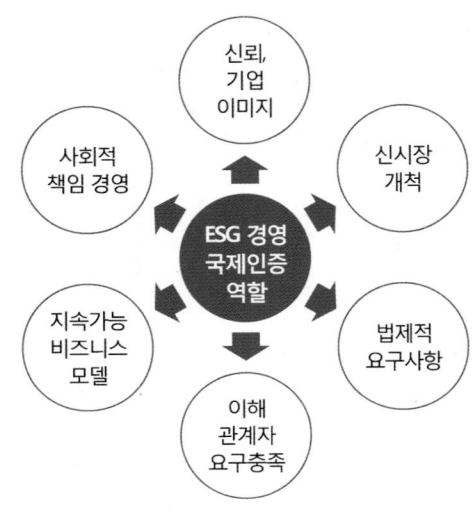

ESG경영에서 국제인증의 역할

1. ESG 경영과 ISO 표준

ISO(International Organization for Standardization: ISO) 인증이란 국제 규격 표준 기구인 ISO에서 제정하고 있는 제품 설계 요구사항에 따라 기업이 환경에 미치는 악영향을 최소화하는 것을 목표로 적합하게 운영되고 있는 것을 증명하는 인증 방법이다.

최근 들어 기업의 사회적 책임 역할이 강조되면서 이와 함께 ESG가 중요한 이슈로 주목받는 등 경영 환경이 전 세계적으로 변화되고 있다. ESG는 UN 위원회에서 발표한 지속가능발전목표 총 17가지를 달성하는 방향으로 나아가기 위하여 실행가이드를 제공하고 있으며 우리나라는 이것을 기준으로 삼고 있다. 조직은 지속가능경영보고서와 더불어 ISO 실행 가이드를 효과적으로 활용하여 ESG 경영 활동을 수행하고 그에 따른 경영활동 성과를 공개할 수 있다. 기업은 이러한 가이드를 기반으로 ESG

활동을 철저히 자동 문서화함에 따라 자료 투명성을 확보해야 한다.[16] 외부 투자자는 이를 통해 조직 디지털 기술력을 평가할 수 있으며 이는 4차 산업혁명 시대 지속 가능한 생존을 위해 조직이 필수적으로 보유해야 하는 역량으로 여겨진다.[17]

또한, 기업은 ESG 경영 평가 내용을 바탕으로 다시 지속가능발전목표를 기준으로 ESG 경영 방향성을 잡는 것이 중요하다.

주요 ISO 표준인증 종류와 내용

인증	내용
품질경영시스템 (ISO 9001)	• 제품 및 서비스 품질보증, 제품책임 관련 이해관계자 요구 증가 • 지속적 품질향상 위한 기업 품질경영 실행 위한 국제 표준
환경경영 시스템 (ISO 14001)	• 1992년 브라질 리우 정상회담 유엔환경개발회의 계기로 건전, 지속가능한 개발 달성 위한 실천적 환경 지표 관련 국제 표준
안전보건 경영시스템 (OHSAS 18001)	• 사업장 활동 발생 위험 관한 사전 예측, 예방 국제 표준
식품안전 경영시스템 (ISO 22000)	• 인적, 물적 자원 활용 식품안전 위해요소 관리 및 식품안전경영 실천 표준화 방안 구축 국제 표준
사회적 책임 경영시스템 (ISO 26000)	• 비즈니스 특성 관계 없이 장기적 사회적 책임 전략 제공 구축 국제표준
정보보안 경영시스템 (ISO 27001)	• 정보보안 사고가 확산, 체계적 정보 관리 국제 표준
에너지 경영 시스템 (ISO 50001)	• 과학적 에너지 절감 및 효율 개선 위한 국제 표준

1) 환경과 ISO 표준

(1) ISO 14001

ISO 14001이란 환경경영시스템으로 최근 화두로 떠오르고 있는 국제인증표준이다. 기업의 활발한 생산 활동으로 인하여 환경에 미치는 부정적인 영향을 최소화하고, 정부 및 지역사회에 긍정적인 이미지를 지닌 세력으로 자리 잡음으로써 경쟁우위를 도출하는 기업의 경영 방침을 뜻한다.[18]

ISO 14001 인증을 취득함으로써 얻어지는 기대효과는 다음과 같다. 가장 대표적으로는 환경 경영을 시행함으로써 환경 상태가 개선되고 환경오염 절감 효과가 가장 먼저 나타날 것이다. 이와 동시에 환경 경영 체제 구축으로 인하여 기업의 대내외적인 환경 이미지가 개선되면서 시장 점유율 증가 및 기업 수출 증진에 긍정적인 영향을 미친다. 또한 기업은 친환경 경영 최초 도입 시 초기 감수 비용이 존재하고 신속성이 저하되는 등 어려움을 겪을 수 있으나, 장기적으로는 원자재 및 에너지 절감 효과, 에너지 배출 비용 감소를 통하여 비용 관리 효율성이 증대되고 경제적 이득을 얻을 수 있다.[19] 아울러 지역사회 내의 기업 이미지가 향상되어 지역사회를 비롯한 정부 및 공급업체 간 관계 유지가 향상되는 효과를 기대할 수 있다.[20]

(2) ISO 50001

ISO 50001 인증이란, 조직 내에서 관리 및 운영되는 에너지 경영 시스템에 관하여 공인기관이 표준 요구사항에 대한 적합성 평가와 인증을 의미한다. 조직의 규모나 매출에 상관없이 어떤 기업에나 인증 적용이 가능하여 중소기업을 위한 환경 인증으로 구분할 수 있으며, 중소기업이 직면하는 특정 문제들을 극복하는 데 가이드라인을 제시하고 있다. ISO 50001 인증은 기업의 생산 활동에 있어서 이용되는 에너지 사용량과 효율성을 효과적으로 관리하기 위한 요구사항을 포함한다.

ISO 50001에서 언급되는 에너지 경영 시스템이란 조직이 에너지 효율을 향상하기 위한 기업 활동을 체계적이고 통합적인 경영전략으로 개선하여 지속 가능한 경영활동을 수행하도록 돕는 시스템을 뜻한다. 에너지 경영 시스템을 통하여 에너지 효율성을 증대시킬 뿐만 아니라 비용을 절감하고, 환경 보호를 위한 온실가스 배출을 방지함으로써 기업이 경쟁우위를 확보하게끔 돕는다.[21]

2) 사회와 ISO 표준

2021년 1월, 금융위원회는 코스피 전체 상장사의 ESG 공시 의무화를 발표하였으며 이에 따라 국내 주요 기업들 사이에서는 지속 가능한 비즈니스 전략을 위한 비재무적 가치 개선이 떠오르고 있다. 이를 위해서는 가장 기본적으로 국제 표준에서 제정한 요구사항을 귀사의 컴플라이언스 경영시스템이 충족하는지 확인해야 한다. 또한 비재무적 성과를 이해관계자들에게 증명하기 위해 ISO 37301 인증을 취득해야 한다.[22]

(1) ISO 45001

ISO 45001이란 안전보건경영시스템을 의미한다. 기업의 주요 부담 사항인 산업 재해를 방지하는 데 필수적인 이점을 제공하는 직업 보건, 안전 관리 시스템 표준을 의미한다. 이는 전 세계 사업장에서 작업장 위험을 줄이고 직원의 안전을 향상시키며 보다 안정적인 근무 조건을 조성하기 위한 프레임워크를 제공하며 직원의 부담을 줄이기 위한 요구사항을 포함하고 있다.

ISO 45001의 목적에서 가장 중요한 차이점은 사전 예방 조치를 취함으로써 기업이 특정 기준의 틀 내에서 운영한다는 사실은 사전에 중요한 위험을 식별하는 것이다. 이처럼 사회적인 책임을 위하여 안전보건경영시스템을 구축하고 해당 시스템을 운영 및 개발하며 기업의 생산 활동에 있어 근로자의 직업 보건을 보장하고 안전 정책을 준수하는 등의 행위는 사회적 경제 즉, S(Social) 역량을 대표하는 표준 인증으로 꼽을 수 있다.[23]

(2) ISO 37301

ISO 37301이란 컴플라이언스 경영시스템(Compliance management systems)을 뜻하며 국제표준화 기구가 제정한 국제표준 규격으로 법적 요구사항 및 관련 지침, 산업규약, 조직의 표준, 지배구조, 사회적 윤리 및 기대, 관행 등에 대한 적합성 평가제도이다. 2021년 ISO에서 공식 발행한 표준으로 기존의 ISO 19600 표준을 대체한다. 국내에서도 ISO 37301에 대한 인증 서비스 제공이 가능해짐에 따라 국내외적으로 조직의 청렴성과 컴플라이언스 문화에 대한 인증심사 절차의 투명성 및 신뢰성을 인증받을 수 있게 되었다. ISO 37301(준법 경영시스템)은 기업이 준수해야 하는 모든 법과 지침에 대한 준법 경영시스템으로 뇌물법, 증권법, 세법 및 소비자의 건강과 안전, 환경 보호, 공정거래관련법 등 다양한 사항을 다룬다. 최근 ESG 경영 관심이 촉구되면서 조직의 비재무적인 요인을 반영한 책임 투자 및 투명한 정보공개 요구가 확대되어 국제 표준으로서 ISO 37301의 가치가 극대화되고 있다.[24]

3) 거버넌스와 ISO 표준

(1) ISO 37001

ISO 37001이란 반부패경영시스템으로 모든 분야에 적용가능한 요구사항을 규정한 국제규격으로, 조직에서 반부패경영시스템을 수립, 실행, 유지 및 개선을 달성하기 위한 요구사항을 규정하고 있다. 이에 세계적으로 37개의 국가가 정회원으로 참여하고, 매년 국가별 부패관련지수를 발표하는 국제투명성 기구(Transparency international)와 경제개발협력기구(Organization for Economic Cooperation and Development: OECD)가 참여하여 ISO 37001을 제정하였다.

글로벌 반부패 규제는 투명성, 뇌물 금지 및 경제활동 선진화를 강조하며, 공공 영역뿐만 아니라 민간 기업에도 기업 차원에서의 상당한 주의와 의무를 요구하고 있다. 이에 따라 기업은 회사의 반부패 경영 수준과 ISO 37001 요구사항과의 간극을 파악하여 글로벌 수준의 반부패경영시스템 달성을 위한 마스터 플랜 수립이 필요하게 된 것이다.[25]

2. ESG 경영과 기타 국제인증

1) ESG 관련 인증

수출입 시장에서 ISO 표준 외에도 기타 국제인증은 기업이 새로운 시장에 진출하거나 유지할 때 브랜드 가치를 증대하고 이해관계자와 파트너십을 형성하는 데 중요한 구실을 한다. 또한, 국제인증의 취득은 기업가치의 증대와 공급체인 위험의 절감으로 나타날 수 있어 수출입 시장 진출 과정에서 ESG 경영과 관련한 국제인증에 관한 검토가 필요하다.

📋 주요 ESG 관련 인증 종류와 내용

구분	내용	심볼
ESG 인증평가	• 평가대상 금융상품 발행대금 적격 프로젝트 사용 비율, 발행사 프로젝트 평가 및 선정절차, 조달자금 관리 및 공시수준 평가	ESG 기업인증
에코바디스 글로벌 공급망 CSR 평가	• 환경, 노동 및 인권, 윤리, 지속가능 영역 평가 • 직원 건강 안전 목표, 직원보호장비 제공 절차, 온실가스 인벤토리 등	ecovadis
비콥 인증	• 기업 사회적 책임, 이해관계자 고려, 사회적/환경적 성과, 재무적 이익 동시 추구 기업 인증	Responsible Business Alliance / B Corporation
지속가능경영 보고서(SR) 검증	• 지속 가능한 개발 목표 대한 조직 성과 측정, 공개, 설명 인증	AA1000 Licensed Assurance Provider 000-402
인권 경영 인증제도	• 조직 내 인권경영 체계적 관리 방침, 목표 수립 실행 인증	
Gold Standard	• 탄소배출 상쇄 제도, 지역 경제, 사회, 환경측면 지속 가능한 개발에 대한 기여 수준 평가	Gold Standard
SR 10 인증	• 기업 사회적 책임 관련 ISO 26000 원칙, 권고사항 검증 가능한 형태 변환한 인증 규격	-
온실가스 배출량/감축량 검증	• 배출권거래제, 탄소세, 온실가스 감축 프로젝트 검증	-
지속가능 연계금융 인증평가	• 발행 이전 수립된 지속가능성 목표 달성 여부 따라 재무적/구조적 특성 변화 금융상품	-
기후전환금융 인증평가	• 탄소집약적 산업 탄소중립 이행 지원 위한 금융상품	-

2) 품질인증

　기업의 제품과 서비스에 대한 품질인증은 다른 이해관계자들에게 품질에 관한 보증과 이해를 제공하는 것으로 글로벌 시장의 진출 과정에서 중요하다. 한편, 이 같은 품질인증은 기업의 이미지를 제고하고 고객의 신뢰를 향상해 ESG 경영의 목적인 지속할 수 있는 경영에 바탕이 되어 경영활동에 중요한 역할을 한다.[26] 최근 품질인증을 거치지 않은 제품과 서비스는 수입하지 않는 등의 새로운 무역장벽이 등장하는 배경에서 기업은 글로벌 시장 진출과 지속 가능한 경영을 위하여 제품과 서비스의 품질인증에 관한 관심이 촉구된다.[27]

주요 품질 인증 종류와 내용

구분	내용	심볼
KC마크 (Korea Certification mark)	• 안전·보건·환경·품질 법정강제인증제도 단일화 국가인증통합마크 • 국제 신뢰도 증진 2009년 7월 단일화 사용	KC 한국
UL (Underwriters Laboratories)	• 미국 산업현장 사용 산업 용품 국가인정시험소 (NRTL) 안전 인증 받아 사용 • 가전 제품 필수 인증 유통 매장 판매가능	UL 미국
CE (Conformité Européenne)	• 회원국간 무역 편리성, 소비자 보호 목적 의무 사용 • 모든 유럽연합(EU) 회원국 기준 충족하는 경우 부착 가능	CE 유럽
CCC (China Compulsory Certificate)	• 전선, 케이블, 전기스위치, 음향기기, 조명 장비, 농기계제품 등 인증 • 중국 강제인증 규격, 불합격 시 중국 생산, 수출입 금지	CCC 중국
PSE (Product Safety Electrical appliance & materials)	• 일본 전자제품 적용 인증 • SP(Specified Product), NSP(Non Specified Product) 분류 • 일본내 제품 안전 관리	PSE 일본
CR Mark	• 베트남의 기술규제에 대한 제품인증으로, 품질, 안정, 위생 등 유지 목적 • STAMEQ(표준계량품질총국)에 의해 규정	QUACERT 베트남

제3절 ESG 경영의 중요성과 주요 과제

ESG 경영의 활용은 기업의 투자를 위한 의사결정 시에 활용하게 되는 것으로, 단순히 재무지표를 기준으로 판단하는 것이 아니라 ESG에 걸맞게 환경, 사회, 지배구조 등의 비재무적인 요인들의 가치를 중요시 여기는 것이다. 국내에서도 전 세계적 흐름에 따라 ESG 정보를 기업에 공시하도록 의무화하고 있다. 이처럼 ESG 정보 공시 의무제 도입 때문에 많은 투자자들은 기업의 ESG 경영 평가지표를 확인하고 투자 여부에 대한 의사결정 판단에 도움을 받을 수 있게 되었다. ESG 평가 지수가 비교적 높은 기업에 대한 투자자들의 투자 관심도가 자연스레 높아지고 있으며 이는 국내에 한정된 것이 아닌 글로벌 트렌드라고 볼 수 있다.[28]

1. ESG 경영의 중요성

기존 과거에는 어떤 조직을 평가할 때의 기준에 있어서 "해당 기업이 얼마를 투자해서 얼마를 벌었는가"를 중심으로 한 정량적인 재무 지표를 중심으로 하였다. 그러나, 최근에는 지속가능개발목표(Sustainable Development Goals: SDGs)를 기준으로 기업들이 경영전략을 새롭게 수립하는 추세에 놓여 있기에, 장기적인 재무 가치에도 영향을 미치면서 동시에 비재무적인 요인에도 영향을 미치는 ESG 개념이 자본시장에서 중요한 이슈로 떠오르고 있으며,[29] 기업과 투자자들은 더 이상 ESG 경영이 선택적 경영전략이 아닌 의사결정에서 필수사항이 되어가고 있다.[30]

ESG 경영활동 평가지표

구분	내용
환경	• 환경경영조직, 환경정보공개, 국제이니셔티브, 환경경영인증, 환경교육, 환경성과평가, 에너지사용량, 용수사용량, 폐기물배출량, 유해화학물질 배출량, 온실가스배출량, 재활용량
사회	• 여성근로자 비율, 기간제 근로자 비중, 공정거래 프로그램, 부패방지 프로그램, 인권보호프로그램 운영 비율, 사회공헌 지출액, 서비스안정성 인증, 제품안정성 인증, 협력사 지원
지배구조	• ESG 등급 공개 여부, 기업지배구조 공시, 이사회 운영실적 인증, 이사회 독립성, 이사회 내 전문 위원, 감사 위원회 운영, 감사기구 운영, 외부 감사인의 독립성 수준, 주주총회, 배당

자료 : 한국기업지배구조원(2021)이 발표한 ESG 평가지표 기준 항목

2. ESG 경영의 해외 주요 사례

1) 에버레인

미국의 패션 브랜드인 에버레인은 기업의 투명한 경영을 내세우고 있다. 에버래인은 모든 의류, 가방, 신발, 악세서리 등의 제품에 원단/ 부자재/ 인건비/관세/항공운송료 등 항목을 정확히 기재하여 '투명 가격(Transparent Pricing)'이 적혀있다. 이러한 가격 투명화로 원가의 변화에 따라 판매액도 함께 변동하여 원가가 하락하면 제품 가격도 낮아진다. 또한 제품별로 공장을 모두 오픈하여 공장에 대한 정보도 모두 알 수 있다. 경영에 대한 모든 것이 오픈되어 있으니 인사 관리나 경영이 깨끗하게 이루어지게 되고 복지와 인사 전반에 있어 동일 업종 대비 높은 대우를 유지하고 있어 직원 만족도도 상당히 높은 수준이다. 이러한 투명경영은 에버레인이 매년 전년 대비 두 배 이상의 매출 성장을 기록하는 중이다.

2) 클로락스

미국 표백제 및 청소 관련 시장 점유율 1위 기업인 클로락스(The Clorox Company)는 대표적인 필수 소비재 제조기업으로 한국에서 '유한양행'과의 합작투자를 통해 '유한락스'로 더욱 잘 알려진 기업이다. 클로락스는 기후와 환경을 위한 지속 가능성 목표를 위하여 2030년까지 플라스틱 및 섬유 포장재를 50%까지 줄이고, 2025년까지 100% 재활용, 재사용 등의 대체재 사용을 시행 중이다. 이미 클로락스는 1차 및 2차 플라스틱 및 섬유 포장재의 63%를 재활용 또는 재생 가능한 재료로 생산하고 있으며, 신재생 에너지 사용을 위하여 구매하여 온실가스 배출량을 감소하고, 100% 재생 전력 활용을 하기 위해 계획 중이다.

3) 파타고니아

미국의 파타고니아(Patagonia)는 아웃도어 브랜드로 재활용 소재를 활용한 옷을 만들어 판매하는 친환경 기업이다. '제발 이 옷을 사지 말라(Don't buy this jacket)!'라는 광고를 하며 리사이클 원단과 유기농 목화를 바탕으로 의류 제품을 생산한다. 파타고니아는 매년 환경단체에 매출의 1%를 기부하며 '지구에 내는 세금'이라고 한다. 이러한 환경 보호를 앞세운 광고 전략은 자신의 가치관과 맞는다고 생각하면 가격과 상관없이 소비하는 MZ세대의 소비 가치와 맞아 COVID-19 펜데믹 와중에도 매출이 가파르게 성장하였다.

4) 넷플릭스

엔터테인먼트 스트리밍 서비스를 제공하는 넷플릭스(Netflix)는 대표적인 글로벌 OTT 플랫폼으로 2억 명 이상의 회원을 보유하며, 사회적 책임에 직시하며 지속가능성 지표와 목표를 2019년부터 제시하고 있다. 사회적 지속 가능성을 위하여 다원주의를 보장하기 위해 여성, 유색인종, 소수인종 등으로 구성된 제작자 및 사내 인력 보유율을 개선하고, '창조적 평등을 위한 넷플릭스 펀드'와 같은 프로그램을 통하여 여성 인재 식별 및 훈련 등의 포괄적 파이프라인을 구축하는 등의 활동을 적극적으로 시행하고 있다. 이와 같은 활동은 넷플릭스 2020년 ESG보고서에 따르면 다원주의 정책과 사내 인력과 관련된 프로그램의 경우, 일정한 성과를 거두고 있다고 밝혔다.

3. ESG 경영의 국내 주요 사례

1) 삼성전자

삼성전자는 ESG 경영에 대한 투자를 지속적하며 기존에 친환경 경영을 담당하는 센터가 존재하였음에도 지속가능 경영 사무국이라는 팀을 신설하여 각별히 ESG 경영에 박차를 가하는 모습을 보이고 있다. 환경적으로는 친환경 포장재 확대와 공정 전력효율을 개선하고 있으며 사회적으로는 중소기업에 4차 산업혁명 기술 도입 기반 스마트공장을 지원하고,[31] 협력 상생펀드를 운영하고 있으며 지배구조는 이사회 의장과 대표이사를 분리하고 삼성준법감시위원회를 설치하는 등의 노력을 하고 있다.

2) SK

SK는 열여섯 곳의 계열사를 통하여 ESG 관련 전담 조직을 신설하여 ESG 경영 투자에 앞장서고자 하였다. ESG 관련 팀이 신설된 주요 계열사로는 SK 하이닉스를 꼽을 수 있으며, 2050년도까지 태양광이나 풍력 등의 신재생 에너지를 활용하여 환경보호에 힘쓰겠다는 계획을 밝혔다. SK 하이닉스의 ESG 경영을 들여다보면 환경적으로 수자원 효율성을 제고하고, 온실가스 저감 활동 및 친환경 제품을 개발하고 잇다. 사회적으로는 공정거래 시스템을 확립하고 지배구조는 장기적 성과 연계 보상 제도 등을 확대 중이다.

3) 롯데

롯데는 ESG 경영 성과를 사장단 평가에 반영하며 환경, 공정거래, 사회 공헌, 동반성장, 인재 고용, 기업문화, 컴플라이언스, 안전 분야의 평가를 지속하고 있다. 롯데글로벌로지스는 ESG 역량 강화를 위하여 디지털 운송 기반 친환경 물류 솔루션을 개발하고 폐기물 및 탄소배출 저감 활동을 전개하고 있다. 또한, 산업안전을 위한 업무환경 구축과 조직 구성원을 비롯한 고객 및 사회와 소통 활동을 지속 전개하며 ESG 공급체인관리 역량을 구축하고 있다.

4) 쿠팡

쿠팡은 엔드투엔드(End-to-End) 유통 시스템을 구축하여 상품매입부터 배송까지 유통단계를 혁신적으로 절감시키며 탄소배출 절감에 동참하고 있다. 또한, 다회용 보냉백 '프레시백'을 개발하여 스티로폼 폐기물 30만 개를 대체하고 있으며 소상공인 판로 확대 및 매출 증진을 위해 지원금을 조성하고 있다. 그리고 직원 건강지표 개선을 위한 '쿠팡케어'를 비롯하여 현장 근무 직원에게 주식 부여를 우대하는 등의 거버넌스 경영을 시도하고 있다.

ESG 경영 노력

제4절 ESG 경영과 디지털 기술의 활용

　탄소 및 재생에너지 관리, 공급체인관리 및 투명성 강화, 인권경영 및 인재관리와 산업 안전, 컴플라이언스 모니터링과 대응 분야는 기업의 ESG 경영 혁신에 디지털 기술을 접목해 활용할 수 있다. 이는 4차 산업혁명 기술을 활용하여 ESG 글로벌 흐름 속 기업의 '지속가능경영' 토대 마련을 위한 비용을 최소화하고, 각 프로젝트의 효과성 및 효율성을 높이며 장기적으로는 새로운 비즈니스 모델을 구성하고 전환하는 데에 일조할 수 있다.[32]

1. 디지털 시대의 탄소 및 재생에너지 관리

　탄소를 감축하는 방법으로는 인프라 개선 등을 통한 절대 배출량을 줄이는 방법과 탄소배출권을 구매하여 상쇄시키는 방법이 있다. 테슬라의 경우, 2022년 4분기 탄소배출권 판매 수익은 전 년 동기 대비 47% 급증해 8분기 연속 수익을 확보하였다. 이러한 수익은 태양관 패널 설치 사업과 에너지 저장 시스템으로 온실가스 배출량을 줄여 판매할 수 있는 탄소배출권을 확보한 것이며, 동 기간 탄소배출권 거래 매출이 없었다면 2억 3,400만 달러의 적자가 나는 상황이었다. 즉, 테슬라의 순이익은 전기자동차가 아닌 탄소배출권에서 나오는 것이다. 이러한 탄소배출권 판매에 따라 B2B 소프트웨어 업체인 세일즈포스가 '드림포스 2022' 연례행사에서 탄소배출권 거래 플랫폼인 'Net Zero Marketplace'를 발표해 탄소배출권을 전자상거래처럼 거래하도록 하였다.

　기업은 IoT 설비를 통해 실시간으로 탄소배출을 측정, 기록, 저장하고 블록체인의 분산원장 기술과 암호화 기술을 기반으로 투명하고 신뢰할 수 있는 관리감독 체계가 갖춰져야 한다. 특히 사물인터넷, 블록체인, 거래 플랫폼 등과 같은 기반 기술도 중요하지만, 단일 기업을 넘어 정부, 기업, 개인 간의 탄소 및 재생에너지 거래를 통한 비용 절감과 수익 실현이 가능한 생태계를 조성하는 것도 중요하다.

　밸류체인을 개선하고자 하는 기업들은 폐기물 관리 위주의 정책을 넘어 제품의 전 주기를 고려하여 처음부터 순환 경제가 반영된 제품을 설계해야 한다. 탄소 감축 및 순환 경제를 위한 또 다른 기술 영역은 디지털 제품 여권(Digital Product Passport)이다.[33] 디지털 제품 여권은 일반 소비자가 상품 공급체인 지속가능성을 사전에 파악한 후 제품을 구매할 수 있도록 에코 디자인 관련 정보를 전자 표지에 담는 제도로서 EU가 '새로운 에코 디자인 규정(Ecodesign Regulation)' 초안에 모든 물리적 제품에 '디지털 상품 여권' 제도를 시행하도록 규정하였다. 디지털 제품 여권이 중요한 이유는 채굴부터 수출까지 탄소 배출량을 정확히 계산해서 공시하도록 하고, 재활용 부품 함유량에 대한 정보를 제공하여 순환 경제를 이루기 때문이다.

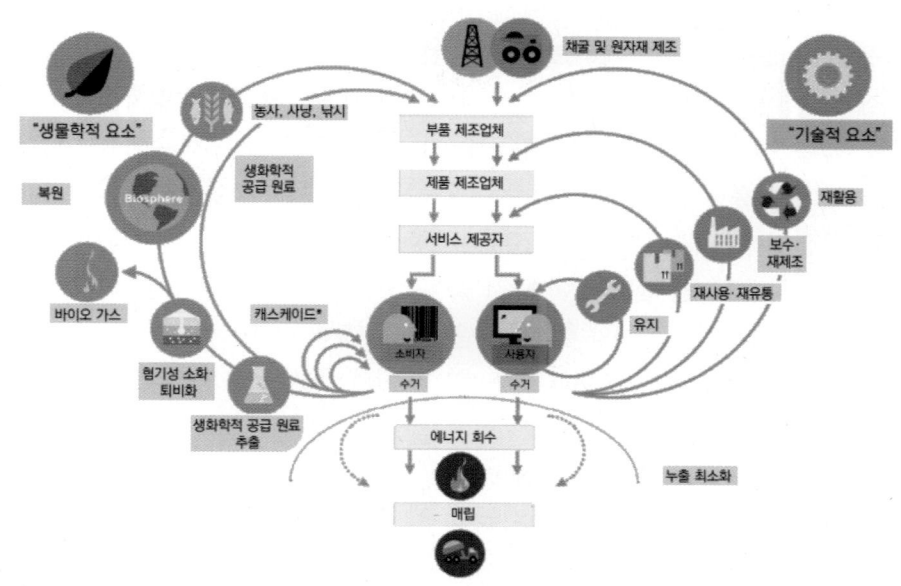

주 : *케스케이드(Cascades)는 다양한 방식으로 생물학적 요소 기반 제품을 재사용하는 것 의미
자료 : 대외경제정책연구원(2021) 국제 사회의 순환경제 확산과 한국의 과제 p.28에서 발췌

순환경제 : 생물학적 요소 및 기술적 요소 기반 제품 순환

2. ESG 경영과 공급체인관리

ESG 관리 영역이 확대되면서 자사뿐만 아니라 협력사 전체를 아우르는 공급체인이 중요해졌다. 특히나 협력사가 ESG 이니셔티브에 동참할 수 있도록 독려하고, 교육 및 컨설팅을 지원함으로써 ESG 성과 및 실적을 모아 공시에 반영하는 일련의 과정들이 신속하고 투명하게 이뤄져야 한다. 월마트는 에너지, 폐기물, 포장재, 운송, 자연, 제품 사용·디자인 총 6개 영역을 지정하여 영역마다 잠재 목표를 설정하고 협력사가 적어도 하나 이상의 영역에서 자사 배출량 감축 범위 및 목표 등을 결정해 매년 진행 상황을 제출토록 하였다.

게다가 유통에 블록체인 기술을 적용해 원산지에서 매장까지 이동하는 과정을 클라우드 서버에 자동으로 기록하는 IBM '푸드 트러스트(Food Trust)'를 도입하였다. 푸드 트러스트 시스템을 통해 식품의 복잡한 공급 과정과 수량을 정확히 추적하여 원산지 및 안전성 검증 과정의 시간을 감축하였다.[34]

3. 인공지능 기술과 인권 경영 및 인재 관리

기업들은 '중대재해 처벌 등에 관한 법률(중대재해처벌법)' 시행에 따라 안전사고를 줄이기 위한 노력뿐만 아니라 적극적으로 기술을 현장에 접목하고 있다. '비전 AI' 기술로 산업 현장 내 설치된 CCTV 영상에서 위험한 상황을 포착하고 위험 상황으로 구분되었을 때는 경보음, 음성 등을 통해 작업 관리자에게 전달돼 대응할 수 있도록 한다. 장치 점검 시 물리적 펜스를 설치할 수 없는 한계를 보완하고자 적외선 센서나 라이트 커튼을 활용하거나, AI 가상 패스로 위험 구역 내 작업자의 존재 여부, 진입·퇴장 여부를 확인한다.

최근 산업 현장 안전에 있어 디지털 트윈(Digital Twin) 접목도 고려되고 있다. 디지털 트윈은 컴퓨터에 현실 속 사물의 쌍둥이를 만들고, 현실에서 발생할 수 있는 상황을 컴퓨터로 시뮬레이션함으로써 결과를 예측하는 기술이다.35) 과거와 현재의 운용 상태를 통해 미래를 예측할 수 있어 시행착오로 인한 비용 낭비를 줄이고 최적화를 위한 운용 성능과 사업 프로세스를 대폭 개선할 수 있다.

4. 컴플라이언스 모니터링과 대응

글로벌 ESG 규제는 2010년 대비 5배 이상 빠른 속도로 늘어나고 글로벌 가속화에 따라 글로벌 기업들은 서로 다른 국가에서 더 많은 규제 대상이 되고 있다. 이런 상황은 신산업을 영위하는 기업에 규제 불확실성을 유발하기 때문에 각국 규제 정보를 파악해 국가별 진출 전략을 수립해야 한다. 기업은 AI를 사용해 법과 정책, 규제, 관련 판례 데이터를 수집하고 분석함으로써 ESG 정보를 얻을 수 있다. 실제로 실리콘밸리의 리걸테크 AI기업 '피스컬 노트'는 2021년 싱가포르의 ESG 데이터 관리 솔루션 이퀄리브리엄(Equilibrium)을 인수하였으며, AI가 분석한 데이터를 기반으로 플라스틱 용기에 대한 각국 대응 정보, 북미의 선박 이슈, 라틴 아메리카의 삼림 파괴 등 기업의 비즈니스와 관련된 중대한 의사결정 도움을 제공하는 비즈니스 모델을 가지고 있다.

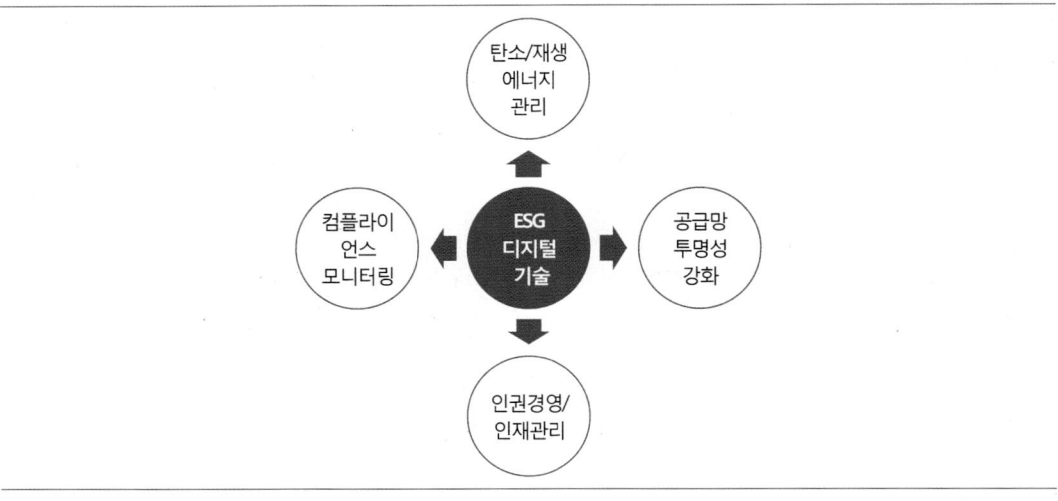

ESG 디지털 기술

제14장 ESG의 등장과 확산

Case Study

한국가스기술공사, "에너지 전환에 따른 신사업 추진체계 강화"
- '수소산업 선도' 기술 플랫폼 전문기업으로 도약

▲ 한국가스기술공사는 가스 관련 서비스 및 기술을 제공하는 공사이다.(자료 : 한국가스기술공사)

한국가스기술공사(Korea Gas Technology Corporation: KGTEC)는 한국의 가스 기술 및 에너지 산업을 주도하는 기업 중 하나로, 다양한 가스 관련 서비스 및 기술을 제공하는 공사이다. 1979년에 설립되어, 한국의 가스 기술 및 에너지 분야에서 지속적인 발전을 이루어 왔다. 초기에는 주로 도시가스/천연가스 시스템 개발 및 운영을 주로 이루어왔으며, 지속적인 연구 및 개발을 통해 가스 기술과 에너지 분야에서의 혁신을 추구하여 에너지 효율화 기술, 친환경 가스 제조 및 활용 기술, 신재생 에너지 연구 등에 투자하여 한국의 에너지 산업을 선도하고 있다.

주요 업무 및 서비스로는 도시가스와 천연가스의 공급과 유통 담당을 통해 가정, 산업, 상업 등 다양한 부문에 안전하고 안정적인 가스 공급을 제공하며 가스 시설의 운영 및 유지보수를 담당하여 가스 공급의 안정성을 보장한다. 또한, 신규 도시 지역의 가스 인프라를 개발하고, 천연가스 스토리지 및 수송 시스템을 구축하여 에너지 공급의 효율성을 재고하여 화재예방, 에너지 효율화, 환경 보호 등 다양한 에너지 솔루션을 제공하여 고객과 사회에 가치를 제공한다.

또한, 전 세계가 환경보존의 지속 가능한 목표를 추구함에 따라 KGTEC는 친환경 가스 및 에너지 솔루션을 개발하여 온실가스 배출을 감소하고 환경 보호와 지속 가능한 천연 에너지 공급 촉진을 위해 노력하고 있다. 이로써 국제적인 가스 기술 및 에너지기술 연구 협력을 증진하며, 해외시장에서도 활발한 역할을 수행함에 따라 천연가스 수입 및 국제 에너지 프로젝트에 기여하여 한국의 에너지 안정성을 강화에 힘쓰고 있다.

■ **신사업 추진체계 강화**
- 수소산업 토탈솔루션 기업으로의 첫걸음
2019년 1월 수소경제 활성화 로드맵 발표 이후, 발 빠르게 6대 신사업 정관개정, 전담조직

신설, 그린에너지 기반 미래성장 경영전략 마련, ESG경영 도입 등 수소경제 이행을 위한 제도적 기반 마련하고, 이를 바탕으로 수소경제 생태계 전주기인 생산-유통-활용-R&D 분야별 사업을 속도감 있게 추진하였다. 28년간 축적한 한국가스기술공사의 초고압가스 전문기술력을 수소산업에 접목하여 수소사업 본격 진출한 것이다.

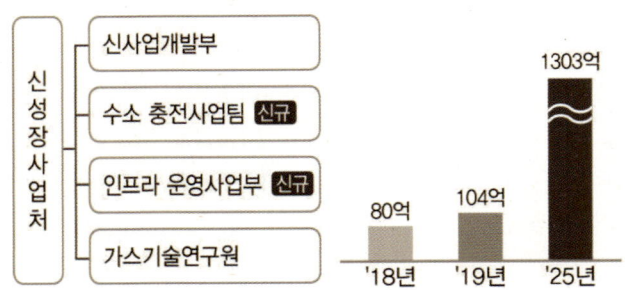

▲ 자원배분 조직 및 예산 확보(자료 : 한국가스기술공사)

수소 사업	그린수소 생산 EPC
	액화수소 인프라 EPC
	수소충전·생산 EPC
	수소충전·생산 운영정비
	수소전주기센터 운영

▲ 중장기 전략수립 수소사업 포트폴리오 수립(자료 : 한국가스기술공사)

Case Study

■ 에너지 전환의 시작
- 최고의 에너지기술로 대한민국 수소경제 선도

기관의 수소분야 핵심사업으로 수소 충전소 및 생산기지 인프라 보급을 전국적으로 촘촘하게 구축·운영 중에 있다. 2019년은 일부 지자체 위주로 운영되었다면 2020년 전국으로 확대되기 시작하면서 21년에 잇달아 대규모 수소사업 확대에 성공하였다. 또한, 수소통합모니터링센터를 설립하여 광역정비서비스를 제공하고 수소제품 전주기 안정성 지원센터를 국산화 방식으로 설립함에 따라 수소경제 선도에 힘쓰며 최고의 에너지기술을 선보이고 있다.

■ 그린수소 생산·공급 기술개발로 수소사업 해외진출 견인

해외 원천기술 확보를 위한 UAE와 해외 수소기반 대중교통 인프라 및 생산기술을 개발중이며, 한-호 협력 액화수소 수출입 터미널 설계기술 개발을 착수함으로 기관 수소사업의 해외 진출 토대를 마련하였다.

■ 운영부터 정비까지
- 수소인프라 안정적 정착을 위한 관리체계 고도화

수소 인프라의 잦은 운영중단 등 수소경제 사회로의 전환 걸림돌을 해소하기 위한 안전한 수소 인프라 환경을 위해 수소통합모니터링센터와 수소충전소 광역정비서비스체계를 구축·운영하고 있다.

▲ '21년 대규모 수소사업 확대(자료 : 한국가스기술공사)

▲ 통합안전관리 시스템 연계한 모니터링센터상용화(자료 : 한국가스기술공사)

2021년을 기점으로 최근까지 해당 수소인프라 시설 운영사업자가 유·무선으로 설비 이상을 통지하면, 그 내용이 한국가스기술공사에 자동 통보되고, 즉시 현장으로 출동해 조치할 수 있는 시스템으로 조직 운영 효율성을 제고하고 안전성을 확보할 수 있다. 전국 충전소의 안전, 정비, 운영을 통합관리 및 24시간 신속 광역 정비 서비스 제공을 통해 편리성을 높이고 있다.

■ 수소부품 국산화 기반
- 국내 최초 수소전주기센터 운영사업 진출

국내 기업의 니즈를 반영한 수소산업 부품 국산화 개발을 지원하고자 수소 제품 설계에서 현장 적용까지 원스톱 플랫폼을 제공하는 국내 유일의 수소산업 전주기 제품 안전성 지원센터를 성공적으로 개소·운영 중에 있다.

▲ 수소 산업 관련 사업(자료 : 한국가스기술공사), 제공 : 한국가스기술공사

Case Study

학습문제

문제 1

ESG의 출현 배경에 관하여 서술하시오.

문제 2

ESG 경영의 구성요소를 제시하고 설명하시오.

문제 3

ISO 14001 인증에 관하여 서술하시오.

문제 4

ESG 경영과 국제인증에 대해 설명하시오.

문제 5

ESG 경영 접근 방향에 대해 설명하시오.

문제 6

환경적 지속가능성에 대해 설명하시오.

문제 7

ESG 경영의 중요성에 대해 설명하시오.

문제 8

ESG 경영을 하는 기업의 예시를 들어 ESG 경영의 요소를 설명하시오.

※ 해설은 부록에 기재됨.

참고문헌

1) 신건권,「정부부문 지속가능성보고서의 평가와 개선방향」,『지방정부연구』, 제14권, 제1호, 2010, 225-248pp.

2) 이정기, 이재혁,「"지속가능경영" 연구의 현황 및 발전방향 : ESG 평가지표를 중심으로」,『전략경영연구』, 제23권, 제2호, 2020, 65-92pp.

3) 민재형, 김범석, 하승인,「지속가능경영을 위한 기업의 환경적, 사회적, 지배구조적 요인이 주가수익률 및 기업 가치에 미치는 영향」,『한국경영과학회지』, 제39권, 제4호, 2014, 33-49pp.

4) Min, J. H., Kim, B. and Ha, S.,「The impact of firms' environmental, social, and governancial factors for sustainability on their stock returns and values」,『Journal of the Korean Operations Research and Management Science Society』, Vol. 39, No. 4, 2014, 33-49pp.

5) https://www.betterfuture.go.kr

6) 손수득, 김용덕, 이성기,「공공기관의 ESG 지배구조(G) 추진 전략 : 대한무역투자진흥공사 사례를 중심으로」,『서비스경영학회지』, 제22권, 제5호, 2021, 159-183pp.

7) 한상미, 이명훈,「지속가능하고 회복력 있는 도시개발 및 관리 평가지표 : UN 지속가능한 발전목표(SDGs) 의 목표 11 을 중심으로」,『한국지역개발학회지』, 제29권, 제3호, 2017, 1-24pp.

8) 윤순진,「한국판 그린 뉴딜의 현재와 과제」,『전기저널』, 2021, 29-37pp.

9) 김창봉, 심수진, 정재우,「환경규제와 수출 중소기업의 Green SCM 활용의 영향 관계에 관한 연구」,『무역학회지』, 제42권, 제5호, 183-211pp.

10) 이정임,「친환경 위장제품(그린워싱) 의 현황과 과제」,『이슈 & 진단』, 제245호, 2016, 1-19pp.

11) 노희진,「기업의 사회적 책임(CSR)과 사회책임투자(SRI)」,『한국상장회사협의회』, 57권, 2008, 65-75pp.

12) 강윤식,「윤정화, 윤진수, 지배구조 개선을 위한 기관투자자의 역할」,『기업지배구조리뷰』, 74권, 2014, 2-22pp.

13) 장윤제,「기업지배구조 모범규준에 관한 연구」, 한양대학교 대학원, 2019

14) 홍기섭, 박종진, 김민정,「미디어 산업 내 움트는 ESG 경영 실천 'KT 스카이라이프'」,『미디어이슈 & 트렌드』, 제46권, 2021, 90-100pp.

15) 김도윤, 이지연, 신동엽,「지속가능경영과 다양성 : 제도주의이론 관점에서 본 이사회 내 여성 임

원 비율」, 『경영학연구』, 제51권, 제4호, 2022, 869-893pp.

16) Kiarie, N., 「Challenges and prospects of implementation of ISO 9001 : 2015 in TVET institutions : the case of nkabune technical training institute」, 『Africa Journal of Technical and Vocational Education and Training』, Vol. 5, No. 1, 2020, 84-95pp.

17) Jordan, S., Zabukovšek, S. S. and Klančnik, I. Š., 「Document management system-A way to digital transformation」, 『Naše gospodarstvo/Our economy』, Vol. 68, No. 2, 2022, 43-54pp.

18) 조영욱, 『기업의 환경경영노력이 경영성과에 미치는 영향』, 서울대학교 대학원, 2018.

19) 김창봉, 정순남, 「공급체인 통합과 친환경 활동이 환경성과에 미치는 영향에 관한 연구」, 『국제지역연구』, 제15권, 제1호, 447-466pp.

20) 풍반반, 이기세, 전성일, 「ISO 14001 인증취득이 기업 가치 향상에 미치는 영향」, 『환경정책』, 제22권, 제2호, 2014, 75-99pp.

21) da Silva Gonçalves, V. A. and dos Santos, F. J. M. H., 「Energy management system ISO 50001 : 2011 and energy management for sustainable development」, 『Energy Policy』, Vol. 133, 2019.

22) 김호석, 「ESG 관련 국내외 동향 및환경정책에 미치는 영향」, 『한국환경연구원』, 2021, 1-140pp

23) Fahmi, K., Mustofa, A., Rochmad, I., Sulastri, E., Wahyuni, I. S. and Irwansyah, I., 「Effect of ISO 9001 : 2015, ISO 14001 : 2015 and ISO 45001 : 2018 on operational performance of automotive industries」, 『Journal of Industrial Engineering & Management Research』, Vol. 2, No. 1, 2021, 13-25pp.

24) Hendra, R., 「Comparative review of the latest concept in compliance management & the compliance management maturity models」, 『In RSF Conference Series : Business, Management and Social Sciences』, Vol. 1, No. 5, 2021, 116-124pp.

25) Brescia, V., 「Corruption and ISO 37001 : A new instrument to prevent it in international entrepreneurship」, 『World Journal of Accounting, Finance and Engineering』, Vol. 1, No. 2017, 2017, 1-14pp.

26) 권승하, 「한국 창업 기업의 ESG 경영과 SCM 파트너십이 기업이미지와 기업성과에 미치는 영향에 관한 연구」, 『무역학회지』, 제48권, 제1호, 2023, 331-355pp.

27) 김창봉, 오유진, 「국내 중소수출제조기업 유통·물류 부문의 Green SCM 도입수준에 영향을 미치는 이해관계자 결정요인 연구-ISO 14001 데이터 구축 기간의 조절효과」, 『한국물류학회』, 제32권, 제5호, 2022, 15-31pp.

28) 곽배성, 이재혁, 「기업의 ESG 수준과 외국인투자자 비중과의 관계 : 규제위험 노출수준에 따른

투자자 민감도」, 『전략경영연구』, 제24권, 제1호, 2021, 35-66pp.

29) Park, Y., Lee, J. and Choe, Y., 「ESG investment trends and implications considering shared growth and mutual benefit」, 『The Journal of the Convergence on Culture Technology』, Vol. 7, No. 1, 2021, 37-41pp.

30) 김유승, 이슬, 「'착한'기업이란 어떤 기업인가? : 내용 분석을 통한 '착한'기업의 보도 현황과 의미 고찰」, 『한국광고홍보학보』, 제22권, 제1호, 2020, 5-34pp.

31) Cooke, P., 「Image and reality : 'digital twins' in smart factory automotive process innovation‒critical issues」, 『Regional Studies』, Vol. 55, No. 10-11, 2021, 1630-1641pp.

32) Saxena, A., Singh, R., Gehlot, A., Akram, S. V., Twala, B., Singh, A. and Priyadarshi, N., 「Technologies empowered Environmental, Social, and Governance(ESG) : An industry 4.0 landscape」, 『Sustainability』, Vol. 15, No. 1, 2022, 10.3390/su15010309.

33) Panza, L., Bruno, G. and Lombardi, F., 「Integrating absolute sustainability and social sustainability in the digital product passport to promote industry 5.0」, 『Sustainability』, Vol. 15, No. 16, 2023, 10.3390/su151612552.

34) Chen, C. Y. and Long, A. M, 『Introduction to Big Data and Analytics : How IBM Food Trust Uses Big Data in Food Supply Chain』, 2021.

35) Pires, F., Cachada, A., Barbosa, J., Moreira, A. P. and Leitão, P. 「Digital twin in industry 4.0 : Technologies」, 『Applications and Challenges. In 2019 IEEE 17th International Conference on Industrial Informatics』, Vol. 1, 2019, 721-726pp.

제15장
국제금융

New Principles of
International Trade
of the 4th Industrial
Revolution

학습목표
1. 국제금융의 개념과 의미를 이해한다.
2. 국제금융의 기능에 대해서 논의한다.
3. 국제금융 시장의 개념에 대해 설명한다.
4. 국제금융 시장의 역할에 대해서 논의한다.
5. 국제금융 시장의 구조를 이해한다.
6. 국제금융 상품의 종류 파악한다.
7. 외환의 개념과 종류를 파악하고 외환시장의 특징을 이해한다.
8. 국제수지의 내용과 종류를 파악한다.
9. 4차 산업혁명 시대의 국제금융으로써 핀테크와 블록체인 기술을 이해한다.
10. 4차 산업혁명 시대의 디지털 외환시장의 흐름을 파악한다.

Contents
Introduction : 해외 소재 금융기관에 외환시장 개방 … 새벽 2시까지 연장
제1절 국제금융의 이해와 외환시장
제2절 외환시장의 이해와 국제수지의 개념
제3절 제4차 산업혁명 시대의 디지털 금융과제
Case Study : 대통령 경제사절단으로 베트남 가는 이어룡, 대신증권 해외사업 확대 모색

Introduction

해외 소재 금융기관에 외환시장 개방 … 새벽 2시까지 연장

　앞으로 해외소재 외국 금융기관도 국내 외환시장에 참여할 수 있게 된다. 또 외환시장 개장시간도 현행 오후 3시 30분에서 새벽 2시로 연장하고, 추후 24시간까지 확대한다. 기획재정부는 이 같은 내용을 담은 글로벌 수준의 시장접근성 제고를 위한 외환시장 구조 개선방안을 7일 발표했다. 정부는 이번 방안을 법령 개정과 국내 금융기관의 준비 등에 소요되는 시간을 감안해 이르면 내년 7월 시행을 목표로 충분한 여유를 두고 추진하기로 했다.

　○ 국내 외환시장 대외 개방

　정부는 일정 요건을 갖춰 정부의 인가를 받은 해외소재 외국 금융기관(RFI)에 대해 국내 은행간 시장 참여를 허용하기로 했다. 먼저 현재 은행간 시장에 참여 가능한 외국환업무취급기관과 동일 유형의 글로벌 은행·증권사등으로 제한하고, 이 범주에 해당되지 않는 외국 금융기관의 참여는 불허한다. 또한 시장 활성화와 안정성 등을 함께 고려해 글로벌 관행에 부합하는 요건을 부과한다. 기존 참여기관과 정상적 거래를 수행하기에 충분한 수준의 거래한도를 확보하고, 인적사항 등과 관련된 법인정보, 국내 원화결제를 위한 계좌 개설 여부 등을 확인한다.

　○ 개장시간 대폭 연장

　해외금융기관의 외환시장 참여를 실효성 있게 보장하기 위해 시장 개장 시간도 늘린다. 국내 외환시장 마감 시간을 한국 시각으로 런던 금융시장이 마치는 새벽 2시까지 연장하기로 했다. 오전 9시부터 오후 3시 30분까지던 국내 외환시장의 개장시간이 10시간 30분 더 늘어나는 셈이다. 정부는 추후 은행권 준비, 시장 여건 등을 봐가며 24시간까지 확대한다. 또한 매매기준율은 현재와 같이 오전 9시~오후 3시 30분 기준 산출, 여타 벤치마크 가격은 시장 자율협의를 거쳐 필요 때 제공한다.

○ **선진수준 시장 인프라 구축**

글로벌 수준의 거래와 결제 등 관련 인프라도 마련한다. 정부는 대고객 시장의 실시간 전자거래를 고도화한다. 현재 국내 인가 외국환중개회사가 국내 금융기관에 제공하는 외국환 전자중개업무를 RFI에도 연결 가능하게 한다. 글로벌 시장에 보편화된 '대고객 외국환 전자중개업무'(Aggregator)도 제도화를 통해 허용한다.

○ **거시건전성 제도 등 보완**

정부는 외환시장을 개방할때 우려되는 거시 안정성에 대해서도 보완 장치를 만들기로 했다. RFI의 외환거래는 당국의 인가를 받은 국내 외국환 중개회사를 거치도록 했다. 외국 기관의 거래도 당국이 모니터링한다는 의미다. 정부는 아울러 RFI를 상대로 한 국내 금융기관의 선물환 포지션 비율을 별도로 선정·관리하는 방식도 검토할 예정이다. 선물환 포지션 비율은 은행의 자기자본 대비 선물환 보유액 비율을 규제하는 것으로, 일명 거시건전성 3종 세트 가운데 하나다. RFI의 자본거래를 직접 통제할 수 있는 규제 수단도 구체적으로 마련하는 한편, 현지 당국과 협조 체계를 구축할 예정이다.

이번 방안으로 외국인의 원화거래 불편이 대폭 해소되면서 원화자산 투자가 활성화되고, 국내 금융기관의 해외영업 확대 등 글로벌화를 견인할 것으로 보인다. 또한 경쟁적 시장환경으로 서비스·비용구조를 개선해 국내외 금융기관간 플랫폼·가격 경쟁 등을 유도해 외환거래 서비스의 질과 안정성을 높이고, 해외 진출한 국내 기업·기관뿐 아니라, 해외자산에 투자하는 개인 등도 해외 영업시간에 자유롭게 환전할 수 있게 된다. 아울러 거래규모 증가, 다양한 거래동기를 지닌 시장참가자의 확대로 시장안정에 기여하고 특히, 국내시장 접근성 개선으로 역외 NDF거래 유인이 감소할 것으로 전망된다. 이와 함께 원화의 국제적 통용성을 높이고 중장기적으로 무역결제, 자본조달 때 외화의존도 및 환리스크 완화가 기대된다.

기획재정부 / 대한민국 정책브리핑 / 2023. 02. 07. /
https://www.korea.kr/news/policyNewsView.do?newsId=148911410

제15장 국제금융

제1절 국제금융시장의 이해와 주요 유형

1. 국제금융의 개념과 기능

1) 국제금융의 의미

4차 산업혁명 시대에는 글로벌 경제활동과 관련된 자금의 이동인 국제금융이 국가 간 이루어지는 현상으로 정의된다. 화폐를 통한 거래뿐만 아니라 물물교환 또는 실물 원조와 같이 경제에 대한 화폐적인 요소가 필요하지 않은 거래 형태도 존재하지만, 대부분의 국제거래에서는 결제가 필수적으로 이루어지며, 이를 위한 자금의 이동이 국제금융의 현장을 형성하게 된다.[1]

2) 국제금융의 기능

(1) 국제대차결제

국제금융은 국가 간 상품 및 용역거래와 자본거래의 결과로써, 이미 거래가 발생하고 있는 국가 간 채권 또는 채무를 원활하게 결제해주는 역할을 갖고 있다. 원활한 국가 간 결제를 수행하기 위해서는 외환시장이 발달하여 달러와 대비되는 이종통화 간 교환을 수월하게 만들 수 있어야 하며, 동일계정의 대차를 통한 결제 방법을 사전에 준비하기 위해 주요 국제금융시장에 자리 잡은 글로벌 일류은행들과 환거래계약을 체결하거나 당좌계정을 개설하여 둘 필요가 있다.

(2) 국제무역금융의 지원

국제금융은 국제교역을 촉진하는 기능을 보유하여 국가와 국가 사이의 상품 또는 용역의 수출입대금을 융자해 준다. 국제무역량이 대폭 증가함과 동시에 수출입금융의 원활한 원조가 국제금융시장의 주요 역할이 되었으며, 국제금융시장의 무역금융지원을 통해 국제교역량을 지속하여 증가시키는 원동력이다.[2] 수출입금융은 상품의 원료 구입부터 판매 후 대금 회수까지 단기금융으로, 상품의 판매 전까지 기간 동안 자금을 지원하는 역할을 한다.

(3) 국제유동성의 조정

국제금융은 단기무역금융에서부터 중장기 국제투자·시설금융까지 다루게 되었다. 또한 국제수지적자·국제유동성이 부족한 비산유개발도상국의 국제수지적자 보전용 금융 및 경제개발 소요자금금융까지 다루게 되어 국제투자와 개발도상국의 경제개발계획수행을 장려함으로써 이른바 남북문제해결에도 공헌하게 되었다. 하지만 금융기관의 장기화, 진성상업어음원칙 경시, 개발도상국의 외채 비율 누적과 같은 단점이 노출됨에 따라 국제은행의 건전 경영을 위협하기도 하였다.

(4) 국제자금관리의 수단

국제개방 경제체제에서 기업과 금융기관의 글로벌화로 국제금융은 지역과 통용화폐의 다원화로 인해 종합적이고 구체적인 관리가 필요해졌다. 이에 따라 국제은행과 다국적 기업의 국제자금관리를 위해 국제금융시장은 다양한 금융수단과 기법을 제공하여 성장할 수 있다. 또한 국제금융시장은 자금조달 및 운용시장으로서 주로 사용되고 있어, 그들이 필요로 하는 유동성관리, 자금관리, 팩토링 및 결제기능과 같은 여러 가지 금융서비스를 다루고 있으며, 환율과 이자율변동위험의 관리시장으로서의 기능까지도 실시하게 된다.3)

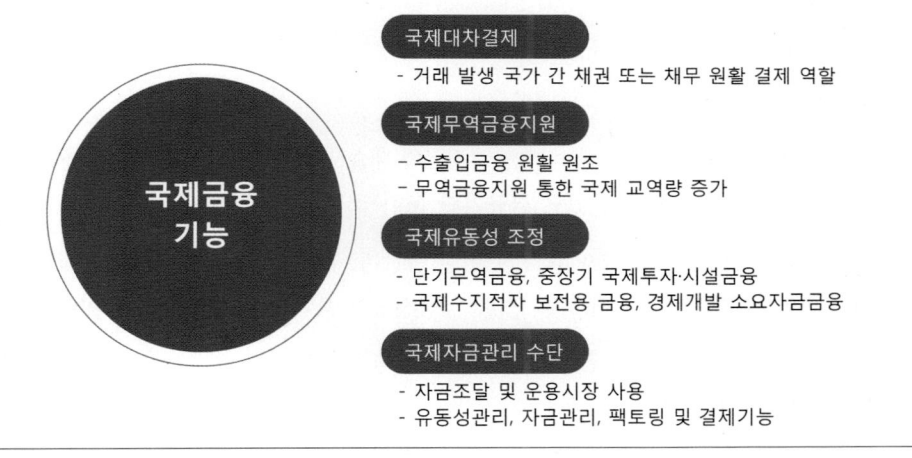

국제금융의 기능

2. 국제금융시장의 개념과 유형

1) 국제금융시장의 개념

국제금융시장은 글로벌 차원에서 발생하는 공간으로, 다양한 거래 조정과 메커니즘을 포함한 종합적인 시스템이다. 4차 산업혁명의 영향을 받고 있으며, 해외 직접 및 간접투자, 국제무역, 장단기 자금의 국제 대차 거래 등을 통해 발생하는 금융자산과 부채의 결제과정을 포함한다. 이 시장은 지속적인 거래를 통해 국제자금의 수요와 공급을 조율하며, 최근에는 IoT의 발전으로 인해 금융거래가 전 세계적으로 24시간 가능해지고 있으며, 이러한 변화는 디지털 기술과 네트워크화된 금융시스템의 발전과

깊이 연관되어 있다.

2) 국제금융시장의 역할 및 요건

국제금융시장의 주된 역할은 먼저 국가와 국가 사이에 환율의 균형과 외국무역에 신용 거래를 통해 공급하고 환위험을 결부시키는 기능을 가지며, 각 국가마다의 경제발전계획 실시 및 국민경제운용에 필수적인 자금조달을 순조롭게 해주고, 특히 국제금융시장을 통한 자금조달은 자본이 부족한 개발도상국에게 경제발전의 주축이 되어주고 있다.4) 국제금융시장의 요건은 해당 국가의 화폐가 국제적인 결제통화이자 준비통화이어야 하고, 당해국의 금융시장은 제반 시설과 헤징 제도와 같은 환경이 국제적인 업무를 수행할 수 있을 만큼 준비되어 있어야 한다. 또한 외환관리가 없어 거주자와 비거주자의 대외거래가 자유롭게 보장되어야 하고 상품운송 보험시장이 발달하여 금융과 관련된 상업적 역할을 담당할 수 있어야 한다. 마지막으로 외환시장이 존재해야 한다.

3) 국제금융시장의 구조

(1) 국내금융시장과 국제금융시장

① 국내금융시장(Domestic financial market) : 자금의 대출자 및 차입자, 이들을 연결하는 금융기관의 삼자가 모두 국내에 소속되어 있고 금융기관 또한 국내에 소재한다.

② 국제금융시장(International financial market) : 자금의 대출자 및 차입자, 이들을 연결하는 금융기관 중 적어도 하나라도 비거주자이거나 금융시장이 외국에 소재하는 경우이다.

(2) 직접금융시장과 간접금융시장

① 직접금융시장(Direct financial market) : 대출자로부터 차입자가 직접 자금을 차입하는 시장을 뜻한다.

② 간접금융시장(Indirect financial market) : 대출자로부터 차입자가 직접적으로 자금을 차입하는 방법이 아닌 양쪽 사이를 조정해주는 중개기관을 활용하여 자금을 조달하는 시장을 뜻한다.

(3) 외국금융시장과 유로금융시장

① 외국금융시장(Foreign financial market) : 거래당사자들 중 어느 한쪽에게 외국통화로, 다른 쪽에게는 국내통화로 거래가 이루어지는 경우를 말한다.

② 유로금융시장(Euro financial market) : 모든 거래당사자들의 거래가 외국통화로 이루어지는 경우를 말한다.

📋 외국금융시장과 유로금융시장

국내통화		외국통화	
국내통화	• 국내금융시장	국내통화	• 외국금융시장
외국통화	• 외국금융시장	외국통화	• 유로금융시장

(4) 역내금융시장과 역외금융시장

① 역내금융시장(Onshore financial market) : 해외 차입자들이 금융기관 소재국의 통용화폐로 발행된 금융자산을 매매하는 시장은 국내 금융시장에 비거주자가 참여하는 외국금융시장이다. 이 시장은 외국채시장으로서의 직접금융시장과 외국중개시장으로서의 간접금융시장으로 구분된다.

② 역외금융시장(Offshore financial market) : 거래 당사자 양쪽이 거래지의 국적과 다를 경우 발생하며, 비거주자들끼리 거래가 원활히 이루어지는 시장을 의미한다. 외국 통화로 표시된 금융자산이 국외에서 거래되는 시장으로, 유로금융시장과 유사한 개념으로도 볼 수 있다. 다만, 유로금융시장은 거주자 또한 포함되지만, 역외금융시장은 비거주자 사이에서만 거래가 이루어지므로 차이점이 있다.

📋 역내금융시장과 역외금융시장

거주자		비거주자	
거주자	• 국내금융시장	거주자	• 역내금융시장
비거주자	• 역내금융시장	비거주자	• 역외금융시장

(5) 단기금융시장과 중장기자본시장

　단기금융시장(Short-term money market)은 1년 이내에 만기가 끝나는 금융 수단이 매매되는 시장으로 그 종류로는 기업어음(CP), 은행인수어음(BA), 양도성예금증서(CD), 환매조건부 채권(RP), 단기재정증권(T-Bill) 등을 들 수 있다.[5] 중장기자본시장(Medium and long-term capital market)의 경우, 1년 이상의 만기를 갖는 금융 수단을 매매되는 시장으로 볼 수 있으며, 주식 및 채권과 중기어음(Medium term note: MTN)과 같은 것들이 여기에 포함된다고 할 수 있다.

4) 주요 국제금융시장

(1) 런던금융시장

19세기 후반부터 런던은 금본위 체제 차용을 통해 제1차 세계대전 전까지 하나밖에 없는 국제금융시장으로서 외환거래 중심지 역할이었다.6) 이를 통해 런던에는 단기자금이 모이게 되며 복합적 방식의 결제가 발생하게 되었다. 현재 런던금융시장은 외환거래에서 장기간 축적한 기술적인 경험과 유리한 시차 상 지위를 활용하여 뉴욕금융시장과의 외환거래를 잇는 핵심적인 역할을 담당하고 있다.

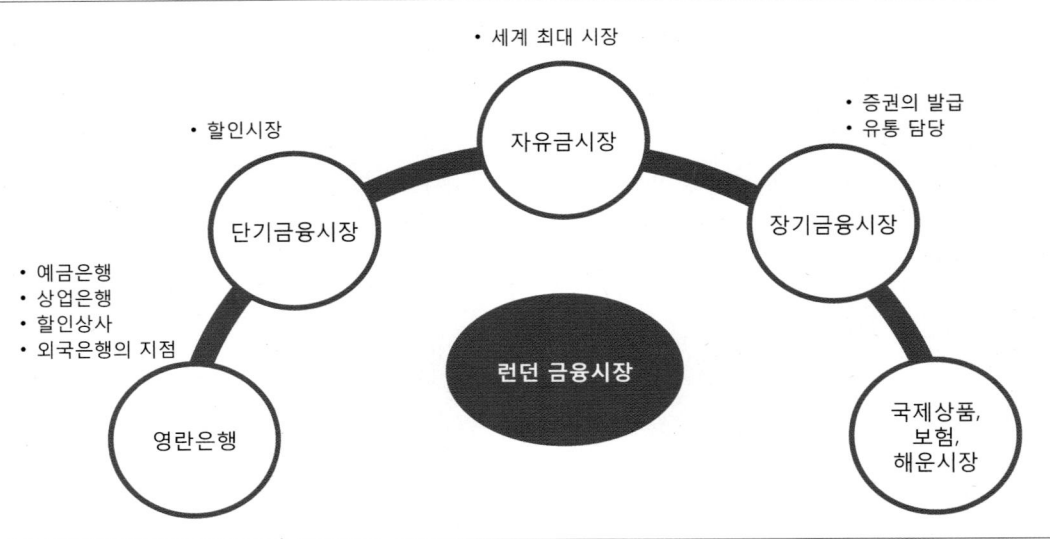

런던금융시장 구성

(2) 뉴욕금융시장

런던금융시장에 비하여 뉴욕금융시장의 발전은 늦었으나 제2차 세계대전 이후에 미국을 중심으로 출범한 IMF 체제에서 미국의 달러가 기축통화의 기능을 하게 되면서 빠르게 성장을 하게 되었다. 1931년에 미국 연방준비제도이사회가 출범하면서 대규모 은행인수 어음시장이 생성되었다. 미국은 세계 최대의 교역국이면서 동시에 자금수출국가의 위치에 있으므로 뉴욕이 증대된 달러 경제권의 최종 결제장소의 기능을 가지며, 다수의 외국 상업 은행들은 부족한 자금을 충당하기 위해 미국의 상업은행으로부터 자금을 대출 또는 어음을 발급하는 방식으로 자금을 조달하고 있다. 또한 외국 상업은행들은 무이자의 당좌예금을 소유하며 달러가 남았을 시 결제에 이용할 수 있다.

(3) 유로금융시장

유로금융시장이란 유로커런시(한 통화가 발급국이 아닌 다른 지역에 예치된 통화)를 목표로 한 장

단기 금융시장을 뜻한다. 처음에는 이러한 금융시장을 유로달러시장이라고 부르며 달러만 유로커런시로 이용하였으나, 이후에는 다른 화폐들도 이러한 방법을 이용하기 시작하였다. 유로금융시장은 단기인지 장기인지에 따라 간접금융시장인 유로커런시시장과 직접금융시장인 유로채시장으로 구분할 수 있다.

유로금융시장의 구분

간접금융시장		직접금융시장	
단기	• 유로자금시장	단기	• 유로단기채시장
장기	• 유로신용시장	장기	• 유로장기채시장

(4) 동경금융시장

엔화는 1980년 12월 신법이 시작되면서 국내외 자금이동이 자유롭게 발생하였으며 기축통화의 자격을 갖추게 되었다. 동경시장의 경우 단기시장과 공사채 유통시장의 지위를 맡을 만큼 급속히 발전하였으며 양도성예금증서, 대장성증권, 해외발급 상업어음을 취급하고 있다. 동경시장의 장점으로는 외화자금의 융통이 편리하여 달러콜 시장이 활성화되어있다.

(5) 싱가포르금융시장

1970년 싱가포르에서는 비거주자에게 무기명예금 구좌개설 권한을 부여하였으며 예금에 대하여 각종 장벽을 면제하는 방식으로 양도성예금증서의 발급을 용인하였다. 싱가포르는 이러한 조치를 통해 아시아제국에 예치된 달러인 아시안달러 시장의 중심이 되었다. 싱가포르 시장이 성장할 수 있었던 이유로는 통화가치 안정, 정치적인 안정, 통신네트워크 완비, 국제금융서비스 전문가양성, 지리적인 이점 등이 있다.

3. 국제금융상품의 발전과 유형

1) 국제금융상품의 혁신적인 발전

1980년대 이후 국제금융시장은 국제화·개방화·자율화 및 증권화 등 끊임없는 금융혁신의 발전으로, 재정거래와 환위험, 헷징거래 및 환율, 투기거래의 증가와 같은 신규 금융상품의 발달을 촉진하게 되었다.[7] 이로써 새롭게 생성된 국제금융상품들은 해당 상품의 성질에 따라 금융계약 혹은 상품을 분할 및 통합하거나, 비유동적 상품을 증권화하는 기능을 한다.

2) 국제금융상품

(1) 단기금융상품

① 상업어음(Commercial Paper: CP)

상업어음이란 만기 270일 이하의 단기 무담보 약속어음으로 일반적인 기업들이 발급한다. 이는 만기 이전까지 양도 가능하며 할인 방식으로 나오게 된다. 상업어음은 무담보 어음으로서 대부분 인용상태가 괜찮은 대기업과 국제금융기구가 이끌면서 시장이 성장하게 되었고, 비교적 단기물의 선호도가 높아 30일로 만기가 되는 상품이 가장 많이 발급되고 있다. 기업들은 주로 거래 은행과 신용한도약정을 이용하여 일정 한도 이내로 상업어음의 발급을 진행한다.[8] 주로 은행, 비은행 금융기관, 비금융회사에서 사용한다.[9]

② 단기재정증권(Treasury Bill: T-bill)

단기재정증권은 미국에서 대표적인 단기금리지표로 활용되고 있으며 만기 1년 미만의 단기성 어음의 형태로 상업어음처럼 할인 방식으로 발급되고 있다. 연방정부는 이를 이용하여 공개시장조작 수단으로 쓰고 있으며, 연방정부가 통화공급량을 감소시키려면 단기재정증권을 매각, 통화량을 증가시키려면 단기재정증권을 매입하는 방법으로 통화량을 조절한다.

③ 은행인수어음(Banker's Acceptance: BA)

무역금융의 한 부분으로써 가장 많이 활용되는 단기금융상품으로 매도인이 은행에 의해 발행되고 보증되는 시한부 환어음으로, 매수인의 결제를 보장한다. 은행인수어음은 상업어음과 비교했을 때 채무불이행의 위험이 낮고 수익률이 낮은 특징이 있다. 은행인수어음의 만기는 대부분 30~270일이며, 30일 만기 어음이 가장 일반적으로 이루어지며 거래단위는 대부분 1~5백만 달러이다.

④ 양도성정기예금증서(Negotiable Cerificate of Deposit: CD 또는 NCD)

양도성정기예금은 기업이나 투자자로부터 은행이 자금을 유치하기 위한 금융상품이다. 해당 예금은 연방정부를 통한 이자율 상한 규제가 없어 여타 금융상품과의 경쟁우위를 점할 수 있다. 더불어 만기 전 양도가 가능하므로 유통시장이 크게 성장하여 중요한 은행의 자금조달 수단으로 활용된다. 양도성정기예금증서의 경우 만기가 14일부터 5~7년이나 대부분 유통시장에서 거래되는 단위로는 1~6개월, 최소거래단위는 1백만 달러이다.

⑤ 단기금융시장 상호기금(Money Market mutual Fund: MMF)

투자신탁회사가 고객들의 자금을 끌어들여 펀드를 구축한 후 금리가 높고 만기가 1년 미만의 단기금융상품에 공격적으로 투자하여 이익을 고객에게 반환하는 만기 30일 이내의 초단기금융상품을 단기금융시장 상호기금이라고 말한다. 이 경우 원할 때 입출금이 가능한 상품으로 단기자금을 굴리는데 적합한 상품으로 볼 수 있다.

⑥ 유로 상업어음(Euro CP)

유로 상업어음은 역외시장에서 발급하는 만기가 7~365일 무보증 약속어음으로 증권회사의 인수 약정 없이 딜러를 통해 시장에서 최고의 요건으로 판매되는 금융상품이다. 유로 상업어음은 신용평가 등급이 요구되지 않기 때문에 상대적으로 낮은 신용등급을 보유한 각국의 중앙은행과 상업은행 및 다국적기업들이 발급한다. 유로 상업어음은 만기 기간이 길고 유통시장에서 활발하게 거래되는 특징을 가지며, 발행 및 지급 절차에서 투자자들이 분산되어 있어 미국 상업어음보다 더 긴 기간이 소요될 수 있는 단점이 있다.

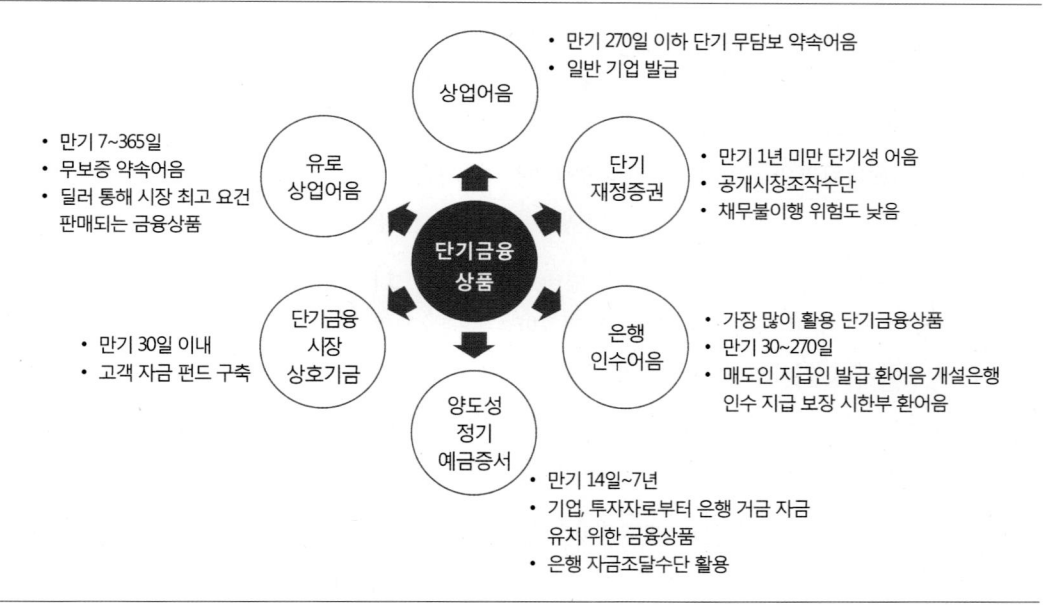

단기금융상품 종류

(2) 중·장기금융상품

① 중·장기재정증권(Treasury mote, Treasury bond) : 미연방 재무성이 발급하는 중기재정증권은 만기 2~10년의 채권이며, 장기재정증권은 만기 10~30년의 채권이다. 이자 지급은 1년에 2번씩 이루어지며, 채무불이행의 불안정은 거의 없으므로 중·장기회사채 및 스왑과 같은 다른 금융자산 수익률의 기준지표로 활용되고 있다. 단기재정증권과 같이 중·장기재정증권의 이자는 지방정부의 소득세가 면제된다.

② 변동금리부 채권(Floating Rate Note: FRN) : 1970년대 두 차례의 석유파동으로 인해 국제금리의 가변성이 높아지면서 이에 대한 위험을 느끼는 투자자들을 만족시키기 위한 새로운 형태의 금융수단으로 만들어진 것이 변동금리부 채권이다. 해당 채권의 이자율은 기준금리의 변동과 연결되어 주기적으로 조율하며, 기준금리로 사용되는 금리들은 여러 가지가 있지만 그 중 국제금융시장 자금 수급 상황을 잘 나타내고 있다고 인식되는 리보(libor)를 가장 많이 활용하고 있다.

③ 유로 중기채(Euro Nedium Term Note: EMTN) : 만기 6개월~10년 기간의 증권사 인수 약정 없이 발급되는 무보증 약속어음이며, 이자 지급이나 결제 방법 등 채권과 비슷한 특성이 있다. 주로 자금을 조달하려는 기업이 정해진 기간과 신용한도를 지켜 유로 중기채 프로그램을 맞추고, 해당 범위 안에서 이자율과 만기가 다른 약속어음을 계속해서 발급하여 딜러를 두고 투자자에게 판매하는 방식으로 자금을 조달하게 된다.

④ 자산담보부 증권(Asset Backed Securities: ABS) : 금융기관 또는 기업이 소유한 자산을 담보로 발행하는 증권으로 특수목적 회사에 의해 발행되며, 금융기관이나 기업이 소유한 대출과 관련된 자산을 넣고 발행된다. 자산담보부 증권은 안전하게 투자자에게 지급되도록 계획되어 있어 파산이나 국가의 자본통제와 같은 위험 상황에 영향을 받지 않는다. 이 증권은 자산을 보유한 기관이 남은 대출채권을 투자자에게 매각하여 빠르게 자금을 회수할 수 있게 해주며, 우량 기업 대출채권의 경우에는 낮은 이자율로 발행되어 저렴한 자금조달이 가능하다.

⑤ 전환사채(Convertible bond) : 채권의 형태로 발급되었으나 일정 기간 후 소유자가 채권발급 시 계약한 조건대로 주식(보통 주식)으로 전환할 수 있는 채권이다. 이는 장기자금 조달을 수월하게 하기 위함이며, 회사의 수익 상태가 불확실할 때 자금공급자는 사채 보유를 주식 보유보다 선호하며 수익성도 높을 수 있다. 따라서 회사의 수익성이 높아지면 사채의 이자 수입보다 주식의 배당수익이 높아져 주식으로 바꾸어 자금공급이 증가할 수 있다.

⑥ 신주인수권부 사채(Bond with warrants) : 채권발급 후 얼마 동안 행사가격을 약정하여 채권발급 회사의 신주를 매입할 수 있는 권리가 주어진 채권으로 채권자에게 채권발급 이후에 사채를 진 회사가 신주를 발급한다면, 미리 약정된 가격에 맞추어 정해진 수의 신주인수를 요구할 수 있는 권리가 주어진 채권이다. 따라서 채권을 보유하게 되면 보통 사채와 같이 일정한 이자를 획득함과 동시에 만기 시 채권의 액면금액을 변제받을 수 있으며, 자신에게 주어진 신주인수권으로 주식시가가 발급가액을 넘어섰을 때 회사는 신주의 발급을 요구할 수 있게 된다.

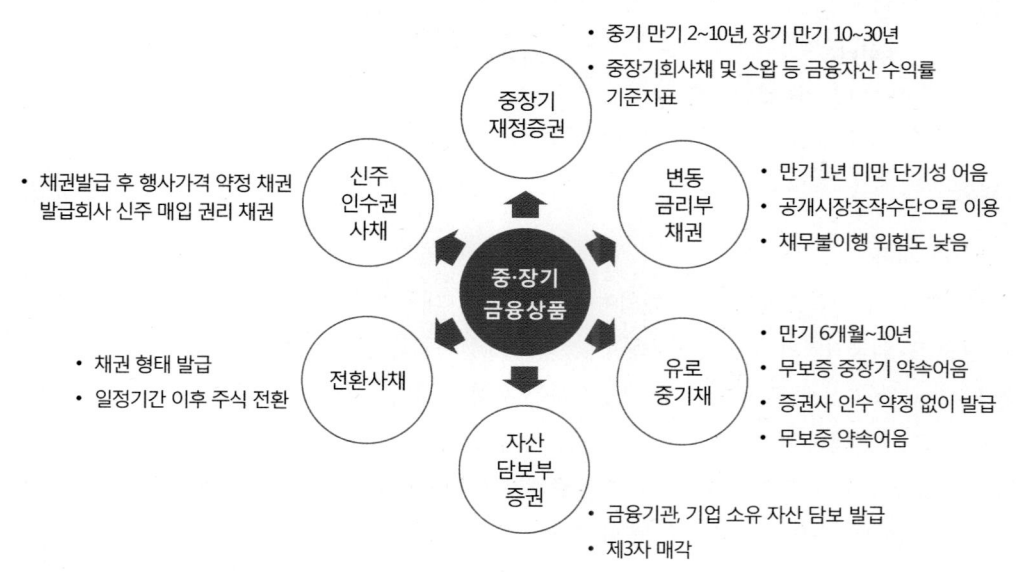

중·장기금융상품 종류

제2절 외환시장과 국제수지의 개념

1. 외환시장의 이해와 특징

1) 외환

(1) 외환의 개념

국제거래는 세계화 흐름에 따라 해외여행, 상품교역, 내국인의 해외증권 및 부동산 취득, 기업의 해외 진출 및 외국기업의 국내 투자, 해외로부터의 자본차입과 같은 방면에서 빠르게 증가 중이다.[10] 외환(Foreign exchange)은 국제 거래 시 발생하는 통화의 상이성으로 인해 발생하는 문제를 해결하기 위해 사용되는 형태의 통화 교환이다. 외환은 국가 간의 채권 및 채무 결제 용이성을 높이기 위해 현금을 직접 운반하지 않고 외환은행과 같은 중개자를 통해 이루어진다. 변동성이 높은 외환은 편의성이 낮다는 의미를 가지므로 문제가 될 수 있다.[11]

(2) 외환의 종류

① 송금환과 역환 : 외환을 통해 자금 결제를 하는 방법으로는 순환과 역환 두 가지가 있다.[12] 먼저 순환은 채권자(수출업자)에게 채무자(수입업자)가 외화자금을 송금하는 방법(송금환)이 있다. 반대로 역환은 채무자(수입업자)에게 채권자(수출업자)가 추심하여 대금을 회수하는 방법이다.

② 매도환과 매입환 : 환매매의 중개기관 역할을 하는 외국환은행의 입장에서는 환의 매각 또는 매입에 따라 구분하는 방식으로 외국환은행이 외환을 매도하는 행위를 매도환, 외환을 매입하는 행위를 매입환으로 구분한다.[13] 이는 매도환과 매입환의 기준이 외국환은행이기 때문이다.

③ 전신환과 보통환 : 외환의 글로벌한 이동은 환어음, 우편송금, 전신송금과 같은 방식으로 나타나며, 환어음과 우편송금으로 나타난 것을 전신환과 구분지어 보통환이라고 말한다. 다만 보통환에 의한 결제방식은 거래행위가 발생한 당시에 해결되지 않아 이자의 문제가 발생할 수 있다.

④ 현물환과 선물환 : 외환거래의 계약체결~계약이행 사이의 시차를 중심으로 현물환(Spot transaction)과 선물환(Forward transaction)으로 구분된다. 현물환이란 외환매매 계약 이후 둘째 영업일까지 거래가 시작하는 외환이며[14] 직물환이라고도 하고, 선물환이란 계약체결 이후 일정 기간이 지난 후 거래가 시작하는 외환이며 예약환이라고도 한다.

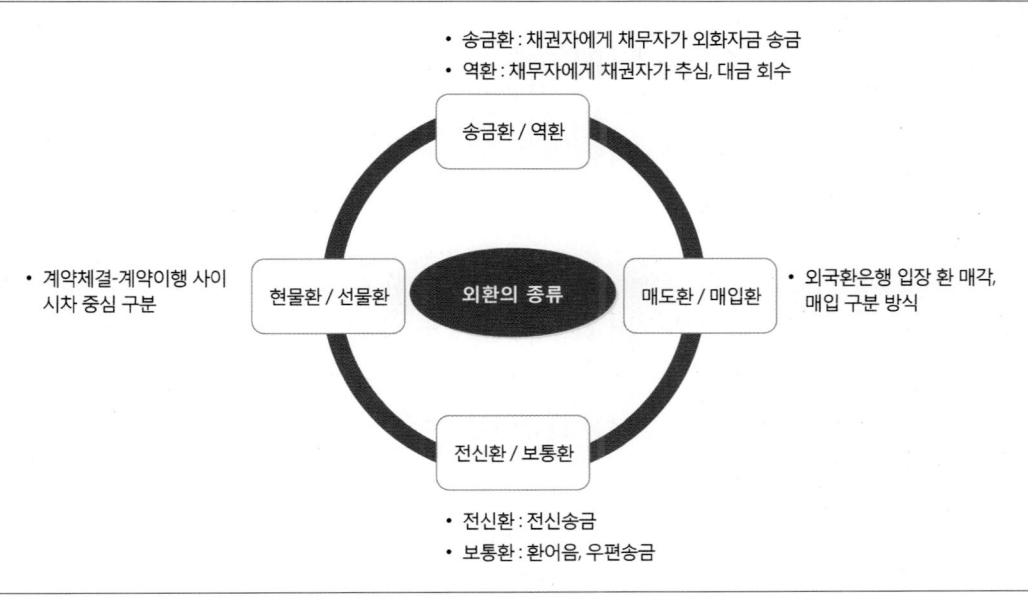

외환의 종류

2) 환율

(1) 환율의 개념

환율(Exchange rate)은 서로 다른 통화 간 교환 비율을 뜻하며 이는 모든 국제 결제 거래에 있어 필연적으로 요구된다. 통상적으로 한 나라 화폐 수준은 국가 구매력을 나타내며, 외국에서의 구매력은 해당 화폐의 대외적 수준이 된다. 이러한 구매력은 환율을 통해 외화로 변환하는 것이다. 외환시장에서 외국 화폐는 하나의 상품으로 간주하여 해당 화폐의 수요와 공급에 따라 환율이 정해진다. 때문에 다국적기업의 현금흐름 예측에 영향을 미치고 기업의 할인율에 영향을 미친다.[15]

(2) 환율의 표시방법

환율은 서로 다른 화폐 사이의 상대적 가격이기 때문에, 기준통화에 의해 자국통화표시법과 외국통화표시법으로 구분할 수 있다.

① 자국통화표시법 : 외국통화 1단위와 비교되는 자국통화의 크기로 환율의 기준을 매기는 방식이다. 예컨대 우리나라 원화를 미 달러화로 본다면 자국통화표시환율은 US$1 = ₩1,000으로 표시된다.
② 외국통화표시법 : 자국통화 1단위와 비교되는 외국통화의 크기로 환율을 기준을 매기는 방식이다. 예컨대 우리나라 원화를 미 달러로 본다면 외화표시환율은 ₩1 = US$1/1,000로 볼 수 있다.

(3) 환율제도의 종류

환율이 어떤 기준으로 결정되느냐에 따라 크게 환율제도를 고정환율제도와 변동환율제도로 나눌 수 있다. 최근 다수 국가가 변동환율제도를 사용하지만, 현실적으로 완벽한 자유변동환율제도를 활용하는 국가는 없으며, 주로 환율 결정을 외환시장의 기준에만 의존하지 않고 정부가 직간접적으로 제재하는 관리변동환율제도를 활용하고 있다.[16]

① 고정환율제도 : 정부가 미리 공정한 기준으로 환율을 정한 상태로, 외환거래 시 해당 고정환율을 활용하도록 하며 외국환수급에 의한 환율의 변화를 받아들이지 않거나, 작은 변동폭만 받아들여 해당 변동폭을 넘기는 경우에는 정부나 중앙은행에서 외환시장에 적극적으로 개입하여, 시장에서의 외환수급 환경을 바꾸어 환율을 안정시키는 제도이다.

② 변동환율제도 : 외환시장에서 외환에 의한 수요와 공급의 시장원리로 환율이 자연적으로 형성되는 제도이다. 국제수지가 흑자의 경우 외환 매도 세력이 커져 공급이 늘어날 것이고, 환율 인하가 이루어진다. 이는 수출상품의 가격경쟁력이 하락하여 수출이 약해지면서 국제수지 흑자 폭이 작아지면서 균형을 맞추게 되기 때문이다. 이와 반대로 환율 변동폭이 커지면, 환율변동차익으로 이익을 보기 위해 환투기가 유행하면서 환율의 불안정을 유발하여 국제통화 질서를 어지럽히고 국제무역에도 심각한 손해를 입히게 된다. 환율변동성이 높은 국가는 상대적으로 투자를 적게 받게 되는 경향이 있다.[17]

우리나라 환율제도 시행과정

- **고정환율제도**
  - 1945.10 ~ 1964.5
  - 원화 미 달러 환율 고정

- **단일변동환율제도**
  - 1964.5 ~ 1980.2
  - 고정환율 유동화, 실세화 목표
  - 원화 수준 미 달러화 연동

- **복수통화바스켓제도**
  - 1980.2 ~ 1990.2
  - 간헐적 평가절하 자극 약화
  - 원화환율 유동화 위해 도입

- **시장평균환율제도**
  - 1990.3 ~ 1997.12
  - 자유변동환율제도 전 단계
  - 대외적 환율조작 오해 제거, 환율 시장기능 향상, 환율변동 제한 폭 단계적 확대

- **자유변동환율제도**
  - 1997.12.16 ~ 현재
  - 가격결정원리 의거 완전자율변동 환율제 도입

우리나라 환율제도 시행과정

(4) 우리나라의 환율제도

해방 이후의 우리나라의 환율제도는 여러 환율제도를 거쳐 1997년 12월 16일에는 시장평균환율제도가 전면 폐지되면서, 자유변동환율제도가 시행되었다. 자유변동환율제도는 가격 제한이 없어 환율

이 무한정 변할 수 있으며, 환위험을 증가시켜 대외거래를 감소시키는 부작용도 제기되었으나 환투기를 억누르는 긍정적인 영향도 있다.[18] 자유변동환율제도가 시행되면서 여러 가지 제도가 바뀌었는데, 은행마다 적용하는 매매기준율이 모두 다르고, 미국 달러화를 매매할 때 적용하는 수수료율도 다르게 되므로 적절한 환전 시점 및 수단을 선택해야 한다.

3) 외환시장

(1) 외환시장의 개념

① 외환시장의 정의 : 다수의 외환 수요자와 공급자들 간의 서로 다른 통화 사이의 매매를 중개시켜 주는 시장구조를 뜻한다. 외환시장(Foreign exchange market)의 개념은 오프라인의 특정 장소에서 외환거래가 이루어지는 시장뿐만 아니라, 온라인을 공간적으로 활용하여 매매를 중개해 주는 모든 시장을 포함하고 있다. 외환시장은 전 세계적으로 12개의 주요 시장(홍콩, LA, 뉴욕, 파리, 싱가포르, 도쿄 등)과 소규모의 수없이 많은 시장으로 이루어져 있다.

② 외환시장의 종류 : 외환시장은 거래형태로 크게 현물환시장(Spot exchange market)과 선물환시장(Forward exchange market)으로 구분된다. 현물환시장은 외환매매의 계약의 체결과 함께 외환의 결제 및 인수가 발생하는 시장이다. 실제로 국가 간의 시차로 인한 자금이체의 소요기간을 감안하여 영업일 이내에 현물환거래가 성사되는 경우를 뜻한다.[19] 일반적으로 외환시장이란 현물환시장을 지칭하며, 별도의 설명이 없는 환율이란 현물환율을 지칭한다.

(2) 외환시장의 특징

① 24시간 시장 : 글로벌화의 진행과 네트워크 시장의 발전으로 외환시장도 네트워크 형태로 구축되어 언제든 외환 거래가 가능해졌다. 외환시장은 24시간 연속적으로 거래되는 글로벌 네트워크 시장이 되었으며, 시차가 사라지고 국제 외환거래량은 증가하고 있다.

② 장외거래 시장 : 외환시장은 거래당사자끼리 직접 대면하여 외환을 거래하는 현실의 장소가 아닌, 통신장비만 있다면 시간과 장소에 관계없이 매매체약이 가능한 장외거래시장(Over-the-counter market)의 특징을 갖는다.[20] 외환거래는 대부분 해당 시장에서 거래가 이루어지며 하나의 장외시장의 형태로 온라인을 이용하여 은행 사이의 거래와 고객과의 거래를 하는 형태를 띠고 있다.

③ 글로벌 시장 : 최근 글로벌화가 발전되면서 시장이 통합되며 범세계적 시장으로의 변화가 이루어졌다. 1980년대 이후 금융자유화에 대한 국제적 변화와 정보통신기술의 빠른 발전으로 각 시장들이 범세계적 시장으로 통합되었다. 특히 외환시장은 낮은 가격의 거래비용과 빠른 외환결제가 가능해지면서 환율을 매개체로 하는 일종의 시장의 형태를 갖추고 있다.

④ 가격시장 : 국제외환시장에서는 매순간 환율이 변하며, 외환의 매입가격은 매입과 매도에 따라 국가마다 차이가 나타났다. 통신이 발달하지 않았을 때는 거래상대방의 목적과 변화하는 환율 때문에 관행으로 매입률과 매도율을 다르게 책정하였으나 최근에는 통신수단이 빠르게 발전하면서 매입률과 매도율의 격차는 좁혀지고 있으며, 글로벌 거래에 있어서는 정해진 단일가격으로 매매되기도 한다.

⑤ 통신매체이용 시장 : 외환시장은 외환거래시장의 형태로 비롯하여, 모든 외환거래는 통신매체를 활용하여 바로 거래가 성립되므로, 매매계약의 확인을 위해 거래당사자 사이에 우편으로 확인하는 것이 보편적이다.

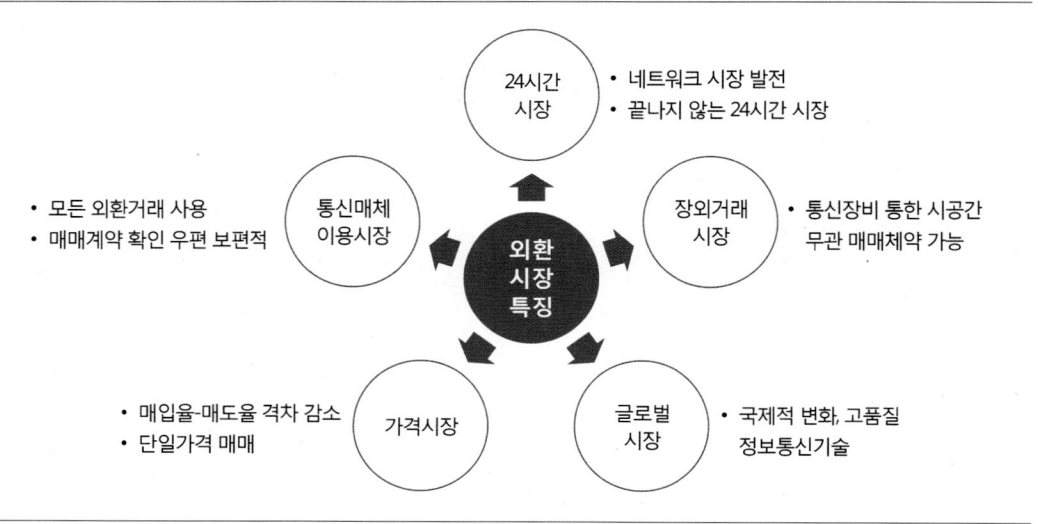

외환시장 특징

(3) 외환시장의 참가자

① 고객 : 고객이란 외환거래에 직접 참여하는 당사자로, 외환에 대한 수요자와 공급자들이며, 외환시장에서 고객의 거래는 고객과 외국환은행 간에서 성립한다. 고객의 범주에 속하는 이들은 수출입업자, 해외투자자, 해외여행자, 개인 송금자 등이 있으며, 외환시장의 고객은 수출, 수입, 해외여행과 같이 일상적인 경제활동이 필요한 외환의 수요자와 공급자이다.

② 외국환은행 : 국제금융활동과 국제자금관리를 위해 외환시장에 관여하는 환은행을 외국환은행이라고 하며, 고객 또는 다른 외국환은행과도 외환거래를 한다. 이에 대한 결말로 외환포지션이 나타나며, 이를 조절하기 위해 은행 사이에 외환거래를 하게 된다. 그리고 스스로에 대한 외환시장에 대한 전망을 파악하여 환차익을 얻기 위한 환투기거래에 관여하기도 한다.

③ 외환중개인 : 외환중개인이란 외환시장에서 주로 외국환은행간의 외환거래나 고객 사이의 매매를 중개하는 대가로 중개수수료를 받는 자를 뜻한다. 외국환은행들의 주문조건을 사이에서 조절해주며 거래를 성사시키기 위한 노력으로 외환시장의 움직임에 대한 정보 수집 및 제공의 중개 역할도 외환중개인이 맡고 있다.[21] 외환중개인의 목적은 중개수수료 획득이므로 외환중개업무에 대한 역할만 담당하며, 외환포지션을 소유하지 않는다.

④ 중앙은행 : 각 국가의 중앙은행들이 외환시장에 개입을 하는 이유로는 자국의 통화신용정책을 수월하게 활용하기 위할 때, 다른 국가의 중앙은행 또는 국제금융기구와의 매매거래를 위할 때, 환율변동에 영향을 줄 필요가 있을 때가 있다.

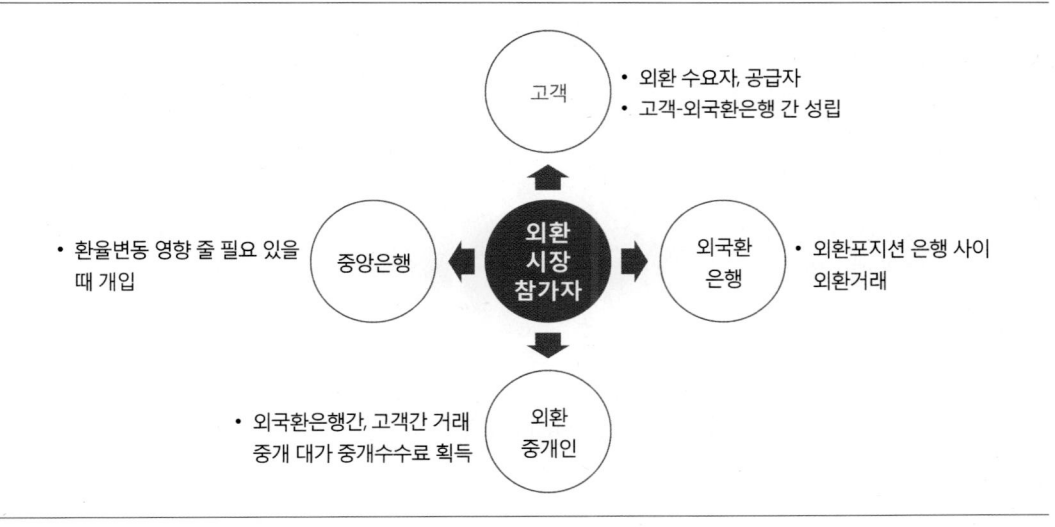

외환시장의 참가자

2. 국제수지의 개념과 종류

1) 국제수지의 개념

국제수지란 일정기간 동안 국내외 거주자들 사이에 벌어진 모든 경제적 매매를 체계적으로 기록한 것을 말한다. 1년 정도의 기간이 있으며, 기업의 지점 또는 자회사는 보편적으로 해당 국가의 경제활동에 참여하므로 해당 국가의 거주자가 되어 본점과 해외지점과의 매매는 국제수지표에 기록된다. 또한, 경제적 거래는 한 나라의 국민경제에 영향을 주는 대외거래를 일괄하는 의미이기 때문에 유상거래만이 아닌 증여 또는 원조와 같은 무상거래까지 포함한다.[22] 더불어 어떤 국가가 수출주도 성장전략을 추구하더라도 그 국가의 성장은 장기적으로 국제수지 균형의 제약을 받을 수밖에 없다.[23]

2) 국제수지의 내용과 종류

보편적으로 각국 간의 경제적인 거래는 경상거래와 자본거래 두 가지로 나뉜다. 대부분 경상계정은 상품서비스수지·소득수지·경상이전수지로 구성되어 있으며, 이들을 합쳐서 경상수지라 부른다. 수출과 수입의 차이를 상품서비스수지라고 부르며 흑자의 경우 수지가 양(+)의 수치를, 적자의 경우 음(-)의 수치로 나타난다.[24] 눈에 보이지 않는 각종 서비스에 대한 국가 사이의 거래를 소득수지라고 하며, 해외투자의 이자 수입이나 임금의 지급·수입을 포함한다.[25] 대가가 따르지 않는 재화나 서비스 및 현금거래를 경상이전수지라고 한다. 외국에서 송금이나 정부의 무상원조, 민간의 무상 증여와 같은 것들은 이전거래에 포함된다.

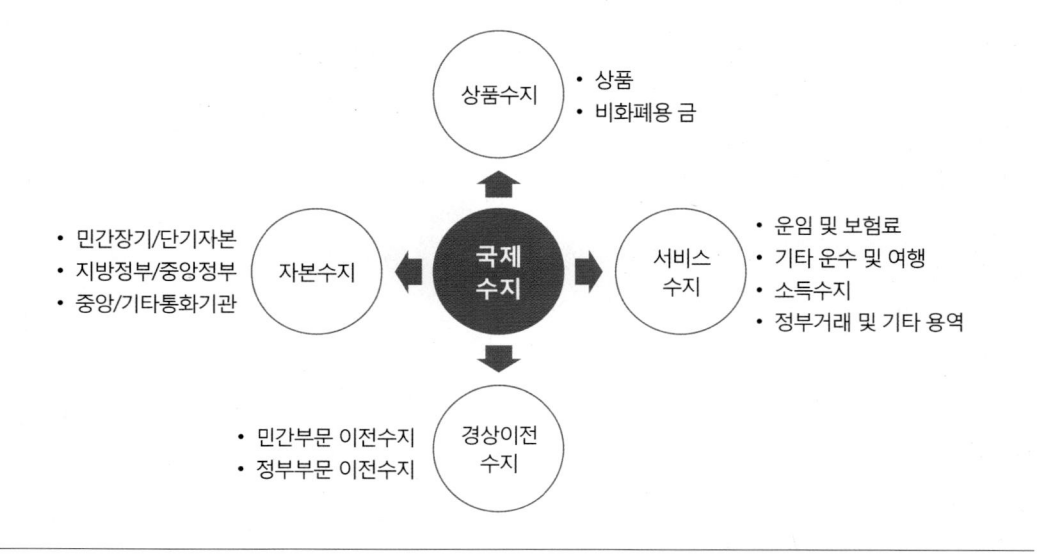

국제수지의 내용과 종류

3. 국제통화제도의 이해와 기능

1) 국제통화제도의 개념

(1) 국제통화의 개념

국제통화는 범세계적으로 자유롭게 통용되고 있는 통화로서 무역과 투자와 같은 국가 사이의 상품, 서비스 및 자본이동에 의한 대차관계를 결제하기 위한 자본수단을 말한다. 보통 미 달러화, 일본 엔화, 유럽의 유로화 정도 수준을 갖춘 화폐가 국제통화로써 활용되는 일이 많고, 그 외에도 IMF의 특별인출권 및 유럽연합의 유로화도 국제통화로써 활용되고 있다.[26] 금본위제하에서는 국제통화의 역할을

금이 차지하고 있으며, 금환본위제하에서는 금과 미 달러화와 영국의 파운드화가 국제통화로 활용된다.[27]

(2) 국제통화의 조건

일반적으로 한 통화가 국제통화로서 인정받기 위해서는 당해 통과 발행국의 경제 규모, 환전이 용이한 금융시장, 통화의 가치수준에 대한 국제적 신임이 있어야 한다. 또한 통화 태환성, 환율제도, 국제결제, 자본이동에 대한 규제 등이 국제통화체제를 구성하는 핵심적인 요소의 역할을 한다.[28]

2) 국제통화제도의 기능

(1) 국제통화제도의 개념

국제통화제도는 국제통화를 제한하는 제반 제도, 정책 및 활동을 지칭하는 보편적인 인식으로, 국제무역의 균형적 확대부터 국가 사이의 자본의 막힘없는 이동의 지원까지 국제적인 통화제도 또는 결제메커니즘이라고 볼 수 있다. 이때 상용통화와 한 나라의 국민통화 사이의 교환비율, 국제수지의 조정, 정책협조의 방법과 같이 체계적인 내용으로 포괄적으로 들어가게 된다.[29] 글로벌 완전고용 성취, 실질소득의 확대 및 글로벌 경제의 발달을 각 국가 사이의 교역증대와 균형발달로 증진시키는 것이 국제통화제도의 근본적인 목적이다.[30]

(3) 국제통화제도의 기능

국제통화제도는 각 국가 간 대내·외 경제정책을 조정하여 실질소득을 확대하고 자원의 논리적인 확산을 추구한다는 목표를 기반으로 한다. 이를 성취하기 위한 두 가지 역할로는 국제유동성을 높이고 국제수지를 조절하는 기능을 실천하는 것이다. 국제통화제도의 첫 번째 역할로 국제거래가 원활히 진행될 수 있도록 국제 유동성 증진을 위한 제도적 장치가 되는 것이다. 두 번째 역할은 각 국가 사이에서 국제수지 불균형이 초래될 시 균형을 원래의 상황으로 회귀시키는 국제수지 조절 역할을 맡고 있다.

국제통화제도 기능

제3절 제4차 산업혁명 시대의 디지털 금융 과제

1. 핀테크의 확산

핀테크(FinTech)는 금융과 ICT 기술을 결합한 새로운 형태의 금융서비스 용어로, 최근 글로벌 ICT 기업 또는 금융기관이 다양한 금융서비스를 ICT 기술과 결합하여 제공하는 새로운 형태의 금융서비스를 말한다.[31] 핀테크 서비스 영역은 단순히 결제 서비스를 벗어나 투자, 자산관리, 증권 등 전반적인 금융서비스 영역으로 확대되고 있다.[32] 핀테크는 모바일 기기 중심의 기술을 활용한 새로운 금융기술로, 빅데이터, 모바일 기기, 소셜 미디어 등의 기술을 활용하거나 결합하여 결제 및 송금, 대출, 투자, 보험, 증권 등 금융 산업 전 분야에 걸쳐 새로운 형태의 서비스 등장을 촉진하여 투명성을 강화하기 위한 기술 사용을 하고 있다.[33]

📖 전통적 핀테크와 신흥 핀테크

	전통적 핀테크		신흥 핀테크
정의	전자적 채널 통해 금융 서비스 제공	정의	기술 핵심 요소 금융서비스 혁신
Positioning	기존 금융서비스 효율성 개선 역할	Positioning	기존 금융서비스 신(新)방식 제공
주요 역할	금융 인프라 지원	주요 역할	기존 인프라 우회·대체 직접 금융 서비스 제공
주요관련기업	IBM(IT 솔루션) Infosys(IT 하드웨어) Suncard(금융 소프트웨어) Sysmantec(정보보안)	주요관련기업	Alipay(지급결제) Transferwise(해외송금) Lending Club(P2P 대출) FidorBank(인터넷 은행) CoinBase(비트코인)
수익 모델	고객 접점 금융회사 주도 IT가 금융거래 후선 지원 금융거래 처리 효율성 향상	수익 모델	고객 접점 비금융 회사가 주도 금융회사 금융거래 후성 지원 고객 경험 개선
개념도	자금 공급자-금융회사-자금수요자	개념도	자금공급자-플랫폼-자금수요자
비고	PC기반, 금융회사/대형 IT 화사 중심	비고	모바일 기반, 스타트업 중심

이 같은 핀테크 서비스의 기능은 크게 지급결제, 대출, 전자화폐, 증권 및 금융정보, 인터넷전문은행 등 5가지 분야로 구분할 수 있다.

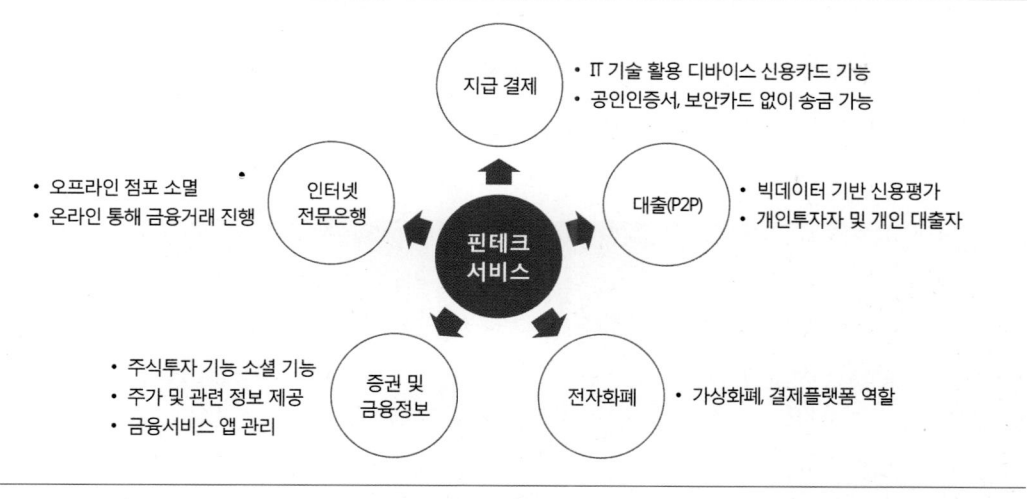

📷 핀테크 서비스 종류

2. 블록체인과 금융시장

최근 미래를 바꿀 혁신적인 기술로 주목받고 있는 블록체인이 금융시장의 새로운 패러다임으로 등장하였다. 블록체인은 쉽게 조작 및 변경할 수 없고 탈중앙화 되어 분산된 디지털 상거래 거래기록이다.[34] 블록체인의 기술은 암호화폐의 기술과 P2P(Peer to Peer) 네트워크 기술이 응용되어 발전한 것으로, 데이터의 변경이 거의 불가능한 데이터베이스 기술[35]로 비트코인의 거래기록을 저장 및 활용함으로써 위변조에 대한 보안성이 뛰어나고, 은행 등 중간 관리자 없이 거래당사자 간 직접 거래를 가능하게 하여 비용을 크게 절감하고 거래의 신속성 및 효율성을 높일 수 있다는 것이 가장 큰 장점이다. 향후 기업에서도 무역금융, 유동성관리, 자금 모니터링 등에 활용될 수 있다. 무역금융에 절차 간소화 및 비용 절감 등 직접적 효과를 수반하는 블록체인 기술 접목 시 자금 결제 및 이동, 기록 관리 등이 쉽고 빠르게 이뤄질 것이다.

3. 디지털 외환시장의 특징

디지털 외환시장은 암호화폐를 중심으로 형성되는 외환거래 시장을 의미한다. 전통적인 중앙은행이나 정부에 의한 통제와 감독을 받는 외환시장과는 다른 특징을 가지고 있다. 디지털 외환시장은 중앙집중식 외환시장과는 다른 형태로 발전하고 있으며, 암호화폐와 블록체인의 활용으로 글로벌 경제에 영향력을 행사하고 있다.

대통령 경제사절단으로 베트남 가는 이어룡, 대신증권 해외사업 확대 모색

▲ 대신증권은 현재 미국, 일본, 싱가포르 등 해외 3개 나라에서 법인 운영 중이다.

이어룡 대신파이낸셜그룹 회장이 전통 금융업권 가운데 유일하게 윤석열 대통령의 베트남 국빈방문 경제사절단에 포함돼 다음 주 베트남을 찾는다. 14일 금융권에 따르면 윤 대통령의 22~24일 베트남 국빈방문 경제사절단 205개 기업 가운데 금융업체는 대신증권과 롯데벤처스, 노틸러스인베스트먼트, 인라이트벤처스, 한국투자파트너스, 위벤처스 등 6개가 이름을 올렸다. 베트남을 포함한 아세안시장이 코로나 이후 국내 금융산업의 '기회의 땅'으로 다시 주목받는 상황에서 직접 현지를 둘러보고 사업기회를 찾으려는 것으로 보인다. 이 가운데 전통 금융업권에서 경제사절단에 포함된 업체는 대신증권이 유일하다. 대기업인 롯데벤처스를 비롯해 나머지 4개 중소기업은 모두 벤처투자 등 대체투자를 핵심 사업으로 한다. 대신증권을 대표해서는 이어룡 회장이 경제사절단으로 베트남을 방문한다. 이 회장은 올해 초 사내이사에서 내려왔지만 여전히 대신증권 회장을 맡고 있다.

Case Study

　　이어룡 회장이 대통령 경제사절단으로 해외를 찾는 것은 2016년 박근혜 대통령의 러시아 방문 동행 이후 약 7년 만으로 파악된다. 베트남을 포함한 아세안은 빠른 경제성장, 많은 인구, 두터운 젊은층, 디지털금융 등으로 코로나19 이후 국내 금융사에 기회의 땅으로 여겨지고 있다. 이에 따라 국내 주요 금융사의 진출이 활발히 이뤄지고 있다. 금융당국 역시 지난달 이복현 금융감독원장이 국내 주요 금융사 CEO와 함께 현지를 찾아 직접 영업활동을 펼치는 등 전폭적으로 힘을 싣고 있다.

　　대신파이낸셜그룹의 핵심 계열사인 대신증권은 현재 아세안 10개국 가운데 금융선진국으로 평가되는 싱가포르 외에 다른 나라에서는 법인을 운영하고 있지 않다. 하지만 그동안 아세안시장에 진출하기 위한 준비는 꾸준히 이어왔다는 평가를 받는다. 베트남에서는 2008년부터 현지 증권사인 호찌민씨티증권과 전략적 업무제휴를 맺고 기업금융과 소매금융 등 증권업무 전반에 대해 협력하고 있다. 인도네시아와 태국 등에는 2010년 이후 HTS(홈트레이딩시스템), MTS(모바일트레이딩시스템) 등 온라인 주식거래 시스템을 수출했다. 이 회장의 이번 베트남 방문이 대신증권 아세안사업의 새로운 전환점이 될 가능성은 충분한 셈이다. 대신증권은 이전에도 베트남에서 이 회장의 현지 방문 이후 사업을 확대한 경험이 있다. 대신증권은 2008년 1월 베트남 호찌민씨티증권과 전략적 업무제휴를 맺었는데 이 회장은 2007년 하반기 현지에서 열린 포럼에 참석해 베트남시장 전반을 둘러봤다. 이 회장이 이번 베트남 방문을 통해 경제사절단에 포함된 경제인들과 교류를 확대할 수 있다는 점도 대신증권의 사업적 측면에 도움이 될 수 있다. 윤 대통령의 베트남 국빈방문에는 민간주도로 구성된 205명의 대규모 경제사절단이 동행한다. 윤석열정부 출범 이후 최대 규모 경제사절단으로 중소중견기업이 전체의 81%를 차지한다.

　　이번 경제사절단은 대한상공회의소의 모집공고를 통해 신청서를 제출한 기업을 대상으로 교역과 투자실적, 유망성 등을 기준으로 선정됐다. 경제사절단에 속한 중소중견기업 대표들은 베트남시장 확대를 향한 열망이 있는 만큼 향후 베트남 투자를 늘릴 공산이 큰데 그 과정에서 대형 금융사의 금융지원을 필요로 할 가능성이 높다. 해외사업 확대는 대신파이낸셜그룹에 있어 앞으로 10년 동안 힘을 쏟아야 하는 주요 과제이기도 하다.

이한재 기자 / Business Post / 2023. 06. 14. /
https://www.businesspost.co.kr/BP?command=article_view&num=318069

학습문제

문제 1

단기금융시장과 중장기자본시장의 차이를 설명하시오.

문제 2

우리나라의 환율제도에 관하여 서술하시오.

문제 3

국제통화에 대하여 설명하시오.

문제 4

글로벌화에 있어 국제금융의 중요성에 대하여 설명하시오.

문제 5

외환시장의 정의와 기능에 관하여 설명하시오.

문제 6

국제금융 기관의 종류에 관하여 서술하시오.

문제 7

불확실성 환경 속 외환 리스크와 이를 관리하는 방법에 관하여 서술하시오.

문제 8

수출입 기업이 국제금융시장 진출 시 수반되는 장, 단점에 관하여 설명하시오.

※ 해설은 부록에 기재됨.

참고문헌

1) 김채호, 「국제대출계약서의 주요 조항 및 법적 쟁점-Loan Market Association 표준계약서를 중심으로」, 『금융법연구』, 제12권, 제2호, 2015, 123-154pp.

2) 김화진, 「글로벌 금융위기와 금융산업의 구조재편 : 금융산업의 역사와 발전전략」, 『법학』, 제51권, 제3호, 2010, 125-180pp.

3) 박영숙, 「세계미래보고서 2050」, 『Kyobo Publisher』, 2016.

4) 김태균, 이승철, 최나은, 「글로벌 개발협력 파트너십으로서 민관협력 거버넌스에 대한 비교연구 : 세계은행과 유엔개발계획 사례를 중심으로」, 『국제관계연구』, 제20권, 제1호, 2015, 135-175pp.

5) 박동민, 이항용, 「전자단기사채제도 도입을 통한 기업어음시장 개선에 관한 연구」, 『한국증권학회지』, 제40권, 제1호, 2011, 109-140pp.

6) 장슬아, 『미국 헤게모니의 변화와 국제정치경제질서의 불안정 : 브레튼우즈 체제의 붕괴에서 플라자합의까지』, 서울대학교 대학원, 2015.

7) 盧宅煥, 「世界化의 本質과 背景에 대한 政治經濟的 論點」, 『영상저널』, 제13권, 2005, 227-285pp.

8) 이상진, 「오프라인과 온라인 무역결제의 부대비용에 관한 비교 연구」, 『무역학회지』, 제29권, 제5호, 2004, 127-151pp.

9) Boyarchenko, N., Crump, R. K., Kovner, A., and Leonard, D., 「The Commercial Paper Funding Facility」, 『Economic Policy Review(19320426)』, Vol.28, No.1, 2022, 114-129pp.

10) 윤상우, 「외환위기 이후 한국의 발전주의적 신자유주의화 : 국가의 성격변화와 정책대응을 중심으로」, 『경제와사회』, 제83호, 2009, 40-68pp.

11) Jahan-Parvar, M. R., and Zikes, F., 「When Do Low-Frequency Measures Really Measure Effective Spreads? Evidence from Equity and Foreign Exchange Markets」, 『The Review of Financial Studies』, Vol.36, No.10, 2023, 4190-4232pp.

12) 이효경, 「지급결제서비스에 관한 법규제의 현상과 과제 : 일본법과의 비교를 중심으로」, 『비교사법』, 제23권, 제1호, 2016, 321-356pp.

13) 박재현, 박현아, 「한국형 프라임브로커(Prime Broker)의 도입 및 운영에 관한 법적 쟁점」, 『증권법연구』, 제13권, 제1호, 2012, 31-70pp.

14) CUCUI, G., and OPREA, S., 「Accounting for Foreign Exchange Spot Transactions」, 『

Valahian Journal of Economic Studies』, Vol.5, No.4, 2014, 93-100pp.

15) Saleem, R., 「Impact of Volatility in Exchange Rate on Profitability of Insurance Sector : A Case Study of Leading Insurance Companies in Pakistan. Journal of Finance」, 『Accounting & Management』, Vol.14, No.2, 2023, 32-46pp.

16) 손종원, 장석주, 나승화, 「변동환율제도하의 위안화 환율변동과 벤처기업의 재무성과 간 상관관계 연구」, 『한국벤처창업학회 학술대회 논문집』, 2010, 139-160pp.

17) Giofré, M., and Sokolenko, O., 「Cross-border investment and the decline of exchange rate volatility : implications for Euro area bilateral investments」, 『Review of World Economics』, Vol.159, No.3, 2023, 595-627pp.

18) 박민선, 강삼모, 「실질환율과 환율변동성이 우리나라 산업별 무역수지에 미치는 영향 : SITC 분류 중심으로」, 『사회과학연구』, 제29권, 제2호, 2022, 7-26pp.

19) 최강려, 이병근, 「위안화 역외선물시장과 현물환시장의 관계에 대한 실증연구」, 『Journal of The Korean Data Analysis Society』, 제16권, 제2호, 2014, 795-808pp.

20) 백국동, 이영려, 「최근 몇 년간 중국 다단계 증권시장의 발전과 법규제 : 신 제3시장을 중심으로」, 『기업과혁신연구』, 제6권, 제1호, 2013, 23-31pp.

21) 최창규, 「외환전자중개와 환율변동성」, 『국제경제연구』, 제11권, 제1호, 2005, 17-48pp.

22) 박성욱, 「우리나라 국제수지와 코로나 19」, 『주간금융브리프』, 제29권, 제20호, 2020, 16-17pp.

23) 박원익, 김정훈, 「한국의 국제수지 제약 성장에 관한 연구 : 수입유발형 수출구조를 중심으로」, 『사회경제평론』, 2023, 39-81pp.

24) 송민기, 「대외 여건 불확실성 대비 경상수지 점검」, 『주간금융브리프』, 제28권, 제16호, 2019, 10-15pp.

25) 이정용, 『경상수지에 대한 환율의 영향-개인지급항목을 중심으로』, 한양대학교 대학원, 2022.

26) 이상환, 「미국-중국 간 통화 패권경쟁과 국제정치경제질서 전망」, 『정치정보연구』, 제24권, 제3호, 2021, 25-49pp.

27) 최성철, 「금본위제, 대공황 그리고 평가절하」, 『지역산업연구』, 제38권, 제2호, 2015, 185-201pp.

28) 정재환, 「2008년 글로벌 금융위기 이후 국제통화체제의 패권적 불안정성과 자본통제의 재등장」, 『평화연구』, 제29권, 제2호, 2021, 129-160pp.

29) 조홍식, 「유로화의 정치경제 : 유로의 국제적 역할을 중심으로」, 『유럽연구』, 제28권, 제2호, 2010, 1-23pp.

30) 정재환, 「국제통화기금의 정책 패러다임 변화」, 『국제정치논총』, 제62권, 제4호, 2022, 87-124pp.

31) Rahadian, A., and Thamrin, H., 「Analysis of Factors Affecting MSME in Using Fintech Lending as Alternative Financing : Technology Acceptance Model Approach」, 『Brazilian Business Review(English Edition)』, Vol.20, No.3, 2023, 301-322pp.

32) Liu, J., Kang, X., and Wang, W., 「Fintech's Impact on Green Total Factor Productivity of High Carbon Enterprises」, 『Emerging Markets Finance & Trade』, 2023, 1-25pp.

33) Horobeţ, A., Mnohoghitnei, I., Belaşcu, L., and Croitoru, I. M., 「ESG Reporting and Capital Market Investors : Insights from the Global Technology and Fintech Industries」, 『Studies in Business & Economics』, Vol.18, No.2, 2023, 178-195pp.

34) 장진숙, 「WTO 협정상 디지털 무역의 블록체인 무역금융에 관한 법적분석 및 개선방향」, 『성균관법학』, 제35권, 제1호, 2023, 199-240pp.

35) 한수범, 「블록체인 기술 개발의 국제 무역시스템 연동으로 국제무역 및 국제금융거래 활성화에 대한 연구」, 『무역연구』, 제17권, 제1호, 2021, 333-349pp.

제16장
글로벌 창업

New Principles of
International Trade
of the 4th Industrial
Revolution

학습목표
1. 글로벌 창업의 특성과 성격을 이해한다.
2. 글로벌 창업 개념을 파악한다.
3. 글로벌 창업의 구성요소에 대해 이해한다.
4. 글로벌 창업 유형에 대해서 논의한다.
5. 프랜차이즈 정의 및 개요에 대해서 이해한다.
6. 글로벌 프랜차이즈의 국가별 특징을 파악한다.
7. 글로벌 SCM과 글로벌 프랜차이즈의 영향 관계를 이해한다.
8. 글로벌 창업의 전략적 방향성을 이해한다.
9. 창업가 정신의 중요성을 이해한다.
10. 사례 중심으로 글로벌 창업의 중요성을 설명한다.

Contents
Introduction : 서울경제진흥원, 美 진출 희망하는 인공지능·모빌리티·로봇 등 스타트업 10개사 모집
제1절 4차 산업혁명과 글로벌 창업의 확산
제2절 글로벌 창업의 주요 유형
제3절 글로벌 프랜차이즈의 확산
Case Study : 롯데벤처스 실리콘밸리에 기지 설립 … "스타트업 크로스보더 플랫폼 구축할 것"

Introduction

서울경제진흥원, 美 진출 희망하는 인공지능·모빌리티·로봇 등 스타트업 10개사 모집

▲ SBA 서울창업허브 M+ 전경(자료 : 인공지능신문)

　서울시 창업 생태계를 확장하고 스타트업의 성장 경쟁력을 만드는 서울경제진흥원(SBA, 대표 김현우) 서울창업허브 M+에서는 글로벌 진출 파트너인 펜벤처스(PEN Ventures)와 함께 미국 동부(뉴욕)지역 진출을 지원하는 "2023 글로벌 액셀러레이팅 프로그램"을 진행한다고 밝혔다.

　글로벌 액셀러레이팅 프로그램 참여기업은 모집분야는 인공지능(AI), 모빌리티, IoT, 에너지, 로봇, 핀테크, 보안, 디지털 자산 등의 기술 기반으로 5월 2주까지 모집하며, 1차 서류 심사 및 2차 인터뷰를 거쳐 글로벌 진출 의지와 국가별 비즈니스 연계 및 확장 가능성이 있는 유망 스타트업을 선발하여 지원한다.

펜벤처스는 스타트업 10대 신산업 분야 및 환경, 디지털 헬스케어, 금융, 교육 등 ESG 관련 산업에 특화된 스타트업들이 글로벌 시장으로 진출하는 과정에 있어 네트워킹, 교육, 투자유치 등의 기회를 제공하는 글로벌 액셀러레이터로, 실리콘밸리에 본사를 두고 서울, 뉴욕, 스톡홀롬, 싱가포르에 사무소를 운영 중이다.

현지 프로그램이 진행되는 뉴욕은 실리콘밸리 다음으로 전세계에서 가장 규모가 큰 스타트업 혁신 생태계를 형성하고 있다. 매년 '스타트업 지놈'에서 발표하는 글로벌 스타트업 생태계 랭킹에서 최근 몇 년 간 세계 2위를 차지하고 있으며, 창업생태계 성장세가 지속될 것으로 전망한다.

프로그램에 선발된 기업에게는 글로벌 액셀러레이터 및 1,000회 이상의 기업 멘토링 진행 경험을 가진 미국 현지 전문가가 참여하는 멘토링을 통해 개별 기업 맞춤형 IR 제작, 비즈니스 모델 컨설팅 등 미국진출에 필요한 사전 준비를 지원한다.

이후, 미국 현지(뉴욕)의 글로벌 VC(GSV Ventures, Storm Ventures, Cimbal Capital 등) 및 대기업과 온·오프라인 상담을 통해 실질적인 협업 및 투자 유치의 기회를 갖는다. 지원대상은 7년 이하의 서울 소재 기술기반 우수 스타트업이다.

이재훈 산업거점본부장은 "본 프로그램은 글로벌 스타트업의 핵심 생태계인 미국 동부권 진출을 희망하는 유망 스타트업에 대한 글로벌 역량강화부터 실제 투자유치까지 연계하는 특화 프로그램으로, 미국 동부의 다수 기업 및 투자자와의 만남을 통해 서울의 유망 스타트업들의 글로벌 스케일업 기회가 되기를 기대한다."고 밝혔다.

최광민 기자 / 인공지능신문 / 2023. 05. 03. /
https://www.aitimes.kr/news/articleView.html?idxno=27933

제16장
글로벌 창업

제1절 4차 산업혁명과 글로벌 창업의 확산

1. 글로벌 창업관점의 4차 산업혁명

1) 글로벌 창업

창업(創業; Startup)은 국가의 지속 가능한 사회 발전을 위한 주요한 동력 중 하나로 시대적인 화두가 되고 있다.[1][2][3] 전 세계 거의 모든 국가의 정부가 경제 및 사회정책과 함께 정치 및 행정 활동 분야에서도 청년 창업가 육성 등 다양한 창업 활성화 제도 마련을 최우선 과제로 고민하는 상황이다.[4][5] 한편, 글로벌 창업(Born Global, Global Startup)은 창업 초기 단계부터 글로벌 시장을 목표로 하여 사업화 및 시장 진출을 꾀하는 창업 활동이다.

2) 글로벌 창업환경의 변화

근래의 비즈니스 환경에서는 4차 산업혁명 기술의 등장으로 기업 간의 경쟁 구도가 변화하고 있다. 대기업은 재정적, 인적자원 등을 보유하고 있어 새로운 기술 도입과 혁신에 우위를 가질 수 있다. 반면에 규모가 작은 기업이나 창업기업은 민첩성과 창의성을 통해 경쟁에서 성과를 거두고 있으며, 더 작은 규모의 조직으로도 기술을 채택할 수 있는 유연성이 나타나고 있다.

특히, 4차 산업혁명 시대의 경쟁은 종래의 일대일 경쟁에서 벗어나 집단경쟁의 양상을 보이고 있다. 기업들은 새로운 비즈니스 모델과 기술을 활용하여 산업 생태계를 형성하고 상호협력을 통해 윈-윈 상황을 추구하고 있다. 창업기업의 경우에는 대기업과 경쟁하기 위해 글로벌 플랫폼을 구축하여 새로운 비즈니스 모델을 개발하고 기술 협력을 통해 대기업과 경쟁에 나서고 있다. 따라서 4차 산업혁명 시대의 창업기업들은 새로운 전략을 개발하고 민첩하게 대응하는 것이 중요하다.

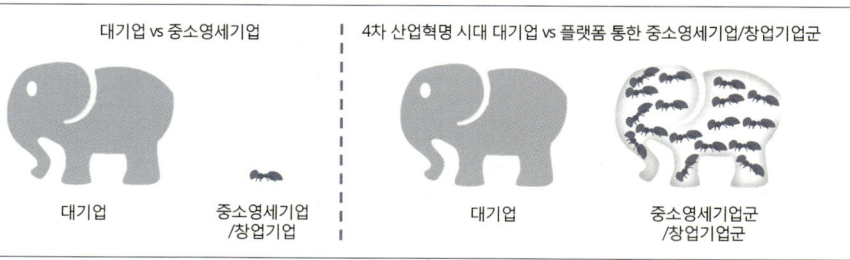

4차 산업혁명 시대 창업기업의 경쟁 환경 변화

3) 4차 산업혁명을 통한 글로벌 창업

전 세계적으로 확산하는 있는 4차 산업혁명은 글로벌 창업을 준비하는 기업에 스마트 생산체계의 수직적 네트워킹과 글로벌 벨류체인의 신세대를 통한 수평적 통합에 영향을 미치며,[6] 또한 전체 벨류체인 간의 엔지니어링과 활성 기술을 통한 가속화에 영향을 미친다.[7] 따라서 4차 산업혁명 시대의 전자상거래 발전 양태와 패러다임은 전통적인 방식들의 한계점에서 비롯되어 산업과 혁신 관점에서 디지털 변환(Digital transformation)이 되고 있음을 알 수 있고 4차 산업혁명 시대의 핵심 기술력은 상호보완성 혹은 연계성이라는 강점으로 각 산업군의 수평, 수직적으로 연결된 모든 부분에 성장 잠재력을 가지고 있는 특징이 있다.[8]

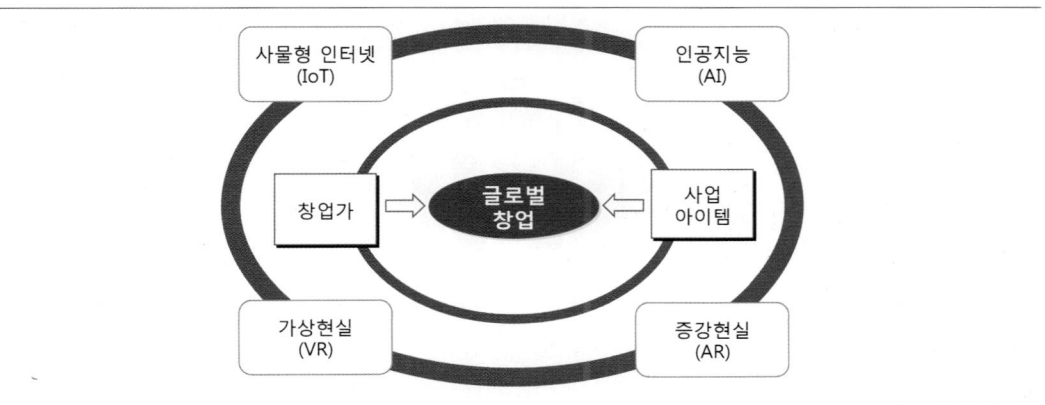

4차 산업혁명 시대의 글로벌 창업

2. 글로벌 창업의 특성 및 성격

1) 글로벌 창업의 개념적 정의

글로벌 창업기업에 대한 연구는 McKinsey & Co.가 호주 첨단기술 분야의 중소기업들이 창업 초기부터 해외의 매출액 비중이 높아지면서 급성장하는 현상을 관찰하면서부터 시작되었다. 1990년대 중반에는 Global Startup 개념을 기반으로 연구 체계가 잡히기 시작했다. 이후 2000년대 들어서 벤처붐과 함께 상대적으로 해외 진출에 불리한 상황에 놓여 있던 소규모 IT 기업들이 높은 해외 매출 실적을 달성하는 현상을 발견하면서 관련 연구가 확대되었다.[9]

기술창업 기업이 지닌 혁신성이 다양한 글로벌 시장을 대상으로 성과를 발휘하는 과정에서 글로벌 창업기업이 나타나게 된다. 이는 전통적 글로벌화 기업과 비교하여 볼 때 글로벌 창업기업이 지식 및 기술 집약적 산업에 주로 분포하고 있는 이유이기도 하다.[10] 또한 글로벌 창업기업의 창업자가 관련 산업분야에 대한 학업 외에도 직장경험을 통해 얻은 수준 높은 기술 지식을 보유하고 있어서

글로벌 창업이 가능하다고 설명하고 있다.[11]

글로벌 창업기업을 정의해 보면, 설립 후 3년 이내(Global Speedup)에 두 개국 이상의 해외시장(Global Scopeup)에서 창출된 매출 비중이 25%(Global Scaleup) 이상인 경우라 할 수 있다.[12] 따라서 벤처창업기업이라 하더라도 해외매출이 차지하는 비중이 일정 수준 이하이거나 해외매출의 비중이 높더라도 창업 후 해외진출에 많은 기간이 소요된 기업은 글로벌 창업기업에 해당하지 않는 것으로 볼 수 있다.

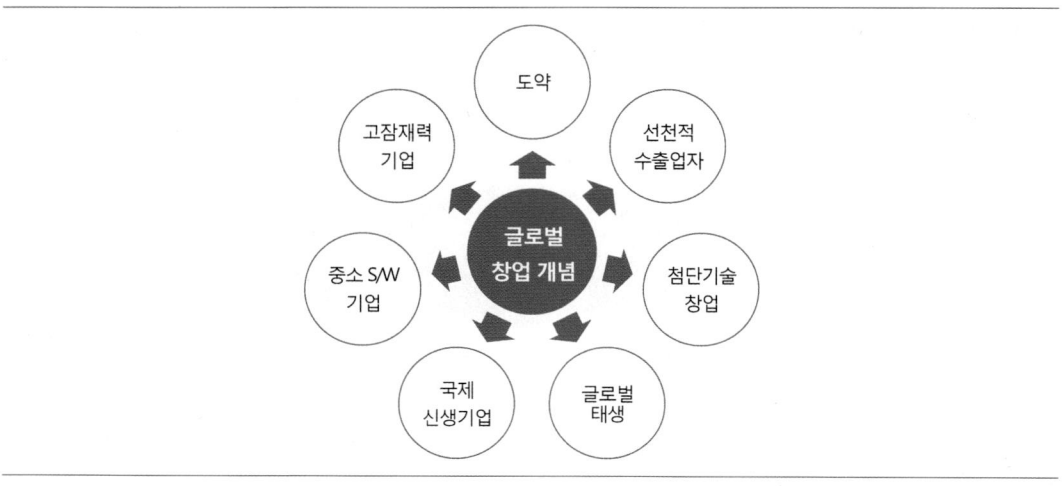

글로벌 창업 개념

2) 글로벌 창업의 기능

글로벌 창업의 본질적 기능은 새로운 제품, 서비스 또는 생산 공정, 전략과 조직 형태 창조는 물론이고 새로운 시장 기회를 포착하고, 평가하여 이를 기업의 설립을 통하여 사업화하는 데 있다.[13] 이는 사업성 기회의 포착활용기능과 기업의 설립기능으로 나누어 설명할 수 있다.

창업은 창업가가 사업성 기회를 포착하고 이를 사업에 활용할 가능성이 있다고 판단했을 때 시작되며 주변의 가용자원을 최대한 활용하여 사업체(개인 및 법인)를 설립했을 때 완성된다.[14] 이 같은 글로벌 창업을 위하여서는 관련 행동양식, 아이디어, 기술, 추진력이 유기적으로 요구된다.

앞에서 언급한 바와 같이 창업기업이 기업 설립 후 3년 이내에 2개국 이상의 해외시장에 진출하고, 총 매출에서 수출액의 비중이 25% 이상 차지하는 경우 글로벌 창업기업으로 규정하고 있다. 글로벌 시장은 대기업이나 중견기업들도 감당하기 어려운 여러 가지 위험 요소를 내포하고 있어 글로벌 창업을 추진하는 과정을 용이하지 않게 만들기 때문이다. 따라서 글로벌 창업이 지니는 정책적 중요성에도 불구하고 시장기능에만 의존하면 글로벌 창업은 사회적 기대를 충족시키지 못하게 되는 등 시장실패

위험이 증가하게 된다. 이에 정부는 글로벌 창업의 위험요인 제거에 주도적으로 나섬으로써 글로벌 창업 활성화를 위한 여건을 마련해야 한다.

그림 글로벌 창업 수반 조건

3. 글로벌 창업의 구성요소

글로벌 창업은 행위를 기준으로 주체와 객체로 나눌 수 있으며, 계획을 세울 때는 목적과 방법으로 크게 나누어 살펴볼 수 있다. 또한 글로벌 창업의 필요조건으로는 자연, 자본, 노동, 기술이 있고 충분조건으로는 새로운 사업아이디어, 창업가 정신이 이에 해당한다. 각각의 의미를 살펴보면 다음과 같다.

1) 글로벌 창업의 주체와 객체

글로벌 창업이라는 행위의 주체는 '사람' 즉, '창업가'이며 창업이 사업으로 성립하기 위해서는 '사업 아이템'이라는 객체, 즉 대상이 존재해야 한다. 따라서 창업의 가장 기초적인 요건은 창업가(Entrepreneur)와 새로운 사업 아이템(New business item)이다. 창업가는 사업을 창조하고 기업을 창조한다. 그리고 새로운 사업 아이템은 시장에서 성공할 것으로 예상되는 새로운 제품이나 서비스이다.[15]

2) 글로벌 창업의 목적과 방법

글로벌 창업의 목적은 '개인적 또는 사회적(조직적) 이윤 창출'에 있다. 물론 창업행위의 목적을 '이윤 창출'로 보는 것이 통례이다. 최근 사업의 목적을 나눔이나 봉사의 의미를 가진 다양한 사회적 기업의 출현을 근거로 이윤 창출보다 넓은 개념으로 확대해석하는 성향이 나타나고 있다.[16] 그러나 사회적 기업 역시 본연의 사업목적을 달성하기 위해서는 일차적으로 수익성을 확보해야 하는 점을 고려하면 이윤 창출을 창업의 목적으로 설정해도 별 무리가 없을 것으로 보인다.[17]

3) 글로벌 창업 조건

창업가에게는 창업을 주도해나가야 하는 의무감과 특별한 행동양식(Initiative Behavior)이 요구된다.[18] 이때 창업가는 혁신과 위험 감수 그리고 진취성(Proactive)이 요구되고 있으며 여기서 말하는 진취성은 새로운 기회를 만들어내는 상상력과 추진력을 말한다.[19] 글로벌 창업의 필요조건은 자연, 자본, 노동 기술 등 네 개의 요인들이 있고, 글로벌 창업의 충분조건은 새로운 사업아이디어, 창업가 정신 등 두 개의 요인들이 글로벌 창업의 조건에 해당한다.

4) 창업가적 사고방식

창업가(Entrepreneur)는 프랑스어 'entreprendre'(떠맡다)에서 유래된 단어로 사업을 위하여 조직을 관리하고 위험을 감수하는 사람을 말한다. 창업가들의 특징으로는 자기 주도력, 위험감수, 자율성, 관리역량 등이 주요하게 나타나고 있다.[20] 이외에도 목표중심, 경쟁적 사고, 기회포착 등의 특징이 나타나고 있으며 4차 산업혁명 시대의 핵심기술에 관한 수용적인 특성 또한 눈여겨 볼만하다.[21]

이 같은 창업가들의 사고방식을 중심으로 한 특성은 창업가정신(Entrepreneurship)을 구성한다. 창업가들은 기회를 찾고 위험을 감수하며 아이디어를 현실에 적용하는 모습을 보인다. 이 같은 모습들은 창업가들에게서 나타나는 창업가의 특성이 반영되어 창업으로 이어진다.

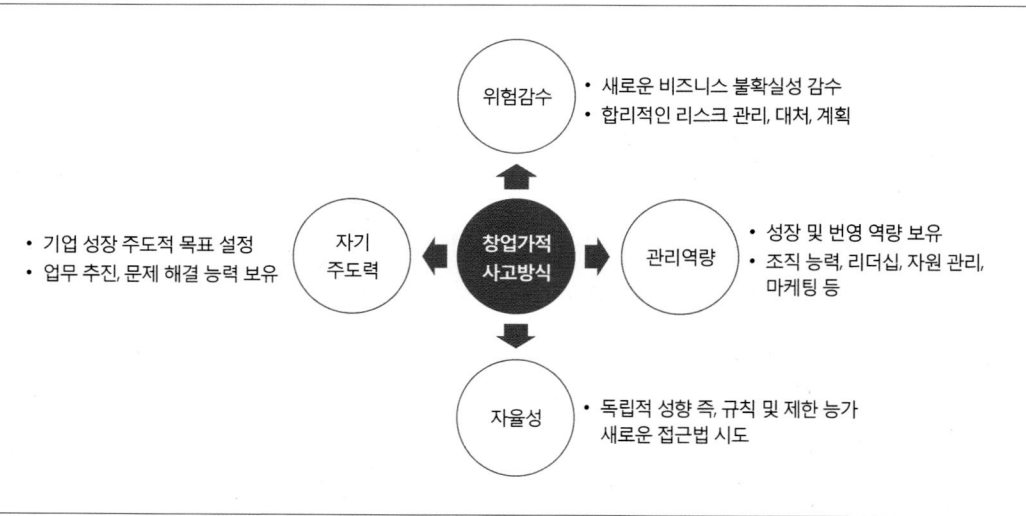

창업가적 사고방식

5) 글로벌 창업가 정신과 창업행동

글로벌 창업가 정신은 기업이 처한 외부환경 변화에 효율적으로 대응하기 위해 해외시장에 적합한 혁신제품을 개발하고 위험을 감수하여 해외직접수출을 추구하며, 국제적 네트워크를 구축하여 공급, 유통 및 마케팅 채널을 확보하고, 해외공장설립과 같은 직접진출을 유발하는 등 해외시장진출을 증진시키는 주요 요인이다. 글로벌 창업가적 성향은 시장지향성에 직접적인 영향을 미치며 기업의 성과 중에서 특히 시장점유율과 신제품 판매에 더욱 긍정적인 영향을 미치고 있다. 국내 내수시장의 경쟁이 더욱 심화되는 상황에서 경쟁자의 시장 대응력이 뛰어날수록 기업 활동에 필수 요소인 기술과 시장정보를 획득하는 데 어려움을 겪기 때문에 내수시장을 중점으로 경영활동을 펼쳐온 기업들은 창업가 정신을 발휘하여 해외시장으로 신속히 진출하려 노력한다.

급변하는 해외시장의 니즈를 충족시키기 위해서는 신속하고 지속적인 혁신활동의 전개가 요구되나 이러한 활동의 이면에는 잠재적인 위험요소가 내포되어 있으므로 해외시장의 니즈와 욕구를 충족시킬 수 있는 제품과 서비스를 공급하기 위해서는 혁신성, 진취성 및 위험감수성이 총체적으로 결합된 글로벌 창업가 정신이 요구된다. 이러한 창업가 정신은 해외진출에 필요한 집중적 자원 투입에 따른 의사결정 및 행동양식과 관련이 있다.22) 이러한 글로벌 시장의 집중적 투자는 현지 시장에서 필요한 역량이나 새로운 기회 포착에 요구되는 활동으로 이어져 기업의 목표와 성과를 달성하는 데 주요 역할을 한다.

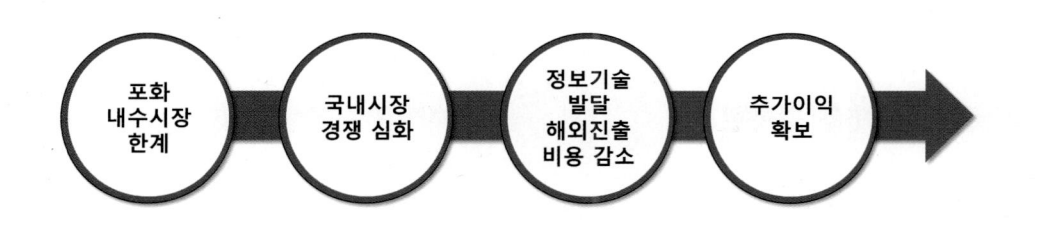

글로벌 창업기업의 글로벌 확장 및 진출 과정

제2절 글로벌 창업의 주요 유형

세계적인 경제위기와 4차 산업혁명은 비즈니스 모델 혁신과 기업 혁신을 유발하였다. 우리나라 정부 또한 기업 혁신을 통한 경제발전을 목표로 하는 혁신성장을 경제정책의 핵심축으로 지정해 근본적인 혁신을 추진하고 있다. 따라서 혁신성장의 가치 아래 현재의 대기업 중심의 경제구조를 중소, 중견, 창업, 벤처기업 중심 구조로 발전시키기 위해 글로벌 창업 생태계 육성에 매진하고 있다. 그 중 글로벌 기업의 차별적 특성을 바탕으로 유형화하여 다음과 같이 창업가 주도형, 글로벌 학습 지향형, 글로벌 네트워크 지향형, 글로벌 기술 주도형, 글로벌 시장지향형의 5개 유형으로 나누었다.

1. 창업자 주도형

창업자 주도형 글로벌 기업은 해외시장 진출 과정에 경영자의 역할이 큰 경우를 말한다. 글로벌 기업의 창업자는 개인적 특성, 기업가정신으로 인하여 해외시장에 대한 심리적 거리를 장벽으로 생각하지 않는다. 이들은 해외시장을 국내 시장과 동일한 환경이라고 인식하며, 다양한 기회를 획득하고 새로운 가능성을 탐색하기 위해 해외시장 진출을 독려한다.

창업자의 글로벌 지향성, 적극성, 혁신성 등에 영향을 받은 글로벌 창업기업은 다음의 두 가지 특징을 나타낸다.[23] 첫째, 이들은 해외시장에서의 실패를 고려한 방어적 전략을 수립하지 않는다. 둘째, 창업자 주도형 기업은 높은 수준의 비전 공유와 협력적 문화를 형성한다. 해외시장 진출은 기업이 보유한 자원의 상당 부분을 투입해야 하는 과정을 거친다.

2. 글로벌 학습 지향형

학습지향형 글로벌 창업기업은 해외시장 진출 동기와 목적에서 일반 기업과 다른 양상을 나타낸다는 점에서 전통적 기업과 크게 다르다. 전통적 글로벌화 기업은 국내시장 점유율과 성장 정도를 기반으로 해외시장에 진출하여 매출과 수익 증대를 목적으로 하며, 진출 과정에 투입한 자원과 성과를 대비하여 효율성과 효과성을 계산한다.

학습지향형 본 글로벌 기업은 이러한 과정을 따르는 점에서 다음의 특징을 나타낸다. 첫째, 학습지향형 본 글로벌 기업은 창업자 지식을 해외시장에 적용하고 이를 보완하는데 필요한 지식 탐색에 집중한다. 둘째, 학습지향형 본 글로벌 기업은 해외시장 정보, 기술 관련 지식을 기존 자원과 결합하여 혁신 활동에 반영하는 의지가 강하다.[24]

3. 글로벌 네트워크 활용형

네트워크는 자원이 부족한 벤처창업 기업의 전략 실행을 수월하게 해준다. 특히 해외시장 진출처럼 높은 수준의 자원 몰입(Commitment)을 실행해야 하는 경우 규모와 자원의 제약이 있는 신생기업의 어려움은 더 커진다. 따라서 전통기업들은 해외시장 진출 시기를 국내시장에서의 성장 뒤에 설정한다.[25] 그러나 네트워크 활용형 글로벌 창업기업은 창업자, 조직 수준의 해외시장 연대를 구축하고 있어 신생기업의 어려움을 장벽으로 인식하지 않는다. 이들의 해외시장 진출 동기는 보유 네트워크를 활용하여 새로운 자원과 시장 기회를 획득하는 것이다.[26] 창업자 네트워크는 개인 수준에서 발생하는 점에서 높은 신뢰와 상호 몰입을 기반으로 한다. 개인적 네트워크를 활용하려는 창업자는 글로벌화 속도를 높여 네트워크가 주는 편익(Benefit)을 극대화할 수 있다.[27] 네트워크의 편익에 해당하는 전략적 제휴는 파트너사의 자원을 공동으로 사용하면서도 투자 비용의 증가에 따른 위험 부담을 줄여준다.

4. 글로벌 기술 주도형

글로벌 기업이 속한 산업은 대체로 지식, 기술 집약적 특성을 나타내기 때문에 기술 중심의 경쟁우위 창출이 중요하다. 국내 기술 주도형 글로벌 창업기업은 특유기술 기반의 높은 소유우위(Ownership advantage)를 활용하여 배타적 영역을 지니고 있기에 글로벌화에 적극적인 성향을 보인다. 기술 주도형 글로벌 창업기업이 보유한 기술 역량은 틈새시장 전략 추진에 적합하다.[28] 규모의 경제나 대규모 자원 투입으로 달성할 수 있는 시장 장악력이 부족한 글로벌 창업기업은 상대적 비교우위 창출이 가능한 틈새시장 전략을 선호한다. 이들이 보유한 기술은 대량생산이라는 규모의 경제보다 차별화 제품의 공급에 유리하기 때문이다.[29]

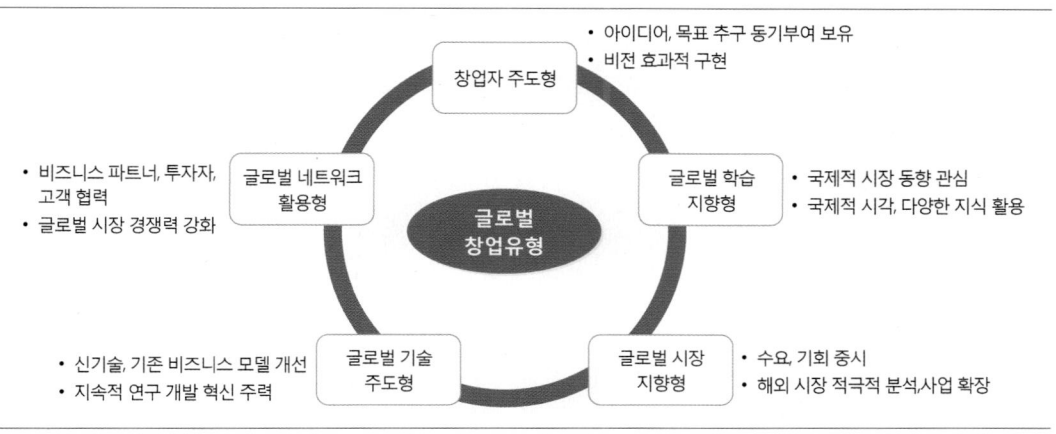

글로벌 창업의 유형

5. 글로벌 시장 지향형

시장지향성(Market-orientation)은 고객 중심의 경영활동이며, 이는 경쟁우위의 중요한 원천으로 이해되기 때문에 성과와 관련이 크다.30) 시장지향형 글로벌 창업기업은 현지 정보 습득 활동을 경쟁우위로 판단한다. 시장지향형 글로벌 창업기업은 조직학습 기반의 시장 탐색형 성향을 나타낸다. 글로벌 시장형 기업 창업자의 적극성과 조직 내 협력 강도가 강해 기본적으로 조직 내 구성원의 강한 협력을 기반으로 시장 중심 정보를 활용할 방안을 찾는다. 시장지향형 글로벌 창업기업은 이처럼 수출 시장의 고객, 경쟁자 정보를 습득하고 이를 기존 자원과 결합하여 경쟁우위를 창출하려 하며, 이 과정에서 창업자의 의지와 구성원 간 협력으로 기존 자원과 새롭게 습득한 정보 간의 능동적 융합이 일어나면서 글로벌 고객 지향적인 경영활동을 강화하게 된다.

제3절 글로벌 프랜차이즈의 확산

1. 프랜차이즈의 개념

프랜차이즈(Franchise)란 활용되는 분야 및 상황에 따라 해석 가능한 개념이 다양하지만, 기업 경영 관점에서는 보통 아래와 같이 정의된다.[31] 첫째, 특정 산업의 창업에 관한 경영권 및 사업권 등에 관한 권리를 부여받고, 사업자에 브랜드(상호), 상표 및 기업 이미지를 영위할 수 있는 권한을 부여받게 되며 가맹본부가 지도하는 경영기법 내에서 사업을 영위할 수 있는 권한을 뜻한다. 둘째, 특정 상품이나 서비스를 판매하는 방법 및 노하우를 판매업자(프랜차이즈 가맹점)에게 부여하여 판매 활동에 대한 권리를 위임하여 정해진 로열티를 획득하는 방식을 뜻한다. 셋째, 물품 제조 및 소비자 판매 행위를 수행하는 판매업자가 독립 소매점 프랜차이즈 가맹점을 통하여 소매를 영업하는 방식을 의미한다.[32]

2. 글로벌 프랜차이즈의 국가별 특성

1) 미국

미국은 전 세계에서 가장 프랜차이즈 사업이 활발하고 시장이 큰 국가이다. 국제프랜차이즈협회 IFA 발표에 따르면 최근 미국에는 프랜차이즈 브랜드 개수만 약 3000개에 달하며 500개의 사업체는 글로벌 프랜차이즈 진출을 통한 사업 확장을 고려하는 상황이다. 이 중에서도 미국 프랜차이즈 산업에서 요식업이 차지하는 프랜차이즈 비율은 전체 프랜차이즈 산업의 30% 이상을 차지하고 있다. 미국은 남녀 구분 없이 사회 활동 참여도가 다른 국가에 비해 높아 이러한 사회적 특징에 기반하여 시간과 비용을 투자하면 편리하게 음식을 즐길 수 있기에 미국 시민들에 지속적인 인기를 얻는 프랜차이즈 업종으로 분석할 수 있다.

2) 중국

중국체인경영협회에 따르면 중국의 프랜차이즈 가맹점 수는 2019년 대비 2020년 약 11,000개로 증가하였으며 엄청난 성장세를 보여주고 있다. 중국의 프랜차이즈 산업 특성을 살펴보면 1990년대 이후 급속도로 시장 규모가 증가하였으며 다양한 지역 및 인종에 의한 최근 신규 서비스에 대한 요구가 증가로 다양한 업종에 대하여 프랜차이즈 브랜드가 증가하고 있다.

중국체인경영협회의 프랜차이즈 보고서에 따르면 2020년 프랜차이즈 상위 기업의 경우 연간 판매량이 200억을 초과하는 것으로 나타났으며 프랜차이즈 산업이 지속적으로 성장함에 따라 향후 미래에도 프랜차이즈 산업 시장이 지배적으로 확대될 것으로 전망한다.

3) 일본

일본의 외식업계는 기업들이 1970년부터 본격적으로 패밀리레스토랑 및 패스트푸드 산업에 대거 참여함으로써 직영점 및 프랜차이즈 가맹점 운영이 활성화되었고 일본 문화 특성상 가업으로 이어지던 다양한 종류의 요식업이 브랜드화되면서 프랜차이즈 도입이 급속도로 증가하였으며 이에 힘입어 프랜차이즈 시장 규모가 확대되었다. 일본 외식업계의 프랜차이즈는 일본의 타코야키, 라멘, 스시 등 대표 음식에 대해 가맹점을 설립하는 것이 일본인 퇴직자의 독립 수단으로써 인지되고 있었던 성향이 강했지만 최근 프랜차이즈 경영에 대한 시각이 확대됨으로써 젊은 층의 신규 사업 수단으로 인식이 전환되었다.

실제로 일본프랜차이즈체인협회의 데이터에 따르면 일본 프랜차이즈 산업은 약 20조엔 규모로 명목 GDP 약 4%를 차지한다. 이는 명목 GDP 10%를 차지하는 미국의 뒤를 이어 전 세계 2위에 달하는 시장 규모를 보유함을 의미하며 약 300만 명이 프랜차이즈 업계에서 종사하고 있는 것으로 밝혀졌다. 또한, 일본프랜차이즈체인협회에서는 일본의 문화, 유통구조, 입지 조건에 대한 사전 정보가 없을 시 프랜차이즈 사업에서 성공하는 것에 많은 어려움이 존재할 것을 언급하며 유통구조와 입지 조건 등을 잘 모르는 외국 업체가 프랜차이즈 사업을 수행하는 것은 많은 어려움이 따르므로 기존 일본에서 자리 잡는 기업과의 합작 경영 방식을 통하여 로열티를 지불하는 계약을 체결하여 프랜차이즈 사업을 수행하는 방식이 주를 이루고 있다고 하였다.

일본은 약 100만 명 이상의 재일교포, 한국인 유학생 등이 거주하고 있는 특징이 있기에 일찍부터 일본식 불고기 전문점 야키니쿠가 프랜차이즈 시장에서 큰 몫을 차지하고 있으며 유학생을 포함한 한류의 영향으로 인하여 오래전부터 한국 가정식 요리점 또한 유행하는 프랜차이즈 사업 중 하나이다. 또한 일본은 총인구 대비 고령자 비율이 높은 초고령자 사회이기에 이러한 고령자를 대상으로 한 도시락 프랜차이즈 업계 또한 주목받고 있으며 더욱 확충될 전망이다.

글로벌 프랜차이즈 국가별 특성

실행과제	주요 내용
• 미국	• 전 세계 최대 규모 프랜차이즈 사업 • 남녀 사회 활동 참여도 타국가에 비해 高 • 빠른 서비스 패스트푸드 요식업 인기
• 중국	• 동아시아 내 거대 문화권 보유 • 역사적 인종, 사상, 언어 차이 다양한 소비자층 존재 • 다양한 업종 프랜차이즈 확대 가능
• 일본	• 1970년대 패스트푸드 및 패밀리 레스토랑 산업 확장 • 약 100만 명 이상 재일교포, 한국인 유학생 거주, 초고령화 사회 • 도시락 프랜차이즈 업계 주목

3. 4차 산업혁명 시대의 글로벌 프랜차이즈

1) 4차 산업혁명 시대의 글로벌 프랜차이즈 변화

    4차 산업혁명 시대의 글로벌 프랜차이즈는 푸드테크, 로봇 등의 혁신 기술이 디지털화 되어 편의점부터 시작하여 외식 프랜차이즈 업계까지 적용되어 각종 산업과의 연계와 디지털 전환을 가속화하고 있다. 실례로 교촌치킨을 운영하는 교촌에프앤비는 푸드테크에 관련된 스타트업과 협력하여 22년 9월 F&B용 자사몰 개발운영솔루션 스타트업, "푸드대시"에 공동개발투자방식으로 총 40억 원을 투자한 바 있다.[33] 또한, 중견 외식 프랜차이즈 브랜드들도 전 세계 소비자를 대상으로 하는 robotex(로보텍스) Korea International 2022라는 대회를 공식적으로 후원하기도 하여 4차 산업혁명 시대의 핵심 분야로 창의력에 기반한 로봇공학산업이 유망직종임을 알 수 있다.

    특히나 코로나19 사태를 겪은 이후로 창업 시장에 불어온 '무인' 열풍이 지속되고 있고 인공지능(AI), 사물인터넷(IoT), 로봇 등 4차 산업혁명의 핵심 기술이 무인 점포의 보안성과 안전성, 편의성을 높일 수 있게 되는 것이다.[34] 이때 완전자율주행이 가능한 서빙 로봇은 자동으로 충전되는 기능을 탑재하여 별도의 충전 시간에 구애받지 않은 채로 운영할 수 있는 것이다.[35] 더군다나 코로나 시기에 돋보인 프랜차이즈의 상생 시스템은 디지털 전환과 푸드테크의 가능성을 높인 계기가 되었으며 4차 산업혁명의 특징인 데이터에 기반한 소비 트렌드 분석과 인공지능, 머신러닝, 옴니채널 경영 등 향후 미래지향적인 전략이 필요한 시점이다.[36]

    또한, 지속 가능한 경영의 관점에서 최근 프랜차이즈 산업은 가맹본부와 가맹점 간의 관계의 브랜드 이미지 관리를 강조하며, ESG(Environmental, Social, Governance) 경영에 대한 관심이 높아지고 있다. 가맹사업의 ESG 경영활동은 단순히 법적 요구사항을 준수하는 것을 넘어서, 경영활동에서 사회적 책임과 환경 보호에 적극적으로 참여하고 관리적 우수성을 추구하는 것을 의미하며, 4차 산업혁명 시대의 글로벌 프랜차이즈의 유기적인 대응이 요구되고 있다.[37]

2) 글로벌 프랜차이즈 창업의 전략적 성장 방향

    해외시장에서 다년간 사업기반을 쌓아온 현지 업체와의 네트워크 관리나 전략적 제휴를 통해 글로벌 기업은 공급체인관리의 대상 범위를 해외시장으로 확대하여 글로벌 공급체인관리를 도입하고 있다. 한편, 4차 산업혁명 시대의 프랜차이즈 기업은 글로벌 시장에서 성공적으로 경쟁하고 성장하기 위한 전략으로 글로벌 공급체인관리를 시행할 수 있다.

(1) 해외 네트워크 관리

    프랜차이즈 기업은 해외시장에서 활동하기 위해 현지 업체와의 관계를 구축하고 관리하여야 한다. 오랜 기간에 걸쳐 사업 기반을 쌓아온 현지 업체와의 네트워크 관리 및 전략적 제휴는 해외수출에 필요한 정보와 자원을 공유하고 경쟁력을 향상시키는 핵심 요소이다. 그리고 해외시장에서 자원이 부족한 경우에는 다양한 활동을 수행하기 어렵기 때문에 전략적 제휴 파트너인 협력업체를 통해 지원 활동을 강화하고 해외 진출을 위한 기반을 구축할 수 있다. 또한, ICT 기술을 활용하여 데이터 기반의 의사결정을 통해 기업은 상대적으로 저비용과 고효율의 성과를 달성하는 데 중점을 두어 투자한다. 이때 전통적인 경영관리모형 대신 공급체인을 단일적 기업군으로 간주하고 지역적, 물리적 한계를 극복하기 위해 계획수립과 조정 시스템을 구축하는 방향을 제시할 수 있다.

(2) 글로벌 공급체인 관리

글로벌 공급체인 측면의 원재료-반제품-제조-유통-고객 과정에서 나타나는 지리적 및 물리적 한계를 극복하기 위해 기업 간 전략적 제휴를 통한 글로벌 공급체인관리는 글로벌 창업기업의 신속한 해외 진출 및 성과 달성을 위한 경영활동이라 할 수 있다.[38] 협력업체와의 파트너십 형성 및 강화가 공급체인관리의 핵심 요인으로 논의되고 있으며 글로벌 공급체인 파트너와의 관계 구축을 촉진을 위해 글로벌 창업기업들의 글로벌 공급체인관리는 필수불가결한 관계이다.[39]

한편, 프랜차이즈 기업은 소요 자원을 최적화하여 운영하기 때문에 글로벌 공급체인 관리가 중요하다. 이를 통해 중소기업도 글로벌 시장에서 경쟁력을 확보하고 성장할 수 있다. 또한, 공급체인 파트너 간의 신뢰와 네트워크 기반의 협력 활동은 공급체인을 효과적으로 관리하고 성과를 개선할 수 있다. 또한, 공동의 경영목표를 달성하기 위한 협력은 모든 주체들의 참여를 유도하고 지속적인 협력을 촉진한다.

(3) 지속 가능한 성장

오늘날의 국제경영 환경은 프랜차이즈 기업의 지속 가능한 성장과 발전을 위해 해외 진출을 통한 시장 확대를 절실히 요구하고 있다. 특히, 최근에는 프랜차이즈 기업의 지속 가능한 성장 측면에서 기업이 경제적인 성과를 추구하는 동시에 환경적, 사회적, 그리고 지배구조 관련 요소들을 고려하여 장기적으로 지속 가능한 비즈니스 모델을 구축을 목표로 한 ESG 경영활동이 대두되고 있다.[40]

프랜차이즈 기업에서의 ESG 경영활동은 구체적으로 세 가지 측면으로 나뉘며, 각각을 상세히 검토해보면 다음과 같다. 환경 측면에서는 기업이 자원 사용의 효율성을 높이고 친환경적인 사업 운영을 통해 기후 변화와 생태계 파괴를 예방하며 자연 환경을 보호하는 노력을 의미한다. 이는 탄소 배출 감소, 재활용 및 폐기물 관리, 자연 자원 보전 등을 통해 지속 가능한 경영을 추구한다. 사회적 측면에서의 ESG 경영활동은 프랜차이즈 기업이 사회적 가치와 공정성을 존중하며 이해관계자들과 긍정적인 관계를 형성하는 것을 의미한다. 이는 고객과의 신뢰와 충성도를 강화하고, 사회적 문제에 대한 적극적인 참여와 기여, 사회적 다양성과 인권 존중을 통해 사회적 책임을 수행하는 것을 포함한다.

거버넌스 측면에서의 ESG 경영활동은 프랜차이즈 기업 내부의 투명하고 효과적인 경영 체계와 윤리적인 행동을 의미한다. 이는 기업의 리더십, 이사회의 역할과 책임, 회계 및 재무 투명성, 이해관계자들과의 소통과 협력을 통해 조직의 건강한 운영과 투자자 신뢰를 확보한다.

롯데벤처스 실리콘밸리에 기지 설립 … "스타트업 크로스보더 플랫폼 구축할 것"

23일(현지 시간) 미국 캘리포니아주 실리콘밸리에서 전영민 롯데벤처스(옛 롯데액셀러레이터) 대표는 서울경제신문과의 인터뷰를 통해 "조만간 롯데벤처스 실리콘밸리 법인을 설립해 실리콘밸리 생태계와 연결하고 스타트업의 크로스보딩(해외 진출)을 돕는 브릿지 역할을 할 것"이라며 스타트업의 글로벌 진출에 방점을 두겠다고 밝혔다.

팬데믹을 거치면서 한국의 많은 기업주도형 벤처캐피털(CVC)이 실리콘밸리에 둥지를 틀었다. 기존에 설립된 CVC가 투자에 방점을 찍었다면 실리콘밸리 진출을 노리는 스타트업들에게 현지 법인 설립은 물론 우리나라와 다른 상법, 재무, 회계 문제를 처리해주고 비즈니스 확장에 필요한 네트워크를 지원하겠다는 설명이다.

롯데벤처스 글로벌 전략 주요 내용	
진출 국가	일본(22년 4월), 베트남(22년 10월), 실리콘밸리(23년 상반기 예정)
활동 방향	- 한국 기업의 현지 진출 모색 - 회계, 세무, 법무 등 지원 - 현지 스타트업의 역크로스보딩 지원
해외 진출 포트폴리오사	베어로보틱스, 센스톤, 아나플래시, 에스투더블유 등

자료: 롯데벤처스

▲ 롯데벤처스 글로벌 전략 주요 내용(자료 : 롯데벤처스, 서울경제 정혜진 특파원 재구성)

지난해 4월에는 일본에 롯데벤처스 재팬을 설립하고 지난해 10월에 롯데벤처스 베트남 법인을 설립한 것에 이어 실리콘밸리까지 법인을 설립해 한국과 일본, 베트남, 실리콘밸리를 연결하는 스타트업 크로스보더 플랫폼을 완성하겠다는 설명이다. 특히 베트남 법인의 경우 스타트업이 베트남에 진출하기 전부터 롯데그룹의 베트남 법인을 맡았던 직원들을 일대일로 연결해 멘토링을 진행했고 진출 후에는 베트남에 있는 17개 계열사 임원들이 직접 스타트업 대표들을 케어하고 있다는 설명이다.

글로벌 진출의 꿈은 한국 기업에만 한정되지 않는다. 전 대표는 "한국 기업을 미국에 진출시키는 것뿐만 아니라 미국 스타트업 중에도 한국이나 일본, 베트남 시장에 진출하고 싶은 기업이 있다면 롯데벤처스가 현지화를 도울 것"이라고 강조했다.

Case Study

　취임 3년차를 맞은 전 대표는 실리콘밸리에 법인을 세우기 전부터 철저히 시장 조사를 해왔다. 기존에 투자를 한 주문 로봇 스타트업 베어로보틱스, 반도체 스타트업 아나플래시 등 실리콘밸리에 둥지를 튼 기업부터 보안 인증 기업 센스톤 등 미국에서 활발히 활동을 하고 있는 기업들을 지원했다. 이에 더해 지난해부터 2년 연속 해외 진출을 원하는 스타트업을 선발해 실리콘밸리 연수 프로그램을 진행했다. 올해 선발된 11개 팀 중에서는 핀테크 기업 올링크, 보안 기업 에스투더블유 등 4곳이 미국에 법인을 설립했다. 그는 "특정 테마에 치중하지 않고 글로벌로도 통할 수 있는 스타트업들에 투자를 했고 지금도 계속해서 해외 진출을 도우며 테스트를 하는 과정"이라며 "시간이 쌓이면 성공의 노하우가 축적될 것으로 본다"고 설명했다.

　특히 실리콘밸리에 한국계 CVC가 늘어나는 현상을 긍정적으로 평가했다. 그는 "스타트업 투자가 얼어붙은 지금도 미국에서 잘 나가는 스타트업은 굳이 한국계 VC나 CVC의 투자를 받기 보다는 시리즈 C, D에 가서도 후속 투자를 계속할 수 있는 큰 투자사를 찾는다"며 "각각 규모는 작지만 한국계가 연합하면 초기 단계부터 투자할 수 있는 여력도 생기고 미국 시장에서도 존재감을 키워갈 수 있을 것"이라고 설명했다. 전 대표는 CVC 펀딩이 늘어나는 이유를 두고 "대기업에 있다가 롯데벤처스로 오고 한 달 반만에 깨달은 게 대기업은 절대 스타트업의 혁신 속도를 따라잡을 수 없다는 점이었다"며 "스타트업 한 곳에 대기업의 혁신을 맡기면 안 되겠지만 스타트업 생태계에 혁신을 맡기면 성공 가능성은 높아진다"고 강조했다.

정혜진 특파원 / 서울경제 / 2023. 02. 26. /
https://www.sedaily.com/NewsView/29LWH5U3EU

학습문제

문제 1

4차 산업혁명 시대의 글로벌 창업에 관하여 논하시오.

문제 2

글로벌 창업의 기능을 설명하시오.

문제 3

글로벌 창업가의 사고방식을 설명하시오.

문제 4

글로벌 창업의 유형을 분류하고 설명하시오.

문제 5

프랜차이즈의 의의를 논하시오.

문제 6

글로벌 창업가 정신을 설명하시오.

문제 7

글로벌 공급체인관리를 중심으로 글로벌 창업의 전략적 성장 방향을 논하시오.

※ 해설은 부록에 기재됨.

참고문헌

1) Rashid, L., 「Entrepreneurship education and sustainable development goals : A literature review and a closer look at fragile states and technology-enabled approaches」, 『Sustainability』, Vol.11, No.19, 2019, 5343.

2) Méndez-Picazo, M. T., Galindo-Martín, M. A., & Castaño-Martínez, M. S., 「Effects of sociocultural and economic factors on social entrepreneurship and sustainable development」, 『Journal of Innovation & Knowledge』, Vol.6, No.2, 69-77pp.

3) Terán-Yépez, E., Marín-Carrillo, G. M., del Pilar Casado-Belmonte, M., de las Mercedes Capobianco-Uriarte, M., 「Sustainable entrepreneurship : Review of its evolution and new trends」, 『Journal of Cleaner Production』, Vol.252, 2020, 119742.

4) Sun, H., Pofoura, A. K., Mensah, I. A., Li, L., Mohsin, M., 「The role of environmental entrepreneurship for sustainable development : evidence from 35 countries in Sub-Saharan Africa」, 『Science of the Total Environment』, Vol.741, 2020, 140132.

5) Al-Mamary, Y. H. S., Abdulrab, M., Alwaheeb, M. A., Alshammari, N. G. M., 「Factors impacting entrepreneurial intentions among university students in Saudi Arabia : testing an integrated model of TPB and EO」, 『Education+ Training』, Vol.62, No.7/8, 2020, 779-803pp.

6) Valaskova, K., Nagy, M., Zabojnik, S., 「Lăzăroiu, G. Industry 4.0 wireless networks and cyber-physical smart manufacturing systems as accelerators of value-added growth in Slovak exports」, 『Mathematics』, Vol.10, No.14, 2022, 2452.

7) Fatorachian, H., Kazemi, H., 「Impact of Industry 4.0 on supply chain performance」, 『Production Planning & Control』, Vol.32, No.1, 2021, 63-81pp.

8) Cefis, E., Leoncini, R., Marengo, L., Montresor, S., 「Firms and innovation in the new industrial paradigm of the digital transformation」, 『Industry and Innovation』, Vol. 30, No. 1, 2022, 1-16pp.

9) 조연성, 박근호, 「기업가정신과 보유역량의 국제신벤처기업 수출성과에 관한 연구」, 『국제경영리뷰』, 제14권, 제4호, 2010, 119-143pp.

10) 김형준, 정덕화, 「본글로벌전략을 추구하는 벤처기업의 특성과 성과에 관한 연구」, 『마케팅과학연구』, 제17권, 제3호, 2007, 39-59pp.

11) 강정은, 이재혁, 「벤처기업의 특성과 본 글로벌성향 : 한국 벤처기업의 창업자, 기술자원, 네트워크를 중심으로」, 『국제경영연구』, 제21권, 제3호, 2010, 21-46pp.

12) Lee, Y., 「Identifying the Characteristics and Performance of Born Global Startup in Korea」, 『Korea Institute for Industrial Economics and Trade Research Paper』, Vol.22, No.5, 2017, 28-41pp.

13) Knight, G. A., Cavusgil, S. T., 「Innovation, organizational capabilities, and the born-global firm」, 『Journal of international business studies』, Vol.35, 2004, 124-141pp.

14) Buenstorf, G., 「Creation and pursuit of entrepreneurial opportunities : An evolutionary economics perspective」, 『Small Business Economics』, Vol.28, 2007, 323-337pp.

15) 김창봉, 백남욱, 「창업가의 전략적 역량과 경험 특성이 사회적기업의 성과에 미치는 영향 실증연구 : 사회적 가치 추구의 매개 효과를 중심으로」, 『벤처창업연구』, 제14권, 2019, 43-59pp.

16) 박근호, 「벤처기업의 사회적자본·국제화 속도·국제화 성과의 관계에 관한 연구」, 『국제경영리뷰』, 제11권, 제3호, 2007, 147-170pp.

17) 김창봉, 박륜홍, 「프랜차이즈 기업의 사회적 책임활동이 기업평판과 구매의도에 미치는 영향 : 치킨기업의 브랜드이미지 조절효과를 중심으로」, 『한국창업학회지』, 제12권, 제5호, 2017, 273-193pp.

18) Miralles, F., Giones, F., Gozun, B., 「Does direct experience matter? Examining the consequences of current entrepreneurial behavior on entrepreneurial intention」, 『International Entrepreneurship and Management Journal』, Vol.13, 2017, 881-903pp.

19) Sebora, T. C., Theerapatvong, T., 「Corporate entrepreneurship : A test of external and internal influences on managers' idea generation, risk taking, and proactiveness」, 『International Entrepreneurship and Management Journal』, Vol.6, 2010, 331-350pp.

20) Sánchez-Báez, E. A., Fernández Serrano, J., Romero Luna, I., 「Personal values and entrepreneurial attitude as intellectual capital : impact on innovation in small enterprises」, 『Amfiteatru Economic』, Vol.20, No.49, 2018, 771-787pp.

21) Drnovsek, M., Erikson, T., 「Competing models of entrepreneurial intentions」, 『Economic and Business Review』, Vol.7, No.1, 2005, 55-71pp.

22) Knight, G. A. and S. T. Cavusgil, 「Innovation, organizational capabilities and the bornglobal firm」, 『Journal of International Business Studies』, Vol. 35, No. 2, 2004, 124-141pp.

23) Al-Hakimi, M. A., Borade, D. B., Saleh, M. H., 「The mediating role of innovation between entrepreneurial orientation and supply chain resilience」, 『Asia-Pacific Journal of Business Administration』, Vol.14, No.4, 2022, 592-616pp.

24) Colakoglu, S. N., Sledge, S. A., 「The development of critical thinking skills through a service-learning oriented entrepreneurship course」, 『Journal of entrepreneurship education』, Vol.16, 2013, 115-124pp.

25) Stratup Genome, 「Global Startup Ecosystem Report 2017」, 『2017 Gartup Genome LLC』, 2017.

26) Yli-Renko H, E. Autio. and V. Tontti, 「Social capital, knowledge, and the international growth of technology based new firms」, 『International Business Review』, Vol. 11, 2002, 279-304pp.

27) Ingram, C., 「A Strategic Primer on Accelerating Stratups to International Markets」, 『Global Ignition Stratic Primer』, Proceeding paper, 1-11pp.

28) 김창봉, 신기일, 「기술기반 창업 기업의 기업가 역량과 생산성 성과의 관계에 관한 연구」, 『생산성논집』, 제36권, 제1호, 2022, 111-144pp.

29) 김창봉, 배근석, 「기술개발활동의 기업가적 지향성, 기술혁신역량과 기술사업화 성과와의 관계에서 조절적 효과 분석 : ICT 창업기업을 중심으로」, 『벤처창업연구』, 제16권, 2021, 31-47pp.

30) González-Benito, Ó., González-Benito, J., Muñoz-Gallego, P. A., 「Role of entrepreneurship and market orientation in firms' success」, 『European Journal of Marketing』, Vol.43, No.3/4, 2009. 500-522pp.

31) Tikoo, S., 「Assessing the franchise option」, 『Business Horizons』, Vol.39, No.3, 1996, 78-83pp.

32) 김창봉, 박원순, 「프랜차이즈 가맹본부의 시장 지향성과 브랜드 지향성이 전략적 유연성과 기업성과에 미치는 영향」, 『대한경영학회지』, 제35권, 제4호, 2022, 623-645pp.

33) http://www.dailyimpact.co.kr/news/articleView.html?idxno=87745

34) 김창봉, 배근석, 「정보기술 창업기업의 창업가적 지향성과 기술혁신역량이 기술사업화 성과에 미치는 영향-사업화 역량의 매개효과를 중심으로」, 『정보화연구』, 제18권, 2021, 159-179pp.

35) https://www.kidd.co.kr/news/228712

36) https://www.smedaily.co.kr/news/articleView.html?idxno=230890

37) 박륜홍, 『프랜차이즈 기업의 ESG 경영활동이 경영성과에 미치는 영향 : 치킨프랜차이즈의 소비자인식과 조직효과성』, 중앙대학교 박사학위논문.

38) 김창봉, 송세영, 「제조 및 서비스 분야 기업의 창업가 역량이 기업성과에 미치는 영향에 관한 연구」, 『한국생산관리학회지』, 제32권, 제3호, 2021, 235-252pp.

39) 김창봉, 조경란, 「프랜차이즈 기업의 핵심 성공 요인이 경영성과에 미치는 영향 연구 : 가맹점 수와 매출 규모의 조절효과」, 『대한경영학회지』, 제34권, 제7호, 2021, 1299-1320pp.

40) 박륜홍, 『프랜차이즈 기업의 ESG 경영활동이 경영성과에 미치는 영향 : 치킨프랜차이즈의 소비자인식과 조직효과성』, 중앙대학교 박사학위논문.

부록 :
학습문제 해설

New Principles of
International Trade
of the 4th Industrial
Revolution

제1장 국제무역의 개요

문제 1) ② / 보세판매장에서 국내에서 생산된 물품을 외국인에게 판매하는 경우에도, 그것은 국내에서 국외로 물품이 이동하는 행위로 간주되어 수출로 본다는 내용이다. 이는 관세법 등에 따른 규정으로써, 보세법에 의해 정해진 특정 지역에서의 판매 행위도 수출로 처리되기 때문이다.

문제 2) ④ / 중계무역은 다른 국가 간의 물품 거래를 중계하는 형태의 거래로, 한국을 통해 물품이 중계되는 형태이다. 따라서 "보세구역 및 보세구역외 장치의 허가를 받은 장소 또는 자유무역지역 이외의 국내에 반입하고 수출하는 수출입"이라는 내용은 중계무역의 정확한 개념과는 부합하지 않는다. 나머지 선택지들은 대외무역법령에서 규정하고 있는 특정거래형태에 관한 설명이다.

문제 3) ③ / A. 제품의 생산을 외국 기업에 위탁하고, 이렇게 생산된 제품을 수출하고 있는 무역형태를 위탁가공무역이라 한다. B. 베트남에서 수입한 음식 재료를 국내 보세구역을 거쳐 미국으로 중계하여 수출하는 형태로 중계무역에 해당된다.

문제 4) ③ / ODM(Original Development Manufacturing)가 주문자의 상표로 수출을 하되, 독자적인 개발력과 생산기술을 갖추어서 연구개발, 설계, 디자인까지 담당하는 방식을 말한다. 이것은 단순하청 방식인 OEM(Original Equipment Manufacturing)과 구별된다. 주문자의 상표를 부착하여 수출(공급)한다는 면에서는 같지만, ODM은 OEM과 달리 제조업체가 연구개발 및 설계를 통해 제품 생산을 주도하므로, 장기간 지속될 경우 자체적인 제품개발이나 디자인 능력을 개발하지 못하는 OEM의 단점을 극복할 수 있다.

문제 5) ④ / 제품환매(product buy-back)란 수출자가 플랜트, 장비 등의 기계설비를 수출하고 수출대금의 전부 또는 일부를 제공한 기계설비에서 생산되는 제품으로 회수하는 거래형태를 말한다. '국교가 없는 두 나라 사이에서 행하여지는 준정부 차원의 무역거래'란 두 나라의 민간단체 상호간에 교환된 각서(覺書)에 따른 무역거래인 '각서무역(覺書貿易)'을 말한다.

문제 6) 녹다운(Knock-Down) 방식은 제품을 분해하여 운송하거나 판매하는 방식으로 큰 제품이나 장비를 운송하거나 저장할 때 유용하게 사용된다. 즉, 대형 제품이나 기계, 건축 자재 등을 이동하거나 판매할 때 사용되는데, 제품을 일부 또는 완전히 분해한 후 운송 및 보관하고, 필요할 때 다시 조립하여 사용하는 방식이다.

문제 7) 서비스무역(Service Trade)은 물리적인 제품이 아닌 서비스의 국경을 넘어가는 교환 활동을 의미한다. 제품 무역과 마찬가지로 국제적으로 이루어지며, 회계·법률 서비스와 같은 기업 서비스 등을 포함한 다양한 서비스 분야에서 이루어진다. 서비스무역은 현대 경제에서 중요한 역할을 하며, 글로벌 경제의 통합과 상호의존성을 높이는데 기여한다.

문제 8) 경제통합은 국가들이 경제적으로 협력하여 무역장벽을 완화하거나 제거함으로써 경제적 통합을 추구하는 과정을 의미한다. 자유무역지역은 무역 규제 완화를 추구하되 역외국과의 독립적인 규제를 허용한다. 관세동맹은 내부 관세를 철폐하고 외부에 통일된 관세를 두어 역외시장 침투를 방지한다. 공동시장은 노동, 자본, 생산요소의 자유 이동과 함께 통상정책을 공통으로 시행한다. 경제동맹은 경제 정책을 상호 조정하여 협력을 강조하며, 완전경제동맹은 회원국들이 독립된 경제 정책을 포기하고 하나의 단일 경제 체제를 구축한다.

제2장 국제무역이론과 글로벌 국제기구

문제 1) ③ / 리카도의 비교우위 이론은 국가 간 무역을 설명하는 이론으로, 각 국가가 자신의 생산 비용에 따라 특정 상품을 생산하고 다른 국가로부터 다른 상품을 수입함으로써 효율성과 이익을 극대화할 수 있다는 개념이지만 몇 가지 한계가 있다. ③이론에 따르면 한 나라가 다른 나라에 비해 모든 재화에 대해 생산비 우위가 있을 경우에는 양쪽 모두 무역을 할 이유가 없다고 주장하는데, 이는 현실에서는 모든 재화에 대해 생산비 우위가 있는 경우가 드물기 때문에 이론적으로는 예외적인 상황으로 여겨진다.

문제 2) ③ / 더닝(Dunning)의 절충이론은 해외직접투자에 대한 이론으로, 경제학자 John Dunning이 개발한 이론이다. 이 이론에 따르면 해외직접투자는 투자국과 피투자국 간의 비교생산비에 기반하여 이루어져야 한다고 주장한다. 더닝의 절충이론에서는 기업 특유의 우위요소가 무형자산뿐만 아니라 생산입

문제 3) ③ / 일반적으로 제품의 성숙기 단계에서는 시장에 이미 다수의 기업들이 진입하여 경쟁이 치열해지며, 시장이 포화되어 새로운 기업들이 진입하기 어려운 시기이다. 따라서 성숙기 단계에서는 시장 점유율을 확대하기 어려울 수 있고, 사업 기회가 줄어들 수 있다. 이로 인해 경쟁 업체들은 다양한 전략을 활용하여 고객을 유지하고 새로운 고객을 확보하려고 노력하게 된다.

문제 4) ① / WTO는 법적 구속력을 가지고 있지만 (국가 간 무역 분쟁을 해결할 수 있는 강제적 권한을 가짐.) GATT는 법적 구속력을 가지지 않는다. 따라서 WTO의 강제성을 바탕으로 효율적으로 국제무역 관계 질서를 잡을 수 있다.

문제 5) ② / 실제로는 각료회의가 필요에 따라 수시로 개최되는 것이 아니라, 정기적으로 개최된다. WTO에서 각료회의는 회원국들의 대표들이 모여 무역 관련 이슈와 협력사항을 논의하며, 주요한 의사결정을 내릴 수 있는 기구로서 이 회의는 WTO의 중요한 심의 기구 중 하나이다.

문제 6) Q1. GATT와 WTO의 분쟁해결제도를 비교하면, GATT는 주로 사례별 해결되고 법률 규정이 부족하여 해석 여지가 있었지만, WTO는 법률 기반으로 구축되어 상세한 규정과 자동화된 절차를 갖추고 있어 효율적이고 빠른 분쟁 해결이 가능하다. 또한, 비용 절감과 강제력 있는 결정으로 규칙 준수를 증진하며, 무역 이슈의 다양성을 다룰 수 있는 발전 가능성을 제공한다. 이러한 특성으로 인해 WTO 분쟁해결제도는 GATT보다 더 효과적으로 무역 분쟁을 다룰 수 있는 구조를 갖추게 되었다.

Q2. WTO의 분쟁해결 절차는 무역 분쟁을 공정하게 처리하고 해결하기 위한 구조로, 협상, 분쟁해결패널 설정, 심의, 판결 작성, 패널 결정 검토, 승인 및 이행의 단계로 진행된다. 이 절차는 빠르고 중립적인 패널을 통해 무역 분쟁을 전문적으로 다루며, 회원국 간의 공정한 해결을 지원한다.

문제 7) 산업내 무역이론은 동일한 산업 내에서 제품의 다양성과 특성을 바탕으로 서로 다른 국가 간에 양방향으로 수출과 수입이 이루어지는 현상을 설명하는 이론이다. 이는 차이 있는 수요와 공급 조건, 제품의 차별화, 경제 규모의 이점, 기술 차이, 비용 차이, 품질 및 선호도의 다양성 등 여러 요인에 기인한다. 이를 통해 동일한 산업 내에서도 다양한 제품이 교역되며, 무역 이론과 정책에 중요한 개념을 제공한다.

문제 8) 더닝의 절충이론은 외국 진출 방법 선택 시 소유, 위치, 내부화라는 세 가지 주요 요소를 종합적으로 고려하는 이론으로, 기업은 기술 우위, 지역 이점, 내부 활동 등을 고려하여 최적의 전략을 결정한다.

제3장 국제무역과 글로벌 경영

문제 1) ④ / 라이센싱은 무형 자산(예 : 기술, 노하우, 상표 등)의 권리를 라이선서가 다른 기업이나 개인에게 양도하거나 사용을 허락하는 것으로 라이센싱은 기술의 이전이나 상품의 생산과 판매를 확장시키기 위한 방법으로 사용된다. 따라서 라이센싱은 주로 기술 이전과 상품 생산에 관련된 것이며, 현지 합작선의 경영권을 장악하는 것과는 직접적인 연관성이 없다.

문제 2) ② / 국제 합작투자는 기업 간의 협력을 통해 새로운 시장에 진출하거나 경쟁력을 강화하기 위한 전략이다. 그러나 합작투자를 통해 기술 등의 정보가 합작파트너에게 전달될 수 있는 경우도 있으므로 합작투자 시 기술 이전이나 지식 공유가 필요한 경우에 발생할 수 있는 사항이다.

문제 3) ② / 국제라이센싱(licensing)이란 다국적기업의 해외진출방식의 1차적인 방법으로서, 한 국가의 기업(라이선서)이 다른 국가의 기업(라이선시)에게 특허, 노하우, 등록상표 기타 무형자산을 공여하고 그 대가로 로열티를 받는 계약방식이다. 라이센싱은 단순히 기술 등을 제공하는 계약방식으로서 '해외시장에서 필요한 제조, 마케팅, 전략에 대한 긴밀한 통제'를 할 수는 없다.

문제 4) ③ / 국제 프랜차이징은 기업 간의 협력 모델 중 하나로, 가맹본부가 자사의 브랜드, 상표, 운영 방식, 원료 등을 가맹점(프랜차이즈)에게 라이선스 형태로 제공하는 계약이다. 가맹점은 가맹본부의 브랜드를 사용하고, 그들의 지침에 따라 사업을 운영하게 된다. 이를 통해 가맹점은 성공적인 사업 운영을 지원받고, 가맹본부는 국제 시장에 브랜드를 확장시키며 수익을 창출한다.

문제 5) ① / ②일정한 대가를 받고 경영업무를 대신 맡아 관리할 권학을 부여받는 것은 경영관리 계약. ③ 진출국의 기업에게 계약조건하에서 생산하도록 하고 현지국이나 제3국에 판매하는 계약을 계약생산(국제 하청생산)방식. ④기획, 조사, 설계 등 전체를 포괄하는 일괄수주 계약형태를 턴키계약.

문제 6) Q1. 글로벌 기업의 해외직접투자 동기는 다양한 요인에 의해 형성되며, 주로 시장 점유 확대, 자원 확보, 비용 절감, 기술 이전 및 혁신, 규모의 경제, 위험 분산, 정부 지원과 인센티브 활용 등이 있다. 이러한 동기들은 기업의 외국 시장 진출과 투자 결정에 영향을 미치며, 수익증대, 비용 절감, 기술 혁신 등 다양한 목표를 달성하기 위해 활용된다.

Q2. 외국의 직접투자는 피투자국에 부정적인 영향을 미칠 수 있는 여러 가지 측면을 가지고 있다. 이러한 효과들은 환경 파괴, 근로 조건의 저하, 지역적 불평등 증대, 외부 의존도 증가, 문화 및 가치 파괴, 정치적 영향 및 국가 주권 약화 등으로 나타날 수 있다. 이로 인해 피투자국의 경제, 사회, 환경 등 다양한 영역에서 부정적인 영향을 받을 수 있다.

문제 7) Q1. 국제 라이선싱은 기업이 자사의 지식과 기술을 다른 국가의 기업이나 개인에게 양도하거나 허용하는 모델로, 라이선서는 무형 자산을 제공하고 대가를 받고, 라이센시는 해당 지식과 기술을 활용하여 사업을 시작하거나 확장할 수 있다. 이 구조는 무형 자산, 라이선서, 라이센시, 라이센스 계약, 로열티, 기술 지원, 지역 제한, 계약 기간 등의 요소로 이루어져 있으며, 라이선스 계약은 사용 범위와 조건을 규정한다.

Q2. 라이선서는 라이센스를 통해 자사의 무형 자산을 공유하고 대가를 받음으로써 수익 창출과 브랜드 확산을 이룰 수 있으며, 초기 투자 및 위험 분산 장점이 있지만 품질 관리 어려움과 경쟁 위험 등의 단점이 있다.
라이센시는 라이선서의 기술을 활용하여 제품 개발 및 시장 진입을 용이하게 할 수 있으며, 초기 투자와 시간 절약 장점이 있다. 그러나 로열티 지불과 자율성 제한, 기술 의존성 등의 단점이 있을 수 있다.

문제 8) Q1. 위험요인으로는 외환 리스크, 정치적 및 법률적 위험, 문화적 및 언어적 차이, 시장 및 경쟁 위험이 있다. 이러한 위험을 극복하기 위해 리스크 관리 전략 수립과 헤지 도구 활용, 지역적 파트너십 구축, 탄력적인 비즈니스 모델 구축, 시장 조사 및 분석 강화, 지속적인 교육과 역량 강화 등의 방안을 추진할 수 있다.

Q2. 최근 기업들은 디지털 기술과 온라인 플랫폼을 활용한 진출, 스마트 기술 및 혁신을 통한 경쟁력 강화, 지속가능성과 사회적 책임 강조, 지역화와 맞춤화 전략, 그리고 글로벌 네트워크와 협력을 통한 접근을 추구하고 있다. 이러한 차별화된 전략은 전통적인 해외시장 진출과 다르며, 급변하는 글로벌 경제 환경에서 적응하고 성장하기 위해 기업들이 모색하는 새로운 접근법이다.

제4장 글로벌 마케팅

문제 1) ③ / 시장침투 가격전략은 제품을 신제품 출시 초기부터 낮은 가격으로 책정하여 시장에 빠르게 진입하고 시장 점유율을 확대하려는 전략이다. 즉, 초기에 높은 가격을 책정하는 것이 아니라 낮은 가격을 사용하는 전략이므로 ③ 번 설명은 옳지 않다.

문제 2) ③ / 판매촉진은 경쟁기업의 모방이 용이하며 경쟁을 야기하여 수익에 악영향을 줄수 있다. 따라서 브랜드 이미지에 부정적 영향을 미치고, 철회되었을 때 재구매율이 감소한다.

문제 3) ④ / 시장침투 가격전략은 초기에 저가로 출시한 후 상향확장으로 서서히 가격을 상승시켜 시장을 장악하는 전략이다. 따라서 초기에 시장점유율을 높이거나 네트워크 경제성을 확보하려는 기업의 경우에 적합한 전략이며 진입장벽이 낮아 경쟁사 진입이 가시적이거나 경쟁이 심한 시장에서 낮은 인지도의 제품이 초기 진입할 경우에 적합하다.

문제 4) ③ / 옴니채널은 다양한 채널에서 발생하는 데이터를 통합하여 분석할 수 있는 구조를 제공한다. 이를 통해 고객들의 행동 패턴을 파악하고 인사이트를 도출하는 데 도움을 주며, 데이터 통합을 통해 재고 관리, 주문 처리 등의 업무 효율성을 높일 수 있다.

문제 5) ① / 현지화는 현지중심주의 글로벌 전략으로 경영권을 현지법인에게 위임하여 각국에 맞는 경영방식을 취함으로써 고객지향적 마케팅과 매출상승 및 우호적인 현지반응을 기대할 수 있지만 비용상승과 글로벌화가 곤란하다는 단점이 존재한다.

문제 6) 가격할인전략은 가변구입량 상황에서 구매량에 따라 가격이 달라지는 전략으로, 판매량 향상과 고객 확보를 목적으로 한다. 반면에 가격차별화전략은 가부상황에서 소비자마다 차별화된 가치를 제공하여 포기한 시장과 방치한 시장을 모두 공략하는 전략으로, 의도적인 차별화된 가격과 가치를 제공한다. 이 두 전략은 가격탄력성과 유보가격의 차이에 따라 서로 다른 가격을 제시하지만, 가격차별화 전략은 기업이 의도적으로 차별화된 가격을 제공하는 반면, 가격할인 전략은 소비자가 상황에 따라 차별화된 가격을 선택하는 특징을 갖다.

문제 7) 해외시장진출전략에는 수출, 계약, 투자, 인수 등의 방법이 있다. 수출의 경우 오퍼상, 종합상사와 같은 간접수출의 형태와 현지에이전트 또는 편지판매법인을 통하는 직접수출의 형태가 있다. 계약은 생산라이센스 또는 유통라이센스의 형태로 이루어진다. 합작법인투자 및 현지법인설립과 같은 투자방식과 기업의합병을 통한 인수방법이 있다.

문제 8) 푸시(push) 전략은 표준화된 제품을 소비자에게 밀어붙여 판매하는 강압적인 마케팅 전략으로, 고객 피드백을 무시하고 기업 내부 관점에 초점을 둡니다. 반면에 풀(pull) 전략은 소비자의 욕구를 파악하고 제품 개발 단계부터 참여를 유도하는 저압적인 마케팅 전략으로, 고객 중심적 관점에서 제품을 개발하고 마케팅 활동을 수행한다. 푸시 전략은 기업 중심적이며 생산과 판매에 중점을 두지만, 풀 전략은 소비자 중심적으로 욕구를 충족시키는 제품과 서비스를 개발하고 마케팅 활동을 진행한다.

제5장 무역계약과 인코텀즈

문제 1) ② / 영미법에서는 무역계약 승낙의 효력발생시기를 대화자간은 도달주의, 격지자간은 발신주의를 채택하고 있다.

문제 2) ② / 낙성계약이란 당사자 사이의 의사표시가 합치하기만 하면 계약이 성립하고, 그 밖에 다른 형식이나 절차를 필요로 하지 않는 계약을 말한다. 반면에 요물계약이란 당사자 사이의 합의 외에 물건의 인도나 그 밖에 급부가 있어야만 성립하는 계약을 말한다.

문제 3) ① / TQ 조건은 물품의 선적시점까지만 매도인이 책임지는 조건이다. 이는 선적품질조건에 속하며 운송 중의 손상에 매도인이 책임을 지지 않는다.

문제 4) ② / CISG 제57조 대금지급의 장소 조항에 따르면 매수인이 다른 특정한 장소에서 대금을 지급할 의무가 없는 경우에는 다음의 장소에서 매도인에게 이를 지급하여야 한다. (가) 매도인의 영업소 또는 (나) 대금이 물품 또는 서류의 교부와 상환하여 지급되어야 하는 경우에는 그 교부가 이루어 지는 장소.

문제 5) ③ / 인코텀즈는 물품의 매매계약 및 성립, 물품의 소유권, 매매계약 존재여부 등의 매매계약에 관한 사항을 다루고 있지 않다.

문제 6) ② / DPU 조건은 수입국의 지정목적지에서 운송수단에서 양하된 상태로 매수인 처분 상태로 인도한다.

문제 7) 본질적 계약위반이란 그 계약에서 상대방이 기대할 수 있는 바를 실질적으로 박탈할 정도의 손실을 상대방에게 주는 경우에 본질적인 것으로 한다. 다만, 위반 당사자가 그러한 결과를 예견하지 못하였고, 동일한 부류의 합리적인 사람도 동일한 상황에서 그러한 결과를 예견하지 못하였을 경우에는 그러하지 아니하다.

본질적 위반 요건으로는 이익의 실질적 박탈과 예측 가능성이 있다. CISG에서 본질적 계약위반이 성립되기 위해서는, 당해 매매계약으로 인해 상대방이 기대할수 있는 권리 및 이익을 실질적으로 박탈하여야 한다. 예로는, 물품의 미인도, 대금 미지급, 부당한 이행 거절 선언 등이 있다. 당사자 또는 합리적인 다른 사람도 동일한 상황에서 손해의 결과를 예측할 수 있어야 한다. 손해의 결과를 예측할 수 없는 경우 본질적 계약위반으로 보지 않는다. 여기서 예측가능성의 판단시점에 대해 여러 가지 기준설이 있지만, 계약체결시 기준설이 다수설이다.

본질적 위반이 계약에 미치는 효과는 다음과 같다.
(1) 계약해제(제49조, 제64조, 제51조, 제72조) ① 매도인 또는 매수인의 계약 또는 의무 불이행이 본질적 계약위반인 경우 상대방은 계약을 해제할 수 있다. ② 또한, 매도인이 물품의 일부만을 인도하거나

인도된 물품의 일부만이 계약에 적합한 경우에, 매수인은 그 물품의 부족 또는 부적합으로 인한 계약위반이 본질적 계약위반이 되는 경우 계약 전체를 해제할 수 있다. ③ 계약의 이행기일 전에 당사자 일방이 본질적 계약위반을 할 것이 명백한 경우에는 상대방은 계약을 해제할 수 있다.
(2) 대체물 인도청구(제46조) 매수인은 본질적 계약위반으로 인해 물품이 계약에 부적합한 경우 매도인에게 대체물의 인도를 청구할 수 있다.
(3) 분할부분의 계약해제(제73조) ① 물품을 분할하여 인도하는 계약에서 어느 분할부분에 관한 당사자 일방의 의무 불이행이 그 분할 부분에 관하여 본질적 계약위반이 되는 경우에는, 상대방은 그 분할 부분에 관하여 계약을 해제할 수 있다. ② 어느 분할부분에 관한 당사자 일방의 의무 불이행이 장래의 분할 부분에 대한 본질적 계약위반이 발생할 충분한 근거가 되는 경우에는 상대방은 장래에 향하여 계약을 해제할 수 있다. 다만, 그 해제는 합리적인 기간 내에 이루어져야 한다. ③ 어느 인도에 대하여 계약을 해제하는 매수인은, 이미 행하여진 인도 또는 장래의 인도가 그 인도와의 상호 의존관계로 인하여 계약체결 시에 당사자 쌍방이 예상했던 목적으로 사용될 수 없는 경우에는, 이미 행하여진 인도 또는 장래의 인도에 대하여도 동시에 계약을 해제할 수 있다.
(4) 구제권 행사(제70조) 매도인의 본질적 계약위반 후 물품의 위험이 매수인에게 이전된 경우에도 매수인은 매도인의 본질적 계약위반의 사유로 계약을 해제할 수 있으며, 기타 구제권을 행사할 수 있다.

문제 8) (1) A1/B1 일반 의무(General obligation), A2/B2 인도/인도의 수령(Delivery/Taking delivery), A3/B3 위험 이전(Transfer of risks), A4/B4 운송(Carriage), A5/B5 보험(Insurance) (2) 본선적재표기가 있는 선하증권과 인코텀즈 FCA규칙, 비용 - 어디에 규정할 것인가, CIF와 CIP 간 부보수준의 차별화, FCA, DAP, DPU 및 DDP에서 매도인 또는 매수인 자신의 운송수단에의한 운송 허용, DAT에서 DPU로의 명칭변경, 운송의무 및 비용 조항에 보안관련요건 삽입 등

문제 9) 1) 예컨대 먼저 홍콩에서 상하이까지 피더선을 운항하는 운송인이 담당하고 이어서 상하이에서 사우스샘프턴까지 항해선박이 담당하는 경우와 같이, 상이한 해상운송구간을 각기 담당하는 복수의 운송인이 운송을 수행하는 것도 가능하다. 이때 과연 위험은 매도인으로부터 매수인에게 홍콩에서 이전하는지 아니면 상하이에서 이전하는지 의문이 발생한다. CIF 규칙에서 이와 같이 복수의 운송인이 존재하며 당사자 간에 선적항에 대한 합의가 있는 경우에는 인도는 물품이 합의된 선적항이 있다면 그러한 선적항에서 적재된 때에 일어난다. 2) 당사자 간에 선적항에 대한 합의가 없는 경우에 CIF규칙이 규정하는 보충적 입장은, 위험은 물품이 제1운송인에게 인도된 때(즉, 상기 예시에서는 홍콩에서) 이전하고, 매수인이 멸실 또는 훼손의 위험을 부담하는 기간이 증가하게 된다. 당사자들은 그 뒤의 어느 단계에서(예시에서는 상하이) 위험이 이전하기를 원한다면 이를 매매계약에 명시하여야 한다.

제6장 국제무역결제의 이해

문제 1) ③ / 만기(滿期)를 정하기 위하여 "from"과 "after"라는 단어가 사용된 경우에는 명시된 일자를 제외한다고 UCP600 제3조 해석에 명시되어 있다.

문제 2) ② / 양도은행은 제1수익자의 의뢰를 받아 제2수익자에게 신용장의 양도통지를 행하는 은행이다. 지정은행 혹은 매입은행만이 이를 이행할 수 있으며 일반적으로 통지은행이 해당 역할을 겸한다.

문제 3) ④ / Warranty bond은 계약의 이행이 완료된 후 일정기간 동안 계약 목적물의 하자를 보수하겠다는 보증서로 물품의 하자에 대한 보증을 받으므로 서류에서의 한계를 극복할 수 있다.

문제 4) ② / 개설은행 또는 확인은행은 제시일의 다음날로부터 최장 5영업일 안에 심사를 마쳐야 한다 (UCP 600 제14조).

문제 5) ④ / 은행은 단지 무고장 운송서류만을 수리한다. 무고장 운송서류는 물품 또는 포장의 하자상태(defective conditions)를 명시적으로 선언하는 조항 또는 부기가 없는 운송서류를 말한다.

문제 6) (1) "추심"이란 은행이 접수된 지시에 따라 다음과 같은 목적으로 '서류를 지급인도 및/또는 인수인도'의 목적으로 정의된 서류를 취급하는 것을 의미한다. (2) 추심의 당사자란 다음과 같은 자를 의미한다. a.은행에 추심업무를 의뢰하는 당사자인 "추심의

뢰인", b.추심의뢰인으로 부터 추심업무를 의뢰받은 은행인 "추심의뢰은행", c. 추심의뢰은행이외에 추심의뢰 과정에 참여하는 모든 은행인 "추심 은행". d.지급인(추심지시서에 따라 제시를 받아야 할 자)에게 제시를 행하는 추심은행인 "제시은행". (3) 추심은 장래의 확정일 지급조건의 환어음을 상업서류는 지급과 상환으로 인도되어야 한다는 지시와 함께 포함하여서는 아니 된다. 만일 추심이 장래확정일 지급조건의 환어음을 포함하는 경우에는 추심지시서에는 상업서류가 인수인도(D/A) 또는 지급인도(D/P)중 어느 조건으로 지급인에게 인도되어야 하는 지를 명시해야 한다. 그러한 명시가 없는 경우에는, 상업서류는 지급과 상환으로만 인도되어야 하며, (DP USANCAE) 서류인도의 지연에 기인하는 어떠한 결과에 대해서도 추심은행은 책임을 지지 아니한다. 만일 추심이 장래확정일 지급조건의 환어음을 포함하고 추심지시서에 상업서류는 지급과 상환으로 인도되어야 한다고 기재된 경우에는, 서류는 오직 그러한 지급과 상환으로만 인도되고, 추심은행은 서류인도의 지연에서 기인하는 어떠한 결과에 대해서도 책임을 지지 아니한다.

문제 7) (1) 양도가능신용장이란 신용장 상에 "transferable (양도가능)"이라는 문언이 표시된 신용장만 을 의미한다.(제38조 b항) 그러므로 "non-transferable(양도불능)"이라는 문언이 있거나 아무런 표시가 없는 신용장은 양도불능신용장으로 간주된다.
(2)양도요건 a.양도은행의 범위(정의)(제38조 b항) 양도은행은 신용장을 양도하는 은행으로서 ①신용장을 양도하는 지정은행, ②모든 은행에서 사용될 수 있는 신용장의 경우에는 발행은행이 수권한 은행 및 ③또한, 발행은행도 양도은행일 수 있다. b.1회 양도에 제한 신용장에 특별한 규정이 없는 한 신용장의 양도는 1회에 한정한다. 즉, 신용장을 양도받은 제2수익자는 제3수익자에게 양도하도록 양도은행에 요청할 수 없다. 다만, 신용장을 양도받은 제2수익자가 다시 제1수익자에게 양도하는 것은 재양도로 간주되지 않는다. c.분할양도시에는 분할선적이 금지된 경우에는 전부양도하는 것만 가능하며, 분할선적이 금지되어 있지 않은 경우에는 다수의 제2수익자에게 분할양도하는 것이 가능하다.(제38조 d항) d.원신용장의 조건으로 양도(제38조 g항) ① 원칙 : 신용장을 양도하는 경우에는 원칙적으로 원신용장(original credit)의 조건과 동일한 조건으로 이루어져야 한다. 다만, 다음의 경우에는 예외적으로 변경이 가능하다.
② 신용장금액 및 기한의 단축 : 제1수익자는 신용장의 금액, 신용장에 명기된 단가, 유효기일, 제시기일, 최종선적일 및 선적기간에 대하여 감액 또는 단축하여 양도할 수 있다.
③ 보험부보비율의 증가 : 제1수익자는 원신용장의 부보금액을 충족시키기 위하여 보험부보비율을 증가하여 이를 양도할 수 있다.
④ 발행의뢰인의 명의변경 : 제1수익자의 명의는 신용장상의 발행의뢰인의 명의로 대체될 수 있다. 다만, 원신용장에서 발행의뢰인의 명의가 송장 이외의 모든 서류에 표시되도록 요구하는 경우 그 요구대로 이행되어야 한다.(제38조 g항) 즉, 발행의뢰인란에 수입자의 명의를 기재하지 않고, 제1수익자의 명의를 기재하여 양도할 수 있다. 제1수익자가 발행의뢰인의 명의를 수입자가 아닌 자신의 명의로 변경하는것은 수입자의 상호나 주소가 노출되는 것을 방지하기 위함이다.

문제 8) 국제팩토링이란 팩토링회사가 수출자의 매출채권을 할인하여 인수하고 매출채원의 관리, 대금회수 등의 업무를 대행해주는 종합금융서비스를 말한다. 수출업자가 수입자에게 물품을 수출함에 따라 발생하는 외상매출채권을 팩국제팩토링을 이용함으로써 수출상이 얻을 수 있는 효용은 다음과 같다. 첫째, 수출상은 국제팩토링약정에 의하여 팩터에게 신용위험을 전가하여 수출대금회수의 불확실성이 방지된다. 둘째, 수출상은 국제팩토링을 이용함으로써 현금흐름(cash flow)의 원활화를 도모할 수 있다. 셋째, 수출상은 법과 상관행을 잘 모르는 다양한 국가의 다수의 수입상의 수출채권도 효율적으로 관리할 수 있다. 넷째, 특정한 수출상과 수입상의 거래가 팩터로부터 일단 신용을 인정받으면 그 이후에는 신용조사 없이도 이용을 할 수 있기 때문에 반복적인 거래일 경우 신용장방식보다 훨씬 간편하게 이용될 수 있다. 다섯째, 수출상은 신용장발급비용 등 부대비용의 절감을 통하여 경쟁력을 강화할 수 있다. 이러한 무소구조건의 국제팩토링은 서부유럽 및 미국 등에서는 이미 일반적인 방식이다. 하지만 실상 우리나라에서는 수출입은행을 제외한 그 외 팩터는 소구조건으로 국제팩토링을 제공하고 있다는 점을 고려해야 한다. 우리나라의 국제팩토링은 일반적으로 간접방식 즉, Two Factor방식을 제공하기 때문에 비용이 직접 팩토링 즉, One Factor방식을 주로 사용하는 선진형 국제팩토링보다 비용이 높다는 한계점이 있다.

포페이팅방식이란 현금을 대가로 채권을 포기 또는 양도한다는 것을 뜻하는 것으로, 수출거래에 따른 환어음이나 약속어음을 수출자에게 소구함 없이 고정이자율로 할인 매입하는 금융기법을 말한다. 포페이터는 소구권이 없는 조건으로 수출자로부터 매출채권을 매입하기 때문에, 수입자가 대금지급을 거절하더라도 포페이터는 매도인에게 대금 상환청구를 할 수 없다는 특징이 있다. 포페이팅을 이용함으로써 부가되는 수출상의 효용은 다음과 같다. 첫째, 무소구조건으로 수출대금을 현금화할 수 있기 때문에수출자의 신용위험, 환위험, 금리위험등과 같은 위험이 포페이터에게 전가할 수 있다. 둘째, 수출대금을 조기에 확보할 수 있기 때문에 신속한 현금 확보가 가능하다는 유용성이 있다. 셋째, 포페이팅 가능성을 빠른 시일 내에 통보 받을 수 있고, 간편한 서류작업 만으로 수출자금을 조기에 확보할 수 있다. 포페이팅은 다른 결제방식보다 기본 거래비용이 다소 높다는것을 감안할 때 비교적 금액이 큰 거래에 유리한데, 수출입은행은 1만불~2천만불 미만의 거래에 대하여 지원을 하고, 대금 결제기간은 30일 이상 2년 미만의 거래에 대하여 지원을 하고 있으며, 2년 이상의 거래의 경우에는 상담 후에 가능하기 때문에 다른 포페이팅 국가에 비하여 포페이팅 제공기간이 짧다. 포페이팅 비용은 국가 의 신용도나 신용장 개설은행 및 개설의뢰인의 신용도, 포페이팅 금액, 통화 종류, 대금결제기간 등을 고려하여 결정한다. 포페이팅은 수출상에게 무소구조건으로 수출대금을 선지급 받을 뿐만 아니라, 신용위험, 환위험, 비상위험도 회피할 수 있다. 하지만 상업위험 또는 법적인 유효성으로 인하여 발생하는 위험까지는 담보하지 않는다.

제7장 원산지기준과 증명제도

문제 1) ④ / 「관세와 무역에 관한 일반협정」(GATT) 제11조에 따르면 (a) 식품 또는 수출 체약 당사자에게 불가결한 그밖의 상품의 중대한 부족을 방지 또는 완화하기 위하여 일시적으로 적용되는 수출의 금지 또는 제한 (b) 국제무역에 있어서 산품의 분류, 등급부여 또는 판매를 위한 표준 또는 규정의 적용에 필요한 수입 및 수출의 금지 또는 제한 (c) 다음 목적을 위하여 운영되는 정부조치의 시행에 필요한 것으로서 어떤 형태로든 수입되는 농산물 또는 수산물에 대한 수입의 제한 (ⅰ) 판매 또는 생산되도록 허용된 동종 국내상품의 수량, 또는 동종상품의 실질적인 국내 생산이 없는 경우에는 동 수입상품이 직접적으로 대체할 수 있는 국내상품의 수량을 제한하기 위한 것 또는 (ⅱ) 동종 국내상품의 일시적인 과잉상태, 또는 동종 상품의 실질적인 국내생산이 없는 경우에는 동 수입상품이 직접적으로 대체할 수 있는 국내상품의 일시적인 과잉상태를 무상 또는 당시의 시장수준보다 낮은 가격으로 일정한 국내소비자집단에 이용가능하게 함으로써 제거하기 위한 것 또는 (ⅲ) 어떤 산품의 국내생산이 상대적으로 경미한 경우에 생산의 전부 또는 대부분을 그 수입산품에 직접적으로 의존하는 동물성 상품의 생산이 허용되는 물량을 제한하기 위한 것으로 예외를 제한하고 있다.

문제 2) ② / 「관세와 무역에 관한 일반협정」(GATT) 제24조에 따르면 이 협정의 규정은 체약당사자의 본토 관세영역에, 그리고 제26조 하에서 이 협정이 수락되었거나 제33조 하에서 또는 잠정적용의정서에 따라 이 협정이 적용되고 있는 그밖의 관세영역에 적용된다. 이러한 각 관세영역은 오직 이 협정의 영토적 적용의 목적을 위하여서만 하나의 체약당사자인 것처럼 취급된다. 단, 이 항의 규정은 단일체약당사자에 의하여 제26조 하에서 이 협정이 수락되었거나 제33조 하에서 또는 잠정적용의정서에 따라 이 협정이 적용되고 있는 둘 또는 그 이상의 관세영역간에 권리 또는 의무를 창설하는 것으로 해석되지 아니한다고 명시된다.

문제 3) ① / WTO 회원 자격은 국가에만 주어지는 것이 아니라, 완전한 자치능력을 가진 독립된 관세지역에도 주어질 수 있다. WTO의 설립 협정인 마라케시 협정 제2조는 WTO 회원 자격을 다음과 같이 규정하고 있다. 1) 본 협정에 가입할 자격은 모든 국가에 있다. 2) 완전한 자치능력을 가진 독립된 관세지역은 본 협정에 가입할 자격이 있다. 이 규정에 따라, 국가가 아니더라도 완전한 자치능력을 가진 독립된 관세지역은 WTO에 가입할 수 있다. 이러한 관세지역은 WTO의 회원국으로서 WTO의 모든 권리와 의무를 가지게 된다. 실제로, 유럽연합(EU)은 WTO에 가입한 관세동맹이다. EU는 27개 회원국으로 구성되어 있으며, 각 회원국은 EU의 통일된 무역 정책에 따라 행동한다. EU는 WTO 회원국으로서, WTO의 모든 규정에 따라 무역을 수행하고 있다. 따라서, WTO에 대한 설명 중 국가가 아니면서 완전한 자치능력을 가진 독립된 관세지역의 경우에는 회원국 지위를 갖지 아니한다는 것은 틀린 설명이다. 이러한 관세지역은 WTO에 가입할 자격이 있으며, WTO 회원국으로서 모든 권리와 의무를 가지게 된다.

문제 4) ③ / GATT 제20조는 다음과 같이 10가지의 일반적인 예외를 규정하고 있다. 1) 공중도덕의 보호 2) 인간 및 동식물의 생명 또는 건강의 보호 3) 금이나 은의 수출입 4) 통관의 시행, 제2조제4항 및 제17조 하에서 운영되는 독점의 시행, 특허권·상표권·저작권의 보호, 그리고 기만적 관행의 방지와 관련된 법률 또는 규정을 포함하여 이 협정의 규정에 불합치되지 아니하는 법률 또는 규정의 준수를 확보하기 위하여 필요한 조치 5) 통관의 시행, 제2조제4항 및 제17조 하에서 운영되는 독점의 시행, 특허권·상표권·저작권의 보호, 그리고 기만적 관행의 방지와 관련된 법률 또는 규정을 포함하여 이 협정의 규정에 불합치되지 아니하는 법률 또는 규정의 준수를 확보하기 위하여 필요한 조치 6) 예술적, 역사적 또는 고고학적 가치가 있는 국보의 보호를 위하여 부과되는 조치 7) 예술적, 역사적 또는 고고학적 가치가 있는 국보의 보호를 위하여 부과되는 조치 8) 체약당사자단에 제출되어 그에 의하여 불승인되지 아니한 기준에 합치되는 정부간 상품협정 또는 그 자체가 체약당사자단에 제출되어 그에 의하여 불승인되지 아니한 정부간 상품협정 하의 의무에 따라 취하여지는 조치 9) 정부의 안정화계획의 일부로서 국내원료의 국내가격이 국제가격 미만으로 유지되는 기간 동안 국내가공산업에 필수적인 물량의 국내원료를 확보하기 위하여 필요한 국내원료의 수출에 대한 제한을 수반하는 조치. 단, 동 제한은 이러한 국내산업의 수출 또는 이러한 국내산업에 부여되는 보호를 증가시키도록 운영되어서는 아니되며 무차별과 관련된 이 협정의 규정으로부터 이탈하여서는 아니된다. 10) 일반적 또는 지역적으로 공급이 부족한 상품의 획득 또는 분배에 필수적인 조치. 단, 동 조치는 모든 체약당사자가 동 상품의 국제적 공급의 공평한 몫에 대한 권리를 가진다는 원칙에 합치되어야 하며, 이 협정의 다른 규정에 불합치되는 동 조치를 야기한 조건이 존재하지 아니하게 된 즉시 중단되어야 한다. 체약당사자단은 1960년 6월 30일 이전에 이 호의 필요성을 검토한다.

문제 5) ② /「관세와 무역에 관한 일반협정」(GATT) 제24조에 제5항에 따라 이 협정의 규정은 체약당사자 영토간에 관세동맹 또는 자유무역지역을 형성하거나 관세동맹 또는 자유무역지역의 형성을 위하여 필요한 잠정협정을 채택하는 것을 방해하지 아니한다. 단, (a) 관세동맹 또는 관세동맹의 형성으로 이어지는 잠정협정에 관하여는, 동 동맹이나 협정의 당사자가 아닌 체약당사자와의 무역에 대하여 동 동맹 또는 잠정협정의 창설시에 부과되는 관세 및 그밖의 상거래 규정은 동 동맹의 형성 또는 동 잠정협정의 채택 이전에 구성영토에서 적용가능한 관세 및 그밖의 상거래 규정의 일반적 수준보다 전반적으로 더 높거나 더 제한적이어서는 아니된다. (b) 자유무역지역 또는 자유무역지역의 형성으로 이어지는 잠정협정에 관하여는, 각 구성영토에서 유지되고 또한 동 자유무역지역의 형성 또는 동 잠정협정의 채택 시에, 동 지역에 포함되지 않았거나 동 협정의 당사자가 아닌 체약당사자의 무역에 대하여 적용가능한 관세 및 그밖의 상거래 규정은 자유무역지역의 형성 또는 잠정협정 이전에 동일한 구성영토에서 존재하였던 상응하는 관세 또는 그밖의 상거래 규정보다 더 높거나 더 제한적이어서는 아니된다. (c) (a)호 및 (b)호에 언급된 잠정협정은 합리적인 시간 내에 동 관세동맹 또는 동 자유무역지역의 형성을 위한 계획 및 일정을 포함하여야 한다.

문제 6) (1) GATT는 국제 무역에 관한 규정을 포함한 국제 조약으로, 무역의 자유와 공평한 무역 관행을 촉진하기 위한 목적으로 만들어진 조약이다. GATT의 주요 원칙 중 하나는 '최혜국대우(Most-Favored Nation Principle)'으로, 이는 한 국가에게 특정 대우를 제공하면 그 혜택을 모든 GATT 계약국에 동등하게 제공해야 한다는 원칙이다. A국에 대한 추가 관세 부과의 경우 A국에 대해서만 44%의 추가 관세를 부과하는 조치는 GATT의 '최혜국대우원칙'을 위반할 수 있다. X국이 A국에 대해서만 불이익을 주는 조치를 취하는 것은 무역의 불필요한 제한으로 간주될 수 있다. B국에 대한 수출쿼터 설정의 경우 X국이 B국에 대해 수출량을 제한하는 것은 일종의 무역 장벽이 될 수 있다. 이는 GATT의 자유 무역을 제한하는 원칙에 위배될 수 있다. 하지만, GATT에서는 일시적이고 합당한 이유가 있는 경우에는 이러한 제한이 허용될 수 있을 수 있다. 마지막으로 C국에 대한 추가 관세 부과나 수출쿼터 설정이 없는 것의 경우 X국이 C국에 대해 추가 관세나 수출쿼터를 설정하지 않은 것은 GATT 위반이 아닐 수 있다. GATT는 원칙적으로 모든 국가를 동등하게 대우하지만, 합당한 이유로 인해 특정 국가에 대해 제한을 두는 것이 허용될 수 있다. X국이 C국과의 원거리 등의 이유로 추가 조치를 취하지 않았다면, 이는 합당한 이유일 수 있다. 요약하면, A국에 대한 추가 관세 부과 및 B국에 대한 수출쿼터 설정은 GATT의 원칙을 위반할 수 있지만, C국에 대한 추가 관세 부과나 수출쿼터 설정은 GATT 위반이 아닐 수 있다.

(2) 일반적으로 국가안보는 국가의 주권을 보호하기 위해 중요한 이유 중 하나이지만, 국제 무역법의 원칙과 조항을 준수하는지 여부도 고려해야 한다. GATT의 예외 조항(Article XX)에 따르면, GATT는 국가안보와 같은 중요한 이유를 인정하면서도, 무역 제한 조치가 이를 합리적으로 보호하고 무역의 자유를 무시하지 않도록 하는 제약을 두고 있다. GATT의 Article XX에는 무역 제한 조치를 합당화할 수 있는 예외 사항이 나열되어 있다. 이러한 예외 사항은 환경보호, 인간 건강, 국가안보 등을 포함한다. 또한 합당성 평가에 따라 국가안보를 주장하여 무역 제한 조치를 취하는 경우, 이 조치의 합당성을 검토해야 한다. 이것은 국가의 안전을 보호하거나 항암 무역적 위협을 방지하기 위해 무역의 제한을 정당화하는 것이다. 합당성 평가에는 해당 조치가 필요하며, 이는 대상 국가에 대한 실제 위협이나 합리적 예상 위협과 관련이 있을 것이다. 마지막으로 합리성과 비차별성에 따르자면, GATT는 무역 제한 조치가 합리적이고 비차별적인지 여부도 평가한다. 다시 말해, 제한 조치가 정당하게 국가안보를 보호하는 데 필요한 조치인지, 그리고 그 조치가 다른 국가나 무역 파트너에게 불합리하거나 차별적인 영향을 미치지 않는지를 고려한다.

문제 7) (1) 제6부 주 제1호는 세계 관세표준(HS 코드)에서 제6부(생산물의 업무, 산업 및 수공업)의 주 제1호를 가리킵니다. 이 분류는 여러 가지 제품 및 물품의 생산과 관련된 세부 분류를 포함하며, 각 제품의 특징과 성질에 따라 코드 번호가 할당된다. 이로써 국제 무역에서 각종 제품 및 물품의 통계 및 관세 부과를 효율적으로 처리할 수 있다. 또한 제28류 주 제6호의 경우 세계 관세표준(HS 코드)의 제28류는 광물 제품 및 무기체계를 다루는 분류이다. 여기에서 주 제6호는 제28류 내에서 세부적인 분류를 의미한다. 이 분류는 광물 및 유기 화합물을 다루며, 관세, 통계, 국제 무역 협약 등 다양한 목적으로 사용된다.

(2) 관세율표 제6부 제28류 주 제2호는 제28류에 분류되는 유기·무기화합물 중 일정한 요건을 갖춘 물품에 대해서는 제29류에 분류하도록 하는 규정이다. 이 규정에 따르면, 제28류의 유기·무기화합물 중 다음과 같은 물품은 제29류에 분류된다. 일정 투여량으로 하거나 소매포장하고 특정용도 표기를 한 것, 식품·의약품·화장품·농약·살충제 등과 같이 특정용도로 사용되는 것, 특정 용도에 적합하도록 가공된 것, 예를 들어, 식품첨가물로 사용되는 아미노산, 의약품으로 사용되는 항생제, 화장품으로 사용되는 향료, 농약으로 사용되는 제초제 등은 제29류에 분류된다. 이 규정은 제28류와 제29류의 분류체계가 달라서 발생하는 분류상의 혼란을 방지하기 위한 것이다. 제28류는 화학적 조성을 기준으로 분류되는 반면, 제29류는 용도를 기준으로 분류된다. 따라서, 제28류에 분류되는 유기·무기화합물 중 특정용도로 사용되는 물품은 그 용도에 따라 제29류에 분류함으로써 분류상의 혼란을 방지할 수 있다. 이 규정은 다음과 같은 경우에 적용될 수 있다. 식품첨가물, 의약품, 화장품, 농약, 살충제 등과 같이 특정용도로 사용되는 물품, 특정 용도에 적합하도록 가공된 물품, 일정 투여량으로 하거나 소매포장하고 특정용도 표기를 한 물품, 이 규정을 적용함에 있어서는 해당 물품의 용도, 가공 정도, 포장 상태 등을 종합적으로 고려하여야 한다.

문제 8) 대외무역법 시행령 제55조제2항은 "대통령령으로 정하는 단순한 가공활동을 한 물품은 원산지가 아닌 국가를 경유하지 아니하고 직접 우리나라에 운송·반입한 물품으로 인정한다."고 규정하고 있다. 이는 단순한 가공활동은 물품의 원산지를 변경하지 않는다는 것을 전제로 하고 있다. 예를 들어, 한국에서 수입한 원목을 우리나라에서 단순히 절단하여 합판을 만든 경우, 합판의 원산지는 한국으로 인정된다. 또한, 한국에서 수입한 자동차를 우리나라에서 단순히 도색하여 판매하는 경우, 자동차의 원산지는 한국으로 인정된다. 단순한 가공활동의 범위에 대해서는 대외무역관리규정 제85조의2에서 구체적으로 규정하고 있다.

제8장 통관 및 AEO 제도

문제 1) ① / <제230조(원산지 허위표시물품 등의 통관 제한)>에 따르면 세관장은 법령에 따라 원산지를 표시하여야 하는 물품이 원산지 표시가 법령에서 정하는 기준과 방법에 부합되지 아니하게 표시된 경우, 원산지 표시가 부정한 방법으로 사실과 다르게 표시된 경우, 원산지 표시가 되어 있지 아니한 경우에는 해당 물품의 통관을 허용하여서는 아니 된다.

문제 2) ① / 매각공고는 공매예정가격산출서를 통보받은 날부터 60일의 기간 내(입찰 전일부터 10일 전을 말한다)에 공고해야 한다.

문제 3) ③ / 제90조 제1항 제2호에 의한 특별긴급관세는 수입가격이 기준가격보다 10퍼센트 이상 하락한 물품이 수입신고 되는 때에 부과한다.

문제 4) ③ / 입국경로에 설치된 "입국장면세점"이란 법 제196조 제2항에 따라 외국에서 국내로 입국하는 자에게 물품을 판매할 목적으로 공항, 항만 등에 설치된 보세판매장이다.

문제 5) ③ / 지정장치장의 화물관리인은 화물관리에 필요한 비용을 화주로부터 징수하고, 징수한 비용 중 세관설비 사용료에 해당하는 금액을 세관장에게 납부해야 한다(규제「관세법」제172조제3항 및 제4항).

문제 6) 1) 관세법령상 통관이란 관세법에 따른 절차를 이행하여 물품을 수출, 수입 또는 반송하는 것을 말한다. 통관요건은 통관을 하기 위해 충족해야 하는 요건으로, 크게 세 가지로 나눌 수 있다. 첫째, 관세법령의 규정에 적합해야 한다. 이는 관세법과 그 시행령, 시행규칙 등에서 정하는 규정에 따라 물품이 수출, 수입 또는 반송되어야 한다는 것을 의미한다. 예를 들어, 수입물품은 관세율표에 등재된 품목이어야 하고, 수입허가 대상 물품은 수입허가를 받아야 한다. 둘째, 세관의 검사에 적합해야 한다. 세관은 통관물품에 대해 검사를 실시할 수 있으며, 검사 결과 물품이 세관의 규정에 적합하지 않은 경우 통관을 거부할 수 있다. 예를 들어, 수입물품이 밀수품 또는 불법품목인 경우 세관은 통관을 거부할 수 있다. 셋째, 통관세 등이 납부되어야 한다. 수입물품의 경우 관세, 부가가치세, 개별소비세 등과 같은 통관세를 납부해야 한다. 통관세가 납부되지 않은 경우 세관은 통관을 거부할 수 있다.

2) 관세법에서 규정하고 있는 통관의 제한에 따르면 (1) 수출입의 금지 물품으로는 국가의 안전이나 질서를 위협할 수 있는 물품, 인체나 환경에 위해를 줄 수 있는 물품, 관세청장이 지정하는 기타 물품이 있고 (2) 지식재산권 보호대상으로는 특허권, 실용신안권, 상표권, 디자인권, 저작권, 영업비밀이 있다. 마지막으로 (3) 관세청장은 다음과 같은 경우에 통관을 보류할 수 있다. 세관의 검사에 필요한 경우, 관세법령에 따른 요건을 갖추지 않은 경우, 국가의 안전이나 질서를 위협할 수 있는 경우, 인체나 환경에 위해를 줄 수 있는 경우, 관세청장이 지정하는 기타 경우. 통관의 제한은 자유무역을 저해할 수 있는 요소로 간주될 수 있지만, 국가의 안전이나 질서, 공중 보건, 환경 보호 등의 공익을 보호하기 위한 목적으로 규정되어 있다.

문제 7) 관세법령상 관세청장은 다음과 같은 경우에 우편물을 검사할 수 있다. 세관의 검사에 필요한 경우, 통관물품이 세관의 규정에 적합하지 않은 경우, 국가의 안전이나 질서를 위협할 수 있는 경우, 인체나 환경에 위해를 줄 수 있는 경우, 우편물의 검사는 통관물품의 규격, 무게, 내용, 포장 상태 등을 확인하기 위한 것이다. 검사는 일반적으로 세관 공무원이 실시하며, 물품의 성질이나 특성에 따라 전문적인 검사기관에 의뢰할 수도 있다. 또한 관세청장은 우편물의 검사 결과를 바탕으로 통관 여부를 결정한다. 통관이 허가된 우편물은 세관에서 통관세를 납부한 후 수령할 수 있다. 수출입신고대상 우편물로 관세법 제261조에 따르면 다음과 같은 우편물은 수출입신고 대상이다. 수입물품으로서 과세가격이 150달러를 초과하는 우편물, 수출물품으로서 과세가격이 100달러를 초과하는 우편물, 관세청장이 지정하는 우편물, 수출입신고 대상 우편물은 수출입신고서를 작성하여 세관에 제출해야 한다. 수출입신고서에는 수출입물품의 종류, 수량, 가격, 수취인, 발송인 등의 정보가 포함되어야 한다. 우편물 납세절차의 경우, 수입물품은 통관세는 세관에 직접 납부하거나, 전자상거래 결제대금 결제 수단을 이용하여 납부할 수 있다. 전자상거래 결제대금 결제 수단을 이용하여 납부하는 경우, 세관은 전자상거래 결제대금 결제 수단을 이용하여 통관세를 징수할 수 있다. 우편물의 통관은 관세법령에 따라 엄격하게 규정되어 있다. 우편물을 수출입하는 경우, 관세법령을 준수하여 수출입신고를 하고, 통관세를 납부하여야 한다.

문제 8) 관세법 제240조의2에 따르면, 수입물품 중 사회안전 또는 국민보건을 해칠 우려가 현저한 물품 등으로서 관세청장이 지정하는 물품(이하 "유통이력신고물품"이라 한다)의 수입자는 관세청장에게 유통이력을 신고하여야 한다. 유통이력신고의무자는 다음과 같다. 수입자, 수입물품을 국내에서 거래하는 자(소비자에 대한 판매를 주된 영업으로 하는 사업자는 제외한다), 유통이력신고는 다음과 같은 사항을 포함하여야 한다. 수입물품의 종류, 수량, 가격, 수입물품의 제조자, 수출자, 수입자, 수입물품의 유통경로 유통이력신고는 통관 후 10일 이내에 관세청장령으로 정하는 방법으로 하여야 한다. 유통이력신고를 하지 아니하거나 거짓으로 신고한 경우, 300만 원 이하의 벌금이 부과될 수 있다. 유통이력신고는 통관 후 10일 이내에 관세청장령으로 정하는 방법으로 하여야 한다. 유통이력신고를 하지 아니하거나 거짓으로 신고한 경우, 300만 원 이하의 벌금이 부과될 수 있다. 관세청장은 유통이력신고의 적정성을 확인하기 위하여 유통이력신고물품의 유통이력을 조사할 수 있다. 유통이력 조사는 다음과 같은 방법으로 실시될 수 있다. 유통이력신고의무자의 영업소 방문 조사, 유통이력신고물품의 수거 검사, 기타 필요한 조사. 유통이력 조사 결과 유통이력신고의 적정성이 확인되지 않은 경우, 관세청장은 유통이력신고의무자에게 시정조치를 명할 수 있다. 시정조치를 이행하지 아니한 경우, 300만 원 이하의 벌금이 부과될 수 있다. 유통이력신고와 유통이력 조사는 유통이력신고물품의 안전한 유통을 위해 필요한 제도이다. 유통이력신고의무자는 관련 법령을 준수하여 유통이력을 신고하고, 유통이력 조사에 적극 협조하여야 한다.

제9장 무역보험제도와 국제상사중재

문제 1) ① / 중재판정에 관하여 대한민국의 법원에서 내려진 승인 또는 집행 결정이 확정된 후에는 중재판정 취소의 소를 제기할 수 없다.

문제 2) ④ / 중재는 당사자가 자율적으로 선택한 중재인에 의해 재판을 받는 제도이다. 중재는 원칙적으로 단심제로 진행되며, 중재판정의 효력은 최종적이고 집행력이 있다. 중재판정에 대한 불복은 법원에 중재판정 취소의 소를 제기하는 방법으로만 가능하다. 중재판정 취소의 소는 중재판정의 정본을 받은 날부터 또는 제34조에 따른 정정·해석 또는 추가 판정의 정본을 받은 날부터 3개월 이내에 제기하여야 한다. 중재는 당사자가 자율적으로 선택한 중재인에 의해 재판을 받는 제도이다. 중재는 원칙적으로 단심제로 진행되며, 중재판정의 효력은 최종적이고 집행력이 있다.

문제 3) ② / 중재는 당사자가 자율적으로 선택한 중재인에 의해 진행되며, 중재절차는 당사자의 동의 없이 공개되지 않는다. 중재판정 또한 당사자의 동의 없이 공개되지 않는다.

문제 4) ⑤ / 뉴욕협약 제10조는 뉴욕협약의 적용 범위를 규정하고 있다. 뉴욕협약은 원칙적으로 가입국의 영토 전체에 적용된다. 그러나 가입국은 영토의 일부 또는 전부에 대해서 뉴욕협약의 적용을 배제할 수 있다. 뉴욕협약 제10조 제1항은 가입국이 영토의 일부 또는 전부에 대해서 뉴욕협약의 적용을 배제하기 위해서는 유엔 사무총장에게 통지를 해야 한다고 규정하고 있다. 이 통지는 서면으로 이루어져야 하며, 유엔 사무총장이 통지를 받은 날로부터 30일 후에 효력이 발생한다. 뉴욕협약 제12조는 뉴욕협약의 발효시기를 규정하고 있다. 뉴욕협약은 가입국의 제3번째 비준서 또는 가입서가 유엔 사무총장에 접수된 날로부터 30일 후에 발효된다. 또한, 가입국의 제3번째 비준서 또는 가입서가 유엔 사무총장에 접수된 날 이후에 가입하는 국가의 경우, 가입서가 유엔 사무총장에 접수된 날로부터 30일 후에 발효된다.

문제 5) ① / ADR은 법원 소송을 대신하는 분쟁 해결 방법을 의미한다. ADR의 목적은 당사자 간의 분쟁을 신속하고 비용 효율적으로 해결하는 것이다. 타협, 조정, 중재 이외에도 ADR에는 다양한 방법이 포함될 수 있다.

문제 6) 한국 중재법상 임시적 처분 전의 잠정적 처분이란, 중재판정부가 중재가 개시되기 전 또는 중재절차가 진행 중에도, 중재사건의 목적물이나 당사자의 권리를 보존하기 위해 필요한 조치를 취하는 것을 말한다. 잠정적 처분의 내용은 다음과 같다. 당사자의 권리를 보존하거나, 중재사건의 목적물을 보존하기 위한 조치, 중재절차의 진행을 위해 필요한 조치, 중재판정부의 권한을 행사하기 위해 필요한 조치, 예를 들어, 중재판정부는 잠정적 처분을 통해 다음과 같은 조치를 취할 수 있다. 당사자의 권리를 침해할 가능성이 있는 행위를 중지시키는 명령, 중재사건의 목적물을 보전하기 위한 처분, 중재절차를 진행하기 위해 증거를 보전하거나, 전문가의 의견을 듣는 등의 조치, 중재판정부의 권한을 행사하기 위해 당사자에게 일정한 조치를 취하도록 명령, 잠정적 처분은 중재판정부의 재량에 따라 결정된다. 다만, 잠정적 처분은 중재절차의 진행을 위한 것이므로, 중재판정부는 중재절차의 신속한 진행을 위해 잠정적 처분을 신속하게 결정해야 한다. 한국 중재법상 임시적 처분의 요건은 다음과 같다. 중재합의가 존재해야 함, 중재사건의 목적물이나 당사자의 권리를 보존하기 위한 긴급한 필요가 있어야 함, 임시적 처분이 중재판정부의 최종적인 판결에 영향을 미치지 않아야 함, 임시적 처분을 신청하는 당사자는 위 요건을 충족하는지 여부를 입증해야 한다. 잠정적 처분은 중재판정부의 결정에 따라 집행되며, 법원의 승인을 받아야 하는 경우도 있다. 임시적 처분은 중재절차의 신속한 진행과 중재사건의 목적물이나 당사자의 권리 보존을 위해 중요한 제도이다.

문제 7) 한국 중재법 제36조 제2항은 중재판정의 취소사유를 다음과 같이 규정하고 있다. ① 중재판정에 대한 불복은 법원에 중재판정 취소의 소를 제기하는 방법으로만 할 수 있다. ② 법원은 다음 각 호의 어느 하나에 해당하는 때에 한하여 중재판정을 취소할 수 있다. 중재합의의 당사자가 해당 준거법(準據法)에 따라 중재합의 당시 무능력자였던 사실 또는 중재합의가 당사자들이 지정한 법에 따라 무효이거나 그러한 지정이 없는 경우에는 대한민국의 법에 따라 무효인 사실. 중재판정의 취소를 구하는 당사자가 중재인의 선정 또는 중재절차에 관하여 적절한 통지를 받지 못하였거나 그 밖의 사유로 본안에 관한 변론을 할 수 없었던 사실. 중재판정이 중재합의의 대상이 아닌 분쟁을 다룬 사실 또는 중재판정이 중재합의의 범위를 벗어난 사항을 다룬 사실. 다만, 중재판정이 중재합의의 대상에 관한 부분과 대상이 아닌 부분으로 분리될 수 있는 경우에는 대상이 아닌 중재판정 부분만을 취소할 수 있다. 중재판정부의 구성 또는 중재절차가 이 법의 강행규정에 반하지 아니하는 당사자 간의 합의에 따르지 아니하였거나 그러한 합의가 없는 경우에는 이 법에 따르지 아니하였다는 사실. 중재판정의 대상이 된 분쟁이 대한민국의 법에 따라 중재로 해결될 수 없는 경우. 중재판정의 승인 또는 집행이 대한민국의 선량한 풍속이나 그 밖의 사회질서에 위배되는 경우. 위 규정에 따르면, 중재판정의 취소사유는 크게 절차적 하자와 실체적 하자로 나눌 수 있다. 절차적 하자는 중재합의의 존재 여부, 중재인의 선정 및 통지, 중재절차의 진행 등 중재절차에 관한 규정을 위반한 경우를 말한다. 실체적 하자는 중재판정의 내용이 중재합의의 범위를 벗어나거나, 중재판정부의 권한을 벗어나거나, 대한민국의 법률에 위반되는 경우를 말한다. 중재판정의 취소사유는 중재판정의 효력과 직접적으로 관련된 중요한 사항이다. 따라서, 중재판정에 대한 취소사유에 해당할 수 있는지 여부는 중재절차를 진행하는 과정에서 신중하게 검토해야 한다. 중재판정의 취소는 법원에 중재판정 취소의 소를 제기하여야 한다. 중재판정 취소의 소는 중재판정의 정본을 받은 날부터 또는 제34조에 따른 정정·해석 또는 추가 판정의 정본을 받은 날부터 3개월 이내에 제기하여야 한다.

제10장 글로벌 전자상거래의추진과 주요 현황

문제 1) ② / 전자 무역은 재화 또는 서비스의 국제간 거래인 무역행위의 본원적 업무는 물론 지원업무를 인터넷을 포함한 정보기술 수단을 활용하여 전자적·정보집약적 방법으로 수행하는 무역 활동이다.

문제 2) ④ / 플랫폼 비즈니스 모델은 다수의 사람들이 모인 네트워크를 혁신에 활용한다. 서비스 사업에서도 플랫폼은 고객 맞춤화, 거래 비용의 절감, 그리고 소유에서 공유라는 새로운 소비 방식까지 다양한 변화를 이끌어 낼 수 있다

문제 3) ③ / 역물류는 대상제품의 재고파악 및 가시성 확보가 어렵다.

문제 4) 우리나라에서 전자무역이 실질적으로 수행되지 못하는 이유는 중소기업의 접근성 부족, 체계적인 지원의 부족, 정보보안 문제, 법적인 규정의 부족 등이 있다. 이를 해결하기 위해서는 중소기업의 접근성을 높이는 지원과 체계적인 지원 강화, 정보보안 체계 강화, 법적인 규정 개선이 필요하다.

문제 5) 글로벌 전자상거래에서 고객 만족도를 높이기 위한 전략은 다양한 결제 수단 제공, 국가별 맞춤

형 서비스 제공, 빠른 배송 서비스 제공, 고객 리뷰 활용, 소셜 미디어 활용, 고객 서비스 품질 향상 등이다. 이러한 전략을 통해 고객들의 결제 편의성과 만족도를 높이며 글로벌 시장에서 경쟁력을 강화할 수 있다.

문제 6) 글로벌 전자상거래에서 해외로의 물류 배송 절차는 주문 접수 및 상품 포장, 국제 운송 수단 선택, 수출 신고 및 통관, 국제 물류 파트너와 협력하여 일정 계획, 해외 배송 및 추적, 해외 배송 후 서비스로 구성된다. 이를 통해 상품이 안전하고 정확하게 고객에게 배송되며 고객 만족도를 높일 수 있다.

문제 7) 4차 산업혁명 시대의 글로벌 전자상거래에서 전자거래 사기 방지를 위한 대표적인 보안 기술로는 SSL(Secure Sockets Layer), 3D 보안 기술, 보안 인증서, 바이오 인증 시스템, 블록체인 기술이 있다. 이러한 기술들을 적용하여 정보 암호화, 생체 인증, 거래 투명성 등을 강화하여 고객의 개인정보와 결제 정보를 안전하게 보호한다.

문제 8) 글로벌 전자상거래에서 소비자 보호를 강화하기 위해 도입된 대표적인 제도로는 WTO의 전자상거래 소비자 보호 가이드라인, 다양한 국가의 개인정보 보호 법규(GDPR 등), 전자상거래 분쟁조정 제도, 소비자 리뷰 제도가 있다. 이러한 제도들은 소비자의 권리와 이익을 보호하며, 상품과 서비스의 품질 향상에 기여하고 있다.

제11장 글로벌 로지스틱스와 스마트 항만

문제 1) ④ / 송화인이 아닌 육상 운송인, 해상운송인 및 복합운송인이 발행한다.

문제 2) ⑤ / 팬데믹의 영향으로 인해 온라인 거래가 활성화되었다.

문제 3) ① / 허브앤스포크 시스템은 적은 노선 수로 많은 지역에 효율적인 운송이 가능하다는 장점이 있다.

문제 4) ③ / 대륙간선항로로 극동→북미서안→미내륙을 거치는 노선으로 MBS라고도 부른다.

문제 5) 글로벌 로지스틱스에서는 다양한 위험이 발생할 수 있다. 이러한 위험에 대응하기 위한 대응책으로는 물류 위험 평가 및 관리, 출발지와 도착지 간의 계약 체결 시 사항 명시, 적절한 보험 가입, 적절한 포장, 그리고 물류 정보 시스템 활용 등이 있다. 이를 통해 화물의 손상, 분실, 도난, 지연 등과 같은 위험을 최소화하여 글로벌 로지스틱스 활동을 보다 안전하고 효율적으로 수행할 수 있다.

문제 6) 글로벌 로지스틱스에서 사용되는 대표적인 포장재로는 팔레트, 케이스, 박스 등이 있다. 팔레트는 대량의 제품을 한 번에 운송하고, 운송 중 박스의 손상을 방지하는데 사용된다. 케이스는 큰 제품이나 부피가 큰 제품을 안전하게 운송하는데 적합하며, 박스는 가장 일반적으로 사용되며 다양한 크기와 형태가 있어 제품에 맞게 선택하여 사용된다. 이러한 포장재를 적절하게 활용하여 안전하고 효율적인 글로벌 로지스틱스 업무를 처리할 수 있다.

문제 7) 해상운송 분야의 주요 디지털 트렌드는 e-플랫폼, 무인선박과 로봇, 빅데이터, 인공지능, 사물인터넷, 사이버 보안, 블록체인이다. 특히 블록체인은 글로벌 공급체인의 자산 추적과 거래 기록의 효율성을 증가시키는 역할을 한다. 디지털 전환은 스마트한 솔루션 제공과 고객 경험 향상을 통해 운영부문에 큰 영향을 미치고 있다.

문제 8) 글로벌 스마트 항만은 최신 기술을 활용하여 물류 체인을 자동화하고 최적화하여 시간과 비용을 절감하며, 물류 체인 전반의 투명성과 안전성을 향상시키는 항만이다. 인공지능, 빅데이터, 로보틱스, 사물인터넷 등 기술을 활용하여 스마트 컨테이너 등의 기술을 도입하고, 환경 친화적인 에너지 효율성을 개선하는 노력을 하고 있다. 이로 인해 물류 산업은 더욱 빠르고 효율적이며 환경 친화적으로 변화하고 있다.

제12장 SCM 및 GSCM

문제 1) ④ / 공급사슬의 변화로 인해 물자의 이동은 국내에서 해외로, 역내에서 역외권으로 이뤄지고 있다.

문제 2) ① / 현지 물류체계는 국가별 현지 자회사 위주의 생산, 물류활동이 주를 이루는 현지국 중심 체계이다.

문제 3) ③ / 기업은 활용 가능한 내부 역량에 집중하기 위해 제품 개발, 생산, 유통, 마케팅 등의 부문을 아웃소싱하여 업무 효율성을 높일 수 있다.

문제 4) 월마트 매장에서 세제를 구매하는 경우, 고객 니즈를 출발로 하는 공급체인이 형성된다. P&G 사는 원자재를 구매하여 세제를 생산하고 월마트 물류센터로 배송한다. 월마트는 고객에게 제품과 정보를 제공하고 대금을 지불하며, 재고보충과 매장판매 데이터를 물류센터로 전송하여 완제품 재고를 보충한다. 이렇게 일련의 제품, 정보, 현금 흐름이 공급체인에서 발생하게 된다.

문제 5) 공급체인의 위험은 공급체인 외부와 내부로 구분된다. 외부 위험으로는 자연적 위험, 정치적 위험, 사회적 위험, 고객 수요 변동 등이 있으며, 지진, 전쟁, 원재료 부족 등이 포함된다. 내부 위험으로는 관리자의 실수, 생산과 배송의 적시성, 정보기술 시스템 불확실성, 장비 고장, 과잉 재고 등이 있으며, 공급 위험, 운영 위험, 수요 위험이 해당한다.

문제 6) 먼저 사건이 발생하기 전의 계획 단계에서는 위험에 대비하기 위해 환경 변화를 확인하고 두 번째로 최초 위험의 영향 감지 단계에서 위험을 감지하여 최초 영향에 대응한다. 다음의 회복 준비 단계는 공급체인 성과가 감소하는 복을 제한하고 위험이 미치는 총 영향을 파악하며, 회복 노력의 단계에서 기업이 입은 손실을 제거하여 공급체인 성과를 위험 발생 이전의 수준 또는 그 이상으로 회복한다.

문제 7) 공급체인의 위험관리는 총 5단계로 이루어진다. 1단계는 위험 인지로, 공급체인 상의 위험을 이해하는 과정이다. 2단계는 위험 평가 및 산정으로, 중요한 위험을 파악하고 주의를 기울일 위험을 결정한다. 3단계는 위험 관리 전략의 선택으로, 적절한 전략을 선택하여 위험과 관련된 손실을 줄이는 것을 목표로 한다. 4단계는 전략 실행으로, 선택한 전략을 실행으로 옮기고 네트워크 복잡성을 관리한다. 마지막 5단계는 위험 완화로, 잠재적인 손실을 방지하기 위해 사전에 방안을 세우는 과정이다.

문제 8) 4차 산업혁명 시대의 SCM은 디지털화와 빅데이터 분석 기술 등 첨단 기술의 발전으로 크게 변화하고 있다. 파트너십이 중요한 요소로 작용하여 기업과 경제의 환경 변화를 수용하고 유연성을 높이는 것이 중요하다. 디지털화와 자동화 기술을 도입하여 실시간 데이터 수집 및 예측 분석으로 공급체인을 자동화하고, 인공지능과 빅데이터 분석으로 의사결정을 지원하며, 파트너 기업들과의 네트워크 형성으로 공급체인을 통합하여 고객의 요구에 맞춘 생산과 공급이 이루어지고 있다.

문제 9) 스마일 커브(Smile Curve)는 4차 산업혁명 시대에서 제조업의 밸류체인을 표현하는 개념으로, 마이클 포터와 스탠리도프가 개발한 경쟁전략적인 분석 도구 중 하나이다. 이 개념은 제조업의 공급체인을 나타내는 그래프로, 가로축은 가치창조 활동의 순서를, 세로축은 가치(가격)를 나타내며 각 단계에서의 가치(가격) 분포를 나타내기 위해 곡선 형태를 나타낸다. 이를 통해 초기 단계에서는 가치가 낮고, 후기 단계에서는 가치가 높아지는 것을 보여준다. 4차 산업혁명 시대에서 스마일 커브는 제조업의 경쟁전략과 고부가가치 제품 생산의 중요성을 강조하는데, 초기 단계에서 원료 획득과 설계가 철저히 이루어지면 후속 단계에서의 가치창조와 마케팅이 더욱 효과적으로 이루어질 수 있다. 후기 단계에서는 브랜딩, 디자인, 마케팅 등 창조적이고 차별화된 가치를 제공하는 능력이 중요하다. 따라서 제조업체는 초기 단계와 후기 단계의 가치창조에 주력함으로써 경쟁우위를 확보할 수 있다.

제13장 Green SCM

문제 1) 21세기에는 과학 기술 발전과 산업화로 인해 지구온난화와 기후변화 등 환경오염이 심각해지고 있으며, 이로 인해 지속 가능한 발전 개념이 중요해지고 있다. 기업들은 환경 경영을 도입하여 지속 가능한 산업 발전을 추구하고 있으며, 글로벌 시장의 확대로 인해 새로운 업무 프로세스와 조직의 구성이 요구되고 있다. 이러한 노력은 정부, 기업, 민간 부문을 모두 포함하여 환경 문제를 해결하기 위해 진행되고 있다.

문제 2) 역물류는 물류 과정에서 소비자에게 이르는 과정에서 원자재, 유통 과정에서의 재고, 완제품 생산과 관련된 모든 물류 정보의 흐름을 효율적으로 관리하는 통제 과정을 말한다. 친환경 물류라고 칭하는 이유는 재생 과정을 포함하여 지속 가능한 자원의 활용을 최대화하고 환경 보호와 효율성을 높이기 위해 역방향으로 물류를 실행하는 것이다. 역물류는 회수물류(재이용을 위한 반송), 폐기물류(제품 폐기 처리), 반품물류(고객으로부터의 제품 반송)로 구분된다.

문제 3) EU 집행위원회가 발표한 2050 유럽 그린딜은 탄소배출 제로를 중심으로 친환경 목표를 추구하는 정책이다. 유럽 플라스틱 정책안에서는 2030년까지 유럽 내에서 플라스틱의 55% 이상 재활용, 도시 쓰레기의 65% 재활용을 목표로 하고 있다. 이로 인해 우리 수출입산업에도 영향이 올 수 있으며, 탄소국경세와 플라스틱세 도입에 따른 기업 대응 방안을 모색해야 한다. 우리나라는 제조업 부문에서 이산화탄소 순수출국으로 EU로 수송 장비, 컴퓨터, 전기·전자 장비를 수출하고 있어 탄소국경세 도입에 영향을 받을 가능성이 높다. 따라서 원산지판정 등 원산지분야에 대한 효율적 관리로 세계 보호무역 대응이 필요하다.

문제 4) 기업들은 글로벌 경쟁에서 살아남기 위해 탄소발자국 인증이 요구되고 있다. 탄소발자국은 공인 인증제도로 기업이 친환경 전략으로 사용한다. 둘째는 환경단체 및 지역사회의 압력 강화에 적절히 대응하기 위해 Green SCM이 필요하다. 최근 환경 관련 시민단체가 등장하고 지역사회의 환경적 및 경제적 조치가 요구되고 있다. 이러한 조치를 따르면 기업의 경제적 이윤 및 이미지 개선에 긍정적인 영향을 줄 수 있다. 마지막으로 글로벌 흐름이 환경 규제를 강화하고 있고 기업의 Green SCM 도입을 필요로 하고 있다.

문제 5) 소비자의 입장에서 원재료의 단계부터 완제품으로 생산될 때까지의 전 과정에서 환경오염이 적은 제품을 구매하는 것을 뜻한다. 오염물질 감소, 에너지 낭비 감량, 재활용 및 재이용, 대체 자재 물색 등의 제품 생산에 필요한 자제부터 생산 단계의 공정 중에 배출 또는 낭비되는 것을 줄이는 것은 Green SCM의 활용을 통해 공급체인 상에서 친환경성을 고려하여 환경오염을 방지할 수 있어야 한다.

문제 6) 환경 분야에서 강조되고 있는 역물류는 기존에 제품이 공급업체에서 소비자에게로 흐르던 것이 반대 방향으로 움직이는 것을 의미한다. 이는 친환경적으로 제품을 재생하거나 폐기 과정을 처리하는 것을 목표로 하며, 회수물류, 폐기물류, 반품물류로 구분된다. 이러한 역물류를 최적화하기 위해 기업들은 효율적인 방법을 모색하고 있으며, 친환경 역물류를 통해 자원 활용과 환경 보호에 기여하고 있다.

문제 7) 기존에는 SCM에서 주요 공급업체를 중심으로 관리했다면, Green SCM은 2차, 3차적으로 더 넓혀서 협력업체 관리도 필요하다. 공급체인 전 과정의 Green SCM을 중요하게 여기지 않는다면 추후에 기업 이미지 손상과 같은 악영향을 입을 수 있다. 이를 위해서는 기존 공급체인 내에 있는 기업들과 친환경 전략을 짜거나, 공급체인 외부의 대체 기업을 찾는 방법이 있다.

문제 8) 협력업체, 동종업체, 지역사회의 환경 관련 시민단체와의 파트너십을 강화하여 Green SCM을 효과적으로 구축할 필요가 있다. 이는 개별 기업이 환경 성과를 높인다거나, 규모의 경제 효과를 누리기는 어렵고 초기 투자비용이 높아 파트너십을 강화하는 것이 효과적인 전략이 될 수 있다.

문제 9) 탄소배출권 거래제도는 총량 제한 방식과 기준인정 방식으로 나뉜다. 총량 제한 방식은 규정된 배출량 한도를 기준으로 초과분과 여유분의 배출권을 거래하는 방식이며, 개별 배출업자들은 배출량을 측정하여 보고하고 허용량을 준수해야 한다. 기준인정 방식은 프로젝트 감축 사업에 의한 크레딧 방식으로 기준배출량을 정한 후, 적게 배출한 남은 배출량을 배출권으로 발급받아 거래하는 방식이다. 두 방식 모두 탄소 배출량을 조절하고 환경 보호를 위한 중요한 정책이다.

문제 10) 현대의 기후변화와 환경 문제에 대응하기 위해 RE100을 통해 기업들은 재생에너지로 전기와 전력을 생산하도록 적극적으로 도입하고 있다. 기업들은 한국 RE100 위원회에 가입하기 위해 신청서를 제출하고 영국 RE100 본부의 승인을 받아야 한다. 가입된 회원사들은 전체 전력의 절반 가까이 재생에너지를 이용하여 전기를 조달하고, 이를 통해 온실가스 배출을 줄이고 지속가능성을 확보하고자 하고 있다. 이러한 노력은 기업들의 환경보호와 글로벌 수출 경쟁에서의 경쟁력 향상에 기여하고 있다.

제14장 ESG의 등장과 확산

문제 1) ESG에 대한 출현을 이해하기 위해서는 지속가능성(Sustainability) 및 지속가능성과(Sustainable Performance)의 이해가 필수적으로 선행되어야 한다. 지속가능성이란, 1987년 세계 환경 개발 위원회(WCED)의 지속가능경영 개발보고서에서 처음으로

부록 : 학습문제 해설

제시된 개념으로, NGO 단체인 GRI(Global Reporting Initiative)에 의하여 국제 표준인 지속가능보고서 발간을 시작하면서부터 출현하게 되었다. 지속가능성의 의미는 단어 그대로 어떠한 행위가 지속될 가능성을 뜻하며, 이는 조직의 생존 및 성장, 전략, 파트너십 등 조직을 운영함에 있어 수반되는 다양한 경영전략들이 포함될 수 있다. 세계 환경 개발 위원회는 지속가능성을 기업의 운영적, 전략적 활동과 기업 성과 측면의 환경, 사회, 경제적인 활동을 총체적으로 통합한 개념이라 정의하였다. 지속가능성은 최근 환경 불확실성 속에서 조직의 지속적인 생존 및 성장이 중요시되면서 대두되고 있는 개념으로써 각 연구자별로 정의하는 바가 상이하나, 과거 기업의 성과를 경제 및 재정적인 측면에서만 접근했던 방식에서 벗어나 기업이 속한 사회 및 환경, 운영적인 측면 등에 미치는 각종 경영활동의 다양한 범위로 정의하고 있다. 다시 말해, 과거에는 기업의 지속가능성과를 측정하고 예측할 때에 조직이 보유하고 있는 재정적 자금을 토대로 조직 재무성과 및 경제적 성과에 집중하는 것이 핵심이었다면, 이제는 그러한 관례에서 벗어나 기업이 수행하는 각종 경영전략 및 활동을 성과로 측정하고 그에 따른 조직의 지속가능성 여부를 판단하는 것을 의미한다.

문제 2) 조직의 성과를 측정하는 데는 재무적인 성과와 비재무적인 성과로 크게 구분이 가능하다. 이 중에서 비재무적인 성과를 구성하는 대표적인 요소로 ESG 개념이 포함된다. ESG가 의미하는 바는 Environment, Social, Governance의 약자로 환경, 사회, 지배구조를 뜻한다. 최근 기업성과를 측정하는 데 주요 사용되는 지속가능성 및 지속가능경영의 주요 요인이라고 할 수 있는 ESG의 세 가지 환경, 사회, 지배구조 요소에는 다양한 하위구성 요인들로 이루어져 있다. 최근 들어 ESG 요소가 조직에 있어서 투자 포트폴리오 단계에서 중요한 요인으로 인식되고 있기에 주주는 ESG 성과 관리에 힘쓰는 실정이다. ESG의 세 가지 구성요소는 하위구성 요인을 추가적으로 가지게 되며, 이는 기업이 미래의 경쟁우위 확보를 위하여 도움이 되는 지속가능 경영전략을 시행하는 데 기준으로 활용되고 있다.

먼저 Environment 환경의 요소를 살펴보면, 가장 핵심적인 부분은 환경오염에 따른 규제 및 대응책인 탄소배출 관련 이슈를 꼽을 수 있다. 기업은 적극적인 탄소배출을 목표로 하여 각종 환경 규제에 적극적으로 대응하여 친환경 구매, 친환경 조달, 친환경 물류 등 친환경 경영활동에 적극적으로 참여하는 것이 필요하다. 다음으로 Social 사회적인 기여 하위요소를 구분하여 살펴보자면, 전 세계적으로 이슈가 되고 있는 탄소배출 절감을 추구하는 동시에 사회 측면 기준으로 지역사회 및 주변 조직들과의 사회적인 관계성을 이슈로 꼽을 수 있다. 이는 상세하게는 고객 만족도 향상을 위한 고객 서비스 관리와 4차 산업혁명 시대에 도래하여 인터넷 IoT 기술이 발전하면서 동시에 사이버 범죄가 급증하여 개인정보 및 프라이버시를 보호하는 등, 지역사회에 기업의 특정 이윤을 환원하여 관계 유지에 힘쓰거나, 위험 물질 및 위험한 작업환경으로 인하여 근로자 안전을 해칠 수 있는 위험 요소들을 제거하는 등의 사회적인 측면을 관리해야 한다. 마지막으로 Governance 지배구조에 관련된 내용이다. 해당 부문에서의 이슈는 이사회 및 감사위원회를 구성하여 투명하고 청렴한 조직을 운영하고, 뇌물 및 로비, 기업윤리, 공정한 경쟁 등 요소를 관리 감독하여 지배구조의 안정성을 점검함으로써 지배구조 성과를 향상시켜야 한다.

문제 3) ISO 14001이란 환경경영시스템으로 최근 화두로 떠오르고 있는 국제인증표준이다. 기업의 활발한 생산 활동으로 인하여 환경에 미치는 부정적인 영향을 최소화하고, 정부 및 지역사회에 긍정적인 이미지를 지닌 세력으로 자리 잡음으로써 기업 이미지를 개선함에 따라 경쟁우위를 도출하는 기업의 경영방침을 뜻한다. 이러한 목표를 기반으로 정해진 경영방침에 따라 기업은 세부 목표와 추진 조직 또는 절차를 규정하여 보다 효율적으로 기업 내부 자원을 활용하고 경영 자원을 조직적으로 관리하는 프로세스를 뜻한다.

문제 4) ESG 경영은 장기적인 기업가치 창출을 목표로 지속할 수 있는 경영을 위해 국제인증을 획득하는 것이 중요하다. 기업은 ISO 인증 외에도 다양한 국제인증을 취득하므로써 고객들에게 기업의 신뢰성을 보여주고 새로운 시장을 개척하고 다양한 이해관계자의 요구에 접근하는 방법으로 사용할 수 있다.

문제 5) ESG 경영은 기업 측면에서는 더이상 재무적인 요인뿐만이 아니라 비재무적인 환경, 사회 지배구조의 과정이 중요해졌다는 것을 의미한다. 기업은 지속 가능한 성장이라는 목표를 달성하기 위해 ESG 요인을 고려한 투자방식을 채택하여 기업의 사회적 책임이 중요하다는 점을 인식해야 한다.

문제 6) ESG 경영 중 E에 속하는 환경은 선진국부터 저개발국가까지 전세계 모든 국가에 적용되는 목표로서 지속가능발전을 목표로 해당 기준을 달성하고 특정 노력을 행하는 기준이다. UN에서는 환경적 측면에서 인류가 생존하는데에 문제가 되는 다양한 상황들을 해결하기 위한 지속가능한 발전 목표를 제시하였다. 다양한 종류의 환경 문제가 있지만 가장 이슈가 되고 있는 부분으로는 탄소배출을 줄이기 위한 탄소중립이 있다.

문제 7) 기존에는 조직 평가의 기준이 재무적인 내용을 중심으로 이루어졌다면 최근에서는 비재무적인 분야로 확장되어 지속가능개발목표를 기준으로 기업들이 새로운 전략을 수립하는 추세이다. 장기적인 재무가치에도 영향을 미치면서 동시에 비재무적인 요인에도 영향을 미치는 ESG 개념이 매우 중요한 이슈로 자리잡고 있다. ESG의 비재무적인 문제들을 해결하는 것은 기업의 사회적 책임이자 필수사항이 되어가고 있다.

문제 8) 미국의 파타고니아는 아웃도어 브랜드로 재활용 소재를 활용한 옷을 만들어 판매한다. 특히 광고의 슬로건이 '제발 이 옷을 사지 말라'라고 하며 과소비를 통한 의류 폐기물 감소 및 리사이클 원단과 유기농 목화를 바탕으로 의류를 제작한다. 파다고니아는 매년 환경단체에 매출의 1%를 기부하며 환경보호에 앞장서는 모습으로 ESG 경영의 'E'를 추구하고 있다.

제15장 국제금융

문제 1) 매매되는 금융수단의 기간의 차이에 따라 단기금융시장과 중장기자본시장으로 구분된다. 단기금융시장(short-term money market)은 1년 이내에 만기가 끝나는 금융수단이 매매되는 시장으로 그 종류로는 기업어음(CP), 은행인수어음(BA), 양도성예금증서(CD), 환매조건부 채권(RP), 단기재정증권(T-Bill) 등을 들 수 있다. 또한 중장기자본시장(medium and long-term capital market)의 경우, 1년 이상의 만기를 갖는 금융수단이 매매되는 시장으로 볼 수 있으며, 주식 및 채권과 중기어음(MTN: medium term note)과 같은 것들이 여기에 포함된다고 할 수 있다.

문제 2) 해방 이후의 우리나라의 환율제도는 여러 환율제도를 거쳐 1990년 3월부터 시장평균환율제도를 시작하였다. 1997년 12월 16일에는 시장평균환율제도가 전면 폐지되면서, 자유변동환율제도가 시행되었다. 자유변동환율제도는 가격제한이 없어 환율이 무한정 변할 수 있으며, 환위험을 증가시켜 대외거래를 감소시키는 부작용도 제기되었다. 그러나 그만큼 환투기를 억누르는 긍정적인 영향도 있다. 이처럼 환율 변동에 대한 제한폭이 폐지되면서 시장평균환율의 매매기준율이 무의미하게 되었다. 자유변동환율제도가 시행되면서 여러 가지 제도가 바뀌었는데, 은행마다 적용하는 매매기준율이 모두 상이하고, 미국 달러화를 매매할 때 적용하는 수수료율도 다르게 되므로, 환전 시 거래은행과 거래시점을 잘 골라야 한다. 환율이 지속적으로 변동하기 때문에 은행들도 매매기준율을 1일 최대 8번까지 새로 공고할 수 있다. 때문에 같은 날에도 환전시기가 오전인지 오후인지에 따라 환전에 소요되는 비용이 상이해지게 된다.

문제 3) 화폐는 실물경제를 움직이는 도구로서 화폐가 사라진 실물경제는 정체된다. 글로벌 경제에 있어서도 보편적으로 안정적이고 주로 통용되는 통화가 있어야 상품, 서비스, 자본 등의 거래가 활발하게 움직이는 것이 가능해진다. 국제통화는 범세계적으로 자유롭게 통용되고 있는 통화로서 무역과 투자와 같은 국가 사이의 상품, 서비스 및 자본이동에 의한 대차관계를 결제하기 위한 자본수단을 말한다. 보통 미 달러화, 일본엔화, 독일 마르크화 정도 수준을 갖춘 화폐가 국제통화로써 활용되는 일이 많고, 그 외에도 IMF의 특별인출권 및 유럽연합의 유로화도 국제통화로써 활용되고 있다. 최근의 국제통화는 글로벌 통화체제에서 약 20여 개가 존재하나, 실제로는 글로벌 금융시장에서 주로 활용하고 있는 것은 5~6개의 통화뿐이다. 국제통화는 국제통화제도의 변화하는 흐름에 따라 구성도 변하였다. 금본위제하에서는 국제통화의 역할을 금이 차지하고 있으며, 금환본위제하에서는 금과 미 달러화와 영국의 파운드화가 국제통화로 활용된다. 이때 일반적으로 한 통화가 국제통화로서 인정받기 위해서는 다음과 같은 조건들이 필요하다.

① 당해 통화 발행국의 경제 규모가 커야 함.

② 당해 통화의 운용, 기타 통화로의 환전이 용이하게 발달한 금융시장이 있어야 함.
③ 당해 통화의 가치수준에 대하여 국제적으로 신임을 얻고 있어야 함.

문제 4) 국제금융은 국가 간의 경제적인 거래와 금융활동을 의미한다. 이는 국가 간의 자본 이동, 화폐 거래, 외환 시장, 국제 금융 기관의 활동 등을 포함한다. 국제금융은 국가의 경제 개방과 글로벌화에 따라 중요성을 가지며, 국제적인 경제 협력과 금융 안정성을 유지하는 데 중요한 역할을 한다.

문제 5) 외환시장은 다양한 국가의 화폐를 거래하는 시장을 의미하며 이는 국제무역이나 투자 등 국가 간의 경제활동에서 사용되는 화폐의 교환과 관련된다. 외환시장의 기능은 다음과 같다. 첫째, 환율을 결정하는 기능을 한다. 외환시장은 수요와 공급의 상호 작용에 의해 환율이 결정되며 수요와 공급의 변동에 따라 환율이 상승하거나 하락할 수 있다. 둘째, 외환거래 기능을 수행한다. 외환시장은 국제무역이나 투자 등을 위한 화폐 거래를 지원하며 기업이나 개인이 다른 화폐로 환전하거나 환전할 수 있도록 한다. 셋째, 외환시장은 외환 위험을 관리하기 위한 도구를 제공한다. 기업이나 투자자는 외환 파생상품을 통해 환율 변동에 대비하고 위험을 완화할 수 있다.

문제 6) 국제금융 기관은 세계적인 경제 협력과 금융 안정성을 증진하기 위해 설립된 기관이다. 주요 국제 금융 기관에는 다음이 포함된다.
국제통화기금(IMF)이란 국제 금융 시스템의 안정과 회복을 지원하며 국가에 금융지원을 제공하는 기관이다. 다음으로 세계은행은 개발도상국의 경제 발전을 위한 자금을 지원하고, 사회적인 발전과 전반적인 경제 성장을 촉진하는 역할을 한다. 세계무역기구(WTO)의 경우 국제무역을 규제하고 무역 협상을 진행하는 국제기구로, 국가 간의 공정한 무역 환경을 조성한다. 국제금융공사(IFC)은 사회적 및 환경적 가치를 고려한 사업 투자를 지원하는 국제금융 기관이다. 마지막으로 아시아개발은행(ADB)은 아시아와 태평양 지역의 경제개발과 협력을 지원하는 기관으로, 기후변화와 빈곤 문제에도 주의를 기울이는 기관이다.

문제 7) 외환 리스크란 외환시장의 변동성으로 인해 발생하는 손실의 가능성을 의미한다. 기업은 리스크 발생 전후 관리를 통하여 외환 리스크를 최소화하는 것이 중요한데 방법에는 다음과 같은 것들이 있다. 첫째, 환위험을 회피이다. 기업이나 개인은 외화 수입과 외화 지출을 균형 있게 조절하여 외환 리스크를 최소화할 수 있다. 둘째, 환헤지(Hedging) 기법이다. 파생상품을 활용하여 외환 리스크를 헷지할 수 있다. 환율 상승에 따른 손실을 상쇄할 수 있는 외환 선도 계약이나 옵션 등을 이용할 수 있다. 셋째, 자금 다각화가 필요하다. 다양한 화폐로 자금을 분산하여 외환 리스크에 대비할 수 있다. 여러 화폐에 투자하거나 외국은행에 예금을 분산하는 등의 방법을 사용할 수 있다.

문제 8) 먼저 장점으로는 경제 성장과 발전을 촉진할 수 있게 된다. 국제금융은 자본과 투자를 유치하여 경제적인 활동을 지원하고, 개방된 금융시스템을 통해 경제 발전을 도모할 수 있다. 또한, 글로벌 경제 협력을 강화할 수 있다. 국제금융은 국가 간의 금융 협력을 증진하고, 국제적인 금융규제와 표준을 확립하여 해외시장에서 경제 안정성을 높일 수 있다. 단점으로는, 금융위기의 확산 가능성이 있다. 글로벌화된 금융시장은 한 국가의 금융위기가 전 세계로 확산할 가능성이 있다. 마지막으로 부의 불균형을 야기할 수 있는데 국제금융은 개발도상국과 선진국 간 경제 격차를 크게 벌릴 수 있으며, 부의 불균형을 야기할 수 있다.

제16장 글로벌 창업

문제 1) 전 세계적으로 확산되고 있는 4차 산업혁명은 글로벌 창업을 준비하는 기업들에게 스마트 생산체계의 수직적 네트워킹과 글로벌 벨류체인의 신세대를 통한 수평적 통합에 영향을 미치며, 또한 전체 벨류체인 간의 엔지니어링과 활성기술을 통한 가속화에 영향을 미친다.

문제 2) 글로벌 창업의 본질적 기능은 새로운 제품, 서비스 또는 생산 공정, 전략과 조직형태 창조는 물론이고 새로운 시장 기회를 포착하고, 평가하여 이를 기업의 설립을 통하여 사업화하는데 있다. 글로벌 창업을 위하여서는 관련 행동양식, 아이디어, 기술, 추진력이 유기적으로 요구된다.

문제 3) 창업가들의 특징으로는 자기 주도력, 위험감수, 자율성, 관리역량 등이 주요하게 나타나고 있다.

이외에도 목표중심, 경쟁적 사고, 기회포착 등의 특징이 나타나고 있으며 4차 산업혁명 시대의 핵심기술에 관한 수용적인 특성 또한 눈여겨 볼만하다.

문제 4) 우리나라 정부 또한 기업 혁신을 통한 경제발전을 목표로 하는 혁신성장을 경제 정책의 핵심축으로 지정해 근본적인 혁신을 추진하고 있다. 그 중 글로벌 기업의 차별적 특성을 바탕으로 유형화하여 다음과 같이 창업가 주도형, 글로벌 학습지향형, 글로벌 네트워크 지향형, 글로벌 기술 주도형, 글로벌 시장지향형으로 나누었다.

문제 5) 프랜차이즈(Franchise)란 특정 산업의 창업에 관한 경영권 및 사업권 등에 관한 권리를 부여받고, 사업자에 브랜드(상호), 상표 및 기업 이미지를 영위할 수 있는 권한을 부여받게 되며 가맹본부가 지도하는 경영기법 내에서 사업을 영위할 수 있는 권한을 뜻한다.

문제 6) 글로벌 창업가 정신은 기업이 처한 외부환경 변화에 효율적으로 대응하기 위해 해외시장에 적합한 혁신제품을 개발하고 위험을 감수하여 해외직접수출을 추구하며, 국제적 네트워크를 구축하여 공급, 유통 및 마케팅 채널을 확보하고, 해외공장설립과 같은 직접진출을 유발하는 등 해외시장진출을 증진시키는 주요 요인을 뜻한다.

문제 7) 첫째, 글로벌 창업기업이 해외진출의 효율성 및 성과를 제고하기 위해서는 공급체인관리로 연결된 해외협력업체와 실시간 정보공유와 신뢰성 있는 교류가 필요하다. 둘째, 글로벌 창업가 정신은 사회적 자본의 형성에 중요한 요인으로 작용한다. 셋째, 불확실성이 높은 해외시장의 환경 변화에 신속히 대응하고 사업 기회를 획득하기 위해서는 공급체인의 모든 구성 주체의 협력적 활동이 필요하다.

국문 색인

4차 산업혁명 시대의
신(新)무역학원론

ㄱ

가격(Price)전략	111
가격조건	133
가계보험	271
가공무역	29
간접금융시장	454
간접무역	29
간접수출	85
감정사업	344
개별계약	135
개별보험	275
개설은행	173
개정교토협약	300
개품운송계약	326
검량사업	344
검수사업	343
결제조건	134
경제개발협력기구	431
계류시설	341
계약운송인	329
고객 경험	337
고정환율제도	464
공급 위험	374
공급체인	362
공급체인 내부 위험	373
공급체인 외부 위험	373
공급체인관리의 통합화	365
공급체인위험관리	375
공장인도조건	147
관세 및 무역에 관한 일반협정	58, 59
관세무역일반협정	245
관세법	236
관세지급인도조건	156
교토의정서	407
구매계약서	137
국내금융시장	454
국제 비즈니스	79
국제 투명성 기구	431
국제경영	84
국제금융	452
국제금융상품	458
국제금융시장	453, 454
국제기구	57
국제기업지배구조연대	426
국제무역	26
국제물품매매계약에 관한 UN협약	141
국제부흥개발은행	58
국제상업회의소	145
국제수지	467
국제운송	323
국제통화	468
국제표준화기구	332
국제화	78
국제화 성공	81
국제화 전략	81
규모의 경제	54
그랩	343

그린 워싱	424
근인주의	266
글로벌 공급체인관리	369
글로벌 로지스틱스	322
글로벌 마케팅	106
글로벌 밸류 체인	379
글로벌 전자상거래	302
글로벌 창업	482
기술 수출	83
기업보험	271
기업어음	455
기업위험	275
기업의 사회적 책임	426
기중기	342

ㄴ

나용선계약	325
납세자재산권의 부당한 침해금지	238
내국민 대우 원칙	59
내부환경 분석	109
넷 제로	424
넷플릭스	436
노예무역	22
녹색 채권	413
뉴욕금융시장	456
뉴욕협약	285

ㄷ

다이아몬드 모델	53
단기금융상품	458
단기금융시장	455
단기금융시장 상호기금	458
단기수출보험	276
단기재정증권	455, 458
담보	266
담보위험	274
대체적 분쟁해결	281
대체적 분쟁해결제도	279
도류제	340
도착지양하인도	146

도착지양하인도조건	155
도착지인도조건	155
독립성의 원칙	174
독점판매계약	135
동경금융시장	457
동인도회사	23
디지털 마케팅	114
디지털 무역보험	278
디지털 운송	335

ㄹ

라이센싱	85
랜드브리지	330
런던국제보험인수협회	271
런던금융시장	456
로봇	336
로테르담항	346
롯데	436

ㅁ

마리에케	113
마이크로 브리지	330
마케팅 믹스	110
매도계약서	136
매도환	462
매입은행	173
매입환	462
맥락 문화	110
머스크	194
묘박지	339
무역계약	130
무역계약서	134
무역관리	32
무역보험	273
무역원활화	245
무역원활화협정	245
무역의 개념	26
무역의 종류	27
무역의 특성	27
무역클레임	279

무인선박	336	브레튼 우즈 체제	58
무형무역	28	블록체인	143, 191, 336, 471
문화적 차원	110	블록체인 기반 원산지증명서 발급 서비스	222
물품매도확약서	136	블록체인기술	143
미국 국립 환경 정보 센터	410	비교우위이론	50
미니 랜드브리지	330	비상위험	274
		비특혜원산지규정	211
		빅데이터	336
		빅데이터 분석	88

ㅂ

반부패경영시스템	431		
방사제	340		
방파제	340	## ㅅ	
배상책임보험	264	사고부 선하증권	178
배출권거래제	407	사기거래의 원칙	175
범개도국간특혜무역제도 원산지증명서	215	사물인터넷	88, 336
변동금리부 채권	460	사이버 보안	336
변동환율제도	464	사전송금방식	183
보세구역 도착 전 신고	243	사회적 경제	425
보세구역 장치 후 신고	243	사후송금방식	184
보통환	462	산업 내 무역이론	56
보험가액	267	산업혁명	23
보험계약자	267	삼각무역	20
보험금	267	삼성전자	436
보험금액	267	상당일치의 원칙	175
보험대리점	268	상사중재 제도	279
보험료	268	상업어음	458
보험료율	268	상품(Product)전략	111
보험자	267	상호인정약정	248
보험조건	133	상환은행	173
보험중개사	268	생산자원계획	364
복합운송	328	서류상환 방식	184
복합운송인	329	서비스무역협정	60
복합운송증권	328, 331	선물환	462
본선인도조건	150	선물환시장	465
부가가치기준	213	선박보험	264
부두	341	선적조건	133
부산항	347	선주책임상호보험	265
부선	342	선체용선계약	325
부잔교	341	선측인도조건	149
부정기선 운송	325	선하증권	146, 178, 326
불가항력	134	선회장	339

세계 환경 개발 위원회	422	양도성정기예금증서	458
세계관세기구	245	양도은행	174
세계무역기구	59, 245	엄밀일치의 원칙	175
세번변경기준	213	에너지 경영 시스템	430
소급과세금지의 원칙	239	에버레인	435
손해보상계약	270	에코 디자인	400
송금거래방식	183	여수광양항	347
송금환	462	역내금융시장	455
수량조건	133	역내포괄적경제동반자협정	62
수요 위험	374	역물류	404
수입물품검사	243	역외금융시장	455
수입보험	277	역직구	304
수입통관	242	역환	462
수출신용보증	277	연계무역	29
수출통관	243	연관산업 이론	55
수표송금방식	183	옴니채널	117
스마일 커브	380	외국금융시장	454
스마트 계약	142	외국중재판정의 집행에 관한 협약	285
스마트 공장	403	외국통화표시법	463
스마트 무역클레임	285	외국환은행	466
스마트 항만	345	외부환경 분석	109
승낙(acceptance)	132	외환	462
시베리아 랜드브리지	330	외환시장	465
시장 추구	82	외환중개인	467
신용위험	275	용선계약	326
신용장	172	우편송금	183
신용장 주요 유형	180	운송비지급조건	153
신의성실의 원칙	239	운송비·보험료지급조건	154
신재생에너지공급인증서	409	운송비·보험료포함인도조건	152
신주인수권부 사채	460	운송인인도조건	148
실손보상의 원칙	270	운송주선인	329
실제운송인	329	운영 위험	374
실크로드	20	운임보험	265
싱가포르금융시장	457	운임포함조건	151
		원산지검증	218
		원산지규정	210

ㅇ

안벽	341	원산지증명서	215
안전보건경영시스템	430	원산지표시제도	215
암스테르담항	346	위험 분산화	83
양도성예금증서	455	위험 인지	375
		유럽경제위원회	300

유로 상업어음	459	제네바협약	285
유로 중기채	460	제시은행	185
유로금융시장	454, 456	제품생애주기이론	55
유엔환경계획 파이낸스 이니셔티브	422	조세법률주의	238
유형무역	28	조세평등주의	238
은행인수어음	455, 458	주문확인서	136
인공지능	88, 336	준법 경영시스템	431
인도 지시서	191	중국횡단철도	330
인도-태평양 경제 프레임워크	62	중앙은행	467
인수인도	187	중장기수출보험	277
인적자원 확보	83	중장기자본시장	455
인천항	347	중재	281
인코텀즈	145	중재절차	283
인코텀즈 2010	145	중재조항	134
일반거래 조건협정서 또는 각서	137	중재판정	283
일반거래조건에 관한 협정서	137	중·장기금융상품	459
일반원산지증명서	215	중·장기재정증권	459
일반특혜관세제도	211	지급인	185
일반특혜관세제도 원산지증명서	215	지급인도	186
입항 전 신고	243	지속가능 연계 차입	412
		지속가능개발목표	434
		지속가능성	422
ㅈ		지속가능성과	422
자국통화표시법	463	지역무역협정	61
자산 추구	83	지적재산권 협정	60
자산담보부 증권	460	지정은행	173
자유무역협정	61	직접금융시장	454
자재 수급 계획	364	직접무역	28
잔교	341	직접수출	84
장외거래 시장	465	진화경제지리학	379
재량권 남용금지의 원칙	239		
적화보험	264	**ㅊ**	
전사적자원관리	364, 368		
전신환	183, 462	창업	482
전자무역	298	청약(offer)	131
전자상거래	301	촉진(Promotion)전략	112
전자통관시스템	244	총요소생산성	301
전환사채	460	최혜국 대우 원칙	59
절충이론	52	추상성의 원칙	174
정기선 운송	325	추심거래방식	185
정기용선계약	325	추심은행	185

추심의뢰은행	185	품질조건	132
추심의뢰인	185	프랜차이즈	86, 491
출항 전 신고	242	프레이트 포워더	329
충돌배상책임보험	264	플랜테이션	22
친환경 구매	400	피보험이익	267
친환경 마케팅	402	피보험자	267
친환경 생산	400	핀테크	470
친환경 설계	400		
친환경 제조	400		

ㅋ

캐나다 랜드브리지	330
컨베이어	342
컨테이너 운송	332
컴플라이언스 경영시스템	431
쿠팡	437
클레임조항	134
클로락스	435

ㅌ

탄소배출권	407
탄소배출권거래제	407
탄소정보공개프로젝트	409
탄소중립	424
통과선하증권	331
통지은행	173
특정공정기준	213
특혜원산지규정	211

ㅍ

파타고니아	435
팩토링	188
팩토링 거래방식	188
포괄계약	135, 137
포괄보험	275
포장조건	133
포트폴리오 투자	86
포페이팅	189
품질인증	432

ㅎ

학습효과	55
한국무역정보통신	299
항로	339
항만	338
항만하역사업	343
항만하역시설	342
항해용선계약	325
해공복합운송경로	330
해륙복합보험성	272
해륙복합운송	330
해상보험약관	268
해상운송계약	325
해외 역직구의 비즈니스 모델	307
해외간접투자	84
해외직구	304
해외직구의 비즈니스 모델	306
해외직접투자	86
해운동맹	324
현물상환 방식	184
현물환	462
현물환시장	465
협회적화약관	268
호프스테드	110, 113
홀	110
확인은행	173
확장형 전사적 자원관리	364
환경 경영	424
환경적 지속가능성	424
환매조건부 채권	455
환변동보험	276
환율	463

영문 색인

4차 산업혁명 시대의
신(新)무역학원론

2

2단위 변경	213

4

4Ps	110
4단위 변경	213
4차 산업혁명	23

6

6단위 변경	213

A

ABS	460
Abstraction principle of the credit	174
Access channel	339
Actual carrier	329
ADR	279
Advanced analytics	336
Advising bank	173
AEO MRA	245, 248
AEO 제도	245
Agreement on Trade-Related aspects of Intellectual Property Rights	60
ALB	330
Alternative Dispute Resolution	279
American Land Bridge	330
Anchorage, Anchoring basin	339
Applicant	172
Arbitration	281
Arbitration Clause	134
Artificial intelligent	336
Asia-Pacific Trade Agreement	211
Asset Backed Securities	460
Autonomous vessels	336

B

B/L	176, 178, 326
B2B	303
B2B Practice	145
B2C	303
BA	455, 458
Banker's Acceptance	458
Barclays-Ornua	195
Bare Boat Charter	325
Barge	342
Belt conveyor	342
Beneficiary	172
Bill of Lading	176, 326
BIMCO	326
Block chain	336
Blockchain technology	143
Bona fide holder	178
Bond with warrants	460
Born Global	482

529

Breakwater	340
Bretton Woods System	58
Business Insurance	271
Business to Business Practice	145
Business-to-Business	303
Business-to-Consumer	303

C

C/O	215
CAD	184
Canadian Land Bridge	330
Carbon Disclosure Project	409
Carbon neutrality	424
Cargo Insurance	264
Carriage and Insurance Paid To	154
Carriage Paid To	153
Case by Case Contract	135
Cash against documents	184
Cash on delivery	184
CC	213
CD	455, 458
CDP	409
Certificate of Origin	215
CFR	151
CFS	333
CFS/CFS	333
CFS/CY	333
Change in Tariff Classification Criterion	213
Change of Chapter	213
Change of Tariff Heading	213
Change of Tariff Subheading	213
CIF	152
CIP	154
CISG	141
Claim amount	267
CLB	330
Clean B/L	178
COD	184
Collecting bank	185
Collision Liability Insurance	264
Combined transport document	328
Combined Transport Operator	329
Commercial Paper	458
Compliance management systems	431
Confirmation of Order	136
Confirming bank	173
Container Freight Station	333
Container Yard	333
Contracting carrier	329
Convention on the Execution of foreign Arbitral Awards	285
Convertible bond	460
Corporate Social Responsibility	423, 426
Cost and Freight	151
Cost, Insurance and Freight	152
Counter trade	29
CP	455, 458
CPT	153
Crane	342
Credit risk	275
Cross Border E-Commerce	302
Cross Border Electronic Commerce	304
CSR	423, 426
CTC	213
CTH	213
CTO	329
CTSH	213
Customer experience	337
CY	333
CY/CFS	334
CY/CY	334
Cyber security	336

D

D/A	187
D/D	183
D/O	191
D/P	186
DAP	155
DDP	156

Delivered at Place	155
Delivered at Place Unloaded	146, 155
Delivered Duty Piad	156
Delivery Order	191
Demand draft	183
Demand risks	374
DEPA	298
Digital Economy Partnership Agreement	298
Direct financial market	454
Direct or bilateral trade	28
Dirty or foul B/L	178
Distributed Electric Vehicle	195
Doctrine of strict compliance	175
Doctrine of substantial compliance	175
Document against Acceptance	187
Document against Payment	186
Domestic financial market	454
Domestic or Region Value Content	213
door to door	334
door to pier	334
DPU	146, 155
Drawee	185

E

e-B/L	194
e-Platforms	336
e-플랫폼	336
Eco Design	400
Economies of scale	54
EDI	243
EEG	379
Electronic Bill of Lading	194
Electronic commerce	301
Electronic Data Interchange	243
Emission Trading System	407
EMTN	460
Enterprise Resource Planning	368
Environmental Sustainability	424
ERP	368
ESG	422

ETS	407
Euro CP	459
Euro financial market	454
Euro Nedium Term Note	460
EV	195
Evolutionary Economic Geography	379
Ex Works	147
Exchange rate	463
Exclusive Contract	135
EXW	147

F

Factor Proportions Theory	55
Family Insurance	271
FAS	149
FCA	148
FCL	334
FCL/FCL	334
FCL/LCL	334
FinTech	470
Floating pier	341
Floating Rate Note	460
FOB	150
Force Majeure	134
Foreign exchange	462
Foreign exchange market	465
Foreign financial market	454
Forfaiting	189
Forward exchange market	465
Forward transaction	462
Franchise	86, 491
Fraud rule	175
Free Alongside Ship	149
Free Carrier	148
Free on Board	150
Free Trade Agreement	61
Freight forwarder	329
Freight insurance	265
FRN	460
FTA	61, 238

FTA APTA	211
FTA-PASS 원산지관리시스템	221
Full Container Load	334
Full set of B/L	178

G

GATS	60
GATT	24, 58, 59, 245
GDP	410
GENCON	326
General Agreement on Tariffs and Trade	24, 58, 59, 245
General Agreement on Trade in Service	60
Generalized System of Preference	211
Generalized System of Preference Certificate of Origin	215
Global Electronic Commerce	304
Global Electronic Trading	304
Global Logistics	322
Global Reporting Initiative	422
Global Startup	482
Global Supply Chain Management	369
Global System of Trade Preferences among Developing Countries	215
Global Value Chain	379
Grab	343
Green bond	413
Green Manufacturing	400
Green Purchasing	400
Green SCM	398
Green Supply Chain Management	398
Green washing	424
GRI	422
Gross Domestic Product	410
Groyne	340
GSCM	369
GSP	211
GSP C/O	215
GSTP C/O	215
GVC	379

H

Hall	110
Hofstede	110
HS코드	210
Hull & Machinery Insurance	264

I

IBRD	58
IC	213
ICC	145, 172
ICGN	426
ICT	362
IDA	194
IMF	58
Imported Content	213
Incoterms 2020	145
Independence principle of the credit	174
Indirect financial market	454
Indirect trade	29
Indo-Pacific Economic Framework	62
Industry 4.0	370
Infocomm Development Authority	194
Information and Communication Technologies	362
Inland waterway	329
Institute Cargo Clause	268
Insurable interest	267
Insurable value	267
Insurance agent	268
Insurance broker	268
Insurance premium	268
Insured amount	267
Insured or assured	267
Insurer or assurer	267
Interior Point Intermodel Bridge	330
Intermodal Transport Operator	329
International Bank for Reconstruction and Development	58
International Chamber of Commerce	145, 172

International Commercial Terms	145
International Coporate Governance Network	426
International Electronic Commerce	304
International financial market	454
International Monetary Fund	58
International Organization for Standardization	332, 406, 428
International Plant Protection Convention	407
International Rule for the Interpretation of Trade terms	145
International transportation	323
International Underwriting Association of London	271
Internet of Things	403
Internet of things	336
Internet of Vehicle	195
Intra-industry trade	56
Invisible trade	28
IoT 센서	403
IoV	195
IPEF	62
IPI	330
IPPC	407
ISO	332, 406, 428
ISO 14001	429
ISO 37001	431
ISO 37301	431
ISO 45001	430
ISO 50001	430
Issuing bank	173
ITO	329
IUA	271

K

Key Performance Indicator	413
KGTEC	441
Korea Gas Technology Corporation	441
Korea Trade Network	299
KPI	413
KTNET	299

L

LCL	333
LCL/FCL	333
LCL/LCL 운송	333
Learning effect	55
Less than Container Load	333
Letter of Credit)	174
Licensing	85
Liner service	325
Loading and discharging facilities	342

M

M/T	183
Maersk	194
Mail transfer	183
Management risk	275
Marieke	113
Marine Insurance Act	271
Marubeni	195
Master Contract	135
Material Requirement Planning	364
McKinsey & Co.	483
Medium and long-term capital market	455
Medium term note	455
MIA	271
Mini Land Bridge	330
MLB	330
MMF	458
Money Market mutual Fund	458
Most Favoured Nation Treatment	59
MRA	248
MRP	364
MTD	331
MTN	455
MTO	329
Multimodal transport	328
Multimodal Transport Document	331

Multimodal Transport Operator 329
Mutual Recognition. Arrangement 248

N

National Centers for Environmental Information 410
National Trade Platform 309
National Treatment 59
NCD 458
NCEI 410
Negotiable Cerificate of Deposit 458
Negotiating bank 173
Net-zero 424
New York Convention 285
NGOs 57
Nominated bank 173
Non-Govermental Organizations 57
Non-preferential rules of origin 211
Non-Vessel Operating Common Carrier 329
NTP 309
NVOCC 329

O

O/A 184
Ocean B/L 179
OECD 431
OEM 216
Offer Sheet 136
Offshore financial market 455
On Board B/L 179
On board notation 179
Onshore financial market 455
Open account 184
Operational risks 374
Opportunity, Threat 109
Organization for Economic Cooperation and Development 431
Original Equipment Manufacturer 216
Over-the-counter market 465

P

P&I Insurance 265
P2P 143
Payment order 183
Peer-to-Peer 143
PEST분석 108
Pier 341
pier to door 333
pier to pier 333
PoC 194
Policy holder 267
Political risk, emergency risk 274
Preferential rules of origin 211
Premium rate 268
Presenting bank 185
Principal 185
Processing trade 29
Product life cycle theory 55
Proof of Concept 194
Protection & Indemnity Insurance 265
Proximate cause 266
Purchase Order 137

Q

Quay 341

R

R. Vernon 55
RCEP 62
RE100 409
REC 409
Received B/L 179
Regional Comprehensive Economic Partnership 62
Regional Trade Agreement 61
Reimbursing bank 173
Remitting bank 185
Renewable Electricity 100% 409
Renewable Energy Certificate 409

Reverse logistics	404
Robotics	336
RP	455
RTA	61
Rules of Origin	210
RVC	213

S

Sales Agreement or Memorandum	137
Sales Note	136
SCM	362, 398
SCM 설계	366
SCRM	372
SDGs	434
Short-term money market	455
SK	436
SLL	412
Smart contract	142
Smart factory	403
Smile Curve	380
Spot exchange market	465
Spot transaction	462
SSCM	399
Startup	482
Strength, Weakness	109
Supply Chain Management	362, 398
Supply risks	374
Sustainability	422
Sustainability-	412
Sustainable Development Goals	434
Sustainable performance	422
Sustainable Supply Chain Management	399
SWOT분석	108

T

T-Bill	455
T-bill	458
T/T	183
TCR	330
Telegraphic Transfer	183
Telegraphic transfer	183
Terms of Insurance	133
Terms of Packing	133
Terms of Payment	134
Terms of Price	133
Terms of Quality	132, 133
Terms of Shipment	133
TFA	245
TFP	301
The Climate Group	409
The principle of indemnity	270
Through B/L	331
Time Charter	325
Total Factor Productivity	301
Trade facilitation	245
Trade Facilitation Agreement	245
Trade Safe	194
TradeLens	194
Training dike	340
Tramper service	325
Trand Siberian Railload	330
Trans China Railway	330
Transferring bank	174
Transparency international	431
Treasury Bill	458
Treasury bond	459
Treasury mote	459
TRIPs	60
TSR	330
Turning basin, Turning area	339

U

UCP	172
UN/CEFACT	300
UN/ECE	300
UNCED	407
UNEP FI	423
UNFCCC	407
UNI-PASS	241, 242

Uniform Customs and Practice for
   Documentary Credits   172
UNIPASS   241, 243
United Nations Conference on Environment
   and Development   407
United Nations Environment Program
   Finance Initiative   423
United Nations Framework Convention on
   Climate Change   407

V

Value Content   213
VC   213
Visible trade   28
Voyage Charter   325

W

Warranty   266
WCED   422
WCO   245
WCO 협약   238
Wharf   341
World Commission on Environment
   and Development   422
World Customs Organization   238, 245
World Trade Organization   58, 59, 238, 245
WTO   24, 58, 59, 245
WTO 협정   238

저자소개

저자 김 창 봉

현) 중앙대학교 경영경제대학 경영학부 교수
서울 영동고등학교 졸업
중앙대학교 무역학과 졸업
조지워싱턴대학교 대학원 졸업
일본 게이오대학교 대학원 수학
중앙대학교 경영학 박사

▶ 경력
중앙대학교 경영경제대학 학장 (현)
중앙대학교 창업경영대학원 원장 (현)
중앙대학교 학생처장 역임
중앙대학교 산업창업경영대학원 원장 역임
중앙대학교 경영경제대학 경영학부장 역임
미국 존스홉킨스대학교 SAIS 방문 교수

기획재정부	복권기금위원회 위원 분과장 (현)
	공기업 경영평가단 단장 역임
국세청	국세정보위원회 및 정보공개심의회 위원장 (현)
	서울지방국세청 납세자보호위원회 위원장 역임
	세무조사감독위원회 위원 역임
관세청	AEO 심의위원회 위원 역임
	관세사자격심의·징계위원회 위원 역임
	법인심사대상 선정 심의위원회 위원 역임
법무부	국적심의위원회 위원 역임
산업통상자원부	정부업무자체평가위원회 위원 역임
행정안전부	감사청구심의회 위원 (현)

▶ 포상
한국물류학회 우수논문 국토해양부 장관상
무역의 날 대통령 표창
관세청장 표창
경제부총리 겸 기획재정부장관 표창

▶ 학회활동
한국통상정보학회 회장 역임
한국기업경영학회 회장 역임
한국무역학회, 한국국제상학회, 한국물류학회, 국제e-business학회, 한국취업진로학회, 한국관세학회, 한국창업학회, 한국생산성학회 부회장(현)

▶ 사외이사
  금융투자협회 공익이사(현)
  대신증권 사외이사 역임
  핸즈코퍼레이션 사외이사 역임

▶ 저서
  4차 산업혁명 시대의 Global SCM(공저)
  글로벌 경쟁시대의 GSCM 전략
  무역학원론(공저)
  알기 쉬운 무역학원론(공저)

▶ 주요 논문(SCI급)
  - 2023/A Study on Determining Trade Terms for Logistics Efficiency in the Era of Logistics 4.0: Moderated Mediating Effect of Added Value of Traded Goods
  - 2023/The Effect of Corruption on Environmental Quality: Evidence from a Panel of CIS Countries
  - 2021/Degree of Internationalization and Performance of High-tech Small and Mediumsized Enterprises: Evidence from Korea
  - 2020/Effects of Market Diversity on Performance of Exporting Companies: An Inverted U-shaped Relationship
  - 2019/Effects of AEO-MRA on the Performance of Exporters and Importers in Korea
  - 2016/Impact of application factors of the AEO program on its performance
  - 2015/The Influences of Quality Management System Standards (ISO9000) on Supply Chain Innovation and Business Performance
  - 2014/Exploring the Black Box of Task-Technology Fit: The Case of the Korean Single Window System

4차 산업혁명 시대의 신무역학원론

2023년 12월 11일 초판 인쇄
2023년 12월 20일 초판 발행

저　자 | 김창봉, 정재우, 권승하, 신준호, 남윤미, 현화정, 이동준
발행인 | 최익영
펴낸곳 | 도서출판 책연
　　　　인천광역시 부평구 부영로 196 Tel (02) 2274-4540 | Fax (02) 2274-4542

ISBN 979-11-92672-09-0　　93320　　　　　　　　　　　정가 33,000원

저자와 협의하에 인지는 생략합니다.
잘못 만들어진 책은 구입하신 서점에서 교환해 드립니다.